# 当代云南少数民族新闻社会史

DANGDAI YUNNAN SHAOSHU MINZU
XINGWEN SHEHUISHI

杨星星　孙信茹　著

云南大学出版社
YUNNAN UNIVERSITY PRESS

图书在版编目（CIP）数据

当代云南少数民族新闻社会史 / 杨星星，孙信茹著
. —昆明：云南大学出版社，2023
ISBN 978-7-5482-4822-4

Ⅰ. ①当… Ⅱ. ①杨… ②孙… Ⅲ. ①少数民族—新闻事业史—研究—云南 Ⅳ. ①G219.277.4

中国国家版本馆CIP数据核字（2023）第039151号

策划编辑：赵红梅
责任编辑：佘家涛
封面设计：刘　雨

# 当代云南少数民族新闻社会史
DANGDAI YUNNAN SHAOSHU MINZU
XINGWEN SHEHUISHI

杨星星　孙信茹　著

| 出版发行 | 云南大学出版社 |
| --- | --- |
| 印　　装 | 昆明理煌印务有限公司 |
| 开　　本 | 787mm×1092mm　1/16 |
| 印　　张 | 33.75 |
| 字　　数 | 635千 |
| 版　　次 | 2023年3月第1版 |
| 印　　次 | 2023年3月第1次印刷 |
| 书　　号 | ISBN 978-7-5482-4822-4 |
| 定　　价 | 86.00元 |

社　　址：云南省昆明市一二一大街182号（云南大学东陆校区英华园内）
邮　　编：650091
电　　话：（0871）65033244　65031071
网　　址：http://www.ynup.com
E-mail：market@ynup.com

若发现本书有印装质量问题，请与印厂联系调换，联系电话：0871-64167045。

# 序

近年来，新闻传播史研究在中国出现了诸多转向，其中有两个方面尤其引人注目：一是地方新闻史、地方史志，特别是少数民族新闻史研究受到高度重视；二是研究视野、理念和方法呈现多元化拓展态势。在此背景下，探寻新闻传播活动与区域社会变迁的历史性互动就成为重要的研究领域。目前，国内外相关研究大致有如下三类。

一是关注中国少数民族新闻业的历史轨迹和现实特征。此类研究侧重于在丰富的史料积累基础上进行历史过程的描述，兼有基于少数民族社会特殊语境下较为深入的个案研究。这类研究或以行政区域为界，或以个案为对象展开，力图呈现社会变迁中少数民族新闻业的发展路径、特征和趋向。如郑保卫主编的《中国少数民族地区新闻传播发展报告（1949—2010）》[1]，较为全面地展现了当代中国少数民族新闻业的演进轨迹和发展特点，具有重要的展示历史图景的参照作用。又如，白润生主编的《中国少数民族新闻事业通史》[2]、林青主编的《中国少数民族广播电视发展史》[3]等均带有全景展现、专题论述的特点。在个案研究方面，不少学者从少数民族媒介考察入手，展开了多向度的研究。如单晓红的《云南少数民族文字报纸发展历史与现状》[4]一文就云南省出现过的少数民族报纸的

---

[1] 郑保卫主编：《中国少数民族地区新闻传播发展报告（1949—2010）》，人民日报出版社2012年版。

[2] 白润生主编：《中国少数民族新闻事业通史》，中央民族大学出版社2008年版。

[3] 林青主编：《中国少数民族广播电视发展史》，北京广播学院出版社2000年版。

[4] 单晓红：《云南少数民族文字报纸发展历史与现状》，载《中国少数民族地区信息传播与社会发展论丛》编委会编《中国少数民族地区信息传播与社会发展论丛（2009年刊）》，经济日报出版社2010年版。

发展历程进行了详细调研，分析了《西双版纳报》傣文版、《德宏团结报》四种民文的报纸、《怒江日报》傈僳文版，以及云南境内的藏文报纸等少数民族文字报纸的生存状况与困境，进而提出，办好民族文字报纸，不仅满足了少数民族的信息传播和文化娱乐的需要，更重要和深远的意义在于运用现代新闻传播手段加强中华民族的认同意识，保护和传承少数民族文化。吴定勇的《南侗大众传播发展及其对侗族传统传播方式之冲击》、钟克勋的《民族语言媒体"在地人"传播实效探析》则通过田野考察或实证研究的方式，对少数民族媒介的社会影响机制进行探讨。这些成果对少数民族新闻传播史研究具有基础性作用。但整体上，系统深入的研究成果尚不多见，依然有较大的拓展空间。

二是从方法论层面展开的相关研究。迈克尔·埃默里、埃德温·埃默里、南希·L·罗伯茨的《美国新闻史——大众传播媒介解释史》①是解释性研究的代表作，其贡献在于使新闻史研究不再局限于历史过程的描述，还关注于历史过程的深层解析。而舒德森的《发掘新闻——美国报纸的社会史》②则从传播学思路出发，以社会学为背景展开研究，成为新闻史研究的经典文本，之后他还撰文呼吁新闻史研究应当与其他领域的历史研究结合起来。这些成果对我国新闻史研究产生了方法论上的启示。近年来，我国学者在新闻史研究中进行了多元视角的尝试。如李彬的《中国新闻社会史（1815—2005）》③、陈昌凤的《中国新闻传播史：传媒社会学的视角》④都是将新闻业的历史性考察置于宏大的社会背景下，让新闻史叙述别开生面和更具阐释力。在论文方面，李彬、刘宪阁的《新闻社会史：1949年以后中国新闻史研究的一种可能》⑤，江凌的《区域新闻史：一种社

---

① ［美］迈克尔·埃默里、南希·L·罗伯茨、埃德温·埃默里著，展江译：《美国新闻史——大众传播媒介解释史》，中国人民大学出版社2004年版。
② ［美］迈克尔·舒德森著，陈昌凤、常江译：《发掘新闻——美国报业的社会史》，北京大学出版社2016年版。
③ 李彬：《中国新闻社会史（1815—2005）》，上海交通大学出版社2007年版。
④ 陈昌凤：《中国新闻传播史：传媒社会学的视角》，清华大学出版社2009年版。
⑤ 李彬、刘宪阁：《新闻社会史：1949年以后中国新闻史研究的一种可能》，《国际新闻界》2010年第3期。

会研究范式》①，于凤静的《东北地区少数民族新闻传播研究的文化观照》②，林溪声的《口述史：新闻史研究的一种新路径》③ 等，都对新闻史研究方法与路径进行了多元性讨论，这些成果都对地方新闻史研究具有方法论的意义。

三是多学科领域对民族区域社会与少数民族文化的研究。民族区域社会与少数民族文化发展研究已成为民族学、人类学、经济学、社会学、法学、边疆学等诸多学科的重要研究领域，可谓硕果累累，代表性成果如云南大学西南边疆少数民族研究中心主办的自2003年连续出版的《西南边疆民族研究》，已形成多学科、跨学科、深度挖掘的研究态势。这些成果对云南当代少数民族新闻事业的研究发挥着延伸与深化作用，有较为重要的参考借鉴价值。

本书建立在以上研究基础上，力图打破地方新闻史研究多以媒介和传播机构发展历程作为关注点的局限，以区域社会文化的整体性考察为研究起点。历史上，云南是边疆和多民族地区，具有经济文化发展不平衡性和形态多样性特点，这也使得当代云南少数民族新闻业的历史进路和现实状况呈现出更为复杂的特点，具有重要而独特的研究价值。

在具体的研究过程中，本书以传媒社会学为基本视角，将云南少数民族新闻业的历史性描述与阐释置于国家和边疆民族社会文化的双重语境中，而在文本叙述中采取了社会史的研究范式，将云南少数民族新闻发展纳入特定的"社会脉络"之中，以社会学的视野来考察大众媒介，尤其强调大众媒介与社会因素中的结构和能动性之间的张力关系。这一研究方法和视角有别于以往地方新闻史的叙述框架，具有方法论上的重要价值。

从研究的现实意义和价值来看，本书在考察少数民族新闻传播与云南边疆民族社会的历史性互动基础上，史论结合，讨论国家、民族的情感认同如何经由大众媒介建构，进而探寻媒介化社会背景下少数民族新闻业与云南边疆民族社会的互动路径和特殊规律。这对推进云南边疆民族地区稳定、团结、发展具有重要现实意义。

为了完成上述讨论，本书主要围绕以下研究对象和具体内容来展开。

---

① 江凌：《区域新闻史：一种社会史研究范式》，《重庆邮电大学学报（社会科学版）》2012年第5期。
② 于凤静：《东北地区少数民族新闻传播研究的文化观照》，《新闻大学》2012年第3期。
③ 林溪声：《口述史：新闻史研究的一种新路径》，《国际新闻界》2006年第7期。

首先是研究对象和基本概念的界定。本书作者团队将研究范围限定在云南少数民族地区，这一指涉既有行政区划的意义，更具区域性社会文化意义；对少数民族新闻业则采用内容界定的方法，指以少数民族地区为传播范围，以少数民族受众为传播对象，以少数民族语言文字为传播手段的新闻机构及其传播活动。具体来说，研究对象围绕德宏州、迪庆州、怒江州、西双版纳州等几个地区的报纸、广播、电视和网络媒体展开分析，具体调查和研究这几个地区的 7 份少数民族文字报纸（《西双版纳》傣文版、《德宏团结报》傣文版、景颇文版、傈僳文版、载瓦文版，《怒江日报》傈僳文版，《迪庆日报》藏文版），4 家少数民族语言广播频率（德宏、西双版纳、迪庆、怒江人民广播电台），4 家少数民族语言电视（德宏少数民族语言频道、西双版纳少数民族语言中心、迪庆康巴藏语频道、怒江电视台），少数民族语言文字网络媒体（德宏"孔雀之乡网"、西双版纳傣文新闻网站、"怒江大峡谷网"、迪庆新闻网站）等几方面。

其次，研究内容具体包括三个主要部分。第一部分描绘云南少数民族地区社会发展和整体变迁状况。对当代云南少数民族地区的社会变迁、特征进行整体把握，聚焦于云南德宏、迪庆、怒江、西双版纳等具有代表性的少数民族地区的政治、经济、文化和社会发展演变的总体特征，并以此作为本书的基本背景。展现当代云南少数民族新闻业发展的历史与现实图景。第二部分通过深度和典型个案的分析，深刻展现云南少数民族新闻业发展的历史脉络与社会互动，并对每个地区典型的少数民族媒介与传播现象进行个案剖析。理论探讨的核心在于剖析现代传媒与民族区域社会的关系。基于史料和田野调查收集的资料，在传媒社会学的视野下，探析这一区域少数民族新闻业与边疆民族社会的历史性互动。这部分深度个案的探讨主要围绕边疆治理、市场格局、民族文化传承与传播、社会整合等多个层次展开。分析和总结少数民族新闻业和民族区域社会的互动机制。从理论和应用层面探讨媒介化社会背景下少数民族新闻业发展的特殊规律和现代化路径，研究其与边疆民族社会的互动机制。第三部分本书作者团队对四个少数民族地区不同代际报人和新媒体从业者进行了口述访谈，共计完成了 96 个访谈。作为一种类似于以个人为中心的民族志研究，通过对报人和新闻从业者个人生命史的回溯和呈现，着眼于个人体验以及个人的主体性，从个人的视角展现云南少数民族地区社会变迁的整体特征和少数民族新闻业的发展轨迹。

当代云南少数民族新闻社会史的研究较为全面和清晰地勾勒出云南少数民族地区新闻传播与社会政治、经济、文化等方面的互动关系，并探析以上社会因素及技术结构对新闻业和传播理念的建构过程。新闻传播既是社会变迁的见证者，也是社会变迁的一个部分，对云南少数民族新闻传播的历史考察，既能反映云南的当代社会变迁，又能窥见少数民族新闻传播对于边疆民族社会的能动意义和建构功能。本书以传媒社会学为研究视角，将云南少数民族新闻业置于边疆民族社会情境中进行整体性考察，凸显少数民族新闻业与边疆民族社会发展的历史性互动。

本书通过文献研究和田野调查，从社会史的角度描述云南少数民族地区的当代社会变迁和民族新闻业发展的历史图景，并对其中的重要现象、个案进行"显微镜式"的考察，凸显边疆与多民族特性。在此基础上，围绕传播与社会两条线索进行关联性分析，考察少数民族新闻传播与边疆民族社会的历史性互动，探析其内在的社会动因，进而探寻少数民族新闻业与边疆民族社会互动的特殊规律和现代化路径。这些特点让本书内容具有较为突出的创新性。

# 目　录

**上篇　区域社会发展和新闻事业变迁** ……………………………………（1）

　第一章　德宏州社会发展和新闻事业变迁 …………………………（3）

　第二章　迪庆州社会发展和新闻事业变迁 …………………………（22）

　第三章　怒江州社会发展和新闻事业变迁 …………………………（48）

　第四章　西双版纳社会发展和新闻事业变迁 ………………………（81）

**中篇　当代云南少数民族新闻社会史深度个案解析** ………………（101）

　第一章　新媒体与区域社会文化互动…………………………………（103）

　第二章　民语影视生产中文化转移的意义建构………………………（115）

　第三章　德宏民语媒体人的代际差异与文化实践……………………（128）

　第四章　迪庆媒体人的传播实践与文化空间建构……………………（137）

　第五章　国家权力与少数民族文化自主性……………………………（152）

　第六章　怒江民语译制电影的历史考察………………………………（167）

　第七章　西双版纳民语媒体与地方社会的互动………………………（179）

　第八章　地方党报民族新闻的生产实践研究…………………………（190）

下篇　新闻人口述实录……………………………………………（201）

　　第一章　德宏州口述实录…………………………………（203）

　　第二章　迪庆州口述实录…………………………………（278）

　　第三章　怒江州口述实录…………………………………（359）

　　第四章　西双版纳口述史…………………………………（395）

后　　记………………………………………………………（527）

## 上篇

# 区域社会发展和新闻事业变迁

# 第一章　德宏州社会发展和新闻事业变迁

## 一、边境德宏

德宏傣族景颇族自治州（以下简称德宏州）是全国 30 个、云南 8 个少数民族自治州之一，位于中国西南边陲，是著名的"孔雀之乡"。"德宏"是傣语的音译，"德"为下面，"宏"为怒江，意思是"怒江下游的地方"。德宏全州辖芒市、瑞丽两市，以及梁河、陇川、盈江三县，以及我国边关名镇畹町，5 个县级单位当地人又俗称"外五县"，东面与保山市相邻，北、西、南三面都与缅甸接壤，全州除梁河县外，其余 4 个县市均为边境县市。州内有傣族、景颇族、阿昌族、德昂族、傈僳族 5 个世居少数民族[①]。截至 2021 年末，德宏州常住人口为131.6 万人，其中傣族人口为 35.88 万人，景颇族人口为 13.45 万人，阿昌族人口为 3.11 万人，傈僳族人口为 3.44 万人，德昂族人口为 1.44 万人，五个少数民族占全州总人口比例的 45.84%。全州城镇人口为 64.92 万人，乡村人口为66.68 万人，城镇化率达 49.33%[②]。景颇族、傈僳族和德昂族是"直过"民族（从原始社会跨越几种社会形态直接过渡到社会主义社会的民族），5 个世居少数民族与缅甸和印度东北部的掸族、克钦族、勃欧族、阿萨姆族等民族同宗同源、同语同俗，同一民族跨境而居，长期保持着友好往来和文化交流。

---

[①] 《德宏各县（市）名称的由来》，德宏网，https：//www.dehong.gov.cn/travel/lswh/content-87-2474-1.html。

[②] 《德宏》，云南省人民政府官网，https：//www.yn.gov.cn/yngk/szmp/dhz/201902/t20190227_99296.html。

## (一) 历史沿革

根据考古证实，早在新石器时代，德宏地区就有人类居住。公元前425年，澜沧江、怒江中上游地区的傣族先民以"勐掌"（今保山坝子，汉译"乘象国"）为中心形成联盟国家"勐达光"（汉译"哀牢国"），今德宏州属"勐达光"（哀牢国）的一部分。到公元前364年，傣族先民就在今瑞丽江流域建立了勐果占壁王国。公元前4世纪，德宏就成为中国历史上最早通往缅甸、印度、巴基斯坦、阿富汗等国陆路商贸交通线"蜀身毒道"的必经之地。47年，"诏达光"（哀牢王）贤栗率"勐达光"（哀牢国）各部族归附汉朝，"勐达光"（哀牢国）成为汉朝的附属国。76年，"诏达光"起兵反汉，被汉朝平定后，"勐达光"残余势力转移至怒江以西地区，很快又在伊洛瓦底江上游地区（先在盈江、后在瑞丽）崛起，汉史称"掸国"，傣史仍称"勐达光"。德宏成为"勐达光"（掸国）的中心地区。1312年，"勐卯"（瑞丽江河谷盆地）的傣族头人（麓川路总管）混依翰罕兼并周边地区、建立"勐卯弄"（汉译"麓川国"），以猛虎曾跃过头顶而自号"思汗法"。思汗法通过武力和招抚统一了大多数傣族地区，境内有勐卯、勐宛、勐腊、勐盏西、勐底、勐养、勐焕、勐遮放等"勐"级行政区，德宏成为"勐卯弄"（麓川国）的统治中心，也是傣泰民族的政治、经济、文化中心。1659年，降清的明将吴三桂进驻云南，德宏众傣族"土司"归附清朝。清朝沿用明制统治德宏，保留德宏境内的傣族"土司"管理制度，德宏分属云南行省腾越厅和龙陵厅。自1382年以来，到1956年民主改革彻底废止，德宏土司制度经历了574年之久，是云南省土司制度延续最长的地区[①]。

中华人民共和国成立后，1950年4月21日，中国人民解放军进驻潞西，5月15日德宏全境和平解放。军政代表团接管设治局，建立潞西县和瑞丽、陇川、盈江、莲山、梁河5个民族行政委员会，隶属保山专区。1956年4月，德宏傣族景颇族自治区改为德宏傣族景颇族自治州，保山专区并入德宏傣族景颇族自治州，辖保山、腾冲、昌宁、龙陵、潞西、梁河、盈江、莲山、陇川、瑞丽10县及畹町镇。1963年8月，德宏与保山地区的建置分开，德宏州辖潞西、梁河、盈江、陇川、瑞丽5县及畹町镇。1969年11月，撤销德宏州，并入保山地区。

---

① 《德宏历史沿革》，德宏网，https://www.dehong.gov.cn/news/dh/content-31-7-1.html。

1999年2月，撤销畹町市，设立瑞丽市畹町经济开发区（副县级）。至此，德宏州辖两市三县，即潞西市、瑞丽市和陇川县、盈江县、梁河县。2010年7月，国务院批准潞西市更名为芒市。"芒市"是国务院继1989年以后正式批准的唯一的专名和通名只有两个字的县级市名称。"芒市"既是专名，其"市"字又是政区通名[1]。

### （二）自然环境

德宏地处云贵高原西部横断山脉的南延部分，高黎贡山的西部山脉延伸入德宏境内形成东北高而陡峻、西南低而宽缓的切割山原地貌，全州海拔最高点在盈江北部大娘山，为3404.6米，海拔最低点也在盈江的西部那邦坝的羯羊河谷，海拔仅有210米，全州一般海拔在800～2100米，州府芒市海拔为920米，地表景观由"三山"（大娘山、打鹰山、高黎贡山尾部山脉）、"三江"（怒江、大盈江、瑞丽江）、"四河"（芒市河、南畹河、户撒河、芒东河）和大小不等的28个河谷盆地（坝子）构成，河谷盆地面积占全州土地面积的17.1%，其中面积在10万亩以上的坝子有盈江坝（55.23万亩）、陇川坝（29.72万亩）、芒市坝（瑞丽坝20.42万亩）、遮放坝（11.82万亩）。境内主要有怒江、伊洛瓦底江两大水系，江河湖泊和地热资源丰富，水资源总量达218亿立方米，水能资源蕴藏量300多万千瓦。除此之外，全州共有70余个湖泊、70多个地热温泉[2]。

德宏属南亚热带季风气候，气候资源也是得天独厚的，全州紧靠北回归线附近，所处纬度低，受印度洋西南季风影响，东北面的高黎贡山挡住西伯利亚南下的干冷气流入境，入夏有印度洋的暖湿气流沿西南倾斜的山地迎风坡上升，形成丰沛的自然降水，加之低纬度高原地带太阳入射角度大，空气透明度好，是全国的光照高质区之一，全年太阳辐射在137～143卡/厘米，年降雨量1400～1700毫米，年平均气温在18.4℃～20℃，年日照2281～2453小时，年积温6400～7300℃，年陆地蒸发量在1400～1900毫米之间，干旱指数在0.4～1.2之间[3]。

---

[1] 《"美丽县城"建设之芒市历史篇》，德宏网，https：//www.dehong.gov.cn/travel/lswh/content - 87 - 2636 - 1.html。

[2] 《德宏州水系》，德宏网，https：//www.dehong.gov.cn/news/dh/content - 33 - 119 - 1.html。

[3] 德宏傣族景颇族自治州志编纂委员会编著：《德宏州志－综合卷》，德宏民族出版社，1994年，第110－111页。

这一切形成了德宏冬无严寒，夏无酷暑，雨量充沛，雨热同期，干冷同季，年温差小，日温差大，霜期短、霜日少的特点，为多种作物提供了良好的生长和越冬条件，花果繁茂，素有"植物王国""物种基因库"之美称。优越的气候为德宏发展特色产业提供了得天独厚的条件，使德宏成了小粒咖啡、柠檬、坚果、橡胶、香料烟、优质大米等作物的重要生产基地。

（三）民族文化

德宏地处中华文化与东南亚文化、中原文化与边境少数民族文化的交汇地，在悠远的历史长河中，积淀了深厚的文化底蕴。傣族、景颇族、德昂族、阿昌族、佤族、傈僳族世代跨境而居。这些众多的跨境民族，在各个不同的历史时期形成了独具特色的跨界民族关系，改革开放以来，在全球化和一体化浪潮的冲击下，更加具有典型性和现实性。[①] 傣族的"泼水节"、景颇族的"目瑙纵歌节"、阿昌族的"阿露窝罗节"、傈僳族的"阔时节"、德昂族的"浇花节"、瑞丽"国际珠宝文化节"以及中缅"胞波狂欢节"、中缅边境交易会等节会已成为传承民族文化、增进民族团结、推动旅游经济发展、促进边疆和谐稳定、促进中缅友谊的重要文化交流平台[②]。

德宏是我国傣族聚居地最多的地区，德宏的傣族约占全国傣族人口的30%。傣族是一个精于农耕的民族，是最早种植水稻的民族之一。傣族文化源远流长，傣文书籍《贝叶经》《俄并与桑洛》已是经典，民间舞蹈《孔雀舞》深入人心。广为人知的傣族泼水节于4月12日至14日举行。泼水节是傣历新年，也是佛教节日，即浴佛节或佛诞节，是从印度的"洒红节"和到圣河沐浴的习俗演变而来，有浴佛、过年、祈雨、迎春耕、祝愿人畜兴旺和五谷丰登之意。德宏傣族信奉南传上座部佛教，分摆奘、朵列、摆润和左底4个教派[③]。

德宏的景颇族约占全国景颇族人口的95%以上，景颇族有5个支系，分别是景颇、载瓦、喇期（茶山）、浪峨（浪速）和波拉。景颇族的语言属汉藏语系藏

---

① 董强：《改革开放以来德宏傣族景颇族自治州跨界民族关系研究》，中央民族大学博士学位论文，2011年。

② 《州情概况》，德宏傣族景颇族自治州人民政府官网，http：//www.dh.gov.cn/web/_F0_0_28D0791P481VMUCUAOTPHTSBS6.htm。

③ 《德宏少数民族之傣族——水的民族》，德宏网，https：//www.dehong.gov.cn/dhbjx/mzwh/content-246-2093-1.html。

缅语族景颇语支,其中载瓦语支系的语言属缅语支的载瓦语。现在人们使用的文字是 1957 年创制的新景颇文和载瓦文。在德宏属于景颇族人民的传统节日是目瑙纵歌节,源于创世英雄宁贯娃的传说。目瑙纵歌节一般都选定在农历正月中旬,为期 3 至 7 天。节日当天,景颇族男女老少穿上节日盛装,一早便结队汇集到目瑙纵歌广场进行欢庆。目瑙纵歌由两位德高望重的"瑙双"领头。瑙双头戴犀鸟嘴和孔雀帽,手中挥舞长刀,边歌边舞。舞场中央竖立有高大的"目瑙示栋"标志,上刻目瑙纵歌的路线,人们围着"目瑙示栋"尽情歌舞,参舞者少至数百人,多至上万人,也被称为"万人舞"①。

阿昌族起源于青藏高原北部,大约在 13 世纪从澜沧江流域的玉龙一带进入德宏,在德宏州内阿昌族主要分布在梁河县、陇川县、芒市(原潞西市)。中华人民共和国成立之后,建立了 3 个阿昌族乡,分别是九保、囊宋、户撒。与傣族、景颇族不同的是,阿昌族没有自己的文字,他们使用的是汉文和傣文。语言属汉藏语系藏缅语族缅语支,一般兼通汉语和傣语。阿昌族的男女喜欢用对歌的方式展开娱乐活动,盛行"山歌恋"。他们的民族服饰的特点以腊撒地区保留较多,其中妇女佩戴的高达一尺的黑包头在国内外很少见。阿昌族也有属于自己的节日——阿露窝罗节,每年 3 月 20 日至 21 日举行,热情好客的阿昌族群众身着艳丽的服饰,和着象脚鼓、铓锣的节奏,唱歌跳舞,伴着一声声响彻整个户撒坝子的鞭炮声,舞起青龙、白象,与远道而来的客人们共享节日的快乐②。

相比傣族、景颇族、阿昌族,在德宏的傈僳族占全国傈僳族总人口的比重较小,仅有 3.3%。傈僳族有自己的语言,属汉藏语系藏缅语族彝语支的傈僳语。傈僳族人民的节日——阔时节,亦称"拉歌"节,意即新年歌舞节。节日时,附近村寨的人们聚集在一起跳三弦、芦笙或"木瓜瓜切"舞,举行火枪、弩箭射击比赛及对歌等活动③。

分布在德宏州各地,以芒市三台山居多的德昂族,是云南最古老的民族之一。德昂族语言属南亚语系孟高棉语族的佤德昂语支。德昂族人民主要从事农

---

① 《景颇族"目瑙纵歌节"》,德宏网,https://www.dehong.gov.cn/dhnews/ms/content-32-143-1.html。

② 《阿昌族》,德宏网,https://www.dehong.gov.cn/news/dh/content-86-2007-1.html。

③ 《傈僳族》,德宏网,https://www.dehong.gov.cn/travel/mzwh/content-86-2009-1.html。

业，种植水稻、薯类等，擅长种茶①。

著名作家艾芜、王小波分别在他们的代表作《南行记》和《黄金时代》等作品中，以独特的方式讲述德宏故事。著名音乐家施光南和杨非，通过他们的名曲《月光下的凤尾竹》《有一个美丽的地方》，将德宏的自然美与人文美提炼成了醉人的旋律，传唱不衰。独具特色的民族文化、边地文化、生态文化、珠宝文化，使德宏成为全国少有的旅游资源组合配套最完美的地区。2018年德宏组织参加"魅力中国城"竞演活动，在22个城市中以年度总分第二的成绩荣膺"2018'魅力中国城'十佳魅力城市"。截至目前，全州列入联合国教科文组织人类非物质文化遗产代表作名录1项（"傣族剪纸"）；国家级非物质文化遗产保护名录13项，非物质文化遗产保护传承人10人；省级非物质文化遗产保护名录18项，非物质文化遗产保护传承人47人；州级非物质文化遗产保护名录105项，非物质文化遗产保护传承人66人；县市级非物质文化遗产保护名录88项，非物质文化遗产保护传承人193人。2017年，"傣族木雕"等6个项目成功申报成为第四批省级非遗项目。②

（四）经济发展

德宏州2019年获批设立中国（云南）自由贸易试验区德宏片区。瑞丽作为中国西南最大的内陆口岸，是中国17个国际陆港城市之一，是国家支持的沿边重点开发开放试验区，这一切利好政策和发展规划都为德宏的经济发展带来了新一轮的机遇。德宏州2019年全年实现地区生产总值503.2亿元。全年城镇常住居民人均可支配收入31479元，比上年增长8.2%；农村常住居民人均可支配收入11409元③。

近年来，德宏州的工业稳步发展，形成以水电为基础，制糖业为支柱，具有一定规模的电冶、建材、医药、竹木加工、采矿、橡胶、粮食加工、茶叶以及新兴的生物创新开发等组成的较为完善的地方工业体系。德宏利用区位优势，积极发展边境贸易，积极承接产业转移，摩托车、电子电器、珠宝红木等产业稳步发展，纺织服装等新产业快速发展。在农业发展方面，高原特色农业发展良好，咖

---

① 《德昂族》，德宏网，https://www.neac.gov.cn/seac/ztzl/daz/gk.shtml。
② 《美丽德宏：唱响民族团结进步好声音》，《今日民族》2018年12期。
③ 《德宏少数民族之傣族——水的民族》，中华人民共和国国家民族事务委员会官网，https://www.dehong.gov.cn/dhbjx/mzwh/content-246-2093-1.html。

啡、坚果、柠檬、油茶等作物的种植面积不断扩大，荣获了中国"坚果之乡""咖啡之乡"荣誉称号。基本形成以芒市咖啡、瑞丽肉牛、陇川蚕桑、盈江坚果、梁河茶叶为代表的"一县一业"的发展格局①。

在旅游经济方面，德宏州优美的自然环境、独特的民族风情吸引了不少国内外的游客，特别是两个国家级优秀旅游城市瑞丽市和芒市旅游资源丰富。瑞丽的迎客榕树造型奇特，为众多影视专家所青睐，《边寨烽火》《孔雀公主》《戴手铐的旅客》《西游记》等10多部影视片都在这里拍摄过外景。芒市的勐焕大金塔是中国第一金佛塔，亚洲第一空心佛塔，被青山绿水环绕，光彩夺目，它不仅是芒市标志性的建筑，也是生活在这里的傣族人民的圣地。德宏州为推进旅游经济的发展壮大，建成畹町边关文化园、边寨喊沙、景成地海、龙安温泉、金塔温泉和孔雀湖酒店等一批重点旅游项目；芒市、瑞丽市省级全域旅游示范区和孔雀湖、姐告省级旅游度假区创建工作积极推进；不断加强文化旅游融合发展，积极融入大滇西旅游环线，"旅游革命"九大工程和"一部手机游云南"全面推进。德宏州2019年全年接待游客2960万人次，增长17.8%，旅游业总收入540亿元，增长13.4%，是德宏州各项经济指标增长速度较快的指标之一②。

德宏紧邻世界著名珠宝玉石、名贵硬木产地缅甸，使得其成为全国最大的珠宝翡翠、红木制品交易市场和集散地之一。近年来，珠宝翡翠已经成为德宏州的一张名片，互联网销售特别是直播交易业态呈爆发式增长，瑞丽珠宝翡翠网络销售名声在外。

（五）区位优势

德宏州三面与缅甸接壤，有503.8千米的边境线。在漫长的边境线上，有6个通道、28个渡口与缅甸相通，24个乡镇与缅甸7个城市、29个集镇山水相连、村寨相望，9条公路直通缅甸北部的重要边境城市。德宏拥有3个国家级一类口岸、2个二类口岸，是云南省特殊经济功能区最密集、口岸综合流量最大的

---

① 《德宏州经济委员会工业经济发展成就》，德宏网，https：//www.dehong.gov.cn/dehong/cj/content-34-397-1.html。

② 《对州政协十三届一次会议闭会002号提案的答复》，德宏州文化和旅游局信息公开专栏，http：//www.dh.gov.cn/lfw/Web/_F0_0_52AGVUNP4C198F2C1F5F470182.htm。

地区①。

德宏拥有瑞丽、畹町两个国家一类口岸以及章凤、盈江两个国家二类口岸，是中缅之间的陆路大通道，与缅甸东部山区相连，两国居民跨境而居，语言与文化习俗相似，一衣带水，胞波情深。德宏州有9条公路、28个渡口、64条通道及1条国际通信光缆、9条输电线路连通缅甸。2019年，德宏州充分利用区位优势，成功举办第十八届中缅边交会，共吸引11个国家2000余种商品参展，交易总金额18.2亿元，签约产业投资项目7项、协议金额178.3亿元；成功举办第五届跨喜马拉雅发展论坛暨第十届西南论坛、首届中缅跨境电商论坛、中缅跨国新年晚会、中国德宏—泰国达府文化夏令营等国际交流活动，邀请了10个国家的各界人士入境考察，派出组团访问了26个国家和地区，民心更加相通；全州口岸进出口总额126.7亿美元、增长14.2%，进出口货运量2080.3万吨、增长28.9%②。

德宏州作为我国，也是云南通往南亚、东南亚，特别是直达印度洋的一个最便捷的通道，从德宏出境经缅甸打通印度洋连接云南的通道可以打破我国的"马六甲困局"。货物从此通道进入中国，不仅可以避免经过危机四伏的马六甲海峡，运输成本和时间也将大大减少。特别随着"一带一路"倡议的实施，德宏从开放的"末梢"变为开放的前沿，从交通的末端变成了交通的枢纽。德宏州正立足通道枢纽、产业基地、交流平台三大功能，抢抓"一带一路"和桥头堡建设等国家重大战略实施的机遇，为德宏充分利用国内外两种资源和两个市场，实现跨越发展创造了难得的机遇和广阔的前景。③ 如今，德宏已经成为连接"两亚"和沟通"两洋"的经济平台、政治平台、友谊平台和合作平台。德宏作为中国走向印度洋的必经通道，是中国与东南亚、南亚各国交往中的前沿、窗口与桥头堡，具有无可替代的经济意义和战略意义。

---

① 《德宏傣族景颇族自治州州情概况》，德宏州傣族景颇族自治州人民政府官网，https://www.dehong.gov.cn/dhbjx/mzwh/content-246-2093-1.html。
② 《政府工作报告——2020年1月8日在德宏州第十五届人民代表大会第三次会议上》，德宏州傣族景颇族自治州人民政府官网，http://www.dh.gov.cn/Web/_F0_0_05FVCK7L8N4GM8GO3BBJKB22KC.htm。
③ 李锦云、耿新：《"和平跨居"背景下云南省德宏州跨界民族文化传播研究》，《西南民族大学学报（人文社科版）》2016年第2期。

## 二、德宏州新闻事业史

德宏州少数民族新闻业从最早的报纸、广播发展到电视、网络和微信传播，逐步迈向多媒体融合的传播模式。技术的进步、时代的变迁共同推动着德宏州少数民族新闻业的发展，在此过程中形成了德宏州颇具区域特色的少数民族新闻业发展史，并与少数民族社会发展交相辉映，呈现出一幅鲜活的图景。

### （一）报纸

当地较早的《德宏团结报》在1955年1月1日正式创刊，以对开四版，汉、傣、景颇、傈僳4种文字对照出报。傣文版创刊初期，因买不到字模，采用手工抄写，后期采用石印印刷，傣文版出过周一刊、周三刊，之后确认为周二刊，一直延续至今，每周发行一期，社址暂定保山。1956年德宏自治州成立后，《德宏团结报》报社搬回芒市，改为铅印，"一报三文"对照出版（汉文和傣文、景颇文、傈僳文分别对照出版），并开始在全国各地邮局发行。1958年1月，汉、傣、景颇、傈僳4种文版开始分开单独出报，仍为四开报纸。之后，1965年6月傈僳文版因发行量仅70份而停刊。1966—1972年"文化大革命"期间，《德宏团结报》被迫停刊，原民文版办报人员部分分流去其他单位[①]。

#### 1. 傣文版

傣文源于古印度文字巴利文，由佛教高僧创立并随佛教传入而逐渐成形，傣文原有傣泐文（西双版纳傣文）、傣端文（金平傣文）、傣纳文（德宏傣文）和傣绷文。[②] 1952年国家民族语言文字研究指导委员会对傣文进行调查研究后，确认了时下使用的两种傣文，其中西双版纳傣文通行于西双版纳、思茅（今普洱）傣族聚居区，德宏傣文通行于德宏、保山、临沧傣族聚居区，两种傣文同源不同形，外观上看西双版纳傣文字形较圆，德宏傣文字形呈长扁形[③]。

---

[①] 《唱响时代主旋律——德宏团结报社55年改革发展创新纪实》，德宏州傣族景颇族自治州人民政府官网，http://www.dh.gov.cn/Web/_F0_0_28D0791P483W5E111T9TSSGAIOVKL6G.htm。

[②] 罗美珍：《试论我国傣文和东南亚几种文字的关系》，《民族语文》1981年第4期。

[③] 龚锦文：《关于德宏古傣文的源流问题》，《云南民族大学学报（哲学社会科学版）》2001第18期。

1972年10月1日《德宏团结报》傣文版复刊，一直发展至今。从1955年《德宏团结报》傣文版创刊以来经历了4次改版。创刊初期的傣文版只有一个版面用来对译汉文版新闻，1956年发展到汉文、傣文对照出报后，为了贴近傣族群众，该报除了新闻版，还开设了刊登诗歌、民歌和民间故事的文艺版。1997年底，根据形势政策发展需要，《德宏团结报》傣文版把第四版改为科普、文摘版，向傣族群众传播科普知识，增加知识性和可读性。1999年，《德宏团结报》傣文版在克服电脑文字输入问题后，开始采用电脑激光照排印刷，告别了铅与火的时代，印刷质量开始不断提高。2003年《德宏团结报》傣文编译室开始配置电脑，引进采编系统，不仅提高了新闻时效性，也让《德宏团结报》傣文版版面的美观度有所提升。2004年11月该报再次改版，一版为要闻版，刊登国内、省内和州内重要新闻；二版为综合新闻版，刊登民族风情、地方生产等内容；三版为文艺副刊，主要刊载本民族诗歌、民歌、散文和民间故事等；四版科普、文摘版，主要刊登种植养殖园地、卫生保健和法律知识等。2008年，《德宏团结报》傣文版为了方便排版印刷、提高效率，对版面进行了顺序调整，一版要闻版主要刊登从汉文版编译来的时政新闻；二版科普版，刊登从汉文网站、报纸编译来的卫生保健、科普知识；三版文艺版是傣文报的副刊，主要刊登通讯员来稿，以诗歌、民歌、散文、小说为主；四版地方新闻，刊登由汉文版转译或者通讯员来稿的地方新闻。由于办报经费紧张、人员紧张，《德宏团结报》傣文版目前的办报质量还有提升空间，该报新闻大多仍以编译汉文版为主，傣文版编译室采编人员采访机会较少。《德宏团结报》傣文版现有编译人员6名、排版工2名，出报由编译室主任通盘把关，各版人员要负责编写、转译、校对工作，其中要闻版、文艺版各有一人负责，科普版、地方新闻版各有2人负责。该报于2013年起开始"触网"，仅在德宏民语网有报纸电子版，但因输入法不统一限制了该报在网络、新媒体领域的发展。

近70年的办报历程，《德宏团结报》傣文版在民族团结、国家认同方面发挥了积极的作用。该报积极宣传党的路线、方针、政策和相关法律法规，"两会"期间全版报道相关新闻，宣传《宪法》《民族区域自治法》《民法典》等法律法规。在促进多民族地区经济发展方面，该报刊登大量科技知识，选登农业致富典型。另外，二版"科普版"还刊登农业生产、卫生保健、教育拾零等内容。该报同样致力于弘扬民族传统文化，开辟文化专版，为傣族群众提供更多、更好的精神食粮，培养傣族文学爱好者和通讯员队伍。目前，《德宏团结报》傣文版发行量在 3000~3500 份，80%的读者为农村订户，发行范围除本州外，保山、西双版纳、临沧、普洱、昆明、北京等地区也有读者订阅。

2. 景颇文版

景颇族是一个跨境而居的民族，主要分布在中国、缅甸、越南的山区，德宏州是云南省内景颇族人口聚居地，占全国景颇族总人口的95%以上。除德宏州外，景颇族在怒江州的片马、古浪，临沧市的耿马，保山市的腾冲，西双版纳州的勐海以及普洱市的澜沧也有少量分布。景颇族包括景颇、载瓦、浪峨（浪速）、勒期（茶山）、波拉五个主要支系，盈江县和梁河县以景颇支系为主，有一小部分载瓦支系；潞西县（今为芒市）以载瓦支系为主，间有景颇支系村寨；陇川、瑞丽两地为景颇支系和载瓦支系杂居。[①] 景颇族使用景颇语和载瓦语两种语言，属于不同的语支，在基本词汇和语法结构上有很大区别，但在一些古老的词和基本语言成分上又有同源关系。因当地汉族将景颇族统称为"山头"，叫景颇支系为"大山"，载瓦支系为"小山"。因此，景颇语、载瓦语又称"大山话"和"小山话"。景颇族的文字历史可追溯至19世纪末西方传教士进入缅甸传教，为方便传教，用拉丁字母为该族创建了一套文字[②]。中华人民共和国成立后，我国民族语文工作者对景颇族语言文字重新考证、改进，创制了新景颇文和新载瓦文。

《德宏团结报》1955年创刊初期，景颇文与汉文、傣文、傈僳文同处在一张四开四版报纸上，景颇文版仅占一版，对译汉文出报。1956年景颇文版改为四开四版，汉文、景颇文对照出报，增开受景颇族群众欢迎的文艺版。1997年，景颇文版再次改版，在原有的新闻版、文艺版基础上增开文摘版和科普版，增加信息量，增强可读性和知识性。主要刊登：贴合景颇族群众需要的国内、省内、州内新闻，这部分新闻从汉文版进行编译；法律知识、致富之路、种植园地、养殖园地、卫生保健、生活小知识等景颇族群众实际生活所需的科普常识；诗歌、民歌、民间故事、散文等文艺类文章[③]。景颇文版帮助景颇族群众了解社会、了

---

① 刘璐：《景颇族语言简志：景颇语》，民族出版社1984年版，第1-4页。
② 《景颇族》，中华人民共和国国家民族事务委员会官网，https://www.neac.gov.cn/seac/ztzl/jpz/gk.shtml。
③ 《植根美丽德宏 再写时代华章——写在〈德宏团结报〉创刊60周年》，德宏团结报，https://wm.dehong.gov.cn/wm/content-6-833-1.html。

解国家方针、学习科技知识、传承民族文化是该刊的办报目标。

除 1966—1972 年停刊 6 年外,《德宏团结报》景颇文版一直处于正常出报状态,截至 2016 年 1 月 22 日共刊印出报 6047 期。《德宏团结报》景颇文版创办初期先后经历石印、铅印,1999 年 1 月 1 日起开始采用电脑激光照排印刷,2009 年 5 月实现了彩色印刷。目前,《德宏团结报》景颇文版已发展为四开四版出版,周二刊,发行量约为每期 1000~1500 份。该文版于 2013 年可以在网上阅看。

3. 载瓦文版

20 世纪 50 年代,针对载瓦文的存在有两种观念:支持者认为载瓦和景颇属于不同支系,两种语言虽均为拉丁字母,但在基本词汇和语法结构上有很大区别,且属于不同语支,两种文字都应予以重视;反对者认为同一个民族使用两种文字不利于交流。直到 1983 年,在载瓦支系群众的要求和民族语言文字专家的论证下,德宏州才开始恢复载瓦文字的使用,这也是《德宏团结报》载瓦文版创刊相对较晚的主要原因。

1984 年,在朵示拥汤、赵为民等人的努力下,《德宏团结报》开始进行载瓦文版的创刊筹备工作。1985 年 8 月 1 日,《德宏团结报》载瓦文版创刊。创刊初期,载瓦文编译室工作人员和景颇文编译室一同办公,通用景颇文版刊号。1986 年,载瓦文版和景颇文版分开办公。1997 年,在云南省委宣传部的批准下,载瓦文版有了独立的正式刊号。1998 年,载瓦文编译室成立。1985 年创刊时,载瓦文先为半月刊,1986 年 1 月改为周刊,同年开始通过邮政公开发行。载瓦文版目前为四开四版,第一版为要闻版,主要刊登国内、省内、州内新闻,内容来源为汉文版;第二版为综合新闻版,刊登反映本地、本民族的新闻和有关法律法规的内容,刊载有大量通讯员来稿;第三版为科技服务版,设有"科普园地""生活百科""卫生常识"等栏目;第四版为文艺副刊,刊载有该民族作者的小说、诗歌、散文、民间口传文学等。1999 年 1 月起,该版本改为激光照排印刷,2009 年 5 月起实行彩色印刷。

4. 傈僳文版

傈僳族是一个历史悠久的民族,早在 8 世纪以前傈僳族就已居住在四川雅砻江和川滇交界的金沙江两岸广大地区,后来逐渐由东向西迁徙。在长期的迁徙过程中,傈僳族逐渐成为一个跨境而居的民族,形成了一个以金沙江、澜沧江、怒江、独龙江为核心的居住区域,另有部分傈僳族分布在缅甸、泰国、老挝、印度等国家。全国第七次人口普查数据显示，傈僳族在中国有76.3万人，其中有73.3万傈僳族群众生活在云南省境内，德宏境内的傈僳族人口有3万余人，大多居住在苏典傈僳族乡、陇川弄闲、盈江卡场、户撒乡、东山乡①。

傈僳族有自己的语言文字，即傈僳文，傈僳语属汉藏语系藏缅语族彝语支，20世纪以来傈僳族先后使用过多种不同形式的傈僳族文字，目前只有老傈僳文和新傈僳文还在社会上通用，这两种傈僳族文字皆由拉丁字母变形而来，一般境外傈僳族使用老傈僳文，德宏州的傈僳族大多使用老傈僳文。② 20世纪初，西方传教士进入滇西地区传教，为方便传播宗教思想，传教士设计了一套用大写拉丁字母及其变体书写的文字方案，1919年后该文字开始在滇西北和缅北傈僳族地区推广使用，这就是老傈僳文，又称"圣经文字"。③ 新中国成立后，国家民族语言文字研究指导委员会又帮助傈僳族编制了一套新文字，1964年1月怒江州决定正式推广新傈僳文使用。随着傈僳族地区宗教传播活动的发展，以及老文字社会功能的增强，新文字的使用开始衰退。不同文字的推广普及也影响到了办报工作，《德宏团结报》傈僳文版、《怒江报》傈僳文版都有过使用新文字出报的经历，但迫于傈僳族群众实际需求，这两份报纸后来均改为老傈僳文字出报。

与《德宏团结报》傣文版、景颇文版同时创刊的傈僳文版是国内第一份傈僳文报纸，相比创刊于1983年的《怒江报》傈僳文版早了28年。《德宏团结报》傈僳文版创刊于1955年，10年后（1965年），因发行量仅有70份被迫停刊。1966—1972年《德宏团结报》停刊，直到1972年10月《德宏团结报》搬回芒市复刊时，傈僳文版才开始恢复出报，期间停刊7年。在《德宏团结报》傈僳文版发展历程中经历了4代报人，因人员短缺问题，几代报人中出现了夫妻办报、子承父业的现象，同时为支撑报纸正常出版，该版采用包版负责制，4位采编每人一个版面，每位采编人员要负责完成所分配版面的编译、画版、图片、排版、校对工作。1999年，《德宏团结报》傈僳文版在解决了民族文字电脑输入问题后，由铅印改为电脑激光照排。2003年起《德宏团结报》傈僳文报编译室开始使用电脑采编系统。2009年起开始出彩色版，2012年改为全彩印刷。《德宏团结报》傈僳文版现为四开四版周刊，使用老傈僳文出报，发行量为800~1000

---

① 《德宏民族团结40年 | 傈僳族社会历史——族系源流》，德宏傣族景颇族自治州人民政府官网，http://www.dh.gov.cn/cjb/Web/_F0_0_55GSPH3MBB896A137379410781.htm。
② 张军：《傈僳族新老文字使用问题》，《中国语言生活状况报告》2013年第1期。
③ 张军：《傈僳族新老文字使用问题》，《中国语言生活状况报告》2013年第1期。

份。第一版为时政版,主要刊登国内、省内、州内时政新闻,这一部分新闻主要转译自汉文版;第二版为法规版,主要刊登法律常识、法律案件、政法新闻;第三版为文艺版,主要刊登傈僳族通讯员写的山歌、民歌、民间故事等;第四版为科普版,以刊登生活常识、致富信息、科普知识为主。

5. 缅文版

2015年12月24日,《德宏团结报》创办了缅文版《胞波》,该版使用国家新闻出版广电总局颁发的独立刊号出报,暂时实行免费赠阅,计划未来通过邮政部门公开发行。该版主要以中国涉缅单位、中国境内缅籍人员、缅甸国内民众为读者对象①。目前《胞波》为对开四版全彩大报,周刊,每周五出刊,每期发行量在10000份左右。第一版为时政前沿,主要刊登中缅两国高层交流互动新闻,以及沿边地区对外开放的新思路、新举措和新成绩等;第二版为中缅商情,以刊载中缅两国贸易商情、投资动态为主;第三版为直通中缅,该版重点宣传服务类消息和招工信息,服务来华缅籍人员;第四版为文体前沿,主要宣传两国的旅游文化、民族文化、异域风情和环球体育新闻。

(二) 广播

德宏广播电台是云南省建台时间最早的地州台之一,于1974年批建,1978年试播,1979年9月建成,同年10月1日开始用汉语普通话、傣语、景颇语3种语言播音,1985年5月1日增加景颇族载瓦语播音。初期主要的节目有3档:新闻(转播中央新闻,德宏地方新闻)、文艺节目和专题。专题包括农业科技、农村带头人先进事迹,之后增加了傣语艺人的事迹②。2005年,民语广播的节目经历了一次改版,景颇语、载瓦语、傣语部都改为1个小时的节目(早上播1个小时,中午和晚上重播),新闻从原来的10多分钟增加到20分钟。从2009年底开始,德宏广播电台与中国国际广播电台合作,为中国国际广播电台播出缅语广播,覆盖德宏州全境和周边的保山市、腾冲、龙陵,以及缅甸部分地区,被称为边境地区的"国际广播电台"。2011年8月30日,德宏人民广播电台与德宏电

---

① 《搭起传递胞波情谊的新桥——德宏州创办〈胞波〉缅文报12月面世》,德宏网,https://www.dehong.gov.cn/dhnews/mt/content-18-28570-1.html。

② 《德宏人民广播电台机构信息》,德宏傣族景颇族自治州人民政府官网,http://www.dh.gov.cn/Web/_F0_0_28D0791P483W5E1053UZVGGE8NDU9GO.htm。

视台合并成立德宏广播电视台。目前德宏广播电视台的民族语频道用傣语、景颇语、载瓦语三种语言全天播音9小时，转播中国国际广播电台缅甸语节目3小时，共12小时。

德宏民语广播的节目收听方式分为两种。一种是传统的调频收听。芒市地区使用中波频率（900KHz）收听，在各县市采用调频106.1MHz或在各个民族村寨架设广播定点接收器作为民语广播的补点覆盖，覆盖德宏州全境和周边的腾冲、龙陵，以及缅甸九谷、木姐、南坎等地区[①]。另一种收听方式是利用手机收听。2013年，德宏州的各大民语节目入驻蜻蜓FM、喜马拉雅FM等手机收听平台，提高了听众收听民语广播节目的便利性，扩大了听众群。德宏民族语广播节目经历了多次节目改版后，目前开设有《德宏新闻》《国内外要闻》《农业科技》《健康与卫生知识》《举案说法》《傣族歌手唱德宏》《民族风情》《双语双学》《民族艺术剧场》《民族风乐韵》《文艺点播》《文艺直播》等不同类型、不同风格的多档自办节目。

德宏广播台建台至今经历了三次跨越式的发展。第一次是2010年广播台实现了"无纸化"，从纸质到电脑的跨越。第二次是直播节目的开创，德宏广播电台的第一个直播节目于2010年12月31号开播，第一次做的直播点播节目是载瓦语歌曲点播。之后，直播节目便成了广播台的精品栏目，是群众参与性、互动性最强的一档栏目，也是听众最喜爱的节目之一。2016年1月，由于听众反响强烈，民语文艺直播点歌节目由一星期一次增设为一星期两次，分别在周一和周五播出，是民语广播重点打造的精品栏目之一。第三次是2014年，德宏民语广播开始举办听友见面会，与听众面对面接触，进行自我宣传。目前，德宏广播台的工作人员已经到德宏的5个市县的多个乡镇召开听友会。通过举办听友见面会，借助新媒体力量，把现场活动及时传播出去，发挥广播"快"的优势，同时也解决了广播节目"看不见"的问题。

（三）电视

德宏少数民族语言电视的发展始于1992年德宏电视台民语部建立，之后为了满足民族地区不断增长的少数民族精神文化生活需求，1997年在云南省广播

---

[①]《德宏人民广播电台机构信息》，德宏傣族景颇族自治州人民政府官网，http://www.dh.gov.cn/Web/_F0_0_28D0791P483W5E1053UZVGGE8NDU9GO.htm。

电视厅的批复下成立了德宏少数民族语言电视译制中心，成为一家独立运营播出民语译制节目的机构，与德宏电视台民语部一同为推动德宏州少数民族电视发展做出了贡献[①]。

德宏电视台民语部成立之初，主要以播放傣语译制的中央新闻和德宏新闻为主，辅以少量傣语译制的专题节目，之后陆续开播景颇语和载瓦语新闻。1999年之后德宏电视台进行改革，要求各个部门创收，民语部创收有一定困难，实行单位负责发基本工资、奖金由部门创收获得的运营模式。在创收的压力下，民语部开始与德宏农业局、工厂（如水泥厂、机械厂）、检察院、法院联合举办专题节目。一直以来，德宏电视台民语部有三类节目：一类是民语新闻（主要是把汉语的德宏新闻翻译成傣语、景颇语和载瓦语后再播出）；一类是文艺节目（主要播放民语歌手的音乐MV）；一类是专题节目（包括译制专题节目和自采专题节目）。

傣语新闻在每周一、三、五的汉语新闻播完后播出，景颇语和载瓦语新闻在每周二、周四播出，播出时长为12~15分钟；专题节目播出时间不固定。在积极探索自采自编民族语栏目的过程中，民语部先后开办了《民族之窗》《傣语综合栏目》《边寨新貌》《禁毒前沿》《交通之声》《德宏艺苑》等节目，在少数民族群众中发挥重要的影响力，为更好地宣传党的方针政策等做出了积极的贡献（摘自《德宏广播电视台发展成就概述》）。2012年4月，德宏电视台民语部划归德宏少数民族语言文化电视译制中心（以下简称"德宏民语电视译制中心"），圆满完成了民语新闻播报和民族文化传播的历史使命，6名工作人员全部并入德宏民语电视译制中心。

德宏民语电视译制中心成立之初主要是译制傣语新闻类节目或者社教类节目，以及民族音乐电视点播，傣语译制的云南新闻和自采的傣语德宏新闻每天都播出，播出时间为2小时。2007年3月8日增办了景颇语节目和载瓦语节目，使得节目内容更加丰富多彩，形成了德宏州传媒战线中一道亮丽的风景线。

从2000年开始实施的"西新工程"大力推动了德宏的民语宣传工作，德宏民语电视译制中心除了译制新闻类和科教类节目，也开始大批量译制影视剧，增加了更为丰富的自采自编栏目，如《五彩德宏》《孔雀之乡》《快乐新农村》。中

---

① 《德宏电视台机构信息》，德宏傣族景颇族自治州人民政府官网，http://www.dh.gov.cn/Web/_F0_0_28D0791P483W5E1053UZVGGSFMP7DLI.htm。

心译制的新闻类节目有《中央新闻》《云南一周要闻》《德宏新闻》，科教类节目有《今日说法》《动物世界》《农业科技》（也叫《科普文化园》），自办栏目有《今日点唱》和《文艺欣赏》。德宏民语电视译制中心每年译制200集电视剧，傣语电视剧100集，景颇语和载瓦语电视剧各50集。译制影视剧的类型分为农村生活题材片、中国文化题材片和战争片，影视片的选择标准主要是符合民族习惯和国家政治，弘扬中国文化和正能量。具有代表性的民语译制影视片有电视剧《西游记》（傣语）、电影《唐山大地震》（景颇语）、电影《叶问2》（载瓦语）。目前，德宏民语电视译制中心每天的节目播出顺序是从19：00开始播傣语新闻，20：00开始播景颇语或载瓦语新闻（两种语种的新闻交叉隔天播出），21：00开始播科教类专题节目，22：00开始播民语电视剧。

2008年，德宏民语电视译制中心以紧密联系老百姓为宗旨开办自采自编的大型节目《快乐新农村》，发展至今已成为德宏民语电视译制中心最具特色、影响力最大的一档节目，深受老百姓喜爱。《快乐新农村》制作初期主要是录制村寨的活动室落成、道路修建、民族节庆日的各种庆祝活动，进行后期编辑后于每周末晚上8点在民语频道播出1小时。2017年7月以来，节目增加了一个3~5分钟的片头专题片，专门介绍这个寨子的村风村貌，并通过微信直播间进行了几场直播，最高点击率突破了10万人次。

2017年7月，德宏民语电视译制中心也开始涉足缅语节目，与仰光缅语翻译公司进行战略合作，在瑞丽马拉松比赛期间翻译了《龙门飞甲》和《寻龙诀》两部影片，这两部影片已在木姐放映。另外，德宏民语电视译制中心还委托仰光的翻译公司把《发现德宏》系列微记录翻译成缅文，每个视频10多分钟，内容有"古老的茶农""乡村的民宿""乡村建筑与自然""最小的留学生"等，德宏民语电视译制中心负责后期合成。目前翻译成缅文的电视剧有《西游记》、《舞乐传奇》和《中国远征军》，总共100多集。在没有播放平台的情况下，先在瑞丽姐告传媒集团的国门书社、曼德勒胞波书社、密支那胞波书社播放。

截至2017年12月，德宏民语电视译制中心从1997年不到20人组成的机构发展为集新闻与专题节目译制、汉语电视译制和自采自编民语节目为一体的民族语言文化传播机构，目前在编人员31人，外聘人员16人，其中傣语、景颇语和载瓦语译制部各6人。

（四）新媒体

新媒体时代来临，以互联网为核心的新媒体传播方式为德宏州各民语传媒机构的发展注入了新的活力。2006年8月，中共德宏州委宣传部成立了国际互联网德宏新闻中心（以下简称"新闻中心"），属于德宏州宣传部的一个内设科室，2007年3月正式运行州委州政府门户网站"孔雀之乡网"。2008年10月，新闻中心与德宏团结报社、德宏广播电视台、德宏民族出版社、德宏少数民族语言电视译制中心一同并入州委组建的德宏传媒集团，确定为副处级二级法人事业单位。2014年7月，"孔雀之乡网"更名为"德宏网"。经过多年的发展建设，该新闻中心已建构起两网（"德宏网""德宏汇生活"）、五平台（"掌上德宏"微信、手机客户端、手机网、微博和"德宏快报"手机直播平台）、七语言文字（汉语、英语、傣语、景颇语、载瓦语、傈僳语和缅甸语）的立体传播体系。

为更好地服务德宏融入"一带一路"建设，新闻中心相继自主建设开通了集傣语、景颇语、载瓦语、傈僳语4种少数民族语言文字的"德宏民语文网"和"德宏网"英语文、缅语文版，用6种以上语言文字传播中国和德宏的图、文、音视频资讯。从2013年以来，《德宏团结报》傣文版、景颇文版、载瓦文版、傈僳文版以电子版报纸的形式在"德宏民语文网"上刊登。为了维系"德宏民语文网"的正常运转，新闻中心外聘少量兼职翻译人员完成网站内容的民语翻译工作。

早在2012年，《德宏团结报》就开通了微博，2014年开通了官方微信公众号，2016年相继开通了"玩转德宏"和"中缅商情"微信公众号，2017年的重点是4个民文报纸的微信公号和"Hi德宏"的App建设。2017年2月9日，《德宏团结报》正式开通傣语报、景颇语报、傈僳语报微信公众号，分别是"勐傣德宏""景颇人""多彩傈僳"，内容采用民语和汉语两种语言对照排版，每周推送一次新内容，其内容的供稿、编辑均由各个民语部人员一起完成。民文报微信公众号的内容一般包括与当地民族有关的新闻、科普法律常识和民间文学艺术。民文报微信公众号开通不到一年，其关注人数不断上升，相比于报纸，年轻读者群增长显著。在每期推送的内容中，自采民族文化内容最受欢迎，阅读量达到5000人次以上，最高突破了40000人次。

2013年以来，德宏广播电视台、德宏民语电视译制中心相继利用新媒体技术拓展民语节目的传播平台，收到了可喜的效果。目前德宏广播电台的所有民语节目在蜻蜓FM、荔枝FM、喜马拉雅FM上均可以收听，迎合了新媒体时代听众更多利用手机收听广播的习惯。从2017年年底开始，德宏广播电台办了微信公众号"德宏傣语广播"和"德宏景颇之声"，2017年11月10号推送了第一条消息，并把蜻蜓FM里的内容放进栏目里。2017年7月以来，德宏民语电视译制中心的《快乐新农村》节目增加了一个3～5分钟的片头专题片，专门介绍这个寨子的村风村貌，并通过微信直播间进行了几场直播，最高点击率突破了10万人次。

2017年，由德宏团结报社、德宏广播电视台、德宏民族出版社、德宏少数民族语言电视译制中心等多家单位于2008年10月合并组建而成的德宏传媒集团，投资2000万建立了以大编辑部形式打造"中央厨房"式的融媒体平台，通过技术促进各家单位实现实质上融合的同时，积极利用新媒体整合资源，提高德宏民族语言文化的传播效率。德宏传媒集团融媒体中心投入使用，将推动德宏州民族文化传播事业在新媒体时代快速高效的发展。

# 第二章　迪庆州社会发展和新闻事业变迁

## 一、走进迪庆

迪庆藏族自治州（以下简称迪庆州），藏语意为"吉祥如意的地方"①，是云南省唯一的藏族自治州。它位于滇、川、藏三省区交界的横断山脉，"三江并流"自然奇观的标志性腹心地带，在东经98°20′~100°19′、北纬26°52′~29°16′②，地处青藏高原南延部分，是云南省海拔最高的地方。东与四川木里藏族自治县（以下简称木里县）、丽江宁蒗彝族自治县（以下简称宁蒗县）接壤；南接丽江玉龙纳西族自治县及怒江傈僳族自治州（以下简称怒江州）的兰坪、福贡县；西与西藏自治区（以下简称西藏）的左贡、察隅县及怒江州的贡山独龙族怒族自治县（以下简称贡山县）毗邻；北与西藏自治区的芒康县及四川省甘孜藏族自治州（以下简称甘孜州）的巴塘、德荣、乡城县交错接壤。

全州行政区域总面积23185.67平方千米。东西最大宽度168.56千米，南北最大长度260.77千米③。至2022年末，迪庆藏族自治州辖香格里拉市、维西县和德钦县。共有29个乡（镇），其中：9个镇（含3个中心城镇、6个建制镇）、

---

① 《总体概况》，迪庆藏族自治州人民政府官网，http://www.diqing.gov.cn/dqgk/ztgk.html。

② 《区位及面积》，迪庆藏族自治州人民政府官网，http://www.diqing.gov.cn/dqgk/qwjmj.html。

③ 《区位及面积》，迪庆藏族自治州人民政府官网，http://www.diqing.gov.cn/dqgk/qwjmj.html。

20个乡（含3个民族乡）。有196个村级单位，其中：16个居委会、180个村委会。①

迪庆州政府驻地香格里拉市，是英国作家詹姆斯·希尔顿在其长篇小说《消失的地平线》中描绘的一个远在东方群山峻岭之中的永恒、和平、宁静之地。小说里描写了一个名叫"蓝月"的狭长山谷，一个位于山谷高崖处的汉藏合璧且兼具天主教印记的喇嘛寺——香格里拉（Shangri-La），以及山谷尽头一座叫作"卡拉卡尔"的标准金字塔形状的雪山②。该书给世人留下了一个巨大的悬念——"香格里拉"究竟在哪里？有学者考证，作家希尔顿是根据美籍探险家约瑟夫·洛克刊登在《国家地理》上的照片和文章描绘出的香格里拉。而现实世界中的香格里拉就在云南西北部的一个雪域小镇——中甸。1973年，中甸由迪庆藏族自治州管辖。2001年12月17日，经国务院批准，中甸县更名为香格里拉市。2014年12月16日，经中华人民共和国国务院批准，国家民政部下文正式批准撤销香格里拉县，设立香格里拉市，以原香格里拉县的行政区域为香格里拉市的行政区域③。

迪庆州境内共26个民族，少数民族人口约占全州总人口的88.7%。其中，以藏族人口居多，约占总人口的36%④。复杂的地形条件塑造了这里独具特色的自然风光，多民族杂居的现状和藏族的文化、历史脉络，形塑了这里多样的民族文化和宗教文化。

（一）建制沿革

1958年，在今维西县塔城镇戈登村发现的戈登文化遗址，经考古认定为距今约七八千年的新石器文化遗址。唐武德四年（621年）设神州，今维西、香格里拉的部分地区为唐剑南道姚州都督府十三羁縻州之一。五代后晋天福二年（937年）段思平灭杨干贞，建立地方政权，号"大理国"，取代南诏，维西改治

---

① 《行政区划》，迪庆藏族自治州人民政府官网，http://www.diqing.gov.cn/dqgk/xzqh.html。

② [英]詹姆斯·希尔顿：《消失的地平线》，陶曚译，云南美术出版社，2019年。

③ 《历史沿革》，香格里拉人民政府官网，http://xianggelila.diqing.gov.cn/mlxgll/JZYG.html。

④ 参见《迪庆概览》，迪庆藏族自治州人民政府官网，http://www.diqing.gov.cn/dqgk/ztgk.html。

属大理国。宋代（960—1254年），大理国废节度，设四镇八府，维西县境归么些大酋统辖，属四镇之一的成纪镇，名罗衰间，为大理国极边险僻之地。境内藏族聚居区在宋代成为藏传佛教兴盛的地方，而沿金沙江一线则为么些大酋所据，号花马国。南宋宝祐元年（元宪宗三年，1253年），忽必烈率大军征大理国，至元八年（1271年），元忽必烈派兀都蛮率蒙古军镇守旦当（今香格里拉一带，原名中甸），同年置茶罕章宣慰司。至元三十年（1293年），云南旦当（中甸）划属宣政院管辖地。

明洪武五年（1372年），德钦归吐蕃等路宣慰使司都元帅府奔不儿亦思刚招讨司磨儿勘（芒康）与万户府剌宗（巴塘）的管辖。清康熙六年八月（1667年），青海蒙古和硕特部受格鲁派之约请，挥兵占领中甸，在中甸设置独克宗（今中心镇），五世达赖喇嘛派宗官管理中甸地方，征收赋税。康熙五十一年（1712年），中甸建立了地方最高权力机构，即官（土司）、民（老民）、神（寺院）三方组成的联席会议（吹云会议），商定政治、宗教经济等各方面大事要事。清康熙五十八年（1719年），清朝收复巴塘，巴塘设正、副土司，德钦复归巴塘管辖。清雍正元年（1723年），中甸划归云南省。

清乾隆二十一年（1756年），云贵总督爱必达奏准，将维西、中甸改隶丽江府，中甸升格为厅，将州判裁撤，改楚雄同知为中甸同知。乾隆二十二年（1757年），清廷准将维西通判改为维西抚夷通判。清光绪三十二年（1906年），清廷设阿墩子弹压委员（夏瑚），归维西通判节制，后试设县未果。

中华民国建立之初，中甸、维西、德钦地方政权仍沿用旧制。1947年，云南省区域变更，行政督察区由7个改为13个，维西属第十三行政督察专员公署。1948年，第十三行政督察专员公署设置于维西县，管辖维西、丽江、中甸、兰坪4县和德钦、贡山、福贡、碧江4个设治局。

1949年5月12日，中共维西党组织率领民众自卫队发动暴动，推翻了国民党领导的维西县政府，建立了临时人民政权，起名为维西县临时参议会。10月1日，中华人民共和国成立，维西县人民政府也于当日宣告成立，隶属滇西北人民专员公署。1950年5月10日，中甸县人民政府成立，属丽江地区专员公署。同年，中共丽江地委派出的随军代表接管德钦县参议会和设治局，建立县级人民政权机构（德钦县设治局），隶属丽江专区，维西也归属丽江专区。1952年5月，成立德钦藏族自治区及自治区人民政府。1955年12月，在德钦县首届各族各界人民代表大会第六次会议上，决定将德钦藏族自治区改为德钦县，自治区人民政府改称为县人民委员会。1957年9月13日,经中华人民共和国国务院批准,迪庆藏族自治州人民政府成立,辖中甸、维西、德钦3县,由丽江专区代管。1973年8月,经中共中央、国务院、中央军委批复,同意迪庆藏族自治州不再由丽江地区代管,直接受中共云南省委、省政府领导。2001年12月17日,经国务院批准中甸县更名为香格里拉县。2014年,香格里拉撤县设市。①

(二)地形地貌

迪庆州地形近似蝶状,地质构造复杂,地势北高南低,地貌形态以山地、古高原面和岭峰为主,境内地理为"三山挟两江"。三山为梅里雪山、云岭雪山山脉、中甸雪山山脉,自西向东依次排列,中间奔腾着澜沧江和金沙江。州内最高海拔为梅里雪山卡瓦格博峰6740米,最低海拔为维西县碧玉河入澜沧江口处1486米。迪庆全州由于受地势、地貌及气候因素的影响,形成垂直分布的3种生态环境,即:高寒地区,海拔在2800~6740米;山区,海拔在2200~2800米;河谷地区,海拔在1486~2200米。

(三)气候特征

迪庆属温带和寒温带季风气候(河谷地区属北亚热带季风气候),年平均气温6.3℃~11.8℃,最热月平均气温13.6℃~18.8℃,最冷月平均气温-2.3℃~4.2℃,绝对最低温度-27.4℃,年日照时数为1824.9~2150.2小时,降水量651.1~971.5毫米。雨季(5月~10月)降水量占全年的85%左右,无霜期为127~201天。"一山有四季、十里不同天"是迪庆特殊气候的真实写照。②

(四)自然资源③

迪庆州境内有澜沧江、金沙江自北而南贯穿全境,金沙江流经迪庆境内430千米,流域面积16810.8平方千米,澜沧江在迪庆境内流程320千米,流域面积

---

① 《建制沿革》,迪庆藏族自治州人民政府官网,http://www.diqing.gov.cn/mldq/jzyg/。
② 《区位及面积》,迪庆藏族自治州人民政府官网,http://www.diqing.gov.cn/dqgk/qwjmj.html。
③ 参见《自然资源》,迪庆藏族自治州人民政府官网,http://www.diqing.gov.cn/dqgk/zrzy.html。

7059.2平方千米，全州共有大小支流221条，沿两江干流四射分布，形成典型的羽状水系。全州水资源总量为119.73亿立方米，可利用量95.7亿立方米，境内两江一级河流硕多岗河、吉仁河、阿东河等可开发利用率较高，全州可开发利用水能资源在1370万千瓦以上。迪庆境内光能、热量资源十分丰富，降雨充足，具有宜农、宜牧、宜投资开发的良好气候环境。

迪庆州被誉为"地球物种基因库""动植物王国"和"天然高山花园"等。分布在迪庆境内的动物，哺乳类有120种，鸟类有290种，分别占全国的24.12%和云南的38.83%，其中列入国家重点保护动物的有109种。

分布在迪庆州境内的维管束植物有196种4485种，境内分布的高等植物中，中国特有种超过30%，区域特有种达600余种。境内国家级重点保护珍稀濒危植物29种，占全国重点保护植物总数的6.9%，占云南省国家级重点保护植物总数的17.4%。其中一级保护植物有秃杉1种，二级保护植物12种，三级保护植物16种。除此之外，迪庆州的山岭地带也是天然的药材宝库，冬虫夏草、贝母、知母、天麻、杜仲等数百种野生药材均在这片土地上生根发芽。

作为云南省重点林区之一，迪庆州是西南地区的富集林区。全州森林覆盖率达51.3%，林木总蓄积量22680万立方米，人均占有林量达到770多立方米，是全国人均占有林量的80倍。森林资源以云杉、冷杉为主，其次是云南松、高山松及其他针阔混交林。

位于"三江成矿带"腹心地带的迪庆州还拥有着丰富的矿产资源，是全国十大矿产资源富集区之一。目前已经探明和发现铜、钨、钼、铝、锌、锑、金、银、铁、锡等各类矿产41种，矿床和矿点达260处。

迪庆州草场资源丰富，全州草场覆盖度在60%~95%，现有牧草55科265种，草场面积达658.7万亩。

（五）旅游资源

迪庆历史悠久，自然风光绚丽，浓厚的民族风情让迪庆成为天然的旅游胜地，境内有气势磅礴的雪山冰川、广袤肥沃的高原牧场、苍茫茂密的原始森林和点缀其间的高原湖泊，到处是奇妙无比的自然景观。包括云南省第一峰卡瓦格博峰、"三江并流"世界自然遗产、普达措国家公园，梅里雪山、虎跳峡、白水台、梅里大峡谷、长江第一湾、巴拉格宗峡谷、碧壤峡谷、千湖山等名胜景区，还有白马雪山国家级自然保护区和哈巴雪山、纳帕海、碧塔海等省级自然保护区。以藏文化为主体的民族宗教文化，蕴藏着十分丰富的民俗文化景观，还有充满宗教神秘色彩和历史文化积蕴的松赞林寺、独克宗古城、祖师洞、吐蕃铁桥遗址和铁桥东城遗址等。迪庆共有著名旅游景点 20 多个，是一个自然景观、人文景观的富集区域。

### （六）人口

2019 年末，全州常住总人口 40.03 万人，其中户籍人口 369568 人。在户籍人口中，少数民族人口 329556 人，占总人口的 89.17%。其中藏族人口 133467 人，占总人口的 36.11%；傈僳族人口 111938 人，占总人口的 30.29%；纳西族人口 46684 人，占总人口的 12.63%。千人以上的少数民族人口分别为：彝族 16456 人，白族 15180 人，普米族 2294 人，苗族 1529 人，回族 1111 人。2019 年，全州人口出生率 8.51‰，人口死亡率 5.88‰，人口自然增长率 2.63‰，常住人口城镇化率 37%。[①]

迪庆的世居民族有藏族、傈僳族、汉族、纳西族、白族、回族、彝族、苗族、普米族、怒族、独龙族共 11 个民族，其中，除回族通用汉语外，其他 10 个民族都有自己的语言，藏族、汉族、傈僳族、纳西族、彝族 5 个民族有自己的文字。

### （七）经济发展

中华人民共和国成立前的迪庆处于半封闭的自给自足、半农半牧的自然经济状态中，经济产业结构十分单一，农业占据绝对主体地位，其中以粮食种植业和畜牧业为主，且生产条件差、生产水平低下。工业产值在国民经济中占的比例比较低。交通运输和邮电事业发展缓慢、水平较低，到民国末年，全州境内只有 8 个邮电代办所，科教文卫等社会事业发展也极其落后。中华人民共和国成立以后的 40 年间，迪庆州进行大规模、全方位的社会主义经济建设，经济结构发生变化，工业比重较大幅度增加，到 1990 年底，迪庆州已有冶金、电力、煤炭、机械、建材、印刷等产业部门，工业企业 105 个，其中全民所有制 31 个，集体所

---

[①]《经济和社会发展统计：迪庆藏族自治州 2019 年国民经济和社会发展统计公报》，迪庆藏族自治州人民政府官网，http://zfxxgk.diqing.gov.cn/zfxxgk_dqzzf_ztjj/fdzdgknr/jjhshfz-tj/202004/20200430_128956.html。

有制74个。

2019年,全州累计完成地区生产总值(GDP)2512005万元,按可比价计算(下同),同比增长11.6%。其中第一产业完成增加值154502万元,同比增长5.5%;第二产业完成增加值952833万元,同比增长19.8%;第三产业完成增加值1404670万元,同比增长6.6%。按总人口计算的人均生产总值为61697元(总人口为年平均人口),比2018年增加9028元,同比增长10.6%。一、二、三产业占GDP的比重由2018年的5.8∶41.4∶52.8调整为6.2∶37.9∶55.9。第一产业比重较2018年上升0.4个百分点,第二产业比重较2018年下降3.5个百分点,第三产业比重较2018年上升3.1个百分点。[①]

## (八) 区域文化[②]

迪庆地处南亚、西亚与东亚相交连接的中心位置,占据着丝绸之路南方枢纽地段,同时又位于青藏高原南缘山脉腹地,是滇、川、藏三省的结合地带,是历史上南北民族迁徙的要道,在这种环境之下的迪庆文化呈现出以藏文化为主,多元文化共存的独特多样的景观。

迪庆是著名的歌舞之乡,被国际音乐界称为"圣地"。藏族歌舞品类繁多、风格迥异,既有沉稳古朴的中甸锅庄,也有潇洒清扬的德钦弦子,既有柔中带刚的尼西情舞,也有豪迈奔放的塔城热巴。除此之外,彝族的打歌、苗族的跳乐、傈僳族的对脚舞、纳西族的东巴舞都给迪庆歌舞增加了多元的色彩。藏族人民在从事繁重劳作时与歌为伴,砍柴歌、筑墙调、打奶歌谣、伐木号子充斥在人们日常生活的方方面面。

浓厚的宗教色彩也是迪庆文化的一大特征,迪庆境内除了有藏传佛教外,还有基督教、伊斯兰教、道教、天主教及传统的民间信仰东巴教和本主信仰等。迪庆藏族信奉藏传佛教;傈僳族除有本民族固有的民间信仰外,主要信仰基督教,也有一部分人信仰天主教及藏传佛教;纳西族主要有民间信仰"东巴教";白族多信仰本主教;彝族主要信奉"毕摩教";回族主要信仰伊斯兰教。在迪庆州内,多宗教千百年来共存共荣,宗教文化也已经融入迪庆各民族的日常生活和思

---

① 《国民经济》,迪庆藏族自治州人民政府官网,http://www.diqing.gov.cn/mldq/gmjj/。
② 中共迪庆州委宣传部编著:《迪庆藏族自治州州情教育读本》,云南人民出版社,2012年,第48-62页,第88-107页。

想文化的方方面面，因而形成了带有浓郁雪域宗教色彩的迪庆民族文化。宗教艺术以藏传佛教艺术、"东巴艺术"最为著名。走进松赞林寺、东竹林寺等佛教寺院，造型生动细致的佛像、鲜艳精美的巨幅壁画、宏伟肃穆的建筑、丰富繁多的经卷、唐卡、法器展现着藏传佛教的博大精深。在东巴文化发祥地的三坝纳西族乡白地村，又可以看到祭天、禳灾、卜卦、驱鬼、丧葬等传统宗教仪式，看到用象形文字书写的祭龙王经、祭风经、除秽经、祈寿经、消灾经、开丧经、超荐经、占卜经等，感受纳西族原始信仰的深邃。

藏传佛教是印度佛教传入我国后与藏族原来信奉的苯教互相融合而形成的具有藏族特点的佛教。8世纪，吐蕃王朝赤德松赞时期，俯角僧侣执掌政权，迪庆地区的佛教也兴盛起来。11世纪中叶后，藏传佛教各教派先后形成。1147年前后噶举派黑帽系一世都松钦巴到康区传教，此后该系二世活佛噶玛拔希自大都回到康区传教时到德钦路过梅里雪山一带，曾撰写"卡格博"祈祷文，并流传至今。1578年，三世达赖索南嘉措受丽江土知府木氏的邀请到云南传教。迪庆藏传佛教还不同程度地吸收了苯教的某些祭祀仪式和境内藏族的一大批自然神祇，在佛经宣传中创作了大量的地方性佛经故事，从而形成具有迪庆地方特色的藏传佛教文化。藏传佛教可以分为宁玛派、噶举派、格鲁派三个派系。

富有民族特色的手工艺文化是迪庆州的另一个特色。香格里拉尼西藏族的制陶业最早可以追溯到石棺墓文化时期，距今已有2000多年的历史，目前生产陶制品中还保有4大类30多个传统品种。另外，迪庆藏族金、银、铜器加工历史同样悠久，工艺十分精美，现生产有3大类上百个传统品种。用各种毛料、麻料、棉料、火草和树皮为材料制作的藏族手工纺织制品品种繁多，制式、质地、色彩、工艺都极具特色，有很强的实用性和很高的审美价值。

复杂多样的自然环境和民族成分造就了这里丰富多彩的饮食文化、服饰文化、丧葬文化。迪庆藏族大多居住在高寒地区，以青稞、小麦为主粮，以酥油糌粑为主要饮食，奶渣、红糖、肉类为佐餐。主要的风味食品有奶渣、酥油、红糖搅拌而成的"特烘"，用荞面、酥油、奶渣、红糖制成的"雪男雪落"，整块猪肉去掉内脏剔骨后加入花椒、草果、食盐等将其缝合，压上石板腌制，形状如琵琶的"琵琶肉"等。还有诸如"八撒""龙眼包"等传统藏式糕点，喝酥油茶、青稞酒。除此之外，居住在迪庆的纳西族、白族、彝族等也有各自不同的饮食喜好，制作方法、口味各不相同。

迪庆州的民族服饰也有着异彩纷呈的特点，其中藏族服饰使用范围最广、服饰类别最为复杂。尤其是妇女的服饰十分庞杂，被称为是"藏族服饰的橱窗"，根据年龄、婚嫁与否等，妇女服饰在颜色、头饰上均有差别。同时藏族服饰又因高寒山区、高寒坝区、高寒半山区、河谷地区等不同居住地域及婚嫁、节庆生产劳动和宗教活动等不同场景，而拥有30多种不同的样式。比如大小中甸区域的藏族妇女服饰简洁大方、色彩鲜艳，东旺、尼汝、格咱等地的则式样古朴，奔子栏、尼西、五境、塔城的则以百褶裙为主。同样因地域差别而产生差异的还有藏族民居，河谷区的民居是平顶碉楼式建筑，高原坝区民居则是三楹两层楼房。另外，迪庆藏传佛教的寺庙建筑是藏族建筑艺术的精华，同时寺庙建筑也融合了滇西北纳西族、白族及汉族的建筑艺术，充分体现了迪庆文化的包容性特征。

在漫长的历史发展过程中，迪庆藏族人民凭借着对生与死的独特理解，形成了多种丧葬形式，以及一整套复杂严谨、形式多样的婚俗、节礼等。迪庆各民族传统节日繁多，藏族的主要节日有"藏历新年""春节""五月赛马节""丹巴节""格都节""神山节"等，这些节日在不同时令举行，是迪庆政治、经济、生产、生活、宗教信仰、文学艺术、社会交往、民族心理等的综合反映。

迪庆文化也为我们留下了众多宝贵的文化财富。迪庆不仅有以中心镇公堂、金沙江岩画、迪庆石棺文化等为代表的有形文化遗产，同时还拥有着丰富多彩的非物质文化遗产。截至2014年，迪庆拥有国家级非物质文化遗产保护项目5项，包括香格里拉藏族锅庄歌舞、曲艺《格萨尔》说唱、维西傈僳族歌舞"阿尺木刮"、香格里拉县纳西族东巴造纸工艺技术、香格里拉尼西黑陶烧造技艺；国家级非物质文化遗产项目代表性传承人有5名；有19项省级非物质文化遗产保护项目，50名省级非物质文化遗产项目代表性传承人，119项州级非物质文化遗产保护项目及117名传承人。

## 二、迪庆州新闻事业史

### （一）报纸

报纸是迪庆地区发展历史比较长、影响力比较大的新闻媒体，《迪庆日报》是迪庆州最具权威性、影响力最大的报纸媒体。《迪庆藏文报》作为云南地区唯一藏文报刊与《迪庆日报》之间有着紧密关联。《迪庆藏文报》在1995—2009年间曾长期挂靠在《迪庆日报》副刊部，以《迪庆日报（藏文版）》的名义出版，属于内部刊物，与《迪庆日报》共用刊号；创刊至今，《迪庆藏文报》中的国内新闻，尤其是有关国家政策方针等报道主要依靠对《迪庆日报》中相关内容的选择和编译。

《迪庆日报》原名《迪庆报》，是中共迪庆州委机关报，试刊号于1988年10月1日开始发行，试刊阶段为对开4版小报。创刊初期，《迪庆报》以每期2000份的印刷量出版12期，主要内容包括重要新闻、重要思想决策、迪庆州经济工作、文艺文化等。1989年10月5日，《迪庆报》改为旬刊正式出版发行，每月逢五出版，每期发行量5000多份。

《迪庆报》创办之初，设有总编办公室、编辑部、行政办公室3个科室，办报条件十分简陋，没有固定的办公场所，起初在州委大院办公，后又租用迪庆军分区营房办公，记者配备少量胶片单反相机，需要自己冲洗照片，甚至设备都要自己购买，报社没有自己的印刷厂，报纸编好以后需要专人送往位于昆明的《云南日报》印刷厂进行排版、校对和印刷，加上当时交通不便，出版一期报纸来回要耗费近半个月的时间。《迪庆报》改为旬刊后，逢1、11、21日出版，后又改为周报，每周一出版。1991年，迪庆州印刷厂划归报社，《迪庆报》迎来了"自主印刷"时代，并在技改之后拥有了北大方正电子出版系统、激光照排系统和胶印印刷设备，建起了自己的办公大楼。

在1994—1999年期间，《迪庆报》不断发展升级，经历了从周一报向周二报、周三报的转变。2001年10月23日，云南省新闻出版局发出文件批复，批准《迪庆报》改为日报出版，更名为《迪庆日报》。自此，《迪庆日报》踏上了全新的发展轨道，报纸的信息量进一步扩大，时效性显著提高。从2002年开始，《迪庆日报》先后在香格里拉县、维西县、德钦县建立了记者站，并于2006年派驻首批记者，以协助迪庆日报社完成所在县、市的报道和发行任务。2007年，《迪庆日报》进行了改扩版，从4开小报变为对开大报，每期4版、每周6期，改版后的《迪庆日报》在定位、格局、内容等方面进行了创新和提升，年总发行量达到3335000份。

随着《迪庆日报》自身实力的不断增强，其媒体影响力也在不断扩大，尤其是在重要党政新闻、重大突发性事件的报道上，该报成为迪庆州最具权威性和公信力的新闻媒体。2013年8月28日、31日，香格里拉县、德钦县、德荣县交界处发生地震，地震发生后，香格里拉网和新华社几乎在同一时间发布消息，并充分利用区位优势深入震中，在第一时间获得大量一手材料，成为此次抗震救灾首发新闻源泉。在报道中，一线记者利用微信、QQ等即时通信工具大大提高了新闻时效性，及时传回信息和图片，间隔10分钟后，手机报和香格里拉网就已开始向外界发布消息，新媒体平台的优势得到了凸显。据统计，仅8月31日一天，迪庆日报社就播发手机报24期，上百条新闻，香格里拉网访问量超过10万人次，创下了建网以来的历史新高。

截至2014年底，迪庆日报社内设办公室、编辑部、记者部、副刊部、藏编部、网络部、广告部、监察室8个科室，办有3个公司，即迪庆日报文化传播有限公司、云南大香格里拉文化传播公司、滇西北彩色印务公司，共有59个事业编制，实际在编在岗人员52人。当年出报296期，共出版发行了5032000份。目前，《迪庆日报》拥有包括纸质版报刊、"迪庆日报传媒"微信公众平台、官方微博、香格里拉新闻网在内的多种媒体平台，发展态势迅猛。

在《迪庆日报》的光辉发展历程中，《迪庆藏文报》是不能忽略的一部分。1995年3月2日，正值藏历木猪新年，云南第一张藏文报——《迪庆日报》藏文版诞生。创刊当日，举办了隆重的首发式。藏文报的存在丰富了云南地区新闻媒体的语言体系，扩展了迪庆州对外宣传的外延，为藏族读者了解党和国家的方针政策提供了平台，为保留和传承迪庆藏族文化开辟了新的路径。

创刊初期，《迪庆日报》藏文版为对开4版小报，以月刊形式出版，在迪庆州的财政支持下，报纸免费赠阅给寺庙、藏文学校及相关单位。此时的藏文报还没有加入邮发系统，每期出报后，由报社工作人员打包派发。《迪庆日报》藏文版的版面设置为：一版为要闻版，主要报道州内重大新闻、信息，设有《短讯》等栏目；二版、三版为一版要闻版的延续与补充，主要报道迪庆州政治、经济、社会、教育、卫生、文化、生态等领域的新发展、新变化，设有《香格里拉统一战线》等栏目；四版为文艺副刊版，设有《民间文学》《民风民俗》《学习园地》《知识园地》《卫生常识》《生态》等栏目。这一时期的版面形式根据需要进行增减变换，并不固定。

早在1995年创刊前，要求开办《迪庆日报》藏文版的报告就已经由云南省新闻出版局提交给了新闻出版总署，直到1997年2月24日，《迪庆日报》藏文版才经新闻出版署批准为旬刊，正式出版发行，出版时间为每月10、20、30日。另外，批复提出从1998年1月起，《迪庆日报》藏文版的内容设置应与《迪庆报》一致，使用汉文版刊号发行。"借用刊号"的情况一直延续到2009年，藏文报也一直由《迪庆日报》副刊部管理。创刊初期，由于采编人员缺乏且藏文水平有限，在很长一段时间内稿件翻译、审查工作都不得不依靠社会力量进行，也就是将汉文稿件分派给当地藏文研究所、藏文老师、藏文学者等相关人士翻译成藏文，再由余德贵整理排版、手工画版后印刷。随着电脑运用技术的普及，2005年左右，包括藏文编辑部在内的整个日报社基本实现了运用飞腾软件进行电子排版，逐步告别了"手工画版"时代，一批业务能力更强、藏文水平更高的藏文编辑成长起来。

《迪庆日报》藏文版作为一个地方民文报刊，从内容上来说，既有与其他纸媒相同的国内外新闻、方针政策传达方面的内容，也有与涉藏地区工作、地方文化紧密相关的特色报道。总的来说，报纸内容大致可以总结为新闻报道、维稳宣传、弘扬社会主义核心价值观宣传报道、生态建设报道和民族文化传承发展报道几个方面。在藏文报初创时期，由于采编人员十分有限，新闻稿件主要是对《迪庆日报》汉文版相关内容的翻译和再编辑，副刊稿件为通讯员自采、原创稿。

新闻报道上，《迪庆日报》藏文版在抓好政治、经济、社会、医疗卫生、文化等方面综合性的报道同时，也注重重要活动的动态报道。在1997年，该报对迪庆州重大建设工程迪庆机场建设的情况和进展进行了连续报道，编译刊发了《迪庆香格里拉民用飞机场通行庆典隆重举行》等多篇稿件。2002年，先后编译刊发了《中甸县更名为香格里拉县》《中甸县更名为香格里拉县庆典仪式和第三届香格里拉艺术节文化动员大会召开》《中甸县更名为香格里拉县暨第三届迪庆香格里拉艺术节于2002年5月5日至10日在香格里拉县城隆重举行》等消息。

维稳宣传方面，《迪庆日报》藏文版立足于本州民族、宗教、文化特征，紧跟国家方针政策，在2002年以来编译刊发了大量相关报道。2008年拉萨发生"3·14"打砸抢事件后，藏文报组织编译了近20篇揭露达赖分裂祖国行径的报道，并在4月20日用一整版刊登了州委召开干部大会，邀请相关专家学者就"3·14"打砸抢骚乱事件进行深入分析和斗争的消息，抓住拉萨"3·14"事件、百万农奴解放纪念日、西藏和平解放纪念日等节点，做好舆论引导和正面宣传工作，对维护涉藏地区稳定发挥了积极作用。

对于弘扬社会主义核心价值观的宣传报道，《迪庆日报》藏文版主要采用宣传典型人物、树立先进模范的方式进行报道。2004年6月19日，多年坚持在德钦县云岭乡民永村支教的复旦大学毕业生马骅在从县城返回支教学校的途中发生车祸，不幸身亡。事故发生后，迪庆州委宣传部对马骅的先进事迹报道工作十分重视，在全州内掀起了学习马骅先进事迹的浪潮。《迪庆日报》藏文版也积极响应这一号召，带头编译刊发了一批有关马骅先进事迹的文章，发挥了地方主流媒

· 33 ·

体应有的传播功能。除此之外，《迪庆日报》藏文版还在此后多年先后编译刊发了大量有关先进人物的报道，树立了"一生跟党走"的藏医学专家初称江楚、"民族团结助推手"龚曲此里、登上万国邮政联盟讲台的尼玛拉木等榜样形象，为推进全州思想道德进步和长治久安营造了良好氛围。

《迪庆日报》藏文版还注重对迪庆州生态文明建设工作和成果进行宣传报道。自1995年创刊起，相关报道一直在该报的版面上占有着一席之地，《三江并流世界自然遗产资源调查结束》是该报于1995年9月2日刊发的第一篇生态主题的报道，此后《万棵绿树将装点建塘城市》《保护生态基本原则》《绿色化发展路子是我们的必然选择》《维西县验收12万亩野生核桃产品产业开发项目》等多层次、多角度的生态建设报道层出不穷。

传承和弘扬民族文化也是民文报刊的重要职责之一。《迪庆日报》藏文版立足于迪庆州丰富悠久的藏文化，编译刊发了有关藏医藏药传承的《迪庆州新研制出70味珍珠丸》，有关藏族历算发展史的《藏族历算的来历》，有关民间文学的《八个宗的传说》，有关藏族说唱艺术的《德钦婚礼词》《东旺哈达词》《东旺说唱概略》等文章，彰显了浓厚的地方特色，用文字的方式记录传承了优秀民族文化。

《迪庆日报》藏文版除了在云南地区发行外，还积极与藏文媒体兴起较早、发展较完善的四川、青海、西藏等地的藏文媒体进行刊物交换，并加入了中国藏语媒体工作协会，以便进行交流学习。2009年，在全国大量压缩和清理刊号的情势之下，国家新闻出版总署从推广使用和发展藏语言文字的需要出发，批准了《迪庆藏文报》统一刊号。2010年1月1日起，《迪庆藏文报》正式刊号启用，正式面向社会赠阅发行，赠阅对象为迪庆州藏族群众聚居的乡镇村社、大部分藏传佛教寺院、藏文学校以及统战、民族、宗教部门和省内外涉藏单位。

2011年1月10日，随着迪庆日报社搬进新办公大楼，藏文编辑部与副刊部共用办公室的历史随之结束。为了配合版面大小的变化，丰富藏文报的内容，提高报纸的质量，《迪庆藏文报》在2011年对报纸进行了大规模改版，形成了固定的版面。一版、二版为时政要闻；三版为经济、旅游、生态、综合报道；四版为卫生与健康、娱乐时尚、卡瓦格博（文艺副刊）、民族文化等内容。除此之外，二、三版上还开设了《民间文学》《民风民俗》《历史人物》《习作园地》等栏目。改版后的藏文报版面划分更加清晰，在保留了原先主要内容的基础上进行了创新和丰富。

随着藏文报的不断发展成熟，加紧人才培养也成为藏编部的重要工作内容之一。紧跟报社组织"走出去，请进来"培训学习的脚步，抓住云南报业集团对口帮扶的机遇，藏文编辑部积极参加了全省少数民族文字出版编辑培训、鲁艺文学院作家培训班以及中宣部、中共云南省委宣传部举办的涉藏宣传业务培训学习等，通过多次大规模、高水准的培训学习，藏文采编人员的业务能力得到明显提升。

## （二）广播

迪庆州与广播事业结缘已早。1950年5月，中国人民解放军十四军四十二师进驻中甸县城，军用通讯无线电台被用来在各种群众集会上做播音宣传。同年5月16日，在庆祝中甸和平解放万人大会上，县级机关干部和城乡人民群众第一次听到广播。1952年、1953年，中共丽江地委宣传部和云南省广播电台在丽江举办了两期收音员培训班，为中甸、德钦、维西分别配备2名收音员，主要工作是抄收新闻，用蜡板刻印后送往县级机关领导、农村工作队进行学习宣传。在1953年秋，中央慰问团云南分团到达迪庆，向中甸、维西收音站赠送了25瓦扩音机1部，迪庆从此有了扩音设备。1959年，各县陆续建成广播站，农村广播网也逐步开通。此后，中甸、维西、德钦三县广播站均利用电话线路组织农村广播，广播内容以播送政府重要文告、通知，通报灾情、险情为主。迪庆州成立20周年庆典活动实况就是通过邮电线路和广播专线传播到全州的。

1986年7月，迪庆州内第一座卫星地面接收站在省属中甸林业局建成。同年11月，迪庆州成立广播电视局。至此，迪庆州广播电视事业的各项工作得以正常有序开展。1991年8月，省里出资175万元开始筹建迪庆人民广播电台，于1993年建成了发射台。1997年8月，迪庆人民广播电台正式开播，从此实现了在州内转播中央人民广播电台节目，结束了迪庆无广播电台的历史，无线广播覆盖率从零提高到20%左右。

1993年3月25日，迪庆州人民政府印发《对关于州广播电台发射台机构编制人员配备等有关问题的处理意见的批复》文件，明确迪庆人民广播电台主要负责中央人民广播电台、云南人民广播电台节目的中波转播工作。1996年6月19日迪庆人民广播电台广播（播控）中心建设完工。同年，经国家广电总局批准，允许迪庆人民广播电台开办一套综合广播节目。1997年5月，迪庆人民广播电台播控大楼建成并完成播控设备安装调试后，由彭建鑫同志牵头负责筹划的电台自办节目，于8月18日开始试播，开设了《迪庆新闻》栏目，播出时间为早上7：00首播，中午12：00重播一次，播出时长8～10分钟，每3天更换一组节目。随后，电台又增设了《云南新闻》《迪庆漫游》《校园风景线》《音乐漫步》《感悟人生》《大千世界》和藏语新闻节目，其中藏语新闻节目是迪庆电台第一档藏语广播节目。

康巴藏语广播节目开办初期，根据《迪庆新闻》汉语稿件翻译每天播出10分钟，节目由汪莉群一人承担。1998年以来，聘请两人协助开办藏语节目，增设综艺节目，使每天的播出量达到一个小时。2001年，"西新工程"在云南涉藏地区实施以来，电台更是抓紧、抓好康巴藏语广播节目的采制译编播工作，主要完成中央新闻、云南新闻、迪庆新闻的译制工作。同时，先后开设了《迪庆新闻》《云南新闻》《中央新闻联播》《国际国内要闻》《哈达连万家》《香格里拉艺苑》《生活之友》《雪域欢歌》《跟我学藏语》等栏目。

在办电台的过程中，如何提高广播新闻的及时性、真实性和贴近性的问题，引发了迪庆人民广播电台编辑记者的思考，电台新闻宣传开始加大对录音报道、现场报道的力度，强化新闻选题策划，重点聚焦"两会"关于经济转型的话题并进行了深入的采访报道，《迪庆新闻》《百姓话题》《迪庆漫游》等节目围绕州委州政府中心工作、决策部署，围绕香格里拉的更名等热点话题，深入采访报道迪庆政治经济社会发生的变化，深入宣传报道保护生态环境，发展旅游、矿产、生物、水电四大支柱产业的措施办法，制作了一大批有质量、有分量的新闻节目。

2002年5月5日，中甸县更名为香格里拉县，庆典活动在五凤山体育场举行，迪庆人民广播电台为更快、更及时地报道庆典盛况，专门购买了两台诺基亚手机，采用将现场报道用手机传送至直播间的方式进行了直播报道，取得了圆满成功。自此，现场录音报道、现场同期采访的应用日益普遍，广播新闻的及时性得到了发挥，迪庆人民广播电台在重大会议、重大活动中准确及时报道的能力逐步提升。

2002年左右，为了解决电台人员不足的困境，电台一方面制订年度增人计划，通过公开招考方式引进人才，另一方面为进一步提高广播电台采编播人员素质，在业务经费紧张的情况下，实施人才培训工作，先后派出采、编、播人员到云南人民广播电台各频率进行跟班学习一个月，学习广播业务知识和节目采编。同时，将台内骨干播音员送到中国传媒大学学习播音主持业务，有力地推动了电台人才队伍素质的提升。

  为了提高收听率，发挥影响力，迪庆广播电台不断深化节目改版改革。在深入进行受众分析的基础上，对广播节目、栏目进行了"瘦身"，砍掉收听率不够高的节目，把28个栏目精简为18个，保留了风格、特色节目和新闻类、音乐类栏目。同时，充实了藏语节目，开设了《藏语国际国内新闻》《藏语迪庆新闻》《哈达连万家》《雪域欢歌》《香格里拉艺苑》等节目，节目时间从每天15分钟增加到120分钟。

  另外，迪庆广播电台还建立完善了节目创优创新机制，鼓励电台采编播人员积极创新创优，制定完善了《外宣节目奖励办法》和《创优节目表彰奖励办法》，对上省台和中央台的广播新闻和节目进行奖励，对获得年度云南省广播电视政府奖三等奖以上的作品给予奖励，极大地调动了电台采、编、播人员创新创优的积极性。为解决办台过程中的经费问题，迪庆广播台成立有专门的广告创收经营小组，专门负责广播广告的营销，建立创收考核奖励制度，激发创收活力。

  2003年12月中共迪庆州委印发《中共迪庆州委关于迪庆电视台、迪庆人民广播电台升格的决定》，升格后，迪庆人民广播电台对原有的节目进行了精心的策划。新版节目于2004年1月12日正式上单播出，每天播出16个小时。涉及改版的栏目有《迪庆新闻》《读报时间》《新闻专题》《打开好心情》《送你一支歌》《评述联播》《祝你平安》《走进香格里拉》《花开不败》《伴你同行》《纯白旋律》《你的故事我的歌》《浪漫情歌》和《藏语迪庆新闻》《藏语云南新闻》《藏语国际国内新闻》《香格里拉艺苑》《生活空间》《雪域欢歌》以及直播节目《高地节拍》《正午快车》《温馨专递》，还制作了整点报时广告，并在节目包装等方面争取了昆明广播电台、云南广播电台的支持和帮助，使节目的可听性有了新提高。

  创新永远是迪庆人民广播电台的生命，随着电台节目制作能力的提升和互联网应用逐步普及，让电台有了新的想法。2004年10月，包雪锋等筹集资金15000元，依托迪庆香格里拉广电网，创建了迪庆人民广播电台网页。网页开设了新闻资讯、走近香格里拉等栏目，并开设了广播节目点播、直播窗口，使迪庆人民广播电台节目能够在互联网上进行点播收听，极大促进了电台的收听率。之后，随着广播节目互动性的不断增强，单纯利用电话热线参与节目已不能满足听众需求。为此，电台又开发了短信互动平台，进一步拓展了听众参与节目的渠道，短信参与节目的听众日益增加，电台节目互动交流更加广泛、深入。

随着全国广播电视节目制作的繁荣发展，广播节目市场日益活跃，各种贴片节目、评书联播等成为广播电台节目的有效补充。2005年4月15日始，迪庆人民广播电台年度节目改版工作再次启动，迪庆人民广播电台开始与省内外广播电视节目制作机构开展广泛合作，引进了一批优秀的广播节目，如《歌声传情》《评书联播》《天下故事会》等，按照节目风格定位，结合广播频率不同时段听众的特点，合理进行了安排播出。引进节目以新颖的风格和更加丰富的节目内容，带给听众新的听觉感受，受到了听众的欢迎。同时，自办节目增加了《体坛快讯》《音乐排行榜》《跟我学藏语》等节目，节目时长增加至每天播出18个小时。

2008年，迪庆人民广播电台的节目改版更加注重节目内容的改革创新，重点对《迪庆新闻》《阳光直播室》等新闻节目进行了内容和时效的提升，更加注重发挥广播新闻的时效性、贴近性和可听性，使《迪庆新闻》节目在一些重大活动和事件报道中充分发挥了广播新闻舆论引导的作用，广播宣传的功能得以充分发挥。与此同时，迪庆人民广播电台在总结2007年州庆直播、八方名嘴话名城以及奥运火炬传递直播等大型户外直播活动的成功经验基础上，提出办"看得见的广播"，走出直播间，把广播节目办到户外，将整个节目流程展现给听众，激发听众参与和收听的积极性。

2009年，针对节目的改版如何取得突破的问题，迪庆人民广播电台进行了反复思考，对频率的风格定位、受众特点、人员现状等进行了充分的研究，提出了打造香格里拉特色广播的想法，并在频率和节目包装，节目板块设置和节目名称等方面充分利用香格里拉品牌，并采取大板块分时段的方式，将不同时段的节目重新定位与划分，突出时段节目风格。在保留"迪庆新闻"和藏语板块节目的基础上，主要设置的节目有《1047早班车》《相约香格里拉》《聆听香格里拉》《阳光直播室》《快乐进行时》《评书联播》《阳光列车》《伴你同行》《老歌情未了》，以及引进节目《嘻哈江湖》和《夜色聊人》等。这次的节目改版在频率和节目包装上下足了功夫，特别策划了30多条宣传语和形象广告，邀请云南广播界著名播音员、主持人和幕后制作班底的全力支持，使新改版节目的包装走在全省州市广播的前列，极大提升了频率形象，得到社会各界好评。

2012年，迪庆人民广播电台和迪庆电视台两台合并，成立迪庆州广播电视台。尽管如此，康巴藏语广播节目依然在迪庆州广播电视台综合广播中插播，插播时间每天增为3小时，新闻类节目有《迪庆新闻》《国际国内要闻》《云南新闻》。其中,《迪庆新闻》节目是编辑、翻译当天播出的汉语版《迪庆新闻》,每期播出15分钟;《国际国内要闻》主要是转播中央人民广播电台藏语广播播出的《国际国内要闻》,时长为30分钟;《云南新闻》主要是翻译播出云南日报或云南新闻网中的要闻,时长为15分钟。另外,还开办有《初生莲苑》《名人风采》《藏文课堂》《民风民俗》《法制园地》《卫生与健康》《寻香妙音》7档自制综合文艺类栏目。

2017年1月1日,迪庆藏语频率(FM99.8)试播,每天播出藏语自制节目4小时,自此结束了占用综合频率(FM104.7)播出藏语节目的历史。节目设置有5种类型:第一类为50分钟的《99.8新闻时空》,其中中央新闻30分钟,迪庆新闻20分钟;第二类为30分钟的《99.8综艺平台》,其中文学节目和综艺节目各15分钟;第三类为音乐节目,即《99.8本土歌舞盛宴》(30分钟)以及《99.8妙音苑》(60分钟);第四类为少儿节目《99.8少儿乐园》(30分钟);第五类节目为特色直播节目《99.8直播间》(30分钟),作为迪庆藏语频率的重头戏,《99.8直播间》每天一期(周六、周日除外)。每期节目从策划到播出均由藏语译制中心工作人员两两结组,轮流完成,主题广泛涉及藏族传统服饰、食物、音乐、习俗等方方面面。

迪庆藏语频率无论是自采、自制节目,都严格按照国家新闻出版广电局十七号令等法律法规,认真遵守"三审制度",实行逐级审查和"谁审查谁签字谁负责"的责任追究制,严把舆论导向关,始终做到牢牢坚持党性原则、牢牢坚持马克思主义新闻观、牢牢坚持正确的舆论导向、牢牢坚持正面宣传为主,团结稳定鼓劲的基本方针,努力讲好迪庆故事,传播好迪庆声音。

(三)电视

迪庆州的电视事业开始于20世纪80年代。1981年9月,维西县投资1万元建成了五峰山差转台,10月3日正式播出,这是迪庆州第一个电视台站。1986年,州政府向3县共计拨款50万元用于卫星电视收转站建设。1987年,迪庆州将电视建设事业列入州、县国民经济和社会发展计划中,开始把电视普及到乡村。自此,各乡镇陆续建成电视站。1990年,全省推进乡级卫星收转站的建设工程。到1992年,迪庆州共建乡级地面收转站23个,全州30个乡镇中,除了东旺乡,其余全部乡镇党委、政府所在地都能收看电视。

2001年10月,迪庆电视台建成。目前迪庆电视台设有总编室、办公室、新闻中心、节目制作中心、藏语部、技术部。共办有两个电视频道，分别是 DQTV-1（新闻综合频道）和 DQTV-2（康巴藏语频道），其新闻综合频道开设有汉语《迪庆新闻》《一周要闻》《天气预报》《走进香格里拉》《香格里拉金曲》《大家谈》《关注》等栏目。迪庆州电视台康巴藏语频道（DQTV-2）是国家广电总局于 2005 年 12 月 20 日正式批准成立的国内首家地州级民语（康巴藏语）电视频道，并于 2006 年 6 月 1 日正式开播。

经过不断改革、发展，康巴藏语频道以崭新的姿态，在雪域高原上树立了民族电视的新形象。为了做好宣传工作，满足广大观众日益提升的文化精神需求，树立迪庆藏语广播电视的良好形象，不断打造藏语广播电视精品栏目、节目，迪庆州电视台特成立康巴藏语频道藏语译制中心，整合藏语译制人员资源，对藏语译制工作进行改革创新，以规范化管理为依托，着力实施制片人制度，将栏目和人结合起来，充分调动、发挥个人的潜能。该中心主要从事负责康巴藏语频道频率新闻及各类节目的译制、生产、编排和播出工作，负责广播、电视康巴藏语节目、栏目设置、制作、引进等全面管理运营工作，组织实施广播电视康巴藏语译制工作计划的制订、策划和实施工作，全面负责和配置康巴语频道和广播频率藏语译制人力资源，完成国家规定的藏语节目译制、播出量要求，完成台里交办的其他工作任务。

"十二五"以来，迪庆电视台最大的基础设施建设项目为迪庆康巴藏语广播影视译制中心建设。该项目经迪庆州发展和改革委员会于 2010 年 8 月以迪计社会〔2005〕27 号文批准建设，总投资 1103 万元，建设规模为建筑面积 5015.95 平方米，以及五层框架结构的多功能康巴语广播影视业务用房。该项目 2010 年 12 月 30 开工建设，至 2012 年 12 月 4 日主体工程竣工。2012 年实施了除播出机房、演播室、广播频率直播间以外的内外装修、强弱电工程施工和前后挡墙等附属工程施工。2013 年实施了播出机房、演播室、广播频率直播间等功能用房声学灯光装修，12 月主体工程通过了验收。2014、2015 年迪庆州文体广电和新闻出版版权局和迪庆电视台积极向上争取了国家、省、州技术能力提升项目资金，以及上海、昆明帮扶资金等近 3300 万元并实施完成了西新五期一阶段高清采编播设备配置、译制中心演播室声学灯光装修、高清转播车集成、江肯山发射台改扩建等项目，目前正在实施西新工程五期二阶段项目、录音棚建设项目等。

藏语频道节目制作现由藏语译制中心承担，设有新闻和节目两大板块，新闻共 50 分钟，由《央视新闻联播》藏语版（30 分钟）和《云南新闻》精选版（5

分钟)、《迪庆新闻》(15分钟)构成。节目由4个栏目构成,时间长度各不相同,分别为《藏文课堂》(30分钟)、《香格里拉·民间》(15分钟)、《飞旋香格里拉》(20分钟)、《五彩迪庆》(15分钟)。

2016年,康巴藏语频道《跟我学藏语》《香格里拉舞台》《香格里拉·民间》《电视散文》《香巴拉剧场》5个新栏目,将原有藏语电视栏目增加至9个,保证每天播出时长120分钟。其中《香格里拉·民间》先后采编、译制、播发《漫谈藏族传统热巴艺术》《筛巴学勒(情舞)》《卡瓦格博地区神山概述》《奔子栏"拉斯"(迎佛节)》《藏族木器漆绘艺术》《藏族射箭艺术》《可口的藏历新年美食》等具有浓厚藏族文化特色和地方特色的节目。内容涵盖了藏传佛教节庆庆典、藏族传统生活、藏族艺术等领域。节目既可以让不同受众了解藏族群众的日常生活,也是对传统藏文化的收集、整理。在不断的发展中,电视成为迪庆地区人民群众了解党中央、省委和州委相关信息的重要渠道之一。迪庆电视台大力宣传党的理论和路线方针政策,深刻阐释党中央重大决策和工作部署,反映了人民伟大实践和精神风貌,唱响了主旋律,传播了正能量。

迪庆州电视台藏语频道由1名分管藏语宣传工作的副台长、1名译制中心主任和11名藏语译制人员组成。由于人少事多,分管副台长和译制中心主任也承担节目译制工作。译制中心在承担藏语频道每天65~80分钟的藏语电视节目的同时,还承担每天120分钟的藏语广播节目译制工作。

(四)新媒体

在电子时代的大潮之下,《迪庆藏文报》紧跟时代步伐,在办好传统纸质报刊的基础上加紧新媒体平台的建设,先后组建了香格里拉藏文网、"迪庆藏文传媒"微信公众号平台以及《迪庆藏文报》手机报,使得云南地区藏文媒体的发展工作取得了新的突破。

2008年4月,香格里拉新闻网建成并投入使用,成为迪庆唯一综合性新闻门户网站,是外界了解香格里拉的最大、最权威的新闻网站。该网站由迪庆日报社主办运营,设有本地新闻、国际国内、旅游、文化、健康、财经、汽车等20多个频道。同年9月,香格里拉新闻和迪庆州委宣传部外宣网香格里拉网合并,更名为香格里拉网。2009年,香格里拉网全年编辑发布稿件26423篇,其中文字稿件6115篇,图片稿件20308幅。2010年,香格里拉网日均点击率接近6000人次,节日期间最高时日均点击量破万。2011年,香格里拉网进行栏目调整升级,新增"迪庆头条",本土新闻信息量增加,撤销"体育""娱乐时尚""健康生活"等频道,新增"百姓生活资讯台""毗邻地区"频道。2012年,香格里拉网进行扩容升级,点击量由原来的1万人次提升到20多万人次。2013年,香格里拉网建成新闻视频演播厅,支持网上视频直播。

迪庆日报社《关于迪庆日报社要求批准香格里拉网开通的请示》在2013年4月23日获得批复。同年5月5日,总投资85万元的香格里拉藏文网完成建设,正式与广大网友见面,这是云南涉藏地区首个藏文网站,迪庆日报香格里拉网也由此从地方性的小型网站成为面向全国乃至全球的地方最具影响力的门户网站。香格里拉藏文网成为康巴地区重要的藏汉双语涉藏宣传网站。

香格里拉藏文网实现了藏文报编辑系统与藏文网站的融合,藏文网和藏文报采编平台采用的是国际通用的unicode小字符和编码,能够兼容目前世界上所有藏文字符。数字版的《迪庆藏文报》也刊发在香格里拉藏文网上,这份数字报是在全国涉藏地区第一家使用国际通用藏文标准的数字报,突破了以往藏文网站、数字报、藏文报采编平台互不兼容的技术瓶颈。该数字报可在网上浏览、共享、复制,打破了传统上藏文数字报单一的图片信息模式,使各地区报社之间的稿件信息交流更方便快捷。在报纸排版上,这份数字报采用国际领先的排版软件,能够兼容现有国际、国内所有藏文编码字符,藏文排版字体也从原先的几种增加到近百种。

香格里拉藏文网的理念是"迪庆视觉,地区特色,世界表达",宗旨是"高扬民族团结旗帜,宣传党的方针政策,弘扬藏族优秀文化,传播地区时代新风,展示地区发展进步"。香格里拉藏文网包含8个大栏目和33个子栏目,每个栏目分有三级页面框架,内容突出迪庆本土多元文化和区域特色,不定时更新。目前,香格里拉藏文网办有时政新闻、专题专栏、经济生活、藏族文化、民族宗教、生态旅游、音像园地等栏目。在这些栏目中,网民关注程度较高的稿件比较集中在民生、经济、历史、旅游、民俗文化等具有当地特色的题材上。网民在地域上不但遍及5省涉藏地区(西藏、青海、四川、云南、甘肃),还有众多国内其他省区,以及美国、印度、加拿大、不丹、尼泊尔等国家的网民。

香格里拉藏文网的开通实现了信息即时发布,一定程度上弥补了《迪庆藏文报》周报出版时效性上的不足。在2013年"8·28""8·31"地震报道中,作为迪庆重要的外宣窗口,香格里拉藏文网受到了很多国内外藏民的关注,藏编部抓紧时间翻译有关灾情报告和救援进展的稿件,在第一时间发布到网站上,并且进行实时更新，成为其他藏文媒体转载和发布迪庆地震消息的主要新闻源头。

2015年6月15日，《迪庆藏文报》开通《迪庆藏语传媒》微信公众号平台，内容除了重要时政新闻、重大突发事件外，以宣传本地文化、生态、旅游、民风民俗为主，采用图文结合的方式，除周六外，每天推送1次。截至2018年2月11日，该公众号已经推文755期，订阅用户2100人左右，单篇最高点击量超过1000人次。

2006年，迪庆日报社与新华社、移动公司合作，开通了"新华快讯迪庆版"手机短信服务，成为全省第三家开通此项业务的报社。2009年4月，迪庆日报社与外呼业务公司威宝信源公司合作开发了《迪庆手机报》，除周六外，每日一期，如遇重大新闻不定期增加。该报按照每月5元的标准收取订阅费用，在线用户达1万多户。内容以本州新闻、国际国内新闻以及财经、体育、军事、娱乐、健康等信息为主，图文并茂，每期资讯30条左右。2012年，《迪庆手机报》创办《维西快讯》《德钦快讯》《香格里拉快讯》，开设有新闻、资讯、健康、生活小常识等栏目，全年编制发布308期。

2013年9月，财政部、新闻出版总署向迪庆日报社拨款200万元用于多民族语言电子阅报屏建设，由云南上锐电子科技有限公司承办的电子阅报屏于2014年7月完成建设并投入使用，主要播放香格里拉形象宣传片、公益性广告、党委和政府中心服务事项、重大节庆活动实况、香格里拉文化旅游事宜公告等，同时接受商家投放广告。

早在2015年11月24日，由云南迪庆州委宣传部网信办主办、迪庆日报社承办的《迪庆藏文手机报》正式开通。该手机报是目前云南省唯一的藏文手机报。《迪庆藏文手机报》于每周周二、周四推出两期，遇到重大新闻、突发事件时会不定期增加。内容上主要由3个栏目构成，分别是本地新闻、图片新闻和综合板块，其中综合板块主要是涉及生活常识、民风民俗等题材的文章。

"微迪庆"是迪庆日报社新浪微博的官方微博账号，于2015年4月2日发布第一条微博消息，此后不定期发送，内容包括转发其他媒体微博新闻消息、州内新闻、旅游、文化、宗教、好人好事等消息。截至2018年2月11日，"微迪庆"共发布消息981条，粉丝数量1万名。

迪庆日报社手机客户端"香格里拉App"于2017年6月18日正式上线。它是迪庆日报社顺应"互联网+"大势，推出的集资讯、服务和互动为一体的移动客户端，是迪庆日报社香格里拉网的延伸，将融合报社现有的报、网、端各种媒体平台，全方位服务广大读者和网友。"香格里拉"App设有汉藏双语两个板块，开设有今头条、政事儿、看县区、直播间、微视听、读报、全景、服务8个栏目，主要发布本州热点新闻、权威解读、旅游文化资讯及各类音视频节目，并提供吃、住、行等信息服务，还支持点赞、评论、收藏和社会化分享等功能。通过App受众可第一时间获知迪庆州内最权威、最丰富、最及时、最现场和最便捷的新闻资讯，随时随地查询、咨询各类信息。

近几年，迪庆藏语译制中心紧跟移动端的潮流，先后开办了"香格里拉民间"微信公众号以及"阿珂灯吧"抖音号。其中，"香格里拉民间"微信公众号于2015年6月2日推出第一期时长为1分37秒的视频节目《濒临失传的劳动小调——"纳嚓啦"》，讲述的是藏历三四月间，村民有前往山间砍伐一年所需薪柴的旧俗——返家时，如团队中无人受伤或未发生任何事故，便见村庄时高唱"纳嚓啦"，给家人报平安。实际上，公众号的内容多为电视栏目《香格里拉·民间》的中文预告。2017年4月11日，公众号改名为"触迪庆"，旨在介绍迪庆社会文化风俗，工作人员在公众号的简介中这样写道："用你的指尖点触迪庆；以你的身心接触迪庆；让你的灵魂在迪庆受到触动。"具体内容在预告和介绍《香格里拉·民间》栏目内容的同时，还增加了有关新闻热点、藏族民俗、地方文化的主题以及特色自制短剧。结合新闻热点策划的节目，如2020年3月4日，编辑部推出了一期主题为"疫情防控小常识"的短视频。根据工作人员介绍，因少数民族地区还有不少老百姓听不懂汉语、看不懂汉文，所以编辑部在视频中使用少数民族方言向他们宣传新冠肺炎的防控小常识，该视频中的语言为云南涉藏地区建塘藏语方言。有关藏族民俗、地方文化的主题广泛涉及弦子、格萨尔史诗、民间谚语、传统舞蹈、风俗艺术等方面。自制短剧"阿珂灯吧"系列是译制中心从同名抖音平台中挑选的作品，旨在为通过演绎日常生活中的片段给观众带来欢乐。

"香格里拉民间"与"触迪庆"微信公众号节目表

| 序号 | 时间 | 节目主题 | 节目类型 |
| --- | --- | --- | --- |
| 1 | 2015年6月2日 | 濒临失传的劳动小调——"纳嚓啦" | 风俗 |
| 2 | 2015年6月3日 | 漫谈热巴 | 民间艺术 |

续 表

| 序号 | 时间 | 节目主题 | 节目类型 |
|---|---|---|---|
| 3 | 2015年6月4日 | 筛巴学勤 | 民间艺术 |
| 4 | 2015年6月7日 | 走进木器原乡——洛那 | 民间艺术 |
| 5 | 2015年6月8日 | 维西县巴迪乡结义藏族歌舞 | 民间艺术 |
| 6 | 2015年6月9日 | 源自黑的美 | 民间艺术 |
| 7 | 2015年6月10日 | 奔子栏传统婚礼 | 风俗 |
| 8 | 2015年6月11日 | 格萨尔史诗 | 民间艺术 |
| 9 | 2015年6月12日 | 格萨尔王传——加岭传奇 | 民间艺术 |
| 10 | 2015年6月15日 | 二十九日忙赶"鬼" | 风俗 |
| 11 | 2015年6月16日 | 弦子词汉译 | 民间艺术 |
| 12 | 2015年6月17日 | 以歌占卦的"谐莫" | 民间艺术 |
| 13 | 2015年6月18日 | "达娇罗萨"——男人的节日 | 风俗 |
| 14 | 2015年6月19日 | 珍茹——端午节的藏族大包子 | 饮食 |
| 15 | 2015年6月22日 | 德钦歌卦词 | 民间艺术 |
| 16 | 2015年6月25日 | 藏地手工：藏香的制作工艺 | 民间艺术 |
| 17 | 2015年6月29日 | 绒赞卡瓦格博的形成 | 历史 |
| 18 | 2015年7月2日 | "藏林谐桑"世界煨桑日 | 风俗 |
| 19 | 2015年7月6日 | 地域藏地的法缘——六字玛尼 | 文化 |
| 20 | 2015年7月9日 | 德钦婚礼说唱词——吉祥三瑞 | 风俗 |
| 21 | 2015年7月14日 | 美丽的装饰（弦子词） | 艺术 |
| 22 | 2015年7月17日 | 酥油花 | 民间艺术 |
| 23 | 2015年7月20日 | 采沙坛城 | 文化 |
| 24 | 2015年9月7日 | 民间锅庄词·藏文 | 民间艺术 |
| 25 | 2020年3月4日 | 疫情防控小常识（建塘方言） | 热点 |
| 26 | 2020年3月7日 | 奔子栏"拉斯" | 风俗 |
| 27 | 2020年3月8日 | 诗歌：三月桃花 | 民间艺术 |

续 表

| 序号 | 时间 | 节目主题 | 节目类型 |
| --- | --- | --- | --- |
| 28 | 2020年3月10日 | 话说"卓"文化（上） | 民间艺术 |
| 29 | 2020年3月11日 | 话说"卓"文化（上） | 民间艺术 |
| 30 | 2020年3月12日 | 鸟瞰迪庆——换个角度　别有洞天 | 迪庆景致 |
| 31 | 2020年3月13日 | 澜沧江畔的"舒古尼苏"节 | 风俗 |
| 32 | 2020年3月14日 | 春之七首 | 民间艺术 |
| 33 | 2020年3月15日 | 弦子 | 民间艺术 |
| 34 | 2020年3月16日 | 音之镜　艺之源 | 民间艺术 |
| 35 | 2020年3月17日 | 弦子情结（上） | 民间艺术 |
| 36 | 2020年3月18日 | 弦子情结（下） | 民间艺术 |
| 37 | 2020年3月19日 | 民间谚语 | 谚语 |
| 38 | 2020年3月20日 | 建塘"央卓" | 民间艺术 |
| 39 | 2020年3月23日 | 弦子两曲 | 民间艺术 |
| 40 | 2020年3月24日 | 迪庆藏族传统射箭习俗 | 风俗 |
| 41 | 2020年3月27日 | 古典弦子：锦鸡孔雀杜鹃三种鸟 | 民间艺术 |
| 42 | 2020年3月20日 | 两曲"卓" | 民间艺术 |
| 43 | 2020年4月1日 | 扎西尼玛的诗 | 民间艺术 |
| 44 | 2020年4月2日 | 格萨概述与迪庆的格萨尔文化（一次舅甥之间的访谈） | 热点 |
| 45 | 2020年4月3日 | 弦子《亚卓亚卓》 | 民间艺术 |
| 46 | 2020年4月16日 | 羊拉弦子两首 | 民间艺术 |
| 47 | 2020年4月17日 | "阿珂灯吧"系列之羊身上有路吗 | 自制短剧 |
| 48 | 2020年4月20日 | 大龟山的桃花（原创诗歌） | 民间艺术 |
| 49 | 2020年4月21日 | 民间谚语五则 | 谚语 |
| 50 | 2020年4月22日 | 迪庆民间艺人话格萨尔之阿牛篇 | 文化 |
| 51 | 2020年4月23日 | 两曲奔子栏"卓" | 民间艺术 |

续 表

| 序号 | 时间 | 节目主题 | 节目类型 |
|---|---|---|---|
| 52 | 2020年4月24日 | "阿珂灯吧"系列之道德老爷算什么 | 自制短剧 |
| 53 | 2020年4月26日 | 与牦牛相关的诗 | 民间艺术 |
| 54 | 2020年5月1日 | "阿珂灯吧"系列段子短剧之《梦中情牛丢了》 | 自制短剧 |
| 55 | 2020年5月7日 | 歌曲欣赏《阿古顿巴》 | 民间艺术 |
| 56 | 2020年5月8日 | "阿珂灯吧"系列段子短剧之《梦中情牛丢了》 | 自制短剧 |
| 57 | 2020年5月11日 | 阿布司南的诗：歌谣（一、二） | 民间艺术 |
| 58 | 2020年5月15日 | "阿珂灯吧"系列段子短剧之《如此掏钱》 | 自制短剧 |

2018年8月，迪庆藏语译制中心在开办了"阿珂灯吧"抖音账号。迪庆广播电视台藏语译制中心的播音员、主持人组建了一个业余段子剧组合，他们利用工作之余，秉承"把欢乐带给大众""在笑声中传播民族文化"的初心进行段子剧的策划和表演，正如他们在抖音号上的简介："阿珂灯吧组合带着香格里拉的喜剧风暴来袭；愿我们的作品能给大家带来更多的欢乐；听说爱笑人的运气不会太差，有事没事多笑笑，感谢大家的关注与支持，扎西德勒！"截至目前，共发布262个短视频作品，累计获赞133.3万人次，粉丝约7.6万名。这些作品中既有播音、主持人们日常生活的片段，也有他们合演的生活短剧。

平台中的短剧在迪庆和周边地区以及网络上深受民众欢迎，网友在评论区留言无不透露着内心的喜爱："一口气看完所有的视频""终于在凌晨两点刷完所有视频，一直有个疑问，弟弟是怎么做到又丑又帅的""一直看你们的抖音，中途睡着了，醒了就又看，终于看完了，太搞笑了"。

在新冠肺炎疫情防控阶段，"阿珂灯吧"团队制作的疫情防控宣传短视频经迪庆州文旅局"世界的香格里拉·迪庆文旅快手号"推荐取得很好的传播效果。比如，《阿珂灯吧提醒你请勿造谣传谣信谣》获得34.7万次点赞，播放量达到673万次以上；《配合好防疫工作是我们的义务》获得点赞28.3万次点赞，播放量达到505万次以上；同时抖音号"阿珂灯吧"中《配合好防疫工作是我们的义务》也获得4.4万次的点赞，播放量达到519万次以上，有些作品点赞量高达30万次。

# 第三章　怒江州社会发展和新闻事业变迁

## 一、怒江州概况

怒江傈僳族自治州（简称怒江州）位于云南省西北部，因怒江由北向南纵贯全境而得名，其北靠西藏察隅县，东连迪庆、丽江、大理3个州市，南接保山市，西与缅甸接壤。全州辖泸水市（原泸水县）、兰坪县、福贡县、贡山县，州政府所在地为泸水市六库镇。

怒江州98%以上的国土面积为高山峡谷，76%的耕地是25°以上的陡坡地，属于山高谷深、沟壑纵横的特殊地理环境[①]。且怒江地理区位偏远、社会发育程度较低、生产力发展水平低下，形成了边疆、山区、民族、宗教、贫困等一系列特殊的发展问题，与内地相比，怒江州至今还是全国最不发达的地区之一。

怒江州的少数民族资源丰富，是全国唯一的傈僳族自治州，同时也是全国30个民族自治州中少数民族比例最高和独有民族最多的州，92%的人口是少数民族，62%的人口属"直过"人口[②]。

泸水市位于怒江州南部，东靠碧罗雪山，与兰坪、云龙两县相邻，南接保山市，西与腾冲市和缅甸联邦共和国毗邻，北连福贡县。泸水市地势北高南低，呈"V"字地形。地表山峰林立，沟壑纵横，地势崎岖，以及"山高谷深，平地少"是泸水全境地貌的最大特点。六库是怒江傈僳族自治州州政府所在地，是进出怒

---

[①]《云南怒江傈僳族自治州》，中华人民共和国国家民族事务委员会官网，https://www.neac.gov.cn/seac/ztzl/201207/1067798.shtml。

[②]《怒江概况》，怒江傈僳族自治州人民政府官网，https://www.nujiang.gov.cn/html/njgk/。

江大峡谷的集散地。当地人说,过去这里是珍禽异兽穴居的地方,土司贵族常在这一带下扣捕鹿,所以叫"鹿扣"(六库是"鹿扣"的谐音)。六库西靠高黎贡山,东依碧罗雪山,怒江从中穿流而过,将六库城一分为二,江东是商贸物流中心,江西是政治文化办公区。

泸水市国境线长136.24千米,占全省的3.36%,全州的30.31%。境内居住着傈僳族、白族、怒族等21种民族,少数民族人口占总人口的87%。有信教群众占全市总人口的15.22%。全市9个乡(镇)中8个边境乡镇都属少数民族"直过区",其主要居民为傈僳族占93%[①]。在傈僳族的宗教观念中,和人具有灵魂一样,自然界的万物也无不具有灵魂,凡是日月、山川、星辰、河流、树木都是人们的崇拜对象。傈僳族传统节日主要有"阔时"节。"阔时"是傈僳语过新年的意思,是傈僳族一年中最大的节庆日。

兰坪白族普米族自治县位于怒江州东部,总面积4388平方千米。兰坪地处世界自然遗产金沙江、澜沧江、怒江"三江并流"中南部的核心区域,是滇西4地10县旅游环线的中心节点和主要入口,被誉为"三江之门";同时兰坪又是著名"三江成矿带"的核心地带,资源富集优势突出,其境内拥有储量达1100万个金属吨的世界级凤凰山铅锌矿山和星罗棋布的矿床、矿点,享有"有色金属之乡""绿色锌都"的美称。澜沧江干支流可开发装机容量300万千瓦以上。澜沧江干流兰坪段蕴藏着的巨大水能资源正在被开发,一轮轮"小太阳"即将升起;特殊的地理位置和自然环境,孕育了丰富的动植物资源,森林覆盖率68.4%,商品材蓄积量1530万立方米。药材、高山优质杂粮、木本油料、野生蔬菜等特色经济作物资源丰富,有乌骨绵羊、绒毛鸡等地方特有畜禽,兰坪已成为全省乃至全国生物育种中不可或缺的天然物种基因库,2013年,兰坪县被云南省人民政府批准为"云南省生物产业开发示范基地",被云南省科技厅、云南省食品药品监督管理局授予"云药之乡"称号。

兰坪境内世居有白族、普米族、傈僳族、怒族、藏族等14个少数民族,少数民族人口占总人口的94.9%,普米族、怒族属全国人口较少民族[②]。各民族的民俗文化、民间歌舞、民族文学多姿多彩,有白族二月会、普米族情人节和吾昔

---

① 《怒江概况》,怒江傈僳族自治州人民政府官网,https://www.nujiang.gov.cn/html/njgk/。

② 怒江傈僳族自治州地方志编纂委员会编著:《怒江傈僳族自治州志》,民族出版社,2004年,第87-97页。

节等特色民俗节日，国家级非物质文化遗产普米族民间舞蹈"搓蹉"，省级非物质文化遗产白族拉玛人民间歌舞"开益"、普米族"四弦乐"，省级传统文化保护区河西箐花村。

福贡县地处滇西北横断山脉怒江大峡谷中段，国土面积2756.44平方千米，辖6乡1镇，57个村民委员会、2个社区居委会、612个村民小组，总人口10.4万人。东邻迪庆州维西县和兰坪县，北接贡山县，南连泸水市，西与缅甸接壤，与缅甸接壤的国境线长140千米，占中缅边境线总长的6%，有27—33号7棵界桩，大小通道、便道20条。境内生活着以傈僳族、怒族为主要居民的20多个少数民族，有全国唯一的怒族乡——匹河怒族乡[1]。全县少数民族人口10.2万人，占总人口的98.3%。境内群众信奉基督教的群众有3.4万人，占总人口的32.8%。地区民俗丰富多彩，傈僳族、怒族有浓郁的歌舞艺术，丰富的服饰文化，独特的饮食文化（傈僳族手抓饭、怒族肉拌饭等）。

贡山独龙族怒族自治县（以下简称贡山县）位于怒江大峡谷最北端的滇藏交界处，东与迪庆州德钦、维西两县相连，南与怒江州福贡县相邻，北与西藏自治区察隅县接壤，西与缅甸联邦毗邻，国境线长达172.08千米。全县总面积4506平方千米，境内主要居住着独龙族、怒族、傈僳族和藏族4个世居少数民族[2]。贡山物种资源丰富，自然景观壮丽，是世界自然遗产"三江并流"的核心区域。全县地势呈"三山夹两江"高山峡谷地貌，由于地处中缅、滇藏结合部，多民族杂居，天主教、基督教、藏传佛教、原始信仰并存，使贡山成为多民族文化与东、西方宗教文化交汇的地方。这里民族节日众多，民族文化异彩纷呈，有独龙族"卡雀瓦"节、怒族"仙女"节、傈僳族"阔时"节……丰富的世界自然遗产资源和多元的民族文化在这里沉淀，使这里成为集世界自然遗产和独特民族文化为一体的"三江明珠"。

1949年8月25日，贡山县宣布和平解放，执行团结、生产、进步的民族工作总方针和"慎重稳进"的工作方针，发展文教、卫生、贸易，开始了民族平等、团结互助、进步发展的新纪元。1956年10月1日，成立了贡山独龙族怒族自治县。

---

[1] 怒江傈僳族自治州地方志编纂委员会编著：《怒江傈僳族自治州志》，民族出版社，2004年，第93页。

[2] 怒江傈僳族自治州地方志编纂委员会编著：《怒江傈僳族自治州志》，民族出版社，2004年，第95页。

## 二、怒江州的语言与宗教

### （一）语言

傈僳语属汉藏语系藏缅语族彝语支，具有大分散、小集中的分布特点，分为怒江和禄劝两个方言区，但语言差别不大，因此国内外傈僳族之间都能互相通话，这成为傈僳语的一大特点。傈僳族有文字的历史不长，曾使用过 4 种文字，一种是拉丁字母大写和这种字母的正反、颠倒形式组合而成的拼音文字，也称变体罗马字，一般称为老傈僳文，这种文字结构简单，易学易记，有广泛的群众基础。这种文字流行于云南省西北部的傈僳族聚居区，在缅甸、泰国的傈僳族中也在使用。另一种是滇东北苗文字母形式的"格框式"拼音文字，这种文字在云南的武定、禄劝等地自称傈颇、他称"傈僳"的傈僳族地区使用，范围不广，主要用于基督教的传播活动。还有一种是维西傈僳族自治县（以下简称维西县）傈僳族汪忍波先生创造的音节文字，这种文字流行在维西县境内的傈僳族群众中。最后一种文字是以拉丁字母为基础的拼音文字，也就是人们常说的新傈僳文，这种文字在傈汉双语教学、规范文字、电脑输入等方面具有优越性。

傈僳族的 4 种文字，在不同时期有其不同的作用。"格框式"文字，创制时主要用于传播基督教，到现在这种文字已基本上不再沿用。"竹书"到目前还有部分群众掌握，并在小范围内使用。近两年用"竹书"整理出版了《祭天古歌》等古籍图书。傈僳族群众中使用较多的文字为"老傈僳文"。这种文字在国内外的傈僳族群众中使用人口较多，人们用其学习知识文化，提高自身素质。到目前为止，用这种文字出版的各类书籍已有 100 多种，傈僳语电视节目和傈僳语广播以及傈僳语电影译制节目中，也在用老傈僳文进行写稿和编译，还有 4 种老傈僳文报在出版。老傈僳文扫盲工作也在傈僳族聚居区开展，在山区傈僳族聚居的小学中还进行双语教学的试点工作。

老傈僳文（变体罗马字）是 1912—1914 年间，由缅甸克伦族讲道者塞耶巴多将罗马字改变了形状创造的，后来传教士 J. O. Frazer（傅雷仁）进一步完善，当时用这种文字出版过识字课本。新中国成立后，老傈僳文成为傈僳族群众广泛使用的文字，现有《怒江报》《团结报》《丽江报》老傈僳文版和科普读物、课本等出版物。它共有 40 个字母，其中 30 个辅音是用 22 个拉丁字母正反、颠倒形式表示的；10 个元音用 6 个字母的正反形式表示；6 个声调分别用原点和逗号及其结合形式表示；标点符号以单横杆加点、双横杆表示。

新傈僳文是中华人民共和国成立后，党和政府帮助创造的以汉语拼音字母为基础的新文字，文字方案是1954年拟定的，1957年在云南省少数民族语文科学讨论会上讨论确定。在26个拉丁字母的基础上，用双字母表示傈僳语中特有的浊音、浊塞音和浊塞擦音，声调用音节末尾加字母的方法表示。鼻化音用元音后加[n]表示。新傈僳文共有33个辅音、12个元音、6个声调，声调分别用5个字母表示（其中一个不标调）。新傈僳文是一种比较科学的文字，这种文字对开展双语教学也十分有利，但是由于创制文字后，文字的推广使用工作没有积极跟进，这种文字的使用范围仅限于怒江州境内①。用新傈僳文出版的科普读物、傈僳族叙事长诗等许多书籍在傈僳族群众中有很好的影响，但是由于受使用人口的局限，推广的范围并不大。目前，怒江州内还有用新傈僳文进行扫盲的情况，《怒江报》傈僳文版也曾用新老两种文字出版，但近年来，只用老傈僳文出版。

怒族的语言属汉藏语系藏缅语族，以地域的不同分为怒苏、阿龙、阿侬、柔若4种。其中，原碧江县境内怒族的怒语为怒苏语，福贡县境内怒语为阿侬语，贡山县境内的怒语为阿龙语，与独龙语相近，兰坪县境内怒语为柔若语。怒语的4种支系语言各自独立，互相不能通话，说明怒族族源系属的复杂性。

独龙语系属汉藏语系藏缅语族，语系归属目前尚无定论。独龙族内部方言、土语有一定的差别，但互相能通话。历史上贡山县独龙江地区长期处于封闭状态，受外来影响小，所以其语言有较大的稳固性，是汉藏语系藏缅语族中保留早期面貌较多的一种语言，是独龙族人最主要的交际工具，涉及他们生活的方方面面。独龙族历史上无文字，以刻木结绳的方法记录和传递信息，到了20世纪50年代初，缅甸日旺人白吉斗·蒂其枯和外国传教士莫尔斯创立了一种以日旺氏族的话为代表的拉丁字母拼音文字，命名为"日旺文"，主要用于宗教方面，翻译圣经，由于缅甸的独龙族几乎多信奉基督教，因此他们内部多数人都掌握日旺文。现在，日旺文也用于出版一些读物、课本和写信等方面的工作。但日旺文不能完全拼写独龙语的所有音，因此，在我国只有少数信教群众掌握。

普米族语言属汉藏语系藏缅语族，受周围民族的影响，吸收了不少其他民族的词汇、语音、语法特点，它与羌语关系比较密切，其次是白语、傈僳语、纳西

---

① 怒江傈僳族自治州地方志编纂委员会编著：《怒江傈僳族自治州志》，民族出版社，2004年，第225－230页。

语。各地方言差别不大，可以互相通话。过去人们认为普米族有语言无文字，严汝娴等学者在1980年调查时，发现普米族在建筑纯木结构的木垒房时，普遍使用一种刻画符号，这是其文字的前身。宁蒗和木里的普米族曾用过简单的图画文字，字数虽少，已堪称萌芽状态的原始文字。

（二）宗教

在怒江州的各民族中，至今还保留着原始信仰，它们与各民族长期所处的自然环境条件、社会发展进程以及文化发展水平有着密切的联系，其信仰、崇拜和仪式核心内容是"万物有灵"的观念。在怒江的傈僳族、白族、怒族、独龙族、普米族等民族中，其基本表现形式有自然崇拜、图腾崇拜、鬼魂崇拜、祖先崇拜和巫术。傈僳族的宗教观念主要属于自然崇拜中对各种自然物"尼"（鬼、精、灵）的崇拜；图腾崇拜中有对图腾的亲缘认同观念，祖先崇拜中有对祖先的依赖和追思观念；有从灵魂观引出来的对梦境的解释，以及表述宗教观念的神话、传说等。原始信仰活动主要包括对各种"尼"、神灵鬼怪的祭祀活动，占卜常是侦寻或通达祭祀对象的手段，是原始祭祀活动的主要组成部分，巫术是其原始信仰活动的主要内容之一。巫师是祭祀、占卜和巫术活动的主角，有关农耕和狩猎的祭祀，在日常宗教活动中占有重要地位。傈僳族的民间信仰主要体现在婚姻、生育、丧葬、节庆等活动中。白族认为本主是一村或数村的最高社神，兰坪、泸水县白族聚居地区的群众信仰本主，本主信仰是在原始信仰的基础上，大量吸收了佛教、道教以及巫教因素而形成的一种混合型的民间信仰与崇拜活动。在白族聚居区，本主崇拜分为自然神、部落神和英雄神。

传入宗教是怒江州宗教信仰的一大特色，包括有佛教（系汉语系统的密宗教和藏语系统的藏传佛教）、道教、天主教、基督教。佛教密宗在怒江的兰坪、泸水部分白族地区的历史较久，远的已难稽考。在怒江州境内，民间信仰极少，尚未形成一种有影响的宗教，密宗在兰坪县的金顶、通甸、河西、啦井、营盘和泸水县的老窝等地方兼有释、道、儒和本主的杂伴，这种杂伴的佛教密宗表现为白族在家庭内都设有佛堂、供奉菩萨，同时又把《祖宗牌位》、本主神灵牌位和"天地国亲师位"一并供奉在佛堂内。主要节日有佛诞节、成道节（亦称佛成道日,腊八节)、涅槃节、观音节①。白族信仰佛教密宗除在家烧香祭拜外,还有一定的拜佛集会组织。各地与佛教有关的组织计有妈妈会、洞经会、佛会、圣渝会等。

怒江州贡山县的部分藏族、怒族群众信仰藏传佛教。藏传佛教每年主要有涅槃节、佛诞节、成道节,贡山县的丙中洛地区每年还有3个大的节日,包括《哥显节》、"折起作"节、"初几作"节。道教在怒江州的兰坪、泸水少数白族、汉族地方群众信仰,传入时间已难稽考。天主教在贡山县境内有部分怒族和藏族群众信奉,于1888年由法国天主教司铎任安守率神甫数人传入。

### 三、《怒江报》概貌与发展历史

**(一)《怒江报》整体历史概况**

1. 机构沿革

1956年,中共怒江边工委成立怒江报社,并于当年以刻蜡板油印方式编辑出版中共怒江边工委机关报《怒江报》。1962年因怒江州州级机关撤销,报社撤销,《怒江报》停刊。1981年6月,中共怒江州委(以下简称州委)作出"为适应我州边疆民族地区四化建设事业发展的需要,经州委研究决定成立怒江报社"的决定,确定筹办期间报纸采编人员为10人,并指定州委宣传部新闻科科长洪树宽和胡育才、王嘉相、恒开言作为筹备怒江报社的工作人员。1982年11月,怒江州委加强筹备力量,调福贡县委宣传部副部长杨宗元担任怒江报社副总编辑(主持工作),报社筹办工作在原来的基础上,于1983年5月28日,《怒江报》第一份新傈僳文、老傈僳文版开始试刊发行。同年9月,州委调州中级人民法院院长欧益子任怒江报社党组书记、总编辑。10月9日,《怒江报》第一份汉文版试刊也与读者见面。1984年10月《怒江报》汉文和新、老傈僳文3种文版正式出版发行。1983年怒江报社成立时,设汉文编辑科、傈僳文编辑科、总编办公室2科1室。1987年,报社设汉文编辑部、傈僳文编辑部、总编室、办公室。2004年6月,报社实行内部人事制度改革,设立汉文编辑部、傈僳文编辑部、记

---

① 怒江傈僳族自治州地方志编纂委员会编著:《怒江傈僳族自治州志》,民族出版社,2004年,第259-268页。

者部、广告部、办公室、总编室6个业务机构。2010年增设技术部、通联部和怒江大峡谷网站3个业务机构。截至2013年10月，报社实行党组领导，总编辑负责制。党组下设报社党支部和报社老干部党支部两个支部。报社设汉文编辑部、傈僳文编辑部、记者部、广告部、技术部、通联部、办公室、总编室和怒江大峡谷网站共6部2室1站业务机构。2020年7月31日，国家新闻出版署批复同意《怒江报》更名《怒江日报》，同年10月1日，《怒江日报》正式出版发行。

2. 人员编制[①]

1956—1962年，怒江报社首创阶段有采编人员陈媛、蔡元华、李道生，以及印刷工人3名。1962年怒江报社撤销后，工作人员被分流安排。1983年《怒江报》试刊期间，欧益子任党组书记、总编辑，杨宗元任党组成员、副总编辑，胡育才任党组成员，采编人员有恒开言、王嘉相、杨尚礼、刘华美。1984年10月，《怒江报》汉文、老傈僳文、新傈僳文3种文版正式出版发行后，报社采编人员编制也随报业的发展逐步增加，于1985年6月增加到13人。到2013年10月，报社编制为44人，实有干部职工45人，其中采编人员38人、行政后勤人员7人。报社30年发展历程中，先后经历了6任领导班子。报社现有在职干部职工44人中，年龄在50岁以上的有6人，40~49岁的有10人，30~39岁的有19人，29岁以下的有9人。报社职工中有傈僳族、怒族、白族、汉族、纳西族、回族、壮族、彝族8个民族。

3. 基础设施

1956年《怒江报》初创时，办公设施仅有1块刻蜡纸的钢板和1个滚筒油印机。1960年，报社购置铅字印刷设备，在自治州州府所在地知子罗建成简易印刷车间，开始出版铅印的《怒江报》。1983年，怒江报社在六库再次创建时，先后租借农业局、保险公司的办公室办公。从1983年开始至2013年的30年间，共筹集资金400多万元，兴建报社办公、住宅楼5幢，建筑面积达5506平方米，确保了《怒江报》的正常出版发行。报社于1983年购置的办公桌椅，一直用了20多年。2005年，报社筹资45万元，对办公楼进行了改造修缮，增加电脑、空调等现代通用办公设施。2010年，报社再次更新办公设备，并向云南日报社争取到《云南日报》怒江记者站使用过的一辆新闻采访车。现在报社配有采访车2

---

[①] 谭天应、肖六龙：《怒江州志·广播电视篇》，内部资料，第1-29页。

辆、台式电脑 25 台、笔记本电脑 50 台、数码单反相机 50 部等办公设备。

4. 报纸发行

《怒江报》1956 年创刊时，以油印 8 开小报出版，10 天出版一期，每期印刷 400 多份，供有关部门和领导参阅。1960 年，《怒江报》改为铅印小报出版，10 天出版一期，每期印刷 1000 多份，发送到州县机关，供有关部门和领导干部参阅。1983 年 5 月 28 日，经胡育才、恒开言编辑，胡育才、恒开言、刘华美排字，由怒江州印刷厂印制的《怒江报》第一份新傈僳文版、老傈僳文版以 4 开报开始试刊。同年 10 月 9 日，由杨宗元、王嘉相、杨尚礼组稿和编辑，德宏州团结报社印刷厂承印的第一份《怒江报》汉文版 4 开报也开始试刊。在试刊期间，采取邮寄的方法向州内各级机关和各族干部群众赠阅。1984 年 10 月开始，《怒江报》以汉文版、新傈僳文版、老傈僳文版 3 种文字正式出版。汉文版为 4 开周刊，逢周一出版，由州邮电局代办发行，每期发行 2600 多份。新、老傈僳文版为 4 开旬刊，其中老傈僳文版逢 5、15、25 日出版，新傈僳文版逢 10、20、30 日出版。新老傈僳文版每期发行 3000 份，在自治州内傈僳族聚居地区免费赠阅。1985 年，《怒江报》汉文版由当地邮局订阅，每期发行量增加到 4000 多份。《怒江报》新老傈僳文版免费赠阅，发至州内农村并面向省内丽江、迪庆、临沧、保山、德宏以及四川省的一些傈僳族地区发行，每期发行 3000 多份。《怒江报》汉文版于 1987 年 1 月开始实行州内邮发，1988 年实行国内公开发行，《怒江报》自此成为怒江州唯一向全国公开发行的报刊。

1987 年 6 月，怒江报社遵照中央关于进行报刊整顿的决定，对《怒江报》进行整顿，加强了领导和采编力量，《怒江报》汉文版每期发行量增至 6300 多份；《怒江报》新老傈僳文版继续为旬刊，发行量稳中有升。由于新傈僳文推广面有限，从 1990 年 7 月起，《怒江报》新傈僳文版停刊。其后 1998 年有 8 个月的时间曾恢复了新傈僳文版，此后就停刊至今。《怒江报》老傈僳文版继续正常出版发行。1990 年，《怒江报》汉文版由周刊改为周二刊。1996 年，《怒江报》汉文版由周二刊改为周三刊，每星期一、三、五见报，每期发行量增至 9700 多份。2008 年，《怒江报》汉文版 4 开小报改为对开大报，仍保持周三报，逢星期一、三、五见报。《怒江报》扩为大报后，办报经费不增，报纸不提价，报纸发行量大幅度上升。2013 年，《怒江报》汉文版发行量达 19500 多份，怒江州常住人口每 28 人就有一份《怒江报》汉文版，按人口计算，《怒江报》发行量已居全省乃至全国州市一级党报党刊人均发行量的首位。《怒江报》傈僳文版 2013 年赠阅量也达到了 2000 多份。

(二) 报业管理

1. 报纸宣传

怒江报社成立 30 多年来，始终坚持党的领导，遵循"政治家办报"的原则，贯彻"二为"方向、"双百"方针，努力践行"三贴近"，坚持巩固马克思主义在意识形态领域内的指导地位不动摇，紧紧围绕中心，服务大局，关注民生，为宣传贯彻党的路线、方针、政策，为推介怒江、促进怒江发展作出了重要贡献。《怒江报》从 1983 年创办到 2013 年 10 月 30 日，共出版发行了《怒江报》汉文版 3675 期、老傈僳文版 1316 期、新傈僳文版 607 期。30 多年来，《怒江报》主要从以下 10 个方面开展了宣传报道。

一是大力宣传中央、省委的大政方针政策。

二是大力宣传中央、省委开展的重大活动和重大成就。

三是大力宣传中央、省委对怒江工作和怒江各族人民的关怀帮助。

四是大力宣传州委、州政府的重要战略举措及重要活动。

五是广泛深入宣传全州各条战线取得的新成就、新经验和新人新事。

六是加强了怒江州扶贫攻坚和社会主义新农村建设的宣传。

七是坚持正确舆论引导，进行关注民生、化解矛盾、构建和谐社会的宣传。

八是坚持"双百"方针，进行民族文化和旅游资源的宣传。

九是进行法制建设、廉政建设及社会治安管理的宣传。

十是注重报纸的言论撰稿工作，加强舆论引导。

2. 网络宣传

2009 年 12 月，怒江州委、州政府决定投入 250 多万元建设州委、州政府的综合门户网站——怒江大峡谷网。从 2010 年 2 月 8 日开始，经过 4 个月的试运行，该项目被认定为优良工程，具备了正式开通条件，并于 2010 年 6 月 8 日正式运行。2012 年 9 月 14 日，怒江大峡谷网的点击量正式突破百万大关；截至 2013 年 10 月 30 日，怒江大峡谷网的点击率达 150 万次。怒江大峡谷网以传播速度更为快捷、传播内容更为丰富、传播方式更为灵活的特点，与传统媒介《怒江报》优势互补，为促进怒江政务公开化建设，提高怒江对外宣传水平和舆论引导能力发挥了积极作用。

3. 采访编辑

怒江报社采编工作主要由总编室、汉文编辑部、傈僳文编辑部、记者部、网络部、通联部、技术部完成。目前有采编人员38人，负责《怒江报》汉文版、傈僳文版两种文字和怒江大峡谷网站的采访、编辑出版和传播工作。

《怒江报》傈僳文版主要面向的读者是怒江州内的傈僳族、怒族、独龙族农民，及识傈僳文的基层干部、职工等。傈僳文版的办报宗旨是：宣传党的路线、方针、政策；宣传党的民族宗教和民族区域自治政策，增进民族团结，促进经济、科技、文化的发展进步，促进边疆的稳定与繁荣。傈僳文版从读者的实际出发，针对读者文化结构差异大的特点，特别强调报纸的民族性、地区性，确立了与汉文版既有相同点又有区别的编辑方针，即傈僳文版要立足怒江，面向全省（指傈僳族聚居地区）。在具体编译工作中，以发布怒江州新闻为主，以农村题材为主，以传播省内傈僳族聚居区经济、文化、科技信息为主；宣传当地党委、政府的重要会议和决策；编译中央、省、州有关重大会议精神和各种法律、科普知识等。怒江大峡谷网站运用汉文、傈僳文、英文、缅文4种文字，设立了新闻、政务、州情、经济、文化旅游、便民、社区等板块，全方位宣传党的路线、方针、政策和本州开展的各项工作。

4. 通联工作

1983年5月《怒江报》试刊后，报社开办了第一期通讯员培训班，向通讯员介绍《怒江报》的性质、任务、办报宗旨，进行新闻业务培训，开始建立《怒江报》通讯员联络机制。30多年来，报社从3个方面加强通讯员队伍建设：一是举办了100多期通讯员培训班，参加培训人员3000多人次，包括机关和企事业单位干部职工、解放军和武警官兵、教师、农民等；二是组织专业记者与业余通讯员联合采访，进行传、帮、带，互相学习提高；三是举办优秀通讯员和优秀新闻作品的评选表彰活动，激励通讯员多写稿、写好稿。

5. 广告业务

广告是报纸为社会服务的一个窗口。《怒江报》自创办以来，主要利用第四版副刊刊登广告，既满足了社会各阶层各领域的需要，也为报社弥补了部分业务经费。2002年报社在体制改革中，与丽江金永文化信息传播有限责任公司泸水分公司签订了广告承包合同，决定成立广告公司，行政上受报社领导，业务上自主经营、自负盈亏，同年12月，报社设置广告部。

## （三）体制改革

1999年1月5日，怒江报社印刷有限责任公司成立。在怒江报社印刷有限责任公司第一次股东大会上，选举产生了第一届董事会董事和董事长、副董事长。经过一年多的运营，11月19日，为确保报社与印刷厂政企分开，怒江州人民政府专题研究报社和怒江州民族印刷厂资产人员划分有关问题，决定怒江报社印刷有限责任公司歇业。2000年7月13日，怒江报社印刷有限责任公司注销。2005年7月至2006年12月，怒江报社从劳动人事、收入分配和社会保障等多个方面进行了改革。

1. 改革情况

怒江报社的文化体制改革试点工作从2005年7月开始，经过成立文化体制改革小组，策划部署报社体制改革工作实施方案、组织干部职工学习改革的有关文件、完成《怒江报社文化体制改革方案》并进行改革实施等5个步骤，到2006年12月全部结束。根据三项改革试点要求，主要进行了以下5个方面的改革。

一是管理体制的改革，报社改革实行总编辑（党组书记）负责制，总编辑（党组书记）为法定代表全面主持工作。二是内部机制改革，报社设副总编辑岗位2个，由总编辑分工管理。三是财政对办报投入方式的改革，90%由财政拨款，报社自筹10%。四是分配制度的改革，实行固定工资加岗位工资加绩效工资的三元工资制。五是事业与经营分离的改革，将广告部从行政、事业中分离出去，成立广告公司，实行企业化管理。

2. 改革成果及存在问题

2007年报社继续被确定为怒江州文化体制改革试点单位后，改革基本达到了以下几个目标：一是报社内部已全员实行聘任制，把对职工的管理由过去的档案管理改为岗位管理并实现了职称评聘分离；二是职工的工资在实行二次分配时与"德、能、勤、绩"进行了有效连接；三是新闻采编与广告经营分离，广告采用市场化经营；四是办报与发行分离。报社在实行文化体制改革过程中，由于怒江经济欠发达导致对《怒江报》办报长期投入不足、报社基础设施建设长期滞后、印报成本价增加而报纸不提价等情况估计不足，改革后出现了一些新的问题和矛盾，不仅没有达到改革越改越好的目的，而且严重制约了怒江报社的发展。实行差额拨款后,职工收入与公务员的收入差距明显加大,给新闻采编队伍造成不稳定因素。2008年,《怒江报》改为大报后,怒江州委、州政府决定报纸暂不提价,每年报社资金缺口达40余万元,给报社带来了许多新的矛盾和困难,加大了办报的难度。于是,2011年,怒江州委、州政府将办报经费投入方式中的"90%由财政拨款,10%报社自筹"的改革调整为财政全额拨款,同时每年增拨办报和怒江大峡谷网站经费50万元。

(四)资金管理

怒江报社是出版中共怒江州委机关报的事业单位,从1983年成立到2006年,事业经费和印报经费由财政全额拨款。1983—1998年财政列入预算拨给报社的办报经费每年30万元,1999年起办报经费由原来的30万元减少到20万元。怒江州经济发展滞后,人口较少,报纸订阅收入有限,地方广告资源少,报社本来市场生存能力非常脆弱,加之步入市场化经营管理,实行财政差额拨款后,造成办报经费缺口越来越大,特别是小报改为大报后,办报经费缺口更大。为保证报业的正常运行和发展,报社党组经过反复研究论证后,多次请示州委、州政府解决。怒江州委、州政府从2010年起《怒江报》汉文版在原来财政下拨20万元办报经费的基础上增拨10万元的办报经费,同时增拨10万元的《怒江报》傈僳文版免费赠阅补助,并列入财政预算。2010年,怒江州委、州政府同意报社提出的进一步改革报社体制的方案请示,在不影响报社体制改革总体方案的前提下,决定从2011年开始对报社由2007年1月1日起实行的差额拨款90%改为全额拨款。2010年怒江大峡谷网站建成后,每年拨款30万元用于怒江大峡谷网站的托管运营。

(五)队伍建设

1. 学历培训

报社十分重视干部职工采编人员文化基础素质的提高,以学历培训为主,积极组织干部职工参加各种学历的脱产学习、自学考试和函授学习。一是把干部职工送到上级新闻部门培训学习。二是举办业务讲座,请有关专家学者上辅导课,组织讨论学习。三是把业务学习下放到科室,由科室根据工作需要有计划、有目的地组织科室干部职工学习业务知识。通过业务培训学习,丰富了干部职工的业务知识,提高了业务能力,为做好新闻工作提供了保障。

2. 职称评聘

报社从 1985 年开始进行技术职务的评定和聘任工作，截至 2013 年 10 月，报社有正高职称 1 人，副高职称 11 人，中级职称 9 人，初级职称 13 人。为办好《怒江报》、怒江大峡谷网站打下了坚实的基础。

### 四、怒江广播电视发展历史概况

被世人称为"东方大峡谷"的怒江曾因地理位置不优越，交通不便利，广播电视事业发展缓慢。如今这里已经形成了广播、电视、新媒体发展的网络体系，怒江广播电视事业也有了质的飞跃。怒江的广播电视事业的发展大概经历了广播收音阶段、有线广播阶段、电视发展阶段、新媒体发展阶段 4 个阶段。以年代划分：20 世纪 50 年代是广播收音阶段；60—70 年代是有线广播发展阶段；80—90 年代是电视起步和发展阶段，也是广播电视混合发展阶段；2010 年开始新媒体发展的阶段。如今，怒江广播电视台已经形成了一台、一网、一报等基本发展模式，移动终端、微信公众号平台逐渐成为传播的主要力量。近年来，怒江广播电视台的直播设备不断更新，技术不断增强，传播能力也在进一步提高。

#### （一）广播

怒江州的广播事业，包括收音站的建立、农村有线广播的建设、中波转播台的建设以及州、县广播台的建设。

1. 有线广播

新中国成立前，怒江还没有广播。当时，传教士用毯子遮着收音机，欺骗当地群众收音机里发出的声音是"上帝的声音"。传教士和国民党残余分子也对边疆人民进行了反动的宣传，蛊惑人心，并发起暴乱。新中国成立后，中共云南省委派出一批年轻的国家干部先后到达怒江各地，建立广播收音站搞好边防宣传工作。州县建立收音站后，想方设法扩充设备，加大宣传。各县广播站不断加强自己的设备装置。除了各县建立收音站之外，国家还在怒江州各县建立了 8 个区级收音站，形成了县、区收音网络。县、区收音站的建立更有助于宣传党的各种政策以及爱国主义教育的实施。区收音站的建立填补了怒江偏僻山区不能收听广播的空白，于 1975 年撤销。

有线广播是在收音站的基础上建立的。县级机关用收音机挂喇叭，扩大收听面。随着水电事业的发展,架设街头广播喇叭,逐步延伸县广播站附近的农村,利用电话线发展到区(公社)。一些偏僻山区没有电话线路,只好无偿发放半导体农村广播专用机、舌簧喇叭。小片网、点,以及逐渐网点连乡大队、乡连区、县架设广播专线连区。从下到上,从上到下,从近到远发展以县级为中心、公社放大站为基础的有线无线结合广播的现代化发展网络。

1956年,碧江、泸水两县用汽车引擎头木炭燃料的10千瓦发电机,供机关照明用电的条件下,建立了县广播站。碧江从剑川等地用一匹马驮一卷铁线和两篮瓷瓶,和两筐扩音机电源层、前级增音和放音机,机架拆开人背的办法运进怒江。碧江从县广播站顺电话线路杆架设到知子罗下村的广播专线,安装运动圈式小喇叭150只。边工委宣传科买来一台上海钟声牌钢丝录音机,把重要广播和民族歌手唱的民族歌曲录制下来反复播放。1957—1958年间,设备不断增加。碧江县利用电话线路传输广播节目到全县5个区32县,每天早晚定时开放2小时的广播。碧江县收音站也正式改名为碧江县广播站。1959年,中共怒江边疆工作委员会建制撤销,广播收音站随即撤销。

1960—1962年,连续三年的自然灾害,各县广播站缩减人员,有的被调商业战线、农村工作队、县工委打字员,有的被辞退回家,个别留在宣传部处理日常事务,为各种会议安装调试喇叭。1963年,省编制委员会批准各县广播站2名编制,全州广播收音站又恢复了活动。1964年7月,省广播事业局拨出专款40万元帮助边疆少数民族地区恢复广播事业,并派出工作人员朱昌泰来怒江检修泸水、福贡、贡山、碧江等县的250瓦扩音机、远程牌收音机等,恢复了转播中央台、云南台的广播节目。泸水县在附近的上下寨安装喇叭12只,架设广播线路3千米,全州入户喇叭48只,通电话的区、乡又安装了倒换开关,早晚定时对农村开放广播。

1965年3月4日,怒江终于有了民族语自制节目。碧江、福贡两县开始自办傈僳语节目。碧江、福贡、泸水3县有95个乡通广播,安装小喇叭328只。8月25日,省广播事业局根据省委决定召开全省宣传部、邮电局负责人电话会议,决定28、29日零时统一试机,通过电话线转播省委第一书记阎红彦在全省贫下中农代表会和农业生产先进单位代表会上的政治报告。全州各县同全省在同一时间里听到了省至县、乡的实况广播。1966—1968年,全州广播事业经费9500元,借用电话线路218.5千米,自架线路24千米,11个公社43个大队19个小队623户安装广播喇叭368只。泸水县革委拨出8.7万元专款购置广播载波机、广播电话桥式溜流器等设备,由邮电和广播站架设不通电话的乡线路 300 多千米,安装电话的广播喇叭。1969 年,省财政补助农网经费 104 万元。4 月,省革委下达了地州、市广播管理站专职干部 1~2 人,县广播站 5~7 人编制,各县广播站按此精神配备人员。贡山县正式列入国家预算,每年事业经费 1 万元,编制由原来 2 人增至 5 人。省农村广播网管理组逐年给贡山、福贡、碧江、泸水、兰坪配发 CY2x275 有线广播扩音机,并逐年给乡、村广播网、点无偿配发了农村广播网专用机 962 台、话筒 90 只、各种喇叭 11520 只、线间变压器 330 只、稳压器 100 台;给区级广播放大站 150 瓦扩音机 20 台、四速唱机 30 台、J601 录音机 4 台,各县用这些设备进行试点取得经验。层层动员群众集资达 30 万元,买铁丝架设广播线路。形成全民动员、千人上阵的场面。缺乏打洞工具就用炮杆、撬杆凿洞、饭勺掘土,没有弯钩、瓷瓶就用塑料鞋底、胶鞋底包铁丝,钉在树上、房柱上,架设广播专线 1752.3 千米。全州 27 个公社建了 16 个广播站,213 个生产大队,队队通了广播,1479 个生产队建了广播网、点。普及到区、由区到乡、乡到村、村到户的广播网络,深受群众的欢迎。1969 年,为加强边境一线的广播事业建设和对外广播宣传,省农村广播网管理组扶持了泸水片马区、贡山独龙江区 GY2x275 型有线广播机在中缅 16 号界桩处挂上组合式喇叭开展对外广播。1970—1974 年,继续在大队建广播站。1974 年,省广播事业局农村广播网管理组补助怒江各县有线广播专线经费 10.6 万元,不包括设备物资,地方政府及各族群众集资办广播 60 多万元,架设大队联网专线 2516.5 千米。其中县至公社(区)88 千米,公社以下双线 413.5 千米,单线 2088 千米。全州 5 个县 27 个公社(区)建了放大站,217 个大队中有 152 个大队建成了广播,1971 年 1742 个生产队能通广播,小喇叭户 34253 户。同时,各县广播站和电信局的技术干部组成会战小组,开始研制载波广播,三五个月就实现广播载波化。全州各县基本建成农网后,重建轻管的问题明显暴露出来。碧江县针对这一问题,配备了县广播线路员 5 人,乡、村"赤脚"广播员 109 人。1975 年,省农村广播网管理处拨出专款 2 万元,帮助碧江建设广播专线,县革委于 6 月 8 日发出关于成立"碧江县农村广播网指挥部"的通知,由邮电、商业、水电、县广播站等单位负责人组成会战指挥站,同时各公社成立相应的领导小组。物资部门积极配合,架设由邮电、广播、水电部门负责。架设专线所需弯钩瓷瓶、铁线器材由国家负担,电杆由受益的公社、大队、小队负责。根据这一精神,各族群众经 60 天奋战,架设了由碧江县至匹河、洛本卓、子里甲、架科底、古登 5 个区的广播专线 82 千米,成为全州第一个有线广播专线传输化的县。

1975年8月，省农村广播网组又拨4万元的专款，补助泸水县广播站建设县至大兴地、称杆两个公社的广播专线。10月，县革委拨出生产水泥电杆专款5万元，建立灯笼坝基地，并确定民办公助，每人每天补助民工伙食费0.5元。两个公社党委选派了50名工人，轮流换班到基地洗河沙、敲石子等。缺乏振动器，州广播管理站帮助解决柴油机配制，4个月的时间生产水泥电杆750根。完成从高黎贡山半山腰的鲁掌县城跨越怒江到大兴地区政府驻地广播专线，全长98千米。

1976—1978年，省农网继续补助各县生产水泥电杆资金5.2万元，各县广播站根据当地钢材、水泥进货情况，碧江安排生产小铁塔杆40千米，兰坪18千米，福贡用槽钢做电杆架设15千米，贡山自制小铁塔3千米，泸水仍在灯笼坝水泥电杆基地调集上江、六库两地公社民工浇铸水泥电杆850棵，为60千米专线准备了物质条件。从此，怒江州基本形成以县站为中心、公社放大站为基础、大队广播室为重点的4级农村广播网。1982年，泸水县广播站重点帮助了六库、老窝、片马、鲁掌5个区放大站。整顿了群众要求办广播的称杆、排扒乡广播室。福贡县广播站对喇叭入户的乡村进行调整，改挂高音喇叭，为集体收听服务。贡山、兰坪、六库有线广播站都进行了调整，加强县城人口集中的市镇覆盖，提高收听质量。由于泸水的调频发射机原是东川试制的150兆赫兹频段，群众中的收音机和调频接收机也没有这个频段，省农网更换了一台104兆赫兹的50瓦发射机。1985年，省农网又无偿调拨给福贡县广播站一台103兆赫兹调频发射机。全州除兰坪、贡山所辖境内覆盖率低外，其余碧江、福贡、泸水实行了有线、无线传输相结合，给农村广播网的发展带来了生机。

"八五"期间，州县广播电视部门在深入乡镇、村寨宣传动员群众集资办广播的前提下，积极向各级党委、政府反映得到支持。1991年，完善了8个乡镇广播放大站，架设新线路2万多米。1993年，州广播站开通了200瓦中波发射机，兰坪县巩固完善了停播近一年的8个乡镇有线广播站。1994年，全州通电的158个村公所（办事处）中有广播的仅22个，无广播的136个，而这些乡村又都处在边远山区，常年听不到广播，看不到电视，信息闭塞，文化生活极为贫乏，州财政从拮据的财力中安排35万元专项资金，购置了100套农村有线广播器材。在1995年8月10日全州广播电视工作会议上及时发到各县手中（兰坪30套，泸水30套，福贡25套，贡山5套）。到1995年底，全州巩固了州、县广播站5

个，乡村广播室 123 个，村通广播率 40.38%，恢复和兴建农村小片广播网 38 个，拥有扩音机 86 部，功率为 13.5 千瓦。

"九五"期间，全州广播电视事业建设实行战略性转移，建设重点由城镇转向农村，特别是转入边远高寒山区。随着科学技术的发展，从 1996 年起，全省推行了广播电视共站收转，广播节目的传输由调频代替单纯的有线传送，但怒江结合山高谷深的实际，在加强"211 工程"建设的同时，采取上级补助和地方自筹相结合的办法，加强和改善农村收广播的实际困难问题，5 年中共新建了乡、村、社有线广播室 109 个，截至 2000 年 12 月 31 日，全州共巩固和完善了县乡广播站 29 个，新建农村广播室 229 个，有线无线广播综合覆盖率达 77.28%，与"八五"期末相比，上升了 41.98 个百分点。

2. 无线广播

1973 年 3 月，怒江第一座中波转播电台在州府知子罗建成，也是全省第一座站、台合设的广播电台。碧江县的各族人民，能收听到中央台和云南台的中波广播节目。连境外的缅甸边民也说："傈僳族的'摆时'也上广播了，中国的广播我们能听得着听得懂，共产党真了不起。"

1975 年，怒江水电站建立后发电量增加，省委拨款的增加，都为怒江广播事业的发展形成了良好的条件。1982 年 10 月 1 日，贡山中波转播电台破土动工。1983 年底基本完成通水、通电、通路工程。7 月，机房竣工。年底由省天线队完成架设收讯、发射天线。到 1984 年 10 月，贡山县中波转播台竣工试播，经测试，除较远的独龙江区和丙中洛较远的乡收不到中波转播节目外，80% 的地区用简易收音机收听中波广播，结束了广播站转中央台节目靠收西藏台转播的历史。

3. 广播电台

1988 年经省广电厅批准扶持，将泸水县广播站改为泸水人民广播电台，在有线广播的基础上，建成能发射 100 瓦的小功率无线电台，实行有线无线混合覆盖。泸水县委、县政府根据地理状况，在资金紧缺情况下筹集资金，通过省里的帮助，实行技改，于 1990 年建成发射功率为 1 千瓦的全州第一座县级人民广播电台，并于同年 7 月 15 日正式开播。1993 年，在建设怒江人民广播电台发射台时，省厅为了避免重复建设，拆除泸水铁塔，州县两台同塔共用，不影响节目传播。于 1993 年 11 月 1 日正式试播，为怒江州建州 40 年庆典直接提供了传播媒体。怒江中波台从验收之日起收转中央一台、省一台及州台自办节目的时间到

1995年9月30日为止,从次日起转入正式播出工作。继怒江人民广播电台发射台落成之后,集电台编辑、录制、播音、播出控制、技术业务为一体的怒江人民广播电台播控中心,总投资387.1万元,其中国家广电总局补助50万元;省计委补助255万元,省财政补助39万元。此项工程经两年多的艰辛努力,完成播控业务用房1830平方米,内设广播直播室1个,语言录音室2个,审听、复制室1个。室内设置有当时较为流行的采访、录音、编辑设备(包括MD录音机、编辑机、CD放音机、双卡磁带机、调音台等)。

1998年3月12日,怒江州人民广播电台播控中心工程竣工验收。怒江人民广播电台一期、二期工程胜利完工并顺利验收交付使用后,1998年2月28日由原广播电影电视部部长孙家正签发电台许可证。台址在怒江州泸水县六库镇向阳西路。2002年10月,怒江人民广播电台节目覆盖六库地区。全台设置新闻中心、总编室、办公室、播出部、技术资料5个部(中心、室),编制21人。

4. 怒江广播电台运行状况及节目设置

2011年,怒江广播电台与怒江广播电视台合并。目前,怒江广播电视台综合广播频率为FM107.4MHz,节目语种为汉语、傈僳语,全天播出时长19个小时,共办有20档节目。其中,新闻类有《怒广新闻》,生活类有《生活1+1》,音乐类有《自在倾听》,监督类有《政风行风热线》,教学类有《跟我学傈僳语》,交通类有《怒江交通之声》,理财类有《农行金钥匙》,文学类有《1056读书时间》,娱乐类有《1056乐翻天》,情感类有《伊然心语》,少儿类有《童言童趣》,外宣类有《飞越城市》,民语类有《傈僳语怒广新闻》《傈僳语央广新闻》《傈僳语云广新闻》《傈僳语科技之窗》。民语部的人员要负责制作傈僳语电视、傈僳语广播两类节目。引进节目为《远誉快车道》《天下故事会》《生活D时代》。

怒江广播电台建立开播时除收转中央台、省台新闻外,自办节目有傈僳语、汉语新闻两档节目,自办节目时间每日不足2小时,直到调频广播开播后发展为6档,分别有《怒江新闻》《傈僳语新闻》《生活之友》《文学博览》《阳光荣裕与您相约》《学生园地》等栏目,每日运行11小时。从建台开始至2018年1月,均坚持转播中央台及省台新闻节目。2004年前,汉语新闻节目为两档:一是《怒江新闻》,是怒江电台的骨干节目,每日一期,时长为15分钟,7:30首播,11:30、19:30重播,主要报道全州政治、经济、社会、文化新闻;二是《国内新闻》,时长30分钟,主要通过报纸、网络摘编国内重要新闻。《傈僳语新闻》时长30分钟,分别有本州新闻及本土文艺节目两块组成。2004—2005年,电台对播出节目分别进行两次大的改革改版,在保留开播时的《怒江新闻》《傈僳语新闻》《生活之友》三个栏目的基础上,新增《音乐时空》《娱乐空间站》《长书联播》《欢乐时光中国笑星》《峡谷少儿》《联办之窗》《银播之星》等听众喜爱的栏目,分3个时段播出,使自办节目播出时间达11.5个小时,比电台开播时增加了10小时。随着两台的合并,人力资源的共用,节目内容不断丰富,节目时长也不断增加。

表3-1 怒江州县级广播简况

| 县级广播<br>(成立时间) | 沿革简介 |
| --- | --- |
| 泸水县广播站<br>(1956年) | 1978—1986年转播中央电台,省电台节目并自办节目,1985年停播4个月。1990年7月15日泸水县人民广播电台正式开播,每日播出8小时,1991年5月广播站迁到鲁掌茶山。1993年泸水县广播电视局撤销,1997年恢复。2000年搬迁到六库镇继续工作 |
| 福贡县广播站<br>(1953年) | 1953年7月成立县收音站,1965年改为县广播站,1975年10月建立中波台。1999年成立福贡县广播电视台,呼号:福贡人民广播电台。每日6:30~18:00均转播中央电台、省电台节目并自办节目,2009年后每日18:00转播1次,内容不变 |
| 贡山县广播站<br>(1969年) | 1953年组建县收音站,当时收音员背着铁壳收音机、直流电池,走村串寨放广播。1969年正式改为广播站,在县城安装高音喇叭播出有线广播节目。1969—1998年,每日早、中、晚3次转播中央电台、省电台节目,并播出自办节目。1998年4月,县广播站、县电视台合并,成立贡山独龙族怒族自治县广播电视台,启用"贡山人民广播电台"呼号。2003年因设备出现故障后无经费修理停播。2010年9月恢复播出,主要有新闻、生活、广播剧、少儿等节目 |

续　表

| 县级广播<br>（成立时间） | 沿革简介 |
| --- | --- |
| 兰坪县广播站<br>（1958 年） | 1958 年成立县广播站，开办田间广播，进行会议扩音宣传。1966 年在县城设高音喇叭 4 只，播出有线广播节目。1967 年限广播站受县革委政工组领导，事业经费正式纳入国家预算。1969 年有线广播覆盖县城，呼号"兰坪县毛泽东思想广播站"。1970 年开始自办节目，1987 年县广播电视局成立，广播站归县局领导。1997 年合并兰坪广播电视台。1998 年停止"兰坪广播站"呼号，呼号改为"兰坪人民广播电台"，一直保持播出 |

（二）电视

怒江电视始建于 20 世纪 80 年代初，随着州、县、区（乡、镇）电视差转站、录像重放台、地面收转站的陆续建成，电视机与日俱增，祖祖辈辈生活在怒江峡谷的各族人民看上了电视，电视也成为怒江人民日常生活中必不可少的重要物品之一。

1. 寻找电视信号

1971 年，云南梁王山电视中心发射台建成，下关市（今属大理市）广播站差转了二频道的电视信号后，怒江州广播管理站组织有关人员组成 16 人的收测组，多次在碧罗雪山寻找信号源，但一无所获。省广播事业管理处也派人专程从昆明赶到怒江州指导选点工作，寻找大理苍山的信号也是一无所获。1979 年 12 月 2 日，沈新华、施春泽两人在老猎人的带领下，经过几天的沿途跋涉，在海拔 3459 米的鸡岩子山峰上燃起了烟火（当时没有通信工具联系，只能以烟火为信号），熊熊的烟火映红了山岗。他们不辞辛苦，打开电视收测，虽然收测不到清晰的信号，但是可以听到悦耳的伴音。之后由于大雪挡住了前进的路，只好返回六库。但这一次的工作为后期的寻找电视信号的工作奠定了基础。1981 年 7 月，省广播事业局管理处李文祥带着场强仪来到怒江帮助收测，谭天应、杨义生、沈新华等 8 人带着收测物资器材，冒着连绵阴雨，经过两天的跋涉，到了雪蒙山顶。在朦胧的雨夜里打开了电视机，收到了云南电视台清晰悦耳的电视节目，经过两天的紧张工作，共收测了 19 个点，最后在海拔 3400 多米的鸡岩子山头收测到 53 分贝的电视信号，结束了紧张而又艰苦的收测工作，为怒江电视建设提供了科学依据。

1981 年 9 月，怒江州科委资助 8000 元，州财政局拨出专款 1 万元，购买了电视差转设备，由泸水县广播站组建，广播站的职工和民工共 28 人抬着柴油机，背着钢材、水泥和收发设备到鸡岩子奋战了 28 天。他们在艰苦的条件中，用混凝土浇灌了收、发天线座，架起了 9 米高的发射塔，砍来山间茅竹夹土筑墙，编篾笆盖房顶，搭成 40 平方米的竹楼机房、住房。9 月 20 日晚，泸水县城和州府六库的向阳桥头第一次收到了昆明的电视节目。为了传播怒江已收看到电视这一喜讯，州广播管理站的工作人员借用六库交通货车，每天晚上载着电视机到向阳桥头为六库区各族人民收看电视。《云南日报》《春城晚报》《解放军报》等报道了这一消息。这段时间的差转工作为怒江的电视事业开辟了新的篇章。

2. 州县差转台的建设

1982 年 3 月，云南省广播事业局事业管理处在昆明召开了怒江、迪庆两州电视建设实施会议，云南省民族事务委员会拨出专款帮助两州发展电视事业。会上还讨论研究了以大理苍山电视骨干台为信号源，建设怒江电视事业的方案：由鸡岩子收苍山 11 频道，用 9 频道 3 瓦机（太阳能供电）定向发射到六库贵家坟，再由贵家坟 50 瓦 7 频道转播，泸水县城接受 7 频道发 4 频道；在碧罗雪山 3800 米处接收苍山台电视信号是 54 分贝，建一座 3 瓦太阳能自动开关机差转台，接收苍山 11 频道发 9 频道定向传送碧江知子罗，在知子罗建 100 瓦 6 频道发射机覆盖碧江辖区，在福贡耍欺里建 10 瓦差转台覆盖县城上帕、鹿马登两个区；在贡山碧罗雪山建一座 3 瓦太阳能电池自动开关台差转到茨开，在茨开设有 10 瓦发射机覆盖县城，在兰坪雪邦山建一座太阳能电池自动开关机 3 瓦台，差转信号传到金顶，在金顶设 10 瓦发射机覆盖县城。以上技术方案经过与会人员的认真研究决定后，由省广播事业局丁家才、曾佰昆到兰坪帮助选点，李文祥到贡山帮助选点，但由于贡山和福贡境内的碧罗雪山山脉海拔比高黎贡山还高，而且 4000 米以上的高峰就有 20 余座，如贡山直接差转苍山电视信号较为困难，所以改为录像重放过渡台。贡山县购置了录像机，录像带在昆明录制好后托客车带回贡山重放。其余拟建的六库鸡岩子、贵家坟，福贡的耍欺里，兰坪的雪邦山台都在海拔 2000～3000 米以上的高山，每次上山施工建台，都要经历不同气候的变化，条件十分艰苦。其次，建台时要运铁塔、水泥、设备等均要跋涉两三天，难度非

· 69 ·

常大，建设者们攻克了一个个难关。

1982年7月29日，六库贵家坟50瓦差转机终于正式转播从苍山传来的云南电视台节目。1983年1月5日，福贡耍欺里录像重放台开始播放，并于8月份正式开始转播碧江的电视信号。贡山茨开电视录像重放台正式开播。碧江知子罗差转台开播。9月份，泸水和兰坪的差转台也相继开播。

1981年5月起，怒江州广播站和碧江县广播站负责人到云南思茅（今普洱）、广西阳朔、四川成都等地学习，并与厂家签订技术方案，当地技术人员与厂家技术人员一起上山安装。从此，靠人背柴油上山发电的电视差转10瓦台，改建成了太阳能蓄电池自动开关3瓦机差转电视信号的高山台。每年节约搬运费、留守发电费1.27万元。兰坪雪邦山差转大理苍山信号场强58分贝，杂波干扰小，能靠电视信号启动开关。碧罗雪山鸡岩子离大理苍山134千米，杂波干扰严重，自动开关机失控，24小时常开，仍需人工留守把关。随着国家电子工业的发展，苍山骨干台转播质量的不断提高，1985年8月碧罗雪山鸡岩子电视差转台用石英钟定时控制开关，每天18：40至23：30定时开播电视信号。从此，鸡岩子、雪邦山两座3瓦高山电视差转台，实现了无人留守也能自动开关差转云南电视台用微波转送到苍山的电视节目信号。

由于历史的原因，片马各项事业都相对落后于其他地方。1982年末到1983年初，怒江边4县县城驻地实现了电视覆盖，1984年省民委拨出了专款3万元帮助片马区建设电视录像重放台。泸水县广播站帮助设计焊制了12米的天线铁塔，购买了两台录像机，一台10瓦电视发射机，与区广播站合设机房于5月安装调试完毕正式播出，覆盖上下片马和缅甸的大田坝。录像重放台由区广播员统一管理，泸水县电视差转台录制节目，邮递员3天一次送录像节目带。泸水县上江区投资1000元修建了10平方米的机房，购买了4根水泥电杆，县广播站帮助架设并设计焊接了12米铁塔，安装调试了10瓦电视差转机，差转鲁掌4频道电视节目，覆盖大墩子、湾桥、七棵树、碾子房4个自然村。

3. 卫星电视地面接收站

1986年4月，时任云南省省长和志强表示省政府帮助边疆困难县建设卫星电视收转站。8月，云南省广播电视厅事业管理处派出人员到贡山、福贡、泸水3县帮助选点和订购设备。云南省财政厅、云南省教育厅和云南省广播电视厅联合资助27.7万元，其中资助贡山县9.4万元、泸水县9万元、福贡县9.3万元，解决卫星电视节目的接收、发射设备和机房等。怒江州人民政府边疆建设事业费中拨出州广播电视局 2.5 万元修建了机房、机座后,又拨款 10 万元购买设备。兰坪县政府委托州广播电视局与陕西 39 电子研究所赊了一套设备。建设中,怒江州的工程技术人员和领导干部在厂技术员的指导下边学边干,在交通不便的情况下,没有吊车靠人工搬运,重达 1.1 吨的圆柱凭人力竖起。

1986 年 7 月 24 日,怒江州第一座卫星电视收转站在州府六库建成开通,收转中央一套节目。这座曾在贡家坪山头上五次差转碧罗雪山、鸡岩子、大理苍山、楚雄紫金山、昆明梁王山云南电视台的节目。1989 年怒江州政府安排专款买了米波发射机收转中央二套节目,1989 年云南卫星广播电视地球站在昆明建成并试播成功后,怒江州政府拨专款增设设备,收转云南电视节目。

1986 年 10 月 20 日至 11 月 27 日,贡山茨开、泸水鲁掌、福贡上帕 3 个县城驻地的卫星电视收转站相继建成开通,兰坪于春节前在金顶开通了卫星电视。至 1987 年初怒江全州 4 个县都建成六米卫星地面收转站,兰坪金顶、泸水鲁掌、州府六库可以直接收看中央和省台的电视节目。贡山县在收转中央一套节目的同时维持录像重放云南台节目。改善了电视服务方法,提高了质量,增加了收看节目套数。1987 年,怒江州广播电视局根据国务院文件精神,撤迁碧江 100 瓦电视差转台,建立古登、洛本卓、匹河、子里甲、架科底 5 个区级卫星电视收转站。经过上半年的造型订货,区人民政府主动安排了机房,于 6 月底全部安装结束并交付使用。随着改革、开放、搞活的深化,泸水县老窝区以及兰坪通甸、中排、河西等地群众与机关共同集资各建起了一座 3 米卫星电视收转站。怒江州民委从边境建设事业费中补助怒江民族中学、福贡县马吉、泸水县片马、贡山县丙中洛、独龙江太阳能蓄电池供电 3 米卫星电视收转站。

怒江州由于地形地貌复杂,山高谷深,人口居住分散,虽然到 1990 年底全州建成 62 座卫星电视地面站,有电视发射机 67 部、发射功率 0.93 千瓦,但电视人口覆盖率仅有 53.6%。为尽快地解决边远贫困地区群众收看电视的困难,有效地提高覆盖率,1991 年省政府在全省范围推行"211 工程"(即 2 米天线、一瓦机、收看一套广播电视节目)。此后的 5 年里,怒江全州坚持"卫星转发、五小覆盖"方针,采取卫星、有线、无线综合覆盖和上级补助与地方自筹资金相结合的办法,兴建了一批有线电视和卫星电视地面收转站,截至 2000 年 12 月 31 日,全州累计建成卫星地面站 1014 座,其中泸水县 466 座、福贡县 102 座、贡山县 61 座、兰坪县 383 座。至此,怒江州每 100 平方千米建有卫星站 7 座,每千人拥有 2 座,创全省之最。怒江全州总卫星地面收转站中具有发射功能的有

417座，发射机功率合计1.49千瓦，电视综合覆盖率达84.36%。

2000年，国家广电总局决定分期分批对已建"211工程"站按接收转两套电视和一套广播节目目标进行升级改造，积极推进小片有线电视网点建设，同时，建立省、地州、县三级验收体系，按规定检查验收"村村通"工程。按这一要求，怒江州广电局领导带领工程技术人员深入各县、乡指导，经各县自查、自检后，怒江州验收小组分别抽调各县政府分管领导和工程技术人员复查，报请省验收组审验，完成验收了120座"村村通"工程。

4. 有线电视

自1988年开始，怒江州一些有条件的国家机关、企事业单位、人民团体等先后兴建了共用天线电视系统，这些系统涉及的范围一般限于本单位，少数的系统由几个毗邻单位联办。系统规模最小的用户终端只有10多户，最大的也不超过400户。这些系统都至少传送3套以上的电视节目，有些系统插播录像节目。到1994年底，州、县有线电视台、站先后购置了摄录设备，开办了电视自办节目。怒江州通过引进大理州的资金和技术，完成了兴建有线电视台的相关事宜。该工程于1994年6月中旬开工，至同年10月底，完成了六库地区大部分单位有线电视入网和安装，2800余户1.6余万人看上了优质的、多套数的电视节目，为当年11月初怒江州成立40周年庆典活动提供了传播平台。怒江州有线电视台经一年多的试播和组建，至1995年底，专线电缆传输达6000多米，连接着3800多终端户，有专职的采、编、播、维护人员，有固定的机房和中低档摄录、制作设备（摄像机3台，编辑机、字幕机、切换机各1台、专业录放机3台）。每周能按期按时播出《怒江新闻》和不定期播出《广告与信息》录像等节目。开通中央1台至4台、云南台、贵州台、四川台、浙江台、新疆台和或西藏台共10套节目。1996年，经云南省广播电视厅协调报请国家广播电影电视部批准，怒江州人民政府拨专项资金10万元购置加密电视解码设备，年中，州电视台安装调试了设备，开通中央电视台体育、电影、文艺和少儿、军事电视节目。同年11月10日，经怒江州教委与怒江州广电局协商，在怒江州电视台中播出两套教育节目。随着电视节目和有线电视用户的增多，怒江州电视台不断更新有线电视设备、改造有线电视线路，将传输主干线改造成馈线，不断提高节目传输质量。截至2000年12月底，怒江州电视台有线电视网共巩固和发展用户4500户，网络总长6千米，传输优质节目25套。

怒江州县级有线电视站兰坪县有线电视站于1994年11月建成，泸水县有线电视站于1993年12月建成并开通8套节目；福贡县有线电视站于1993年3月建成并开通7套节目，早在1989年福贡县教委选用解放军某厂生产的接收设备，安装了天线口径3米的一组闭路电视，收看电教节目；贡山县因经济条件地理环境等诸多原因，1995年12月底以前系统内没有骨干有线电视台站，系统外有条件的单位又自行安装了供本单位、本行业收看的小型闭路电视站。1995年12月31日前，怒江全州29个乡（镇）中，兰坪县营盘镇，泸水县古登乡、大兴地乡、洛本卓乡、称杆乡、老窝乡、片马镇、上江乡，福贡县匹河怒族乡党委、政府所在地相继开通了有线电视，可收看到6~8套节目。从1996年起，怒江全州广电部门根据国家广电总局的要求，在扩大中央台、云南省台一套节目的同时，鼓励和支持有条件的乡（镇）和村社，采取广电部门义务服务技术工作，受益群众投资出力的办法积极建设农村有线电视网点。截至2000年12月30日，全州除独龙江乡外，其余乡（镇）都开通了有线电视。其中2000年全州共兴建升级改造了35个农村有线电视网点。

5. 怒江电视台的发展及其栏目特色

怒江电视台是怒江州广播电视局下属的事业单位，是怒江州内三大媒体之一。其前身是怒江电视差转台，1994年4月，经人民政府批准成立。2001年，经国家广电总局正式批准设立，各项事业建设步入了正规化渠道。截至2018年，全台开办一个新闻综合频道，有4档自办栏目，自办节目日播时间高于72分钟，频道日播时间达到了19小时。2002年1月，《怒江新闻》开始实行一天一组播出，实现了新闻日播的目标，周六、周日则播出"一周要闻"。但新闻时长不固定，新闻内容不够丰富，节目信号覆盖范围较小。2007年开始，怒江电视台升格为副处级单位，维持事业性质、人员编制不变，与怒江州广电局正式实行管办分离，并建立了台长负责制和全员聘用制，同时，怒江州级财政对电视台实行差额拨款，创收部分财政不再统筹，40%用于福利和其他费用，60%用于事业发展。

2009年，怒江电视台从信号采集、制作、播出、存储方面已全面实现了数字化和网络化。在怒江州内率先实现了全频道数字制播一体化。2011年广播台和电视台合并，怒江电视台不断推陈出新，加强了节目质量的把关。当时，怒江州又遭受了两次特大泥石流自然灾害，在突如其来的自然灾害面前，怒江电视台加强了泥石流灾害等突发事件的宣传报道，全台应对突发事件的宣传报道能力有了进一步提高。特别是在贡山"8.18"特大泥石流自然灾害中，第一时间启动了突发事件新闻报道应急预案，迅速成立了电视宣传报道组，明确职责任务，全力以赴展开宣传报道工作。在《怒江新闻》中开设了《8·18灾害特别报道》专栏，并立即组织了4路采访组赶赴灾区。2010年，怒江电视台把傈僳语频道建设作为全台事业建设的重要工作来推进，完成了新招傈僳语播音主持人员的业务培训，在新闻综合频道推出傈僳语版《一周要闻》，每天试译《怒江新闻》，完成了频道节目播出时间安排表，调试了频道使用设备，购进了频道备播节目，制作了频道形象宣传片，等待国家广电总局审批，但后来审核未通过，至今一直未开播。之后，怒江电视台成立民语部，专门制作民语节目，但因人员不足，自制节目仅为新闻类节目，即《傈僳语怒江新闻》《傈僳语一周要闻》《傈僳语新闻联播》《傈僳语云南新闻》。2010年，《傈僳语一周要闻》开播，2011年《傈僳语怒江新闻》开播，这些节目均是汉语节目的翻译、制作。

2011年，国家实施"户户通"工程，解决每一户农村家庭都能收看卫星电视、数字电视的问题。怒江州也在"户户通"工程中不断加快解决农村尤其是高寒山区的农户看电视的问题。

2012年，怒江电视台创办了新节目《怒江零距离》，即关注怒江本地的民生资讯类节目。节目于2012年2月14日正式开播，报道老百姓身边发生的大事小事，服务老百姓的生活，每周一至周五每晚采访制作完成一期时长10分钟的节目，周六制作一期周末精编版。到2012年11月23日，据不完全统计，普通观众通过热线电话提供新闻线索的次数有80多个，采用的有30多个。截至2013年11月25日，《怒江零距离》栏目组共播出日播节目211期，周末精编版48期，本栏目记者采访报道新闻657条。除此之外，专题报道也是怒江电视台的重要事项。每年的"两会"报道一直是怒江州的报道重点，怒江电视台不断开展融媒体的报道形式，丰富"两会"报道内容。

表3-2　怒江州县级电视简况

| 县级电视台 | 沿革简介 |
| --- | --- |
| 泸水县电视台 | 1986年泸水电视收转站建成，转播央视和云南电视台节目。1998年开设"点歌台"栏目，1998—2005年，先后开设电视专栏20多个，播出电视新闻993组5163件，制作播出专题片42部 |

续　表

| 县级电视台 | 沿革简介 |
| --- | --- |
| 福贡县电视台 | 1984年建立电视差转台，1986年成立县电视台，开设"福贡新闻"综合栏目，1992年建有线电视网，每日12:00、18:30转播央视和省电视台节目，并播出自办节目。1999年成立福贡县广播电视台，呼号"福贡电视台"。2006年增设"石月纵横"综合栏目 |
| 贡山县电视台 | 1982年6月成立贡山县录像重放台，派人到昆明录制好节目后带回贡山播放。1986年12月28日架起6.5米无线地面卫星收转站，开始转播电视节目。1996年开通有线电视网，可转播14套节目。1998年4月，县广播站、县电视台合并，成立贡山独龙族怒族自治县广播电视台，启用"贡山电视台"台标，本县自办节目在公共频道播出 |
| 兰坪县电视台 | 1983年在雪邦山建立电视差转台，1987年建6米地面收转站。1989年开始自办电视节目，1992年电视转播台开始摄制"兰坪新闻"。1994年成立兰坪有线电视台。1997年8月，兰坪广播电台、兰坪有线电视台合并为"兰坪广播电视台"。1997年10月，电视节目"兰坪新闻"开始定期播出。1998年1月，在县有线电视网中开通三频道"兰坪电视台"专用，一直延续播出 |

## 五、新媒体发展历史过程

### （一）《怒江报》新媒体的历史发展

1956年，中共怒江边工委成立了怒江报社，并于当年以刻蜡板油印方式编辑出版中共怒江边工委《怒江报》。后因怒江州州级机关撤销，报社撤销，《怒江报》停刊。后来经过努力，于1983年5月28日，《怒江报》第一份新傈僳文、老傈僳文版开始试刊发行。刚开始时以四开报不定期出版。1984年10月，《怒江报》汉文、新傈僳文、老傈僳文3种文版正式出版发行。目前，已经从每周出版一期到现在每周三期。2015年，《怒江报》实现了彩色印刷，发行量为1万~2万份。《怒江报》成了怒江当地的宣传报道窗口。2004年6月，报社内部实行新的人事制度改革，设立汉文编辑部、傈僳文编辑部、记者部、广告部、办公室、总编室 6 个业务机构。2010 年，《怒江报》增设了技术部、通联部和怒江大峡谷网 3 个业务机构。其中，怒江大峡谷网作为怒江州州委宣传部的门户网站的建立，也标志着《怒江报》向网络新媒体迈进的第一步。

1. 怒江大峡谷网

2009 年 12 月，怒江州委、州政府决定投入 250 多万元建设怒江州的综合门户网站——怒江大峡谷网，由怒江报社承办。2010 年 2 月 8 日开始，经过 4 个月的运行，该项目具备了正式开通条件，于 2010 年 6 月 8 日正式运行。

怒江大峡谷网分为新闻、党政、州情、经济、文化、旅游、生活、互动共 8 大板块，各大板块下又分设了子栏目。怒江大峡谷网以汉文、傈僳文、英文、缅文 4 种文字进行宣传。从语言种类来看，怒江大峡谷网是目前国内州市一级门户网站中使用语种最为丰富的网站之一，也是怒江州语种最为丰富的网络媒体。怒江大峡谷网依托报社的采编力量，立足于新闻、信息的基础上，加强宣传的力量，着重从时政新闻、民族文化、旅游便民等方面加大对外宣传。

（1）傈僳文版

傈僳文版一直是《怒江报》的一大特色，怒江大峡谷傈僳语网依托《怒江报》傈僳文版的采编团队，实现了傈僳文版的网络化，并且对一些内容进行了调整。目前，该板块分为图片新闻、怒江新闻、景观景点、民族文化、知识园地、旅游六大板块，着重从时政新闻、旅游文化、知识普及等方面来宣传怒江。呈现形式和报纸有相同之处，标题均以汉语、傈僳语的形式出现，正文只有傈僳语，文章短小，图文结合。该板块也是目前傈僳语网站的重要平台，成为怒江全州唯一一个傈僳语的网站，起到了舆论引导的作用。

（2）缅文、英文版

怒江大峡谷网的缅文版是将州内新闻、旅游资源、文化等 4 个板块对外宣传，网站在 2010 年开始创办，但直到 2017 年 4 月 11 日才正式开通上线。该板块设立了新闻、图片、风景、民族、自然资源、文化、旅游、生态、民俗等新闻资讯。板块将立足于打造世界级旅游目的地和建设对缅印和涉藏地区开放的重要基地，向国外网民及用户宣传怒江、推介怒江，以国际化的思维和表达方式传播好怒江声音。该板块受众主要为缅甸人，除了边境的缅甸人以外，还有怒江师范专科学校的缅甸学生。

英文板块是在缅文频道成立之后实现开通的。英文板块从图片新闻、当地新闻、景观、自然资源、文化、旅游等板块进行内容发布。页面形式呈现分版块分布，少量内容呈现在主页，多数内容需要点击进去。怒江大峡谷网英文网站是怒江实现国际化频道宣传的平台，但内容还较为简单。

2. 新媒体融合报道的逐步实现

《怒江报》的新媒体起步于2014年，虽然起步时间较晚，但在较短时间内实现了较快的发展。特别是在2016—2017年，《怒江报》着力打造全媒体阵营，不久之后，又开始打造"融媒体"阵营。从全媒体到融媒体的跨越，实现了多种媒体方式的信息的共享和内容的多元化。但目前报社受资金、人员等因素制约，融媒体还未取得实质性成效，和全媒体无较大差别。而微信公众号也成为花费成本较少，但影响力最大的媒体平台。因此，怒江报社也将加强网络公众号的建设作为重点工作。

（1）微信公众号

2014年开始，怒江报社建立了"怒江报""爱在怒江"公众号。"怒江报"公众号是时政报类的微信公众号，"爱在怒江"是关注旅游、生活、民生等方面的微信公众号，"爱在怒江"公众号粉丝数为9万余人。"怒江报"公众号的粉丝也在1万多。"怒江报"微信公众号主要以党政新闻为主，但对党政新闻进行重新编辑和处理。"怒江报"微信公众号编辑从新闻部获取新闻信息，对时政新闻、民生新闻等进行相应调整，尽量贴合当地群众的需要，对标题、正文进行大量调整。例如《新书记的第一天》，10天内点击达2000万次。"爱在怒江"微信公众号是集民生、旅游、文化、便民为一体的微信公众号，是"怒江报"内容的补充，内容以原创、转载为主。原创内容除了依托新闻部采编的新闻之外，新媒体部也会外出采写新闻。"爱在怒江"微信公众号还建立了通讯员制度，一些突发事件发生后，编辑会去到现场报道，并结合通讯员的信息报道。

（2）双语App的生产及民文采编系统的应用趋势

"爱在怒江双语"App是一个投入200万元打造并于2016年6月上线的汉语、傈僳语双语App，也是目前国内唯一的傈僳语App。这个App的内容以新闻为主，其他主要内容为文化、旅游、美食、服务等。内容来源除了怒江报社的原创、采集的新闻以外，大量内容来自编辑对其他信息的编辑和改写。因为客户端需要下载、使用不方便、定位不准确等因素，目前使用率不如微信公众号高。

基于双语App，未来怒江报社将实现民文采编系统。民文采编系统是借用人民日报"中央厨房"的理念，运用全媒体的形式，建成4种民族语言（傈僳语、怒语、独龙语、缅语）输入系统，将整合多种媒体形式，进行信息整合，实现多种形式发布。这是一项高投入的新媒体项目，旨在发展怒江少数民族语言的优势，将少数民族语言与新闻传播结合。

（3）新媒体直播

怒江报社从 2015 年开始就尝试在掌上直播平台进行直播。依托掌上直播平台进行直播，然后在网站、公众号中用二级链接的方式呈现。怒江报社直播过 2016 年怒江大峡谷澡塘会系列活动、怒江州"两会"、怒江州第八次党代会、州委八届三次全会、"砥砺奋进的五年"系列新闻发布会怒江篇、怒江州重大项目推进新闻发布会、贡山 60 周年县庆等活动。

（4）新形式解读新闻

《怒江报》的新媒体较全州新媒体来说，形式较为多元，权威性较高，内容也较为丰富。《怒江报》依托州委、州政府的支持，获得了资金支持，为模仿《人民日报》《新华社》的新媒体作品进行形式的复制和内容的创新提供了支撑。H5 的制作也是《怒江报》新媒体部尝试的一项重要内容。《怒江报》根据《政府工作报告》制作了 H5 "十个关键词发出怒江最强音"和图解《政府工作报告》，还制作了一张图解《政府工作报告》《今天这张试卷火了！因为考生是州长……》。H5 "十个关键词发出怒江最强音"点击量达 5103 人（次），H5 图解《政府工作报告》点击量达 3126 人（次），图解《政府工作报告》点击量达 1595 人（次），图解《今天这张试卷火了！因为考生是州长……》点击量达 6327 人（次），在怒江州产生了一定的影响力。

## （二）怒江广播电视台新媒体的发展过程

怒江广播电视台最早的新媒体形式是 2009 年 3 月建成的怒江广播电视台网站。网站建成运营后，提升了怒江广播电视台的影响力，扩大了宣传覆盖面，实现了电视信息资源共享，弥补了当时新闻报道时效性不强的弱点，为进一步宣传怒江、推介怒江增添了新的渠道。目前，怒江广播电视网分为在线直播、电视栏目、精彩视界、怒江现实、通知公告、路况信息几大板块。主页为几大板块的相关内容介绍。其中，在线直播主要为怒江广播电视台新闻综合频道、怒江广播电视台新闻综合频率的节目直播，还有兰坪电视台的节目直播，其余为一些重大新闻活动的直播。电视栏目主要为怒江广播电视台新闻综合频道的 4 档节目内容，分别为《怒江新闻》《江东江西》《新视界》《平安怒江》。精彩视界主要为《新视界》《平安怒江》的节目。怒江县市为秘境兰坪、金鼎锌业两大板块。通知公告为一些重要事宜的通知。路况信息为一些重要路况的信息。

怒江广播电视台2009年6月正式开通怒江手机报，每年编辑手机报240多期。2014年怒江手机报进行了一次改版，把原日报改为周报，并进一步强化编辑能力，增强手机报的可读性、便捷性和实用性。怒江广播电视台2012年开始试运营微博、微信公众平台，2014年形成了"一频道一频率一报一网两微"的格局阵容。2016年怒江手机台App正式上线。自此，传统媒体和新兴媒体之间形成联动与互补机制，"两微一端"成为宣传怒江另一个重要媒体窗口。2017年，怒江广播电视台加入云南广播电视台新闻中心的七彩云媒体平台，把建设"七彩云·天境怒江"作为重点工作。怒江广播电视台也成为云南省首家依托云南广播电视台七彩云平台正式上线新媒体频道的州市台。随着"七彩云·天境怒江"新媒体频道R正式上线，怒江广播电视台形成了由7类媒体组成的全媒体矩阵，包括一个电视综合频道（NJTV）、一个广播综合频率（怒江广播电视台计划将综合广播的发射频率由FM105.6MHz调整为FM107.4MHz）、一个网络广播电视台（www.nujiangtv.com）、两个微信公众号（怒江广播电视、听怒江）、一个官方微博（怒江广播电视台）、一个手机台（怒江手机台App客户端）以及"七彩云·天境怒江"全媒体频道。

目前，怒江广播电视台仍处于媒体融合发展的初期，新媒体的内容是在广播和电视生产的内容上进行加工后在新媒体渠道中进行二次传播，但由于人员、资金不足，缺少专门的新媒体采编队伍。但一些时效性较强的新闻，编辑也会去采集，争取当天在微信公众号上发布。"怒江广播电视台"微信公众号以汉语为主，日常内容主要来源于《怒江新闻》，同时也会根据宣传需要策划专栏。在解读重要政策时会在微信图文中推出傈僳语的音频，比如2018年1月10日推出《傈僳语版带你读懂常委会工作报告》。与其他新媒体平台相比，微信公众号的内容丰富、形式多样、新媒体部原创内容也较多，所以微信公众号是新媒体发展的生力军，也是融媒体发展的主要平台。

### （三）存在的问题

2016—2017年是怒江新媒体快速发展的一年，怒江两家主流媒体纷纷加强了新媒体的报道力量，购买了新媒体设备，完善了新媒体平台，但仍然存在一些问题。

1. 人员的调配不足

怒江两家媒体都出现了人手不足的情况。新媒体部成员往往要身兼多职，一个人要承担多项工作。怒江电视台由于人手不足，已经无法运营微博，只能专心打造微信公众号。但具体的微信公众号上，人员分工也会出现问题，专业的人才较少。人员较少也带来了内容简单、机械复制，无法创造出更新的内容的问题。

2. 技术力量不强，融媒体只停留在概念层面

怒江州的新媒体存在技术薄弱的问题。怒江电视台依托的"七彩云"平台，技术、形式都受到限制，因而内容也均是电视内容的再呈现，互动性不强。同时，县市频道内容较少。一些直播平台并无法打开。怒江州媒体积极打造融媒体，购买了一些新的媒体设备，但因为技术能力不强，目前还处于摸索阶段。怒江媒体从全媒体跨越到融媒体，但内容、形式改变不大，最终融媒体只是停留在概念层面上，只是多种媒体形式和多样化内容的呈现。

3. 以"民族语"为品牌亮点，但内容过于单一

近年来，怒江州媒体积极打造"民族语"节目，但内容几乎是汉语节目的再次传播，没有更多的原创内容呈现。民族文化及民族生活无法得到更多更深层次地呈现。

4. 原创民生新闻质量有待提高

怒江州两家媒体都集中打造新媒体公众号，特别是怒江报社开创了2~3个微信公众号，但个别微信公众号都出现了定位不明确、信息混杂的情况。新媒体的内容均是新闻内容的再加工、再传播，虽然也有一些原创的民生新闻的出现，但采访、编辑水平有待提高。因此，不能只在标题上做文章，应该提高文章内容的质量。

# 第四章　西双版纳社会发展和新闻事业变迁

## 一、西双版纳印象

"西双版纳"在傣语里是"十二千块稻田"的意思，指的是12个行政区域[①]。西双版纳古称勐泐，是古代越人的一支。三国、两晋时期及以前属永昌郡管辖。南北朝时期，西双版纳一带的12个傣族部落"泐西双邦"，奉天朝为"天王"，受到封赏。及至唐代，这里曾属南诏国的区域范围，8—10世纪，勐泐政权归属"南诏"银生节度管辖。南宋时期划入地方政权"大理"管辖。元灭宋后，云南设行省，划为37路、5府，勐泐一带称为"车里路"。此后勐泐一带地区开始实行土司制度，元贞二年（1296年）设"车里路军民总管府"，管辖勐泐一带地方。泰定四年（1327年），改设"车里军民宣慰使司"。傣历九三二年（1570年），宣慰使召应勐为了分配贡赋，把所管辖地区划分为12个"贺圈"，即"西双版纳"（十二千块稻），这就是西双版纳名称的由来。

西双版纳州位于云南省最南端，是一个以傣族为主要居民的少数民族自治州，州内生活有傣族、哈尼族、拉祜族、基诺族、彝族、布朗族、瑶族、回族、佤族、苗族、壮族、景颇族等13个世居少数民族[②]，各个民族都拥有属于自己的独特的神话、诗歌和艺术，民族文化资源多姿多彩。其中，主要居民傣族，视大象为吉祥物，有神话、故事传说、歌谣、叙事长诗、寓言、谚语、谜语等丰富的

---

[①]《西双版纳州概况》，西双版纳傣族自治州人民政府官网，http://www.xsbn.gov.cn/88.news.list.dhtml。

[②]《西双版纳州十三个世居民族简介》，西双版纳傣族自治州人民政府官网，https://www.xsbn.gov.cn/88.news.list.dhtml。

民间文学形式,部分信仰南传上座部佛教和民间信仰。在地理方位上,西双版纳位于北回归线以南,中国唯一的热带雨林保护区就在这里,区内生活有亚洲象、孔雀、黑冠长臂猿等奇珍异兽,以及望天树、黄果木、云南肉豆蔻等珍稀特有植物。

西双版纳下辖"一市两县"①(景洪市、勐海县、勐腊县),州政府驻地在景洪市。景洪又有孔雀城之称。相传,过去这里孔雀成群,城里有一颗保佑人民安康的明珠,被恶魔偷走这里变得一片黑暗,大象找不到青草、孔雀辨不清方向,一位英勇无比的青年凭借好水性,带着宝刀跃进澜沧江,求得龙王相助,砍死恶魔夺回了明珠,让孔雀城重见光明。自此,孔雀在当地傣族人民心中成了吉祥的象征,是西双版纳州典型的文化象征符号之一,来到这里,随处可见与孔雀相关的建筑、雕塑、广告牌等,依稀可见孔雀城的影子。

(一)历史沿革

1950年2月,西双版纳州全境解放,车里、佛海、南峤、镇越4县成立县人民政府,隶属普洱专区。1953年1月,西双版纳傣族自治区正式成立,首府设在允景洪,委托普洱专员公署领导②。不久后(同年5月),自治区人民政府召开会议,根据中央及省批复的文件撤销4县建制,按照传统习惯,将辖区重新划分为12个版纳及两个民族自治区、一个区和一个生产文化站。1955年6月,西双版纳傣族自治区改名西双版纳傣族自治州。1957年7月,经国务院批准,12版纳又被合并为版纳景洪、版纳勐海、版纳勐遮、版纳易武、版纳勐腊5个县级版纳。1959年7月,5个县级版纳又并改为景洪县、勐海县、勐腊县3县。1973年8月,西双版纳傣族自治州归中国云南省委、云南省革命委员会直接领导,不再归思茅地区管辖,独立行使自治州职权。1993年12月,撤销景洪县,设置景洪市。1994年2月,景洪市人民政府成立。至今西双版纳州辖一市两县,州政府驻地设在景洪市。

---

① 《西双版纳州概况》,西双版纳傣族自治州人民政府官网,http://www.xsbn.gov.cn/88.news.list.dhtml。

② 《西双版纳州概况》,西双版纳傣族自治州人民政府官网,http://www.xsbn.gov.cn/88.news.list.dhtml。

## (二) 区位

从地图上看，西双版纳州位于横断山脉最南端，被东西两座高山环绕，在山与山之间形成了一片片的平地，是一个被大山包围着的平坝。该州介于北纬21°10′~22°40′、东经99°55′~101°50′之间①，系北回归线以南的热带湿润地区。地形上，恰好位于亚洲大陆向东南亚半岛过渡地带上，东南部、南部和西南部分别与老挝、缅甸山水相连，邻近泰国和越南，东距北部湾400余千米，西距印度洋的孟加拉湾600余千米。西双版纳州国境线长达966.3千米，约占云南省边境线总长的1/4。

西双版纳州的西北与澜沧县相邻，北部与普洱市接壤，东北部与江城县隔江相望。全州面积19096平方千米，东西广186千米，南北袤160千米。东、北、西三面分别是无量山及怒山山地余脉，中部为澜沧江及其支流侵蚀而形成的宽谷盆地。州内最高点是勐海县勐宋乡的滑竹梁子，海拔为2429米；最低点在澜沧江与南腊河汇合处，海拔477米。

## (三) 自然环境

西双版纳州地处热带北部边缘，北部的哀牢山、无量山阻挡了南下的寒流，南面、东西两侧靠近印度洋和孟加拉湾，夏季有来自印度洋的西南季风和太平洋东南气流，形成了高温多雨、干湿两季分明但四季不明显的气候特点。

干季从当年11月至次年4月，湿季从5月至10月。年平均气温在18.9℃~23.5℃之间，年平均降水量在1024.4~1365.3毫米之间，雨季降水量占全年降水的80%以上，年平均相对湿度在78%~88%之间，年平均日照为1878.5~2241.0小时之间②。

地质上处于澜沧江深断裂带，形成景洪断裂、勐海隆起、勐腊凹陷的地质特征。在马蹄形的总体地貌中，有万亩以上的坝子，水土肥美，森林茂密，河流纵横，植物、动物、矿藏、水及水能资源十分丰富。

澜沧江纵贯全州，该河流出境后称湄公河，流经缅、老、泰、柬、越5国后

---

① 《西双版纳州概况》，西双版纳傣族自治州人民政府官网，http：//www.xsbn.gov.cn/88.news.list.dhtml。

② 《西双版纳州概况》，西双版纳傣族自治州人民政府官网，http：//www.xsbn.gov.cn/88.news.list.dhtml。

汇入太平洋,誉称为"东方多瑙河"。因此,西双版纳境内的河流属于澜沧江水系,有大小河流2761条,河网总长达12177千米,河网密度0.633平方千米,主要支流有补远江、南腊河、南果河、流沙河、南啊河、南览河等,资源丰沛、水质较好[①]。

热带、亚热带光热水土的丰厚条件造就了西双版纳生物多样性的优势,作为全球北回归线附近保存最好的一块绿洲,拥有中国规模最大的热带原始雨林。全州有森林面积155.5万公顷,覆盖率高达59.26%,有勐养、勐腊、勐仑、尚勇、曼稿、纳板河流域6个国家级自然保护区,总面积约402万亩,其中有70万亩保存较为完好的原始森林,雨林层次多,物种丰富[②]。

西双版纳有高等植物5000多种,其中特有植物153种、濒危植物134种。由这些丰富的植物资源衍生出的是其药用植物资源,全州有中草药1724种,经过鉴定的有500多种,如制造云南白药的主要原料七叶一枝花、芳香健胃药砂仁等。在西双版纳这个"植物王国"里,花卉植物、油脂植物、香料植物、染料植物等同样种类丰富。

丰富的植物资源、复杂的植被景观以及温润的气候特征,使得这里成为动物生存繁衍的理想家园。西双版纳有野生动物756种,占全国的25.3%。在国家重点保护的335种陆栖脊椎动物中,西双版纳有128种,其中一类保护动物20种[③]。州内较为集中地分布着野牛、印支虎、绿孔雀等珍稀动物。

西双版纳还有丰富的矿产资源,有岩盐、铁、铜、稀土、铅、锌、汞等矿产。铁矿储量大,约有1.18亿吨,分布在景洪市大勐龙、勐腊县新山、勐海县西定等地[④]。有含盐层面积约548平方千米,储量约250亿吨,主要分布在勐腊县东部勐伴、尚勇、磨歇等地[⑤]。另外,热水、矿泉资源也较丰富,热水点有43

---

① 《西双版纳州概况》,西双版纳傣族自治州人民政府官网,http://www.xsbn.gov.cn/88.news.list.dhtml。

② 《西双版纳州概况》,西双版纳傣族自治州人民政府官网,http://www.xsbn.gov.cn/88.news.list.dhtml。

③ 《西双版纳州概况》,西双版纳傣族自治州人民政府官网,http://www.xsbn.gov.cn/88.news.list.dhtml。

④ 《西双版纳州概况》,西双版纳傣族自治州人民政府官网,http://www.xsbn.gov.cn/88.news.list.dhtml。

⑤ 《西双版纳州概况》,西双版纳傣族自治州人民政府官网,http://www.xsbn.gov.cn/88.news.list.dhtml。

处，矿泉 90 处[①]。

西双版纳是中国第二大天然橡胶生产基地，并拥有世界上最古老的野生茶树群落，西双版纳六大古茶山有 8 万多亩野生古茶树以及 1700 年树龄的野生型茶树王。同时，西双版纳傣药资源丰富，傣医药历史悠久。

（四）人口与民族

西双版纳州内有傣族、哈尼族、拉祜族、基诺族、彝族、布朗族、瑶族、回族、佤族、苗族、壮族、景颇族等 13 个世居少数民族。至 2021 年末，全州常住人口 130.60 万人，户籍总人口 101.81 万人，其中少数民族人口 79.28 万人，占户籍总人口的 77.9%[②]。

西双版纳州以傣族为主要居民，居住有 33.47 万名傣族群众，占户籍总人口的 32.9%[③]。傣族主要分布在云南西双版纳傣族自治州和德宏傣族景颇族自治州两个地区。

哈尼族人口有 21.15 万人，占全州户籍总人数的 20.8%[④]。哈尼族聚居于红河和澜沧江流域的中心地带，以红河州最为集中。

世居于此的基诺族是我国最后一个被国务院批准的民族，总人口 2.57 万余人[⑤]，主要聚居于云南省西双版纳傣族自治州景洪市的基诺山，其他分散在景洪、勐海县境内。部分基诺族群众有信奉孔明仙和民间信仰的习俗。"基诺"在基诺语中的含义是"舅舅的后代"，这是基诺族曾有过母系制、舅父权的生动反映。

---

[①] 《西双版纳州概况》，西双版纳傣族自治州人民政府官网，http://www.xsbn.gov.cn/88.news.list.dhtml。

[②] 《西双版纳州概况》，西双版纳傣族自治州人民政府官网，http://www.xsbn.gov.cn/88.news.list.dhtml。

[③] 《西双版纳州十三个世居少数民族简介》，西双版纳傣族自治州人民政府官网，http://www.xsbn.gov.cn/88.news.list.dhtml。

[④] 《西双版纳州十三个世居少数民族简介》，西双版纳傣族自治州人民政府官网，http://www.xsbn.gov.cn/88.news.list.dhtml。

[⑤] 《西双版纳州十三个世居少数民族简介》，西双版纳傣族自治州人民政府官网，http://www.xsbn.gov.cn/88.news.list.dhtml。

## （五）经济

目前，西双版纳工业、农业、服务业三大产业发展均衡。值得注意的是，由于西双版纳丰富的自然资源、民族资源、文化资源，旅游业得到了显著发展。西双版纳州的旅游资源开发起始于20世纪80年代，是中国最早开发旅游业的民族地区之一。西双版纳拥有植物园、野象谷、望天树等一批老牌知名景点，近年来，又修建了告庄西双景、万达主题乐园、傣秀剧院等一些新的旅游景点，州内汇聚有各种时尚有特色的酒吧街、美食街等。数据显示，仅2021年，西双版纳州累计接待国内外旅游者2721.10万人次，旅游业总收入432.08亿元①。围绕旅游产业，客栈、餐饮、温泉等旅游基础设施遍布西双版纳各地，旅游业已成为优势产业。

西双版纳州土地肥沃、气候温和湿润，适宜发展农业经济。粮食作物以水稻种植为主，高温天气使得这里的稻谷可以一年三熟。常见的经济作物有香蕉、火龙果、甘蔗、橡胶、茶叶等。尤其以茶最为出名，勐海、勐腊两县茶山遍布、茶厂聚集。另外，西双版纳淡水资源丰富，温润的天气适合淡水鱼养殖，这里养出的淡水鱼肉质细腻鲜美，颇受消费者欢迎。

西双版纳的工业产业也得到了一定程度的发展。围绕甘蔗和茶叶的种植，当地制糖业、制茶业发达。丰富的水资源使得这里适宜修建水力发电站，电力产业在地方工业增加值中占有举足轻重的位置。

## （六）文化

西双版纳州的文化资源极为丰富，有生态文化、雨林文化、歌舞文化、服饰文化、水文化、村落文化、宗教文化、农耕文化、民间工艺文化、贝叶文化、节庆文化、普洱茶文化、饮食文化、傣医药文化、知青文化等。

1978年6月，西双版纳州文化局正式成立，有干部4人。1984年，西双版纳州编制委员会下达西双版纳州文化局编制10人，设秘书科和文化科，1991年增设新闻出版事业管理科②。1979年以前，西双版纳州文化局直属单位有文

---

① 《资源》，西双版纳傣族自治州人民政府官网，http://www.xsbn.gov.cn/88.news.list.dhtml。

② 来自2019年1月12日对西双版纳州人民广播电台退休职工岩伍腊的访谈。

馆、图书馆、民族歌舞团、新华书店和电影公司，80年代起陆续建立了文物管理所、艺术创作研究室、景洪剧院、江北文化中心等①。

西双版纳近些年一直大力宣传傣族文化。文学上，傣族有文字，民间文学很丰富，有神话、故事传说、歌谣、叙事长诗、寓言、谚语、谜语等。通过赞哈（民间歌手）的演唱，广为流传，许多名篇家喻户晓。音乐上，西双版纳傣族的几个支系，都有各自的民间音乐，有相同的基调，大致可分为民歌、赞哈调、佛寺咏唱、器乐等。其中最鲜为人知的是"赞哈"。"赞哈"是傣语的译音，意思是"歌手"，系傣族的民间艺人。赞哈演唱时席地而坐，手持扇子遮脸，由一人"报篾"（吹竹笛）伴奏。赞哈的演唱内容广泛，有各种习俗歌、情歌、谜语、民间故事传说、佛教教义、佛祖生平等，还常常即兴创作。每逢过年过节、贺新房、结婚、小儿满月、升和尚等喜庆日子，傣族人民都会请赞哈演唱，这种艺术形式被当地傣族群众喻为生活中不可或缺的糯米饭和盐巴。赞哈演唱的唱腔，叫"赞哈调"，音律有"61235"和"12356"两种，节奏分快板和慢板②。唱词优美、流畅，比喻丰富生动，每个句子可长可短，比较自由。一句唱词中，除末一个章节或衬词可以拖长之外，一般都与说话的音长相近，听众较易理解唱词的内容。傣族民间舞蹈外柔内刚，舞姿动感强烈，以身躯及手臂处的关节弯曲形成独特的"三道弯"造型，舞步跨度较小，多垫步、点步、碎步等。代表性舞蹈有《象脚鼓舞》《孔雀舞》《依拉贺》《马鹿舞》《蝴蝶舞》《拳舞》《刀舞》等③。

建筑艺术上，佛寺和佛塔建筑艺术集中体现了傣族人民的智慧与审美观。佛寺庄严雄伟，大殿、僧房、长廊、佛龛配置得当，有的佛寺建有白色或金色的佛塔，组成一个建筑群。四周栽种着高大的贝叶树、椰子树、槟榔和各种花草，与佛寺的红墙黄瓦交相映照，融建筑和绿化为一体，以景洪县勐罕镇的曼春满佛寺最具有代表性。该佛寺的偏厦为人字形，有两层、三层或四层的，每层屋脊等距安装着各种陶制花草饰物，屋脊各角装有陶制的龙、象、孔雀等动物饰物，最高

---

① 《西双版纳傣族自治州概况》编写组：《西双版纳傣族自治州概况（修订本）》，民族出版社，2008年版，第366-375页。

② 《西双版纳傣族自治州概况》编写组：《西双版纳傣族自治州概况（修订本）》，民族出版社，2008年版，第355-366页。

③ 《西双版纳傣族自治州概况》编写组：《西双版纳傣族自治州概况（修订本）》，民族出版社，2008年版，第355-366页。

一层的屋脊中央装有陶制的小佛塔①。西双版纳州的佛塔有圆形的、棱形的、圆形和多棱形结合的。塔的顶端装有铜片和风铃，每层塔台上有各种浮雕花纹，并贴上彩色玻璃和小圆镜。

（七）宗教信仰

西双版纳地区民族众多，各民族部分群众都有自己信仰的宗教。历史上西双版纳境内的宗教有佛教、道教、伊斯兰教、基督教和民间信仰等。长期以来，境内宗教信仰以南传上座部佛教为主，是傣族和布朗族部分群众信仰的宗教，其次就是哈尼族的民间信仰。

南传上座部佛教传入西双版纳地区大约是在7世纪左右②，泰国"摆孙派"由于教义宽松，传播过程中逐步被傣族民众接受，渐渐成为佛教在傣族地区发展的普及派，并经过与民间信仰长期而复杂的斗争，最后形成了与傣族文化交缠共生的宗教文化体系。因此，佛教也成了西双版纳地区信仰群众最多的宗教。

在哈尼族的宗教观念里，"灵魂不灭"的观念占有重要地位，由此产生了"万物有灵"的各种崇拜和祭祀活动，如祭风、祭雨、祭雷、祭电、叫谷魂、祭树魂等。而在哈尼族的日常生活中，万物有灵的观念集中地反映在对灵魂的崇拜上。哈尼族村寨一般是由几个血缘家族杂居而成。村社除了居住的房屋外，必须包括寨门、寨门神、井神、坟山神、秋千神、土地神等，并认为这些神主宰着一切。神有善恶之分，所以为了祈求得到神灵的庇护和免受其害，每个村寨每年都要举行很多祭祀活动，要对上述的神灵虔诚祭祀，以求村寨的繁荣兴盛。主要的祭祀活动分为村寨祭祀、家庭祭祀和农业祭祀3种。

## 二、西双版纳州新闻事业史

西双版纳地处遥远的西南边陲，大众传播媒介无论是作为对内宣传的工具，还是作为连接外界的桥梁，都起着不可替代的作用。

---

① 《西双版纳傣族自治州概况》编写组：《西双版纳傣族自治州概况（修订本）》，民族出版社，2008年版，第48-50页。

② 吴平：《古代云南与老挝的佛教文化交流》，《法音》2007年第7期，第49-52页。

(一) 报刊

中华人民共和国成立前，西双版纳地区官方和民间没有办过报纸，仅有于1947年办的一份油印刊物《佛海旬刊》。该刊作为内刊未公开发行。

《西双版纳报》的创刊有着历史的必然性，它是伴随着中华人民共和国的成立和民族政策的确立而诞生的。1949年中华人民共和国成立后，为推动民族平等、民族团结、民族发展，党中央通过全国政协和人民代表大会，制定了基本的民族政策，又在"一五"时期规划了过渡时期党在民族问题方面的总任务，有关总路线、总任务的宣传教育工作提上日程。1954年夏天，中央人民政府又派出中国社会科学院语言所专家深入西双版纳地区，在广泛调查研究并征求本民族人士意见的基础上，为西双版纳傣族创制了一套新傣文，并编写了新傣文课本，促进新傣文教学和普及推广工作，这为傣文报的创刊做了铺垫。新傣文简化了原有傣文字的繁杂写法，使傣文字更便于排版、印刷。

据老报人郑纯回忆，1956年，在宣传工作和民族工作的现实需要下，中共云南省委做出了要在西双版纳、德宏等4个地区出版地方报纸的决定。1956年秋，中共思茅地委和西双版纳边工委根据省委的要求，开始筹建《西双版纳报》的出报工作，抽调西双版纳边工委宣传部负责人郑纯主持筹建工作。根据工作指示，思茅地委和西双版纳边工委讨论决定了《西双版纳报》的办报方针：《西双版纳报》是西双版纳边工委的机关报，是党和人民的喉舌，有关地方的新闻报道应以报道农村为主，以农民为读者对象。报纸要承担推动党的各项工作、提高各少数民族群众的爱国主义和社会主义意识的任务。具体而言，《西双版纳报》要宣传党的总路线、总方针，特别是党的民族政策，要宣传国内外的形势，宣传科学知识。

为了顺利筹建办报工作，西双版纳边工委先从土改积极分子中抽调了10余名傣族青年至云南人民印刷厂学习印刷技术，又从学校和各机关单位抽调10余名教师、干部担任编辑、记者。印刷厂的筹建工作同步展开，经历数月学习后，10余名傣族青年带着技术和机器回到西双版纳，云南省人民印刷厂又抽调了包括杨俊在内的6名技工至报社工作，北京新华字模厂为报社赶制了傣文铜模。印刷厂的建成让报社有了出版报纸的物质条件。1957年3月4日，第一张《西双版纳报》傣文报《号三》（《消息》）与读者见面，结束了当地没有地方报纸的历史。

1957年8月31日,《消息》的汉文版以8开版试版。创刊初期的《西双版纳报》一方面需要克服艰苦的办报条件,另一方面还受到政策等因素的影响。尽管如此,《西双版纳报》仍发挥出了其应有的作用。其一,传达国家政策方针,推动国家各项治理工作的展开。创刊初期,正值西双版纳试办合作社,《西双版纳报》通过报道先进社的成绩和经验,使当地农村群众坚定了走农业生产合作化的决心,并通过刊登文字资料对比回忆新旧社会,对当地群众进行社会主义教育。其二,普及农业科技,调动生产积极性。通过报道典型村寨的革新成果,调动了农民的生产积极性,刊登一些诸如积肥、农作物管理的知识,指导农业生产。其三,推广傣文字,传播傣文化。1954年,国家为西双版纳地区的傣族群众创制了一套新的文字,报纸在新傣文的推广过程中起到了重要作用,小学生和刚扫盲的傣族农民群众纷纷拿起傣文报作为巩固学习新傣文的资料;傣文报在宣传方式上独辟蹊径,采用傣族群众喜爱的章哈唱词、赶摆舞曲等民族艺术形式创作新闻,既传播了民族文化又起到了宣传效果。其四,报道突发事件,调适社会秩序。老报人郑纯回忆,1957年夏秋之际,当地少部分不法地主向农民发起反攻倒算,农民掀起了反击斗争,《西双版纳报》以景洪县的曼沙村作为重点,报道了农民和地主的斗争过程,鼓励了农民斗志,打击了地主的嚣张气焰。

1966—1972年是《西双版纳报》报业发展史的一个特殊时期,办报工作历经波折、动荡,停刊长达6年之久。党报的命运与党的路线唇齿相依,1966年6月,西双版纳傣族自治州工委根据中央文件的精神,决定把报社作为首批开展"文化大革命"的单位,同年6月16日派工作组进驻西双版纳报社,工作组作出停刊搞革命的决定,同年8月1日,傣、汉文报同时停刊。

1971年"9·13事件"以后,党中央开展批林整风运动,云南省委意识到尽快恢复西双版纳州民族文字报纸的重要性,以适应当时的政治形势。1972年7月1日,傣、汉两种文版报纸同时试刊,每周一期,傣文为4开版,汉文为8开版。1973年2月3日起正式复刊,同年报社成立了编辑委员会,在编委会的领导下的机构有4组1厂(汉文编辑组、傣文编辑组、通联组、行政组和印刷厂)。1973年前后仍处于"十年内乱"之中,报纸难免受到政治浪潮的影响,在办报质量上仍存在不少问题。

1976年10月,随着粉碎"四人帮"反革命集团的胜利,"十年动乱"结束,紧随其后的便是拨乱反正时期。其一,在人事方面,报社为"十年动乱"期间受影响的编辑、记者以及受牵连的通讯员恢复名誉。其二,在办报方向上,报社先是肯定了"文化大革命"以前的办报方针,以政治理论武装办报队伍、重新建立通讯员队伍、创办内部刊物《〈西双版纳报〉通讯》以促进办报经验的交流和帮助通讯员学习新闻业务。其三,对报纸的面貌进行改革,不再照搬新华社新闻稿,除宣传中央精神的重大新闻外,结合西双版纳实际对新华社稿件进行摘登、选登、改写或综合,将3/4的版面用于刊登本地新闻,报道地方特色、反映民族特点,在文风上提倡短小精悍、通俗易懂。其四,重新确立民文报纸办报工作的重要性,傣文报在这一时期先后发展了100余位通讯员,这些通讯员大多居住在村寨,编辑部专门组织报人下乡培训通讯员。

1990年以来,《西双版纳报》的出报工作不断发展,这主要得益于以下方面。其一,技术的革新。1993年报社印刷厂购买了北大电脑排版系统,实现了激光照排胶版印刷,又同山东一家科技公司合作开发了傣文输入法和组版系统,使民文报的印刷不再依赖铅字排版。其二,小报改大报。2002年,当地政府批准了"西双版纳报社改大报工程",报社购入了新的采编、印刷系统,汉文报于2003年1月1日起正式改为对开大报出版。其三,在办报风格上开始重视专题策划。近些年来,报社围绕州委、州政府工作要求开展专题策划,通过深度新闻报道充分发挥报纸的导向作用。其四,在办报策略上注重办好文艺副刊。汉文报专门创办了文艺副刊《绿宝石》,傣文报的四版为文艺版,主要刊登章哈唱词、诗歌、谚语等深受傣族读者喜爱的内容。其五,20世纪90年代后紧跟媒介融合步伐。随着互联网技术的兴起,报社先后办起了3种文字版本的"西双版纳新闻网"(汉文、新傣文、老傣文),办有手机报、"西双版纳报"微信公众号,并开发上线"美丽西双版纳"App等,在新闻报道中也用上了直播技术。

作为党媒,无论是对于西双版纳州社会发展历程而言,还是对于西双版纳州的社会媒介的变迁史而言,《西双版纳报》具有重要的历史地位和现实意义,是研究西双版纳新闻社会史不可绕过的一环。当然,历史上,西双版纳州还出现过一些其他不同类型的纸质媒体。如1977年后,中央、省属驻西双版纳州的科研单位的科技工作者,为宣传党的科技工作方针政策,活跃学术交流气氛,先后办起了《热带植物研究》《云南热作科技》《西双版纳农垦医药》《云南茶叶》等科技刊物。1981年7月,西双版纳州文化局创办了《版纳》杂志汉文版,1982年7月开办傣文版。20世纪80年代,西双版纳州境内的一些社会组织还相继创办了《开拓报》《公路报》《西双版纳科技报》和《声屏报》,以满足多层次读者的需要,推动了全州文化事业的发展。

## (二) 广　播

西双版纳州广播史应从 20 世纪 50 年代中期开始追溯。1956 年 1 月，中共中央颁发《全国农业发展纲要》，提出从一九五六年起，按照各地区情况，分别在七年或者十二年内，基本上普及农村广播网。同年 4 月，云南省制定了《云南省农村广播网发展规划》，并在 5 月举办了有线广播技术培训班，彼时西双版纳州各县区派出人员参加培训，系统学习广播器材的使用与维修、广播专线架设等技术，以及新闻采编和播音等业务知识。8 月，学员携带器材返回西双版纳后，按照云南省制定的发展规划开始建设农村广播网。至 1975 年底，全州已经架设广播专线 2 308 杆千米，安装喇叭 45 156 只，全州 28 个公社有 27 个都建立了广播放大站，基本实现了"社社通广播，村村喇叭响"。1976 年后该州由于有线广播网线长、点多、面广、线路质量不高、维护管理复杂、传输效率差等，不再建设有线广播事业。至 1988 年，原来的长距离有线广播专线及农户喇叭已被损坏拆除超 90%，取代有线广播事业的是无线广播传输和小片有线广播网点相结合的新传输网络。

"大概是 20 世纪 70 年代，我们都是收听泰国的广播，那时候我们还没有广播，1978 年也是因为这个我们州就有了广播。"原西双版纳州人民广播电台傣语组播音员岩帕香的这段话回应了当年西双版纳州人民广播电台的创台史。1973 年，为解决境内云南人民广播电台、中央台节目转播信号弱的问题，也为了对抗国外电台信号的严重干扰，西双版纳州委开始筹建西双版纳人民广播电台，成立电台建设筹备组。1974 年，云南省计委、省广播事业局联合下达了西双版纳州人民广播电台设计任务书，计划投资 188 万元用于修建电台，其中包含中波发射台基建投资费 30 万元，以及专用设备经费 80 万元。1978 年初，完成机房基建工程，同年完成安装西双版纳州人民广播电台、中央台、云南台三套节目的转播发射机组和配套设备，中波发射台用于转播中央台、云南台第一套节目，以及发射西双版纳州人民广播电台节目。

1978 年，西双版纳州人民广播电台开播。建台初期，用汉、傣两种语言播音，1981 年 10 月增加哈尼语播音。有线广播网时代，西双版纳州就开始有傣语播音，1956 年后，勐腊、勐海等有线广播站相继建成，开始使用傣语播发节目。西双版纳州傣语播音以景洪方言为基础方言，吸收各方言之长，逐渐形成了标准的播音风格。哈尼语节目出现的时间较晚，历史上哈尼族没有与其语言相对应的文字，新中国成立以后设计了以拉丁字母为基础的文字方案，哈尼文字的使用和哈尼广播的出现，使哈尼族人民进入了有本民族文字、广播的时代。哈尼语广播以勐海县格朗和乡苏湖水方言为基础方言，开播初期颇受群众欢迎，有"哈尼人民的心声"之称。

西双版纳州人民广播电台开播初期仅有一个电台频率。1978年起，该台全天播音7.5小时，周末播音8小时，早上6：00~8：00为第一次播音（周末播音至8：30），以《东方红》合唱为节目预告，转播有云南人民广播电台文艺节目、云南人民广播电台对农村人民公社社员广播、云南台天气预报，播出有本台文艺和汉、傣双语新闻各10分钟。17：50~23：20分为第二次播音，转播有云南人民广播电台对工人广播、解放军和民兵节目、文艺节目、新闻节目、歌曲介绍、西双版纳傣语广播等，以及中央台各地联播节目、新闻节目、学习节目、音乐节目、国际新闻等，重播西双版纳州人民广播电台自办文艺、新闻（傣、汉）和天气预报。

1981年，哈尼语节目开播后，又增加了哈尼语新闻节目以及汉语、傣语版学习节目，并转播有中央人民广播电台新闻和报纸摘要、各地人民广播电视联播节目，以及云南人民广播电台的粤语广播（30分钟）、西双版纳傣语广播（60分钟），播音由一天两次增加为一天3次，全天播音12小时40分钟。1991年随着自办节目的增多，西双版纳州人民广播电台已不再转播中央台和云南台的专题节目、文艺节目，仅转播中央台《新闻和报纸摘要》《新闻联播》以及云南台《全省联播》，全天播音10小时45分钟。

开播以来，西双版纳州人民广播电台一直坚持"以宣传为中心，以新闻改革为突破口，带动其他节目改革"的方针，多发短新闻，增加信息量。因此，新闻节目一直是电台的主体节目，目前用汉、傣、哈尼3种语言播出。建台初期主要宣传报道农村经济体制改革的方针、政策，报道农业生产，产业结构调整，以及州委、州政府的通知和会议新闻，1980年逐渐增加了经济建设宣传报道的比重。随着社会经济的发展，该台的新闻节目对工农业生产、农业科技、基础设施建设等方面的报道不断增多，另外该台创办的民生新闻节目也深得百姓欢迎。

该台民语频率FM90.6现播出有三大新闻节目，分别是《西双版纳新闻》《新闻联播》和《新闻赶摆场》，分别用傣语和哈尼语播音。其中《西双版纳新闻》和《新闻赶摆场》译制自该州电视台的两档电视节目，《新闻联播》译制自中央电视台新闻联播节目。值得一提的是，傣语还办有民生节目《好曼勐傣》，主要报道州内的民生新闻，尤其是人物方面，如英雄模范、好人好事等。《好曼勐傣》创办初期，电台记者、编辑做了不少自采节目，深得傣族群众欢迎，2012年左右，受经费制约以及两台合并的影响，《好曼勐傣》开始走译制路线。

仅次于新闻节目的是专题节目，这类节目的意义在于科普知识或理论学习文章。1980年首增傣语专题节目25分钟，每天播出3次，1985年又增哈尼语专题节目，傣语、哈尼语专题节目多用汉语稿件译制。1981年，该台用汉语、傣语播出专题节目《学习节目》《科普知识》《祖国各地》3个栏目，《科普知识》主要介绍普及工农业生产、生活方面的科学知识，《学习节目》以播发理论文章、讲座的形式宣传党的方针政策和马列主义、毛泽东思想，《祖国各地》主要介绍全国边疆地区民族建设、自然风光、民族文艺等。1986年5月，专题节目又改设为《学习》《美丽的西双版纳》《文化与生活》《农村科技》等栏目，节目《美丽的西双版纳》主要介绍该州自然环境、历史文化、民族建设、名胜古迹等，播出后颇有影响力，不少外地听众听到广播后慕名而来。

随着汉语、民语自办节目的增多，1996年2月，民语节目和汉语节目分频率播出，傣语、哈尼语节目共用频率FM90.6，汉语节目播出频率不变。分频率播出给自办民语节目提供了较大的发挥空间，这之后，民语专题节目以满足民族群众需求、办群众爱听的节目为宗旨，尽管节目数量增增减减，但一直以来都在发挥着普及生活、科普知识的作用。如今，傣语组创办有普及健康生活知识的专题节目《卫生与健康》，以及以播报司法案例的形式普及法律知识的《法律与生活》，哈尼语组同样办有普法专题节目《道德与法治》和农业专题节目《金桥田野》。

西双版纳地区少数世族群众多喜爱舞蹈，以休闲娱乐为目的的文艺节目颇受听众欢迎，因此，自办文艺节目一直是该台的重头戏。该台的文艺节目同样办有汉语、傣语、哈尼语3种语言，与新闻节目、专题节目不同，文艺节目不再以翻译稿件为主，各个民族"自己唱自己的歌"。汉语文艺节目有歌曲、曲艺、广播剧、小说联播、美文欣赏等，比较有特色的是傣语文艺节目，早期以播放章哈故事为主，为了通过文艺达到教化民众的目的，电台特别挑选一些颇有教育意义的章哈唱本进行改编，然后邀请演唱艺人参与录制。为此，民语电台在当地捧红了不少章哈艺人，如现在的国家级非物质文化遗产传承人玉光、省级非物质文化遗产传承人岩罕罗等。

值得注意的是，2010年傣语部首先在台里办起点歌节目《多哥水》，受此影响，哈尼语、汉语也于同年开设点歌节目。这类节目采用直播的形式，打进电话的听众除了可以点歌外还能与主播取得连线。节目一经开播便深受群众的欢迎和喜爱，每期直播热线电话均会被打爆，民语直播电台接听到缅甸、老挝、泰国等地的热线电话已不是新鲜事。直播点歌节目创办初期，没有导播审核接听电话制度，开办数月后，节目主播和负责人逐渐意识到安全问题，增设了导播审核电话制度，缅甸、老挝等境外来电仅能点歌，不被允许同主播连线，以防境外分裂势力利用点歌台渗透入境内。

服务类节目也是该台每天必须播音的一部分，这类节目有《天气预报》和《节目预告》等。

通过对该台办台史的梳理，我们发现，西双版纳人民广播电台发挥着宣传党政方针、整合地方社会的功能。另外，对外传播是其有别于云南省境内多数地州电台的一个地方。西双版纳州与老挝、缅甸、泰国、越南4国相连或相邻，境内的傣族、哈尼族等在境外同样有其聚居区域，在民族文化、民族心理等方面有着基于血缘、亲缘、地缘的认同，边疆地区的和谐稳定于国家、地方而言皆是重中之重。早在20世纪70年代，曾有泰国等境外电波传入西双版纳州境内的事情发生，这加速了该州创办电台的进程。电台创办后，通过录制、播放精彩的民族文艺节目，既传播了少数民族文化，又反过来影响着境外的傣族、哈尼族群众。尤其是直播点播台的开播，不断有境外听众通过点播的方式表达对祖籍西双版纳的思念和对境内少数民族文化的认同，一个个有关民族团结、族群认同的鲜活个案呈现于此。

当然，该台同样面临着少数民族新闻事业的发展困局。资金和人才是制约民语广播事业发展的首要原因，尤其是在两台（电视台、电台）合并、两台一局合并后，民语广播事业的发展陷入被动局面。一方面，层层复杂的审批程序导致资金难以到位。另一方面，人才的更新令人担忧，以傣语电台为例，2008年以来，傣语电台再没有招入新人，民语播音人才缺乏专业播音知识的学习和培训，人才的培养也多采用师带徒的形式，长此以往并不利于民语播音事业的发展。尽管面临着重重困难，但是，西双版纳州的民语播音事业仍在不同的历史阶段有所前进和创新，民语广播人用他们对本民族文化的挚爱守卫者这份"电波奇缘"！

（三）电视

1976年6月，曼兴良电视转播台建成后，由于西双版纳山高谷深，距昆明梁王山电视转播台远等原因，景洪城区电视信号场强最佳时仅达30分贝左右，转播效果差。为此，1982年西双版纳州委、州政府决定拨款10万元，建设西双版纳录像重放转播台。同年11月13日，重放台在景洪城区建成开播。重放台发射机输出功率100瓦，用8频道转发，中心频率187兆赫（MHz），波长1.68米，覆盖直径15~20千米。电视重放台主要是重放中央台和云南台的新闻节目，磁带通过邮电部门传递，需3天才能从昆明传到景洪。1984年10月1日，重放台用购置的日产JVC摄像录像机摄制了西双版纳各族人民欢庆国庆35周年的盛况并播发，这是第一条自办的电视新闻节目。

1985年4月1日，西双版纳重放台开始正式试播，首播节目为云南电视台录制的汉、傣语双伴音专题片《花潮》以及泼水节期间的新闻。1987年开始增加傣语和哈尼语节目，不定期播出西双版纳新闻，当时电视台没有专门的傣语播音员，专门从广播电台调遣男性播音员负责电视台傣语播音工作。1989年重放台开始正式用汉语、傣语、哈尼语3种语言定期播发节目，哈尼语播音由广播电台播音员承担。各语种轮流播出，傣语、哈尼语节目用汉语原版译制，播出时间各占1/3。

1989年7月8日，在重放台的基础上，中华人民共和国广播电影电视部批准成立西双版纳电视台。西双版纳电视台刚开播时，坚持宣传党和国家各个时期的路线、方针、政策，从不同角度歌颂社会主义、弘扬民族精神，坚持为建设社会主义物质文明和精神文明服务的宗旨，节目内容分为新闻、专题、文艺和服务4种。

1990年，西双版纳电视台成立后在"一要稳定，二要鼓励"的基础上开展新闻报道。《西双版纳新闻》是西双版纳电视台自开播以来就有的节目。开播初期，节目每周用汉语、傣语、哈尼语各播出两组，内容主要是配合党和政府做好政治思想教育工作，电视台对思想政治工作做得好的国营景洪农场、东风农场、勐海景真糖厂等单位的经验做了系列报道。1993年3月起，西双版纳电视台在《西双版纳新闻》的基础上，增加《警徽灿烂》《企业之窗》等新闻性栏目，从不同角度宣传报道了西双版纳各族人民在党的领导下取得的各项成就。这一时期，每周播发的汉语新闻节目增至3组，每组节目重播1次，每次10~15分钟，平均每周播出新闻节目时间为1小时45分钟。

电视专题类节目始于1986年重放台播出的《挡哈雅》，之后该类节目一直不间断播出。1991年西双版纳电视台与楚雄电视台合作摄制了《水与火的民族》

文化专题片，在1991年度云南广播电视优秀节目评选中获得一等奖。1992年，西双版纳电视台与云南电视台联合摄制《爱的绿洲》，充分展现了西双版纳美丽的自然风光以及傣族人民的风土人情、生态观念。

文艺类节目增设影视剧场、文艺欣赏、音乐、歌舞、戏曲等栏目。1990年开播前，重放台不定期插播、重放一些群众喜闻乐见的影视剧等，电视台开播后，开始按时播出，并在播出前预告节目。文艺节目以汉语影视剧为主，另有该台译制的部分傣语、哈尼语与汉语双伴音影视剧和自己录制的一些地方性文艺片，如《森林之子》《傣女情怨》。民语文艺片的译制可追溯到1987年建台之前，到1993年底，共译制少数民族影视片20部。少数民族语译制影视片的播放，解决了少数民族看电视的问题。其他类型的文艺类节目还有《请您欣赏》《点歌台》之类的节目。

西双版纳电视台开播之初，设有《西双版纳新闻》《每周一歌》《天气预报》《影视剧场》等栏目，节目平均每周播出20小时3分钟。其中转播3小时30分钟，自办节目16小时33分钟。开播以后，栏目设置根据各个时期的宣传重点调整变更，1993年新开办《警徽灿烂》《企业之窗》《点歌台》等栏目，平均每周播出时间增至35小时34分钟，其中转播3小时30分钟，自办节目32小时4分钟，占90.2%。

西双版纳电视台民语节目与西双版纳州人民广播电台发展脉络大致一致。节目类型主要以新闻、专题、文艺类和服务类为主。新闻节目《西双版纳新闻》自建台以来一直都在播出，只是在这个过程中，节目的播出时间和播出时长有过微调。服务类节目开播以来，一直保持着《天气预报》和《广告》两个栏目，没有发生变化。专题和文艺节目方面主要是节目名称的改变和节目类型的增加。

2003年以前，由于西双版纳电视台只有一个频道，因此汉语节目和民语节目共用一个频道播出。2003年后增加了一个新的节目播出频道——少数民族语公共频道（又称版纳二套）。自此，民语节目集中在版纳二套播出，正式与汉语节目"分家"。同时，西双版纳电视台更新使用设备和编辑技术，实现了节目自采、制作由传统模拟技术向现代数字技术的转化，节目播出管理实现自动化、网络化，翻译、播音、编辑等开始全方位使用电脑办公。在工作效率提高的前提下，民语中心开始增加节目种类。

2004年，按照电视台宣传要求，结合民族语电视受众群体特点，首先，在翻译、编、播本州汉语新闻中，一改过去照本宣科，无论是大会、小会都翻译播出的习惯，适度加大翻译、播出为农村少数民族提供致富政策、信息新闻的数量，同时要求重大会议、重大活动新闻与汉语同步播出，提高新闻的时效性。增强节目的可视性、可读性，使新闻节目更贴近实际、贴近生活、贴近群众。其次，根据云南省委、省政府提出把云南建设成文化大省的精神和西双版纳州委、州政府提出着力打造西双版纳"勐巴拉娜西"这一形象品牌宣传战略，电视台顺应形势，将台里面的整体节目类型进行调整。在此背景下，哈尼语综艺节目《山寨欢歌》和傣语组综艺节目《美丽傣乡》正式合并为新的栏目《勐巴娜西》。《勐巴娜西》一改过去《山寨欢歌》和《美丽傣乡》以歌舞为主要的内容形式，而以生活在傣乡的各民族与时代同步的先进生产生活方式、先进人物、事件、优秀的文化艺术、独具特色建筑、民居、精巧的手工艺品、靓丽的民族服饰、疗效神奇的民族医药等为题材，以关注民族发展，讲述民族进步，弘扬优秀文化为宗旨，加大其时代性的信息。

2006 年，为丰富新闻节目类型，增加了以报道民生新闻为主的节目《新闻赶摆场》（汉语）。节目每周一、三、五播出，播出时长为 15 分钟。报道内容以民生新闻居多，主要关心老百姓的日常生活。《新闻赶摆场》汉语版开播一年后，傣语组开始译制此节目。2007 年《新闻赶摆场》（傣语）开播，节目每周二、四、六播出。播出时长为 15 分钟。该节目开播初期由白建美、依金坎、玉应罕 3 人负责，主要进行翻译和配音。但是在遇到傣历新年泼水节这样的活动，傣语版的《新闻赶摆场》就会采用自采的方式进行节目的录制，一般方式为傣语组和汉语组同时派出记者到寨子里面进行采访，傣语组使用傣语采访老百姓怎样迎接傣历新年，自己采访写稿、自己摄像编辑。

2009 年，西双版纳电视台里进行部门的调整，成立了文艺中心，专门负责综艺类节目的制作。这一时期，傣语的文艺节目正式由文艺中心负责。每个部门在做出一档品牌节目的契机下，组建了《欢乐傣乡行》的团队。节目开播时每期 30 分钟，每周一期。具体内容分为 4 个板块，分别是"开心一刻""欢乐无限""百灵颂歌""傣乡舞韵"。2010 年 3 月哈尼语综艺节目《咚吧嚓》开办，以展示哈尼歌舞、弘扬哈尼文化为目标，设置有专题、舞蹈、山歌、阿其古（原声态唱法）等几个板块，内容采集以记者深入基层，走户串寨，拍摄节目素材为主。

2009 年，云南省启动民族电影译制工作，西双版纳电视台 2011 年开始电影译制工作。彼时，西双版纳电视台民语中心与电台民语中心合作分别用傣语、哈尼语译制了《拉贝日记》《风声》《建国大业》3部电影。在翻译了多部电影后，民语中心的同事们意识到已经积累了不少片源，于是在2016年开始办《一周电影》这个栏目，每周一期，周日播出。考虑到电影版权的问题，该栏目采用主持人串场介绍电影的方式录制。

2012年，西双版纳人民广播电台与西双版纳电视台合并，成立西双版纳广播电视台。西双版纳广播电台和西双版纳电视台的民语组合并为广播电视台民语译制中心，实现电台和电视台的节目资源共享。2015年8月，西双版纳州文化体育和新闻出版局与州广播电视局合并，成立西双版纳州文体广电局。西双版纳广播电视台借鉴教育局《跟我学傣语》视频的先例，正式开播《学傣语》这个栏目，节目每周一期，每期3~5分钟，当时节目采用户外两个主持人相互交流的方式进行节目的录制。做完一个周期后因为电脑设备出了问题，停止了节目的录制，但是《学傣语》一直以重播的方式在电视上播出。考虑到《学傣语》节目播出后取得的社会效益，西双版纳全州人民学傣语热情高涨，以及广泛的受众群体和受众需求，译制中心决定将采取室内录制的方式继续更新节目内容。

整体而言，西双版纳州广播和电视的发展历程，在国家政策扶持和地方社会发展的需求背景下开创、改革和发展。广播和电视媒体的发展经历着历史性的变化，两者统一于媒介技术的更新中进行着节目的改造和变化。广播和电视因为其媒介属性相似，民语节目的历史变化和广播电视也呈现出交织共生的样态。

（四）新媒体

西双版纳新媒体起步比较晚。由于微博和微信的受众不同，传播力也不同。微信是局限于一定的朋友圈和微信群，微博一发出去，任何人都可以看到。所以，现在西双版纳的新媒体传播环境是"两微"并举的。西双版纳州创建了不少微博和微信公众号，微信在当地影响力比较大，但在西双版纳州微博影响力更大。然而，西双版纳的新媒体还是面临着发展散、不集中等问题。各个单位都有微博微信平台，但是怎样一起发声，怎样整合资源是西双版纳新媒体发展需要解决的问题。对于民族地区来说，应该加大新媒体的建设以及少数民族语的互联网建设。例如，因西双版纳还没有开发出哈尼语文字录入系统，因此，西双版纳虽然有关于哈尼族的网站，但是网站内容呈现并没有用哈尼语而是使用汉语。

近年来，西双版纳州认真贯彻落实中央重点媒体国际传播能力建设总体规划，在占领新兴媒体阵地，建立舆论引导新格局方面做出了积极探索。2002年4

月西双版纳新闻网创办，经过多年的发展，已拥有汉、新傣、老傣、英4种语言，网民覆盖包括东南亚在内的200多个国家和地区，是目前国内唯一的傣文新闻网站。2007年4月，西双版纳对外宣传网"西双版纳网"开办，日点击量高达1万多人次。之后，西双版纳电视台和西双版纳人民广播电台也相继开通了"西双版纳电视网"和"西双版纳广播网"。西双版纳官方微博"西双版纳发布"于2014年正式上线。同时，还创建了西双版纳对外宣传QQ群，为宣传西双版纳和及时掌握社会舆情打下了坚实的基础。近年来，西双版纳州各单位以及3县市委宣传部等多个部门也相继开通了官方微博，西双版纳各媒体网站和官方微博以多种形式开展主题宣传教育活动，加强网络热点问题引导，加快打造传播广泛的全媒体，初步形成了传统媒体与新媒体并举、官方声音与民间舆论呼应的全媒体传播格局。

中篇

# 当代云南少数民族新闻社会史深度个案解析

# 第一章  新媒体与区域社会文化互动[*]

## 一、研究缘起

微信公众平台自2012年公开发布以来,受到了社会各界和诸多公共机构的关注,据统计,截至2016年,我国大约有超1000万个微信公众号。[①] 值得注意的是,一些传统媒体的微信公众号开始采用构建不同层级传播体系的方式,组建结构分层化、传播垂直化的微信矩阵群,通过多个微信公众号覆盖不同的资讯类别,满足不同类型用户的需要。这些传统媒体组建的微信矩阵群呈现出一些特点,如:由多个微信公众号组成;每个公众号都各有其定位,在内容推送方面各自独立;主账号明确,其他账号采用分层化运作;微信矩阵里的各公众号之间具有密切的关联性。

可以看到,现在传统媒体组建新媒体矩阵群已经成了一个重要的发展思路,能够有效地拓宽传统媒体的影响力,为其转型和发展提供新的思路。在云南少数民族地区,州市党报也在不断积极实践和进行自我拓展,尤其是近年来,在新媒体运用方面不断加大发展力度。《德宏团结报》作为我国唯一一份用汉文、傣文、景颇文、载瓦文、傈僳文5种文字同时出版的报纸,面临着转型和新媒体发展的急迫要求,不断开拓和打造新媒体矩阵发展道路。2013年至今,德宏团结

---

[*] 原文《新媒体与区域社会文化互动——以〈德宏团结报〉微信矩阵为例》,发表于《当代传播》2018年第1期,作者孙信茹、赵亚净。

[①] 中关村在线新闻中心:《腾讯发布2015微信用户数据报告》,http://news.zol.com.cn/523/5237369.html,2015年6月1日。

报社形成了"七刊一网五公号"① 的办刊格局，对于一家民族地区的地方党报来说，这样的办刊格局在全国并不多见。

本章以《德宏团结报》下属的5个微信公众号作为分析对象，首先对5个公众号的推送情况做整体发展状况的描述和总结，再集中对这5个公众号的推送内容进行抽样调查。本研究的内容抽样截止到2017年7月末，抽样从5个账号创办之始的月份算起，随之后推2～3个月，如此循环，使抽取的月份尽可能覆盖12个不同的月份，以便观察该微信矩阵群应对周期性媒介事件（如民族节日、"两会"等）时的报道。"德宏团结报"共抽取了17个月449期2733条推文内容（该公号是最早创办，2013年上线）；"掌上瑞丽"共抽取了5个月74期344条推文内容（德宏团结报社自2016年8月起开始运营该公众号）；"玩转德宏"共抽取了8个月54期298条推文内容；"孔雀之乡"共抽取了7个月57期133条推文内容；"中缅商情"共抽取了10个月93期232条推文内容。

通过对《德宏团结报》微信矩阵群推送内容的抽样分析，发现：从结构布局来看，这5个微信公众号各自有着关联性和互补性；从推文内容上来看，5个公众号集中展现出了地方性和民族性特征，它们与传统媒体相互配合补充，在地方信息及时通报、内容整合、文化传播、民众沟通等方面发挥了积极的作用。

## 二、结构布局：关联性、互补性

微信矩阵是运营者以不同名称在微信公众平台上开设的多个账号，以实现垂直化、分层化传播。微信矩阵的存在意味着"信息在网络上的传播具有更大的主观交叉性，发布者出于自身诉求，以矩阵的方式，实现信息传播的最大效应。"② 微信矩阵群内的各个账号通过推送不同风格的内容，实现内容的交叉和风格的多变，让读者获得更丰富的阅读体验，换言之，微信矩阵群内的各个公众号之间存在着关联性和互补性特征。

首先，从5个微信公号的内容定位和受众分布来看，它们之间形成了一个较

---

① "七刊"即《德宏团结报》汉文版及傣文报、傈僳文报、载瓦文报、景颇文4个民文报，另有缅文报《胞波》和2016年下半年开始向缅甸华文报纸《金凤凰》的版面交换协议，"一网"即德宏团结报网，"五公号"包括德宏团结报、掌上瑞丽、孔雀之乡、玩转德宏、中缅商情5个微信公众号。

② 陈勇：《报纸新媒体矩阵产品化运营研究》，《中国报业》2017年第11期，第56－57页。

为清晰的分层化的定位，各个公号之间相互配合，互为补充，既形成覆盖面较广的传播格局，又能够满足不同受众的喜好、需求。主账号"德宏团结报"依附于传统纸媒，强调综合性，同时延续了党报媒体的话语特征，关于地方发展、政策、会议的新闻报道一般会占据显要位置。"掌上瑞丽"是《瑞丽沿边特区周刊》创办的综合性微信公众号，具有鲜明的区域性内容和传播特征。"玩转德宏"更偏重于生活服务，内容以介绍德宏本地的吃、喝、玩、乐生活服务信息为主。"中缅商情"主要介绍中缅商业信息以及缅甸文化。"孔雀之乡"专门介绍德宏州文学艺术。从受众的分层来讲，"德宏团结报"的受众群体主要是德宏州各单位的领导干部和职工；"孔雀之乡"的粉丝以德宏州文艺界人士为主；"玩转德宏"的受众主要是各单位干部职工及社会经商人士；而"掌上瑞丽"的受众群体体现出更明显的地域性特征，一般多为瑞丽市民；"中缅商情"的受众群体主要是在德宏从事对缅经商的人。

其次，在内容的选择和呈现上，各微信号之间、微信矩阵与传统媒体之间形成一定程度的互补。例如，为解决传统媒体版面篇幅受限问题，同时满足文学爱好者的阅读需求，"孔雀之乡"发挥精准小号的作用，为挖掘民族文化、传播民族文化提供了充分的媒体空间。又如，随着"德宏团结报"影响力的扩大，当地企业开始有一些在微信公号投放广告的要求，而主账号必须保证以推送新闻为主，为了解决这个问题，"玩转德宏"应运而生，[①] 这个账号专门负责推送吃、住、行服务类信息，其中不乏大量的美食推荐软文和出行攻略。在这里，微信凭借垂直化、精准化、小众化传播模式的特点吸引了更多的广告商，而这也可以对传统纸媒的经营和收入起到一定的促进作用。同时，考虑到德宏州与缅甸相邻，有不少德宏人在缅甸经商，还有大量缅甸人生活居住在德宏，"中缅商情"微信公众号上线，推文涉及缅甸政治、经济、文化等方面，重点报道缅甸国内的投资局势、对外贸易信息以及中缅之间的经济、文化合作、交流。这样的做法，充分发挥了微信公众号的精准营销模式，打造出更专业、权威、精准的新媒体信息发布平台。

最后，各个微信公号之间形成联动机制，当面对一些重要事件和议题时，同一个微信矩阵群内的公众号会有较为紧密的合作与互动。对5个微信公众号的内容进行抽样发现，"德宏团结报"和"掌上瑞丽"的推送内容综合性较强，且两

---

[①] 来自2016年7月15日作者对该报社社长熊艳的访谈记录。

个账号的受众分布在地域上有重合性,因此,这两个账号之间常常推送相同的推文。此外,矩阵群内部联动现象的发生与周期性的媒介事件和事件营销有关。主要有3种情况较为常见。一是民族节日。德宏州少数民族众多,民族传统节日资源较为丰富,比较具有代表性的是傣族的泼水节和景颇族的目瑙纵歌节。在2016年、2017年目瑙纵歌节和泼水节期间,5个微信公众号均推送了与节日相关的推文,这些推文涉及节日出行安排、节庆场面、节日风俗等报道。二是体育活动、征文比赛。以2016年12月25日的瑞丽马拉松赛为例,推文《瑞丽马拉松赛组委会致广大市民的一封信》里写道:"这是瑞丽举办的一项规格高、规模大的体育盛会,有利于进一步提升瑞丽的城市形象和影响力。"[①]"德宏团结报"在赛事当天仅以一篇图文推送报道了赛事场景,而"掌上瑞丽"的报道则更为丰富,涉及赛前、赛中和赛后的方方面面,对举办瑞丽马拉松的全程进行了详细报道。再如2017年1月份,该报推出了"爱芒市、赞芒市"主题征文比赛,"德宏团结报"对征文通知和评选结果进行了报道,而地方文化类微信公众号"孔雀之乡"不仅报道征文通知和评选结果,还在评选结束后选登了部分获奖作品。不同的公众号在对同一事件进行报道时不同的呈现,充分发挥了公众号的分层和互补作用。三是投票与评选活动。为了调动读者的参与性,德宏团结报社常常会推出一些投票、评选活动。以2016年9月该报推出的中缅友好使者选举活动为例,该活动分别在9月20日的"掌上瑞丽"、9月21日的"德宏团结报"上推送,入选的对象有《德宏团结报》记者、边境贸易区工作人员、对中缅经济文化交流有突出贡献的先进个人。当新闻事件涉及全州的整体利益或集体荣誉时,矩阵群内的微信公众号会出现集体联动的现象。

### 三、传播内容:地方性、民族性

新闻对呈现地方社会文化图景有着极为重要的作用,但新闻如何呈现社会,又会和特定社会的文化、发展状况、人们的价值观等方面相关。对于地方性媒体而言,发挥地缘优势、挖掘地方文化是其责任所在。德宏州位于云南省西部,州内民族众多,且毗邻缅甸。当地不仅有独特的自然、人文风貌,更有着丰富的民族文化资源。通过对5个公众号的内容统计和分析发现,"德宏团结报"微信矩

---

① "掌上瑞丽"微信公众号:《瑞丽马拉松赛组委会致广大市民的一封信》,http://dwz.cn/7fioOs,2016年12月16日。

阵群的运作正极力挖掘地域优势、发挥地域文化特色，以地域性、民族性的凸显来获得社会认同和受众关注。

首先，微信内容分层化运作凸显地方性、民族性特征。瑞丽市下辖姐告边境贸易区、畹町经济开发区、瑞丽市边境经济合作区等数个经济开发试验区，是中国西南最大的内陆口岸，还是中缅油气管道进入中国的第一站。瑞丽市作为德宏州经济最为活跃的地区，其试验区建设是云南省桥头堡战略的重点工程。因此，有关试验区经济建设、发展规划、贸易往来的新闻常常是"德宏团结报"微信推文的重点内容。我们分析了"德宏团结报"的449期推文发现，有关瑞丽试验区的报道共计149条，平均每三期推送就有一条此类报道，且有32条出现在公众号头条部分。比如，2013年10月2日，微信公众号"德宏团结报"上线，在当月，共发布了20期推文，有关"瑞丽特区报道"的推文形成了一个系列，分别从招商引资、国际化城市建设、大交通时代和统筹城乡发展4个角度报道特区。[①] 与"德宏团结报"不同的是，"掌上瑞丽"多关注民生问题以及地方基础设施建设议题。分层化运作为充分挖掘地方性、民族性提供了更多空间。例如，2017年4月，德宏州迎来了盛大的民族节日——泼水节，"德宏团结报"微信矩阵群内的5个微信公众号均发布了与泼水节相关的推文，但是其推送方式、文风又因各账号的内容定位而有不同的具体呈现。"德宏团结报"和"掌上瑞丽"的推文更多偏重于介绍泼水节日程安排、节日场面等，且"德宏团结报"的推文涉及德宏州各个市、县的泼水节新闻，其发布的日程信息则是州府芒市举办泼水节的具体行程，而"掌上瑞丽"发布的推文报道的则是瑞丽市举办泼水节的新闻。除此之外，侧重于发布生活服务信息的"玩转德宏"的推文则关注泼水节期间的美食、出行推荐，"孔雀之乡"推送了文学作品解读傣族泼水节历史文化，"中缅商情"的推文把对泼水节的关注延展到了周边国家。

在地方文化和民众日常生活方面，几个公众号也多以推送生活服务类信息为主。"玩转德宏"，经常推送与美食、出行、活动相关的内容，诸如《爱吃酸的德宏人，连吃牛肉都是酸的!》《德宏人甩碗饵丝竟要放"一箩筐"佐料!》等，

---

① 见2013年10月15日"德宏团结报"微信推文头条《德宏头条：瑞丽特区报道之（一）招商引资"一出一进"结硕果》、16日"德宏团结报"微信推文头条《德宏头条：瑞丽特区报道之（二）包容　和谐　开放的国际化城市》、17日"德宏团结报"微信推文头条《德宏头条：瑞丽特区报道之（三）瑞丽加速驶入大交通时代》、18日"德宏团结报"微信推文头条《德宏头条：瑞丽特区报道之（四）沿边统筹城乡发展出成效》。

此类文章展示出了当地多彩饮食文化的地域性和差异性，很容易就能获得当地公众的心理共鸣和认同。再有，如"孔雀之乡"的推文中有大量描写德宏人文风景的文章。如2016年9月14日中秋节前夕，该号刊发了旅美德宏人写作的《中秋怀旧》一文，不仅对德宏"孔雀之乡"的别称予以解读，还细致入微地描写了关于德宏人过中秋的饮食、儿时的回忆等。

其次，从推文内容的筛选规律来看，地理和心理接近性始终是其选择新闻的标准。"德宏团结报"推送的新闻几乎是与地方社会文化相关的地方新闻，国内新闻、省内新闻偶尔可见。对"德宏团结报"进行抽样分析后的结果显示，该号在被抽中的17个月内，推送了449期2731条推文，其中国内、省内新闻共计38条，占1.4%。对这38条推文的来源进行分析发现，省内新闻一般转载自云南网、《云南日报》等省级党媒，国内新闻多转载自"人民日报""央视新闻"等官微大号。对这38条推文的内容进行分析的结果显示，转载自"人民日报""央视新闻"的推文大多为普及健康知识、提高安全意识的软新闻；转载自云南网、《云南日报》的推文更多涉及关乎全省人民利益的经济、民生政策的解读，这些经济、民生政策同样将影响到德宏州的整体发展。显然，地方媒体在选择刊登省内新闻、国内新闻甚至国际新闻时，仍以"符合地方性"为标准进行筛选。

最后，通过编辑技巧充分挖掘地方性、民族性。一方面，编辑会在拟定标题时加上"德宏""瑞丽"等以提示地理上的接近性，在处理一些转载自省级或国家级媒体的新闻时也会加上"德宏""德宏人"，暗示读者此类信息关乎德宏人的利益，以此来获得更多关注。另一方面，编辑会使用方言、音译民族语言来代替汉语名词，或者在文章中加入当地方言中常用的语气词，试图让更具有地方特色的传播内容拉近与受众间的距离。例如，2017年7月12日"德宏团结报"推文《文明德宏丨芒市街头"麻郎""麻蒙"飘香！又有人管不住自己的手！》，文章里的"麻郎""麻蒙"分别是德宏傣语里菠萝蜜、芒果的俗称。

## 四、新媒体与区域文化互动

在传统媒体被新媒体不断冲击的背景下，"德宏团结报"微信矩阵群的做法并不见得有多少创新，但对于一份地方性的少数民族报纸来说，如何获得传统媒体发展的新机遇，尤其是如何在新旧媒体的联动融合过程中，实现媒体与地方社会文化的良好互动，进而挖掘更多的区域文化内涵，成为一个颇有探讨价值的议题。

## （一）传递信息和沟通民意

尽管《德宏团结报》在当地较长时期以来都具有较为稳定的读者和市场，但这些年受到新媒体的冲击和影响，报纸的阅读量和传播范围不断萎缩。而新媒体的运用在当地民众中越来越普及，通过微信获得关于本地的及时信息，已经成为人们日常的选择。正是在此机遇下，德宏团结报社开通的"德宏团结报"紧紧依靠纸媒，用新媒体整合传统纸媒资源，补充和强化了当地政治、经济、生活服务等信息。当然，地方政治、经济新闻报道仍占主导地位。通过分析抽样范围选择的 17 个月 448 期的头条推文发现，有 135 条推文与地方建设、地方经济相关；121 条推文报道地方政治会议、领导视察；99 条推文讲述发生在该州的社会事件。正如该报编辑张仁韬所言，"德宏团结报"的微信公众号编辑一般要提前一天从报纸头版选取州委、州政府的中心工作作为头条和快讯推送内容。[①] 不难看到，"德宏团结报"对传统媒体有着较强的依赖性。如果说"德宏团结报"的政经报道依赖于传统纸媒，那么其设置的周末刊、微活动、图说等多个具有休闲性、娱乐性的栏目则是这一微信公众号在推文上的创新之处，这类推文一般图文并茂、可读性强，既提供了生活服务信息，又传播了地方文化。另外，"德宏团结报"时常设置议题与读者展开互动，如在民族节日期间专注挖掘民族文化议题、在投票活动中努力塑造地方荣誉感，以争取受众广泛的参与。

"掌上瑞丽"以报道地方政治、经济为主，另外提供生活贴士、周末活动等软性信息。值得注意的是，相对于"德宏团结报"，"掌上瑞丽"的推文在地域上更有针对性。瑞丽市是一个对外开放城市，毗邻缅甸国家级口岸城市木姐，常有从事对外贸易的商人以及生活在边境的市民需要来往于中、缅两地，因此，"掌上瑞丽"有 1/4 的推文与缅甸相关，主要涉及合作往来、口岸管理通告、外来人员管理等。"玩转德宏"的推文风格偏向于软性新闻，立足于本地，以推送吃、住、行、养生信息为主。研究中，我们抽取"玩转德宏"8 个月 196 条推文进行分析后发现，有 22 条推文推送美食活动信息，其中有 18 条美食活动推文的发生地在州府芒市及周边，仅有 4 条美食活动推文的发生地在其他县市。对此，报社的解释是"玩转德宏"的粉丝多居住在芒市周边，因此在发布活动信息时

---

[①] 张仁韬：《地方党报的新媒体融合发展初探——以〈德宏团结报〉为例》，《中国地市报人》2017 年第 5 期，第 23－24 页。

必须要考虑参与成本问题。"孔雀之乡"是一个专注于推送文学作品的微信公众号,但是它同样将地域性、民族性作为选稿标准。"中缅商情"既提供与双边贸易相关的时事政治、市场行情等新闻,也提供缅文学习、缅文报阅读等具有实用性的服务信息。这一点,也和"中缅商情"的创办初衷较为吻合:沟通中、缅商业信息,便于在缅经商人士掌握市场行情。

(二)地方共同体的塑造

詹姆斯·W. 凯瑞认为,传播的起源及最高境界并不是指智力信息的传递,而是建构人类行为的文化世界。① 这提醒我们,当我们在运用媒介传递信息时,面对的"不是讯息的效果或功能的问题,而是(报纸)的呈现和介入在建构读者的生活与时间中所扮演的角色"。② 大众传媒通过分享特定社会共有的文化图景、社会价值观来实现共同体意识的塑造和维系,进而维护社会团结。事实上,"德宏团结报"微信矩阵群也在努力追求"共同体"的塑造。

形成"德宏人"的整体观。通过对"德宏团结报"微信矩阵群推文分析发现,其内容呈现出一种"德宏人"的观念。首先,公众号内容通过挖掘地方性、差异性特征,关注群体整体性,挖掘地方的利益诉求点,把"德宏人"塑造成一个颇具特色的地方性群体。如推文中常常可见到"德宏制造被认可""德宏这伙人是这样玩的""一批德宏本土歌手"等表述。这类内容将"我们"与"他们"做了区隔,使得这种共同体边界在新媒体中得到凸显。其次,挖掘让"德宏人"骄傲的事件,把个体取得的成就提高到集体荣誉的层次,或者借用知名人物的到访、言辞来凸显外界的认可以及"德宏人"这一整体存在的价值。如,推文头条 |《太给力!德宏两美女闯进"夏青杯"全国总决赛》《要闻!曲筱绡、赵医生现身芒市"谈情破案"》等。

其次,凝聚"多元一体"的民族共同体。傣族、景颇族作为德宏两个人口较多的世居民族,其民族节日成为该州重要的旅游资源之一。每逢泼水节、目瑙纵歌节,"德宏团结报"微信矩阵群均会对此进行详细报道。我们对5个公众号2017年4月的泼水节报道推文分析发现,在相关内容的呈现中,傣族的泼水节不

---

① [美]詹姆斯·W. 凯瑞:《作为文化的传播》,丁未译,华夏出版社2005年版,第7页。
② [美]詹姆斯·W. 凯瑞:《作为文化的传播》,丁未译,华夏出版社2005年版,第9页。

再只是属于傣族民众的传统节日,而是演变成了地方各个民族的"狂欢节"。此外,一些解读民族政策的推文不断强调生活在德宏州内的各个民族一个共同体的理念。多元民族共同体的塑造还体现在民族文化保护上,除了几个公号中较多的呈现出对民族文化保护工作的报道,如傣族剪纸艺术、傣剧等,"孔雀之乡"还致力于传播民族文艺作品。

最后,塑造"中缅友好"的对外形象。德宏州北、西、南三面与缅甸接壤,在与缅甸联邦接壤的 518 千米国境线上,分布有两个国家级口岸、两个省级口岸,以及多条公路、渡口、民间商贸通道与缅甸北部重镇木姐、腊戌等相通,边境线上有 20 余个乡镇 640 多个村寨的村民与缅甸的人民有着族缘关系。长期以来,中缅两国人民基于地缘、族缘、血缘关系和生产生活的需要,通婚、互市,相互之间往来频繁。因此,中缅两国交往同样是地方媒体报道的重点。为了满足对外贸易所需,德宏团结报社专门开设了"中缅商情"。另外,有关中缅两国的新闻报道也是"德宏团结报""掌上瑞丽"关注的重点。这些推文除了对中缅贸易所需的商业信息、政局分析外,还报道中缅两国在各个领域展开的合作、缅甸国内的风土民情、中缅边民和谐共处的景象以及中国对缅甸在特殊时期提供的人道主义援助,"友谊泉""友谊树""一寨两国"等词语频频出现在推文里。

(三) 凝聚社会认同

大众传媒通过信息的发布与解读、发动公共讨论、制造社会热点等手段塑造特定社会的信息共同体,进而通过对话、协商的方式构建互惠共赢的利益共同体,以此来重塑对美好生活的向往。[1] 网络时代,新媒体凝聚社会认同的功能非但没有减弱,反而得到了加强。"德宏团结报"微信矩阵群通过对一些重大信息的深度解析、组织地区性公共活动的方式,整合地方社会、凝聚当地人共同的社会认同。

重大信息深度解析。"德宏团结报"微信矩阵群对与本地人息息相关的新闻内容会推出深度报道,让本地人的关注点得到聚焦。我们分析了 2017 年 1 月德宏州"两会"期间"德宏团结报"的推文,该号对会议进行了全程直播,重点报道"两会"期间的领导发言和代表建议,其中不乏与民生问题、美丽德宏建

---

[1] 胡百精:《对话与改革:美国进步主义运动时期的公共传播与社会认同》,《中国人民大学学报》2012 第 6 期,第 72 - 79 页。

设相关的意见及建议。2016年9月，针对公众比较关注的提升人居环境问题，"德宏团结报"就曾连续多日分别推出芒市、瑞丽、梁河等地的未来发展规划。面对自然灾害及紧急事件，地方媒体有责任发布真相和引导舆论。2014年7月，德宏相继发生了"7·21"芒海泥石流、"7·26"芒市暴雨自然灾害，"德宏团结报"公众号重点报道上级部门的救灾指示、灾害损失数据、救灾过程中的先进单位及先进个人，同时发起了向受灾群众募捐的倡议。

组织地区性公共活动。当地有较多的民族传统节日，5个微信公众号配合仪式性、纪念性的庆典活动，多次举办过线上活动。这几个微信公众号对此类活动的报道都较为频繁，甚至常常成为推文中的重点内容。如果说，这些民族节庆和纪念性的庆典活动过去必须在真实的空间中得以展现，而今天，微信公众号平台也成了它们得以操演和展示的新的空间，这些展示，在某种程度上不断凝聚当地人的社会共识和文化认同，继而沉淀成为当地人的"集体记忆"。

（四）传播区域形象

区域形象是公众对区域内政治、经济、文化、社会综合评估后得到的整体印象。按照德宏州的发展规划，德宏的形象定位体现为这样几个方面：自然之美、人文之美、多民族之美。作为公众、政府之间的桥梁，大众传媒有责任向公众传递有效信息用以塑造区域形象。在"德宏团结报"微信矩阵群内，5个微信公众号内容相互配合，构建出德宏鲜明的区域形象，即多元民族、文化丰富、歌舞之乡、孔雀之乡等。德宏这种鲜明的地方区域形象，同时也是德宏独特地方文化的体现。我们可以具体来看：

一是自然之美。5个公众号常以图文并茂的形式介绍德宏州美丽的自然风光，"德宏团结报"打造的"周末刊"栏目专门负责推送芒市周边游玩攻略，既介绍美景，又为读者提供生活服务信息。而"孔雀之乡"常以诗歌、散文等文学艺术形式来表达对德宏自然风光的赞美，"中缅商情"还有针对中缅边境自然风光的介绍。近些年来，针对中国北部地区日益严重的环境污染问题，一些推文还会采用类比的方法以突出德宏的"宜居性"，如《外地朋友受不了"德宏蓝"，竟要屏蔽德宏人……》① 等。另外，为了突出德宏的"美"，一些推文的标题采

---

① "德宏团结报"微信公众号：《外地朋友受不了"德宏蓝"，竟要屏蔽德宏人……》，http://dwz.cn/7fiOqT，2016年12月17日。

用拟人手法,把德宏州比喻为"拍照的帅哥"或"找工作的美女"①,其推文内容无外乎是介绍德宏地方美景的图片集合。

二是人文之美。如果说上述所列的一些图文并茂的推文在赞颂德宏的自然之美,那么,"德宏团结报"对形象宣传片的推出则对外展现了一种人文美。2013年,德宏州政府投资拍摄的宣传片《有一个美丽的地方——德宏》,该片邀请章子怡参与拍摄,全片展现了德宏的田园风情、人文风光、傣族剪纸、阿昌族户撒刀、南甸宣抚司署等均在影片中出现。之后,"德宏团结报"的微信头条推文:《让章子怡来告诉你,德宏是怎样一个地方》(2015年8月2日)、《湾仔区轩尼诗道,德宏1分钟形象宣传片震撼香港!》(2016年12月4日),对外传递出了下述信息:政府对城市形象宣传的重视、章子怡对德宏的喜爱与赞美、德宏迈向国际舞台。除此之外,我们还能看到,专注于传播民族文化的"孔雀之乡",传播民族风俗、美食的"玩转德宏",以及"德宏团结报"设立的"文明德宏""德宏好人""人物"等栏目,无不在展示着德宏的人文之美。为了维护"德宏之美",这些媒体还利用传播之便敦促公众改掉不良生活习惯,呼吁共同维护城市形象,如目瑙纵歌节、中秋节等节日过后,"德宏团结报"发文对市民乱扔垃圾现象进行了批评。

## 结　语

在传统媒体时代,《德宏团结报》对传播当地信息、塑造地方区域形象、传播少数民族文化起到了积极有效的作用。但在媒介生态发生巨变的当下,媒介和地方社会的关系变得更加多元和复杂,公众对于社会信息和地方文化的了解,渠道和来源变得多样化。加之传统媒体的影响力日渐萎缩,那种自上而下的传播方式受到较大挑战,新媒体的扩张与迅速成长,给媒介与地方社会的互动提供了新的空间与可能性。如何理解新媒体与地方区域社会之间的关系?新媒体在形成、影响甚至塑造地方文化等方面如何发挥作用?《德宏团结报》微信矩阵群给我们提供了一个可观察的案例。

从分析和研究中可以发现,《德宏团结报》依托于传统纸媒构建起来的微信矩阵,一定程度上实现了当地新闻和信息的及时传递。尤其是在差异化的信息传

---

① 见2016年12月15日"德宏团结报"推文《德宏第一美女找工作,简历震惊全中国!》及2017年4月19日推文《都知道"芒市"帅,没想到"他"拍起照来还这么厉害!》。

递上，微信公众号之间相互配合与补充，较好地弥补了传统媒体较为单一、模式化的传播缺陷，将受众对象立足于本地，提供本地新鲜、有效和实用的多元性信息，对于地方社会中的信息沟通起到了积极的推动作用。相较传统媒体，微信不仅能够及时传递各类信息，而且，因其具有极强的互动性和交流性，使得它对民意的沟通显得更为及时和准确。

更为重要的是，微信矩阵对区域和地方文化形象塑造及传播发挥着新的作用。今天，文化不仅是特定社会关系和社会正常"运转的润滑剂"，文化还是人们共同价值"完善而整合的一种构成方式"。① 而在这种社会关系和生活文化的形成过程中，"人们由于拥有共同的事物生活在一个社区里，传播即是他们借此拥有共同事物的方法"。② 传统媒介固然也具有如此同等的功能，但是，作为一个有机体，新媒体对于人们之间文化生活的呈现、个人意愿表达、行动观和社会关系的彰显，显得更为直接有效。从这个角度看，我们对微信等新媒体在地方社会所能发挥出的影响力和作用可以做出新的理解和定位，可以说，微信公众号在这里承担了地方社会整体文化特质塑造和传递的重要作用。当然，地方媒体在打造新媒体平台的过程中，对于地方社会文化的挖掘和人们价值认同的凝聚还存在很多不尽完善的地方，但地方媒体微信公众号在塑造地方共同体、凝聚社会认同和传播区域形象等方面发挥出的独特和重要的功能，仍值得研究者深入探讨。

---

① ［英］迈克·费瑟斯通：《消解文化——全球化、后现代主义与认同》，杨渝东译，北京大学出版社2009年版，第124页。

② ［美］詹姆斯·W. 凯瑞：《作为文化的传播》，丁未译，华夏出版社2005年版，第11页。

# 第二章  民语影视生产中文化移转的意义建构*

## 一、研究问题的提出

发端于20世纪50年代的民语影视剧译制经历了早期电影放映过程中放映员同期翻译的艰难阶段之后,80年代中后期随着电视在乡村逐渐普及而兴起的电影、电视剧的民语译制极大地推动了影视译制业的发展,"译制的概念也从引进电影的加工,扩展到电视剧、电视专题类节目的译配,其至还包括国内影视作品涉及汉语语言与少数民族语言之间的译制加工"。① 近十年来影视译制的蓬勃发展引起了学界的关注,学者们从政治、经济、文化发展的角度,探讨民语影视译制的功能、存在的问题和发展策略(朱丽萍,2009;② 麻争旗、高长力,2010;③ 韩鸿、柳耀辉,2013④)。也有的学者对民语影视传播效果和受众进行了研究,

---

＊ 原文《民语影视生产中的文化移转与意义建构——基于地方民语译制中心的田野研究》,发表于《电影新作》2021年第4期,作者孙信茹、段虹。

① 参见麻争旗《论译制文化的主体特质》,《现代传播(中国传媒大学学报)》2009年第1期,第13-16页。

② 参见朱丽萍《新疆民语广播电视对外宣传策略》,《新疆师范大学学报(哲学社会科版)》,2009年第30卷第2期,第91-95页。

③ 参见麻争旗、高长力《广播影视译制与国家文化安全——译制文化产业发展新思维》,《现代传播(中国传媒大学学报)》2010年第6期,第70-71页。

④ 参见韩鸿、柳耀辉《双语传播——兼论我国少数民族卫视语言制播标准的构建》,《电视研究》2013年第2期,第53-55页。

如张允（2010①）、蒋雪娇（2011②）、麻争旗（2016）③ 等。庄金玉则是从民族文化传播角度，探讨了维吾尔语媒体对维吾尔文化复兴的意义，认为维吾尔语大众媒体的本民族文化传播受制于跨语言传播障碍和文化关键符号官方挪用的工具理性。④ 这些研究触及了民语影视译制的制度层面和现实需求，但研究视角不够丰富，理论框架的建构仍待进一步探究。

  有学者在对民语译制研究进行深入探究的过程中指出，"相较于影视剧研究而言，民族语译制的研究成果仍然较少，且缺乏研究深度，仍有很多领域有待突破"⑤，并且强调"民族语译制作为国内跨文化传播的物质载体能够使少数民族地区了解汉语文化，有助于形成汉语文化共同体"⑥。把民族语译制看作是"国内跨文化传播的物质载体"为民族语译制研究开辟了一个值得深入探究的领域，即民族语译制如何发挥族群间跨文化传播的中介作用，从而促进族群间的沟通和理解，然而至今民族语译制研究鲜有从国内跨文化传播的视角来讨论民语影视剧译制的社会和文化意义，以及民语译制具有的跨文化特性。民语译制研究缺少从国内跨文化传播视角进行讨论有特殊的原因。郭建斌认为，跨文化传播过于强调"国家边界"，而非"文化边界"，忽视了民族国家内部存在的文化差异和全球人口流动的时代背景，然而从文化差异普遍存在和人类学研究"他者"文化而审视自我的意义而言，跨文化传播研究不该只在国家之间的层面上展开，还应该放到民族国家内部来讨论。⑦

  从近十年边疆少数民族地区民语影视译制的发展趋势来看，从国内族群间的

---

  ① 张允、蒋雪娇：《新疆阿勒泰地区广播电视传播效果研究》，《电视研究》2010年第6期，第50-52页。
  ② 张允、蒋雪娇：《维吾尔语电影译制产品受众及市场调查》，《当代传播》2011年第3期，第71-73页。
  ③ 参见麻争旗、秦莹、曲卫《新疆巴音郭楞蒙古自治州蒙语影视译制研究》，《中国广播电视刊》2016年第12期，第88-92页。
  ④ 庄金玉：《关键符号与传播：维吾尔语地方媒体与文化传播研究——基于哈密地区媒体之调查》，《新闻大学》2017年第1期，第94-101、150页。
  ⑤ 麻争旗、信莉丽：《民族语译制研究的问题与思考》，《现代传播（中国传媒大学学报）》2015年第37卷第4期，第22-27页。
  ⑥ 麻争旗：《论译制文化的主体特质》，《现代传播（中国传媒大学学报）》2009年第1期，第13-16页。
  ⑦ 郭建斌：《民族国家内部的"跨文化传播"研究：困境？出路？》，《新闻界》2018年第8期，第40-46页。

跨文化传播视角来论述是有其现实基础的，也是可行和必要的。特别是在媒介技术快速发展使得"文化的泛媒介化"①成为现代性一个重要维度的背景下，地方少数民族文化同样经历着被主流汉语媒体或地方民语媒体建构，成为一种"融入了现代性特征的地方性知识及其文化表达"。② 一个较为普遍的现象是，地方民语影视译制中心近年来除了译制新闻、科教片和影视剧，纷纷投入大量的人力和物力，制作有地方文化特色的民语影视节目，并力图打造为地方民语频道最受欢迎的节目。2018 年 1 月笔者所在团队对德宏、西双版纳州广播电视台民语影视译制中心进行田野考察时，就特别关注了民语译制中心在技术更新与节目变革的推动下不断挖掘地方民族文化素材，打造特色民语影视节目的传播实践，通过参与观察和深度访谈民语译制中心的负责人、翻译人员、播音人员、录制人员等 25 人，在了解地方民语译制发展史的同时，对译制者的民语影视传播实践和个体经验给予特别关照，试图回答何种因素制约或推动了民语译制实践，译制者如何在多种因素的影响下展开实践，这样的实践具有怎样的跨文化传播意义等问题。对地方民语译制实践的考察或许能为这些问题的解答提供可参考的经验材料，并从理论上进行意义阐发。

## 二、地方民语译制场域的历史与变革

位于滇西的德宏傣族景颇族自治州和滇南的西双版纳傣族自治州是云南省傣族人口最多的两个州，全省傣族人口有 102.5 万人，其中西双版纳州傣族人口有 32.7 万人，③ 德宏州傣族人口有 349840 万人，④ 占云南省傣族人口总数的 66%。20 世纪 70 年代末 80 年代初，德宏和西双版纳州广播电台最早开设了民语广播，以满足少数民族村寨村民们获取国家政策信息的需要。这期间的民语译制主要以新闻译制为主，辅以少量的地方新闻采播。90 年代国家实施的"广播电视村村通"项目和 2000 年旨在加强西部边疆少数民族地区广播影视节目译制能力的

---

① Thompson J B.: *The media and modernity: A social theory of the media*, Cambridge: Polity Press, 1995.
② 肖青:《民族村寨文化的现代建构逻辑》,《思想战线》2008 年第 3 期, 第 6 - 10 页。
③ 西双版纳州民族宗教事务局:《西双版纳州十三个世居民族简介》, https://www.xsbn.gov.cn/88.news.detail.dhtml? news_id = 41470, 2021 年 5 月 15 日。
④ 德宏州统计局:《2010 年德宏州第六次全国人口普查主要数据公报》, http://www.dh.gov.cn/Web/_F0_0_28D0791P480KEGBUO00BIK0O16.htm, 2011 年 5 月 30 日。

"西新工程",不仅提高了少数民族地区电视综合覆盖率(据统计,傣族的电视机拥有率最高,至 2003 年达到 96.7%[①]),而且促使德宏和西双版纳州广播电视台在 2000 年左右先后成立了少数民族语言影视译制中心,使得当地的民语电视节目由 20 世纪 90 年代初单一的民语新闻译播发展到以民语新闻为主,多种科教、娱乐节目为辅,兼顾其他少数民族语言类别的格局,基本解决了大多数村寨少数民族观众听不懂汉语,无法了解国家政策的问题,同时满足了少数民族日益增长的精神文化需求。

2009 年,云南省启动民族影视剧译制工作,德宏和西双版纳州广播电视台民语影视译制中心陆续开始译制民语影视剧。德宏州广播电视台民语影视译制中心 2009 年底译制的第一部傣语电视剧《暖春》,在 2010 年播出时反响很大。之后,德宏州广播电视台民语影视译制中心规划每年译制 200 集电视剧、傣语电视剧 100 集、景颇语和载瓦语电视剧各 50 集,傣语电视剧每天都播出,景颇语和载瓦语电视剧隔一天播。西双版纳州广播电视台民语译制中心 2011 年也开始电影译制工作,最初译制的《风声》《拉贝日记》《建国大业》3 部民语影片是通过农村电影放映车到农村里进行播放。

2011 年,国务院办公厅印发了《兴边富民行动规划(2011—2015 年)》,提出"对广播影视设施维护进行补助,支持增加广播电台、电视台少数民族语言节目的数量",[②] 为边疆少数民族地区民语影视传播带来了发展的契机,也带来了节目创新的挑战。德宏州广播电视台民语影视译制中心在 2008 年开播的自办民语综艺节目《孔雀之乡》之外,增加了另一档综艺节目《五彩德宏》,并加大了民语影视剧译制的力度。同样,西双版纳广播电视台民语译制中心对 1996 年开播的《傣乡综艺》进行了多次改版,力求把民语综艺节目做精做细,推出了《欢乐傣乡行》。自创民语节目的制作成为民语电影、电视剧译制之外地方民语译制中心重点打造的对象。

2017 年,国务院办公厅印发了《兴边富民行动"十三五"规划》,强调要"加强少数民族广播影视节目译制和制作,加快推进广播电视村村通向户户通升

---

[①] 《傣族》,http://www.gov.cn/guoqing/2015-07/24/content_2902140.htm,2020 年 3 月 10 日。

[②] 国务院办公厅:《国务院办公厅关于印发兴边富民行动规划(2011—2015 年)的通知》,http://www.gov.cn/zhengce/content/2011-06/13/content_6451.htm,2011 年 6 月 13 日。

级",并就"文化强边"工作的继续推进提出了"加强优秀文化作品的创作、译制和传播,推进基层公共数字文化一站式服务和移动服务"的新要求。[①] 国家政策的大力支持与新媒体技术对民语电视传播的冲击所形成的张力,推动着民语影视节目在内容和传播形式上创新,在节目质量上不断提高。为了响应国家政策号召,寻求民语译制中心更好的发展道路,德宏和西双版纳州民语译制中心毫无例外都把民语影视节目的制作作为重点革新的对象,并鼓励译制者们集思广益,利用新媒体技术开创民语影视传播的新天地。至此,地方民语影视译制中心从"译制加工"为主的节目生产走向了"译制"与"自创"并举的发展趋势。

### 三、民语译制者及其文化移转实践

地方民语译制场域的形成与发展既有来自政治、经济的影响,又离不开民语译制者的民语影视传播实践。通过他们的民语影视传播实践可以透视地方民语译制场域中他律性与自主性、客观与主观因素交织形成的复杂关系。而对这些复杂关系的呈现,"有必要检视是谁进入场域——他们的社会/经济出身怎样,他们在何处求学和接受职业训练,以及他们如何在工作中得到升迁"[②] 等问题,进而探究地方民语译制场域的变化如何使译制者的民语影视传播实践具有了文化移转的意义。

#### (一)作为"文化持有者"的译制者

地方民语译制中心的第一代译制者大多出生于20世纪60~70年代,90年代初进入地方广播电视台从事民语工作。他们有的是来自民语广播电台的播音员,也有的是从学校调入的民语教师,通过正式招聘考试进入的人员寥寥无几。一方面是因为民语人才稀缺,另一方面是受聘者的学历与民语应用能力常常不匹配,"招聘的学生汉语好的,民语又讲不好;民语好的,汉语水平又不行"。[③] 民族语运用能力和民族文化了解情况成为民语译制中心选拔人员的基本要求,第一代译

---

① 国务院办公厅:《国务院办公厅关于印发兴边富民行动"十三五"规划的通知》,http://www.gov.cn/zhengce/content/2017-06/06/content_5200277.htm,2017年6月6日。

② 转引自罗德尼·本森、韩纲《比较语境中的场域理论:媒介研究的新范式》,《新闻与传播研究》2003年第1期,第2-23、93页。

③ 摘自2018年1月9日笔者对德宏州广播电视台民语影视译制中心副主任梁暾的采访记录。

制者拥有大学学历的并不多,但他们都在本地少数民族村寨长大,能用纯正的民族语流利表达,对本民族文化有较深入的了解。他们凭借"文化持有者"的身份进入民语译制中心工作,良好的声音条件、标准而熟练的民族语表达和深厚的民族文化底蕴成为他们在民语译制场域展开实践的条件,也内化成指导他们译制活动的惯习,生成"行动者所拥有和掌握的'垄断资本'"。[①]

长期以来,第一代民语译制者们承担着播音、翻译、译审、制作等多重任务,他们在工作中积累的丰富经验又让他们理所当然地担负起扶持和培养新进译制人员的重担。他们对工作的热爱、取得的丰硕成果和给予新进者的无私指导都为自己赢得了后来者的敬重和在民语译制领域的声望,完成了自身拥有的文化资本向象征性资本的转换。然而,民语译制业发展对创新的需求必然使他们建立起来的职业规范和译制文化受到挑战,并影响着民语译制场域中文化移转实践的运作。

当民语影视节目创作成为地方民语译制中心急需突破的瓶颈时,新一代译制者凭借富有创意的想法、踏实肯干的工作态度,逐渐上升为机构中的顶梁柱。这群出生于20世纪80年代的年轻译制者拥有与广播电视相关专业的高等学历,虽然他们也是土生土长的当地人,但是因为多年来接受汉语教育使得他们的民语运用能力和对本民族文化的了解远远不及第一代民语译制者,只能算得上半个"文化持有者"。他们多数民语听说能力强,但读写能力弱,对本民族文化的了解不够全面和深入,因此刚开始从事民语译制工作时必须边学习边实践。难能可贵的是他们好学上进,很快就掌握了民族语言的读写技能,经过一段时间的锻炼几乎可以在工作中独当一面。多年来从事民语工作也促使他们对自身民族文化有了深刻的认识,强化了"文化持有者"的身份。新一代民语译制者通过自身的努力在地方民语译制场域获得更多的机构,新媒体技术的应用又为他们发挥技术专长提供了机会。在新一轮的自创民语节目改版和创新中,已确立有利地位的第一代民语译者和新一代处于上升阶段的民语译制者将展开不同程度的合作与竞争。

(二) 文化移转实践的双向性与双重性

文化移转概念最早是古巴人类学家费尔南多·奥尔蒂斯(Fernando Ortiz)在

---

[①] 高宣扬:《布迪厄的社会理论》,同济大学出版社2004年版。

20世纪40年代早期探究拉丁美洲与世界其他文化间的动态互动过程时提出,[1]与"文化适应"概念暗含的文化单向度、等级化发展的论断不同,"文化移转"(transculturation)这一概念强调不同文化碰撞对双方带来的影响,也就是说不同文化相遇时经历初期的部分地"去文化化"(deculturation),文化间的创造性互动会造成"新文化化"(neoculturation)。[2] 陈韬文把文化移转看作两种不同的文化在相遇时被改变和吸纳的过程,认为本土文化在经历去情景化、本质化和再情景化的转译之后,最终导致"两种文化的杂交融合,结果大于部分的总和"。[3] 之后有学者用文化移转概念分析申奥陈述片的视觉传播过程,认为申奥片的成功是"一次弱势文化生产者通过对弱势文化的加工改造实现的文化移转"。[4] 虽然这一概念用于指跨越国界的不同文化碰撞时一种具有混杂性的新文化生成过程,但同样适用于理解国家内部主流文化与少数族群文化碰撞时产生的文化交融与杂合过程,强调不同族群文化间的互动,暗含平等、互惠的价值和意义。这种文化间的互动在地方民语影视译制中体现为文化移转的双向运作,即汉语新闻和影视节目的民语译制与自办民语影视节目的创作并举,在此过程中既有吸收采纳主流汉文化的一面,也有把少数民族文化传播出去参与主流文化建构的一面。

文化移转实践的双向运作具体体现在译制者的从业经历中,这与他们的日常工作密不可分。1992年,刀江萍从西双版纳州师范学院傣汉双语专业毕业,进入西双版纳电视台工作,成了第一代傣语女播音员,"起初傣语组人手不够,没人会摄像,民语新闻类节目和有关傣族文化的专题节目都是汉语翻译成傣语播出。"[5] 1996年,刀江萍、岩真和岩岗3人创办了傣语综艺节目《傣乡综艺》,希望在译制民语新闻之外通过西双版纳民族艺术和习俗的呈现把民族文化传承下

---

[1] 参见 Fernando Ortiz. *The Transculturation Phenomenon and the Transculturation of Architecture*, *Journal of Romance Studies*, 2002年第2卷第3期, 第1–15页。

[2] 参见 Mark Millington. *Transculturation: Taking Stock*, In Felipe Hernandez, Mark Millington, Iain Borden (ed.): *Transculturation: Cities, Spaces and Architectures in Latin America*, New York: Netherlands, 2005年, 第248页。

[3] 陈韬文:《文化移转:中国花木兰传说的美国化和全球化》,《新闻学研究》2000年第66期, 第1–27页。

[4] 唐大勇:《文化移转:申奥陈述片的视觉传播》,《现代传播》2003年第1期, 第37–39页。

[5] 内容来自2018年1月16日赵亚净对西双版纳州广播电视台副台长刀江萍的补充访谈记录。

去。经历多次改版后，2009年新推出的《欢乐傣乡行》，深受当地老百姓欢迎。目前这档红火了8年的自办民语影视节目，将从综艺类节目转变为民族文化类节目，每期一个主题，涵盖宗教、民俗、饮食、风情、服饰、农业、政治、经济。"民语译制中心去年制作的电视散文《雨季香荷》从'莲'讲到'佛'，又讲到'释迦牟尼'，傣族部分群众信仰宗教，主要讲荷花'出淤泥而不染，濯清涟而不妖'的精神，因为傣族信佛的群众，与荷花有不解之缘。这个节目不仅在电视上播，也发布在微信平台上，获得了很多点赞。"刀江萍反复强调"作为文化人、电视人，要从长远的地方考虑，做一点更新的东西，更有价值、含金量高的东西"，只有不安于现状，才能"拿出一点可以留给后人值得骄傲的东西"。[①] 她20多年来的从业经历生动地展现了民语译制中心文化移转实践双向运作的历程，在此过程中地方少数民族文化获得新生，并得以传承。

此外，文化移转实践的双向运作伴随着民语译制者文化自觉性的形成内化于他们的行动中，成为个体主体性彰显与族群文化自我表达的途径。德宏民语译制中心负责自办民语综艺节目《快乐新农村》统筹工作的岳岩亮，从2017年7月开始在节目开头设计了3~5分钟介绍寨子村风村貌的专题片，并尝试增加微信直播。第一次直播是拍摄芒桑村文化活动室落成："当时为了反映少数民族真实的生活风貌，所有人穿上当地的民族服饰，敲起了象脚鼓，进行很有本地特色的表演，同时把当地的农耕产品、日常用的背包摆在舞台上，以此表现当地少数民族的特点。这些东西是很本土化的，和电视上看到的很艺术化的表演不一样"，[②] 第二次直播是在芒市的大金塔拍摄傣族的"干朵节"，[③] 分两个现场进行：一个现场是傣族的歌舞表演，另一个现场是邀请研究民族宗教的专家来解释"干朵

---

① 内容来自2018年1月16日赵亚净对西双版纳州广播电视台副台长刀江萍的补充访谈记录。

② 内容来自2018年1月13日笔者对德宏州广播电视台民语影视译制中心技术播出部主任岳岩亮访谈记录。

③ 德宏角落：《傣族出洼干朵节》，http://www.dehong.gov.cn/photo/fq/content-72-584-1.html，2013年10月28日。根据德宏网之风情德宏板块的介绍，"出洼干朵节"是傣族诸多节日中颇具特色的一大节日，是消除矛盾、化解冲突、共创和谐的节日，同时也有庆祝丰收、祈福风调雨顺之意。这天，傣族同胞们宴请宾客、浴佛、赕佛、拜塔，处处洋溢着欢乐的气氛。上至七八十岁的老人，下至七八岁的娃娃，穿上节日盛装，来到勐焕大金塔，男女老少围成一圈，合着铓锣象脚鼓边歌边舞，高潮时，以吼声助兴，舞风古朴，动作有力，如醉如狂。

节"的由来。接着岳岩亮作为总导演策划了3个非遗文化的直播,即傣戏、傣族剪纸和孔雀舞,他说:"我就是想把少数民族电视节目做好!把最有价值的东西保存下来推广出去,让不知道的人了解,让了解的人想学。不仅给少数民族看,让其他的人也看。"[1] 同样,景颇语部的译员唐相亚也认为,做电视剧译制无法对民族文化深挖下去,民语译制中心必须要能做出一些有文化内涵的节目,"这代人看完了下代人还想看,只是译制下一代人可能也不会看了",她甚至提出"我们要做民语类的民语节目,不要做民语类的汉语节目"。[2] 他们用自己的行动来推动文化移转实践的双向运作,把个人的理想投射到实践中,充分发挥主体性,实现文化的自我表达。

从民语译制者的具体实践细节来看,文化移转实践又具有双重性,即民语译制中语言转换产生的文化移转(近似于文化翻译)与民语节目内容创新过程中的文化移转。译制者们通常把民语新闻、科教片、影视剧的民语译制作为最基础的日常工作,某种程度上他们兼具翻译员和配音演员的双重身份,同时部分译制者还要参与本土民语节目的创作,挖掘地方少数民族文化宝藏,进行改造后推向受众市场。西双版纳州民语译制中心傣族译制部副主任岩温罕35岁出头就成果累累,成为大家心目中"能力强的人",他不仅做过新闻播音、电影译配、编辑和广播剧译制工作,2017年还参与了电视台牵头拍摄的微电影《传承》[3] 的系列工作,在剧组里主要承担副导演、演员和翻译。谈到民语影视译制,他说:"科教片的翻译和电影翻译不一样,科教片没有台词,就只有旁白,我们翻译的时候就会比较在乎翻译的准确性和规范性,只需对应着汉语进行逐字的翻译,然后配音。科教片比较注重术语化的表达,但是电影的翻译更加偏向生活化,翻译的时候不一定要逐字翻译,电影翻译尽量不要书面化的翻译,不能像科教片和新闻翻译,只要词达意就可以了,要贴近生活。翻译最重要的是翻译它的意思,而不是

---

[1] 内容来自2018年1月13日笔者对德宏州广播电视台民语影视译制中心技术播出部主任岳岩亮访谈记录。

[2] 内容来自2018年1月11日张方亮对德宏州广播电视台民语影视译制中心景颇语部门主任唐相亚访谈记录。

[3] 该片是西双版纳州广播电视台民语中心自创民语微电影的一次尝试,也是我国首部傣语微电影,片长18分钟,讲述了傣族姑娘刀雯大学毕业,事业正在发展关键时期,母亲突然病重,非常希望女儿学习非遗项目——慢轮制陶,继承衣钵。经过刀雯的努力,慢轮制陶得到了很好的发展,她的事业也落户景洪双创产业园区。目前在西双版纳州电视台、爱奇艺和腾讯视频上都能观看此片。

翻译它的字。"① 对民语译制中翻译过程的深刻理解从根本上证实了文化移转实践始终是民语影视传播的核心，民语影视节目的创作则是超越语言层面进行的另一种文化移转实践，这两者构成了文化移转实践的双重性。

### 四、作为"跨文化意义建构"的文化移转实践

本章之所以把译制者的民语影视生产过程看作是文化移转实践，一方面是因为从译制在语言形式和意义层面上的转换而言，民语影视译制是一种基于文本的，以消除语言和文化障碍，解决少数民族受众观影问题为目的的文化移转实践；另一方面是因为从国内族群间跨文化传播的角度看，民语译制节目从译制加工到自办自创的变革表现出主流汉语文化与处于边缘的少数民族文化相遇时文化间的"互化"过程。② 这一过程明显体现了费尔南多·奥尔蒂斯的"文化移转（transculturation）"概念中强调的"跨文化"特性，即"文化本身意味着混杂，是相互吸收和融合的过程"。③ 不同于强调国家边界的跨文化传播中"跨文化"的意涵，这里的"跨文化"是"一个能动的概念，包含碰撞之后新文化的生成之意"，④ 强调跨越文化边界实现多元文化的融合共生，因而民语译制者的文化移转实践可被看作是一种"跨文化意义建构"。

地方民语译制场域的文化移转实践从其历史发展的脉络来看，经历了新闻与科教节目译制，到影视剧译制，再到自创民语影视节目制作的发展历程。虽然一直以来地方民语译制中心以"新闻立台为主，文艺为辅，同时多管齐下"⑤ 的原则制作民语节目，但因为不同时期国家政策导向、受众需求、技术提升、社会变迁等因素影响，实际上民语译制的工作重点会有所转变，民语译制者展开跨文化实践的深度和难度也有所不同。从每个时期的译制工作情况来看，译制者的跨文

---

① 内容来自 2018 年 1 月 12 日赵小咪对西双版纳州广播电视台傣族译制中心副主任岩温罕的访谈记录。

② 赵阳：《天下的当代性：世界秩序的实践与想象》，中信出版社 2015 年版。

③ 赵月枝：《跨文化传播政治经济研究中的"跨文化"涵义》，《全球传媒学刊》2019 年第 6 卷第 1 期，第 115－134 页。

④ Hermanm, E. (2007): *Communication with transculturation*，转自赵月枝《跨文化传播政治经济研究中的"跨文化"涵义》，《全球传媒学刊》2019 年第 6 卷第 1 期，第 115－134 页。

⑤ 内容来自 2018 年 1 月 15 日赵亚净对西双版纳州广播电视台民语影视译制中心原副主任，现任西双版纳州文体广电局办公室主任岩轰访谈的记录。

化实践又可分为文本译制中的语言翻译、民族文化的族际传播、民语影视跨境传播3类。不论是从纵向上，还是从横向上划分类别，译制者的跨文化实践并不是截然分开的，不同划分类别相互交叉、渗透，较为完整而细致地呈现地方民语译制场域中译制者在内外因素影响下进行的文化移转实践。

首先，民语译制者文化移转实践对少数民族文化的影响，体现在民族语言和生活观念的变化上。早期的民语新闻与科教片译制中遇到的文化不可译问题少，译制难度不大，但是"2000年以后汉语新词术语出现的很多很快，遇到的新词术语翻译问题也很多，如何统一新汉语词的民语翻译成为民语译制中最困难的部分"。[①] 为了达到民语翻译中术语翻译的一致性，通常要"懂得汉语词的内涵，然后借用傣语进行创造，内部商量之后和报社沟通，保证傣语翻译的统一"。[②] 民语新闻译制中傣语新词的创造本身就是文化移转的结果，汉语词汇的意义被"解码"后，通过傣语进行再度"编码"，生成了一个融合两种文化意义的新词，一旦新词的意义在传播中被大众普遍接受，成为公认的、固定的用法，将对当地少数民族的社会、文化和日常生活产生影响。这样的影响通过电视新闻的译制和传播展开，又在民语影视剧的译制和传播过程中得到强化。比起民语新闻译制，民语影视剧译制给译制者的文化移转实践提供更大的创作空间，译制者不仅需要带着感情"入戏"，也需要突出表达的口语化，更重要的是要体现语言的艺术性，由此生成的影视文本是融合了汉文化和少数民族文化的新文本，提供给少数民族受众一种汉文化主导下的美好生活的想象。

其次，随着地方民语译制中心自办民语节目的增加，译制者的文化移转实践体现为少数民族文化主动吸纳汉文化的现代元素，打造自身的民族文化，是少数民族文化现代转型的一种方式。在这一转型过程中，少数民族文化借助媒介技术得以记录和保存，又通过网络双语直播抵达不同民族的受众，扩大了地方少数民族文化的影响力。这就不难理解岳岩亮想通过《快乐新农村》的网络直播把德宏州各少数民族的文化推广出去让其他人也了解的设想。他说："希望通过这档节目让外面的人对我们的民族有更多了解，而不是认为少数民族都很粗鲁"。可见，吸纳汉文化的现代元素，生成一种新的展现少数民族文化的影视作品，推广

---

① 内容来自2018年1月14日笔者对德宏州广播电视台民语影视译制中心傣语部郎叶过注访谈的记录。

② 内容来自2018年1月15日赵小咪对西双版纳州广播电视台民语影视译制中心编辑白建美访谈的记录。

给其他民族看,具有"去污名化"的意义。污名化指"社会给某些个体或群体贴上的贬低性、侮辱性的标签",被贴上标签的个体或群体拥有了一个"受损身份"——不仅是他的社会地位受损,而且在他人眼中也丧失了社会信誉和价值,并且遭受到社会的排斥。[1] 这种以"去污名化"为目的的文化移转实践某种程度上体现了"跨文化"概念中的抗争性含义,最终目的是消除族群间的不平等权利关系,"超越分裂的文化碎片,创造有生命力的公共文化空间"。[2] 从这个意义上讲,民语译制者的文化移转实践是促进少数民族文化与汉文化交融共生的过程,也是少数民族文化现代转型中树立文化自信和谋求平等发声权益的过程。

可见,民语译制者的文化移转实践既包括狭义上的发生在语言转换过程中文化移转,又指涉广义上的不同文化相遇时相互影响并生成新文化的过程。从微观层面来看,Longinovi 把文化移转描述为"日常生活的实践","文化协商的杂合展现"。[3] 从影片制作和改编层面看,Kyle Conway 认为"文化移转是一种参与符号经济的模式,在此过程中符号不是基于对等,而是基于协商进行互换"。[4] 因此,民语影视传播中的文化移转实践本质上是一种嵌入译制者日常生活中,基于协商的"跨文化意义建构"而形成文化杂合的过程。但是,这种文化杂合状态并不意味着最终走向文化的同质化,而是意味着"文化间的互惠性理解"。[5]

## 结　语

民语影视剧译制场域的形成与发展离不开 20 世纪 90 年代以来少数民族地区电视的快速普及,电视逐渐进入村民的生活日常,"改变的不仅仅是村民获得、接收信息的方式,也在潜移默化地重塑着人们的观念和行为方式"。[6] 地方民语

---

[1] 欧文·戈夫曼著:《污名:受损身份管理札记》,宋立宏译,商务印书馆 2009 年版。

[2] 单波:《论跨文化传播的可能性》,《广东外语外贸大学学报》2014 年第 25 卷第 3 期,第 5 - 12 页。

[3] Longinovic T. Z.: *Fearful asymmetries: a manifesto of cultural translation*, Journal of the Midwest Modern Language Association, 2002 年第 35 卷第 2 期,第 5 - 12 页。

[4] Kyle Conway: *Cultural translation, global television studies, and the circulation of telenovelas in the United States*, International Journal of Cultural Studies, 第 15 卷第 6 期, 第 583 - 589 页。

[5] 单波:《跨文化传播的基本理论命题》,《华中师范大学学报(人文社会科学版)》2011 年第 50 卷第 1 期,第 103 - 113 页。

[6] 杨星星、孙信茹:《电视传播语境中的少数民族乡村文化建构》,《现代传播》2013 年第 35 卷第 6 期,第 21 - 25 页。

影视剧译制中心的建立一方面满足了农村不懂汉语的观众观看电视的需求，另一方也发挥着传达党和国家的声音，凝聚国家认同等意识形态的作用。地方民语影视剧译制从设备落后、人员缺乏的困境中逐步发展起来，得益于国家技术、设备和资金的大力扶持。如今，地方民语影视剧译制已经从单一的民语新闻译制走向新闻译制为本，民语影视剧译制与自创民语影视节目并行的发展模式。通过对地方电视台民语影视剧译制中心的调研，让我们看到民语影视传播中译制者文化移转实践的转变是少数民族地区被迫裹挟进中国现代化进程的必然，也是译制者发挥主体性展开的"跨文化意义建构"。

译制者的文化移转实践最重要的价值在于超越权利和阶级的不平等，赋予不同族群平等发声的权益，最终实现文化的互化与共生。如果把民语译制者的文化移转实践看作是人类学意义上的文化书写，那么民语译制者创作出的文本应是"可渗透的、不完整的、粗糙的和开放的"，[1]为民族国家内部族群的跨文化传播提供施展的空间。从国家内部族群间的跨文化传播视角来看待民语影视传播中的文化移转实践，或许会被认为过于强调汉文化与少数民族文化的差异性和族群间的权力不平等，但是从文化差异性普遍存在与文化生成的动态性和杂合性来说，这样的意义探究却是符合族群文化传播与发展的有益尝试，有利于扩展跨文化传播研究的广度和深度。

---

[1] Jordan S. A.：*Ethnographic Encounters：The Processes of Cultural Translation*，Language and Intercultural Communication，2002 年第 2 卷第 2 期，第 96 – 110 页。

# 第三章　德宏民语媒体人的代际差异与文化实践[*]

## 一、研究缘起

近年来，媒体人在肩负着信息传递、文化传承、社会监督和大众娱乐的职责外，还通过各种文化实践影响着地方文化的建构。不论是传播学、人类学还是社会学领域，都注重考察媒体人与文化建构之间的关联性。这些研究大多聚焦于媒体人自身的文化自觉与职业素养，研究这些因素对文化建构的影响。然而，如果在具体的文化实践中，结合媒体人自身的文化背景考察媒体人的文化实践活动，就有可能使我们认识到媒体人的文化实践与地方社会文化建构的全面关系。也可以通过这一视角，对媒体人的代际发展与社会文化变迁有更为深入的理解。

德宏傣族景颇族自治州是全国30个、云南8个少数民族自治州之一。州内有傣族、景颇族、阿昌族、德昂族、傈僳族5个世居少数民族，少数民族人口占总人口的45.84%。为了服务广大民族群众，德宏的民语媒体应运而生。最先出现的民语媒体是报纸，1955年1月1日，德宏《团结报》创刊，创刊初期就有傣语、景颇语和傈僳语的内容。1979年，德宏广播电台诞生，同年10月1日开始用傣语和景颇语进行播音。1992年德宏电视台民语部建立，开始了德宏少数民族语言电视的发展史，之后1997年德宏少数民族语言电视译制中心在云南省广播电视厅的批复下成立，壮大了德宏州少数民族电视发展的队伍。2012年4月，德宏电视台民语部划归德宏少数民族语言文化电视译制中心，德宏电视台的民语部圆满完成了它的历史使命。目前，德宏的民语媒体事业呈现出报纸、广播

---

[*] 该文作者为杨星星、张方亮。

和电视译制中心三足鼎立的局面,德宏的民语媒体人的工作主要集中于译制新闻或电视剧、自采稿件刊发或播出。他们不仅肩负着信息传播与民族文化传承的责任,他们作为地方文化精英也担负着文化建构的责任。与此同时,一代代媒体人身上都有强烈的时代特征,他们之间的代际差异造成了文化实践的差异,也进一步影响着德宏民族文化的变迁。

最先提出文化实践观点的是理查德·霍加特,"他认为文化和实践是同一个过程,因此他以人的实践活动为核心定义文化,认为可以从人的日常行为、实践本质、生活方式理解文化生成与变革的本真内涵和价值旨归。"[①] 同时,霍加特认为,文化实践可以使文化主体产生文化自省,形成有效的文化价值判断。因此,德宏民语媒体人的文化实践也在一定程度上影响着他们的文化价值判断,并进一步影响民族文化建构。也就是说,德宏民语媒体人在原有文化背景下,通过主体建构,产生了新的民族文化。同时,霍加特提出,文化实践是在寻求一种整体性文化的建构,这里他所指的文化是一个社会的整体生活方式。

本章中德宏民语媒体人所进行的文化建构正是这样的整体生活方式的体现,他们一代代所进行的文化建构也在一定程度上反映了社会的整体变迁。目前的研究中,文化实践的主体大多是文化精英,聚焦于文化建构的形式和过程。有学者以《舌尖上的中国》为例,关注文化实践的背景和文化实践的路径,据此分析媒体知识分子文化实践的不足。[②] 也有学者通过剖析傣族孔雀舞来研究中国政府的文艺政策是以何种形式与少数民族的文化传统相结合,并在社会主义体制下如何参与展示民族形象的。[③] 这些分析都为我们提供了颇具价值的研究视角。

在对云南省德宏州民语媒体的调查中,笔者发现这些民语媒体人所进行的文化实践具有时代感召力和社会变迁的烙印,因此细分他们的类型和代际是此文展开论述的前提。笔者认为,德宏的民语媒体人可以分为三代,分别是乡土派、过渡期和学院派。笔者做此划分主要是依据他们的教育背景以及成为媒体人的行业准入机制。三代媒体人通过自身的文化实践建构了不同的民族文化,使民族文化的内涵与表现形式呈现出了代际差异。对三代德宏民语媒体人的文化实践活动展

---

① 马援:《霍加特文化实践思想研究》,博士学位论文,山西大学,2016年。
② 李彩霞:《当代媒体知识分子的文化实践——以〈舌尖上的中国1〉为例》,《山西大学学报(哲学社会科学版)》2014年第4期。
③ 长谷川清、余延玲:《民族表象与文化实践:以云南傣族孔雀舞为例》,《广西民族大学学报(哲学社会科学版)》2009年第3期。

开分析，可以呼应已有研究，也可以丰富文化实践这一分析工具的内涵，并借此观察德宏民族文化的内涵与其传播形式的变迁，这也是我们研究的基本问题和目的。

## 二、三代德宏民语媒体人的文化实践

### （一）"乡土派"媒体人

2018年1月14日，笔者在对德宏广播台载瓦语部主任石勒宝访谈时，他说："我1993年就在广播站工作了，我是芒市西山人，初中毕业，我以前是地地道道的农民。当时可以说是有点幸运吧，我听到广播播出招工的消息，我觉得条件合适，当时就是要求会说载瓦语懂得载瓦文，我小时候就学过载瓦文，就说来试试，没想到就试上了。到广播台之后就边学边工作，去年才刚刚在职研究生毕业。我以前读书的时候学了一些汉语，来到广播台这么多年一直在继续学。我以前没做过广播节目，汉语水平也一般，开始还不适应呢，做了20多年才觉得适应了。我刚开始到广播台的时候，因为汉语水平差，老同事翻译好了稿子，我们才去播。"

德宏广播台景颇语部主任金志强也有同样的经历："我是1979年高中毕业就进来广播台了，我从小在盈江县的一个寨子里长大，汉族很少，从小就说景颇语。我们是来芒市读高中才开始讲汉语，在家里就一直说民语。我们小学四年级和五年级学景颇文字，之后广播台招考的时候民语是完全没有问题的，就是汉语不太好。所以那么多年一直在自学汉语。"

前文两段采访大致可以看出本文所论述的"乡土派"媒体人大多是1995年之前进入德宏民语媒体的，当时民语媒体的招考标准仅有一条——民语能力强。报社要求能用民文进行汉文新闻译制，而广播台和电视台仅仅追求播音素质，也就是民语说的好且词汇量丰富。因此有大量文化水平不高、出生乡土的人进入媒体工作。他们出生于乡土，生于斯长于斯，乡土文化的浸润使他们拥有丰富的民语词汇。他们汉语文化素质较低，但是民语水平最为贴近村寨，因此他们的文化实践呈现出一个普遍的特征——需要自学汉语，提升汉语水平。

德宏民语广播傣语组的前任主任晚相牙表示，现在很多傣语翻译都非常粗糙。比如，堕胎一词在傣语中是有特定词汇的，但是现在很多年轻的翻译人员不知道，因此他们翻译为"把孩子丢掉"。她认为，这样的翻译非常不具有美感，过于直白且不是原有的意思。金志强也指出:"现在农村人也会讲汉语,很多年轻人从小就说汉语,哪些是专有名词他们就不知道了。这样的专有名词,大部分是政治性词语。比如说医保,现在很多寨子里的人都知道医保是什么了,我们就直接说汉语的医保就行,寨子里的人都知道是什么意思,但是年轻人不知道哪些是常用语,哪些需要用景颇话翻译。"虽然乡土派的民语媒体人汉语能力较低,但是多年的乡土生活经验让他们对于受众的接受程度和理解能力有较好的把握,这也进一步影响了他们的文化实践。

金志强如今在广播台主要负责播景颇语历史和传统的念唱,播的词是一些比较传统的历史古语,如果不懂古语意思音调就读不准。这些念词有些是讲景颇族的历史,有些是结婚的唱词,或者目瑙纵歌的唱词。文化传承往往来源于一代代的学习,金志强有时间就会去找先生学习目瑙纵歌,不懂的古词他就去向先生请教。但现在,几乎没有年轻人愿意花费大量的时间去学习古语念唱,所以景颇语广播组只有金志强和几位乡土派老前辈可以进行这项工作。除此之外,金志强目前正在致力于挖掘、采集和整理景颇族可能失传的传统文化。这项工作他坚持了20年,还出了两本书:一本叫作《帕兰茶莎节》,讲景颇族的春茶传统,里面有景颇文和汉文的对照;另一本是讲盈江县战神时祭祀的念词。这两本书都是由德宏民族发展研究院所支持的。金志强表示:"我从小就喜欢这些,所以愿意钻研,现在年轻人都不想花时间去学了。我们这批人以后退下来,就不知道后继的会不会有人会这些古调了。我们现在已经准备刻碟保存下来,算是抢救即将失传的文化。"

像金志强一样的文化名人,在德宏绝非少数,其中最有名的当数傣语广播的前任主任晚相牙。晚相牙是傣语一级播音员,于 1979 年进入德宏人民广播电台傣语组从事播音工作,1986 年担任傣语编辑部主任,1997 年退休。40 多年来,晚相牙致力于收集傣语民间歌谣、整理编写名人歌词、传记、经书等,目前已出版《晚相牙歌词》《邵五歌词》《晚有章专辑》《思恋》和《唐三藏取经》后半部,并翻译介绍了刀安钜的著作《苦乐春秋话人生》。① 晚相牙在采访中表示,她父亲从事文艺工作,所以自幼受到父亲影响,喜爱唱傣族的传统歌谣。她表示她从事文化传播工作一直是源于对傣族文化的喜爱,之后在工作中发现傣族人民

---

① 杨立:《傣族"刘三姐"的民族情结——记傣族传统文化的忠实传播者晚相牙》,《德宏团结报》2015 年 11 月 16 日。

对傣文越来越陌生，傣文翻译中还有很多错误，才愈发有了要传承和发展傣族文化的迫切心情。

"乡土派"的民语媒体人大多是依靠兴趣从事民族文化的传播，他们的文化实践受到自我意识的影响，所以他们致力于保护和传承的是他们自幼在村寨里接受到、了解到的传统文化。同时，他们在工作中发现了传统文化面临失传的危机，因此他们依靠工作提供的媒体平台寻求更多的机会去出书刻碟，来保护和发展传统民族文化。他们源于乡土，汉语水平较低，因此他们在工作中更强调传统民语的重要性。同时，他们那一代人媒体传播形式单一，主要是书本和碟片，所以他们发展民族文化的手段只有依靠政府的力量去出书、刻碟。乡土派民语媒体人从业之后才逐渐意识到传承和保护的重要性，并逐步展开民族文化的传播，从媒体到依托媒体的个体传播，他们的文化自觉伴随着传播活动而逐步生成，并指引他们展开进一步的文化推广和传播工作。需要特别注意的是，乡土派民语媒体人的文化实践是一种内源性的。民族文化的惯习（语序语用、思维），即实践的前逻辑指导着"乡土派"媒体人的文化实践。

（二）过渡期的媒体人

前任德宏州广播台载瓦语部门主任刘永江告诉笔者："我小时候在老家的小学学了6年的载瓦语，之后初中空了3年，接着又去德宏州民族师范学校（今德宏师范高等专科学校）学习载瓦语。毕业后，1999年我开始参加工作，之后在2008年的时候到广播台担任载瓦语主持人。当时我们进入广播台，需要进行笔试和面试，笔试主要是考你的翻译能力，面试主要是考播音能力。"这就是1995年后到2015年之间，德宏民语媒体的一般招考标准以及大多数民语媒体工作人员的文化水平。他们大多数接受过一定的民语训练，出生于乡土也有较好的汉语文化素养，所以笔者将其视为"乡土派"与"学院派"之间的过渡期。

在采访中，刘永江一再提到老一辈媒体人的保守，他说："以前的老播音员啊老艺人啊，虽然有天赋，但是观念比较老旧，因此群众的接受程度也比较低。"他对于老一辈人的表演和播音天赋是非常肯定的，但是对于他们的传播观念和手段却非常质疑。因此，他尝试做出改变，更新传播的手段和方法。在刘永江9年的播音员职业生涯中，他做了两个德宏广播史上的第一：第一个做直播的播音员和第一个开听众会的播音员。刚开始，刘永江提出要做直播节目，部门的人都不赞同，大家觉得没必要，认为他没事找事做。但是刘永江坚持认为直播是未来的发展趋势，因此他成了第一个"吃螃蟹的人"。2010年10月31日，刘永江的载瓦语直播节目进行了首播，取得了很好的成效，之后的各家民语广播都纷纷增加了直播节目的比重。除此之外，刘永江还是第一个开听众会的人。他说："当时我们几个年轻人嘛，就学着外面听众会的模式搞。刚开始，老一辈的老师都是反对的，就说这样把我们这些播音员地位抬太高了。但是我说服这些老播音员下乡去开听众会后，他们都还是很开心的，找到了存在感，成效也非常好。现在听众会都成为我们广播台的固定动作了，每年各个民族的节庆我们都会去呢。"

在"乡土派"的民语媒体人中，刘永江属于年轻人。但在"学院派"面前，刘永江又属于年长的一辈人，他对于年轻人脱离乡土语境的译制十分不满。刘永江说："民族语翻译工作最重要的就是要了解民族的语言习惯和用语习惯，这样翻译才比较贴切，没有那么生硬和直白。举个例子啊，景颇族的载瓦支系很爱用倒装句，比如汉语说：'你吃饭了吗'，载瓦语翻译的语序就是'饭，你吃了吗'。每个民族的思维模式都不一样，因此必须了解他们的思维模式才能进行精确翻译。现在很多新来的翻译人员，虽然也是从小学习民族语，但是汉化程度比较高，会照着汉语思维去翻译，这就不行。"

除本职工作之外，刘永江还是德宏小有名气的民语歌手，个人创作作品有《清晨景颇山》《对唱西山广》《陇川情》《王子树》《用么么》《欢腾目瑙场》《阳光山村》《龙女恋》《云岭荣光》《朋友、慢走》等。刘永江向笔者介绍，他所出的所有专辑都是政府出资资助的，有大量用民语演唱歌颂党和国家的红歌。他说："我就是有什么想法就和领导说，领导觉得可以，就批钱给我弄嘛。现在不靠政府补助做艺术真的太难了。"刘永江在进行自身的文化实践时，主动借政府的力量，不同于乡土派媒体人纯粹以兴趣进行文化实践的情况。2016年，刘永江从广播台调动到德宏传媒集团旗下的文化传播公司担任总经理，致力于德宏民族文化的推广与宣传。对于他目前的工作，他觉得是更有挑战性的。他现在常常需要去说服一些老艺人将自己的文化作品进行商业化运作，他说："很多老艺人都不愿意（作品商品化），但是我得去说服他们，这样才能把我们的民族文化推广出去。就像我们德宏著名的竹编老师的作品，我们想把它大规模复制，然后可以作为一个小的伴手礼给大家带回去。只有大规模生产，这个艺术品才能被大家认识到，不然只有少数人知道，永远推广不出去。"

与刘永江一样有类似的教育背景和文化实践的媒体人在德宏绝不是少数，他们都致力于将民族文化包装成一种更加流行的模式推广出去。这批过渡期的媒体人大多是各个民族的流行民语歌手,他们主动寻求机遇出歌发唱片,通过更大众的形式推广民族文化。但是同时,他们推广民族文化形式相对保守:几乎不尝试建立独立公众号这种新的形式,主要推广的形式就是到各个村寨巡回演唱。这批过渡期的民语媒体人,民族文化的传承与保护意识产生相对滞后,大多是在工作后才意识到。德宏州民语译制中心景颇语部门主任唐相亚是2007年进入德宏译制中心工作的,她说:"我们以前在寨子不知道民族文化保护的重要性,大家都一样也没有这种意识。我工作后听很多老师说我们景颇族的文化,我都不知道,我就觉得太羞愧了。我就想我们这代人都这样了,我们以后的娃娃可能连自己本民族的话都不会讲了,就觉得推广我们的文化相当迫切啊,真的,我们那么努力做工作就是这一个目的。"

这些过渡期的民语媒体人大都有一个共同的特点:他们都处于一个由乡土派向学院派过渡的过程当中。首先,学历上,相比乡土派,他们有较好的汉语基础,接受过一定的教育;相比学院派,他们有较好的民语基础,并未脱离乡土语境。其次,从传播手段上看,相比乡土派,他们更加积极寻求推广机遇也能够接受新鲜的传播手段;相比学院派,他们更依赖政府的力量而不是进行个人化传播。最后,从民族意识觉醒的时间节点上看,相比乡土派的内源性自发传播,他们大多是工作后才出现民族觉醒的意识并开始进行传播;相比学院派外出读书后"他者"眼光的自省,他们的民族觉醒意识更多来自专家和乡土派媒体人的启蒙。

(三)"学院派"媒体人

本章所论述的第三代媒体人是2015年后新招聘的,他们是德宏民语媒体的新兴力量。他们不同于前两代人的最大特点在于他们接受过较好的汉语教育,文化水平都在本科以上,对汉语的理解力远远高于前两代人。他们虽然出生于村寨,但是自幼受到缅甸文化的影响,他们的译制水平与播音腔调都在一定程度上脱离了乡土语境。

德宏州民语译制中心景颇语部的播音员岳扎亚2017年到译制中心,她大学本科是中国少数民族语言文学专业,主修景颇语,研究生在暨南大学学习语言学理论。她从小在寨子里长大,但她与德宏本地景颇语境下成长的播音员有很大的区别。她说:"我们与老一辈在译制上最大的区别是译制腔的问题,最大的差距是节奏和感情把握的不准确。译制腔的话每个人都会带有自己的特色。像我们年轻一代人的话,听缅甸景颇歌曲的比较多,受缅甸景颇文化的影响,我播读时感情过度浓郁，会带有一些缅甸景颇语的音腔。"乡土派和过渡期的媒体人大多受到的是汉文化和自己本民族文化的影响，但是到学院派媒体人这一代，他们受到的是多元文化的影响。20世纪90年代以来，缅甸的文化产品大量进入德宏，特别是缅甸歌手的民语歌曲影响广泛。在多元文化影响下成长的第三代媒体人脱离了前两代人土生土长的本地民族语境，形成了自己独特的译制风格。

岳扎亚和德宏的3个朋友一起办了一个公众号，名字叫作"景颇光音"（Jan Nsen）。岳扎亚解释道："景颇族是太阳的子孙，我们希望景颇族的文化像太阳的光芒一样传播到每一个景颇族生活的地方。"这个公众号粉丝大部分都是德宏的景颇族会不时更新关于景颇族的内容，有些是目瑙纵歌，有些是景颇族歌曲，还有一些是景颇族的传说等。除此之外，该公众号的内容表现方式多样，有短视频、语音、歌曲、图片等等。岳扎亚告诉笔者，她希望通过这个公众号，传播民族文化，她也想通过更新颖的传播方式和手段吸引更多的景颇族同胞，让大家自发去关注和传承景颇族文化。岳扎亚的民族意识萌发于大学时期，她说："我在昆明读大学时，景颇族经常有联谊会，民院也会有些活动，我慢慢地就有了本民族意识。在活动中，我们有很多景颇歌曲都是关于热爱本民族文化的，所以我可能潜意识里就已经有了民族的概念吧。我们大学时还和同学组织过一些活动，比如每个星期二下午都会一起学习景颇族的史诗故事等。"

大部分"学院派"的民语媒体人都是在大学期间才有了民族意识的觉醒，"他者"眼光的投射使他们对自身的民族身份有了更进一步的认同，从而指引他们进行文化实践活动。2015年进入德宏州民语译制中心景颇语部的播音员沙金春说："我读大学时，说自己是景颇族大家就觉得还好，但是如果能说出景颇族的文化，人家才会尊重。所以，我对自己的要求就是掌握语言之外，还要掌握文化并传播文化。"

"学院派"媒体人经过正规的学校教育，精通传播技术，但是传统文化底蕴不够，因此翻译和播音会出现脱离传统语境的现象，也就失去了民族语言"活"的灵魂。他们的文化自觉意识来自于他们外出学习的经历，外界眼光的自我投射使他们产生了文化意识觉醒，并指导他们展开本民族的文化推广与传播活动。他们的文化实践是一种外源性的，外界刺激是学院派文化实践持续的动力。同时，相比前两代人，他们掌握了更新的传播手段、更多元的表现方式，因此他们可以不依托政府，进行更个人化的传播。

### 三、文化记忆造成代际间的实践差异

三代媒体人通过自身的文化实践进行着文化建构。他们之间有共同的目标——传承和保护民族文化。但是他们的文化实践中产生了不同程度的变异。

首先，译制从基于土生土长的乡土语境到掺杂了多种文化的混杂语境。其次，传播内容从传统文化逐步演变为大众的流行文化。再者，传播媒介由大众媒体、书籍和音像制品转移到新媒体微信平台之上。最后，传播从依靠政府发展到逐步个人化。三代媒体人之间不是简单的线性传承和延续，而是不同起点展开的三种实践和三种建构，他们共同建构着德宏的民族文化，影响着德宏的文化氛围。

这种文化实践背后的代际差异主要源于三代人文化记忆的差别。在扬·阿斯曼看来，文化记忆是借助"文本系统、意象系统、仪式系统"等文化符号来形成和传承的。① 三代民语媒体人所接受的固然是同样的民族身份认同，但是他们自幼所接触的文本系统是有差异的。"乡土派"媒体人接触的是来自乡土的传统文化，过渡期的媒体人受到了流行文化的浸润，而"学院派"媒体人则接触到了更多元的文化。"文化记忆的概念超出了'传统'这个概念的范围，因为文化记忆还涉及遗忘和隐瞒，遗忘和隐瞒导致传统的消失和断裂。"② 文化记忆的差异造成了文化实践的差异，使得乡土派所坚守的传统民族文化逐步消亡，取而代之的是一种现代化的民族文化。"从建构的维度看，文化记忆在各方的综合作用下具有生成性和建构性，可以在一定权力逻辑的引导下有目的和计划地建构。"③ 差异性的文化记忆使得目前德宏的民族文化建构呈现出现代化的特色。这种现代化主要表现为：媒体人技能由自由化到规范化、传播手段由单一化到多元化以及传播内容由单调性到广布性，这种现代化为民族文化的传播注入了新的活力同时也造成了传统文化的祛魅。

---

① 左路平、吴学琴：《论文化记忆与文化自信》，《思想教育研究》2017年第11期。
② 扬·阿斯曼：《"文化记忆"理论的形成和建构》，《光明日报》2016年3月26日。
③ 左路平、吴学：《论文化记忆与文化自信》，《思想教育研究》2017年第11期。

# 第四章 迪庆媒体人的传播实践与文化空间建构*

## 一、研究的问题

2018年1月18日上午10点40分,刚从直播间走出的藏族主播贡布①为笔者转译了那一期藏语广播节目的主要内容:

> "上千年了吧,我们的一个吐蕃王朝的松赞干布颁布的,他针对俗人颁布的十六条法令,就跟人心直接有关,我们两个在节目中说它直接影响到了我们民族性格的形成,民族信仰啊这些……我们认为,直到现在这十六条每一条都不过时,每一条都值得我们去思考。如果大家在当今的社会也能了解十六条的内容,还是对建设和谐社会有益的……"
>
> ——摘自2018年1月18日田野日志

这不是笔者第一次参与观察藏语译制中心的自制节目,由于不懂藏语,笔者每次在直播间节目结束后都迫不及待地想知道主播们侃侃而谈的究竟是何主题。据贡布所言,那一期藏语广播节目《99.8直播间》的主题延续了1月10日的"松赞干布世间道德规范十六条"(以下简称"十六条"),贡布与同事嘉措用两期的时间讲述"十六条",每期八条。"十六条"广泛涉及个人处世、家庭邻里关系、宗教信仰、社会经济生活等方方面面,呈现出"宗教戒律、道德规范和原

---

\* 原文《迪庆媒体人的传播实践与文化空间建构——对康巴语译制中心的田野考察》,发表于《当代传播》2020年第2期,作者王东林、孙信茹。

① 文中出现的人名皆为化名。

始习惯混合在一起的特点"①，在7世纪的藏族社会中起着规范民众思想和行为的作用。

吸引笔者的是，贡布眼中影响藏族的"十六条"如何因缘际会成为藏族新闻从业者酝酿藏语广播节目选题的资源。在他们看来，因这些家训的内容与我国社会主义核心价值观相契合，便策划和制作了一期直播。当然，这样的工作状态及他们在节目中的巧妙应对，并非工作中的"偶然"，而是民语广播节目制作过程中的"惯常"。因此，对迪庆康巴语译制中心（以下简称译制中心）的新闻从业者来说，我们不能将其角色简单理解为职业的新闻工作者——尽管他们具备特定的新闻专业技能、行为规范、评判标准并需完成"党政领导和部门的规定动作"②。

结合迪庆藏语广播电视节目的生产和运作来看，这群职业新闻人同时也是藏族的文化精英，他们受过高等教育而比普通藏民拥有更多的话语权和影响力，同时有着更强烈的文化自觉并积极推动藏族传统文化的传播与传承。其身份的复杂性让笔者好奇藏语译制中心的工作人员如何在节目生产和制作过程中运用与编织以上身份。具体而言，新闻职业对他们的规约和影响是什么？而身为藏族的一员，民族性和情感归属如何在他们身上彰显？更为重要的是，这种叠加的身份如何不断促使他们在少数民族广播电视节目生产中构筑起一个地方化"文化空间"？继而追问，推动这群新闻从业者进行地方文化重建的力量是什么？他们又是如何做的？要回答这些问题，需要我们进入这些人行动的生成逻辑和情境条件中，探讨围绕具体的节目生产活动形成的特定空间的复杂性。

**二、作为研究对象的康巴语译制中心**

迪庆藏族自治州位于滇、川、藏三省区交界处，澜沧江和金沙江自北向南贯穿全境。辖香格里拉市、维西县和德钦县，20个乡9个镇，181个村民委员会，12个居民委员会，2157个村民小组，89个居民小组。③境内藏族、傈僳族、纳

---

① 陈永胜：《松赞干布时期藏族基本法律制度初探》，《民族研究》2003年第6期。
② 杨星星、孙信茹、薛园：《权力的"微观实践"与话语想象——对某少数民族自治县电视台的考察》，《当代传播》2014年第5期。
③ 迪庆藏族自治州地方志编纂委员会办公室编：《迪庆年鉴·2017》，云南民族出版社2018年版，第33页。

西族、白族、回族、彝族、苗族等多民族聚居，藏传佛教、基督教、伊斯兰教与民间信仰"苯教""东巴教""毕摩教"等多种宗教信仰并存，当地文化多元且交汇融合。而迪庆的广播电视事业正是在这种多元文化交融的情境中起步和发展的。

1986年7月，迪庆州境内第一座卫星地面接收站在省属中甸林业局建成。同年11月，迪庆州成立了广播电视局，广播电视事业的各项工作得以正常有序开展。迪庆人民广播电台于1990年建立，并在1997年8月6日正式开播汉语节目，同年10月开通5分钟的藏语新闻节目。此后几年，除了广播电台采编设备的升级改造以及藏语节目时间的增加，还未有专门的部门负责藏语节目的译制。直到2002年11月迪庆人民广播电台健全体制机制，规范内部管理时，才单独设立广播藏语部，《藏语国际国内新闻》《藏语迪庆新闻》《哈达连万家》《雪域欢歌》等节目相继开播，节目时间从每天15分钟增加到120分钟。

2001年，迪庆电视台建成。作为国内首家地州级民语电视频道，迪庆电视台康巴藏语频道（DQTV-2）频道于2005年12月20日正式获得批准成立，并于2006年6月1日正式开播，随后成立电视藏语部（2010年升级为藏语频道藏语译制中心）。2012年，迪庆人民广播电台和迪庆电视台两台合并，成立迪庆州广播电视台，整合原广播藏语部人员与藏语频道藏语译制中心人力资源，组建迪庆广播电视康巴语节目译制中心（以下简称"译制中心"）。目前，译制中心有分管副台长和主任各1名，他们不仅负责译制中心的运营和管理，还担任节目的译制工作。普通采编人员12名，其中在编人员8名、外聘人员4名。

自2014年起，藏语广播更加注重广播自制节目的本土化和贴近性，制作了一批本土藏语广播节目。2017年1月1日，迪庆藏语频率（FM99.8）试播，每天播出藏语自制节目4小时，自此结束了在综合频率（FM104.7）上播出藏语节目的历史。其节目设置有5种类型，第一类为《99.8新闻时空》，主要译制中央新闻和迪庆新闻；第二类为《99.8综艺平台》，其中文学节目和综艺节目各15分钟；第三类为音乐节目，即《99.8本土歌舞盛宴》以及《99.8妙音苑》；第四类是少儿节目《99.8少儿乐园》；第五类节目为本地方言直播节目《99.8直播间》，话题涉及藏族传统文化及迪庆民间民俗。

此外，康巴藏语频道的节目制作亦由译制中心承担，设有新闻和专题节目两大板块，新闻节目共50分钟，由《央视新闻联播》藏语版、《云南新闻》精选版以及《迪庆新闻》构成；专题节目板块由《藏文课堂》《香格里拉·民间》

《飞旋香格里拉》《五彩迪庆》构成,2016年新增《跟我学藏语》《香格里拉舞台》《电视散文》《香巴拉剧场》等新栏目。

调研中,笔者深入译制中心节目生产和制作的具体场景中,不仅参与节目的制作过程,还对康巴语节目译制中心的全部(14名)工作人员进行深度访谈。调研大致经历3个阶段:第一阶段,持续观察藏语译制中心从业人员在15个工作日里的日常工作情况,全程参与两档藏语自办节目《99.8直播间》(30分钟广播节目)和《香格里拉·民间》(15分钟电视节目)的策划、制作与播出;第二阶段,离开迪庆后,笔者一直使用微信与译制中心的工作人员联系,持续跟踪调研以上两档节目近一年的时间;第三阶段,搜集并整理藏语译制中心工作人员的"微信朋友圈"近4000条,这些信息是个体日常生活和工作借以展开的"档案",更是藏族新闻从业者在互联网时代给自己开辟的一个饱含个体生活态度、新闻理想及文化自觉的线上空间。这些方法的运用让笔者更加接近译制中心的日常工作,并利于知晓从业人员对那些重要时刻的态度和理解。

### 三、"叠加":译制中心的传播实践

康巴语节目译制中心的门口横贴着一张皱巴巴且有些泛黄的A4纸,上面油印出的藏汉双语文字却十分醒目:"ཞལ་འགའ་འདི་ནང་བོད་སྐད་གཅིག་མ་བཤད་དགོས།"(进入办公室请讲藏语)。或许,笔者即将跨入的空间本身就是一个标志,它反映了译制中心及其从业人员在少数民族新闻业发展过程中所扮演的多重角色。

作为公共的新闻传播机构,译制中心首先充当着少数民族群众获知党中央、国务院、省委省政府和州委州政府传达重要信息的角色,承担着宣传党的理论和路线方针政策,深刻阐释党中央重大决策、工作部署以及进行舆论引导、传播正能量的历史使命。译制中心的从业者具体从事康巴藏语频道新闻及各类节目的译制、生产、编排和播出工作,负责广播、电视康巴藏语节目栏目设置、制作、引进等全面管理运营工作。从这个角度讲,如果我们把完成党和国家要求的既定动作以及日常新闻工作事务称为译制中心及其工作者职业化的新闻传播实践,那么,因肩负少数民族文化传递和传承使命而进行的节目生产则是译制中心及其从业人员的文化传播实践。

就前者而言,译制中心拥有迪庆藏语电视频道和藏语广播频率(FM99.8)两个播出平台,因此工作人员在完成藏语电视频道每天65~80分钟藏语电视节

目的同时,还承担每天120分钟的藏语广播节目的译制。在新闻节目中,将国际和国内新闻翻译成藏语新闻节目是译制中心的重要工作。其中,国际新闻和央视新闻转自康巴卫视,播音稿子是现成的,但本地新闻就需要译制人员集中翻译。在藏语广播节目初办之时,工作人员的主要任务是翻译5分钟的央视新闻摘要,逢周一、三、五播出。据中华人民共和国成立后迪庆藏区第一位藏语播音员、藏汉译制工作者卓玛回忆,当时开办藏语节目是应国家及迪庆藏族自治州的要求。由于当时人手短缺,短短5分钟新闻节目的采、编、制、播全由卓玛一人承担。

2000年,西新工程①实施,党中央和政府高度重视迪庆广播电台和电视台藏语译制工作,增加大量译制费,并更新设备。卓玛的新闻节目也从每天5分钟拓展为10分钟。2001年,现任副台长洛桑从巴塘调过来,按当时国家广电总局的要求,"必须要有半个小时的藏语节目"②,除新闻译制外,工作人员策划了一档音乐栏目,"主要欣赏藏族歌曲,但不是单纯地播歌,而是介绍歌手和藏文歌词,说上几十秒才放歌"③。另有一个文学欣赏栏目,大多是散文配乐朗诵,文稿一部分来自洛桑自己的文学作品,另一方面就是他收藏的藏文作家的散文。

就藏语电视节目而言,工作人员也是先从译制新闻和其他汉语栏目内容开始,再慢慢转向自制藏语电视节目,比如《跟我学藏语》,为观众讲解藏语词汇、对话以及传统藏族谚语。当然,译制中心还完成了特色专题采访活动,如5省涉藏地区电视台联合开展的大型新闻活动,并参与制作"喜迎十九大·藏区万里行"云南站特别直播节目《幸福藏区,格桑花开高原红》。

值得注意的是,在译制中心的日常新闻工作实践中,时常遇到当地藏族受众无法完全听懂节目中康巴藏语的情形。这主要是因为康巴藏语与迪庆藏语④(香格里拉方言、德钦方言)存在着差异,那么,一旦按照广电总局的要求,用标准的康巴方言进行译制,就会有很多藏族群众听不懂,且因发音接近,播音时还会产生歧义和误解。这样的困难使得译制中心一方面选择按照国家广电总局的要求,用标准康巴语翻译国内外新闻,另一方面为了让当地的藏族受众听懂节目,便着手开办本地方言栏目,如《99.8直播间》。当然,本地方言节目也面临着同

---

① "西新工程"于2000年9月正式启动,它是"西藏、新疆等边远省区广播电视覆盖工程"的简称。
② 内容源自2018年1月8日访谈资料。
③ 内容源自2018年1月8日访谈资料。
④ 迪庆藏语属汉藏语系藏缅语族藏语支康方言南路土语。

样的问题:"德钦人听不懂香格里拉人讲的话,香格里拉人又听不懂德钦人讲的话。"在这种情况下,工作人员就把藏族播音主持分组,来自香格里拉的播音主持就用香格里拉藏语来播,来自德钦的播音主持就用自己老家的藏语来讲,目的是让老百姓听得懂。可见,译制中心不再满足于填满国家广电总局规定的节目时间,还想方设法避免让这些节目的播出变为对空言说。

不仅如此,作为藏族群体的一员,译制中心的工作者在民族意识、生活方式上与普通藏民无本质差异,这从某种程度上推动他们尝试回到民间,观察、搜寻、记录并呈现藏族受众喜闻乐见的藏族传统文化和迪庆民俗元素。从自制本土节目《香格里拉·民间》和《99.8直播间》来看,藏族新闻工作者走村串寨,从题材选取、场景转换、拍摄方式等诸多方面积极地书写了迪庆。

譬如,藏语电视栏目《香格里拉·民间》把镜头对准民间,在副台长洛桑看来,"真正的藏族文化不在大学里,也不在某个单位里,主要还是活跃在民间。"自2013年11月4日播出的展现茶马古道上锅庄之乡的《奔子栏的祈福锅庄》起,栏目组采编了诸如香格里拉锅庄、德钦弦子之类的藏族传统音乐舞蹈专题,民间节日方面则有"箭友节""赛马节"和德钦的"西锅休养节"等,其他题材的节目如和气四瑞、吉祥八宝、文化图腾方面的内容。

此外,在《99.8直播间》中,藏族的从业者们也回到地方文化的结构中。以2018年1月15日的节目为例,当日为藏历冬月二十九日,按照迪庆藏族习俗,松赞林寺迎来一年一度传统盛大活动"格冬节"①。主播嘉措和初姆便以格冬节引出话题,为听众介绍了默浪钦波节、萨嘎达瓦节、赞林吉桑节、甘丹安曲节等传统迪庆藏族的宗教节日的来历、时间、过程、意义等内容。就在主播们于话筒前侃侃而谈时,从四面八方赶来的香客和游客们已经把松赞林寺跳面具舞的僧侣们围了起来,人潮涌动,热闹非凡。译制中心借助广播将当地藏族群众民族传统"融入日常生活之中"②的同时,也与当地民众一同沉浸在朝佛观光、乞求福祥的生活方式里。

进一步说,译制中心及其从业人员在每日共同的工作中开展了生动、丰富的文化传播实践,在这个过程中,文化持续积淀,并构成"人们习以为常的知识与

---

① 格冬节,又称跳面具舞节,是藏传佛教寺院专门组织的宗教活动,节日当天,寺院僧侣们利用面具舞蹈"驱鬼"祈福,有辞旧迎新之意。

② [英]罗杰·西尔弗斯通:《电视与日常生活》,陶庆梅译,江苏人民出版社2004年版,第5页。

信仰"。① 而这些知识和信仰不仅让少数民族机构及其工作人员在实际的节目生产过程中完成了职业化的新闻传播实践,还在此基础上,不断强化自己的民族意识和文化自觉,在"塑造地方共同体、凝聚社会认同和传播区域形象等方面发挥出独特和重要的功能"②的传播实践不仅仅是新闻传播实践和文化实践的简单叠加,更意味着工作人员穿梭于这两种工作状态时的自信以及在调用不同类型知识方面的自如,就如本章开头讲到的广播节目"十六条",主播们在节目中对松赞干布颁布的世间道德规范条目的阐释就被卷入当地社会的政治、经济和文化过程中。具体而言,他们一方面将具体条目还原到当时藏族人民生活的历史背景和文化脉络里;另一方面为这些道德条目寻找现实依据,从宏观的指导思想上讲就是党的十八大提出的社会主义核心价值观,而在微观上则从当地藏族民众的日常生活中入手进行解释。譬如条目"称斗无欺",它在传统藏族社会中劝诫人们开展交易时不能耍诈——这也正是社会主义核心价值观中强调的诚信,而节目中,贡布将其延伸至当地藏族朋友熟人之间的金钱借贷往来的关系之中。或许可以说,多种立场和叙述策略同时汇入节目生产过程中,使得译制中心及其从业者的文化传播实践并非只是在节目中呈现藏族传统文化方面的内容这样简单,同时也构筑起一个复杂的在地"文化空间"。

## 四、文化空间的建构

中外学者从不同学科视角出发对"文化空间"的概念内涵进行过诸多表述。其中一个取向是通过文化地理学的方式,分析具有相似的人类活动、传统和文化属性的空间地理区域如何"重建文化结构以及群际关系"③。从这个层面出发,文化被理解为一种不同的空间、地点和景观的问题。④ 文化地理学的学者不仅关

---

① [英]迈克·费瑟斯通:《消解文化——全球化、后现代主义与认同》,杨渝东译,北京大学出版社2009年版,第141页。
② 孙信茹、赵亚净:《新媒体与区域社会文化互动——以〈德宏团结报〉微信矩阵为例》,《当代传播》2018年第1期。
③ 伍乐平、张晓萍:《国内外"文化空间"研究的多维视角》,《西南民族大学学报(人文社科版)》2016年第3期。
④ [英]阿雷恩·鲍尔德温、布莱恩·朗赫斯特、斯考特·麦克拉肯等:《文化研究导论》,陶东风等译,高等教育出版社2004年版,第137页。

注文化在不同地域空间的分布情况，同时也研究文化是如何赋予空间以意义的。① 这无疑提醒我们，特定的空间和地理位置始终与文化的维持紧密相关，② 从这个角度讲，我们不能脱离文化所标出的空间、充满文化意义的地点以及文化所创造的景观来孤立地理解文化，③ 进一步说，空间、地点或是景观并非仅仅存在于单纯的地理环境中，它们还创造了不同的文化意义。

从这个视角出发，迈克尔·克朗分析了由电影、电视和音乐所创造出的"成倍扩展的媒体空间"④。在他看来，各种媒体是提供地理景观形象的源泉，比如他以一首歌曲为例，分析类似"这个秋天我要去踏那俄勒冈的小路"⑤这样的歌词并非仅是词作者对某一地域或地方的讴歌，它还在更强的意义上创造了饱含文化地理学意义的空间。具体而言，对乡间小路的溢美之词准确表达了人们对20世纪30年代"美国大萧条时期的绝望情绪以及流动性在美国的意义"⑥。从这个意义上讲，媒体及其产品本身就是一个充满意义的文化空间，其构成要素依据不同的文化标准反映了地区内部与地区之间的互动。⑦ 对译制中心这样的少数民族地区的新闻媒体来说，我们就不能仅仅从一般意义和功能层面去理解，更要看到它处在特定地理区域或环境里。继而追问，作为地方性存在的译制中心的日常工作是如何被卷入当地社会的政治、经济和文化过程中的？而身在其中的藏族新闻从业者又是怎样通过对媒体的熟稔运用与地方社会文化展开互动，并开辟出一个独特的文化空间？

---

① ［英］迈克·克朗：《文化地理学》，杨淑华、宋慧敏译，南京大学出版社2005年版，第2页。

② ［英］迈克·克朗：《文化地理学》，杨淑华、宋慧敏译，南京大学出版社2005年版，第6页。

③ ［英］阿雷恩·鲍尔德温、布莱恩·朗赫斯特、斯考特·麦克拉肯等：《文化研究导论》，陶东风等译，高等教育出版社2004年版，第148页。

④ ［英］迈克·克朗：《文化地理学》，杨淑华、宋慧敏译，南京大学出版社2005年版，第75页。

⑤ ［英］迈克·克朗：《文化地理学》，杨淑华、宋慧敏译，南京大学出版社2005年版，第83页。

⑥ ［英］迈克·克朗：《文化地理学》，杨淑华、宋慧敏译，南京大学出版社2005年版，第83页。

⑦ ［英］迈克·克朗：《文化地理学》，杨淑华、宋慧敏译，南京大学出版社2005年版，第83页。

## （一）符号的象征空间

在凯瑞看来，仪式观中的传播是一种"以团体或共同的身份把人们召集在一起的神圣典礼"①。从这个角度讲，地方广播电视台或媒体机构在承担传播信息功能的同时，也具有加强社区凝聚力的作用，甚至成为地方社会文化的一种象征符号。② 对译制中心而言，这种象征具体体现在，新闻从业者们在一个特定的地域空间，运用广播电视节目中的符号系统（语言、声音、画面、说话方式、主持人的显露等），创造出一个充满民族文化符号象征的空间。

首先，与其他少数民族新闻传播机构相似，以少数民族语言文字作为媒介语言的译制中心，是典型的民族传播媒介，它的存在和发展，本身就是民族文化发展的象征。③ 进一步说，语言不仅是一个民族重要的符号体系，同时也是民族历史、文化的有机组成部分，有学者将其视为存储过去风俗习惯和历史事件的仓库。④ 广播电视节目中的藏语表达，无论书面的词汇和语句，还是讲述中的娓娓道来，都自然流露出制作者地方化和独有的生活方式。比如在《香格里拉·民间》中，有关藏族婚俗仪式、藏族服饰、藏族传统节日、迪庆藏族民俗器物、藏族艺术、迪庆民间传统工艺等话题都被节目制作者有意识地组织起来，并通过藏语进行实践，即"在特定的地方所说的词语，在特定的地方产生意义，词语和意义在这里而不是那里"。⑤

除了语言文字，节目中还广泛运用各种作用于人们感觉器官的、负载信息的一些标志或记号。⑥ 当卡瓦格博峰、松赞林寺、藏族民居等场景或物品频繁成为镜头中主角的同时，也是新闻从业者努力调动共同体的象征、情感、集体记忆存储库的过程。进一步说，传统和日常形成了人们生活中熟悉的惯例，也塑造了人

---

① ［美］詹姆斯·凯瑞：《作为文化的传播："媒介与社会"论文集》，丁未译，中国人民大学出版社2019年版，第18页。
② 杨星星、孙信茹、薛园：《权力的"微观实践"与话语想象——对某少数民族自治县电视台的考察》，《当代传播》2014年第5期。
③ 周德仓：《民族区域自治与西藏新闻传播事业的构建》，《西藏民族学院学报（哲学社会科学版）》2011年第S1期。
④ ［美］段义孚：《回家记》，志丞译，上海译文出版社2013年版，第191页。
⑤ ［英］阿雷恩·鲍尔德温、布莱恩·朗赫斯特、斯考特·麦克拉肯等：《文化研究导论》，陶东风等译，高等教育出版社2004年版，第149页。
⑥ 熊平：《论电视新闻"非语言符号"的传播功能》，《长江学术》2010年第1期。

们对民族共同体的认知和记忆，藏族新闻人凭借对这些惯例和文化记忆的理解与实践，传承和维系着共同的民族意识，并在此过程中提供给人们来自地域和文化特定的"安全感"。而这种安全感在很大程度上与节目里反复强调的符号紧密关联在一起。比如，在《香格里拉·民间》里，与藏族民间说唱体英雄史诗《格萨尔》[①]有关的节目竟有12次之多，主题广泛从格萨尔概述到迪庆的格萨尔文化，再到迪庆各级格萨尔非遗传承人。可以说，节目中反复出现的《格萨尔》是译制中心的文化精英们为自己和藏族观众精心打造的关于格萨尔文化的盛宴。如果说文化的认同性部分是由民族英雄、偶像构成的，那么格萨尔王便是代表藏族民众认同性与民族差异力量的符号和标记。不仅如此，译制中心镜头中的景物、建筑以及类似格萨尔王这样的象征符号无不饱含着集体记忆，"这些记忆具有充足的情感力量生成一种团结一致的意识"。[②]更为重要的是，那些与迪庆藏族相关的符号身份被用来代表一种象征性的纽带，"它体现并超越了人民所隶属的各种各样的本地联系"[③]。

最后，译制中心的藏族新闻人身着传统藏族服饰亮相于镜头之中，也是作为一种象征系统而存在。按照康纳顿的观点，仪式在很大程度上是身体操演语言，[④]而这种身体操演的背后生成的是文化意义。从这个角度讲，藏族新闻人在藏历新年、春节、记者节以及节目开播周年纪念日的热点时刻的集体亮相，是我们感知这个独特文化空间的方式之一。有趣的是，译制中心的部分工作人员还参演了由迪庆州人民政府、中共迪庆州委宣传部联合云南广播电视台、迪庆州广播电视台共同打造的10集轻喜剧《扎西德勒》，全剧在迪庆藏族自治州实地取景拍摄，译制中心的知名主持人羊拉次称、次称曲批、扎西德勒等人作为演员连同迪庆的雪山、云朵、乡村一并被摄入镜头，作为代表香格里拉本土文化特色的符号和名片。

---

① 《格萨尔》是一部篇幅极其宏大的藏族民间说唱体英雄史诗。这是我国藏族人民用集体智慧创作出来的一部极为珍贵的文学巨著。

② ［英］迈克·费瑟斯通：《消解文化——全球化、后现代主义与认同》，杨渝东译，北京大学出版社2009年版，第151页。

③ ［英］迈克·费瑟斯通：《消解文化——全球化、后现代主义与认同》，杨渝东译，北京大学出版社2009年版，第152页。

④ 马艳红：《作为身体实践的社会记忆——读社会如何记忆》，《西北民族研究》2010年第1期。

从译制中心营造的象征空间来看，我们很难回避诸多符号所指涉的特定地点，如果从地点如何被他们赋予意义的角度来思考，需要追问，镜头里的象征符号同时揭示出一个怎样的空间？

（二）有意向的观察空间

雷尔夫对空间知识类型进行划分时，把以观察者的注意为中心形成的空间称为有意向的观察空间。① 这个概念提醒我们，观察者的意向和位置影响着特定空间知识的形成。从这个角度讲，节目制作中反复强调的地点或许反映了译制中心及其藏族从业人员组织和运用民族文化的视角。这种根据个体性和相互依赖性去理解地方的方法可以在约翰·阿格纽的著作中看到，在他看来，地点有三个维度：一是从事某一行为的地点，如政府、银行，甚至是乡村、城市；第二为置于广义社会关系中的地点，比如与国家政治或全球经济发展相关的城市位置；最后为地点的主观维度，即地方感。② 上述分类提示我们关注藏语广播电视节目中的地点如何卷入地方社会、经济、政治及文化关系中，以及藏族新闻人如何给地点赋予特定的文化意义。

具体而言，在《99.8 直播间》和《香格里拉·民间》的节目主题中，包含着不同行政层级的地点。第一层是奔子栏镇（祈福锅庄）、耐热村（射箭）、木斯（赛马会）、谷扎村（锅庄）、羊拉（弦子/婚俗）、阳塘（"纳嚓啦"）、霞若（二十九日驱鬼除秽）、塔曲村（格萨尔）、汤堆（黑陶制作技艺）、塔城（热巴）、东旺（云登寺跳神）、小中甸（竹编技艺）、尼汝（祭山跑马节）、南左（格萨尔）等村（乡）镇；第二层地理位置的行政级别扩大至迪庆藏区（年俗）、德钦（弦子、铁匠世家）、香格里拉（锅庄/藏族传统手工艺）等州县；最后一个层次定位在整个区域，与之相关的文化主题有《格萨尔》、藏族传统图案之吉祥八宝与和睦四瑞、男子九艺、哈达文化、热巴等。除了行政区划外，节目中的主题还指涉了纳帕海、叶卡雪山、卡瓦格博、川滇藏河谷等地理位置。

从以上地点不仅可以看出，迪庆藏族民众的日常生活实践、爱和劳动是如何

---

① ［英］迈克·克朗：《文化地理学》，杨淑华、宋慧敏译，南京大学出版社 2005 年版，第 95 页。

② ［英］阿雷恩·鲍尔德温、布莱恩·朗赫斯特、斯考特·麦克拉肯等：《文化研究导论》，陶东风等译，高等教育出版社 2004 年版，第 148 页。

被编织进那些特定的地点之中。① 更为重要的是，译制中心在自办节目中所关注的地理坐标是从乡镇一级的"地点"并入州县一级的"地方"，再由"地方"并入整个涉藏地区，这无疑是一项极其细致的工作，因为它直接反映出作为文化"观察者"的藏族新闻从业者在节目生产和制作中所具有的可确定的位置。进一步说，身在其中的他们每日在传播实践中审视着自己和地方的关系，并强化着地点给予他们带来的安全感。从这个层面上就可以理解，为何译制中心《香格里拉·民间》栏目组的成员都在自己的家乡做了一期节目，比如贡布的"羊拉弦子"、嘉措的"奔子栏祈福锅庄"、初姆的"纳帕海黑颈鹤"等，而对于从巴塘调来的副台长洛桑，尽管身在他乡，但也在以相同的方式经历着这些地方，尤其在对塔城格萨尔传承人的采访中，他深受震撼，"一个79岁的藏族老人，不仅能讲本地的方言，而且还能说比较标准的书面语言，迪庆民间的格萨尔绝不是吹出来的！"在此过程中，这群职业的藏族新闻人将本民族的英雄、神话、传统、事件与迪庆涉藏地区的地点共同存储起来，使其具备一种原生的性质。而在挖掘和保持这种在地文化空间原汁原味的尝试中，译制中心及其新闻从业者的文化实践无疑有着传承的意涵。

（三）饱含传统文化的传承空间

"真正的藏族文化不在大学里，也不在某个单位里，主要还是活跃在民间，所以我们把镜头对准民间，才能发掘传播藏族文化"，谈到开办《香格里拉·民间》栏目的初衷，洛桑认为就是传播传承藏族民俗文化和传统文化。比如，在《唱腔丰富的格萨尔传》节目中，工作人员让男女老少聚在一起演唱《格萨尔》，明显是想传达藏族传统文化代际相传的美好愿望。而在《春节习俗之印制经幡》的节目里，主持人强巴看见传统工艺师傅印完风马之后，禁不住对他说了一句，"让我也印一番"。尽管风马在涉藏地区到处可见，印风马也极为平常，尤其随着社会物质繁荣和技术的精进，人们到处都可以买到风马，但印风马的传统工艺却有着萎靡之势。强巴从小就喜好藏族传统手工艺，有学习传统手工艺的情结，"那天师傅印风马时，我心中激起了涟漪，所以我想着感受一下，尝试自己动手，师傅还指导我印风马的流程和技巧"。

---

① ［英］阿雷恩·鲍尔德温、布莱恩·朗赫斯特、斯考特·麦克拉肯等：《文化研究导论》，陶东风等译，高等教育出版社2004年版，第149页。

译制中心的工作人员不仅关注藏族传统文化兴衰，还忧心当地日常生活方式的逐渐式微。名为《濒临失传的劳动小调——"纳嚓啦"》的纪录片讲述了藏历三四月间，香格里拉阳塘的村民集体前往山林砍伐一年所需薪柴的旧俗。回家时，倘若团队成员无一人受伤或期间未发生任何事故，他们便会在看见村庄时高唱"纳嚓啦"给家人报平安，并通知在家的妻子和母亲熬茶备饭。相反，一旦有人受伤，伐薪团队则悄悄进村。随着时代的发展，"纳嚓啦"连同集体定期砍伐薪柴的习俗渐渐淡出人们的生活。

可见，译制中心作为一种专业化的媒体机构，特别是少数民族传播媒介，充当着藏族传统文化及迪庆民俗文化传播的重要角色，并通过影像和音响创造了一个文化传承的空间，它不仅塑造了民族文化的个性，还实现着民族认同。

当然，这种文化传承还发生在老一辈藏族新闻工作者和年轻的新闻从业人员之间。嘉措与《香格里拉·民间》一同成长起来，他负责节目的策划、摄像以及后期剪辑，有时甚至要做节目主持。他担任主持的第一期节目是奔子栏锅庄的"也寻也若"，在藏语里是"请进请坐"的意思，这期节目翻译过来就是"迎宾锅庄"。就在当日，老师洛桑鼓励道："主持人扎西德勒的节目'处女秀'合格。"实际上，只要译制中心的新人首次在栏目中出镜，他都会在自己的微信朋友圈为年轻人们加油鼓劲。在洛桑看来，民族文化的传承需要一代一代广电人的不断努力。他坚持每天收看同事们做的藏语节目，这不仅仅出于审片的需要，更重要的是，他想在节目中发现后辈们的不足，并对他们严格要求。笔者时常看到，他在微信朋友圈与几个年轻同事聊当天的节目："嘉措，这一期还可以做得更深入些。"或许，他们之间的传承并非只是体现在传播技巧和职业技能上，更为关键的是在藏族传统文化信念的传递之上。

## 结　语

从译制中心及其从业者构筑的充满民族文化符号象征、地方情感以及民族文化传承的独特空间来看，迪庆康巴语译制中心的机构设置及其文化功能，与云南乃至全国的其他少数民族地区的媒体机构都较为相似。可以说，译制中心作为少数民族地区广电媒体的重要组成部分，不仅承担着向本地区受众进行新闻报道和传播信息的职责，更肩负着少数民族文化传递和传承的使命。这或许可以成为我们对少数民族地区媒体的另一种理解，即不能单纯从专业媒体的一般层面去看待它们，还需注意少数民族地区媒体在发挥塑造地方区域形象、实现民族文化认同以及促进社会整合方面的作用,并理解其具有的地方文化象征功能。而对于这类机构中的媒体人来说,他们不仅是职业新闻人,更是地方知识精英和文化传承者,正是这两种身份在这个群体身上的"聚合"或"重叠",赋予了少数民族媒体机构及其工作人员传播实践的复杂性。

在此,我们还有必要追问促使藏族新闻人把双重身份的复杂性编织进他们日常传播工作之中的力量究竟是什么?而被他们创造出的文化空间,又意味着什么?

按照詹姆斯·克利福德的观点,"要知道你是谁,就要知道你在哪儿"[1],这提醒我们,人们总是通过一种地区的意识来定义自己。具体说,地区似乎为人们提供了一个系物桩,它把人们与地区系在一起,不仅让人们为自己定义——我住在哪里,来自何方,我是谁,也让人们与其他人共同经历并组成各个社区。[2] 从这个意义上讲,"'民族'这个概念与'本地的(native)'这个词是紧密联系在一起的。我们都出生于已在某一地点专门固定下来的关系当中。"[3] 因此,若想理解译制中心及藏族新闻人复杂的传播实践以及由此创造出的文化空间,我们便不能忽视对迪庆藏区如何成为藏族新闻人生活世界进行场所的、语境的和特别的研究。具体而言,在现代意识"统一"和"全球化"的题旨下——固然带来了文明的进步,不同地域的文化因遭遇被迫"打磨掉自己不同的地方"[4] 的威胁或经历而不断给"地方"制造出疑惑和焦虑,而这正推动"'地方主义(localism)'或固守在边界确定的地方、回归'家园'等期望成了重要话题"[5]。译制中心的藏族文化精英无疑也感受到了自己与地方的关系正在遭受某种程度的破坏。

从藏族文化精英的文化焦虑和困惑中,不难看出,现代经济、技术在创造物

---

[1] [英]迈克·费瑟斯通:《消解文化——全球化、后现代主义与认同》,杨渝东译,北京大学出版社2009年版,第154页。

[2] [英]迈克·克朗:《文化地理学》,杨淑华、宋慧敏译,南京大学出版社2005年版,第96页。

[3] [英]迈克·费瑟斯通:《消解文化——全球化、后现代主义与认同》,杨渝东译,北京大学出版社2009年版,第154页。

[4] [美]克利福德·格尔茨:《地方性知识:阐释人类学论文集》,王海龙、张家瑄译,中央编译出版社2000年版,第19页。

[5] [英]迈克·克朗:《文化地理学》,杨淑华、宋慧敏译,南京大学出版社2005年版,第106页。

质繁荣的同时，也使得人们在地方情感方面陷入危机。① 正是在这样的背景下，译制中心及其工作人员以藏族文化精英的观察视角，在具体的传播实践中创造性地将政治词汇与公共表达融入地方、民族文化之中。可以说，译制中心的节目生产不仅以图像、场景和故事提供大量的主体立场，还通过节目中的地方"生产出可靠的地方主体，同时生产出可靠的地方邻里，以使地方主体在其中被辨认出或组织起来"②。从这个角度讲，相互依赖与权利平衡的变化让藏族新闻人更加意识到他们自己与别人之间的象征边界，而他们的"即位"使得围绕着"现代中心"的边沿地区发挥着自我定义的能力，即继续调动和重建民族文化资源来维持这个边界。因此，我们将少数民族地区译制中心工作人员的传播实践，看作"生产出可靠的地方主体"的过程。

正是从这个层面上，我们把译制中心工作人员的传播实践看成是文化空间创造和意义生成的一种方式，并分析了媒体当中的人作为主体去创造意义和价值的过程。从更为宏观的层面上看，不仅仅是媒体人在利用媒介创造文化和意义，不同民族、职业的人群也都在从自身文化的材料中获取力量来编织媒体故事，并在故事中融入各种各样的情感、性情、信念、观念以及主体立场，用以制作意义、话语和认同性的方式，继而为文化和社会的转型创造可供选择的形式。③

---

① ［英］迈克·克朗：《文化地理学》，杨淑华、宋慧敏译，南京大学出版社2005年版，第142页。
② ［美］阿尔君·阿帕杜莱：《消散的现代性：全球化的文化维度》，刘冉译，上海三联书店2012年版，第241页。
③ ［美］道格拉斯·凯尔纳：《媒体文化——介于现代与后现代之间的文化研究、认同性与政治》，丁宁译，商务印书馆2004年版，第24页。

# 第五章　国家权力与少数民族文化自主性[*]

20世纪70年代末开始，伴随改革开放的浪潮，中国新闻事业体制改革也逐渐开始。经过40多年的发展，我国传媒业已发生深刻的变化。新闻媒体改变之前的"吃大锅饭"的状况，开始自负盈亏。"市场化"和"制度化"是我国传媒改革的重要标志，我国新闻媒体从原来的国有制单位转变为企业化经营的单位。"企业化经营"作为社会主义市场经济的一种内在要求，对于新闻事业的改革既是一种机遇，又是一种挑战。

在新闻改革的过程中，少数民族地区的新闻事业同样经历了不断地尝试和调整，但在改革中又体现了当地新闻事业的发展特点，成为中国新闻事业改革中一个鲜活的样本。一些少数民族地区的经济、社会发展相对落后，因而在中国的体制化改革进程中，很难与其他地区的新闻媒介保持一致，曾出现了改革不成功的情况，最终不得不结合当地的经济、社会、文化环境，走出一条维系自己的生命之路。这条"生命之路"依靠政府财政全力支持，市场化经营程度较低。同样，这条"生命之路"成了少数民族地区新闻媒介的"生存逻辑"，也是少数民族新闻媒介在漫长的改革中不断摸索出来的经验。经验转化为寻找立身之本的途径——打造民族文化为特色的新闻媒介。在特定的新闻场域内，民族文化的自主性与国家权力之间有着微妙而复杂的关系。研究者正是观察到这一微妙的关系，尝试研究改革过程中的少数民族地方媒体如何去展开改革实践，这些改革实践的背后究竟受什么因素的影响。

笔者对少数民族地方的新闻媒介从业人员进行观察和访谈，研究改革过程中的少数民族新闻媒介的"生存逻辑"，反思媒介融合时代中的少数民族新闻事业

---

[*] 该文作者为杨星星、赵洁。

的改革与实践。需要指出的是，笔者只是从云南某个少数民族地区的新闻改革情况出发，它只是一个个案，不能代表所有少数民族地区新闻事业改革的情况，因而本章只是提供少数民族地区新闻事业改革的一种角度，讲述特定场景下的故事。

## 一、国家权力话语与民族文化

文化向来和权力紧密联系。不少文化研究者受到后现代主义的影响，在文化研究中开始探讨权力和文化之间的关系。葛兰西运用领导权（霸权）来说明意大利的政府组织，他认为一种占支配地位的文化秩序试图在它的范围之内规范所有相互抵触的对于世界的解释。[1] 葛兰西提出文化霸权理论是从市民社会的角度而言的，指的是占有统治地位的社会集团对民众实施的教化。[2] 因而私人电台、教会、幼儿园等社会机构都可以看作文化霸权实施的工具。同样，雷蒙德·威廉斯在研究文化的过程中认为霸权也和文化密不可分。[3] 英国伯明翰学派的斯图亚特·霍尔、托尼·杰斐逊等人运用葛兰西、阿尔都塞、列维-斯特劳斯的"修补拼贴"理论分析英国青年亚文化，认为"文化"与"阶级"有着密切关系，最主要的文化形态也是"阶级文化"。这种阶级也体现为强势的主流群体和商业文化对青少年文化风格的"收编"。[4] 更进一步说，学者们认为象征符号、思想意识和价值观在本质上都是政治性的，它们也是政治的组成部分。[5] 杜赞奇通过对1900—1942年的华北农村的婚姻圈、水利管理组织的分析，指出了国家政权组织与社会的互动关系，权力介入到文化网络之中，各种因素相互博弈，领导体系

---

[1] ［英］斯图亚特·霍尔、托尼·杰斐逊：《通过仪式抵抗：战后英国的青年亚文化》，中国青年出版社2015年版，第114页。
[2] 王凤才：《文化霸权与意识形态国家机器——葛兰西与阿尔都塞意识形态理论辨析》，《马克思主义与现实》2007年第3期。
[3] ［英］尼克·史蒂文森：《认识媒介文化——社会理论与大众传播》，商务印书馆2005年版。
[4] ［英］斯图亚特·霍尔、托尼·杰斐逊：《通过仪式抵抗：战后英国的青年亚文化》，中国青年出版社2015年版。
[5] ［美］杜赞奇：《文化、权力与国家——1900—1949年的华北农村》，江苏人民出版社2010年版。

得以形成。[1]

如果说文化和权力密切联系,那么媒介必然是承接两者关系的重要工具。霍尔曾说过,大众媒介形成了当代资本主义主要意识形态的体制,凭借凝聚社会的霸权代码的生产而发挥作用。[2] 威廉斯分析了地方报纸与共同体的关系,最终他认为报纸应该集中在控制社会关系的本质上。[3] 本尼迪克特·安德森则认为,报纸、小说为重现民族这种想象的共同体提供了技术的手段。[4] 而哈贝马斯研究欧洲社会的公共领域,认为报刊的商业化使报刊成了有特权的私人利益侵入公共领域的入口。与前几位的研究对象不同,布尔迪厄关注了新闻媒介中的权力、市场关系,提出了"媒介场域"的概念,从而分析媒介自主性、政治权力、商业利润之间的纠葛。当然,关于文化、权力、媒介三者之间关系的研究远不如此,不少研究者仍然热衷于将三者之间的复杂关系表述出来。对于少数民族文化与大众媒介的研究也依然跳不出权力、文化两者之间的框架。孙信茹、杨星星在《权力的"微观实践"与话语想象——对某少数民族自治县电视台的考察》中认为,对于基层电视台不能从一般意义和功能层面来理解,更要看到其作为国家权力抵达的一种方式,成为地方社会文化的一种象征符号。[5] 而张瑞倩则认为少数民族地方的新闻媒介充当了"文化修补"的工具,通过记录和再现使得传统文化延续。[6] 郭建斌通过对独龙江乡的电视展开民族志的阐释,认为当地的电视也形成了"权力的媒介网络",大众媒介已经形成了一个无形的网络,里面隐含着权力。[7]

由此,探讨少数民族地方的大众媒介改革实践依然要注意隐含其中的权力、

---

[1] [美]杜赞奇:《文化、权力与国家——1900—1949年的华北农村》,江苏人民出版社2010年版。

[2] [英]尼克·史蒂文森:《认识媒介文化——社会理论与大众传播》,商务印书馆2005年版,第64页。

[3] [英]雷蒙德·威廉斯:《文化与社会》,北京大学出版社1991年版,第391页。

[4] [美]本尼迪克特·安德森:《想象的共同体:民族主义的起源与散步》,上海世纪集团2005年版,第9页。

[5] 孙信茹、杨星星、薛园:《权力的"微观实践"与话语想象——对某少数民族自治县电视台的考察》,《当代传播》2014年第5期。

[6] 张瑞倩:《电视对少数民族文化的"修补"——以青海"长江源村"藏族生态移民为例》,《新闻与传播研究》2009年第1期。

[7] 郭建斌:《电视下乡:社会转型时期大众传媒与少数民族社区——独龙江个案的民族志阐释》,博士学位论文,复旦大学,2003年。

文化与大众媒介之间的复杂而又互动的关系。笔者也将从这样的权力、文化、文化主体这几个角度去探讨怒江州的新闻改革实践。

## 二、一个少数民族地区的新闻改革实践历史与现实

### （一）从中国新闻体制改革的研究谈起

讨论新闻改革是新闻学领域常见的话题。学者们主要从以下几个方面来讨论新闻事业改革。一是从制度的层面来进行探讨。李良荣在1995年就对我国传媒体制的"双重属性"进行探讨，一种为"上层建筑属性"，另一种为"信息产业性"。[①] 李良荣的"双重属性"的提出是对中国传媒体制的"事业体制，企业化运作"的另一种阐释。潘忠党曾在《新闻改革与新闻体制的改造——我国新闻改革实践的传播社会学之探讨》一文中指出，中国的新闻事业改革的核心是体制改造。体制改造源于新闻改革大环境的不确定性。新闻改革更多的是一种"摸着石头过河"的探索。[②] 童兵、张涛甫指出了中国传媒体制管理存在的问题，进而肯定新闻体制改革必要性。中国以前的传媒体制出现了政府职能的混淆和越位的情况，因此，新闻体制改革要从转变政府职能开始。[③] 二是从市场经济的角度展开论述。徐卫华总结了20多年的改革现状，认为我国传媒体制改革遵循着"产业发展导向的路径"，改革主要成果为传媒产业化发展。他指出，我国新闻体制改革从"意识形态性"向"产业性"过渡，即从单一属性走向另一个属性，而产业属性又呈现出单一性膨胀，最终使得传媒改革政策制定出现了模糊的状态。[④] 很显然，徐卫华的总结只符合传媒体制改革的初期的现状，从长时间看，中国传媒体制改革仍然出现了产业与意识形态的混合性。三是讨论新闻传媒的公共性。为什么传媒的公共性会成为新闻改革中的一个话题？那是因为传媒的公共性涉及传媒改革再起步需要探讨的一系列理论问题，涉及一些最为现实的问题，

---

① 李良荣、沈莉：《试论当前我国新闻事业的双重性》，《新闻大学》1995年第2期。
② 潘忠党：《新闻改革与新闻体制的改造——我国新闻改革实践的传播社会学之探讨》，《新闻与传播研究》1997年第3期。
③ 童兵、张涛甫：《关于中国传媒体制改革创新的观察与思考》，《新闻传媒与社会发展论坛·2007——中国新闻业发展现状与趋势》。
④ 徐卫华、简婷：《基于多元属性的结构重建——我国传媒体制改革刍议》，《新闻大学》2008年第2期。

就是政治权力与资本的对抗。① 不少学者在新闻传媒的改革中提出，可以参照西方新闻媒体的运作方法，在中国推进传媒公共性的建设，让新闻媒体成为公共媒体，构建公共空间，提升公众的参与与表达。② 而潘忠党结合中国的历史场景和现实场景，认为中国传媒的"公共性"等同于传媒服务于政治，政治控制媒体的正当化成了传媒的公共性。③ 四是媒体融合时代的新闻体制改革。严三九认为传媒体制改革也是将意识层面、执行层面、技术应用与推广层面等多种因素转化为融合因素的过程。

以上是目前中国新闻体制改革研究较为集中的几个方面，这些研究从体制、市场化、公共性、官方话语的建构等多维层面对中国新闻体制改革展开了细致的分析。这些研究较多地集中于改革开放30年左右的年代，并出现了井喷式的发展。近几年，这个话题已经呈现出相对于之前的"衰落"，结合新媒体的发展来论述传媒改革是研究者进行研究的一个维度。综合来看，这些文献都在探讨中国传媒改革中的一些问题：中国传媒改革的体制与市场化的问题；资本与政治权力之间的博弈；传媒的公共性与政治权力的抗衡。这些问题实则要探讨中国的体制是什么，在体制改革中发生了什么变化，这些变化具有什么意义。沿着这些文献的研究路径和研究问题，无疑给笔者的研究带来了一些思考。

本章从一个少数民族地区的新闻改革实践出发，去厘清几个问题：少数民族地区的传媒体制改革是什么样的？这种改革和其他地方的不同之处是什么？这种不同之处是由什么原因造成的？为了弄清楚这几个问题，笔者通过实地调查和访谈来讨论某少数民族地区媒介的改革实践，发现国家权力、大众媒介、民族文化自主性都在新闻改革过程中形成了互动的关系，笔者力图阐释几者之间的复杂纠葛。

（二）怒江州的新闻媒介改革历程

怒江州位于云南的西北部，怒江中游，西面和缅甸接壤，国境线较长，以高

---

① 潘忠党：《序言：传媒的公共性与中国改革再起步》，《传播与社会学刊》2008年第6期。

② 夏倩芳：《新闻改革与双轨管理体制：一种政策和官方话语分析》，《新闻与传播评论》2004年第1期。

③ 潘忠党：《序言：传媒的公共性与中国改革再起步》，《传播与社会学刊》2008年第6期。

山峡谷地貌为主。在怒江州境内生存的独龙族和怒族是怒江的独有民族。怒江境内的一些少数民族直接从原始社会直接过渡到社会主义社会。直到新中国成立，这里的新闻传播事业才开始有了初步的发展。党中央为了巩固边防，在这里建立了广播收音站，宣传党的政策，因此，新闻媒介也有了传播知识、舆论引导的功能。广播、报纸等大众媒介进入到中国少数民族地区，已经充当了一种宣传工具。为了加强少数民族对国家的认识，强化国家认同，根据当地少数民族听不懂汉语、不会说汉语的实际，当地驻地的广播收音员不得不学习少数民族语言，办起少数民族语言广播。但此时的民族语广播是译播中央新闻、云南新闻，而没有自创的民族语言节目。随着怒江广播的兴起，怒江州的报纸、电视台也逐步创建而成。其中，《怒江报》成立于 1956 年，创刊于 1983 年。怒江电视台成立于 1994 年，2001 年才步入了正轨。民语节目直到 2010 年才开始创办。怒江州的新媒体也是在报社、电视台创立的，成立时间接近于 2009 年，起步时间较晚。直至 2014 年，怒江州才形成了完整的广播、报纸、电视台、网站、客户端、微博、公众号的全媒体阵营。

《怒江报》的改革起步于 1999 年，这一年报社得到的财政拨款由原来的 30 万元减少为 20 万元。当时，《怒江报》开始尝试市场化运作，成立了印刷厂，但后来因为资产划分问题而停办。怒江报社的负责人们主要是去保山报社的印刷厂印刷报纸。报社主编恒开言还曾和政府协商拨款事宜，均无成效。① 真正的改革源于 2005 年国家实施深化文化体制改革，怒江报社进行了较大的改革，主要对人事、收入分配和社会保障等方面进行了改革。怒江报社由原来国家全额拨款的方式变为 90% 为国家财政拨款，10% 为报社自筹的差额拨款单位。个人工资也实现了个人岗位固定工资与绩效工资的合并。在体制改革中，广告收入往往发挥着维系媒介生存的命脉。怒江报社的广告部也从报社的行政体系中分立出去，成立了广告公司。由于怒江州人口较少，报纸订阅率不高，广告的需求量不大，导致广告收入不太理想。2008 年，《怒江报》由小报改为大报，州委、州政府决定报纸暂不提价，导致每年报社资金缺口达 40 余万元，给报社带来了许多新的矛盾和困难，加大了办报的难度。加之，广告收入少，报社的运营十分困难，举步维艰。直到 2011 年，怒江州委、州政府将办报经费投入方式中的"90% 由财政拨款、10% 报社自筹"的改革调整为财政全额拨款。同时，每年增拨办报和怒江大

---

① 杨文庆、杨碧悠、杨文波对怒江报社副主编赵顺红的访谈稿。

峡谷网站经费50万元。① 很多少数民族地方也与《怒江报》的情况类似，新闻媒体体制改革几乎没有成功。但怒江的现实是经济落后，一年的广告费也就20万~30万元，只相当于一些地方一期的广告费，这样的经济收入难以维持报社的经营。

无独有偶，怒江电视台也是在2007年开始进一步深化体制改革，由原来的财政全额拨款，转变为差额拨款。然而，怒江电视台的广告部自从成立起收入就不太理想，难以维持台里的支出。在广告部的从业者中的记忆中，怒江电视台广告就没有十分理想的时候。因为怒江企业较少，投放广告的需求较少，电视台的广告收入更多的是来自于制作企业宣传片，而不是投放广告或播放广告。② 2011年，怒江电视台和怒江报社一样，回归为政府全额拨款的单位，广告部的压力就小了很多，职能也发生了变化，更多的转变为监管的职能。也就是说，广告部已经不用负责广告的营销，而是监管外包的广告公司制作广告是否合法以及是否有播出权。每年外包公司无论做多做少只用支付30万元给怒江电视台，怒江电视台广告部只负责监管和播出。如今，怒江电视台每年有30万元固定的广告费，台里播出的广告更多的是一些政府要求播出的公益广告。③ 怒江电视台广告部的工作内容及职能的转化，也正和改革中的制度变化有关，重构了媒介、国家、市场之间的关系。经济水平不高的现实，导致怒江电视台必须依靠政府补贴才能维持生存，政府的权力也影响了怒江电视台的媒介生产环境，形成了国家话语为主导的"媒介场域"。④

（三）对于改革实践的思考

怒江报社与怒江电视台等新闻媒体单位、文化单位的改革实践从改变原有的制度到部分"市场化"尝试的失败又到国家财政全力支持的格局，怒江新闻媒介一直未受商业化的影响，政府对媒体的绝对控制权一直没有变。可以说，在近20年的改革中，怒江州的新闻媒介体现的是政府控制力不断加强，官方话语不断占据主导地位的局面。结合怒江山高谷深的自然环境，少数民族聚集与落后的

---

① 怒江报社三十周年记录。
② 赵洁的田野日志。
③ 对怒江台广告部负责人的访谈。
④ 1994年3月，皮埃尔·布尔迪厄在其编写的以《新闻的影响》为题的"社会科学研究"专集，发展了一种以"媒介场域"为中心的新闻社会学研究范式。

经济发展现状来说，政府的补贴对于媒介来说不妨是一种坚强的"后盾"，这其中也许丧失了媒介的自主性和公共性，但当地媒介会成为"文化符号"般的长期存在。另外，对于政府来说，政府的财政压力巨大，加之怒江民生、产业都需要政府扶持，因而陷入了财政困难的局面，如何补贴媒介和减轻自身压力，成为当地政府不得不面临的难题。

怒江的新闻改革实践亦是追逐全国的新闻改革实践所做的一次"摸着石头过河"①的尝试，由于制定改革方案的政府并未深入到客观实际，反复尝试后，出现了和其他地区一样的结果。

怒江的新闻改革实践不禁让人想起 2011 年重庆卫视的改革。当年，重庆卫视宣布取消每年 3 亿元的商业广告收入，每年从政府获得 1.5 亿元的补贴，尝试从一个市场化运营的电视台转变为"公益电视台"。重庆卫视实施"一不二减三增"的措施，不播出商业广告，减少电视剧播出量，减少外包外购节目的数量，增加自制的红色文化节目数量，增加公益广告和宣传片的播出，进行着媒体去商业化的尝试，从而建立一个公益电视台。② 此消息一出，不少业界和学界的人纷纷对此进行讨论，支持和反对皆有之。反对者认为重庆卫视不可能建立像西方那样的公共电视台，因为 1.5 亿元的财政补贴只会使重庆卫视失去独立性，新闻的公共性无法体现。有学者认为，重庆卫视是在走回头路，违反媒介发展规律，如果其他电视台都效仿重庆卫视的做法，我国就不用改革开放了。③ 而吕新雨则认为重庆卫视的做法是一种在中国省级卫视之争的残酷环境下所做出的合法性抉择。建立公共性的卫视必须走去商业化的道路，抗拒资本主义的市场逻辑对媒体民主的侵蚀。④ 赵月枝也认为重庆卫视的改革并非是"倒退"，中国媒体进行市场化经营是市场经济的内在要求，重庆卫视另辟蹊径走一条政府补贴建立公共卫视之路不是违背我国媒介发展的规律。她进一步指出，我国的改革开放需要解放

---

① 潘忠党在《新闻改革与新闻体制的改造——我国新闻改革实践的传播社会学之探讨》中总结中国的新闻改革是一次"摸着石头过河"的探索。

② 唐瑞雪、李桥丽:《重庆卫视：卫视改革的别样"山花"》，《荧幕后的我们》，https://mp.weixin.qq.com/s?__biz=MzA4NjQ5NTQ1Mg%3D%3D&idx=1&mid=2649929083&sn=199d99c3f72d91992e58366b199bfc2a，2016 年 8 月 16 日。

③ 王先知、胡钰:《重庆卫视改版后续　员工准备过冬业界冷眼旁观》，《华夏时报》https://yule.sohu.com/20110423/n306335808.shtml，2011 年 4 月 23 日。

④ 吕新雨:《政府补贴、市场社会主义与中国卫视的"公共性"》，收录于《学术、传媒与公共性》。

思想。①

重庆卫视的改革即尝试建立公益电视台的理想仍然没有成功,最终还是走向了商业化经营的模式。重庆卫视的改革尝试和怒江新闻媒介的改革尝试,有着相同之处,也有不同之处。相同的是,两个地方的新闻改革经过尝试后都找到了适合自己发展道路,不同的是重庆卫视仍然需要市场化的经营,而怒江新闻媒介需要政府补贴来维持生存。当然,怒江的经济发展、社会环境和重庆不同,走政府补贴的道路也是外在经济、媒介内部发展的合法性要求。两者的改革都是中国媒介改革的样本,深刻地反映出中国媒介改革中的国家、市场、媒介的复杂的关系。笔者也产生一些疑问:为什么两地的新闻改革走向了不同的方向?为什么政府补贴的模式在重庆走不通,而在怒江却行得通?为什么怒江的新闻媒介无法进行商业化的运营?这样的问题的产生也正好说明了笔者在此处举例的用意,对比两个地方的改革,来深思怒江新闻改革的实践。

赵月枝认为,中国媒体走市场化的道路是当时的政治经济环境所决定的。中国的媒体商业化改革和市场机制的引入,一方面是出于市场经济发展的需要,更直接的原因是当时的国家财政已无力维持庞大的行政事业开支。后来,商业化、市场化和资本化发展上升到了媒体产业政策的高度。② 赵月枝的分析是想表达中国媒体的改革是有时代语境的,是结合当时中国经济的发展状况,才选择市场化这条路的。重庆卫视回归到商业化的路子,怒江新闻媒介回归到政府全力支持的道路都和当时的社会环境分不开。不应该将怒江新闻媒介的改革实践简单地归为经济不发达,而是应该将其改革实践放置到社会环境中来分析。

### 三、民族文化主体性发挥与国家"权力网络"的再构建

怒江当地的媒介一直都有着要打造民族语言的意识。新闻媒介人员也深知民族文化是当地媒介发展的重点,必须集中全力去打造。新中国成立后,党和国家就在怒江边境建立了民族语广播;怒江报社在1983年创刊时就有了傈僳文版;但怒江电视台由于技术的问题,直到2010年才产生了傈僳语节目。2005年后的

---

① 赵月枝:《构建社会主义媒体的公共性与文化自主性?——重庆卫视改革引发的思考》,《新闻大学》2011年第3期。

② 赵月枝:《构建社会主义媒体的公共性与文化自主性?——重庆卫视改革引发的思考》,《新闻大学》2011年第3期。

文化体制改革，使新闻媒介的民语新闻的生产与国家权力话语间产生了微妙的关系。

怒江报社创刊时，傈僳文版为一个月出版一刊，后来变为半个月出版一刊，目前为一周一刊，每周五发行。傈僳文版的受众主要为怒江州傈僳族村寨的农民和教会的信教人士，报纸内容为时政要闻。现在的怒江报傈僳文版分为四版，一至三版为时政新闻，四版为评论、民族文化、旅游等内容。遇到重大的新闻事件，也会做相应的调整。例如十九大期间，怒江报傈僳文版四个版都为十九大精神的解读和传达。可以说，傈僳文版的报纸是宣传党和国家的政策的工具，同时也是介入到傈僳族群中的技术手段。在改革实践中，怒江报的领导们意识到民族文字是他们的特色，必须努力办好。这种地域逻辑也催生了他们的"文化自主性"。一定程度上，文化自主性的发挥还受到经济、社会等因素的影响。

（一）民族文化自觉性与政治需要

由于缺少资金，报社办报异常艰难，有过坚持不下去的时候。"当时我听到有一种声音，一些人坚持要把傈僳文版的报纸取缔。他们觉得傈僳文版没有实效，也没有收益，报社还要养活这么多人。我们仅从少有的广告费中挤出一些来办报。我就想我要坚持把报纸办下去，这是一种政治责任。"① 怒江报社副主编赵顺红用"政治责任"来形容办傈僳文版的重要意义，是少数民族地方发展诉求以及获得政治合法性的过程。创办民族语言媒介等同于"政治责任"，是边疆地区实施"反渗透"的需要，同时也是少数民族从业人员对本民族文化的"自我觉醒"，但这种觉醒必须服从政治的需要。傈僳文版的报纸都是免费发放到一些村寨和教会，提供给懂傈僳语的傈僳族群众阅读。同时，政府也希望他们能了解一些党和国家的政策方针。值得一提的是，《怒江报》的一部分受众来自教会，《怒江报》也会和教会保持合作，经常到教会宣传党的政策，也曾在教会里开办培养信教人士成为通讯员的活动，但最终没有实施下去。而傈僳文版报纸的发行仍是个难题，虽然免费赠阅，但无法到达一些高山农村，只到达村委会。当然，教会也会组织成员收看电视台的《怒江傈僳语新闻》，一些高山地区现在仍不能收看怒江电视台的节目。如果说涂尔干说宗教中的精神团结感对于维护社

---

① 摘自杨文庆、杨碧悠、杨文波访谈赵顺红的田野记录。

秩序至关重要，① 那么，傈僳语新闻媒介在一定层面上是介入到他们的宗教生活中，凝结着政治意识的共同体，也构建了外界对傈僳族文化生活的"想象的共同体"。

怒江报社变为财政全额拨款后，民族语言媒介的建设变得顺理成章，政府每年拨款给报社打造傈僳文报纸和怒江大峡谷网。② 其中，怒江大峡谷网站是政府依托怒江报社来管理和构建的。怒江报社依托自身的采编人才和物质技术而实施新闻创造，政府通过资本的注入，凭借媒介实现了舆论主导权和对外宣传的需要。政府权力的介入也使得民族文化体现出了政治性，让不同地区的傈僳族群众能够上网了解国家政策。因此，只有建立一种政治视野才能理解媒介的实践③，也才能理解少数民族地方的新闻媒介实践。在调查期间，民语新闻从业人员都不曾担心民族语媒介是否会消亡的问题，即使没有过多的受众关注傈僳语新闻，但他们依然坚信民族语媒介会一直办下去。可见，这种自信来自于深谙少数民族地区政府和媒介的关系，并不断强调媒介对于宣传政策的重要性。可以说，政府话语在少数民族新闻的介入过程中充当了主要的角色，政府主导的民族语新闻内容是一种与政府权力相适应的文化。这就构成了一种"文化资本"，通过政府补贴将权力关系转化为合法性的权威，同时也生产了特定语境中的民族文化。民族语新闻从业人员在这种语境中生成了自我的"民族自主性"和"文化自觉"，即为宣传党的方针政策和边疆"反渗透"的政治意识。

（二）财政支持与"民族文化主体性"之间的关系

在多年的改革实践中，怒江州电视台也深刻认识到民族新闻的重要性，打算筹建民语频道，将其作为怒江台的第二个频道。2009 年，怒江公开向社会招聘懂傈僳语的人才，招聘门槛相对汉语记者及编辑要低一些，只需要能说傈僳语、懂傈僳文文字即可，文凭上并无过高的要求。招聘了 5 名懂傈僳文文字的社会人士，对其进行了一年多的关于新闻专业、傈僳语文字翻译等方面的培训，同时尝

---

① ［美］兰德尔·柯林斯、迈克尔·马科夫科斯基：《发现社会：西方社会学思想述评》，商务印书馆 2015 年版。

② 怒江大峡谷网为州政府创办的综合门户网站，由怒江报社承办。目前网站有汉语、傈僳语、缅甸语、英语等 3 种语言，发挥对外宣传、舆论引导的作用。

③ 李彬、黄卫星：《从去政治化到再政治化——读赵月枝〈传播与社会：政治经济与文化分析〉》，《新闻大学》2012 年第 1 期。

试播出《怒江傈僳语新闻》。遗憾的是，怒江台申报民语频道的事项未获国家广电总局批准。怒江台只好继续制作傈僳语新闻，并在综合频道中播出。2011年，怒江广播台与怒江电视台合并，两家媒体的民语人才资源也进行了整合，成立了民语部，总人数不超过10人。2018年，民语部人员总共有6人。因人员不足，导致每个人的工作量较大，内容繁多，不仅要做广播节目，还要制作电视节目。不同于云南其他少数民族地区的电视台，怒江州电视台的民语新闻无自创的新闻节目，均为汉语节目的翻译，也就是说，新闻生产人员的基础工作是翻译和播音，无需自己写作新闻稿。

民语部主任褚润琴毕业于云南民族大学傈僳语专业，多年从事傈僳语翻译和播音工作，她将自身对本民族文化的喜爱投射到自己的专业当中，但由于财力、人力不足，很多想法都无法实现。作为民语部的主任，她希望有一天自己能到田间地头采访傈僳族农民，能够真正地制作傈僳语新闻，她也坚信这一天迟早会到来。① 傈僳语新闻从业人员本身也是傈僳族，他们参与到民族新闻的生产实践中。在文字翻译的过程中，他们获得的自我认同和所产生的"自主性"不同于其他傈僳族人。这种"民族文化自主性"激发他们要进行民族文化的生产和想象。然而，怒江州民语新闻媒介从业人员面临受众少、专业人才少、新闻内容质量不高以及财政支持力度有限的困境。一定程度上，他们对于民族语媒介的生存不用过多担忧，但有限的财政支持又限制了他们的发展，无法发挥自己的"文化自主性"。怒江州的新闻媒体改革的尝试进一步说明财政支持与媒介的自身发展之间仍然存在一些"矛盾"。

财政的全力支持，在宣传任务、审稿制度、新闻内容②等方面都给新闻生产空间注入权力。怒江电视台在变为全额拨款事业单位后，也曾开办过民生类节目《怒江零距离》，但后来停播了。有记者告诉笔者，当时他们采访完，但还没回到电视台时，就有相关部门打电话来要求他们不能播出刚完成的采访。这种压力对于一个地方电视台来说是难以承受的。最终，民生节目也难以继续办下去。另外，怒江电视台民语部的节目均为新闻，例如《怒江新闻傈僳语新闻》《傈僳语新闻一周要闻》《央视新闻联播傈僳语版》《云南新闻联播傈僳语版》；可以说无

---

① 赵洁、叶星访谈褚润琴记录。
② 陆晔：《权力生产过程》，《二十一世纪》2003年6月号。转引自孙信茹、杨星星、薛园《权力的"微观实践"与话语想象——对某少数民族自治县电视台的考察》，《当代传播》2014年第5期。

采编队伍，新闻从业人员均只用进行翻译、配音即可。2017—2018年，由于人手不足，《云南新闻傈僳语版》停播。从停播节目来看，台里保留了当地新闻的两个节目，同时又保留了中央新闻，而舍弃云南新闻，可以看出不同权力间的博弈。国家权力的介入已经影响了媒体的文化结构，媒介形成的"文化网络"与国家权力交织在一起，又延伸至受众。另一方面，民族语新闻媒介的生产能力不高、人手不足，限制了民族新闻、民族文化的发展。在当地调研期间，笔者发现报社、广播电视台的民语部人员都将节目内容单一化、质量不高归结为人手不足。在全台都进行媒介化生产的过程中，民语方面的新闻生产能力更是低于汉语新闻。因为人手不足，他们难以生产固定的民族语新媒体，另外民族语用户均为乡村中年纪较大的人，因此当地民族语新闻生产能力不高。即使财政全力支持也会因为新闻媒介的现实和困境难以发挥较好的作用。因此，财政支持和民族文化的自主性发挥有着双重制约关系。

访谈期间，一位民语新闻从业人员曾给自己单位的主管领导致电，希望领导能和上层领导沟通，给他们加一点工资。因为工作多年，至今仍未解决编制问题，每月2000多元的工资，很难生存下去。这位领导一边安抚他们，一边承诺会和上级领导沟通，争取今年内解决他们的编制问题。这两位非编人员由于年龄较大，而一起入职的同事都已解决了编制问题，难免内心焦虑。然而现实是单位自身的经济压力巨大，仅靠广告收入来维持非在编人员的工资等其他事项的支出。[①] 非在编人员与在编人员的工资差距大，对于部分从业人员来说，长久落实不了的编制岗位，会消磨他们的工作积极性和耐心。而对于新闻媒介单位来说，虽说有财政的支持，但还是得面临巨大的经济压力。长此以往，当地的新闻媒介会陷入一种限制自身发展的循环之中，虽然有财政的全力支持，但自身也面临着很多困难，因而对新闻媒介的内容生产以及新闻内容的制作，都存在很多问题。

一方面，很多人将怒江的新闻媒介发展滞后归结于经济落后。当地很多新闻媒介从业人员经常和笔者谈起怒江经济太落后的问题，政府不支持新闻媒介，当地的新闻行业是无法维持下去的。经济欠发达与政府不支持，不仅成为新闻媒介从业人员的一种习惯性话语，更成为当地群众的一种经常性的话语。社会环境也在影响着当地人的思维方式，如何获取财政支持似乎也成了当地绕不开的话题。另一方面，国家话语在欠发达的社会语境中得到了进一步的增强。即使欠发达，

---

① 摘自赵洁的调研日志。

财政压力大,当地新闻生产力不足,但当地新闻从业人员自身的"民族文化自觉性"仍未消磨,他们继续走发展民族语媒介、民族文化之路,不断向政府重申民族语媒介的重要性,不断获取财政的支持,至于能不能发挥出更好的新闻效果则是另外的事,这种"民族自主性"的发挥,实则也成为国家权力网络之下的一部分。民语新闻媒介通过解码和编码当地的民族新闻信息,构建起国家权力话语形成的"民族文化",这种民族文化又发挥出特有的政治意义和社会意义。因此,怒江的新闻媒介生产远不能用传媒的公共性及其他新闻专业主义来衡量,它是结合怒江的自然环境、社会环境和国家权力作用下"权力网络"的有效组成部分。

## 结　语

新闻事业改革是中国改革开放的有机组成部分。经过长达 40 多年的实践,中国新闻媒介体制改革中体制保持不变,但管理方式发生了改变。国家权力是统领媒体最主要的力量,但商业资本注入后,中国新闻媒介场域中的权力、资本、公共性等方面不断产生互动,表现出复杂的局面。潘忠党认为,中国的新闻媒介体制改革是一次"摸着石头过河","以变求不变"的实践。[①] 少数民族地区的改革实践亦是中国改革实践中的一个样本,它和其他地方的新闻媒介体制改革一样,仍是经过尝试后找到适合其发展的道路。本章研究的怒江州新闻媒介体制改革实践也是在追随国家新闻改革大潮中进行的,市场化经营的路子行不通后,又回归到了政府全额补贴的路子。怒江州的改革实践不能用"倒退"一词来进行评价,改革的结果恰好也是结合经济社会的发展而做出的抉择。怒江州改革的实践也只是在云南少数民族经济欠发达地区的一种样本,只是提供一个特定视角下的改革故事,但它依然跳不出中国新闻事业改革进程中国家权力、媒介、文化、资本相互纠葛的逻辑框架。

实际上,怒江新闻媒介体制改革的道路实践是国家话语再次加强的过程。改革过程中,当地的媒介的节目生产、宣传内容、人员采编结构都受到了权力的深入影响。当地的媒介从业人员也在权力控制的过程中,找到了一种符合加强国家权力控制的"生存之路"——发展少数民族语言媒介。这条"生存之路"不断

---

① 潘忠党:《新闻改革与新闻体制的改造——我国新闻改革实践的传播社会学之探讨》,《新闻与传播研究》1997 年第 3 期。

被赋予政治的合法性和合理性的权威，进而不仅成为国家政策实施的外在需要，也是新闻媒介依赖权力资本的内在需求。"欠发达的怒江"成了当地媒介从业人员的一种习惯性思维，而激发他们发挥出政治意识的是"民族文化自主性"。这种"民族文化自主性"的发挥也将少数民族地区的新闻媒介形成的文化不断整合到了国家的权力网络之中。因此，在看待怒江州的新闻媒介体制改革实践的过程中，我们不能用其他地方的新闻改革成果来衡量怒江州新闻改革实践的成效，更不能用新闻专业主义的原则来评价怒江的新闻媒介，一定层面上，怒江的新闻媒介是一种象征国家权力的文化符号，也是凝聚少数民族政治意识、文化意识的共同体。

# 第六章 怒江民语译制电影的历史考察*

## 一、研究缘起

农村流动电影的研究是近年来较多学者涉及的研究议题。较多研究从认识电影放映的社会功能和消费行为上进行分析,有一些研究提出了具有启发性的观点,比如从媒介空间面向考察农村电影放映的社会影响,"无论电影本身,还是电影的观看,都必须在一定的场域空间中来完成。对于流动电影放映,尤其是少数民族地区的流动电影放映来说,来自国家的力量、族群的文化归属和认同、个人的情感体验都在这个独特的社会情境之中共同发生了作用"。[1] 又比如讨论国家意志在电影创作、生产、发行、放映及观影等相关实践中的渗透,"地方与国家正是通过流动电影开展相应的互构实践"。[2] 再比如论及新中国红色放映员的身份确立与想象,"作为一个群体的形象,他们已经超越了纯技术的层面,而成为一个充满政治想象与文化想象的意识形态符号"。[3] 传承通常是将一个具有组织性的因素同一个需要组织起来或者需要合作的目标联系起来。[4] 中华人民共和国成立初期,国家竭尽全力企图加深并加强其对乡村社会的治理,同时运用各种

---

\* 该文作者为杨星星、叶星。
[1] 孙信茹、杨星星:《云南迪庆藏区的农村电影放映和社会空间生产》,《西南边疆民族研究》2012年第1期。
[2] 郭建斌:《国家电影:滇川藏"大三角"地区流动电影之田野研究》,《暨南学报(哲学社会科学版)》2016年第38卷第3期。
[3] 刘广宇:《新中国红色放映员的身份确立与想象》,《涪陵师范学院学报》2007年第2期。
[4] [法]雷吉斯·德布雷:《媒介学引论》,刘文玲译,中国传媒大学出版社2014年版。

方法启蒙民众参与到国家建设中。在此背景下的农村流动电影反映了电影与国家意识形态的关系,通过电影放映来进行宣传动员改变着近代中国的基层社会。从传承的角度看,农村流动电影放映作为一种制度化的实践始终作为联系群众的一种方式。

雷吉斯·德布雷认为:"传承属于历史范畴,以技术性能为出发点(即通过媒介载体的使用)。一方面,将这里和那里连接起来,形成网络(也就是社会化);另一方面,将以前和现在的连接起来,形成延续性(也就是说文化的延续性)。传承是在时间中传递信息。"[①] 没有中介的传承是不存在的,通过分析民语电影的译制及放映过程,可以从中介的维度理解民语电影的传承,用历时性的眼光分析在民语译制电影的传输传递过程中如何形成网络和延续性。中介不仅包括工具,还包括个人和集体的行为。在各种机会条件下,只要是用来作为一个组织集体变化的载体,作为某种思想形成的模式,都可以承担中介的功能。[②]

民语电影从管理机构到达民众中间需要经过译制和放映两个流程。在 20 世纪 50 年代,由于没有译制的技术,在民族地区通常放映员是边放映边进行同声翻译,而到了 60 年代,才有了涂磁配音技术,译制工作逐渐转到幕后,放映与译制的工作被分离开来,并产生了独立的机构"译制中心"。因此要从中介的维度进行讨论,就不得不在特定的历史语境下,对电影放映员和译制人员进行分析。本章基于怒江州的田野调查,通过对不同时期的电影放映员以及译制人员的生命历程的调查,来揭示民族译制电影具有的传承意义。选取怒江州为田野调查点,一方面是由于它特殊的社会形态,另一方面是因为民语电影仍在农村电影放映中释放魅力。

## 二、怒江州民语电影发展

新中国成立之初,怒江从原始社会末期直接过渡到社会主义社会,实现了社会形态的历史性跨越。由于交通闭塞、经济落后,仅在抗日战争时期,云南省教育厅电影队到兰坪的金顶、啦井,碧江的知子罗等政治经济文化发展相对较好的地区放过次数有限的无声电影,其他村寨则从未放电影。20 世纪 50 年代,云南省文化局才开始组织放映队到怒江各县进行巡回免费放映,在新中国有限的选择

---

① [法]雷吉斯·德布雷:《媒介学引论》,刘文玲译,中国传媒大学出版社 2014 年版。
② [法]雷吉斯·德布雷:《媒介学引论》,刘文玲译,中国传媒大学出版社 2014 年版。

性的文化传播导向上,放映农村电影成为"集权式乡村动员体制"下的一种形象化的文艺宣传手段。1957 年,怒江州放映站在州府知子罗正式成立,紧接着贡山、福贡、碧江、泸水、兰坪 5 县于 1958 年相继成立了县放映队。1966 年,怒江州电影管理站正式成立,到 1973 年全州先后建立 35 个县级电影管理机构,36 个放映队,28 个公社平均每个公社有一个放映单位。到了 70 年代,怒江的农村电影放映网络才逐渐成熟起来。

新中国成立初期电影被纳入一种制度性的放映实践,农村电影不仅沟通了乡村居民与外界的联系,而且成为国家政权深入乡村社会的渠道。借助于电影这一形象化的文艺宣传工具加深并加强其对乡村社会的治理,同时运用看电影这种方法启蒙民众参与到国家建设中。在此社会语境下,农村电影荧幕配合不同时期国家政策宣传的需要,最大限度地发挥了电影放映所具有的宣传这一社会效用。随着乡村电影放映的常态化,以及媒介渠道的不断丰富,农村电影放映逐渐失去了昔日热闹的光景。早在 1965 年,碧江、福贡两县就开始自办傈僳语节目,碧江、福贡、泸水 3 县有 95 个乡通广播,安装小喇叭 328 只。"九五"期间,全州广播电视事业建设实行战略性转移,建设重点由城镇转向农村,特别是转入边远高寒山区,增大了广播的覆盖率。怒江电视始建于 20 世纪 80 年代初,随着州、县、区(乡、镇)电视差转、录像重放台,地面收转站的陆续建成,电视机走入越来越多的家庭。2011 年,国家实施"户户通"工程,怒江州也在"户户通"工程中不断加快解决农村,尤其是高寒山区的农户看电视的问题。1983 年 5 月 28 日,《怒江报》第一份新傈僳文、老傈僳文版开始试刊发行。可以说,自 80 年代后,怒江的广播、电视、报纸都逐渐发展起来,一方面丰富了怒江人们的精神文化生活,但另一方面也在挤占着农村流动电影的生存空间。

但是民语电影却仍具有不可替代的作用,尤其是在少数民族地区。在怒江,除了传统的节庆外,村庄里很少有机会组织集会,尤其是怒江高山峡谷的地形,导致他们无法像平原地区的村落可以组织定期的赶集,人们的社会交往活动并不十分丰富。农村流动电影放映为村民的集会提供了机会。在少数民族地区,农村电影放映的语种包括汉语和民族语两种,但民族语电影往往更为受欢迎。经过怒江院线公司调研发现,农村人民群众喜爱的节目排列为:地方民语片;有教育意义的孝道片以及科教片;历史战斗片;喜剧片。民语电影不仅受到村民的欢迎,也为少数民族地区的农村公共性文化空间增添了几分魅力。按当地观众的话来说:"汉语电影我在手机上就可以看,想看什么看什么,我去看他们放电影就是要看民语电影，听我们自己的语言就感到很自豪。"

社会学结构功能主义集大成者帕森斯明确提出文化对维持社会稳定和社会整合所起到的巨大作用："社会系统内部具有由文化建构并得到成员普遍认同的符号，这些符号对行动者的行为取向及其与环境之间的关系进行界定和协调。"①从这个角度来看，民语电影是民族语言的载体，它与当地的少数民族具有情感上的连接，界定和协调着村庄共同体。民语电影仅存在于少数民族地区这样特定的放映空间，不同于农村电影放映中的汉语电影，它经过了译制人员的重新演绎，在整个放映过程通过中介形成了立体化的放映文本，并且在特殊的社会情境中与观众产生互动。

### 三、译制人员与民语电影

技术和实践运用是互为条件的，民语译制电影如何通过实践运用进入乡村社会，在历史时期内如何发生变化？任何事物总是在关系中确立其自身属性，要讨论民语电影势必把它置于关系网络中分析。从组织层面看，译制人员和电影放映员与民语电影的关系最为密切。以下将从历史的角度梳理民语电影的制作和放映的发展历程，并从具有代表性的行业从业者的生命历程的个人向度上进行讨论。

（一）民语电影的译制

1954 年到 1955 年，云南省文化局先后派遣了 3 个放映队到怒江各县进行巡回免费放映。1957 年怒江州放映站在州府知子罗正式成立，紧接着贡山、福贡、碧江、泸水、兰坪 5 县于 1958 年相继成立县放映队，并根据边疆地区的特殊情况分别实行行政收、减、免费的放映办法。1958 年正值"大跃进"时期，每夜每个队放映电影四五场。放映队主要放映汉语电影，由懂民语的放映员进行现场的口译。1965 年，福贡、贡山相继进行民族语对白放映。1966 年，怒江州电影管理站正式成立，首次尝试《打击侵略者》影片的傈僳语涂磁录音。怒江电影分公司从 1974 年就开始了译制配音工作，译制了故事片《青松岭》、纪录片《大寨红旗》等影片。1980 年，在国家"六五"计划提出"要搞好影片的民族语言翻译和涂磁配音工作"的背景下成立州电影公司民族语影片译制组。译制组

---

① ［美］鲁思·华莱士，［英］艾莉森·沃尔夫：《当代社会学理论——对古典理论的拓展》，刘少杰等译，中国人民大学出版社 2008 年版。

当时只有3位译配人员，1980—1985年他们先后译配了4部国产故事影片。在七八十年代，配合社会主义经济建设的宣传成为电影放映的主要任务，而现在主要是以现代化为导向的文化潮流影响着民语译制电影的选题。比如，2015年5月怒江州译制中心译制的《狄仁杰之神都龙王》就是当年热映的商业片。民语电影译制题材受到经济、政治的影响，同时也与译制人员主观印象和观众反映相关。1998年，云南省文化厅电影处向怒江州配发了一套新工艺录音，当时的新工艺设备室利用录像机，通过电视画面进行配音，提高了民族语电影的艺术效果和录音质量，缩短了译制生产周期，技术的革新也在一定程度上使民语电影更为丰富。1986年，州公司民族语译制组改为怒江傈僳族自治州民族语影片译制室，直接由州文化局领导，成为全省第一家专业从事译制工作的事业单位。经过艰难的初创时期，译制室慢慢发展起来。2003年，在文化体制改革的背景下，译制中心发展受挫，本来撤并怒江州电影公司和怒江州译制室，成立怒江州民族语译制电影管理中心是件好事，可以实现人才共享、资源共享，但是合并的事业单位实行差额拨款，资金不足、人才流失，发展停滞，一度面临着办不下去的危机。2007年译制中心恢复成全额拨款事业单位，留住了人才，逐渐发展起来并且走向专业化。随着数字化时代的到来，译制中心在2008年用上了数字技术，提高了制作生产效率。译制中心曾被尝试着推向市场，但实践证明市场的环境并不适合。

（二）双重身份的译制员

赵科在1966年6月就进入福贡文教局下属事业单位参加福贡县文工队，做了几年宣传工作，后来的工作一直没有和宣传脱边。赵科回忆说："在文工队工作了几年，年纪也大了，我觉得唱唱跳跳的文艺工作不适合我，于是向领导反映了情况，支部书记就给我出主意去电影队。"当时电影队、文工队、新华书店这些都是文教局的下属单位。

1972年5月，赵科从文工队调到县电影放映管理站做放映工作，在鹿马登村电影队当队长。一个队有两个人，一个负责发电，另一个就负责放映。电影放映队的组织结构十分简单，但是社会分工却并不那么容易，放映员不仅要管放映电影，还要做好映前、映中、映后的宣传，放映汉语电影时还要在现场用民族语进行同声翻译。当时的电影放映情况是，一年两百个工作日，全州总共放300场电影，放一场电影就配一场科教片。一个县城有一个电影管理站，一个乡有一个电影队。放映电影的时候还是用脚踏发电机，用力均匀一点画面就顺畅一点，用力慢就卡一点。那个时候还没有译制电影，放的是汉语电影，老百姓听不懂汉话，电影放映员就在旁边一边放电影一边用傈僳语进行口语对白，画面里的演员说什么，他们就马上跟上翻译。放电影的时候，一面用脚蹬着放映机，一面用傈僳语解说，经常一场电影放映完脚都麻了。

　　回忆当年放映电影的场景，赵科还记得十分清楚："当时我们上山下乡送文化，要去到乡里的各个村放电影，设备都是人背马驮，非常艰苦。以前用的机器不如现在那么精巧，都是非常笨重，放映机有四五十公斤、发电机有七十公斤、喇叭有二十公斤左右，一部十六毫米的铁皮影片就有十五公斤重，这些设备要七八个人才背得动。我们每到一个村去放电影，都有村民自发地来接我们、送我们，记得2002年阔时节前后，我们去到福贡上帕镇施底村放电影，当时正值冬天，村民就撑竹筏子送我们过江。那时一个乡或者一个大村才有一座桥，要过江最快捷的方式就是撑竹筏或者滑溜索，夏天江水涨的厉害，不敢坐竹筏只能滑溜索。有一次我们滑溜索过江时，背上背的竹篮里的影片从箱子里掉了下去，很是心痛。"

　　以前还没有电视、广播的时候，电影是农村里唯一的文化生活，每次去放电影村民都很高兴，有时还杀鸡宰牛给电影放映员吃，希望他们多留几天、多放几场。"我们放的是露天电影，晚上天上出现星星的时候，我们就开始放。秋冬的晚上相当冷，我就一只手揣兜里，一只手拿话筒翻译，手冻僵了就换另一只焐热的手。放映电影是由国家拨款来做，老百姓可以免费看电影，他们都说社会主义好。"赵科认识到电影是党的一个宣传工具，宣传党的政策。20世纪90年代在放译制片《沂蒙山人》时，正值国家提倡搞"三通"，要通水、通电、通路，村民们看了电影就明白了"要想富先修路"的道理，还主动向政府申请修路。放一部故事片我们就放一部科教片，科教片也是承担了知识传递的作用，村民们从片中知道了碾米机的作用，也学到了许多种植、养殖的知识，从中学到的脱贫致富的门路也让他们理解了"奔小康"的意义。把汉语译制成傈僳语有很多困难，特别是一些新词术语，比如飞机翻译成傈僳语的意思就是"飞起的房子"、电脑就是"电的脑子"、电灯就是"火的力量"，翻译过来虽然不是太贴切，老百姓们也很难理解，但是电影和科教片帮助了他们去接受新事物。

　　"我在电影队放映电影时还没有译制的电影，都是现场翻译。汉语的电影老百姓很难理解，记得放《白毛女》这部电影时，有傈僳族老乡听不懂意思，就看着画面中喜儿在父亲死时还跳舞就非常气愤,他们不懂什么是艺术手法的表现,就只能从自己的道德观去判断。"在当时赵科作为电影放映员,也是最早的电影译制员,他不仅管放映,还要和观众们讲解、翻译,他自身也成了民语电影的一部分。后来怒江州电影公司为了解决兄弟民族听不懂汉语、看不懂汉字电影的困难,从1974年开始做译制配音工作,由于他们比较缺人,就把赵科借过去做译制工作。赵科参与译制了故事片《青松岭》、纪录片《大寨红旗》《大寨田》这些影片,都是和政策方针紧密相关的。

时值改革开放,实现电影体制改革后,怒江州电影公司实行事业单位企业管理。但是在民族地区,老百姓看不懂汉语电影,能看得懂电影的人又很少愿意花钱去看,电影公司收入微薄,只能靠副业养活自己,做过招待所也做过餐厅。做民族语的电影译制需要资金和设备,单单一家企业实际上是负担不了的。因为赵科也积累了一些经验,1980年11月就被正式调到州电影公司组建民族语影片译制组,与霜玉梅、恰路堤一起做译配工作兼电影公司宣传工作。刚组建的译制组面临资金少、人员少等多重困难,译制工作难以开展,经过州人民政府研究,在1986年5月8日就成立了民族语影片译制室,属州文化局下属事业单位,批了5个人的编制,专业从事民族语影片译制工作,从此开始形成了全省第一家专业从事译制工作的事业单位。

从1980年成立译制组,到1986年组建译制室,这中间经历了艰难的过程。在电影译制组做译制工作时,为了学些经验,赵科和霜玉梅去了西双版纳的译制组学习,参观了他们的录音房、录音机器,学着配了一部叫《月亮湾的笑声》的相声。这部相声在西双版纳足足8个人才配完,而赵科只有一个女搭档,男的角色有七八个都是赵科一个人演。回来放给领导看之后,电影公司就又抽了几个人给他们。人有了但是还没有录音房、机器,于是他们就借助去德宏学习的机会借用他们的机器,用傈僳语配了《咱们的牛百岁》这部喜剧片,在农村里面放了一场,老百姓很喜欢,于是又要求再放一遍。刚开始做译制工作的时候,他们就是东借点人、西借点机器来做。到了1986年10月,他们自己有了机器,州电影公司给他们安排了译制室的住房及办公用房。录音室是由电影院里歌舞团原来用的化妆间充当的,因为隔音效果不好,白天赵科就做行政工作和翻译工作,晚上等到电影院不放电影、夜深人静的时候才开始录音。每天工作到天色两头黑,就这么坚持了几年。最开始的时候,因为条件太过简陋,一年才能译制两三部,多的时候能译制四五部。因为技术也比较落后,开始时是用涂磁录音,半个小时一卷，一个人错了就要重新录，一部影片要录三四次。涂磁录音是抹去已记录的声音，重新用民族语录对白，录出来效果不太好，乐效断断续续的。1993年在赵科的带领下建了录音房，白天的时候也可以没有过多干扰地录音了。1998年，省文化厅电影处配发了一套新工艺录音，当时的新工艺设备是利用录像机，通过电视画面进行配音，缩短了译制生产周期，一年可以录上十几部，做成影片后质量提高了不少，很是受欢迎。

政府觉得做电影产业还能创收，就想把他们放到市场里面试一试，在2003年撤并怒江州电影公司和怒江州民族语影片译制室，成立了怒江州民族语译制电影管理中心，属于差额拨款的事业单位。赵科把工作理顺了之后就想退休了，2004年12月份退了下来。但合并之后情况并不乐观，差额的部分要他们自筹，他们没有广告，电影院收入甚微，工资少了很多。当时很多人离职或退休，到2005年只剩下李周文主任一个人。眼看辛辛苦苦成立的译制室要撑不住了，赵科和李周文说不要停，要继续做这件事。所以赵科到现在虽然退休了但是每年还在帮译制中心做翻译工作，2017年就帮他们翻译了五六部。退休之后赵科就到了老年艺术团，继续从事民族文化工作，2012—2015年期间还到怒江州老年大学上了4年课，教一些傈僳族的弹唱和跳舞。

译制员作为一种工具的主体，职业的主体，也是一种文化的主体，历史的主体。从现场的口语对白翻译，到形成专业化机构从台前走向幕后，赵科见证了民语电影译制的发展历程。赵科从早期的具有双重身份的电影放映员，产生专业化的机构后，分工更为细化，电影译制员与电影放映员的身份分离开来，但是作为译制员对民语电影的演绎仍直接影响着观看的受众。美国传播学者哈特论及传媒的演进时指出，传播的现代性主要体现在传播行为本身的去身体化，也是人们越来越外在化的一种工具，而不再注意其间人的因素的参与。民语电影放映过程中译制员的去身体化的过程也体现了其现代性，在现代性过程中，电影译制将承担起语言和文化传承的社会功能。

## 四、电影放映员与民语电影放映

### （一）民语电影的放映

电影放映员是农村电影发展的文化缩影。20世纪50年代，全国各地普遍建立了培养电影放映人员的机构，创办县级电影放映队，60~70年代又建立乡级

（集体）放映队，80年代后期又发展了农民个体电影放映队。最开始是电影普及过程，当时还谈不上电影的消费，放映员参与到电影讲解的过程中，映前、映后、映间形成了宣传工作的过程，整个放映过程是宣传与电影故事的结合，形成一种特殊的放映文本。

国家每一种政策的推行，总体上都是全局性的。作为一种制度性的安排，农村放映得到了党和政府始终如一的关怀与支持。以行政化机制为依据和功能目标，市场效应和市场运作作为辅助手段，目前形成了从中央到地方垂直管理的政企合一的电影发行体制。具体到农村放映的制度建设上，主要又体现在队伍上——从人员的选择、组建及工作制度的确定等方面，具有一套严格的规定。

在怒江州实施农村数字电影改革"数字化"放映工作的背景下，为实现一村一月一场数字电影的放映目标，2011年3月成立了怒江州大怒江农村数字电影院线有限公司（简称院线公司）。全州农村电影放映工作的实施交由院线公司具体负责，管理与监督由怒江州广播影视民族语译制管理中心和各农村电影管理站负责。全州4县市，共有256个自然村，每月每一村都必须放映一场电影，并且在每个县城也需放映广场电影，因此，加上州府六库怒江会堂广场放映点，放映点共设置261个。县市里的农村电影管理站为单位联络点，每个放映队的放映情况都汇报到县市里的联络点，由县市里的联络点根据放映回执单汇总后在月底或次月5日以前统一上报到院线公司汇总，又由州广播影视民族语译制管理中心和院线公司根据放映回执单统一上报到州和省里。目前，怒江州从事农村电影放映的队伍共有19支，分配在全州4县市，采取州院线公司统一部署和各县农村电影管理站具体操作与管理相结合的方式进行。

（二）放映员作为一种特殊的放映文本

杨明金是泸水县大兴地乡的电影放映员，属于第三代电影放映员，不同于赵科当放映电影员时作为"公社八大员"之一分子的国家干部的身份，杨明金是作为农民个体放映员被选聘上岗的。"在5岁那年我在村里看了第一次露天电影，我去看电影其实是去看电影机，为什么电影机会投出画像，从小的时候我就对胶片电影产生相当大的好奇心，那时我就想一定要去搞一台来研究一下。"杨明金当电影放映员的念头是出于对新技术的好奇，至今他的收藏，包括胶片电影和录像机，已经放满一间10平方米的屋子。他的微信名叫作"一秒24格"，代表胶片的含义。他说："胶片电影代表一个时代，我们不能断了这种文化，保留它传承它也是很重要的。我的目标也是搞一个小博物馆,名字我都想好了叫怒江民族电影展览馆,等条件成熟我一定会搞。"他的QQ签名是"传承民族银幕",这是他对自己身份的确认和想象。在新时期,农村电影放映更多强调作为一种公共文化服务,尽管宣传的职能没有改变,但是宣传的色彩却在淡化。杨明金说道:"在文化相当匮乏的高寒山区,老百姓真的非常需要这种文化。在人生地不熟的地方,他们都会给我茶喝,帮我一起收器材,抬器材。"在杨明金建立的微信群"农村数字电影放映友好交流群"中有来自各个地方的电影放映员,他们进群的共同原因则是出于对电影放映的热爱,认同电影放映员是在进行文化传承的理念。从红色放映员到具有个人理想的放映员,可以看到对于这个职业的观念的改变。在杨明金QQ空间相册《露天电影是童年最美好的回忆》中有上千张自己拍的放映电影场景的照片,观众在看电影,而电影放映员却是在看观众。电影放映员在这个特定的放映空间中与观众产生联系,这种关系并不会延续到日常生活中,但是在放电影的时刻就自然而然地产生了,形成了一种特定的群体规范。

每年的农历正月初一至初三是傈僳族的节日盛会"澡塘会",每年这个时候散居在高山峡谷的人们就汇集到有温泉的地方用温泉水洗去一年的污秽。除了传统的泡温泉洗澡、荡秋千、上刀山下火海、对歌等活动外,放露天电影也成了一种仪式性的活动。2018年的"澡塘会"泸水市安排了两场露天电影晚会,杨明金是主要的电影放映员,晚会先后放映了傈僳语译制片《平原枪声》和《战狼2》等爱国主义题材影片,以及《护林种菌两不误》《禁毒防艾》《农村交通安全启示录》《农村安全用电》等科教宣传片。其中《平原枪声》是2001年上映的电影,在消费市场中早已过时,但却始终是放映员杨明金最爱放映的电影。对于电影的情节和波澜,许多观众早已烂熟于心,但是他们仍乐于去观看这样的民语老电影,精彩之处还会随着影片中的人物一起用傈僳语念对白。

怒江州全年公益数字电影放映需完成3084场的放映场次任务,杨明金平均一年放映100场电影,只会多不会少,对于他来说放电影不仅仅是为了完成任务,更是一种使命感。杨明金不仅仅到行政村、村民小组放映电影,还去周边的学校、部队、养老院去放映电影。"只要有需要我都会尽量去满足,什么地方喜欢看什么电影,什么地区放什么电影,放了20年电影我也基本掌握了。农村特别高寒山区文化相对缺乏,村里只留下老人和小孩,他们特别喜欢看电影,每次说要放电影,他们就杵着拐棍,提着板凳来看。""有次放的时候,还有小娃娃和我讲日本人也会讲傈僳话。老一辈都只会说傈僳话,我去敬老院去放译制片,他们就能在精神上得到宽慰，我们放的译制片他们就看得懂，听得懂。特殊学校里我们也去放，虽然有些听不到或者看不到，但是他们只要能听着声音或者看着画面也高兴。留守儿童多的地方，我还放关爱农村留守儿童的片子。"杨明金在农村放电影一般是先放一段禁毒防艾宣传片，然后放一部科教片及一部电影。如《我的长征》《太行山上》《胜利大阅兵》这些爱国主义的片子他放的特别多，尤其是去学校放他就会选一些爱国主义教育片，能让学生知道他们为什么读书。

虽然电影带给了大家欢乐，但是在数字电影放映后也会遇到一些问题，比如放映员下到行政村后不受欢迎，有些经济发达的行政村还觉得放电影干扰了他们的生活，不愿看，还有个别行政村在放电影过程中观众喝酒闹事，打伤、打坏放映设备。杨明金在电影放映员的微信群中交流放映经验时说道："放映时一定要有一个放映主题，最好悬挂一块横幅，落款为某某文体广电和新闻出版局，不要落某某院线公司。而且放映时一定要请村干部讲话，一定要讲，让他讲放电影的意义和为什么而放。"而横幅的内容主要是"百年小康路，长征再启程""迎接党的十九大·共圆中国小康梦·助力怒江精准扶贫"这样一些贴合时代背景与政策方针的主题。在杜赞奇提出的权利的文化网络理论中，他把文化网络中的权力看作是各种关系与组织中的象征与规范："这些组织攀附于各种象征价值，从而赋予文化网络一定的权威，使它能够成为地方社会中领导权具有合法性的表现场所。"[1] 国家政权借助电影深入乡村社会，电影放映空间成为国家政权具有合法性的表现场所，而电影放映员也需要借助国家的权力来彰显电影放映的合法性。杨明金说："放映一定要以政府的名义去放，完成任务只能埋在心里，一定不能说，至于怎么与村干部和群众讲放电影的重要性，那是各位（电影放映员）的工作能力。"谈及为何要请村干部在映前讲话，杨明金坦诚是为了让放映工作好开展一些。他想让村干部多和群众讲讲为什么现代电视、电脑、手机都普及了还要放电影，和群众强调放电影的目的是在于宣传党和国家的政策方针。杨明金并不单单把电影理解为一种宣传工具，他还意识到电影放映这个空间不仅是娱乐的、文化的，还是政治的。

民语电影不仅仅是白幕上的图像和音响里的声音，悬挂于白幕下放的横幅和白幕组成了一个整体，它宣示着这个公共空间是由政府配置的，进入到这个空间

---

[1] ［美］杜赞奇：《文化、权利与国家：1900—1942 年的华北农村》，王福明译，江苏人民出版社1995 年版。

便要遵守其社会规范。电影放映员便是营造这个空间的主体,他主持着电影放映这一仪式化过程。在什么场合放,什么时间开始放,邀请谁来讲话,如何做放映前、放映中、放映后的宣传,悬挂什么样的横幅都由他来决定。杨明金在电影放映过程中带有个人化色彩,具有创造力,比如有时他会用大喇叭放他喜欢的革命歌曲、经典老歌来"热场子",有时候还会邀请村民来段歌舞表演。电影放映员的放映过程和电影一起形成了独特的放映文本,即使是同一部电影被带入不同的情境中,也会让观众留下特别的记忆。

## 结 语

雷蒙·威廉斯关于文化界说的三重含义:"文化是一种知识系统,文化是一种制度形式,文化是一种生活方式。"从这三重含义上来看,民语电影生产出的文化既融合了民族文化、传承了民族语言,还形成了特定的制度形式和行业规范,并且成了少数民族地区人民的生活方式。文化将我们区分开来,而技术把我们整合为一体,电影译制和放映是一门技术,但是在译制员和放映员的参与中却形成了独特的文化。也许从技术层面考察全国的农村电影放映会发现趋同性,差异可能表现在社会结构上,但是从文化层面上来进行考察或许会发现特别的意义。有学者说,社会变迁所遭遇的大多数障碍是结构性,而非文化障碍。[①] 但文化障碍却是更加长久和根本性的,应该给予农村公共文化空间更多的社会关切。

---

① [美]柯克·约翰逊:《电视与乡村社会变迁:对印度两村庄的民族志调查》,展明辉、张金玺译,中国人民大学出版社 2005 年版。

# 第七章　西双版纳民语媒体与地方社会的互动[*]

## 一、作为研究对象的西双版纳广播电视台

位于云南省最南端的西双版纳州是以傣族为主要居民的多民族聚居地区，是云南省8个少数民族自治州中成立最早的自治州。州内居住有傣族、哈尼族、拉祜族、布朗族、基诺族、瑶族、彝族、苗族、白族、景颇族、佤族、回族、壮族共13个世居少数民族，又因为州界与缅甸、老挝接壤，毗邻泰国、越南，州内存在较多跨境民族，尤以傣族和哈尼族最为显著，他们与泰国、缅甸、老挝等地的泰族和阿卡人文化同源、民族同根。由于其独特的地理位置和民族州情，该地区很早之前就与外界保持着密切的联系。

西双版纳州与外界的联系除了政治、经济方面的交往，以媒介为载体的文化交流历史同样久远。西双版纳州媒介与其他地区媒介相比，相同点在于都形成了报纸、广播、电视和新媒体的全媒体网络体系，而不同点则是以不同媒介为载体的内容呈现形成了汉语和民语协调发展的传播格局。州内民语广播电视节目可追溯到20世纪50年代广播事业在西双版纳州的开创和发展，伴随着1956年第一座有线广播站的建成，民语广播节目正式开播。因为傣族作为西双版纳州主要居民的渊源，这一时期民语节目以傣语播音为主，且傣语播音延续至今，而哈尼语节目则是在1981年广播电台成立3年后才正式开播。自此，西双版纳州形成傣语、哈尼语两种民语共存的传播局面。这一时期，民语节目主要以译播中央台新闻《新闻和报纸摘要》《新闻联播》和云南台的《全省联播》、西双版纳州《本州新闻》为主，节目类型单一，且没有原创。

---

[*] 该文作者为杨星星、赵亚净。

1978年，西双版纳广播电台成立民语中心，民语节目开始出现多样化，专题类节目崭露头角。1990年7月1日，西双版纳电视台建成开播，是西双版纳广播电视事业走向蓬勃发展的又一个里程碑。且1999年正式成立了西双版纳电视台民语译制中心，直到2012年广播电视正式合并为西双版纳广播电视台，从业人员得到迅速发展壮大，广播电视节目在统一指挥下并行发展，节目类型出现多元趋势，节目质量开始提升。

西双版纳广播电视台民语译制中心主要在职人员有32名（不包括文艺中心[①]），分为傣语组和哈尼语组，主要承担着一个广播频率（90.6兆赫）和一个电视频道（版纳二套）的译播工作。广播节目的播出时段早上6：30到次日0：30，电视节目的播出时段为上午8：30到次日0：30，节目内容主要有新闻、专题、文艺、服务四种类型，除此之外，傣语和哈尼语各有其品牌直播节目《多哥水》《滇航唱》及综艺节目《欢乐傣乡行》《咚吧嚓》。

从民语广播电视台播出的节目来看，大致分为两种类型。

一是译播节目。译播节目主要以新闻、专题和服务类为主，新闻节目主要有《新闻联播》《西双版纳新闻》《西双版纳警方》《新闻赶摆场》，除《西双版纳警方》和《新闻赶摆场》仅在电视台播出，其他两档栏目均在电视台和电台播出；专题类节目以《卫生与健康》《道德与法制》《金桥田野》《好曼勐傣》等为主，其中《金桥田野》为哈尼专题，《好曼勐傣》为傣语专题，两者是为数不多的非译播汉语节目，考虑到它们属于专题节目，所以在此提及；服务类节目以《天气预报》为代表。另外，值得注意的是，《每周电影》也是电视的特色节目。《每周电影》播放的电影为经过傣语和哈尼语翻译、配音后的电影文本。

二是自制节目。因为西双版纳州多民族独具特色的民俗民风，以及民族歌舞的兴盛，西双版纳广播电视台自制节目以综艺和文艺类节目为主。文艺类节目主要以傣族的赞哈[②]为代表。综艺类节目以傣语《欢乐傣乡行》和哈尼语《咚吧嚓》为代表，民语综艺和文艺类节目是继新闻类节目之后，最早开播的节目类型之一。其中，以少数民族歌舞为题材的节目，不得不提及电台的两档直播节目

---

① 文艺中心为西双版纳广播电视台独立部门，日常主要负责傣语《欢乐傣乡行》综艺节目以及《学傣语》专题节目的制作。

② 赞哈是傣族曲艺曲种，流行于西双版纳傣族自治州。"赞哈"为傣语民间歌手之意，演出时一人一笛或两人合作，多演于吉庆时日。曲调具朗诵风格，传统曲目多为民间传说，也有即兴编词的歌唱。

《多哥水》和《滇航唱》,两档节目收集了众多民语山歌以及民语歌手的专辑,可以说是建成了一个民语歌曲库。丰富的歌曲资源,可以互动的节目形式,得到了广大民语听众的喜爱和青睐,在广播听众数量普遍萎缩的今天,民语广播直播节目收视可谓独树一帜。

正如约翰·菲斯克谈到的:"作为一种重要的大众文化形式,电视已经代替了讲故事的人、牧师、智者和长者,承担了文化传承、道德教化、意识启蒙和人生导师的职责。"[1] 西双版纳广播电视台以自制与译制相结合的方式生产节目,既考虑到媒介在信息传达中的作用,以及国家意识形态的控制实现,同时不忘作为民语媒介在社会遗产传承、道德教化和民族文化传承中所扮演的角色。民语媒介不同于一般的汉语媒介为普遍受众喜闻乐见,民语媒介的节目是在特定的文化语境中生产和传播。民语节目不仅考虑到传播内容和受传者的特殊性,同时顾及传播技术的有限性以及传播环境的封闭与开放程度。因此,考察民语媒介的社会实践有必要将其放置在特殊的社会语境中,在媒介与社会互动中考察媒介的实践及其实践意义。

### 二、民语广播电视与地方社会的互动表现

迈克尔·舒德森在《新闻社会学》一书中提出,媒介在文化中运作,并且不能不使用文化符号。文化提供一个具体的社会语境,媒介必须在这个文化语境内从事报道,因为只有在同一个文化语境,事件才可被清晰地描述和理解。而新闻媒体对于社会的反作用在于,它日复一日地成为文化领域的行动者,即扮演着意义、符号与信息的生产者或信使的角色。[2] 由此不难看出,媒介内容的生产到传播这一整个过程,与其所处的文化语境保持着密切的联系,并且两者之间通过互动产生影响。

#### (一) 节目生产与社会互动

民语广播电视的节目生产以日常生活为制作素材,制作包括译制和自制两种方式。

从译制节目来看,民语广播电视节目与社会的互动主要表现为传播政治信息

---

[1] Fiske, J. & Hartley, J., *Reading television*, London: Methuen, 1978, 第 23 页。
[2] [美] 迈克尔·舒德森:《新闻社会学》,徐桂权译,华夏出版社 2010 年版。

和提供信息服务，以维护社会稳定，促进社会发展。西双版纳广播电视台译制节目主要包括新闻、专题和服务类节目三种类型，同时还包括民语电影译制。以《新闻联播》和《西双版纳新闻》为代表的节目制作从 2000 年后就正式步入译制路线，即节目素材完全由汉语节目提供，民语节目不再参与采访。一方面，以《新闻联播》为代表的民语译制将地方与国家进行有效的关联。节目在央视《新闻联播》的基础上根据新闻重要性、接近性和民生性等原则选取其中部分新闻，而这些新闻多为非本民族自身的新闻，再通过民语翻译、播音、编辑等新闻制作流程将国家信息传达到民族地方，使得民族群众也能获知国家近况，了解外面的世界，通过媒体实现地方与国家的互动，形成一种文化和身份上的认同。正如费希曼所言："语言的功能不仅仅在于交际，它更是认同的象征。"[1] 他眼中的认同，除了民族认同还包括国家认同，其实质是一种归属感。在这个层面上，民语译制是国家与地方互动的载体，但其实，新闻节目的新闻制作过程本身也参与到地方与国家的互动之中。另一方面，专题类和服务类节目更偏向于科普、理论学习，比如《对农村广播》《卫生与健康》《天气预报》，这类节目内容以实用性为主，与受众生活更为接近，因此也受到受众的欢迎。尤其是《对农村广播》的节目生产，节目参与社会互动的方式以节目素材由受众提供，内容播出由受众收听的方式进行媒体与社会、受众之间的有机互动。最后，民语电影译制工作，西双版纳广播电视台的民语译制生产过程与社会的互动主要体现在一些非日常用语的翻译工作上，比如翻译《捉妖记》当中的妖的叫声、神的咒语等，"在翻译时问了佛学院的老师，因为用到这些词汇的话就要征求这方面比较有经验的老师，比如佛学院那些僧人了解的这些'咒语'比较多，这样的'咒语'怎样表达都是比较关键的。在汉语中可以动嘴发出声音就可以，但是傣语翻译上它就必须用语言来表达，所以在专业用语上要求会比较多。"电视台在职的傣语播音员回应了民语翻译过程中遇到问题时，怎样与除他们之外的其他社会专业人士之间进行互动。

从自制节目来看，民语广播电视节目与社会之间产生的互动表现更为突出。因为西双版纳州多民族独具特色的民俗民风，以及民族歌舞的兴盛，西双版纳广播电视台自制节目以综艺和文艺类节目为主。文艺类节目主要以傣族的赞哈最为

---

[1] Fishman, J. A. *Language and Nationalism: Two Integrative Essays*. Rowley, Mass.: Newbury House, 1972, 第 25 - 26 页.

代表。赞哈是傣族民间传统唱作歌曲方式,是民众接受程度最高的一种民间文艺。以媒介为载体的赞哈传播,与社会的互动主要有三个方面。首先,赞哈的题材来源于民间社会,即赞哈由民间产生,传播到民间;其次,赞哈的演奏由民间具有资质的专业人员进行剧本写作和演唱,在赞哈剧本写作和演唱过程中,媒体仅是一个沟通和协调的桥梁,不直接参与;最后,赞哈通过媒体进行录制、编辑和传播,接受人群为民间群众。在赞哈创作和编辑过程中,主要是赞哈人、社会、媒介三个主体之间的内部互动,直到进入传播过程,民众才参与到这种互动之中。美国学者菲利普·史莱辛格提出"民族可以理解为一个传播的空间"。[①]傣族赞哈更多关注的是本民族民间的故事,强调本民族人来演唱赞哈,本族媒体传播赞哈以及本族人听懂赞哈,这种方式其实也表现为一种文化与文化、族人与民族之间的互动。综艺类节目主要是傣语的《欢乐傣乡行》和哈尼语《咚吧嚓》为代表,这两个节目为电视品牌节目,因此受到高度关注。在参与观察傣语《欢乐傣乡行》的编辑过程中,笔者了解到该栏目除节目内容的生产制作和播出与社会、受众之间产生日常互动外,其节目的制作还与社会经济实体交往互动,即该节目的制作和播出是由电视台与广告公司联办或者协办的形式进行,这种方式表明节目的生产制作不仅受到节目制作规律本身的制约,同时也会受到以广告公司为代表的社会机构的影响。而这种影响和制约正是节目本身与社会之间进行互动的产物。

### (二) 节目传播与社会互动

西双版纳广播电视台民语节目的传播渠道多元,内容统一。传播渠道形成广播、电视、网站、手机 App 和微信、微博的全媒体格局,受众覆盖面宽泛。以广播和电视为代表的传统媒体受众多为中老年人,他们对民语节目的需求旺盛;以网站、手机 App 和微信微博等为代表的新兴媒体受众定位明确,以年轻人为目标受众,进行精准投放。不管是传统媒体还是新媒体,民语节目内容都统一为广播电视台提供,即广播电视台播出内容同步刊发在网站,手机 App 和微信、微博部分刊登。

节目传播过程与社会之间的互动,主要为受众的反馈和节目对社会所产生实

---

[①] [美] 菲利普·施莱辛格,章杉:《"民族电影"的社会学界定》,《世界电影》2002年第6期,第13-23页。

际影响。一方面,节目对社会所产生的实际影响表现为引起社会相关事件的变化。比如,"1986 年左右,当时国家虽然对种植橡胶进行补助,比如,你种植一亩橡胶,国家会补助你几十块钱,但是当时都没有人种。我们去勐腊采访,老百姓都说我种橡胶周期那么长,四年以后才能长得大,五六年才能割胶,他们认为时间太长不愿意种植。后来,大约在 1988 年左右,我们播出了关于第一批种植橡胶发家致富的一些新闻。当时节目播出后,大家就又开始种橡胶,又出现了一个种植高峰,那个时候政府不补助了,老百姓都抢着要买,橡胶苗都供应不上。当时广播对哈尼语听众的生活起了很大的作用,甚至是政府做不到的东西,广播很容易就可以。"另一方面则表现为受众的反馈和参与,以广播直播节目《多哥水》和《滇航唱》为代表,两档节目为点歌节目,收集了众多民语山歌以及民语歌手的专辑,可以说是建成了一个民语歌曲库。丰富的歌曲资源,可以互动的节目形式,得到了广大民语听众的喜爱和青睐,在广播听众数量普遍萎缩的今天,民语广播直播节目收视可谓独树一帜。而这两档节目取得成功的首要因素就是与听众之间的密切互动,听众的参与很大程度上和"参与式传播"的核心概念相似,即"开门办电视,加强节目的生产的参与性、对象性、针对性和节目生产与评估的科学性,通过媒体、政府、市场和社会的携手合作,求取传播的实效。"① 以《多哥水》为例,节目开播之初,由原州长召存信和当时的大佛爷祜枯巴龙庄勐(现在是帕松列龙庄勐)专门为节目的开播进行祝福献词,这是民语节目与社会精英之间进行互动的生动表现;另外,节目由广播电台和盛太乐公司联办,盛太乐负责收集西双版纳州本地民间歌手唱的歌曲,并且提供歌曲资源给广播电台使用,这是节目与经济实体之间的互动交往;最后,最为突出的是节目播出过程中节目与听众之间交往和互动。因为节目类型为直播,因此节目的制作和播出相重合,在这个过程中,节目与社会的互动体现得淋漓尽致。《多哥水》在广大受众中十分受欢迎,每期直播节目的 1 个小时里,直播热线均被打爆。且该节目不仅接到境内群众的热线电话,缅甸、老挝、泰国等境外听众群体也十分庞大,每期节目均会收到这些地区的来电、来函点歌参与互动,取得了良好的社会效益。除点歌之外,听众与节目的互动还表现在与主播取得连线,进行直接沟通。

---

① 韩鸿,张欢:《国外少数民族电视的发展模式、制播经验及其中国价值》,《新闻界》2016 年第 9 期:第 58 - 66 页。

另外，节目播出与社会的互动突出表现还在于民语电影的放映。西双版纳广播电视台民语电视译制历史久远，民语电影的放映方式与时俱进，不断丰富。其一，民语电影放映以农村电影放映流动站的方式进行，即电影管理站将傣语和哈尼语翻译、配音，在西双版纳州内各个农村地区以农村电影放映流动站的方式进行。这种方式使得电影受众在屏幕前近距离观看，传播效果更佳，并且播放电影的具体影片安排灵活，受众可根据自己的需求提交申请，播放自己想看的电影。农村电影放映的方式一方面使得经济落后地区的群众开展文艺活动，丰富生活。另一方面，电影放映也是加强广播电视台与社会互动的有力措施。其二，民语电影放映走出国门，加强国际交流互动。西双版纳州广播电视局、新知集团国际连锁华文书局在昆明签署了合作协议，按照协议，西双版纳州广电局提供近百部傣语、哈尼语电影，新知集团则利用其华文书局为"大本营"，在老挝、泰国、缅甸等东南亚各国进行放映，双方协力助推民族语电影走出国门、落地东南亚。自此，民语电影国外放映设施得到保障，为进一步拓展国外市场打下坚实的基础。其三，民语电影放映打通电视渠道，受众覆盖面更广，在《每周电影》栏目中以主持人串场介绍电影的方式播放影片。

### 三、民语广播电视与地方社会的互动意义

随着国家"西新"工程和"村村通"工程的落实和开展，广播、电视等在偏远民族地区的普及率不断提高，越来越成为当地人群了解外部世界的直接渠道，尤其是少数民族群体。劳拉·斯·蒙福德感叹电视的作用说道："它们融入了日常生活的经纬和体验，发挥着一种温和的效力，其构成方式复杂之至，以至于抵制和颠覆都难之为难。"[①] 不管是电视还是广播正日渐深入生活，它们不仅对社会产生影响，同时社会也在以它无形的力量影响着广播电视节目的内容取向。民语广播电视节目以民语传播为出发点，受众定位精确。研究者认为，它与社会互动产生的意义主要表现在广播电视的工具属性和价值属性的发挥，而工具属性表现在：打破封闭空间和进行身份认同建构，价值属性则以文化传承为主要体现。

---

① ［美］劳拉·斯·蒙福德：《午后的爱情与意识形态：肥皂剧、女性及电视剧种》，林鹤译，中央编译出版社2000年版，第15页。

## (一) 上传下达：打破封闭空间

媒介传播信息是其根本属性，广播电视作为传统的主流媒体，在信息传播的过程中区别于新媒体的灵活，传统媒体传播信息以上传下达为主要运用形式。

舒德森将新闻制作视为一种精英控制的现实建构活动，作为主流媒体的民语广播电视正是国家和党、政府通过政治宣传和舆论引导进行现实架构，这体现在国家政策和重要信息的下达。民语广播电视的《新闻联播》《西双版纳新闻》等新闻节目采取民语译制，选择人们喜闻乐见的新闻和乐于接受的传播方式，传播新信息、新思想，在打破民众的固有认知的基础上有效进行国家意识形态引导，帮助少数民族建立认知，形成社会认同和国家归属，从而积极地打破自身固有的生存格局，加强与外界的联系。少数民族通过收听收看广播电视想象出外面的世界，而这种想象的结果也在以相同的方式构建着他们再熟悉不过的日常生活。通过这种想象和影响有来有往的互动，民族地区转而更加开放。

民语广播电视本质是民族自己的媒介，是民族对外界发声的重要渠道。民语广播电视关注民族本身，在传达民意方面效果突出。民语广播电视打破了以往民族单向接收信息的困境，媒介作为党和政府与民众进行沟通的桥梁和纽带，民语广播电视不同于一般的汉语广播电视，它能"设身处地"地深入民族地区、深入民族群体，记录他们的生活，反映他们的诉求。正如《新闻赶摆场》节目的出发点是关注民生新闻，虽然现在节目改成译制汉语版，但在节目初期，民语媒体工作者通过自采自编将民族地区的民生新闻以《新闻赶摆场》为载体进行对内对外报道。这种方式不仅有利于民众反映诉求、表达民意，同时也是政府了解民众生活的渠道，以及政府进行工作效果检验和自我工作反思的一面镜子。以民语广播电视自身的媒介属性的发挥，为民意的上传做出贡献。

通过民语媒介的上传下达的工作，少数民族地方得到开放。民族群体认知不再局限，打破了原有的封闭空间，促进了民众与外界、民族地区与外界、民族文化与文化他者之间的交流和互动，在这种互动中形成文化认同和文化区隔，从而对民族地区的发展产生有益影响。

## (二) 宣传教育：建构民族身份认同

民族身份认同意为民族族群对于其身份的理解和确认，表现为认知、情感和行为表现的内部同一性。"语言认同不仅是文化的认同，也是国家整体认知、国家情感归属的心理与行为过程。"① 与信息传播和文化传承相似，民语广播电视节目是以语言为基础，进行节目内容的制作，从而达到一定的社会预期目标。民语广播电视对于普及文化教育、消除文化差距，加深文化认知，促进民族身份认同建构有着重要意义。笔者认为，在媒体日常实践中，参与民族身份认同建构的不只是作为接受者的本民族群体，作为传播者的媒体人参与实践帮助族人建构身份认同的同时，其本身也在受着影响，而这种影响正是民族身份认同的另一种体现。

首先，作为传播者的媒体人，他们日常的媒体实践正是以一种文化身份自觉地进入文化传承的过程。不得不承认，民语媒介的节目在宣传教育方面的作用远比汉语媒介要深刻得多，这种现象产生的原因在于少数民族本身文化素质的相对偏低和了解外部世界过程中对于媒介的依赖程度高。在这个过程中，文化素质偏高的媒体人，某些方面一定程度上扮演着文化精英的角色，媒介精英有其"特权"，很容易就能够操弄族群意识以及动员社会的"族群政治"。但是作为文化精英的媒体人要想更精确地操弄族群意识，根本在于进入族群意识的核心区域，这种进入的方式正是利用媒体信息传播的特有属性。媒体人的日常报道行为本身也是一种挖掘文化的过程，通过挖掘文化的过程，媒体人与文化的接近性更高，使之受影响更深。加之，由于民语媒体的从事者多为本民族的人，因此在这种日积月累的接近过程中媒体人本身也会形成一种职业认同，而这种职业认同与身份自觉关系密不可分。通过职业认同，民族身份的认同空间也得到拓展。

另外，李普曼认为："个人仅能通过大众媒介所建构的情景，来解释和描绘世界。"② 由此，我们不难看出，传媒在社会情境建构中的突出作用，传媒参与甚至建构了民族身份认同过程。这种参与和建构的过程是民语媒体进行信息传播和宣传教育的过程。民语媒体利用它的工具属性，进行外界信息的传入和本族信息的传出。在这种传出和传入的过程中，少数民族族群利用媒介加强与社会的互动，与相同的民族成员之间的互动，这种互动会促进安全感和认同感的建立，形成共有的民族情感，"媒介的新闻或内容提供的不只是讯息，同时也提供少数民族族群成员和同族裔聊天时的共同话题及相互理解的情境，并让自己感觉到是社

---

① 韩鸿、张欢：《国外少数民族电视的发展模式、制播经验及其中国价值》，《新闻界》2016年第9期，第58—66页。

② 参见张媛《"多元文化"视野下的大众传媒与少数民族身份认同建构》，《东岳论丛》2013年34卷第4期，第180—183页。

群的一员。"① 尤其是在边境地区，媒介通过提供内容和情境，在跨境民族的身份认同建构中的作用更大。

（三）寓教于乐：实现文化传承

西双版纳傣族自治州居住有傣族、哈尼族、拉祜族、布朗族、基诺族、瑶族、彝族、白族、苗族、景颇族等13个世居少数民族，少数民族文化历史悠久、内容丰富。各民族具有独一无二的歌舞文化、服饰文化、宗教文化、民间工艺文化、贝叶文化、节庆文化等，尤其是傣族有文字，民间文学很丰富，有故事传说、歌谣、叙事长诗等。但是由于经济社会的发展和旅游业一定程度上的影响，民族文化发展遭遇困境，加之年轻人越来越不重视传统民族文化，出现传统文化后继无人的困局，发展民语广播电视对于西双版纳少数民族文化的发掘、保护、传承和发展起到重要的作用。以前民族文化靠口耳相传的方式传承，现在介入广播电视等媒介进行记录，使其永久保存并且得到更大范围内的传播。借用格尔茨的观点，文化"是从历史沿袭下来的体现于象征符号中的意义模式，是由象征符号体系表达的传承概念体系，人们以此达到沟通、延存和发展他们对生活的知识和态度"。事实上，文化不仅沿袭和传承，还能够进行新的符号意义的建构。② 民语广播电视节目正是通过自己的工具属性进行文化的编码和解码。在日常编码和解码的过程中，民族文化得到传承和发展。

在民语广播电视媒体人日常实践中，诉诸文化自觉，民语广播电视节目很大一部分在传承和保护民族文化的过程中发挥着突出作用。以文艺类节目赞哈为例，广播电视自开播以来就一直保存着这个节目，它是傣族民间文化传承的突出象征。首先，节目的录制是傣族赞哈民族文化的一种记载，是将口耳相传的民间文化进行传承和保护的有效措施。其次，节目的播出也是传播傣族文化的一种方式。借助影响力很强的现代传媒的辐射性和影响力，赞哈的媒介传播，一方面使得傣族文化能够在更大范围内进行传播，得到更多人的关注和重视，在民间形成文化认同和唤起集体记忆、个人记忆，从而促进社会交往互动和关系建构；另一方面，赞哈的播出能够吸引更多晚辈学习这种传统民俗，使得傣族文化的传播后

---

① 张媛：《"多元文化"视野下的大众传媒与少数民族身份认同建构》，《东岳论丛》2013年34卷第4期，第180－183页。

② [美] 克利福德·格尔兹：《文化的解释》，纳日碧力戈等译，上海人民出版社1999年版。

继有人。Arvind Singhal 认为，娱乐教育是有针对性地把教育和社会问题植入到娱乐节目的创作、生产、加工和传播过程中，以期在预定受众群体中获得预期的个人、社区、制度乃至社会层面的改变。① 另一个综艺节目《欢乐傣乡行》和《咚吧嚓》正是娱乐教育节目的类型。在节目中以娱乐的形式记录和编辑民族文化，从而以娱乐的方式传播文化，收到更好的效果。

本尼迪克特·安德森《想象的共同体：民族主义的起源和散布》中指出，所有的民族以及事实上所有大于小乡村的社区都是想象的共同体，它存在于人们的头脑之中，帮助人们确定方向感以及彼此的联系，他相信报纸和小说是民族的想象的共同体的工具。② 在这个意义上，民语媒体担负着共同的文化预设和想象的共同体的工具，由新闻媒体所呈现并且深入巩固的"共同体"概念更加深入人心。在这种文化语境中，媒体工作正是意义的生产实践，是民族文化的传承，是身份认同的建构，也是集体记忆的建构。在此，新闻有助于打破封闭空间，建构一个情感的共同体，一种公共的交谈空间。

---

① H Wang. & A. Singhal. Serious games: Mechanisms and effects, New York: Routledge, 2009, 第 271-292 页。
② [美] 本尼迪克特·安德森：《想象的共同体：〈民族主义的起源和散布〉》，吴叡人译，上海人民出版社 2003 年版。

# 第八章 地方党报民族新闻的生产实践研究[*]

## 一、研究缘起

我国学界对新闻生产社会学研究的关注最早开始于 20 世纪 80 年代。1981 年 9 月,我国著名社会学家费孝通先生在为中国社会科学院新闻研究生做专题报告时提到了新闻社会学研究的四个方面,分别涉及对新闻发布者、新闻内容、新闻接收对象、新闻效果的研究。[①] 之后,有过留美经历的一些海外华人传播学者开始把具体的研究方法带入进来,并在大陆展开了一系列调查。最近 10 余年来,我国学界探讨媒介组织新闻生产的研究成果逐渐增多,不少硕博士学子在完成毕业论文的过程中选择新闻生产社会学议题。2006 年,张志安以《编辑部场域中的新闻生产——〈南方都市报〉个案研究(1995—2005)》一文通过了复旦大学的博士论文答辩,这篇论文是国内较早运用人类学的参与式观察和访谈法来研究编辑部组织中新闻生产的学位论文。李良荣教授如此评价这篇论文的研究思路:"新闻生产过程及其产品具体而细微地反映出一个传媒组织的内在文化、价值取向和一个国家的新闻政策,反映出一个国家政府、市场、媒体三者的博弈关系。"[②]

张志安、洪兵等人的新闻生产研究更多地是讨论与新闻专业主义有关的话题,他们的研究对象均为生存在一线城市、在采编业务上有着明确分工协作、管

---

[*] 该文作者为赵亚净、杨星星。
[①] 张梅:《从社会建构主义到新闻建构论》,《福建师范大学学报》2011 年第 1 期。
[②] 张志安:《新闻生产社会学视角下的田野观察和案例研究——从博士论文〈编辑部场域中的新闻生产〉谈起》,《新闻记者》2017 年第 5 期。

理机制成熟的专业化媒体机构。但是,对于那些生存于经济不发达的边疆地区、在采编业务上没有明确分工的党报媒体而言,他们又是如何完成新闻生产的呢?与张志安、洪兵等人的研究对象不同,笔者认为,民族地区地方党报的特殊性和复杂性不在于地方经济社会的不发达,也不在于采编业务分工的不明确,其根源问题应从民族地区地方党报在我国传媒网络格局的位置,以及民族地区党报的地方性、民族性特征和它们所承担的特殊传播任务来理解。

民族地区地方党报是我国地市报体系的一个重要组成部分,与非民族地区不同,这些报纸在传播党的声音、报道地方社会的同时还承担着传播民族文化、维护民族地区稳定、构建和谐民族关系的重任。换句话说,民族性是民族地区地方党报的另一个特色。传播民族文化,塑造民族社区内部共同体意识,以此维护社区内部的稳定团结是民族地区党报承担的另一个重任。从民族学意义上来说,少数民族新闻事业是我国民族工作的一部分。"以其对少数民族的特殊了解,来完成宣传民族政策,交流民族工作经验,促进民族团结,推动少数民族繁荣发展等任务,同时也有助于全社会的安定团结。"[①]

因此,笔者认为,民族地区地方党报的特殊性可以沿着两条线路出发予以探讨。从传播学视角出发,民族地区地方党报存在的重要意义有二:其一,报道党和国家的纲领路线、工作方针,承担"上情下达"的责任;其二,报道地方社会,实现区域内的信息沟通与协调。从社会学、民族学视角出发,民族地区地方党报的新闻生产实践是我国民族工作的一部分,承担着传播民族文化、维护民族地区安定团结,推动民族地区繁荣发展的重任。

学界对民族新闻的界定有多种维度,主流观点分别从地域特征、报道方式、民族意义和报道内容四个维度概括"民族新闻"的概念。结合这四个维度,笔者认为,民族新闻就是运用符合民族个性特点的报道方式、对新近发生的与少数民族政治、经济、文化、生活等方面有关事实的报道。本章关注的是民族地区地方党报在民族新闻领域的新闻生产,通过引入新闻社会学视角,以云南省西双版纳傣族自治州党报媒体《西双版纳报》为个案,在收集了大量田野资料的基础上,追问:为了完成信息传递、做好地方民族工作,报纸要生产哪些内容?作为一个特殊的研究对象,在其生产过程中又有哪些特殊的因素发挥着特殊的作用影

---

[①] 白润生:《少数民族新闻传播学基本问题探析》,载《新闻学论集》编辑部编《新闻学论集》第28辑,经济日报报社2012年版。

响着《西双版纳报》的新闻生产？进而从中讨论地方媒体与区域社会、区域文化的互动关系。

《西双版纳报》是中共西双版纳州委机关报，创刊于1957年3月4日，用傣文、汉字两种文字出版。作为一份地市级党报，该报由西双版纳州州委宣传部领导出报业务，是党和人民的喉舌，努力宣传党的政策、方针、路线，并围绕地方政府的工作要求进行舆论引导。作为一张"报"的存在，该报创刊以来以报道地方社会为己任，报道了当地人民在政治、经济、文化建设方面的一举一动，生动反映了当地的历史沿革、风土人情和文化脉搏。近年来，该报紧跟媒介融合的时代趋势，依托传统纸媒先后办起了三种文字版本的"西双版纳新闻网"（汉文、新傣文、老傣文），承办有手机报，相继开通了"西双版纳报"微信公众号和手机端"美丽西双版纳"App，在新闻报道中也用上了直播技术。目前，报社设有记者部、汉编部、傣编部、网络新媒体部等部门。

## 二、《西双版纳报》的"民族新闻"生产实践

从民族学意义上讲，民族报纸的新闻工作也是我国开展民族工作的一部分，报纸通过挖掘民族地区的民族性、文化性塑造民族社区内部的共同体意识，以此凝聚社会认同、维护民族团结、保障社会秩序的正常运行。文化具有社会价值、经济价值，文化是值得被发掘与保护的。多民族文化在媒体平台皆有所展现，既有对民族节庆文化的报道，又有对民族文化的具体呈现，每年傣族的泼水节、哈尼族的嘎汤帕节都是媒体报道的重要内容。

（一）民族节庆

民族节庆是民族历史文化长期积淀的产物，具有鲜明的文化符号和记忆符号，是民族文化的结晶，也是窥探民族文化、民族社会的窗口。节日文化的意义不单单是消遣或消费，也是塑造区域民族认同、社会认同的载体。媒体报道为节庆文化的操演提供了新空间，如果说真实空间的民族节庆凝聚了民族认同、区域认同，那么媒体呈现不仅没有削弱节日文化凝聚认同的能力，甚至还有所加强，大众传媒的传播活动打破了区域地理空间的限制，拓展了节日文化的传播范围。在流动的社会，即便有些民族群众早已脱离原来居住的民族区域，仍能通过传媒的节日报道感受到文化认同带来的心理震撼。

以2017年泼水节期间的报道为例，其采访报道包括有下述几个方面。一是

提前预报泼水节期间的活动日程。如 2017 年 3 月 30 日，微信公众号就推出了《2017 年泼水节倒计时丨此图在手畅玩泼水节》的推文，报道了节日仪式、民俗活动的时间安排，预热活动；2017 年 4 月 12 日的报纸则以新闻《景洪市傣历新年节活动精彩纷呈》为题报道了泼水节活动日程和精彩看点。二是报道社会各界民众喜迎泼水节的行动，如报道政府部门为保障泼水节期间的安全问题开展的具体工作，《景洪交警全力做好"一节一会"交通安全工作》《州食品药品监管局加强食品药品安全监管》分别报道了地方交通部门和州食药监局为了保证节日期间的交通安全、食品安全做出的工作安排。三是报道泼水节活动日程里的具体活动。如第二十届西双版纳边境贸易旅游交易会的筹备工作和开幕活动、谭维维专场演唱会、西双版纳美术馆、非遗馆开馆仪式等均在报纸和微信公众号有所体现。四是以图片的形式展示民族节日期间的精彩瞬间，尤其是对节日仪式的报道。取水仪式是泼水节重要的仪式环节，仪式需要数名少女取水，取水仪式取回的水被送回西双版纳泼水广场也就意味着泼水节的序幕正式拉开。微信公众号"西双版纳报"以推文《2017 年泼水节 12 位取水少女诞生》为题，用大量图片报道了 2017 年取水少女总决赛；报纸没有专门报道取水少女的诞生，刊发了新闻《我州各族群众欢度"东方狂欢节"》。

这些文本呈现出了什么样的特征？其一，节庆报道突出政治效益。民族节庆不仅是文化资源，也是地方社会的政治资源。1974 年，老报人 YHB 进入傣编部，他回忆当时报社对民族节日的报道时曾提到，傣族的泼水节既是一个重大的、喜庆的节日，又是反映地方社会民族团结的象征，他们在进行泼水节的报道时，新闻报道中必须要写入州长在节日期间的讲话，突出节日的政治意义。今天同样如此，记者 LGH 等人采写的报道《我州各族群众欢度"东方狂欢节"》里就写道："州委书记、州人大常委会主任陈玉侯，州委副书记、州长罗红江，州委常委、副州长洪伟，副州长吕永和、董大伦、寸敏、刘俊杰，州政协副主席帕松列龙庄勐来到泼水广场，和各族群众一起参加泼水活动。"新闻报道通过呈现地方领导人集体参与庆祝泼水节活动，表达政府对民族节日的重视以及民族节日的政治性。

其二，节庆报道突出经济效益。节庆活动为地方经济的交流、合作提供了一个平台，尤其是在民族地区，富有地方特色、民族特色的节庆活动常常吸引着外来者的进入，带动地方经济的发展。仍以新闻报道《我州各族群众欢度"东方狂欢节"》为例，记者分别采访了重庆的游客廖女士和海南的游客邱朗，两位受访对象就泼水节的地域特色、民族特色和节日魅力发表了各自的看法，写道："除了激情四射的本地人和国内各地来的游客外，外国游客也纷纷参加'水战'，尽情享受节日的欢乐。"另外，节庆期间巨大的人流量也为地方政府展开经济交流活动提供了便利和商机，比如近年来，地方政府组织的西双版纳边境旅游交易会常常与泼水节相关联，既要庆祝民族节日，又要借此机会开展经济交流、拉动地方经济。报社针对第二十届西双版纳边境旅游交易会展开了报道，采写了《我州积极筹备第二十届边境贸易旅游交易会》等新闻稿件。

其三，节庆报道突出文化效益。民族节庆本身就具有文化性，《西双版纳报》的报道充分挖掘了民族节庆的文化性，如副刊《绿宝石》刊登过的《泼水节的小卜哨》《泼水去》《家乡的泼水节》《赶摆活动引来八方客》等文章无不是在报道节日文化、节日习俗。民族节庆也为外来文化提供了传播的契机，游客带来了与本土文化相异的品位，地方政府也有意迎合国内外游客的品位，因此泼水节的活动日程兼容并包了数项符合外地游客审美品位的活动，如国际斗鸡大赛、谭维维专场演唱会、热带雨林摩托车穿越大赛等，新闻报道同样报道了这些与本土文化相异的活动项目。对这些非本土文化的报道，既体现出了文化的冲击性，比如记者 LQH 以"视觉冲击"形容谭维维的演唱会，同时又体现出了本土文化与外来文化的相通性，记者 MY 在采写的新闻稿中就写到斗鸡活动也是老挝、缅甸、泰国等周边国家和地区的一项民间传统体育活动。

（二）文化事件

由政府牵头策划的地方文化事件具有政治效益、经济效益、社会效益和文化效益，它丰富了区域受众的文化生活，同时也是区域社会对外展开交流、互动的平台，对外展示着地方社会的文化形象。"澜沧江·湄公河流域国家文化艺术节"是中共云南省委宣传部、中共西双版纳州委委员会、西双版纳州人民政府主办的流域国家文化艺术交流活动，以澜沧江、湄公河国家文化为背景，以民族文化、民族艺术为内容对外展开交流活动，是近些年来地方社会承办的颇为重要的对外交流文化事件。

其一，报道文化事件的流程、动态是报社针对事件展开的基础性报道。2017年12月12日至14日是当地政府举办"澜沧江·湄公河流域国家文化艺术节"的时间，记者部主任 WT 向笔者转述了往年报道艺术节的经验："往年的报道都是跟着活动走，活动有什么我们就安排记者。"① 艺术节前期的报道是预热阶段，汉文报推出了《搭建文化展示交流的平台》《聆听傣陶之声》《一场"水"的文化盛宴》《穿在身上的艺术》《以陶为媒遇见未知的美好》等多篇新闻报道，通过报道往期举办经验、撰写人物专访的形式分别为艺术节期间的陶器展、摄影展、民族服装展等进行预热；艺术节期间，其报道的重点是文艺晚会和各类文化艺术展览，为了保证报道任务顺利完成，记者部在艺术节期间对记者做出了详细的分工安排；艺术节后期，报道会针对事件进行总结性或回顾性的新闻报道。比如 M 姓记者就在 2017 年 12 月 23 日汉文报的副刊《绿宝石》上发表了一篇《澜沧江边听交响乐》的新闻报道，以观众的视角回顾了 12 月 23 日"景兰音乐之夜"交响乐晚会的节目内容，又追踪报道了 2017 年（第七届）澜沧江·湄公河流域国家文化艺术节展览座谈会，回顾艺术节的展览历程和展览经验。

其二，文化事件报道有其侧重点的呈现。记者部主任 WT 说过往年文化节报道的经验跟着报道方案走，报道重点是艺术节期间的各类展览、文艺晚会等。歌舞晚会是艺术节对外形象的集中体现，报社要求记者艺术节期间不仅要按时交稿，而且涉及领导讲话的新闻稿还要送交地方宣传部门审查。另外，西双版纳报社没有专门的摄影记者，为了保证几场大型晚会的宣传效果，报社特别从网络新媒体部抽调了一位有美术功底、摄影功底的编辑来负责晚会摄影。有关各类展览的报道，其报道范围不只限于其流程性、场面化。艺术节期间，报社还要求记者抓住机会访谈被邀请前来参展的文化、艺术界名人，以人物专访的形式呈现外部社会对文化事件的认可。

其三，由地方政府主导的文化事件也是地方政治效益、社会效益、经济效益的集中体现，因此新闻报道还常常把文化事件拔高至政治高度。仍以 2017 年 12 月份的澜沧江·湄公河流域国家文化艺术节为例，在地方宣传部门的领导下，就文艺晚会、各类文化艺术展览展开报道，要求报道要突出"政治高度、文化品牌、艺术魅力、国际影响"。艺术节期间，报社要求记者抓住机会访谈被邀请的文化、艺术界名人，要求他们从政治高度出发，发表对"一带一路"及对十九大精神的看法。文化事件期间的报道同样也要保证宣传安全、维护政治利益，因此，来自上级管理部门的新闻审核是必不可少的环节。

---

① 2017 年 11 月 16 日笔者访谈记者部主任 WT 的记录。

## (三) 民族宗教

民族问题是社会发展过程中不可回避的一部分，民族问题具有普遍性特征，而且民族问题还是比较复杂和敏感的问题。传播正能量的民族新闻报道，有利于推动民族工作健康发展，维护民族团结、社会稳定，推动民族地区社会改革发展。民族问题与生俱来就带有敏感性，但是在新闻工作中，从业者不能因为其敏感就对涉及民族问题的新闻报道感到退避三舍。在正确、全面理解民族政策、客观看待民族地区问题的基础上，报纸可以通过转换报道视角、调整见报日期等形式，既巧妙地呈现涉及民族问题的新闻报道，又使得新闻报道为社会主义建设服务。

宗教问题经常以民族问题的形式表现出来，是民族问题的重要组成部分和民族问题中的敏感因素之一。[1] 新闻如何呈现宗教问题？2017年10月28日，《西双版纳报》记者LGH带笔者前往西双版纳州总佛寺采访大佛爷，去采访前，笔者误以为LGH要以人物专访的形式做一条刊发在《傣乡周末》的文化新闻，之后得知，原来，这次采访主要是请大佛爷来谈一谈他在西双版纳州"两会"上的政治提案。西双版纳州总佛寺是云南省西双版纳州佛寺中等级最高的佛寺，有"佛寺之首"的尊称，是傣族信仰佛教人民心目中宗教文化的象征。D是西双版纳州总佛寺的一名大佛爷，负责该寺院大殿的管理工作。D于1982年入寺为僧，先后担任过寺院主持、勐腊佛教协会副会长兼秘书长、市佛教协会副会长兼秘书长等职。

这次采访的提纲是由记者部主任WT提供，WT为LGH提供了几个采访要点：大佛爷从事宗教工作的履职情况；重点针对大佛爷在景洪市"两会"的优秀提案展开描写，至少要采访到两个；对大佛爷参与调研、考察、视察的经历展开描写。这篇人物专访预计在2000字以内，WT要求记者的报道关注在爱国、爱教的前提下，宗教与社会如何相适应，佛教寺院或者说大佛爷本人是如何开展实际的宗教工作。WT建议记者还要把寺院僧侣的管理纳入其采访范围，涉及其日常生活和文化活动，以及佛家寺院参与的爱心慈善活动。

根据记者部主任提供的信息，记者LGH的采访需要完成两大块内容：其一，

---

[1] 张焕金：《试论民族问题与宗教问题的区别和联系》，《中央社会主义学院学报》2000年第11期。

大佛爷在景洪市"两会"的优秀提案，记者部主任向 LGH 提供了其中一个较为有代表性的提案，即大佛爷建议恢复老傣文教学的提案；其二，西双版纳州总佛寺主持的"佛光之家"公益项目，以及参与捐资助学、捐资救灾等实际情况。针对这次采访，记者部巧妙地对大佛爷的采访报道转换了一个视角，带有浓重的政治色彩。以政治因素为主导进行宗教话语的选择，报道以关注大佛爷参政议政为要点，如此，宗教的文化形态被政治属性掩盖，有关宗教文化内质的传播被控制，使对宗教的报道成为为政治建设服务的一部分。① 另一方面，这篇报道通过呈现佛家文化的慈善、仁爱之举，向民众传达富有正能量的民族新闻。

### 三、地方党报新闻生产的民族性表达

文化"使社会获得意义并反映它们的共通经验"，"一切社会实践都可以从文化的视点加以主观地审视"，② 文化根植于特定社会的生产、生活实践，它反映了人们共通的社会经验、价值观念。民族地区地方党报在新闻生产过程中必须要挖掘区域内社会群体的"共通经验"，生产出符合区域社会价值观的新闻产品，民族性是《西双版纳报》新闻生产的特征，民族的力量作用于整个新闻生产实践活动。

新闻生产是一个民族化的过程。民族地区受众的少数民族身份决定了媒体在报道新闻的过程中，必须要选择易于少数民族群众阅读、理解的方式。《西双版纳报》傣文报的创刊就是这样一个典型案例。以往的调查经验告诉我们，在云南省内有民族文报纸办得较为出色的四个州市，《西双版纳报》是一个特殊的案例，其他三个州市的民文报的创刊都是紧跟汉文报纸，唯独西双版纳州的党报办报史实现从一张民文报纸开始的，1957 年 3 月 4 日，《西双版纳报》傣文报《号三》（《消息》）与读者见面。西双版纳州办报史的特殊性和当时的社会文化环境有着密切的联系，傣文报创刊的目的就是用民族语言、民族文字宣传国家的民族政策和民族工作。

民族性的另一种展现形式是以民族群众喜爱的文艺形式来报道新闻。章哈是

---

① 白贵、甄巍然：《话语偏向与"文化间性"：民族宗教报道的问题与路径——基于人民网与新华网的抽样文本分析》，《现代传播》2014 年第 8 期。

② ［美］理查德·约翰生：《究竟什么是文化研究》，载罗钢、刘象愚主编《文化研究读本》，中国社会科学出版社 2000 年版。

深受傣族群众喜爱的曲艺演唱形式,"生活中没有章哈就像吃饭没有盐巴"这句俗语生动反映了傣族群众对章哈的喜爱程度,报社抓住这一特点,以章哈唱词的形式写作新闻,让印在报纸上的新闻不仅可以用眼睛看还可以用嘴巴唱出来。该报刊登的章哈式新闻有两种类型:一类是具有教化意义的社会新闻,另一类是在歌颂党的好政策、歌颂典型人物。

再者,新闻生产中的民族性还表现在生产者在生产实践中充分利用民族符号、文化符号。地方党报新闻生产中民族性、文化性的表达不仅表现在用适合群众阅读、深受群众喜欢的形式来报道新闻上,还体现在新闻工作者在新闻实践中对民族符号、文化符号的运用。西双版纳州文化资源丰富多彩,其象征符号也比较多样化,这些符号不仅在新闻报道中有所体现,在报纸的版面设计上也有体现。记者部主任WT曾向笔者提供了数片他搜集的铅字版刊花,其中就有一片孔雀造型的刊花,这个刊花曾是《西双版纳报》文艺副刊版面的标志。

### 四、分析:新闻事业与民族社会

《西双版纳报》对民族、文化的呈现既有历史的渊源又有现实的需要。其一,创刊初期,老报人们就意识到了文化对社会的认同功能、调试功能,通过报道与社会文化、民族文化相关的新闻塑造区域社会认同,比如老报人Z就在回忆文章里写到,1957年报纸创刊后,在宣传方式上独辟蹊径,报道少数民族文化、少数民族社会生产,既满足了对政治宣传的需要又满足了受众在文化精神层面上的需求。其二,文化是最能体现区域社会特征的因素,对于像西双版纳这样一个多民族的、以旅游经济为主的地区来说,挖掘文化资源、民族资源同样也是地方政府较为重视的内容。尽管多数记者们会抱怨党政部门更看重抓生产、促建设的会议,有关民族工作、民族文化的会议较少,但是经过笔者近一个半月的田野调查可以发现,政府部门是有明确的指示要求报社、广电等媒体单位发掘地方文化,在日常新闻报道中多多体现地方文化。比如2017年11月8日该州宣传部召开的一次会议,发言人Y就提到了报道如何体现"民族文化建设发展方面迈出重大步伐",要求媒体单位主动挖掘地方文化、报道地方文化。其三,多方位、多平台的民族文化、地方文化的呈现。傣文报的文艺版常常刊登傣语故事、章哈唱词、民族诗歌等文章,尤其受傣民族群众的喜爱与欢迎。汉文报也有呈现民族、文化的方式,比如每年七八月份地方会议较少的时间段,记者部主任WT会组织记者写作一些专题文章,2017年8月起,汉文报在副刊《绿宝石》推出专栏专门介绍傣民族的《贝叶经》。新媒体也有自己的呈现方式，尽管这个部门人少难以实现内容的完全原创，但还是做起了"西双版纳美食汇"这个栏目用以介绍当地的特色美食文化。

民族地区地方党报新闻生产的地方化、民族化过程，也就是民族力量与文化力量有效渗入新闻生产的过程。首先，地方党报在处理与国家方针、政策、会议文件的宣传报道时，会结合区域社会的地方性、民族性特征展开具体的传播过程，如从地方社会寻找切入点展开对政策的解读或者是以地方社会受众接受的方式、语言来传播国家文件。其次，民族力量和文化力量的有效渗入也是新闻工作者挖掘文化、传播文化的过程，尽管报社的新闻报道多与政治会议、领导报告、经济建设有关，但是记者和编辑在采写、编辑稿件的过程中会主动在文本里展现民族符号、文化符号，就目前来看，这已经成为一种被集体广泛默认的文本处理方式，当然，其背后与新闻规律、地方文化特征、报社自身的办报宗旨等因素相关联。最后，地方文化精英、民族人士的参与。尤其是报社根据时代特征、宣传导向而决定刊发的文学作品，它们多是由地方文艺精英的投稿，尽管这些稿件大多不是用新闻的形式报道地方文化，但的确体现了社会文化精英群体在传播地方文化、民族文化上的贡献。比如汉文报较为活跃的哈尼族通讯员朗确，就经常向报社投递报道地方文化事件的新闻作品和描写地方社会风土人情的文学作品。

新闻媒介具有整合社会、凝聚认同的功能，为了凝聚多民族群众对地方社会的认同，《西双版纳报》积极配合相关部门展开民族团结进步宣传月活动，涉及民族关系、民族发展的新闻报道多为正面新闻，积极塑造各民族之间互帮互助、和睦共处的良好氛围。另外，为了某一特定时期符合舆论导向，报社对一些涉及民族关系的新闻报道进行一些特殊的处理，使之既能体现出国家对民族问题、民族发展的重视，又能符合当前的政治形势。《西双版纳报》的新闻生产实践并不是只关注于民族团结进步宣传月，其对民族问题的关心可谓是贯之以全年各个不同的时间段，除报道政府部门或机关单位召开有关民族问题的会议外，傣族的泼水节、哈尼族的嘎汤帕节、拉祜族的拉祜扩节等民族节日也是报社宣传报道的重点内容，通过报道民族节庆文化来凸显各民族生活幸福美好、民族关系团结和睦。宣传报道民族群众之间互帮互助、和谐共处的典型案例也是民族地区地方党报形塑民族关系的一种方式，如傣文报编辑在选择汉文报的新闻报道进行编译的过程中，会主动选择编译报道傣族群众与其他各民族群众互帮互助、和谐共处的新闻。

报道地方文化的过程也是一个地方文化的传播过程。新闻报道推动了民族文字的传播，1954年，国家为西双版纳地区的傣族群众创制了一套新的文字，傣文报的创刊在新傣文的推广过程中起到了重要作用。新闻报道推动地方文化的交流。傣陶原本是属于地方社会的民族民间工艺，传播范围有限，媒体对当地举办的陶艺展的全方位关注和多角度解析，有效推动了民间艺术的交流和协作，傣陶制作工艺也不断得到提升。新闻报道推动了民族文化、地方文化的传播。样式丰富的民族服装是区域社会多民族文化的外在呈现，"澜沧江·湄公河流域国家文化艺术节"期间的少数民族服装展是一个颇具地方特色的展览，展览颇具本土化，如果说陶艺展、画展常常会邀请国内知名艺术界人士来策展，但是少数民族服装展却是本地民族文化人士一手策划并有效发挥区域效应的一场展览。像陶器展、少数民族服装展这类展览与地方社会文化密切相关，是地方社会文化的真实反映，对它们的报道推动了地方文化在区域内和区域外的传播。

布迪厄把文化持有者所持有的文化资源看作一种资本，在一定的条件下，文化资本可以向社会资本、经济资本转换。受众的媒体接触和传播的赋权功能无疑推动了文化持有者手中的文化资本向着社会资本、经济资本转化的进程。记者LQH曾讲述了她采访两位哈尼族歌手的经历："现在勐海县的常务副县长原来是在格朗和乡当书记，我们是经常联系的朋友。2008年，他策划了一个哈尼族原生态歌曲大赛，所有格朗和乡的歌手都有参与，小到3岁，大到84岁，有一对兄妹参加了比赛，唱的比较出色拿了奖。当时写了篇新闻通讯，报道了两兄妹来唱歌拿奖的事。后来中央电视台有一个帮助农村孩子去北京看鸟巢的活动，我们写了他们的故事他们就可以实现梦想，我们就把这两个兄妹的故事发了过去，这两个兄妹被选中去了北京，还登上了央视春晚的舞台。"

## 下篇

### 新闻人口述实录

# 第一章 德宏州口述实录

## 一、报　纸

### （一）王启鸿访谈记录

访谈对象：王启鸿，《德宏团结报》原副总编、全国好新闻工作者。工作时间：1954—1991 年。

1954 年以前我在农村搞生产，1954 年 12 月组织通知让我回机关上班，先是在龙陵县委宣传部，后来又把我分配到了保山。当时是保山地委派了一个工作委员会来管德宏的事，所以这张报纸的出版是由保山地委策划，由保山地委调配人员、设备办报，就这样我被分配到了报社。云南解放以后，潞西县（今芒市）、龙陵县、盈江县、陇川县等地的交通相当落后，一份《云南日报》拿到手以后，相当于是在"读历史"了。省里在这里设立有收音站，主要是广播中央人民广播电台、云南广播电台的新闻。我就是沾着收音站的边，但我还不是收音站的人，收音下来的东西要刻成油印品，就像办一个油印小报一样，可能是因为我负责油印小报的工作，所以才有机会调来《德宏团结报》。我调来《德宏团结报》的时候遇到了好多熟悉的同事，都是龙陵收音站的，以前在昆明一起接受过训练。

我到报社是作为编辑人员调来的，当时设备不到位，只能出铅印版，最重要的是德宏傣文从来没有铅印过。铅印要先铸铜模，然后再像汉文那样排版印刷，景颇文、傈僳文都是拼音文字还能用以前的铜模，唯独傣文要自己做铜模，研究出报方案的时候就决定先用石印来过渡。石印有个程序是制版，都是手工写成，包括景颇文、傈僳文、傣文和汉文。我虽然只有初中学历，但文字还算擅长，就开始负责写傈僳文制版稿，还有景颇文的一部分。刚开始做制版工作非常小心翼翼的，连口气都不敢大喘，哈着点气就可能会版面污染，影响印刷效果。石印过渡到铅印后，我就又回到编辑部，前期主要负责组版，采编一体化后，组版问题得到解决，我才出来做采编工作。

《德宏团结报》刚开始创刊是四开报，四个版，一个文版占一版，汉文一版，傣文四版，景颇文二版，傈僳文三版，我认为这种办报方式不科学，一个汉文读者也不会去读民文文字，这就是浪费，但是创刊时候也是不得已。后来改成汉文和三种民文版分别对照出报，出过一段时间后才改成了各自分版出报。我是汉编室组长，当了三次下了三次，有各种各样的原因，最后我退休的时候是副总编辑。写石印稿的时候，为了提高效率，我也开始学习民族语言。不管是民文版还是汉文版都有通稿，一般都是汉文版先出，然后各民文版转译。像"两会"这样的大事件都有通稿，实际上民文版编译室主任的工作就是统揽出报工作，一般总编辑、副总编辑不太会干涉民文版出报工作。1989—1991年元月退休前，我都在负责这五种文版的出报工作，主要是汉文版。

德宏州撤销又并回保山后，保山要出《新保山报》，就把报社并去了保山，芒市只留了个印刷厂，我也跟着去了保山。但是我当时成分不好，还没彻底平反，不能当编辑，只能在印刷厂参加制版，一直工作到1972年《德宏团结报》复刊，我从保山回到芒市，开始负责收发北京来的新闻稿。1978年，我的政治问题才搞清楚，也是这一年我入党了。1978年后我开始恢复编辑工作，这之后我采访并撰写了一些新闻稿件，刚好全国好新闻工作者评先进，报社有一个名额，同事比较认可我，就推荐了我，开始写材料帮我上报，1984年我被评为"全国好新闻工作者"。

我做报纸工作做了将近40年，比较值得回忆的第一点就是办报纸不容易，特别是像我这样学历比较低的人。我读初中时社会动乱，读初中前是滇西沦陷三年不得读书，等回来读五年级时已经14岁了，初中还没读完就已经解放了，那时候我都19岁了，想去读书也没地方收，也读不起了，有人建议我参加工作我才去的收音站、报社这些单位。像我这样的出身来做编辑工作非常不容易，要更加努力补知识，补了好多年才开始做编辑，都是慢慢磨出来的。非常遗憾，我还是遇到了一次编辑失误，那时候我还在组版，德宏有个民族访问团去北京受到毛主席接见，访问团回来写了篇通讯交给编辑部，我那时候组版都是一版要闻，二版通讯,我就把这篇通讯稿放在了二版上。报纸出来后我就捅娄子了,好多群众反映怎么毛主席接见民族访问团的新闻不在头版,我也受到了批评。怎么办报纸?什么样的新闻该上头条?我认为这个问题到现在也是非常值得讨论的。这些问题把握不准,肯定不行,如果一个报人和报纸不是一条心、一个立场,站在旁边来看这件事就错了。

关于做好新闻工作,我有几点想法。一是记者要有自己的信息网络。我当编辑的时候,至少芒市地区有我的信息网络,不需要报社安排,你要自己去建设,当有什么想法的时候你就有点可以采访,这些人虽然不会写文章但是会反映问题。十一届三中全会公报发表之后,报道的第一篇反映文章是我抓到的,我早早就认识了潞西县委书记韩朝刚(音译),恰好当时他从基层回来,他带着手机早就收听到了公报,思想开始提高,他也思考了很多问题,回来以后,他就来找我谈了,我就把这些翻过来覆过去地记在了小笔记本上,回到单位就写成了这篇报道。报人必须要有自觉性,要建立自己的信息点。有一次我又遇到韩朝刚,他告诉我芒市周边一个傣族村种了好多西瓜,傣族有村民把西瓜拉到大理下关贩卖,顾客多,傣族村民称不过来,有些人也不称就拿去吃了,西瓜拉了一大车没卖到多少钱,有个白族姑娘知道这件事情后就帮忙称瓜,这才收回来一部分钱。这是改革开放后出现的新闻,韩朝刚讲给我听,我写出来给读者看,后来这条新闻还成为我新闻业绩的一部分。

另外一点是报纸的管理工作。我认为有一些套路是懒办法,比如像包干这种管理方法,一版包给一个人,作为管理者只关心最后有哪些新闻在上面,这样问题就多了,这就是新闻操守的问题了。我主持汉文版工作时,各个专版有专人负责,其他新闻部分统编统组,编辑按积分考核,你编了多少篇新闻,质量如何,按照标准打分数。量化管理这个工作有点麻烦,但是比包干效率要高很多,包干就是完成一版给多少补贴,量化后超额有哪些奖励,量化考核还能让新闻各得其所。量化管理要打分,每一篇从标题到图片到内容都要打分,比较烦琐,所以我退休的时候就不留恋这份工作了,苦够了嘛。说到底就是管理出效益、出质量、出工作,奖金是个润滑剂,分数多了奖金就多,积极性也调动得起来。

第三点是新闻要保鲜。一个月前的新闻编出来,冬天都变到春天去了。新闻要保鲜,拿"两会"期间抢新闻来说,可以实现研究报告、行程,提前安排好人、可能用到的资料,准备抢稿。新华社一个记者采访周恩来总理从缅甸回来组织中缅友谊大会,大会还没开,总理还没走过畹町桥以前,消息就写出来了,到现场看没有变动，就可以抢着去邮电局发稿。有些程序式新闻可以事先调查研究写好，突发式新闻就要靠记者的本事，主动去抓时效。

《德宏团结报》现在有四个民文版，这在全国来看恐怕也就只有这一家，现在又加了缅文报，算是六个版本报纸。我只是懂一些简单的民族文字、民族语言，我觉得报社领导要对民文版有感情，至少要了解民文版一些最基础的知识、文字。再有，汉文版和民文版要懂得互补，搞好内部关系。

刚开始办报的时候还要下乡去读民文版报纸。1964年中国第一颗原子弹爆炸成功，我和傣文版同事一起去周边寨子读报，宣传党政方针。但是读报在当时没有形成规模和制度，读报安排没有规律，有时候一星期去一次，有时候一个月去一次，也没有在村寨设立固定读报站点。而且读报工作需要文字扫盲班帮助，突击扫盲以后就可以读报，所以读报落实起来是个大问题。我记得有个傣文版的读者就是扫盲班之后，就开始给村里读报。他跟我讲过一个有意思的事情，有一次他和村里干活的妇女说："你们给想要钱（你们想不想要钱）？"妇女说："想要呢。"他就说："想要的话你们克找萨达姆，找到得2000万呢（抓到萨达姆有2000美金悬赏）。"从这就能看出来农村的那些妇女还是关注世界大事、国家大事，抓到萨达姆这件事都知道，报纸一般科普知识多，他们有可能是从电视、广播上听到的。所以，读报还是要满足群众的需求，不是穿件民族服装、拿份民族报纸装装样子拍个照片，那个就是骗人了。"文化大革命"结束后，有封从盈江县最边疆地区的读者来信，反映他们比较关心国家大事，这就是读报以后的反馈。

我和同事去瑞丽发行过一次傣文报纸，少数民族居住地交通大多不方便，报纸能不能送到读者手里是个问题，到读者手里后能不能读、会不会读又是个问题，报纸怎么改版、怎么彩印我认为不是最重要的，重要的是读者能不能读懂，喜不喜欢读。《德宏团结报》从创刊开始就把读者对象定为全州各民族百姓及其干部，特别是民文版，读报工作对百姓帮助还是很大的，解决了信息流通问题，但是后来民文版被弱化了。现在宣传工作又提出了"五用"宣传法，就是用民族干部宣讲法治、用民族语言传播法治、用民族文字诠释法治、用民族节庆展示法治、用民族文化体现法治，但是我认为报纸办出来还是要有人看，不然就是白办。

（访谈时间：2016年7月16日；访谈人：赵亚净、窦翔；整理人：黄博）

## （二）多守翠访谈记录

访谈对象：多守翠，《德宏团结报》傣文编译室老报人。工作时间：1958—1989年。

我父亲多永清是最后一代陇川宣慰司土司护印，大伯多永安是第二十六代陇川宣慰司土司。我大伯1936年开始任土司，那时候时局动荡不安，大伯为了抵抗日本人的侵略，把原来的陇川土司武装整编成一个支队，我爸爸当支队长，他两个积极拥护抗日。解放后，我大伯当过陇川县县长、德宏州副州长，我爸爸也在政府部门任职。我今年82岁了，还记得我家的院子非常大，院子后面还有一片森林，就像我爱看的《红楼梦》里的大观园一样。后来人民政府成立了，新政策也实施了，1955年土司制被废除了，大伯、父亲拥护政策开始去政府部门任职。我家的院子刚开始还在，后来慢慢地就被拆掉了，现在只剩几小间，方便我们祭祖用，以前的地方建成了商业街，我不经常回去，偶尔会想起小时候的家，我的爸爸、妈妈和兄弟姐妹。

陇川解放后，政府来动员我接受新教育去读大学，我那时候还是个小姑娘，也没有太多想法，我家人就支持我去了。我先去云南民族学院读了几年书，后来转去成都的西南民族学院。那时候交通不方便，出去上学很困难，都是政府用汽车把我们先送出去再坐火车去上学。1958年，我从西南民族学院毕业，先被分到了省里的语委，后来又调去出版社编小画册，再后来才调来《团结报》傣文版编译室，那时候还不叫《德宏团结报》。我来的时候傣文版已经出报一段时间了，1954年《团结报》就开始试办了，1955年正式出版。刚开始报社很简陋，还不能印刷，靠方政新手写报纸，写在石头上印刷，我来的时候已经开始打版铅印，用活字印刷，把字排出来再来打版。

我从一开始就在《团结报》傣文版做编译工作，编译就是要翻译汉文版，把翻译好的文字手写出来，然后要把版样画好，才能让工人排版，工人把字排好了给我们来校对，哪里不合适又要叫工人去改，我们要校对两遍才能拿去印刷，排版要好几个小时呢。以前我们有四个人，派出两个人下乡去宣传，读报纸给群众听，留编译室两个人翻译新闻。我们画版、校对、翻译都是自己做。

读报也是为了给群众宣传党的方针政策，普及种植养殖知识。读报工作很辛苦，是那个年代没有办法的办法，因为不是所有老百姓都识字，大多数傣族年轻人不识字，看报很困难，我们就只能一个村寨一个村寨地串着去读报。一般我们编译室四个人轮流下去读报，要先去找合作社，让合作社的人把老百姓集中在奘房，给他们读报。一周要去一两次，大多数时候去附近的寨子，有时候去的地方远，要住上几天，"文化大革命"的时候才停止读报。我们有个老师傅会读会写又会唱，以前有些老人只会老傣文不会新傣文，报纸用的是新傣文，就要去读给他们听，去普及新傣文。后来还办了夜校。以前报纸才六分钱一张，我们以前还会送报，把打包好的报纸免费送给合作社。我们去寨子宣传，有的人写的诗歌、山歌等好文章，人家投稿来，我们要给稿费，还会赠送一张报纸。一般都是老人识字，但是年轻人识字的少，所以我们就去办夜校扫盲，请寺庙里的和尚来教傣文。办扫盲班前先告诉合作社，合作社会跟老百姓说什么时候会有扫盲班，到时候人就会来了。新傣文改过两次了，都是改符号，州上要改我们就得跟着改，只换音调，把原来的铅字符号化掉烧新的，再后来用铸字机铸字。

我们读报有时候也可以叫唱报，傣族老百姓喜欢唱山歌，把政策编成山歌唱给老百姓听，老百姓最喜欢。老百姓经常跟我们说："喜欢呢，喜欢呢，常来噶！"我们那时候读报，经常会去近处，远处交通也不好，单车也买不起，都是走着去，或者坐拖拉机去。报社也没给什么经费，都是走路去，也不需要什么经费，一般读完报纸就走了。我们会趁着读报的机会做些其他事情，读报的时候发现有会写东西的老人就把他们的名字记下来，他们来写稿，有些山歌、诗歌都是靠他们写来的。我们读报有两方面，一方面宣传科普，一方面去发展通讯员。傣文版对老百姓的影响还是大的，像科技这些，有些人不懂汉文，瞧瞧傣文他就懂了，就知道怎么去种植、养殖。

1966年"文化大革命"开始，《团结报》就停刊了，傣文版也跟着停刊了。1958年德宏州又被撤销，1969年报社搬到保山创办《新保山报》。我也跟着搬迁队伍去了，但是《新保山报》没有傣文版，组织上就把我们傣文编译室的人分到了其他岗位，我去工厂做装订，刀保乾、方政新等三个人被分去管伙食。1972年德宏州恢复了，《团结报》搬迁回芒市，我们又跟着搬了回来，继续办傣文报。听说要从保山搬回来了，我很开心，又可以去做自己擅长的事情了。1972年的搬迁，芒市过去的人回芒市，保山的人就继续留在保山，原来搬去保山的机器再搬回来，有些芒市过去的人也会选择留在保山。

从1958年过来到1989年退休，我在《德宏团结报》傣文编译室工作了30多年，这30多年时间里，报社的变化很大。以前消息很少，要下乡才能找得到，现在消息多了，技术也好了，以前还要手写现在不需要了。报社变化也大，现在编译人员都是大学生，以前有初中生，也有小学生，像安保（现任《德宏团结报》傣文编译室主任）他们都是大学毕业，还有一些会去党校培训拿学位。几个和我共事的老人都是初中生，像刀保乾、方政新都是在龙陵读过中学回来的，他们很能干的，他们都懂老傣文，傣族的经书、《红楼梦》这些他们都翻译过的。

我这30多年一直都在傣文版编译室做编辑，后来报社领导说要我负责编译室，我说我要退休了，还是要把机会让给年轻人。年轻人都刻苦勤奋，就给他们做。我做好翻译就得了，我也不认为我在编译傣文上有什么困难，我翻译得比较快，写的也比较快，只是做普通编译工作，我觉得我做得很顺利，没有什么困难可讲。

（访谈时间：2016年7月12日；访谈人：赵亚净；整理人：黄博）

（三）李向前访谈记录

访谈对象：李向前，前景颇文编译室主任、德宏团结报社社长。工作时间：1973—1993年。

我是1950年10月出生在云南盈江县铜壁关乡，是景颇族人。我曾经在盈江县铜壁关乡中心小学和工读学校读书时学过景颇文。但实际上我还没读书的时候，我们村里面就有办夜校，我在家的时候就学会了景颇文。我本来学习好，但因为家境原因，经常和同学约了逃学，最后小学也没上完。那时候跑回家就会去夜校学习景颇文。后来在家待了两三年又觉得不读书不行，又去工读学校学习，后来又考上德宏州农校。当时我14岁来到芒市，从老家到芒市要4天，我们只有走土路，没有公路。我的母亲不让我来，家里孩子多没有劳动力，我有15个姊妹。我思想斗争很激烈，决定要走，身上就带了10块钱，当时10块钱也算多了。我母亲就和我说了一句话："你以后撕纸吃就行了，我没有钱供你读书。"来了之后很艰难，到了周日，我们到山林里捡果子，帮单位拉土，挣钱来贴补平时需要。中途想回家又翻过几座大山走路回家。所以从小就特别能跋山涉水，有一次在路上没吃早饭，差点饿死在半路上。一直到1968年底，遇到"文化大革命"的时候，知识分子要下乡去，我当时不甘心出来读书又回去乡下，正好解放军某部队要招兵，这中间经历了许多挫折终于当了兵，当时到部队，有很多活动,他们认为我是学生肯定是有文化,让我写决心书,实际上我在学校没写过东西,真正读书的时间很少。他们推荐我,我又不好意思拒绝,每天晚上九点熄灯后,我买了电筒,躲在被子里写决心书。刚开始很艰难,就和老兵学习。那个时候就是被逼出来的,但是我表现好,在部队进步很快。后来1970年我考上了空军,但是因为家人在缅甸,最后也没去成。后来德宏州恢复了,有很多机会,很多战友给我写信让我回去,最后因为家庭困难,我决定回家去,1973年就退伍了。

1973年我从部队退伍之后,5月份到了景颇文编译室,因为我已经掌握景颇文,所以就学习一些编译的工作。我来到报社的时候,编译室只有三个人,有雷老三、尚德祥以及一个排字工李麻都,后边又来了一个叫扎朵的编译工。团结报社最初创刊,孔早兰是景颇文组的组长。孔早兰现在在瑞丽农村,应该也有七八十岁了,他了解当时的历史情况。还有雷老三、尚德祥,不过这两位报人都已经去世了。当时他们三个人负责编辑翻译,是创刊开始的第一代报人。还有一位排字工人,叫李麻都,当时用的都是铅字排字,现在已经去世了。孔早兰老师当时在我来报社之前就调走了。在我的印象中,当时的困难就是编辑人员很少,开始只有两个人办这份报,没有时间去采访,纯粹是搞翻译工作,把汉文版的报纸拿过来自己翻译成景颇文,再进行出版。当时的排字工只有一个人,不能亲自采访,就没办法反映景颇山区的情况,因为景颇族大部分都在山区,记者没办法深入到山区,要真实地反映景颇族人民的心声、愿望是很困难的。因为发行和交通困难,很多老百姓没办法订到报纸。此外,能够在本民族地区通过自己的通讯员写稿的人很少。经费的困难也是当时报社的一大难题,在解放初期,发工资都很困难,德宏的经济发展也很滞后,办报的基本设施也很落后,起初都是通过铅字排版,接受信息都是通过收音机。我们有一台在"二战"时期从美国的飞机上缴获了一个远程的、功力比较大的短波收音机,通过收音机来收中央电台的信息,然后抄出来,再进行排版。后来,我当社长的时候,国内的设施都比较先进了,我们到广西桂林日报社学习考察后,就建了一个地面卫星站来接收信息。当时设施落后,维修率比较高,所以工作效率也比较低。

当时两个老人一生病,就没办法按时上班,有17期报纸都没有出版出来。读者订了报,钱也交了,但是报纸出不来。这怎么办呢?在扎朵刚来的时候,我和她说,一起把这差的17期补上。差报纸真的是个大笑话,报纸一定是要保证天天出版的。我们白天上完班之后,每天晚上8点钟接着上班,当时什么补贴也没有，最多就是晚上吃一碗面条，11点的时候吃就当吃夜宵。我和雷老三每天晚上都是上夜班，扎朵因为是个女同志，上到12点钟，就让她回家去休息了。我和雷老三上夜班，上到第二天早上7点钟才下班，吃个早点，又接着上班。所以我现在逐渐养成了晚上可以不睡觉，但是中午一定要午休的习惯。后来经过几个日夜的努力，终于把17期的账给补上了。当时也是很苦的，又要翻译又要排字，有时候排字工李麻都因为生病、探亲回家等缘故，我和雷老三又翻译又排版，我们样样都会，翻译、写稿、校对、排版都是我们。

"文化大革命"的时候，我们德宏自治州都停刊了，他们就搬到保山。当时报纸什么的都没有了，都取消了。我在河南安阳当兵退伍回来，到报社之前，德宏州才恢复。《团结报》在1972年下半年又搬回芒市，10月1日复刊。当时退伍回来，州公安局也要我过去工作，报社也要我。报社当时很缺人，只有两个人，我再三考虑之后，还是来到了报社。首先我爱景颇文，也很喜欢文字工作。反正当时我觉得，到哪里工作都是为了党和国家的事业，虽然工作单位不同，但是目标都是一样的。我1993年离开报社去州委任常委兼宣传部部长，对现在报社的情况，也有了大致的了解。我在报社的时候，状况也改观了不少，经费也是尽量保证。但现在还是缺少编辑人员，经费不足。

说到载瓦文版的创刊，大概在20世纪50年代就有两种观念，争论了好多年。当时持反对的观点主要认为，在一个行政区域以内，一个民族的人聚居在一起，如果要出版两种文字的话，不利于交流，也不利于团结，也会给国家增加很大的财政支出，这个地方又有景颇文，又有载瓦文，办两种文字，一个学校也要配两种文字的老师，配置老师就非常困难，师资力量也在减少。景颇族人口很少，弄两种文字，力量就分散了，包括财力都会分散，这对整体的发展也是很不利的。坚持要搞载瓦文的人呢，认为景颇族有一部分地区不懂景颇语，所以一定要搞载瓦文。所以当时我们就提出要解决这个矛盾，只能通过不断加强教育的方式来解决，不断地普及教育。比如载瓦地区的一些学生，学习景颇语。当时我不赞成搞几种文字，在中国，必须要走向讲普通话，这是大的趋势。搞多种文字会不利于发展。但是综合考虑各种需求后，还是试刊了。刚开始自办发行，这种文字也不是国务院通过的文字方案，都是试验推行，也是为了满足了一部分人的要求。实际上，现在景颇文和载瓦文的发行也是有很大困难的，各办各的报纸，包括发行也是，读者也分散，所以每份报纸的读者也不是很多。

在政府部门任职的时候，我的工作只限于政府工作、政策宣传，没有闲暇的时间去研究自己喜欢的事。现在退休了，可以做自己喜欢的事，在德宏州资源调查组工作并担任组长，和小组的同事一起做文化研究，主要是做少数民族文化资源的调研收集工作。我想对景颇族文化进行寻根，这项调查进行了10年。从2002年开始，我6次北上做民族研究，在四川、西藏、青海、甘肃、陕西、山西、河北、内蒙古这一带进行。做这些是因为热爱民族，也是因为责任感。这些年我基本搞清楚了景颇族的历史渊源，在民众当中，我也比较受欢迎。因为之前没有确切的说法，通过这几年的实地调研，用语言学、地理学、考古学、历史记载和本民族的史实，为的是将国外关于景颇族历史的怪论拨正。现在我回想起之前去过的地方，都有些后怕。有恐怖的悬崖峭壁，当时我们的考察组去的时候经常雪崩，通过滇藏路的时候，一个月内就有雪崩，有一次一个石头从高山上掉下来，砸了我前车的玻璃，一下玻璃就裂开了，幸好没有伤到人。路很窄，车子在夜里陷到泥坑里，很恐怖，我能活着回来都很不错了。中央台来采访我，在中央四套国际频道"走进中国"栏目《解密景颇族》，由我讲景颇族的历史。德宏电视台也翻译成几种民文版播出，影响很大。我只是想做一些对祖国、对民族有意义的事情。很多玉石老板聘请我当顾问，我不想担任，我想我宁可贫穷一点，为本民族、为党和国家做事情，为后来的子孙奠定民族文化基础。

　　我是一直坚持并希望能加大经费的支持，对于民文报，不单是景颇文版，对报社、新闻单位，要加大经费支持的力度，对民文报应该更要重视。虽然现在读报纸的人不多，但是在我们边境线上，这份报纸还是很重要的，可以满足群众的需求，同时还起到反文化渗透的重要作用。另外，人员的编辑力量也要加强，民族文用自己的脚采新闻，要自采自编，只是搞翻译，就又回到了刚刚办报的老路，回到了50年前，这不是前进而是倒退。现在的人不愿意订报，报纸的内容不是反映民族的东西，不是反映地区的东西，不是民众所关心的东西，那这样谁会想看呢？我们的编辑人员不能下去采访，办报脱离了本民族的群众，这是一种脱离群众的办报路线。我们的汉文报也会有反映民族地区的内容，但更多的是反映党政机关活动，对少数民族来说影响稍小。如何改变农村面貌的问题，像这样的问题就讲的很少很少。翻译的稿件和自采自编的稿件在表达方式、风格上都是两码事。翻译的稿也会存在语法逻辑。自采的稿件，老百姓才会喜欢读，读得顺。

（访谈时间：2016年7月12日；访谈人：窦翔；整理人：黄博）

## （四）曹德旺、黄玉兰一家访谈记录

访谈对象：曹德旺、黄玉兰、曹力（曹力为曹德旺、黄玉兰夫妇之女），三人工作时间分别是为：1975—1999年；1979—199年；2006年至今。

我们这份傈僳文报纸是世界上第一份傈僳文报纸，1953年周恩来总理亲自指示办民文报纸，1955年元月一号创刊，那时还是试刊，一张报纸有四个版面，第一面是汉文，第二面是傣文，第三面是景颇文，第四面是傈僳文，原来是四开报，后来是对开报，第一代报人有段月华、余国政、霜峰。刚开始的报纸是石印，把字刻在石头上印出来；后来是铅印，拿铅字模一小个一小个排起来成一个一个的版面，打版印刷。报纸出到1966年，"文化大革命"爆发，撤销德宏州，成立保山专区，傈僳文报就没有了。报社搬去保山后，段月华、余国政这些老报人被遣散回乡。1972年，周恩来总理知道民文版报纸不办后，指示马上恢复民文报纸，报社搬回来的时候芒市这里已经什么也没有了，傈僳文版只剩了段月华一个。

报纸要复刊，人也不好找，段月华到处去找人问哪里有懂傈僳语的人，我老伴儿黄玉兰当时在建工队，段月华找到了她，我们一般写信都是用傈僳文，所以我老伴儿还是懂点傈僳文。段月华让我老伴儿来为傈僳文版排字，我老伴儿认为她没什么文化也不好意思去，段月华就鼓励我老伴儿："不怕，懂汉文的大学生多得很，你懂傈僳文就得了。"那时候我和我老伴儿已经结婚了，我老伴儿想调回盈江，一直等不到调函，她同事也鼓励她调去团结报。为了把我老伴儿调过来办报，段月华还花了不少心思。我老伴儿来傈僳文版后全是自学，也没有师傅教她排字，她就去跟其他民文版报人学，排字方法一样只是字不一样，边看边学。

我老伴儿过来后，傈僳文版就有了段月华、胡育才、黄玉兰三个人，段月华问我老伴儿："你男人在哪？"我当时还在山顶上当老师，国家一分钱没给我，要我办学校我就办起来，在盈江山上教书，报社的工作调动函来了好几封，乡政府都不给我走，我走了以后就没人教书了。1975年3月15日，我正式到《德宏团结报》编辑部。我来的时候傈僳文也懂一点，汉文也懂一点，开始翻译工作，后来还做过排字。我调上来以后，段月华认为7人还不够，还需要找一个排字的工人，我同学栋志荣也被调上来了。报纸还是一周一张，四开报，发行工作也是我们搞，当时订报的人也少，报纸都是捆成捆，一捆一捆地送下去。"文化大革命"后期，开始拨乱反正，成分也开始恢复，胡育才因为怒江也要办报，他就调回去了，栋志荣去铸字坊了。打倒"四人帮"后，段月华受牵连，就被抓了，最后就只剩我和老伴儿黄玉兰两个人了。

1979年左右我和黄玉兰开始两个人办报，我们想找人进来但是不给找，去州上问也被拒绝了。今天哪见过两口子办报纸的事，两口子办报纸咋办，这又不是私人的报纸，这是国家的报纸。领导也很不关心，感觉办不下去了，想着调回盈江算了，社长匡大一劝我："不要写申请，你们走了以后哪个来办报？"两个人要编译、排版，还要下去搞征订工作，只能把报纸改成半月刊，一直坚持到余志林、余文刚、曹有和调过来。两个人办报，孩子还小，生病请假都没有机会，到了固定时间报纸是一定要发出去的，两个人不仅要办报还要出书，我和老伴儿出过一本叫《百灵鸟》的故事集，里面讲的都是我们傈僳族的民间故事，我们还编写过傈僳族语言的课本。那个时候没有电饭锅，还要烧火煮饭，我两个哪个先下班哪个去砍柴煮饭，每天从早忙到晚，我老伴儿排字经常加班，就是这样两个人把报纸做过来的，我编译新闻，我老伴儿排字。

我和老伴儿编《百灵鸟》的时候，想到余国政（曹有和父亲）比较精通傈僳文，就想把他借来帮忙。余国政身体不太好，我老伴儿劝我不要让他上来了，我就想应该不会有什么问题，余国政又是傈僳文版创刊者之一，还是坚持让余国政参加。没想到余国政上来后真的病了，胃穿孔，又赶紧把他送去州医院做手术。余国政生病那段时间我们就更忙了，要办报出书，还要忙着照顾病人。

1984年，杨景恕书记说这样坚持下去也不合适，还是要找些人来一起办报。我就去找人，懂傈僳文的人不是很多，但是傈僳文又是靠口口相传传下来的，所以人不难找，一口气找到了10多个。后来这些人有一部分又调去了政府或者传媒集团。我先是找了张兴德，他还是个大学生，但是他不懂傈僳文，所以后来就调走了。余文刚和余志林在糖厂工作，听说他两个懂傈僳文，我去了好几次才把他们调上来，后来又把余国政的儿子曹有和调了上来。印象最深的是余林秀，她是傈僳族，但是她调过来的时候她不是很懂傈僳话，也不是很懂文字，为了培养她，我不给她任何的采访编译任务，专门让她学习了3年傈僳文。

傈僳文版发行量不是很大，我工作做得最好的时候也就每期五六百份的发行量，每年征订开始的时候，我都要带着编译室的人下去搞征订，一年下去一次，轮换着去，今年带着余志林，明年带着曹有和，就是这样轮流带着他们去搞征订。从1975年开始，一直到1987年定为编译室主任。从1975年开始我当工作人员，也做着主任的事情。1999年8月1号，我因为眼睛花了，字看不太清晰，就提前退下来了。

2006年，我女儿曹力进入《德宏团结报》报社，刚开始她也不在傈僳文编译室，先是在党办做管理工作。但是曹力从小就跟着我们学傈僳文，我们家也讲傈僳话。后来我们就觉得，曹力可以好好学习下傈僳文，继续为保护傈僳文化来办这张报纸。曹力也觉得一直在党办待着不合适，她更乐意选择去做本民族的工作，领导也挺支持，2010年她也就调入了傈僳文编译室。现在傈僳文编译室人才奇缺，已经是青黄不接了，人越来越少，但是招聘对文凭的要求高，其实有文凭的人不一定懂傈僳话、傈僳文，懂傈僳话、傈僳文的人文凭又没有那么高，找胜任工作的人也难。

（访谈时间：2016年7月14日；访谈人：赵亚净；整理人：黄博）

（五）赵为民访谈记录

访谈对象：赵为民，《德宏团结报》载瓦文版编辑，载瓦文版第一报人。工作时间：1980—2013年。

1980年我来到团结报社，当时在景颇文版做编辑。1953年我出生在云南省德宏州陇川县，1980年毕业于云南民族学院，和石老师一样，所学专业也是景颇文。

当时景颇文是解放初期就开始使用的，但是因为载瓦文版是一个民族两种文字，上面很多同志就把载瓦文否决了，一直没有使用过。但是在景颇族中，当时有两大支系，景颇支系和载瓦支系，两大支系当中载瓦支系的人口最多。所以当时也有很多人认为载瓦文必须恢复使用。我们大学毕业之后，把载瓦文在原先的基础上改进之后上报州委州政府。到1983年，州政府下达文件，恢复使用载瓦文字。在芒市也办了培训班，所有的干部和载瓦群众学习载瓦文，在乡村、小学、生产队培训骨干去教载瓦文，学习载瓦文的群众比较多。当时我的压力比较大，很多景颇族群众认为，我本身是搞景颇文的，出来搞载瓦文不妥当，这件事在领导中有不同的反映，我们还是顶着压力把载瓦文办下来。1984年我们就开始筹备了，回忆起出版第一张报纸的时候，刚开始一个月出一期，第二年开始出半月刊，从第三年开始，省新闻出版局让我们的刊号和景颇文通用，两个民文版同用一个刊号。

在我读书的时候，有很多载瓦语群众和景颇语群众，我们超越自己的语言去学习其他语言。两家的语言相差也比较大。我本身会讲载瓦文，但是我们那里这两个支系都有，所以我也会说景颇文。不会载瓦文的就要从头学起，难度比较大。当时为了办这份报纸，也是下了很大的决心。毕业之后有些分歧存在，像景颇支系认为载瓦文不能使用。本来在民族学院毕业之后，可以分到民族出版社、电台，也可以留校。但是对载瓦支系的学生，不管成绩再好也不能留下，只留景颇语系的。我想我本就是为了民族来学习这门语言，还不要我，当时我就想成立一个"派别"。我们人口多，也会很有优势。所以我就下了决心，将载瓦文整理归顺之后创办了报纸。朵示拥汤也是做了很大贡献，尽管刚开始他反对载瓦文的推行。景颇族本身有两种语言，可以让不懂景颇文的载瓦人阅读报纸，报刊很受欢迎。

但是我们也是有困难的，现实情况就是报纸的成本高、村寨远，订阅户分散。然后村寨的邮件数少，需要积攒到一定数量再送，一般送到村公所，让小学生拿到生产队，但小学生不知道送到哪里去。邮政没办法解决这些问题，经费不足，民族报纸的发行工作很难，这也是载瓦文版现存的难题之一。这也不光是载瓦文的困难，其他的民文报纸都有这样的问题。当时报纸还没有邮政公开发行，是由内部发行报纸，报纸印刷之后，我们几个同事就按片区分好订阅的数量，用信封写好订阅读者的地址，然后送到邮局去寄送。这样的工作在当时很辛苦、很累，但是现在回想起来，还是很有意义的。现存的问题也不能忽视，邮寄不到位是一个很困难的问题。现在的报纸是邮局统一发行，邮局的人就放在街口，老百姓上集市去取。很多读者反映报纸不能送到家，虽然我们和报社也沟通过，但是效果不好。还有就是采写稿件少，很多内容都是翻译过来的，到下面采访少，下面最新的消息我们也不知道，在载瓦文创刊30周年的时候我也讲过，我们的记者应该多下去采访，多些经费，自己采写本民族特色的稿子，读者更喜欢读这样的消息，现在缺少民族特色的东西。年轻记者进不来，招进来之后也要花一两年时间来学习，报社也有人数限制。

开始创办的时候载瓦文版的通讯员写稿是最多的，稿子都用不完。我们刚开始的时候质量不高，他们看到自己的稿子上报就很开心。当时报纸刚开始办，人们的热情很高，想体验，整个报社除了汉文，就是载瓦文的稿子最多。现在不如之前，原来的通讯员也中断了，还有一些年纪也大了，也写不了什么，年轻的通讯员也不多。不过有通讯员培训班是很好的，我在没退休的时候，也会找领导申请费用去办培训班，这些记者轮流讲，各个村寨的骨干来培训，然后发动更多有文化的人来写稿。培训班最重要的是经费问题，然后就是挑选通讯员，因为他们的文化层次不同，有的一讲就懂，有的怎么讲也不懂。不过载瓦文培训班是最多的，我们都是办公室自己的人想着办，如果单靠报社，肯定不行。大多数通讯员是我们自己选出来，然后会给他们稿费。

当时出第一张报纸的时候，是我印象最深的一天。在出版的头一天，也就是在 1985 年 7 月 31 日晚上，完成了四个版定稿工作，和组版的排早扎老师在印刷的时候还遭到景颇文版的同事反对，但是我们依然坚持排版印刷，当时印刷厂的工人也是很支持我，说要加班印出来。1985 年 8 月 1 日，报纸印刷出来，因为我当过兵，我就通过整理分发报纸来过八一建军节，那个节日过得特别有意义。我自己定了出版的日子，报社也同意通过，在前期的筹划完毕之后，正好等到了 8 月 1 日建军节，所以就把出版的日子定在了这一天。报纸出来的那一天，我的很多朋友看过之后，都支持我，让我以后能接着勇敢地做下去。报纸印出来的时候景颇文版的编辑也没说什么，因为上报州委已经获得批准了。

对于出版这份报纸，我感情很深厚，自己办下来的报纸我还是很留恋，现在虽然已经退休了。我还是希望报纸能越办越好，让载瓦文得到更多普及，有更多的人看这份报纸。很多不懂科学知识的人，通过这个报纸，可以展开一些实践。很多人学载瓦文的同时也影响了自己的职业，有的也会通过载瓦文来学习汉语。

（访谈时间：2016 年 7 月 12 日；访谈人：窦翔；整理人：黄博）

（六）余志林访谈记录

访谈对象：余志林，《德宏团结报》傈僳文前编译室主任。工作时间：1984—2011 年。

1984 年，我从盈江调来《德宏团结报》傈僳文版工作，先从编译做起，1993 年 11 月开始任编译室副主任，2005 年任编译室主任，2011 年底退休，参与办报工作 27 年。我最早在糖厂上班，当时老主任曹德旺主持办报工作，傈僳文版缺少办报人员，老主任亲自下乡做人才抽调工作，但是那时候既有文凭又懂得傈僳文字的人相当缺少。我初中毕业就参加工作了，以前合作社办过夜校学习班，我去学过几天傈僳文字，初中毕业后我去学校代课八个月，后来去农工部工作，那时候糖厂年轻人比较多，上班地点也在城市，我就去糖厂工作，之后我就来到编译室了。刚开始是德宏民族出版社一个老乡把我介绍给了老主任，老主任先下乡考察了我一次，第二次下去盈江找我就要求我调来编译室，我调动工作办了两次才办下来，第一次因为找不到合适的人接替我的工作，不给调任，第二次才成功。1984年我调来编译室，余文刚、曹有和分别于1987年、1989年调来编译室。

我们那时候，年轻人都喜欢写信，我就开始自学傈僳文。我还在寨子里做过记工员和仓库保管，平时也需要记一些文字，都是用傈僳文，农村地区懂文字的不多，很少有人能看懂。1984年，傈僳文版编译室只有3个人，老主任曹德旺负责文字编译，黄玉兰排字，还有一位工农兵大学毕业的张姓工作人员，虽然编译室有15个编制，不过合适的人难找，最多的时候编译室也就是5个人，现在编译室只有曹有和、麻生芝、余林秀和曹力4个人。傈僳文版编译室人才急缺、难找，很多时候我们找人都是就在村寨的关系好的人去挖掘人才。因为我们傈僳族大多聚居于盈江一带，所以谁适合这个工作、谁有语言优势，通过熟人介绍，我们都还是知道的。我进傈僳文版编译室后也逢人便说这里需要人才，希望能有更多的傈僳族同胞加入，和我们一同办报，不调人来是不行的。

我们想过各种各样的办法来寻找合适的办报人员，去其他单位动员过，向领导汇报请求支援过，但是很遗憾，各种各样的原因导致办报队伍很难扩大。其中一个原因是现在报社招聘人员的要求越来越高。原来是要大专学历，现在要求本科学历，德宏州傈僳族本来人口就少，人才也少，读书的人也少，现在德宏州傈僳族没太多大学本科毕业生，有也是"抢手货"，不管是什么单位，只要是傈僳族的本科生都是抢手货。傈僳族本科大学生多数去了政府部门，像我们这种搞新闻事业的部门几乎很难"抓到"本科毕业生。我认为这是历史遗留问题，你看，我们这张报纸一段时间用新文字，一段时间又换回老文字，丽江、怒江和楚雄的傈僳族都是用新文字，我们这里都是用老文字，且人口也不多，就像一个不被关注的角落一样。再有一个原因，很多人去读大学，但是认为在德宏州学新闻没有用，很少有人会选择来报社工作，傈僳文编译室更难碰到。现在不管是《怒江报》还是《德宏团结报》，傈僳文版统一成老文字，办报条件也好了很多，人才交流、业务交流都可以实现，但是德宏州由于人口少，报纸发行面小，很多年轻人觉得这个平台小，外地的也很不愿意来这里。现在我们傈僳文版工作人员年龄已经偏大了，但是没有办法，这不是一下子就能解决的问题。

1984 年，我刚来傈僳文版的时候同样感受到了办报的辛苦，以前在糖厂每个月 80 块奖金、200 块补助，还有每年千把块年终奖，到了编译室我的工资只有 60 块了。比较现实点来说，待遇就很不吸引人。现在束缚傈僳文版发展的障碍说来说去还是缺少人才，想培养人才的话很难。一是想要让年轻人来，要给开出一些吸引人的条件；二是年轻人也要具有一些本事，能读、能写，可以过傈僳族的语言关这是最基本的。

我认为有一件事很可惜，在退休前，我给傈僳文版物色到了一个大学生，这个年轻人也愿意来傈僳文版，后来我去给上级汇报，汇报一次没结果再汇报一次还是没结果，最后这件事就只好不了了之了。这个陇川的傈僳族大学生最后去了县司法部门，后来调到了州司法部门。现在见了我，他还会说："余老师，其实我还是很想来傈僳文版的。"德宏州傈僳族学历高，又懂汉语，还懂得本民族文字的人相当少，有些时候就像刚才说的那样，有时候社里要人的时候我们反倒找不到人才，社里招人意愿冷淡的时候我们又遇到了合适的人才，有了我们也不好去说了，因为没下达指标嘛。

限制傈僳文版发展的另一个原因是经费，能到傈僳文版的经费很少，所有人都在提，但是当划拨经费时傈僳文版就像被忘了一样。

《德宏团结报》傈僳文版最早创办的时候有很多报人是从怒江过来的，像霜峰、段月华、胡育才，后来霜峰、胡育才又回去怒江州办《怒江报》傈僳文版。《怒江报》傈僳文版比《德宏团结报》晚了将近 30 年，1978 年《怒江报》开始陆陆续续出了几期傈僳文报纸，直到 1983 年才正式创刊。在发行工作上，《怒江报》傈僳文版一直依靠政府征订，报纸印出来以后交由各级宣传部或者邮局免费发放到农村、教堂，《德宏团结报》傈僳文版很早就开始坚持自办发行，组织征订工作，订报费才 5 块多钱，我们的刊号是有国家发行资格的。

2005、2006 年这两年，我们也下乡搞过免费发行工作，但是效果不好，后来就停了。一是免费发行工作量大，二是免费发行后很多读者不认真了，因为没出钱嘛，有时候去拿有时候不去拿报纸，免费发行工作量增加了，社会效果不好，搞了两年多就停止了。免费赠阅是上级的要求，但是免费赠阅做起来特别麻烦。我们的办报人员要亲自下到寨子里去统计看报纸的人有多少，然后确定印刷量、发行量。一些傈僳族人口比较多的村寨，邮递员会送到当地村委会，人口少的自然村一般都是放在小卖部，那些只有一两个订户的村子甚至需要邮递员亲自送到村民手上，工作量很大。

我在来傈僳文编译室之前就已经看过这张报纸了。对于傈僳文报的发展来说，我个人认为，虽然读者少一些，但是傈僳文报纸办下来和其他民文报纸的社会效果都差不多。傈僳文报增加内容难是这些年来遇到的一个障碍，主要是这么多年来没有认认真真搞过通讯员培训，从我来这里开始，我记得有过两次通讯员培训。傈僳文版刊登的来自一线的新闻比较少，主要是通讯员少的原因，从原来组织过的通讯员培训来看，效果也不够好，参与培训的通讯员大多来自农村，没有多少时间写新闻。通讯员培训结束后稿件会多一些，但是慢慢地又没有了，这也让我们办报人员的负担加重了，没有了一线稿件，我们只能去看一些《人民日报》《云南日报》等其他报纸来转译，要找到适合傈僳族群众的文章相当难。

我还没退休前年年都会下乡做征订工作，从我做征订工作的那几年来看，傈僳族群众是很需要这张报纸的，特别是对中老年读者来说，不能没有这张报纸。现在年轻一代的读者少，不用说傈僳文，读汉文的也少了，不管是在农村还是城市，爱读报纸的人少了，所以傈僳文的影响力在年轻人身上是看不出什么来。傈僳文版大多数读者是中老年人，他们还能看得懂、读得通，这个现象不只是傈僳文版有，其他民文版报纸也有。以前傈僳文的发行量最高有 2000 份，我退休那年发行量只有 900~1000 份，不仅仅是发行量少，发行工作也比较困难。

傈僳文版的内容和其他民文版一样，大多数情况下是转译汉文版报纸，有重大事件发生的时候我们会对内容编辑做出调整，比如盈江大地震那次，傈僳文版设了专版来报道。1990 年盈江汇流河电站被泥石流冲垮，傈僳文版第一次做专版报道，那时候报纸还不是彩色印刷，还是铅字排版，外观效果不是很好。傈僳文版人员少没法去前线采访，汉文版派了两名记者，我们就把汉文版记者发来的报道转译成新闻。

办了将近 30 年傈僳文报，我认为我最大的遗憾就是没有受过正规的翻译训练，来编译室的编译人员都是你先来我跟你学，我先来你跟我学，都没有接受过正规的学院教育。慢慢熟练后，做的时间长了就不是那么难了。我们没有去专业学校读过书，我们的做法就是"三个臭皮匠组成一个诸葛亮"，只能这样解决问题。在报纸发出去后，我们也会让读者来评说这种翻译合适不合适，如果合适，那么一个新的词语就这样诞生了。现在大家精力都转移到经济建设上去了，要做语言的规范化很难。

有时候我们做这张报纸困难得想哭，对好新闻、好版面、好图片的要求和汉文版一样，但是我们投入的工作量比汉文版多得多。

（访谈时间：2016年7月11日；访谈人：赵亚净；整理人：黄博）

（七）朵示拥汤访谈记录

访谈对象：朵示拥汤，曾任德宏团结报社副社长。工作时间：1987—2010年。

载瓦文的历史和景颇文差不多，20世纪初在缅甸就有了载瓦文。当时也是有两套文字的，一种是拉丁字母形式下仿景颇文的载瓦文，一种是现在的傈僳文，为拉丁字母倒正书写的字母。当时我们见到过的载瓦文材料是宗教文档，宣传基督教的教规教义，利用文字的形式来传教。1949年用仿照景颇文的这套载瓦文，曾经翻译过《圣经》中的一些篇章，也出成了小册子。新中国成立后，1952年对于景颇文的各支系语言，中央组织人员进行了调查。1952年中央民族学院开班，景颇文和载瓦文各一个班，在开办了这个教学班之后，1953年就对文字问题进行了讨论，当时是有苏联专家参加，景颇文、载瓦文没有改动，像傣文的几个声调符号有改变。在1955年进入了文字试推的阶段，到1956—1957年就基本定下来了。

就载瓦文来讲，当时在保山民干班培训了几批载瓦文的骨干，有一些老干部及农村的骨干都用了一辈子载瓦文，他们不懂汉文，参加工作记笔记都用载瓦文。我们小时候就没有学过景颇文载瓦文，我是1950年生的，当时我们那里最初办小学是在1959年，我是1960年上学的。当时学习汉文，会写，就是不会用口头表达。汉语口头表达到中学之后才会，1973年我到云南师范大学史地系读书。1977年翻译《毛泽东选集》，被抽调到云南省《毛泽东选集》翻译小组，用景颇文翻译。当时我既不懂景颇文，也不懂景颇话，我们懂的是载瓦话。11个人有60篇文章，翻译了一年，在这一年时间里，我基本锻炼出来了，景颇话用口头表达也还是比较困难。文字形式我翻译的比他们还多，当时也是精力充沛。《毛泽东选集》翻译完了之后，把我留在了州教育局编译室。恢复使用载瓦文是党的十一届三中全会以后。

1978年后我们开始开展工作，我当时是在德宏州教育局做民文推行，叫民文编译室。我一边做推行工作，一边做调查研究，景颇文的读物有课本，推行给小学、老百姓，但是效果都不好，不受欢迎。1978—1979年我们又开了两次民族文字语言教学会议，总是感觉民族语文特别是景颇文的民文推行相当难的，因为支系又多，别的支系学习景颇文是万万不可能的。能够学懂的人很少，去云南民族学院读景颇文的载瓦人没有学懂景颇语，反而景颇人到那里学懂了载瓦语，交流的时候载瓦人多。在乡下只推行景颇文，不推行别的文字，形势好起来之后，群众的呼声起来了，要求恢复载瓦文。之前使用载瓦文的人还在，这就是范例，有必要把载瓦文搞起来。当时我就考虑，从民族本身作为出发点，能够用景颇文推行普及，最好用景颇文。当时也没有教材，也没有资料。原来的载瓦文我都没见过，势单力薄。编译室也才几个人，忙不过来，没有精力搞，我找资料也找不到。

到1980年，云南民族学院景颇班的毕业生，他们回来的时候，带回来一批50年代的教材。1980年底，我和丁老师一起在德宏州民干校创办了夜校，反响相当好，载歌载舞，反应很强烈。我就用那本书，对载瓦文方案重新进行了整理。因为原来的拉丁文26个字母使用不全，xqv没使用上，有些在声母出现了，可以用单声母表示的东西变成了双字母或者三字母，我就把双字母和三字母用单字母进行替代，因为拉丁文的发音基本上都差不多。然后我们就在小范围内进行了讨论，当时群众反映信也不少，群众学习相互传抄，我又整理文字方案。

1956年，周总理指示要求向汉语拼音靠拢，我原来做的几个字母和声母的方案，从景颇文首先要从本民族角度出发，省民译委的李振邦老师坚持用靠拢汉语拼音的这一套，要改动一个，这样会整个系列都要动。最终文字方案搞出来了，出来之后没有大的修改，有一些东西现在看也是可行的，但当时人们还不是很理解。比如bia、pia、mia，去掉ia读音不变推行不了以外，统统都是当时那套文字方案。现在载瓦文方案在少数民族文字方案中是最成功的一个，我们主要是为了满足群众的要求。之后到了中国社会科学院得到点拨和肯定之后，我们才定了下来。周老师说："我们搞了几辈子，几代人没有搞定的载瓦文方案，你一搞就成功，说明还是真正的载瓦人才能搞自己的文字方案，而且相当公正，26个字母都在，之前是23个字母，27个声母，86个韵母。"在这个时候，景颇文的缺陷也就表现出来了。景颇文里有一些音的声母不全，所以拼写出来的东西呢，读的和拼写的不是一码事，而载瓦文读出来的和拼写是一致的。

恢复文字方案，大大小小的会议开了无数次，但是核心小组就是政协副主席毛勒端、民译委的李振邦和雷正明。在李振邦老师的指导下，我和毛勒端做得比较多。毛勒端的文字功底和逻辑思维较强。然后从1981年就开始推开了，真正地推开在1983年从省里的文件开始，10年时间就普及了载瓦文。1982年我们开始编汉载词典，因为做文字的必须要有工具书，没有工具书会乱套的。汉载词典我们3个人做了10年，1992年出版。当时我也做了行政工作，边工作边编词典，1987年调到团结报当副社长的时候，把工作摆（停）下来专心搞载瓦文。编载汉词典又用了多年，1989年开始，到2009年才出版。培训和文字规范用推行标准音（普通话），州县市都办了载瓦文培训班，主要以培训教师为主，还有机关单位的干部，还有农村骨干都参与学习。1993年，中央、省、州对推行少数民族文字进行普查，我们载瓦文在1993年完成了普及和扫除文盲。原来是12~45周岁的文盲比率相当高，到1998年就实现了全州无盲。载瓦文的教学就一直坚持下来了，保证了载瓦文的普及效果。比如说芒市西山乡营盘小学，在教学载瓦文之前的考试，最低语文才11分，数学才17分。使用载瓦文之后，成绩名列前茅。通过载瓦文学习科学文化知识致富的也有不少。

我在报社的时候载瓦文版也创刊了，不懂文字的是创不了刊的。团结报的问题解决了，排字工和编辑这些都配备了，是由到云南民族学院学习景颇文的载瓦人来当编辑。特别是广播电台的播音，当时准备好稿件，培训了4个播音员，在1984年的10月1日开始播音，那天的播音是德宏州的第一次用民文播音，轰动了整个景颇族聚居区，有的村民还用录音机录下来反复播放。那次以后，领导就很重视，一直到现在。电影译制也重新做起来了，电视台播放的节目一到时间就会有观众收看。我现在并不担心载瓦文的发展，现在有成套的工具书，载瓦文基础知识、读写规则的资料也很丰富。

当时老百姓呼声高，我是景颇文和载瓦文中间的核心人物被争抢。原来他们认为我都能学会景颇文，人家也能学会。我当时精力充沛，爱动脑子，有计划。虽然编者只有几个人，但是参加的人很多，大家一起讨论，看法不同，会有不同意见。我还被派去北京进行校对工作，她们就成了骨干。我观察了汉语的《新华词典》的编纂情况，有一大批人也是搞一二十年，我们专门用了一年的时间去北京继续编译。基于对民族的感情，加上对文字知识的掌握，我想文字都能搞起来，这个词典也必须整套搞起来。我出了很多研究载瓦文的书籍。对于反对出版载瓦文版，相反对我们是一种动力，反对的呼声也是没有道理。有了培训，有了读者群，就有了创办载瓦文版的想法，但具体还要申报手续，大家等不及就先出来了。办培训班，办报纸，弄播音，都是自发的。办报纸是因为大家都喜欢，容易携带，随时都可以看，懂文字的人就可以看，传播相当快。报纸办起来效果很不错。

2010年退休后，我盖了房子，种了植物，但是没时间管，随时都有人叫着帮忙，各单位拿不住的词都会打电话来问。2013年瑞丽市又叫着做中缅文化交流协会。拿不准的就一起讨论，拿得准就告诉他。本来想着退休后就不出书了，但估计也是停不下来了。现在也有六七十本书了，不仅自己要出，还要帮别人。

（访谈时间：2016年7月16日；访谈人：窦翔；整理人：黄博）

（八）李永斌访谈记录

访谈对象：李永斌，现任德宏团结报社副社长。工作时间：1987年至今。

我1987年毕业于云南大学中文系汉语言文学专业，当时中文系只有两个专业，一个是新闻，一个汉语言文学。我是腾冲人，应该回到保山地区，但是我想来这边工作，年轻人嘛，就想换个环境工作，和学校表达了自己的意愿，就分配来了这边。分过来之后，我想着这是州府，条件肯定好嘛。到这里看到只有一条街像样一点，其他的街道都是破破烂烂。过去也不想着要回家去，把我分配到哪里就是哪里，档案都跟着我来了，回不去。住宿条件也很简陋，连张桌子都没有，把两箱书摆到一起就是桌子，一箱书摆到边上就是凳子。

来报社之后，我在汉编室做编辑记者，主要就是采写新闻。我们的报纸是党报，报纸主要的读者群是机关单位的工作人员。州里面出钱，我们给村里提供报纸，现在3000多个村民小组都有报纸看。对于年轻一代，喜欢看新媒体的报纸，通过我们的微博、微信公众号来阅读。现在我主要负责汉文版的工作，每天负责审稿，要发哪个稿子，排版人员排好了，一个版一个版地弄出来发给我，等到晚上印刷完，还要签字，晚上也要上班。我们白天晚上都要在岗，不像其他报社有夜班编辑。第二天上班坐到这就开始审稿子，微信、微博、手机报，我们值班领导都要看。

现在我们报社的民文版，当时创刊的时候，主要以翻译为主，在边疆少数民族地区宣传党和国家的大政方针。我们在采访这块也给他们下了任务，每年要写几篇优秀稿件，评选优秀稿。他们要下去采访，要报选题，社里面同意之后，就给他们费用去采访。有的时候下去采访，一些小的新闻根本不需要去跑一趟，我们的通讯员给写一下就行了。当然现在每个编译室的人手少，报纸也少，民文版的编辑在业务学习方面相对汉文版的要欠缺一些。他们每天就是接触民文的这些内容，写出来的稿子要到汉文版的报纸上刊登就会很难。说到民文报，是给不懂汉文的少数民族看的，现在汉文的普及，我们这些年轻的少数民族娃娃，多数都懂汉文，他们通过汉文的这些广播电视杂志来了解信息就越来越多。现在民文报纸的订阅量是越来越少，现在社里面专门拨钱做报纸的征订，但是发行量一直不乐观。从社会效益出发，也不会停办民文报。另外，这是关系到少数民族文化的传承，国家是鼓励支持的。但根据现在报社的条件，也不可能把两期变三期，这要投入很多的人力财力，目前也就只能维持。现在懂得民文的年轻人越来越少，虽然现在的学校里面还有双语教学，但是以后考大学还是以汉文为主。现在很多人虽然属于那个民族，但是不懂其文字。像我们景颇文版连续招了3年，都没有招到人，好不容易招到了一个，又考取了县上的公务员走了。现在的人手少，人员也越来越老化，都是四五十岁的。如果能招得到人，我们报社也会放宽标准。

办民文版的报纸，当初在解放初期意义还是比较大呢，有很多少数民族群众需要。在现在这种情况下，就是保留这种民族文字的使用。目前看到的少数民族文字的使用，就是一些单位的牌牌上，傣文、景颇文都有，然后就是我们报纸在使用着，出版社在用，抄宗教活动的经书，傣文方面有古文献收集，其他就再没多少了，使用范围越来越小。马上事业单位改革，我们这样的新闻单位就划成二类事业单位，有一部分的工资要自己想办法，80%的工资由财政拨，20%由自己想办法，比如用报社的广告经营收入来补，如果真的有那一天，我们就要和政府反映，把我们的民文版纳入公益一类，我们的汉文版就自己找门路，因为我们民文版没有广告。现在也想把民文版的公众号做出来，尝试着做，具体内容怎么做，还是要民文版的编辑整理出来，也不知道有没有意义。

对于我们报社的"十三五"规划，我认为报社现在基本做到了。我们现在的微信平台开了4个公众号，《德宏团结报》目前拥有官方微信、中缅商情、玩转德宏、孔雀之乡4个微信公众号。现在做新媒体，要么就是卖技术，要么就是卖商品。我们的技术肯定是不行，需要别人帮我们开发。我们人数不够，每年的广告收入也就200来万元。招聘更多的人，工资我们也负担不起，为了新媒体的运营，我们就招聘了一批年轻人。现在不能再把摊子铺大了，以后就是把这些新媒体做好，把现在这些运营好、推广好，我也还是很有信心的。我们的客户端上线，是德宏的第二个客户端。第一个客户端据说下载量达7.5万次，里面的新闻都是我们这里出去的，但是他们的每一条内容，不比我们平台里的阅读量。虽然我们也有提过把民文版弄进客户端,但是技术实现不了。

虽然说报纸经营有困难,但是像我们这样的城市,竞争不是很大。像在内地很多报社,竞争很激烈,德宏州的人口比较少,总共有100多万,我们的报纸将近20000份的订阅量。我们作为党报,得益于政策扶持,现在的发行量也是很大的,从全省人均比例来看是比较高的。但是现在整体趋势是,下一步要做有影响力的媒体。很多机关干部现在上班也很少有时间去拿着报纸读,更多的还是通过手机阅读报纸。所以我们要对新媒体方面多做创新,多从资金技术方面下功夫。我们现在毕竟是小报纸,收益也不多。我们目前的微信运营还是很不错,公众在全省应该可以说没有掉过前五名,在纸媒做的微信公众号里面,我们的微信号影响力还是有的,每个月都有排行统计。但是现在我们这边专门负责新媒体方面的记者是空缺的,目前报社也招聘了8名做新媒体的记者,但都在考核期,看工作表现录用5名。我们的新媒体,微博、微信、手机报,全是做汉文版的编辑记者,他们兼任新媒体记者,平时很辛苦。别的媒体来我们报社参观的时候,看到我们汉文版的记者在弄新媒体,都说我们实在是太厉害了,一个人做几样活。其他报社有专门的新媒体中心,包括我们现在做的缅文报,都是汉文编辑做,现在州里面也给缅文报一些编制,我们今年也准备招人进来。在办报纸方面,我们做了很多年,现在操作得也比较熟练了,目前主要是对新媒体这方面,特别是在新闻客户端,原来是定在这个月上线的。上线的客户端叫《嗨德宏》,这个客户端是请杭州的开发公司设计的。目前报社的整体目标是放在新媒体上,两微一端也齐全了。但是需要做更多努力,不能让它成为僵尸客户端,用户下载了要用。

(访谈时间:2016年7月14日;访谈人:窦翔;整理人:黄博)

### (九)赵敏访谈记录

访谈对象:赵敏,现景颇文编译室主任。工作时间:1993年至今。

我是1993年11月份来到报社的,之前我是教书的,我在德宏教育学院中师班读书(1989—1991年),虽然是专科,但是我们那个班比较特殊,所以两年就毕业了。当时毕业之后,就分配到德宏州盈江县太平镇龙盆坝小学教书(1991—1993年),在小学嘛,什么都教。不过当时报社缺人,然后就到学校找到了我们,我和孙志荣老师是同一年招进来的,我们都是在小学教书,只是不在同一个小学。当时报社来找我的时候，是因为我读书期间经常给报社投稿，工作后也经常投稿。刚开始来，有一个叫尚正英的老师，她是1987年从省电台调下来的，现在在瑞丽广播站。她教我如何编译，主要做一版。尚老师是云大民院（现云南民族大学）景颇文专业毕业的。当时我们没有学习组版，只是学习画版，我们写完稿件，然后画好版到工厂给组版工人，他们用铅字排版。我当时是师范类，景颇语没有正式学过，我父亲是在教研室专门从事景颇文工作的，所以是他教我的。当时我们上学的时候，因为汉族和傣族多，也不教景颇文。进报社之后，我又进行了学习。当时读书的时候也只是会看，会读写一部分，但是哪一个要大写，哪一个要小写就不清楚。因为景颇文是拉丁文的嘛，跟汉文还是有区别的，用的符号哪里不对，都是我老师给我指点。我们办公室的老师，除了岳麻保，其他都是当老师的时候调过来的。过了一年左右，我就开始负责一版的编译工作，尚老师把我教会了以后，我们就换着做，星期三的报纸她做，星期五的报纸我做。刚开始的时候，都不太放心交给我去做，都来看一看我组的版面怎么样，一开始我们需要在纸上画版面，在哪里放图片，内容要怎么放。排好之后，我还要校对稿件，校对两三次才可以定稿。文字吧，因为像英文文字，多了少了不容易发现。我们手写，写到稿纸上给排版工人。如果错了，就要把一排字拆下来，重新再排，所以很费时间。我们当时也学过组版，有的时候帮他们排过，只是不能完整地拼起来。现在电脑排版就和写英文是一样的，校对方面也不麻烦了。我们在电脑上再看一遍，传上去，错误要少一些。傈僳文和傣文排版起来都困难，他们需要有专门的软件上网才可以编译，才可以传到网上，和傈僳文版相比，我们的就没有那么麻烦，因为我们的文字都在键盘上做好了。

现在吧，我们还是人少，我们加排版的总共有7个人，编稿的只有5个人，我现在又参加下面的工作队，就4个人办报。以前的人多到10人办报，现在一半都不到，有的退休了，有的调走了。这两年一直没有进人，现在算是比较困难的时候。我们以前都可以换着做，两个人可以做一个版，但现在一个人都搞不完。我记得有一次办一版，我就看见报眼这里，我的同事放黑体字，当时我不知道，不重要的新闻是不能放黑体字的。刚开始来嘛，那天老师也不在，我就把不重要的放成了黑体字，当时就被批评了，这到现在还记忆犹新。还有一次，下面通讯员寄来的作品，我当时没有考虑那个作品的真实性，就直接编译出来发稿了。结果就受到批评，主要因为下面的通讯员也不知道该怎么写。现在嘛，做多了也有经验了，这种错误也没有再犯过。

对于采访，我们要采访就要去山区，到景颇族寨子去采。但是我们没有经费啊，社里也没有经费支持。和社里也沟通过，唯一的办法就是培训通讯员嘛。培训是培训过了，去年培训过，效果是有一点，但是效果还不是很好，只能等通讯员写稿给我们。现在我们有30个通讯员，但是不经常写，要写也是文艺版。在新闻方面，也是很少。经常给我们投稿的有一位叫沙红英，是我们版编辑沙红梅的姐姐。现在的通讯员缺乏知识，还有的不懂电脑，发来的稿子，写完寄到报社时间就长了，可能一个星期，就不是新闻了，通讯员培训力度还要加大。开通讯员培训班的时候，他们也反映过读者的意见，认为会议消息太多，有关景颇族新闻少。2012年我当时采访了一篇稿件叫《边境线上的好村民》，获得了第二十五届全国少数民族地区报纸好新闻三等奖。这个边境线是瑞丽下面的弄岛镇等嘎村。这个村里面的特点就是，他们和缅甸中间隔着一条河，两边的人互相通婚，那边的牛吃这边的草，这边的猪游过去。还有一个特点是，那边的景颇族学校很多。那次我去参加了喝水酒的比赛，缅甸的人民也过来和中国人民一起品酒，我写了这篇文章主要想表达和睦的村民，无论是本寨的人还是缅甸的人，都很和睦，什么事都互相帮忙。

从发行来看，现在的发行也是问题，每年都要到寨子里去，他们没有自愿去征订，每次我们都需要去提醒。其实他们也不是不愿意订，是缺乏意识。我们每年10月份会在报纸上发征订启事，我们也有通过口头方式互相告知，那些没有看过报的他们就看不到这些启事，还有就是爱看景颇文的多数都是老人，年轻人认为这个和汉文差不多，网络、手机上到处都有汉文，现在年轻人都对景颇文不感兴趣，他们感兴趣的是看缅甸文版，那些打仗的，比我们这要刺激得多，新鲜得多。我们这里的新闻，汉文新闻里都有。年轻人直接就说："汉文有，我们不愿意花时间去看景颇文。"还有就是邮局的人没有及时送到，村寨路不好走，报纸就放在村口那里，同一个寨子的就拿回去了，有的十天半个月也拿不到手。

（访谈时间：2016年7月12日；访谈人：窦翔；整理人：黄博）

（十）麻生芝访谈记录

访谈对象：麻生芝，傈僳文编译室记者。工作时间：1999年至今。

1999年12月，我调来《德宏团结报》傈僳文编译室。当时老主任退休，报社需要一部分人进来，也是为了解决夫妻分居这个问题。那时候报社比较困难，进来的才有两个人，一个是杨清顺（音译），一个是我。因为报社比较困难，不再进新人，还有一个原因就是傈僳文实在没有人了，我才进来的。再说平常我也是报社的通讯员，他们看到我可以胜任这份工作，才把我调进来的。

1989年我在盈江县弄璋镇农技站工作，因为曹老师（我爱人）已经在这工作10年了，10年之后才调到一起。夫妻分居，都希望能够调到一起。

一般傈僳文版新调来的人要3年以后才是责任编辑，我半年以后就是责任编辑了。我这方面接受能力要强一些，半年之后，别人就可以放手让我独自去完成。我现在的工作主要是翻译，如果有感觉就自己创作。现在做三版，就是翻译一些通讯员的来稿，有些诗歌也需要翻译，通讯员来稿的质量不是很高，我们还要帮他们编和改写，多数都是歌颂好日子。如果有些文字我们觉得不妥，就会改写一些积极向上的，提高质量。

我原来是负责法制版，就是二版。但是三版的稿子我也有投过、写过。法制版需要翻译案例和法律知识，自己创作的稿子我就放到三版。我一直负责二版10多年，到今年我才开始负责三版，因为我在负责版面的时候，还要负责带新的学生（记者）（现负责二版），原来我带她三版，现在我俩调换了一下，就带她学习二版，我是为了教她。因为她是在这里长大的，他的爸爸妈妈也是傈僳文版已退休的老记者。

现在的文艺版就是为了提高灵活性，内容要丰富，原来的神话故事就要重新整理。重新学习神话故事，是想重新学习民族语言，因为她们只会一些简单的口头语，想真正写一篇文章，她们的词汇掌握得太少太少，这样做是为了积累她们的词汇。第三版再有一些就是自己写的游记、散文、笑话，这些也不全是自己创作，有的是通讯员来稿，我们要帮他们编。我们有一个通讯员培训班，但是经常投稿的也没有几个，有的是手稿写出来，我们还要帮他们打出来，很困难的。有的我们觉得写得好的，还要把他们整理成汉文，也是为了宣传我们的傈僳文语言文字。

我们傈僳文有新老文字之分，新文字是新中国成立后中央给我们造的，老文字是孔五先生他们弄的。我们傈僳文版出过一段时间的新文字，但是后来还是放弃新文字了。推广一种文字太难了，老傈僳文字，它是老百姓所制造的，所以老百姓会使用，新文字是中央在造。现在傈僳文版用的是老傈僳文，语言来自基层、来自民间，最终读者也是来自民间。

傈僳文版的发行量大概是 800~1000 份，现在每期应该是印 1500 份左右，有的要用作资料。我们负责报纸征订工作，年头就把邮电费、传递费收好。这份报纸是有人订阅的，虽然份数很少，但都是实实在在的傈僳族人自己去订阅的，是他们自觉自愿订阅的。有一段时间报纸是免费发放，因为不是自己订的，很多报纸就全部堆在邮电局里面，到不了老百姓的手中。那些真正想看报的人，都是在交通比较困难的地方，自己没有订阅过就不会去找。但我认为以后还是免费传递比较好，因为对我们而言，征订报纸也比较麻烦。一份报纸，全年才 5 元 1 角 6 分钱，50 期，现在报纸一份才 1 角钱，近 20 年价格都没有变动。报纸提价也没意思，我们现在报社的创收不是来自这些，这是国家的报纸。报纸真正的价值不是 1 角、5 角。当我们看到报纸全都堆积在邮局，没有传递到读者手中，所以最后还是觉得要订阅报纸，象征性地出一点钱。

从 1999 年进来，我们先是克服了电脑文字输入问题。傈僳文没有软件，是我们自己去请师傅，这个师傅之前是我们工厂的工人，汉文和傈僳文都要用这个软件，很多领导去管其他的。景颇文是音译的，本身不太难，傣文有点难，但是它是这里的主要居民，所以领导比较重视这些。我们请的师傅设计出来后教我们，什么键盘在哪里啊他都要和我们讲明白。还有就是人才紧缺问题，现在星期六星期天都要加班，没有公休假，公休假都休不了，如果我走了，三版就没有人做。教会一个人，起码要三四年的时间，但是我们也是要马上退休了，也不知道今后会发展成怎么样。

除了编译，我也要去采访，我们每年的任务是要采访两篇。我之所以有出版这一本书（《来自傈僳山乡的报道》），是因为这里面的内容都是我自己采写的。我是 1999 年进来，2002 年就有一篇文章获奖了。2001 年 11 月 16 日第一篇外出采访的稿子是《弄贤人重算经济账　把自来水引进家》，当时觉得写一篇稿子真的很难，消息的写法很难，虽然很简单，但是我们的汉文不是很好，说它简单，等写的时候就觉得没有想得那么简单。这篇新闻获得了"德宏好新闻奖"。第一次写稿，这次的获奖也激励了我，使我在今后获得了很多奖。

还有一篇获最高奖项的《能够到北京医病，在过去想都不敢想过》，这是我和曹老师一起写的。这篇报道获第二十五届（2012 年度）全国少数民族地区报纸好新闻评选一等奖，报道讲的是我的亲戚，平时我们也是解百姓之急，要有爱心，我们一直揪心怎么把这个小孩的病医好，遇到云南启动救助儿童行动，很受启发就写出来了这篇文章，要想写出好的文章，心中就要有老百姓。

有一篇是我们两个人开始有点名气的文章,我和曹老师写的《竹米,48年收获一次》获(2012年度)云南省报纸副刊好作品三等奖、获(2012年度)中国少数民族地区报纸好新闻评选纪实三等奖。当时觉得这个果子很稀奇,在傈僳族这是一个很神圣的果子,吃竹米在7月份,从那时候开始到10月末,写稿子写了半个月,这一年恰好有这个选题。当时报社里创办《星期刊》之后,我的这篇稿子刊登在第三期,读者很多,反响很大。

来傈僳文版编译室后,我是想真正地学一些东西,改行之后有很多东西要自己学习,我去自考新闻专业,学到了很多东西,坚持了很多年,但因为身体的原因坚持不下去,所以现在都没有文凭。多少获奖的文章、论文都有,但是差文凭,职称上不去,这也是我这辈子最大的遗憾。

(访谈时间:2016年7月10日;访谈人:赵亚净、窦翔;整理人:黄博)

(十一) 郑绍健访谈记录

访谈对象:郑绍健,《德宏团结报》总编办主任。工作时间:2004年至今。

2004年我大学毕业,刚好《德宏团结报》去学校招人,我的班主任曾文蕊老师鼓励我报名去试试,我本科不是那种好学生,很叛逆的,留着长发弹着吉他,学习成绩也不是很好,有点担心不会被选上。但是班主任说了,我还是去尝试了,刚好来负责招聘的是以前我们学院的师兄李永斌(李永斌,1987年毕业于云南大学中文系汉语言文学专业,现任副社长)。我们考完试李永斌就喊我们先等消息了,我还记得报社确定要我,找我签合同的时候还是一个傍晚,就在现在云南大学老校区的小石桌子上签了就业合同,我和另外两个同学就这样来报社上班了。

大学毕业我就来了,我来上班的时候刚好碰到盈江发生泥石流,作为一个新人,我那时候很想去前线采访,我们三个新人主动向领导要求去采访,做新闻的人还是急着想实现理想,当突发事件来临的时候还是要有冲在前的决心。但是报社领导认为我们三个人都太年轻了,国家刚培养出来的大学生,又没有处理突发事件采访的经验,万一受伤或者有生命危险发生太可惜,便拒绝了我们的请求,现在回头想想还是觉得有点遗憾。

刚开始来《德宏团结报》,我大学时留的长发还没有剪去,还继续弹着我的吉他，起初来芒市我也生活不习惯，但是慢慢就好了，这个地方挺好的，挺安静的小城市。进报社那会儿我的长发让我显得很另类，工作慢慢稳定以后，领导找我谈话，希望我能考虑考虑能不能把头发剪短，我想了想我的工作性质，决定剪掉头发。我有同学毕业后留在了昆明，看到一些同学毕业后在大城市发展也很好，但我进报社有些年头了事业还没太大起色，有同学鼓动我要不要出去发展，我动摇过但还是决定留下来了，还好后来我的工作开始慢慢有了起色。

报社这几年发展挺好，德宏团结报官方微信可是在全省排名前三的。这几年大家都在说纸媒形势不好，特别是在营收上全国各地的报社都在遭遇生存危机，但是《德宏团结报》的营收工作虽然谈不上喜人，但确实做到了不降反增，我们的硬广收入有下滑，但是整体收入不受影响。报社这几年才开始做大做强，以前有过其他报纸来参与竞争的一段时间，《瑞丽沿边特区周刊》本是2010年由中共瑞丽市委与云南日报报业集团《民族时报》合办的，后来他们主管政府部门觉得投入太大，《民族时报》的人支持也不到位，之后就解约了。2014年我们就把办刊的权利争取了过来，现在这份报纸由瑞丽市出资金，报社来帮他们办报、出报。为了办这张报纸，我们在瑞丽市还设了专门的记者站，今年他们把新媒体运营也交给了我们。像《春城晚报》《云南信息报》这两家省级都市报也来芒市办过报纸，《春城晚报》办了《新芒市》、《云南信息报》办了《德宏读本》，后来因为这两家报社营收不好也都停办了，《德宏读本》好像还有官方微信活跃着，报纸早就不出了。

《德宏团结报》现在有70余名编辑记者负责出报，除了汉文版，我们还有傣文版、傈僳文版、景颇文版、载瓦文版4个民文版报纸，去年12月我们拿到了新刊号又创办了一份对缅报纸《胞波》。有人会说我们有70多个人办报已经算是大报了，我认为人还不够多，但是我们做的事情却很多。现在我们每周都要做八张半报纸，汉文报、傣文报、傈僳文报、景颇文报、载瓦文报、缅文报，还有星期刊、《瑞丽沿边特区周刊》，下半年我们还要和缅甸当地的华文报纸《金凤凰》合作，要出一些版面给《金凤凰》。我们还有微信平台、网站、电商，这些都是我们的采编人员在做，事情多，平时都很忙。

《胞波》这张报纸用缅文出刊，主要面向在德宏常住的缅甸人。报纸现在还不能在缅甸境内发行，但是我们也在尝试把报纸送去缅甸，我们会把报纸摆放在瑞丽口岸供过关的人阅览，《胞波》报是免费发，通关的人看着看着就有可能把报纸带入缅甸。办《胞波》之前，我们已经尝试办缅文报纸了，2014年在没有刊号的情况下开始试办《德宏团结报·缅文专刊》，这张报纸出到 2015 年 11 月结束，半月刊，去年拿到刊号后就更名为了现在的《胞波》。办缅文报相当艰苦，我和另一个同事，再加上翻译公司，出的这张报纸。刚开始只有我一个人，先去找汉文报里值得刊登、适合刊登的内容出来，定好每一版需要做哪些内容，然后打包文件传给外事办和侨办，因为是涉外宣传，他们看了通过了再传给瑞丽的翻译公司来翻译，我们在瑞丽找了家专门的翻译公司。翻译好后要拿来给报社排字工排版，排字工不懂缅文，经常有折行现象，排字工排好后再传给翻译公司让翻译人员来调整，缅甸文字很容易被拆成两个部分，所以必须要翻译公司帮忙调整。调整好后才能拿去印刷，刚开始的缅文报就是这样办下来的，我、排字工、翻译员，3 个人办一张报纸。

《缅文专刊》做了一年半的样子，当时是有领导下来调研，我们提了这个想法，获批了 80 万元办报经费，我们一边做一边向新闻出版主管部门申请刊号，去年申请了下来，2015 年 12 月 24 日《胞波》创刊。给《胞波》申请刊号也是非常艰难的事情，报纸刊号现在是相当难拿到的，从 1987 年以来云南省还没有一个刊号获批，我们这张缅文报就拿到了。我们这张报纸能批下来，一是这张报纸确实是云南省乃至全国来说都是对外宣传的一个亮点，不仅新闻部门重视，对外部门也给我们提供了支持；二是《缅文专刊》的办报经验；三是我们在《胞波》创刊前做了大量调研工作，派出记者杨立以外事交流的身份在缅甸做了大量调查工作发回了重要的调查报道。申请刊号的材料是我写的，社长熊丹、州委的一个秘书、省新闻出版局的领导一起去国家新闻出版广电总局申请刊号，我们把申请材料、《缅文专刊》往期报纸、发回来的调查报道一起带去申请。国家新闻出版广电总局的一个领导被我们感动了，对我们说："这个是国家对外宣传的大事啊，你们一个地州的报社能想到这种事情，你们为国家外事部门做了大事情。"这个领导立马就同意审批，和外交部一起给我们批了刊号，这是 1987 年以来云南省内媒体拿到的第一个刊号。

现在《胞波》报的级别和人员配置都已经确定，未来《胞波》的采编部门将定为副处级，有 12 名人员名额，就等着下一步的招聘工作。《胞波》干的是对外宣传的大事，这张报纸是国内第一张缅文报纸，是值得我们办得更好的报纸。《胞波》报的发行工作我们在尽力争取，在缅甸有德宏州 3 个办事处，我们会把报纸给办事处的人让他帮我们带过去；德宏州内有五六万缅甸人，我们现在每期印 1 万份，免费发放给常住德宏的缅甸人，在芒市和瑞丽各聘请了一个人发报纸，每周五报纸印好后会被这两个人领走，然后去发；涉外部门我们也要免费赠阅，像涉外办、侨办这些部门，保山、临沧那边的涉外单位也会收到《胞波》报。等明年《胞波》去备案后就可以公开征订发行了，当然我们去卖报纸也不是只为了钱，只是想公开发行就必须去邮局备案。

（访谈时间：2016年7月9日；访谈人：赵亚净、窦翔；整理人：黄博）

（十二）张仁韬访谈记录

访谈对象：张仁韬，现任《德宏团结报》新闻部副主任，分管新媒体。

我们现在的新媒体主推的就是两微一端，微博现在有一个号。微信的话，有一个《德宏团结报》的官方微信，有一个对缅的《中缅商情》，还有一个讲吃喝玩乐的《玩转德宏》，还有4个民文微信公众号，大概是主办着7个公众号，还有帮宣传部做着一个《美丽德宏》的公众号，就是代运营的。目前，运营人员我们还没有分出来，就是说新媒体人员做新媒体，我们全部的报社编辑也都做新媒体，包括我们的一线记者。他们既要出报纸的东西，还要编辑微信公众号内容，不然的话你没法做。因为我们新媒体部只有5个人，他们基本就是保证每天出的官方微信和代运营的公众号，还有我们的App，他们主要就是做这3个平台。剩下的那些平台，就是由我们记者兼职来做新媒体，才能保证它的运转。说实话因为我们现在新媒体的盈利方向也很明确，所以说我们现在要招人进来做的话，对于我们一个小报来说，经费压力还是挺大的。那4个民文报的微信公众号，它的新媒体也是各个民语部的记者来做，因为那个专业性比较强，而且我们党报交给别人来做也不放心，还是要他们来做。

2012年左右，我们开始开通微博，然后在2014年开通微信公众号，当时只有一个《德宏团结报》的官微。2016年，《玩转德宏》，还有这个其他的，包括头条号就是慢慢地在做。然后2016年重点就是做4个民文报纸的微信公众号和《hi德宏》的App。

报纸的稿件其实我们在新媒体平台上用得很少，但是我们有重点保证，就是保证州委、州政府的声音能够传出去。如果你按报纸的这种形式走是没人看的，没有阅读量。我们既要平衡这个把州委州政府的声音传出去，另外还要保证阅读量，所以这是我们最难的。我们的官方微信公众号每天最多放8条党媒的消息。

然后平时的话像头条啊还有其他微信公众号的话,我们就灵活来处理。比如今天德宏人最关注的什么事情,我们一定是放头条。这样的话就能提高整个微信公众号的影响力。其他的话,我们会有一些栏目,比如之前我们有一个《图说》,现在改叫《静语德宏》,是现在影响力比较大的一个栏目。它是关注生态的,以前《图说》就是以摄影师的图为主,文字很少。因为那时候是读图时代,但是现在发现采用那样的形式阅读量也在下滑。于是,我们就换了一个方式,就是我们针对自然生态保护,十九大提的生态保护去做,我们在德宏在这方面其实做了非常大的努力,也取得非常非常好的成效。比如这两天我们在推的猴子,现在基本是上了各大网站的,因为它是濒危物种,影响力大。像这样的东西,我们就是以栏目的形式来做。我们会不断地再根据运营情况调整栏目,可能今年叫《图说》,但明年就会变了。这个板块就是以图为主的,但形式上要做一个升级版。以后,我们的运作形式上可能的话还是以图为主,但是会加入小视频,尽量在压缩文字。但有时候也会有一些是以文字为主的,但是整体是以图片为主,例如我们《hi 德宏》App 里面我们是叫"视觉"。

目前,我们会给新媒体的工作人员很多任务。比如我们微信考核的有一条,每期你值班期间,如果没有一条微信内容破 5000 次的,就需要扣款,所以我们压力非常大。现在,基本上就是我们新媒体的 5 个工作人员轮流值班,可能就是有 4 个人是做官方微信公众号,然后他们就交叉,这个星期他做官方微信公众号下星期开始《美丽德宏》,人员不是固定不变的。我们新媒体的工作人员除了维护正常的工作,比如《hi 德宏》这些,你还要去搞原创。我们是基于两个条件,一个是要有原创稿,另外一个是必须有一条 5000 次以上的阅读量。所以就这两个点来说,我们的要求是非常苛刻的,原创稿要是来自于自采。它不是报纸的稿件,报纸其实到微信公众号是转载。但是原创稿就是你针对这个微信公众号去写的稿件,我们选择的题材就很宽泛。比如城市变化,然后有一些专题性的,比如过节的节庆或者一个旅游攻略呀,这些都算原创。题材很宽泛,重点就在于你一定是花了心思花了功夫去写的一个东西,而且这个原创稿一般阅读量都不低。

新媒体部的 5 个人是今年新招进来的,2016 年年末进来的,他们的招聘标准就是本科,除此之外我们都是参考事业单位的笔试和面试,但是我们会更注重实际应用。当时我们是招了美编、电商、新闻和中文的人。因为做新媒体要求什么都要会,包括 H5 啊这些。

我们的民文微信公众号内容主要是翻译官方微信公众号内容,就我们阅读量好的，他拿过去翻译成民文，然后再发出去。因为民文一个科室最多有3个人，管微信公众号的最多有一两个人，人手非常少。现在很多民文的微信粉丝已经有1000多人了，但是报纸的发行量才达到1000份，所以其实微信公众号的影响力是很大的。每个民族都有一个学会，所以民文微信公众号主攻方向就是各大学会。

我觉得像我们这样的一个大众媒体，它存在的意义首先是为党和政府服务，所以广告其实只是属于新闻产品的附属品。我们的很大一部分服务都是政府买单，所以我们最重要的不是拉广告，而是做好内容，扩大影响力。

现在《德宏团结报》的官方微信公众号也有读缅文的专栏，它主要就是为了进行一个矩阵推广，而且我们每个月看数据，每个月通过这个链接按钮进去的话还是有好几百。每个月还是有一部分群体习惯用这种方式来读报。这个群体缅甸人占比应该不大，主要是做商贸的，对缅服务的，还有政府方面做对缅工作的人群。

我们未来的创新，从形式上说，最重要的肯定是小视频这块，包括VR全景、航拍、直播等，直播我们在云南省的州市里算做得比较好的。只要是新媒体，只要出的新的方式，我们都会在第一时间去学，然后去运用，做出自己的一些品牌影响力。其次，内容上的创新我们还是围绕十九大的一个宣传，这个肯定是大方向，所有的策划你要跟十九大有联系，包括经济社会发展这块。但是像我们边境城市会有一些特点。我们在今年的1月底2月份我们会有一拨人到缅甸去，到"一带一路"的这个人字形经济走廊去走一遍，然后就通过走访了解更多商情并介绍过来。另外我们还会有一些新闻记者协会的对接，中缅记者定期采访互动、文化交流。我们靠边境，这块也是我们的一个重点方向。

（访谈时间：2018年1月10日；访谈人：张方亮；整理人：黄博）

（十三）杨立访谈记录

访谈对象：杨立，现任《胞波》报缅语主任。

2014年3月12日，在没有正式刊号的情况下，我们报社以试刊的形式创办缅文报，名称为《德宏团结报·缅文专刊》。至2015年11月，顺利出刊40余期，每期发行5000份，均为免费赠阅。开始，我们是交给一个叫麻果的华侨翻译，他现在在德宏的对缅办事处工作，但是让他做了之后发现问题还是有一些，后来我们就交给北大的搞缅语翻译的团队做,之后又交给了现在合作的曼德勒的翻译公司。

2015年6月,国家新闻出版广电总局批复同意德宏州创办《胞波》(缅文)报,批文号为(新广出审〔2015〕694号),主管单位为中共德宏州委,主办单位为中共德宏州委宣传部,出版发行单位为德宏团结报社。2015年12月4日,《胞波》报正式创刊。截至2018年1月12日,《胞波》已经正式出版发行102期,每期发行5500份。现在我们审稿是五审,我看了中文的稿件,再发给德宏州外事办看一看,然后是州里的侨办审核,再给我们的副总看一遍,到最后又交去曼德勒翻译,翻译好了又由缅语编辑校对审核。

《胞波》报每周一期,每周五出刊。目前每期为对开四版全彩大报。一版"时政前沿",重点宣传中缅两国高层之间交流互动、深化改革,深入推进沿边开发开放提出的新思路、新举措和新成绩等。二版"中缅商情",主要介绍中国、云南、德宏及缅甸的商贸商情及投资动态等。三版"直通中缅",重点宣传服务类消息和招工信息及缅甸在加强基础设施建设,招商引资,完善城市功能,打造口岸城市,以及加强口岸贸易,提升口岸产业,强化缅甸与各国经贸往来与合作等方面的重大举措和成绩等。四版"文体前沿",重点宣传中缅两国旅游文化、民族文化、边境文化、边关文化,以及极富特色的异域风情及环球体育新闻等。目前报纸的四版内容分发给我们去年新进的缅语专业的学生负责,邹旭峰负责一版,王正贤负责二版,李薇负责三版和四版,明满贵负责校对。负责的人员必须去新华网、缅华网、云南网、团结报这些官媒上找中文稿件组稿,也可以选择写得很好的缅文消息,我们的缅语编辑把标题翻译出来,但是比例少一点。每版就是六七条新闻,找好稿件经过几道审核没有问题之后,我们再送去曼德勒的翻译公司翻译,之后再交给明满贵校对。

我们选稿的标准就是让中国的文化走出去,但是文化走出去你光说得好不行,可能他们都不愿意看,所以我们必须放上一部分吸引眼球的内容,让缅甸人愿意打开这份报纸,像缅甸人喜欢的体育新闻,还有一些军事的或者是贸易的信息,或者减税的内容等。这就是像一张车开出去,上面除了放上我们想让他知道的这些东西,还得放他也愿意看的东西。现在我们就固定上第一版的就是一些中缅高层交流的,比如商务会长过来中国访问的信息,我们力求把这份报纸作为中缅交流的窗口。第二版的话,就是云南各个地区,包括德宏对缅的一些交流。我以前不做《胞波》的时候,感觉中缅之间没有那么多事情,但其实每个星期都还是有交流的新闻。第三版主要就是缅甸的一些知识了，就是一些缅甸新闻，例如农产品价格上升，或是缅甸国内汽车运输的问题。第四版主要放文化体育相关的新闻，或者像一些我们边境的文化交流、医患交流等，像上个星期我们这儿的一个缅语编辑去采访缅甸的一个三胞胎过来德宏就医的新闻。

《胞波》报均为免费赠阅。发行渠道和对象主要有三种：一是通过聘请发行员，分别送到德宏州四大机关，州和各县市外事、侨务、商务、公安、边防、口岸、外籍人员服务中心等涉缅单位，芒市、瑞丽市缅籍人员较为集中的宾馆酒店、街道社区、企业工厂、商店集市等；二是通过邮寄的形式寄送到国家、省以及云南省内涉缅州市相关部门、院校、专家学者等；三是通过德宏州贸易商会驻缅甸三个代表处（曼德勒、腊戌、密支那）工作人员，以交流资料的形式进入缅甸。目前，瑞丽发行量最高，我们在瑞丽发放 3000 多份，芒市发放 1000 多份，其他县目前发行的较少。

现在我们的自采稿件慢慢在增多，每个星期都会让 4 个缅语编辑去进行自采稿件。现在人员还不是很多，所以自采稿件的内容占比还比较低。但我们社长也交代了，以后自采稿件的占比必须达到总内容的 2/3。

我们做《胞波》试刊号前，也做了一些调研，包括到缅甸边境。然后就发现缅甸那边的人在中国也没有什么可以看的东西，所以他们只能看缅甸的报纸，我们一直缺乏一个对缅的官方声音可以被缅甸人看到。刚好，当时中宣部来德宏调研，就有这么一个契机，他们看了我们的调研报告就认为确实需要办一份对缅的报纸，所以就给了《胞波》独立刊号。而且《胞波》报也起了对缅宣传的作用，好多缅甸人不知道中国这边的法律法规，我们的报纸就要向缅甸人宣传中国的一些理念和法律法规，建立中缅友好交流的窗口。

我们现在的新媒体平台就是 Facebook 和 Twitter，我们 Facebook 量还做的不是很大，粉丝只有五六千。但是一些好的消息，它的阅读量是非常高的，差不多几个小时就可以达到几万甚至十万的点击量。未来我们可能会考虑根据节日庆典做好的内容，并做一些活动，例如转发抽奖等去增加粉丝量。

（访谈时间：2018 年 1 月 10 日；访谈人：张方亮；整理人：黄博）

## （十四）熊艳访谈记录

访谈对象：熊艳，《德宏团结报》社长。工作时间：2008年至今。

2008年，德宏传媒集团组建，我调入传媒集团任党委副书记兼纪委书记，2010年，我调入《德宏团结报》任兼职社长，今年转为社长职务，在来报社之前我在党校做过老师，还去过宣传部、组织部任职。

如果要说《德宏团结报》的未来，我想先从我们纸媒行业今天面临的挑战说起。近年来报纸行业遭遇寒冬，而党报不像都市类报纸，特别是地方党报来说，竞争压力不是特别大，可能省级党报、经济发达地区的党报竞争压力会大一些。在德宏州，外来纸媒确实竞争不过我们，《春城晚报》《云南信息报》都在这里办过，最后都不了了之，《云南信息报》的"德宏读本"微信公众号可能还在运营着。毋庸置疑，地方党报有它的优势。我认为，今天的报纸要明白，这是一个"读者"变"用户"的时代，我们的观念必须要从服务读者转变为服务用户，了解用户通过什么样的载体来获取资讯，用户喜欢看什么内容。

在过去，新闻就是宣传，但是舆论引导不是这样的，舆论是群众说了算，有没有人看、有多少人看是一个问题。我们现在面临着一个从读者向用户的观念转变，以前的受众都是守在电视机旁边、守在报纸广播旁边，因为没有别的宣传载体，后来到了第二个阶段，我认为就是受众到了电脑旁边，从传统媒体到了资讯量大、传播速度快的网站。其实现在网站也归为传统媒体了，因为我们已经到了第三个阶段——手机。所以我们首先要想的就是这些问题，你做的东西首先要把它放在合适的平台里面去，而且不是光放在里面去就完事了，还要让用户去看，让用户喜欢看。宣传工作不是"管你在哪里，我就在这里"，这是不可行的，宣传工作就是做人的工作，人到哪里我就要到哪里去，这就带来了一个新的挑战。都说传统媒体难做，我认为这是因为固有的传统思想很难转变，我们也经历了这样一个过程，遇到的最大的阻碍就是没有资金、没有人才，特别是没有人才。

本来我们的编辑记者天天就是编编写写，突然转变到新的阵地，就迷茫了，不知道怎么写、怎么弄。还有，纸媒转型还要大量地做活动，让用户下载你的App，下载以后还不能让用户成为"僵尸"。现在太多网站都是僵尸网站，几天才更新信息，那些信息用户又不想看，手机客户端也是这样，慢慢地僵尸App也会出现。

我现在的感觉报人已经不是传统的报人了，报人变成了企业家。最近我去杭州开会调研，有一个报社项目的推广，如果对方不说他是社长、总编辑，你听他讲话真的就会以为这是个商人。我把现在的报社分为三等：一等报社卖技术，卖App 技术、直播技术等；二等报社用平台卖商品，比如《××日报》就利用微信公众号平台卖眼镜，《德宏团结报》也在卖商品；三等报社维持常态。对于传统媒体来说，观念的转变是一个很大的挑战，特别是报社的老员工，现在要搞策划、搞活动，你不改也不行啊，比如像昆明信息港，它为什么盈利，就是因为天天有活动，没有活动就和粉丝互动不了，慢慢地粉丝就不关注你了。有时候我也感觉很头疼，我们本来是两耳不闻窗外事，静静地坐在那里编稿、写稿，现在要去组织活动，搞活人气，这真的是我们现在最大的一个改变，要不断地把产品推出去。要做好产品，肯定要花心思，这样才不会被淘汰。

传统媒体也要坚持做，党媒是一个重要的舆论阵地，现在国家对此的支持力度也比较大，为什么我们报社现在不是特别艰难，跟财政支持分不开。我们现在办着十张报纸，九张纸媒一张电子报（《德宏团结报》数字报），办数字报就是为了扩大覆盖率，让读者更便捷地知道相关的内容。我们现在发行的纸媒有四张汉文报和五张民文报，《德宏团结报》是主报，还有一份《瑞丽周刊》，一份类似于晚报、服务性较强的《星期刊》，新办的缅文报《胞波》，再加上傣文版、景颇文版、载瓦文版、傈僳文版四个民文版。近期我们还要和缅甸唯一的一家中文报纸《金凤凰》报互换版面业务，这家报纸在缅甸有五万订户，我们通过互换版面把美丽德宏展示给缅甸的华人，借助这个平台传播德宏的政治、经济、文化等，让更多在缅华人企业家了解中国、了解德宏，让他们过来投资、旅游，通过他们的"嘴"进一步加强中缅的关系。我们现在很辛苦的原因也在这里，报社只有五六十个人，要做这么多报纸，还有新媒体也是我们在做。

我们现在做出了 20 多个新媒体宣传平台，《德宏团结报》官方微信全省排名第三，同一条新闻同时在德宏不同的媒体平台推送，我们的官方微信公众号数字是最好的，现在的新闻产品是社会效益好就带来经济效益好。为什么这么说呢？假如我是老板，我要来投广告，我肯定要首先看你的点击率、发行量、粉丝数，没人看我为什么要投，大家都关注这个宣传平台，那肯定会有人来这里投广告。在这个过程中，我认为经济效益和社会效益已经同步，不再像过去只重视社会效益，现在不同，企业家愿意投广告就说明平台传播力已经很强了。我们的官方微信公众号现在面临的压力也很大，全部做成广告肯定没人看，就丢失核心竞争力，但是想来我们这里做广告的企业又很多，怎么办呢？后来我们就又开了"孔雀之乡"这个纯文艺的微信公众号，也想通过这个平台为德宏的文艺做些贡献，把德宏的作家群整合起来。其次就是"玩转德宏"，现在年轻人都爱吃爱玩，所以我们把官方微信公众号的主要功能逐步分类，细化到工作中。再次是"中缅商情"，把中缅市场对接，为中缅企业家提供资讯服务，以及是《瑞丽周刊》的官方微信公众号。

现在我们的客户端是着力打造的一个产品，因为我们的网站不赚钱，我认为原因就在于当很多人已经从报纸旁边跑到电脑旁边时，我们的思路没有及时跟上，这也是普遍情况，全省很多二三线报社都不赚钱。这也是我任职这几年发现的一个对报社发展来说很致命的一个问题，因为没有及时跟上主流，所以很多报社现在举步维艰。现在很多报社，包括我们自己也是这样，直接从传统纸质媒体越过网站直接跳到手机客户端，但是如果没有新的理念和好的办法，也是会像网站一样，照样不赚钱，照样没有传播力、影响力。客户端原理也一样，吸引用户关注，要和用户互动，否则用户将会弃我们而去。很多报社为什么难也就在这里了，网站没有经营好，现在大家都说两微一端，他又赶紧跑到这里来，其实它们的原理是一样的，如果你不及时转变，你的网站是"僵尸"的，你的两微一端也是"僵尸"的。因此，我们现在就要花更多的心思来做这个手机客户端，网站用户已经在萎缩了，所以没有必要再花太多精力来做。我们现在组建了很多新闻支队，比如直播、航拍、全景、视频，全方位上内容。

去年我去"掌上青岛"学习以后，恰好逢德宏州"两会"，我们就采用直播，马上点击率就到了10万多，直播可以把大家带到现场。过去资讯不发达是我讲给你听，现在年轻人才不是，没有亲眼所见他才不信，所以我们就全方位呈现给你，你要看有视频，你要听有音频，你想读有文字，提供给用户丰富的产品。再看我们的报纸，苦心经营60多年，发行量也才近2万份。接下来是景颇族传统节日目瑙纵歌节，1万多人聚集在一个地方跳舞，男性背着长刀，我们做了一条《背着长刀克跳舞》，点击量10万多次，后来我们做了直播，点击量达到50多万次，新媒体的宣传效果真的是传统媒体无法比拟的。我们为乡镇做一些山歌比赛新闻，马上乡镇被人挤爆，农家乐无法接待，许多乡镇书记会主动来找我们要求明年继续宣传，扩大农家乐规模，这又为当地旅游经济、农民增收创造了一个条件。直播这个新式"武器"一出来，马上各县市都要求我们去，累得筋疲力尽，周末节假日都是在做活动。县级"两会"、传统节日、摩托车大赛等都会要求我们去直播，但是我们也发现人最容易喜新厌旧，直播才弄了半年多大家就已经视觉疲劳了，所以又逼着我们去弄新的东西。所以我们现在要紧紧把握用户思维，做用户喜欢的东西，生命力也就强了，这是《德宏团结报》现在的总体思路，另外也会积极争取财政支持。首先要先把用户拉拢过来，拉拢过来才能传播党的声音，才能引导对错，表现真相。这几年运作下来，报社确实很辛苦，但是对于未来的发展来说，确实打下了坚实的基础。

从1955年至2016年，《德宏团结报》在党委政府领导下已经走过了60余年，跟其他报社一样，也是一路发展过来，以前党委政府要你做什么你就做什么就可以了。但是要说未来的发展，那就不一定了，很多报社我们也考察过，依然是做着一张报纸一张网，这个也看领导班子的思路和学习理解的能力。如果领导班子意识到发展方向是什么，那么他肯定就会朝这个方向做，我们的想法就是，如果不发展大家日子都不会好过，然后做出来的东西肯定是没有生命力的。如果我们不想创新循规蹈矩，可能现在我们也就是一张报纸一张网，以前有个领导还批评我弄那么多干什么，做好这五张报纸就行了，但是我的思路就不一样，我觉得只弄这五张报纸，肯定是发展不了的，对事业是不负责任的。

《德宏团结报》现在有四个民文版报纸，这在全国来说都是唯一的。我一直认为过去的民文版发展得更好一些，过去民文版的受众比较多，现在受众比较少，因为过去没有别的宣传载体，而且又有双语教育，很多人都懂文字，又懂文字又没有电视看，收音机、电脑、手机也没有，他获取的精神食粮唯一的只能是我们送过去的报纸，那看的人肯定就多。现在民语版的工作就很艰难了，一个是获取信息的方式比较多了，特别是年轻一代现在在农村的也很少，年轻人也更喜欢用手机获取资讯；再一个是取消双语教育之后，很多人不懂本民族文字了，所以这个订阅量又急剧萎缩，我认为这也应该是党委政府需要重视的。现在民语人才也在急剧减少，我们要招一个景颇族编译人才，第一年没人报，第二年好不容易有人考取了，后来又去当公务员了，五六年了没有招到一个民语人才。

我们现在对民语版的问题也很头疼，但是我觉得一个民族的文化是不能消亡的，而且现在民族文化的传承很依赖媒体，民语广播、民语电视、民族报纸、民族出版，其他的都没人做了。但是我们要思考，我们传播是干什么的，我们是要让更多的人来参与、关注，这样民族文化才能传承下去，不是只有几个人在那里研究，越研究的人越懂，越不懂的人只会越来越不懂，到我们退休了老死了就没人弄这个事情了。所以民族文化的传承媒体在做着巨大的贡献，报社每年都会贴钱让民文版工作人员下去做报纸征订工作，每个组补贴三四千元，每次征订工作一个月，工作人员一个村一个村地跑，号召订报，就是怕它会消亡。我们曾经报过一个项目，想把民语报纸放到一个新的平台上，还有一个是否能建立起民语培训班、夜校，或者在少数民族地区建一些读报栏。我们也没有好的办法，我们担忧的就是做出来的报纸发行量越来越少，说明喜欢看、看得懂的人越来越少。采取哪些对策让更多的人来看，让报纸发行量更高，这个就是我们很头疼的问题。

民文版的目标在于架起党和少数民族之间沟通的桥梁，把党的方针政策通过这个桥梁传递到群众中去，群众要了解党的方针政策肯定也需要一个载体来接收。传递党的声音、让人民群众了解党的主张、拥护党的领导，知道民族政策，这是我们创办民文版的初衷。还有一个，根据边疆实际问题考虑，关注科学技术的普及，让少数民族群众尽快学习到科学技术，发家致富；再者，民族传统不能丢掉，你看现在结婚、白事的细节很多人都已经不知道了，我们还担负着传承民族文化的重任。我认为，创办民文版的初衷和目的从一开始都没有变。有个例子，前文化部副部长高占祥去涉藏地区考察，很多涉藏地区群众不知道总书记是哪一个，连这些都不知道他能知道党对少数民族的政策？能知道党对少数民族的关怀？大家只有常怀感恩的心才不会乱。

我们也在思考民文版未来的转型之路。从去年开始，我们恢复了通讯员培训制度。从去年的情况来看，通讯员培训还是不错的，这些通讯员都是热爱本民族文化的，所以还是要用好这些人，因为他们采写的稿件更加生动，对读者吸引力更大。通讯员中大部分是农民，生活在离少数民族群众最近的地方，他就知道少数民族群众的所思所看所想，他采写的稿件也更受群众喜欢，这样可以增强报纸吸引力。通讯员培养也是为了解决人才不够的问题。除此之外，我们下半年尝试开通民文版微信公众号，这也是我们的总体思路，把民文版放到新媒体上来，让大家看一看，这也是了解民族文化传承的一个平台。民族文化传承、民文版的创办是不能讲经济效益的，这就是一个政治上的要求，因为我们还没有找到更好的传承办法。

《胞波》是我们报社得到国家层面大力支持的重要报纸。近年来，中缅关系越来越重要，中缅关系看云南，云南看德宏，这也是我们在办报的过程中不断加深的认识。创办《胞波》的起源是因为有缅甸的报纸进入到德宏境内，2014年我们做调研的时候可能有五六份，到了2015年有20多份报纸进来；近几年来缅甸人在德宏经商、务农、结婚的也很多，德宏境内常驻缅甸人口有5万多。我们觉得有这样的一个群体很需要这张报纸,从中国文化的安全来说还是决定办这张报纸。另一方面,从报社的发展来说,我认为这张报纸以后会很有潜力,它会得到更多的支持,有这么多的支持那对报社的发展来说肯定是好的。

为了办这张报纸,我们做了大量的调研工作,还派出人员去缅甸交流学习7个月,并把这一切工作呈现在可行性分析报告里面,就这样去申请刊号。我记得我用一句话打动了他们,我说我们是"吃着地沟油操着中南海的心",因为中缅关系本来是很好的,在过去西方对缅制裁的时候,中国给了缅甸很大帮助,但是当时却没有做好宣传工作,这是我个人的观点。现在缅甸对中国存在误解,华商去缅甸做生意也越来越艰难,很多中国的大型项目在缅甸也遇阻,给我们带来的损失是很大的。另外,我们也深切地感受到相处那么多年的邻居我们对它是陌生的,而西方媒体又操纵着缅甸,所以我们认为我们有责任有义务搭建这个平台,让更多的缅甸人了解中国人是好的,我们是愿意成为好邻居、好伙伴的。

现在《胞波》的发行收到了很好的成效,在中国的缅甸人缺乏精神文化食粮,还有他们也更加需要服务信息,比如打工、体检、结婚等信息。再有,我们也在尝试把《胞波》送出去,我们会把报纸摆在口岸供免费取阅,这样也可以被带入缅甸。我们尽最大的努力,把中缅之间的沟通一点一点积累起来。除了《胞波》,我们还有"中缅商情"微信公众号,把缅甸市场和德宏市场、云南市场对接起来,提供商业信息服务,另一个是即将进行的和《金凤凰》报的版面互换工作,这样我们就有两份中文报和一个新媒体平台。

(访谈时间:2016年7月15日;访谈人:赵亚净、窦翔;整理人:黄博)

(十五)明满贵访谈记录

访谈对象:明满贵,现任《胞波》报缅语编辑。工作时间:2015年至今。

我于2015年从保山师专缅语专业毕业,之后来到《胞波》报做了编辑,我学的就是缅语专业,现在主要负责《胞波》的缅文校对工作。我是2015年11月来《德宏团结报》的,来的时候恰好赶上《胞波》报纸的第一次出版,就是2015年的12月4日。从第一期节目到现在的104期节目都是我做的。现在《胞波》报纸一般是星期五发行,可以算是周刊。我们一般星期四交版,星期五就印出来发行。

目前《胞波》报整个缅语部从事业务工作的一共有 5 个人，懂缅语的有 4 个人，其中有 3 个是 2017 年刚刚招进来的缅语专业的学生。这 5 个人主要负责缅语校对工作。我们的业务流程是：我们主任杨立先在央视网、新华网、云南网上选择和缅甸有关的新闻，然后拿去缅甸曼德勒的翻译公司翻译，之后再发回报社，由杨立进行美编和排版工作，最后由我们进行校对工作，我们也自采稿件，主要讲缅甸人在德宏的生活。

目前，《胞波》报每期发行 5500 份，主要分发地是芒市和瑞丽。在芒市我们雇了一个缅甸华侨去进行每期的报纸分发工作，他会骑着电动车去各大缅甸人聚集地分发报纸，他对各个缅甸人聚居地都比较了解。

我们以前读书的时候主要是学习缅文的听说读写，缅甸文化方面的内容很少学。以前上课的时候是没有书的，都是外教带一些资料回来给我们上课。我们主要学习缅甸文化方面的知识。除此之外，我们还学习过他们的藤球运动，还有缅甸的历史，比如缅甸的英殖民期，以及缅甸与泰国的一些战争。我们有本书叫《缅甸概况》，就是学习缅甸的地形地理概况、历史以及缅甸的各省各邦的情况。我不算是学过新闻的人，我读大学的时候接触新闻相关的只有一门课程，就是报刊选读，老师主要是教我们用缅文写一篇稿子应该有些什么要素和格式，只是简单地带过，没有认真地学过，就是学了一个新闻的格式。

因为我刚进来的时候整个报社太缺人了，也没有懂缅文的人，所以我主要负责校对工作。但是因为刚开始没有新闻基础，所以我也跟着汉语报的老师出去采访、写稿子。我在汉文的采访量不是很大，主要还是负责缅语这块。这样学习了将近半年的时间，才开始自己出去采访写稿子。一般我自己出去做的采访有各地的小活动，还有一些自采的缅甸话题。以前我主要做缅甸人物，比如在中国打工的缅甸人、缅甸的珠宝玉石商，还有来德宏旅游的人。

我出去自采稿件做选题时，常常碰到一个问题，就是约好要做访谈的缅甸人常常爽约。有时候，我都在半路了，对方打电话来说有事不能做采访了，约下一次的时间就各种推辞。碰到这样的人，我也没办法，最后就只能放弃这个选题，再找新的选题了。我们从 2015 年 12 月就开始做自采的人物新闻稿，每个星期放一篇，有时候采不到合适的人物或者工作量太大就不做了。我们有一个缅甸专栏就是放自采稿件，去年我们新进了 3 个缅语专业的同事，他们就开始每个星期做一篇自采稿件。

在我所做的自采稿件中，记忆比较深的就是采访了一位现在在北外读博士的缅甸人，因为他中文很好，对中缅两边的文化也都非常了解，所以采访他很顺利。我简单问了一下他为什么来中国读了那么多年的书、为什么选择学中文，他就讲了很多，把他讲出来的东西直接写上去，这篇稿子就感觉层次很高。

我现在是没有编制的，集团现在招有编制的人都要求学历是本科以上的。因为我读的是保山师专的缅语专业，这个专业是专科，我们当年专升本的时候，缅语专业升本科要读旅游管理，我就觉得学了三年缅语不想转去读别的自己不喜欢的专业，所以最后还是决定不升本了。但是现在我们传媒集团给的编制就是要求本科学历，而且我这种聘用的和他们有编制的还是不一样，待遇差距还是挺大的。我这种聘用的员工就是单位发工资，他们有编制的是国家财政先发放一次工资，单位再发一次工资。我当时进《德宏团结报》的时候，《胞波》刚刚批下来独立刊号，我哥哥也在《德宏团结报》里面，他就通知我来试试，当时也没有正式的招工通知，他们就丢了一堆材料给我，让我翻译，我就天天自己在家里翻译资料。他们看了我的翻译资料后，2015年11月的某一天，就给我打电话让我过来上班。我们当年的招考标准是很宽松的，现在的招考标准就严格多了。去年，我们集团新进的3个有编制的缅语翻译人员必须先经过国家事业单位考试，然后再面试，面试又分为笔试和面试。笔试主要考将汉语翻译为缅文或者将缅文翻译成中文，面试就是考缅语的口语能力。现在的招考标准严格了很多，对缅语能力的考察也比较严格。

我们在翻译当中碰到的最大的问题就是专业术语，这种时候我们就用英文代替，因为缅甸人英语水平比较高，所以用英文翻译专业术语他们也能够理解。比如"一带一路"这个词，我们就直接翻译为"one belt and road"。他们在缅甸也常常提"一带一路"，所以他们是可以理解的。同时，如果要翻译到中国的具有代表性的历史人物，我们会直译他的名字，再加上他的个性的表述。比如，我们提到曹操，我们就会直接翻译一个"奸诈但很有计谋的英雄式人物曹操"。如果缅甸语境中出现的俚语我们不会翻译成中文，就会去请教一些专家。他们的大部分缅甸新闻稿件里会出现一些历史人物，我们不知道的就去查这个人的资料，再用汉语补充相关信息。

现在我们的新媒体平台主要有Facebook和Twitter，运营和管理人员主要还是缅甸曼德勒翻译公司的人，我们只是审核。未来我们部门打算把这两个新媒体平台交给我们去年新进的同事邹旭峰管理，因为他以前是在腾讯做新媒体这块的。

我自己从事缅语翻译工作，也是希望可以把自己国家的文化价值观传递出去，同时也让大家知道缅甸人并不是素质低下的，他们是非常善良和友好的。像这次我们的瑞马，跑到木姐的时候，几乎所有的缅甸人都走上街头为我们欢呼呐喊，他们的热情和善良真的是让我很感动的，我就想改变中国人对他们的偏见。

未来《胞波》的发展可能还是要加强中缅两国的交流，既要把我们中国的文化推出去，也要吸纳缅甸的优良文化。我们就是想通过《胞波》报把中国的内容推出去，再通过与缅甸媒体的合作，把他们好的文化内容翻译成中文放在我们的汉文报或者是新媒体上，通过相互投稿实现文化交流。

（访谈时间：2018年1月10日；访谈人：张方亮；整理人：黄博）

（十六）2016年7月傣文版编译室访谈记录

访谈对象：安保、项丽珍、克有和、谢有华、杨相洼、郗红梅，均为现任傣文编译室编译人。

我们傣文版编译室现在有8个人，6个编译人员和2个排版人员，报纸在周三和周五出。我们的第一版是要闻版，一般是时政新闻，都是从汉文版编译过来的；第二版是科普版，这部分文章都是从其他汉文网站转译来的；第三版是文艺版，这是我们的副刊，一般都是通讯员写来的稿子，包括诗歌、民歌、散文和小说；第四版是地方新闻，这部分有通讯员采写的，也有从汉文版转译来的，我们自己也会采写。因为人手不够，又要做编译、组版这些工作，所以我们自己采写的稿子很少。从分工来看，杨相洼、项丽珍负责科普版块，克有和、郗红梅负责地方新闻，谢有华负责要闻版，我来负责文艺副刊，校对、编写、转译都是负责相应板块的同事来做，但是我来通盘把关，雷二、杨晓明负责排版。

第三版和第四版都是通讯员来稿，这些通讯员原来就有，他们有写和唱的习惯，主要是唱，比如山歌、民歌，经常有作品嘛，后来我们发现了这些人以后就把他们培养成为我们的通讯员，他们一般通过写信的方式来稿。再有，我们还会靠着这些通讯员帮我们订报纸。当梁河、盈江、瑞丽等这些地方发展到出现通讯员以后，我们会把电话和地址给他们，他们经常来稿，等我们办通讯员培训班的时候，他们就过来了。这些通讯员原来不会写新闻，只会写民歌、山歌，通过培训以后，新闻写作能力也有了，既会写民歌、山歌，又会写新闻。另外，我们也有通讯员通过唱的方式把政策和信息唱出来的，也就是唱报。不过，我们现在发现的主要问题就是老年化，年轻人基本上很难会唱、跳，写就更难说了，现在年轻人会写的太少了。现在来通讯员培训班的都是上了年纪的人，都在四五十岁以上，年轻人很少。

当然，除了这些稿件，如果有重要突发事件和重要的会议，只要汉文版出了，我们就马上来编译。"两会"期间，我们整张报纸都是做关于"两会"的内容。除此之外，对农村有好处的政策、优惠政策和国家的大政方针这些我们都会刊登。像这次学党章，我们也在跟着做。

其实，我们这里最大的问题就是邮局送不了报纸。有一次我和谢有华老师一起下去征订报纸，他的儿子才两岁，没有人看管，我们就带着小孩去订报。有一个下午我们征订工作完成后，邮局就送不了，村民没收到报纸，人家就骂我们《德宏团结报》有一伙人是骗子。后来我们就只好和邮局沟通，才把报纸送过去。太艰苦了，我们自己去收钱，走村串寨去帮他们订报纸，最后还被骂是骗子。

之后我们也免费赠阅过。2002年的时候开始免费赠阅。不过免费送报不合适，订报的人收不到，没有订报的就乱拿，不会看报的就拿去包东西。邮递员把报纸送到村委会，报纸一大堆一大堆的堆在那里，后来我们就取消免费赠阅了。

从文字和印刷上来说，德宏傣文和西双版纳傣文一点都不一样。当时我们用的是1951年方政新老人书写的傣文字，把刻好的铜模拿去上海制作成软件，我们就开始用方正的这个软件来编排文字。1999年开始激光照排，1999年下半年我们重新改进了输入软件，增加了字体，原来的字体太少跟不上时代了，我们就更新了一次。我们有个专门搞激光排版的师傅帮我们完成了这个工作。现在我们这个输入软件还在不断更新，傣文到现在还不能上网，手机聊天还不能支持傣文，你用QQ聊天，傣文只能先做成图片再发出去。现在你只能在网页上看，你复制再粘贴就成乱码了。云南省民族出版社、云南省广播电视台也各有一套傣文排版系统，但是他们的字和我们的都不是一样的。傣文版输入软件上不了网，只限制在我们报社里用，你在这里输入傣文再发给译制中心或者其他单位后，它就会变成乱码，以后可能要做一个统一的软件了。好像省里已经把统一输入法做出来了，但还没推广。也是因为字体问题，我们没办法做新媒体。德宏网有我们的报纸，但是只能看不能复制。

（访谈时间：2016年7月11日；访谈人：赵亚净；整理人：黄博）

## （十七）2018年1月傣文版翻译人员访谈记录

访谈对象：谢有华，现任德宏团结报社傣文版翻译人员；克有和，现任德宏州团结报社傣文报编译室副主任；安保，现任德宏团结报社傣文版编译室主任；项丽珍，现任德宏团结报社傣文报翻译人员。

我们在翻译中遇到的最大问题就是新词术语的翻译，我们每年都会遇到很多新词术语的翻译问题，每半年就和广播、电视、出版的相关人员一起讨论怎么翻译，然后就统一译法。对于新词术语的理解不一样，会导致翻译出来的傣文也不一样，所以我们每年都会把各家传媒单位遇到的新词术语收集起来，共同探讨，遇到这些新词术语时就按同一个标准来翻译。

我们选择汉语新闻翻译时不会全部都译，而是按照新闻的格式保留新闻的要素，中间部分把新闻的中心思想和核心内容进行提炼后翻译成傣文，因为版面有限。一般都要选中央的和州政府的新闻放在第一版翻译，我们的工作量很大的，现在政策性的东西太多了，绞尽脑汁去想要用什么傣语来表达都是很头疼的。特别是关于国家政策宣传的翻译，我们要反复去读汉文报，理解透彻了再进行翻译，比如党的十九大中的政策，我们不能全部翻译，就把里面的条条款款和中心内容理出来，大家在科室一起来琢磨，一起翻译。例如，"新时代、新气象、新作为"这3个词刚拿到的时候看着简单，但内涵很深的，我们琢磨了大半天，我们把它译成"从过去的历史到现在进入一个新阶段，又有一个新的开始，新的作为"，"新时代"是指什么要解释清楚，"新作为"是什么作为也要解释。我们用傣文翻译做不到像汉语那样表达简洁，但我们要尽量使准确率和可理解性达到百分之八九十。

在把汉语的科技、法律的文章翻译成傣文时，有的东西用傣文翻译不了，并不是傣文中没有，而是我们的知识面不够，很多表述在以前的傣文经书中有，只是我们没有读到，以前傣文经书中的字就像我们的古诗文一样，要慢慢去研究，老傣文基本上都是故事。

我们遇到的新词术语翻译最典型的比如"一带一路"的翻译，我们用解释意义的方式来翻译，讨论了几次也还感觉翻译得不够准确，用傣语说就是"共同经商"或"共享一条经济带"。还有就是"桥头堡"的翻译，我们就按照意思来翻译，"中国梦"的傣语翻译也是有争议的，还没有很准确的翻译。有的不一定认识这个词，但知道这个词的内涵是什么，通过我们的解释可以读懂。

翻译中遇到有的汉语名词，在不同地方有不同的叫法，或者有学名，比如"百香果"，我们又叫"西番莲"，汉语中名字太多了导致不好翻译，还有"番木瓜"，我们叫作"麻桑普"（音译，找不到对应的汉字），汉语里的"番荔枝"，我们叫作"麻普扎"（音译，找不到对应的汉字）。

我们在翻译中遇到的困难里令人印象最深的是"桥头堡"的傣文翻译，如果直译就是一座碉堡的意思，老百姓看了就以为是哪里要打仗了，会出现理解上的误差，所以很难翻译，我们就解释性地翻译成"对外经商，对外开放"，还有网络上的新词术语，比如"电商"，我们都无法解释。

我们觉得翻译其实是很难的，因为我们少数民族的语言没有那么丰富，不像汉文那样，而且我们面对的读者也是文化水平参差不齐的，就看字面意思也不能完全懂，就比如"冰箱"，如果说"很冷的箱子"就不好理解，我们就要解释。如果有的东西大家渐渐都熟悉了，我们就不解释了，就音译。像"手机""电脑""网络"都开始使用了，缅甸那边都直接这样说，我们也就跟着这样说，不必要再解释了。就像汉语中的"沙发"，大家都知道沙发是什么了，如果还去解释性地翻译，大家就更不懂了，所以就直接翻译。有些东西我们跟不上现实，现实当中使用得很快，有时我们可以翻译，但现实中有些很新的领域就无法翻了，比如"微量元素"就无法翻译，我们就音译，加上一点解释，说它是一种能量，把傣语中表示营养的词加上去；"苹果"无法翻译，就加上傣语中表示"果"的解释。加上表示类别的词来提醒，帮助读者理解。傣语中表示概括性的词比较少，情感方面和精神方面概括性的词也比汉语少，汉语中的"感情"在傣语里就没有，但高兴还是悲伤就可以用傣语表达，比如"情感世界"在傣语里就找不到对应的翻译。汉语中出现的缩略词，如"三个代表""两学一做"，在傣语翻译中就不好处理。汉语的新词术语在电视中出现得很多很快，我们在报纸中就要具体解释，因为老百姓不一定能懂。新词术语每年更新得很快，刚开始出现时，广播、电视、报纸就会根据自己的理解来翻译，广播电台翻译得通俗些，我们报纸就翻译得严谨一些，后来慢慢地大家就统一一种翻译了。

翻译还是很费神的，它不像汉语那么丰富，遇到在傣文中不能直译的汉语词语就通过解释来翻译，慢慢地再来统一。我们做报纸的，傣文翻译时效性很强，有时来不及研究，也来不及统一，我们就通过解释尽量让大家理解和接受。我们选择科普内容进行翻译是选择与生活联系紧密的，不然就容易出问题。翻译上我们都是解释性的，首先要保证大家听得懂，汉语中出现的缩略语我们用傣语翻译很难，翻译中不会跟着汉语的形式来译，我们一般都是先解释，不像图书一样可以有很长时间来研究怎么译，我今天翻译，明天就要用。我们尽量把如何理解这个词说清楚，让大家理解，比如我要提醒一下这些新东西是哪一类的，"紫菜""海带"我就要加上傣语中表示"海里面"的词做解释。

（访谈时间：2018年1月15日；访谈人：段虹；整理人：黄博）

(十八) 2018年1月民文版微信运营者访谈记录

访谈对象：岳元胜，现任德宏团结报社景颇文版微信公众号维护人员；克有和，现任德宏团结报社傣文版编译室副主任；安保，现任德宏团结报社傣文版编译室主任；麻生芝，现任德宏团结报社傈僳文版翻译人员。

1. 德宏团结报社景颇文报微信公众号

德宏团结报社民文版从2017年2月9日开始开设了傣文、景颇文、傈僳文微信公众号，分别是"勐傣德宏""景颇人""多彩傈僳"，内容采用民语和汉语两种语言对照排版。虽然所有微信公众号都是每周推送一次新内容，但是运行一年来也取得了不小的成效和影响力。在访谈中了解到微信公众号并没有安排专人来做，也不属于报社新媒体中心管辖范围，几乎都是由民文报各个语部的人员一起供稿、编辑完成。

我们的民文报微信公众号都是一起在做，并不属于报社新媒体中心，有的负责写稿，我（岳元胜）负责编排版。微信公众号上的内容的第一条一般放与当地景颇族有关的新闻，其次也放一些科普的内容，以及民间的文学艺术。因为其他人没学过微信版本，我（岳元胜）学了就负责排版，有时也会自己出去采一些内容，比如前不久去德宏师专采编了有关目瑙诗歌赛的内容，就可以直接放到微信公众号上。我们一个星期推送一期，一期放上3条内容，如果有必要也可以放四五条，现在关注的人有5000多人，都是通过报社工作人员在朋友圈发送，大家都觉得有意思，逐渐自愿来看。第一次开通"景颇人"微信公众号时关注人数只有473人，开始的时候主要是放新闻和科普内容，慢慢关注的人多了，看的人也就多了，每一条的阅读量都在1000次以上，特别是后来关于景颇族文化的内容放上去后看的人就很多。

只要是关于我们景颇族节日、景颇族服饰等民族文化的内容阅读量都在 5000 次以上，年轻人都很喜欢这些内容。阅读量达到 16244 次的一条内容的题目是"景颇族婚礼礼篮里装些什么"，内容是我们景颇文版自己的工作人员自采的，对读者而言比较新鲜。另外一条内容阅读量上万的是"景颇族传统拌饭节""别具特色的新米节"，这些小型传统节日是在城市长大的年轻一代景颇族都不太了解的，很少见的，因为是在农村举办的节日。大家比较关心的都是民族的传统文化，因为关注的年轻人如果没学过景颇语，是看不懂的，所以微信公众号的内容要以双语呈现，配上照片。

2. 微信公众号"勐傣德宏"

傣文版的微信公众号要保证有 3 个方面的内容，一条是新闻，一条是科普，一条是自采的民族文化内容，一周推送一次，大家轮流来做，一般民族文化的内容阅读量最大，都能突破 1 万次的阅读量。比如傣族的出洼节，傣历新年的内容放在微信公众号中的第一天的阅读量都达到了 5000 次以上，最多的时候能突破 4 万次。傣族的民族文化和传统节日大家关注得比较多。

3. 微信公众号"多彩傈僳"

2017 年 2 月 9 日德宏团结报傈僳文信公众号"多彩傈僳"首期推出以来，快一年的时间里总共推送了近 50 期。宣传效果非常明显，粉丝量逐期增多，阅读量大幅提高，目前微信用户已达 1833 人，已经成为国内外傈僳族同胞喜爱的传播平台。微信传播迅速，宣传面大大拓宽。多年来，德宏团结报傈僳文版报纸的订阅量一直徘徊在 800 份左右，年轻读者几乎没有增加。自从有了微信平台，年轻读者就开始从文字上关心、关注本民族文化，并且迅速参与进来，有吸引力的稿件就积极转发和互动，平均每期都有一条阅读量超过 1000 次的推文，歌曲《党啊，亲爱的妈妈》点击量更是超过 5000 次。另外，微信内容滚动转发，宣传效果大大增强。一直以来都注重新闻宣传的"三贴近"，但效果很难看出来，登出用心采写和翻译的稿件也没能及时得到读者的回应。而在微信平台进行宣传，效果就非常明显，只要能够推送连自己都认为不错的稿子、图片或音乐，就一定能打动大多数读者。

为进一步做好微信传播工作，还需从以下三个方面继续努力。一是努力写稿，认真制作。最吸引读者眼球的永远是身边熟悉的人和事，所以经常要有来自基层的自采稿件。微信制作非常耗力耗时，细节特别多，难以提高工作效率，时间又紧迫，所以一是必须认真再认真。二是努力呵护，用心回答每一条提问式的留言。读者留言越多，说明宣传越到位，所以必须要舍得花时间与读者互动，而且要用心回答。三是努力转发，让宣传效果最大化。每条微信都是辛辛苦苦、千挑万选做出来的，所以不能忽略后续的反复推送工作，现在人人都忙，不一定推送一次别人就关注，精心制作的微信要有信心去不断推送，而且传播有价值的微信内容是身为媒体人的职责。我们希望能考虑到微信工作是一项超负荷工作，加班费能否适当提高一点，让微信公众号能更好地维系下去。

傈僳文报纸已经出版46期近600条稿子60多万字，其中自采稿件大幅度增加，与微信相辅相成，相得益彰，在微信传播的带动下，被更多更远的同胞所知晓，当全国发行的唯一一张傈僳文报纸的知名度得到提高时，随之提高的就是德宏的知名度。随着时代的发展，今后傈僳文报纸的订报数也许不会增加，但影响力反而会增强，所以一定要继续做好傈僳文报的微信传播工作。

（访谈时间：2018年1月15日；访谈人：段虹；整理人：黄博）

## 二、广播

### （一）石勒宝访谈记录

访谈对象：石勒宝，现任德宏州广播台载瓦语部门主任。工作时间：1993年至今。

我是芒市西山人，初中学历，进入广播台是地地道道的农民，1993年进入广播站参加工作。当时非常幸运，我听到广播播出招工的消息，要求会说载瓦语、懂载瓦文，因为我小时候就学过载瓦文，觉得自己条件合适，就去试试，没想到就试上了。我读书的时候学过汉语，来到广播台这么多年一直还在继续学，边工作边学，考了在职研究生，去年才毕业。由于汉语水平一般，我刚参加工作时都是由老同事翻译好稿子我才去播，工作相当不适应，做了20多年才觉得适应了。当时翻译和播音分开，后来进来的人汉语水平比较高了，学历比较高，采、编、译、播才实行一条龙，一个人能完成一档节目的所有工作。

广播台的载瓦语部于1985年成立，2005年节目开始改版，景颇语、载瓦语、傣语节目也都改版了，都是要播一个小时的节目，早上是首播，中午和晚上是重播。新闻从原来的10多分钟增加到20分钟。从2018年开始，星期二、三、四播新闻，星期一和星期五是直播、点播节目，星期六播一周要闻和文艺点播，星期天播广播故事类节目。一周要闻、文艺点播和广播故事节目都是55分钟，加上广告和天气预报刚好一个小时。播新闻的时间分别是新闻20分钟、专题15分钟、文艺节目25分钟。本地新闻我们不做选择，总编室发来的新闻就直接用，所有新闻加起来一共20分钟。全国新闻和云南新闻要尽量选择满足受众需求的，比如说政策型的新闻和领导走访之类的新闻多翻播一些。我们的专题节目主要是翻播农业知识、科技知识、民族风情、双语双学（念一句汉语念一句载瓦语），专题节目在星期二至星期四3天播放。专题节目播完之后是《民族风乐韵》，专门播放民族歌曲。星期一和星期五是直播点播节目，听众打电话进直播间，和我们聊天、点歌、送祝福，这个节目也是55分钟。

我们比较有特色的节目有《民族风乐韵》和《民族剧场》。《民族风乐韵》纯粹是播放歌曲，时长是25分钟，在星期二至星期四播放。《广播艺术剧场》主要播放广播剧、歌曲和故事，时长是55分钟，在星期天播放。广播剧大概是从2010年开始做的，这也是我们的一个创新。广播故事的类型多样，包括与国家政策紧密相关的故事以及好的扶贫个案。这几年，我们自己录的广播剧主要是与民间故事有关，比如《看坠干得故事》《勒苗弄定的故事》等，像《嫦娥奔月》《吸毒导致妻离子散》则是我们翻译的节目。还有一些广播剧的原本是电影，像《抗战故事》，我们录制声音后播出。《斑色花飘香的故乡》是由台里的同事撰写后录音播出。我们还会去歌舞团录音形成广播剧，比如《喋血南山　山寨遗恨》系列剧。专题节目、广播剧没有现成的稿件，只能靠我们在故事书、杂志上找。

听友见面会起始于2014年，2017年在盈江、陇川各办了一场，2018年的见面会还没有举行。听友会是一个年轻人提出的想法，在听众中的反响也还不错。

我已经在广播台工作了25年，广播台也有了很大的变化，最明显的是栏目人员编制的变动和节目的增加。刚来的时候，我们的节目总共才30分钟。2005年之后，国家对民族广播节目的支持和扶助力度比较大，节目也增加到一个小时。以前一个部门人员有9~10个，现在载瓦语部只有7个人，工作人员越来越少，节目却越来越多，日常工作还是非常忙。我们这里的人员年龄都比较大了，基本都是四五十岁。广播台没有新增编制，所以无法招聘新人。由于人员紧张，业务上现在是采、编、译、播一条龙，各个环节的工作每一个人都能胜任。

国家对民语广播的扶持力度相当大。2005年政府实施"西新工程"，给予专项资金支持民语广播电视的发展。"西新工程"的资金用来发放绩效奖，刚开始一个月能拿到200~300元,现在一个月人均都能拿到1000多元。报社没有"西新工程"的支持资金,但像民语电视译制中心比广播台更早拿到"西新工程"的支持资金。民语译制中心得到的比较多,每年200多万元,我们整个广播译制中心一年是60万~70万元。这些年的一些改变也得益于"西新工程",比如,人手一台电脑和录音笔,待遇也提高了,还有节目的更新和多样化,比如直播点播节目的创办、广播剧的开办等。

现在,用收音机听广播的人减少了,但是用手机听广播的人数还是很多的,寨子里有公放的广播,也还有大量的老人使用收音机,干农活的时候就放在旁边听。2015年我们就入驻蜻蜓FM,可以通过手机听到我们台的节目。在全省广播收听率中,德宏民语广播排名第6,每月点击率能达到16万次。据我了解,虽然没有具体的数据统计,但现在载瓦语节目的听众是最多的,在3个民语广播台中,我们的通讯员来稿也是最多的,这些稿子有寨子里经过培训的村民写的,也有单位上的人写的。另外,在直播点播节目中,说载瓦语的民众打进来的电话也是最多的。

我认为,我们未来的发展方向就是把节目继续努力地做下去,人员队伍也要不断扩大,增加年轻人;节目内容上不断创新,以前是天天播新闻,现在已经改版到每周播4天,还要再增加广播故事、广播艺术剧场等内容。

(访谈时间:2018年1月15日;访谈人:张方亮;整理人:甘庆超)

## (二)景爱团访谈记录

访谈对象:景爱团,现任德宏州广播台傣语部门主任。工作时间:1994年至今。

我是芒市法帕人,爸爸妈妈都是地地道道的傣族人,所以我从小就会傣语,读书时在德宏师范学校系统地学习了傣文。1991年,我大专毕业后去法帕小学教了一年的书,之后又去芒市中心小学教书,1994年1月份进入德宏州广播台工作。现在主要是负责译制工作,也录制新闻和专题节目。

我从小就很爱听广播,小时候和我奶奶在奘房就常常听民语广播,通过广播了解党和国家的方针政策。我小的时候,家家户户的屋顶都挂着一个小喇叭,一到时间小喇叭就开始广播。后来有了收音机,但不是人人家里都有收音机,我们就聚集到有收音机的人家里听广播，喜欢听文艺节目。之后，我在中心小学教书，有一次周末回家，听到广播里晚相牙老师说广播台招播音员。这真的是缘分，我当时去考播音员是为了见见晚老师的真人。我笔试第一名，但是面试成绩不太好，当时台里只招一个人，但民语广播缺译制人才，因为我翻译功底比较好，广播台13位老师联名要求把我留下，所以又争取了一个名额把我招进广台。

德宏广播台傣语部有7个人，负责新闻、专题片和文艺三种类型的节目。新闻是20分钟，专题是10分钟，文艺节目是30分钟。文艺直播节目一周有2次，分别是周一和周五，从12点开始到1点结束。每日播出次序分别是：周一文艺直播，周二傣族风乐韵，周三文艺点播录播，周四傣族歌手唱德宏，周五文艺直播，周六傣艺剧场，周日傣艺剧场。我们的民语频道主要有三个语种：傣语、景颇语和载瓦语，现在新增了缅语。每天就是四个语种的节目在一个时段轮流滚动播出。现在每天有三个时段的节目，每个时段每个语种是一个小时。我们平时除了译制节目，也会译制广告，译制的广告类型分为公益广告和商业广告，公益广告占大头，商业广告的类型包括摩托车、拖拉机、农药化肥等，商业广告并不是很多。

台里现在的工作分配就是每个人轮流做专题和新闻，新闻做一个月转到专题，专题做完又转到新闻，直播点播节目有固定的播音员负责。新闻节目主要包括三个部分，就是全国新闻、云南新闻和德宏新闻，全国新闻和云南新闻是10分钟，德宏新闻10分钟。我们选择的全国新闻的主要依据是新华网和前一天的《新闻联播》，主要聚焦领导的访问和会议，国际重要新闻我们也会进行译制播出。云南新闻主要依据《云南信息报》的内容，我们会选取与德宏有关的信息；德宏新闻就是根据德宏各家媒体的信息，选择和民族有关的新闻，还有脱贫攻坚、农业致富的个案。

2010年末，我们傣语部才开始做直播节目。从我到傣语部，经历了两次比较大的调整和变动：一次是直播节目的开办，2010年12月31号直播节目开办；另一次就是2016年1月份直播节目的增设，从以前的一档直播变为了两档直播，以前只有周一有文艺直播，经听众反应就增设了周五的一档。我带着大家新开了一个《傣语歌手唱德宏》的节目，是一个录播节目，主要播傣族歌手的歌曲，听众反响也挺好。

我们在2017年年底开始涉足新媒体，开办了微信公众号"德宏傣语广播"，2017年11月10号推送了第一条消息，也推送到蜻蜓FM的栏目，可以说是一个创新。目前，傣语译制的问题主要是新词术语的翻译，所以我们每年都会开一个会，确定这些术语要如何翻译。

工作中我认为最骄傲的事情就是我负责的傣语部门的新闻创优工作，年年都获得省级奖项。《编出来的幸福村》广播稿得了一等奖，当时我们田副台长非常开心，还和我一起去省里拿奖。新闻创优工作必须要下村去采访，整理成录音稿后再拿去省里参赛。创优工作一年进行一次，每次都要下村采访五六次才能成稿。我从 1996 年开始负责傣语部的创优工作，创优工作稿主要是先进人物的特写、先进村寨的事例等等。我第一年开始做创优工作就心想一定要写出一篇好的创优稿，当时是改了 21 次，找了很多老前辈帮忙提意见，之后在省里获了三等奖，名字叫作《小芫荽赚大钱》。当时，我准备进村采访时，大家都告诫我不要去了，村民不会配合我的采访。但是，我特别想写这个选题就还是去了。开始没有和村民说我是去采访的，就自己买了点水果礼品带着下去，像串门一样去村民家。在聊天中，我才知道他们不愿意接受采访，是因为他们害怕采访播出后别的村子也跟着种芫荽，他们就卖不出好价钱了。找到原因后，我就开始做村民的思想工作，说报道这个事后会有更多的老板知道这里种小芫荽，说不定会有更多的老板来这里收购。他们听后，思想转变了，愿意让我采访。

在这些年的创优工作中，我碰到过让我非常感动的采访对象。有一次，我去采访一个村里的养牛大户，她就和我说，她以前遇到过形形色色的记者，都没有遇到过像我这么认真负责的。她说，我给她打电话永远不在午休的时间打，而且都会用自己的电话，感觉非常尊重她；她还说一个人的工作态度是看得出来的，这就让我非常感动。

（访谈时间：2018 年 1 月 9 日；访谈人：张方亮；整理人：甘庆超）

（三）刘永江访谈记录

访谈对象：刘永江，曾任德宏州广播台载瓦语部门主任。工作时间：1999 年至今。

我小时候在老家的小学学了 6 年的载瓦语，小学的师资力量比较充足，所以我们可以从小就学习载瓦语。之后初中空了 3 年没有学习载瓦语，接着又去德宏民族师范学习载瓦语。毕业后，1999 年我开始参加工作，从事了一年的小学教学工作，5 年的中学教育工作，然后在德宏歌舞团工作 2 年，又在乡政府工作了

2年，2008年到广播台担任民语主持人，负责做民语播音、汉语主持、民语主持，2016年才因工作调动来到德宏网。目前，我在德宏网文化推广中心负责文化产业相关工作，平台更高，工作范围也更广一些，工作就不仅仅是翻译载瓦语，还要了解德宏州各个民族的文化，并努力将它们产业化。

在电台的职业生涯中，有两件事让我十分骄傲。一件事是负责党的十八大全文报告的载瓦语翻译任务的1/2；另一件事是独立负责党的十九大报告全文的载瓦语翻译，工作量非常大，我用了5天左右时间就全部翻译完成。

我认为，民语翻译工作最重要的就是要了解民族的语言习惯和用语习惯，只有这样才能翻译得比较贴切，翻译才不会生硬和直白。举个例子，景颇族人很爱用倒装句，比如汉语说："你吃饭了吗"，载瓦语翻译的语序就是："饭，你吃了吗"。每个民族的思维模式都不一样，因此必须了解他们的思维模式才能做到精确翻译。现在很多新来的翻译人员，虽然也是从小学习民族语，但还是会按照汉语思维去翻译，这样其实不行，翻译时必须要符合民族习惯，才能方便理解。

在广播台近9年的工作中，我认为有三件事情让我十分深刻：第一件事就是2010年广播台实现了"无纸化"，从纸质到电脑的跨越。之前，我们都习惯于手写稿件，但是每个人的写字习惯不一样，所以常常会在播音的时候出现错误。因此，我就提出用电脑来写稿件。因为载瓦语属于拉丁文体系，它的特殊性使得它很方便录入，在电脑上不用装特殊软件就可以输入。

第二件印象深刻的事就是直播节目的开播。广播台的第一个直播节目于2010年12月31号开播。第一次直播时，和我一起直播的大姐就哭了。我问她哭什么，她说她做了一辈子的广播，第一次在现场和观众沟通连线。做直播的背景板是我的一个同学免费给我们做的，他说他听了这么多年的广播，现在有机会了一定要支持。以前没人敢做直播，主要是因为直播节目需要现场主持人的语言组织能力，还有和听众的沟通能力，以及对设备的操控能力，它对一个人的综合能力要求较高，所以大家一直不敢尝试。我也算是第一个吃螃蟹的人了。当年我提出要做直播节目，大家也不是都赞同。后来，大家看我直播的成效较好，也就纷纷开始直播了，还说要增加直播节目的比重。

第三件事就是2014年开始召开听众见面会。我们到德宏5个市县的多个乡镇开听众会，老百姓反响非常好。村寨里的老人听了一辈子广播，没有见过我们真人，看到我们非常高兴。以前，大家优越感都比较强，不太愿意出去。当时，我们几个年轻人，就想学着其他地方召开听众会，有些老前辈反对，说这样做会把我们播音员的地位抬得太高。后来，我说服这些老播音员下乡去开听众会，成效也非常好，他们都还是很开心的，找到一种存在感。现在听众会成为我们广播台的固定活动。开听众会的流程首先就是先和乡政府沟通，让他们帮忙组织发动群众，我们也会在广播上播放召开听众会的广告信息。听众会上，当地人会出一些表演节目，我们也会出一些表演节目，还会和当地听众进行互动。最长的一次听众会是从中午2点多开到晚上7点，将近5个小时。

我在云南艺术学院学过3年的声乐，又到中国音乐学院学了2个月的声乐，所以，我对音乐这块还是很感兴趣。这些年，我一直致力于从事少数民族特别是景颇族的声乐采集工作。从1999年开始，我就开始收集各种景颇族歌曲。2011年我还出了一张专辑，叫《龙女恋》，一共有13首歌，花费了11万多元，靠卖专辑收回成本不太可能，所以还得靠国家支持。2015年，我和我一个同学一起写了《百首经典景颇歌曲集》，这本书由德宏州民族宗教事务局资金支持，出版、印刷的费用有5万多元，现在做歌、出书都是靠国家补助。我发现景颇族、傣族、傈僳族都没有自己的儿歌，我就觉得很奇怪。2016年，我向领导提出想做民族语儿歌，领导同意我的想法。现在我已经写了两首儿歌，2016年我写的《红花》，还拍了MV，放在《德宏团结报》的微信公众号上，点击量达到10万次。去年，我在德宏州各个县市做了50多场巡演，主要是通过民语歌曲宣传党的政策。

目前，整个德宏州从事民语工作的大环境都有了很大的改进。首先，做民语文化推广的这个群体的素质在不断提高，以前的老播音员、老艺人更多是凭借自己的天赋开展工作，现在的民语工作人员都经过专业学习，既有天赋也具备比较先进的观念，他们会将民族文化和现代时尚流行进行结合，更符合受众的接受习惯和兴趣。其次，国家的扶助政策非常多，整个社会也都很支持和注重民族文化保护。以前那些老艺人，平时除了创作还要干农活养家糊口，现在在国家扶助政策的支持下可以专心从事民族文化的工作。而且，现在大家也都比较喜欢民族文化，也会自发地去找一些民语歌曲来听，而不仅仅像以前只是在过节时才会听到民族歌曲。

（访谈时间：2018年1月6日；访谈人：张方亮；整理人：甘庆超）

### 三、民语电视译制中心

**（一）板小安访谈记录**

访谈对象：板小安，曾任德宏州广播电视台民语部主任。工作时间：1976年至今。

1976年我从云南民族学院毕业后就进入德宏民语广播电台工作，当时德宏民语广播电台还在筹备中，从各个部门借调3个人参与筹备，刚进来主要是搞基础建设，以劳动为主，1978年第一批招进来的播音、编辑、采访人员还被送到省广播电台培训。

我刚进来时，电台还没有正式开播，我也就没有机会播音，每天主要就练习傣文阅读。直到1980年，德宏州广播台才开始第一次试播，试播的内容为傣族的泼水节。第一次试播，在泰国、缅甸等国的听众从电台中听到祖国的声音，得知现在中国的政策越来越好，反响很大，这个事情还被中央广播电台写入了广播史。试播阶段主要有三档节目：新闻节目、文艺节目和专题节目。新闻节目主要是转播全国新闻和德宏地方新闻，专题节目的内容主要是广播农业科技、农村带头人的先进事迹，后面增加傣语艺人的事迹。当时民语广播的最大的困难是汉语水平和专业能力的限制。招聘第一批播音员时主要看民族语言的播音素质，专业素质并不是很看重，导致招聘进来做采访和编辑的人员不熟悉专业业务，汉语水平也不高，自采节目做起来非常困难，所以当时基本以译制为主。

"文化大革命"以后，我国恢复民俗节日，我们的自采节目除了当地的日常新闻，对傣族的泼水节进行实况广播也是重要内容。期间，我主要做编辑工作，傣文翻译的两名人员，是一名从学校调来的老师和一名民间艺人兼歌唱家。招聘第二批和第三批播音员时，都要进行专业水平和播音素质考试。

1992年我转入德宏电视台民语部担任主任，从一个普通的工作人员到主任，压力还是很大的。民语电视台一开播就很受国家重视，分三个语部：傣语、景颇语、载瓦语。当时招聘不到合适的载瓦语女播音员，只招了个临时工，一年后转正就一直负责载瓦语播音。电视台的播音员都是从广播电台临时借调过来帮忙播音的，载瓦语的男播音员是广播电台的副台长，又兼载瓦语的电视播音员。景颇语电视播音员两个人都是招聘进来，其中一个人因为普通话说得好，汉语播音员不够时她既播汉语新闻，又播景颇语新闻。那时，部门的 6 个人主要是做新闻译播，没有太多采访任务，后来慢慢进入自采节目。20 世纪 90 年代，我们的"科技进傣家"专题节目第一次获得了最高的国家电影电视金鹰奖。这个专题节目的主题是讲如何养奶牛、如何养鸡等，用傣语和景颇语播放。我们还获得过德宏州一等奖和省政府三等奖，获奖节目的内容是"售假谷种的追踪报道"，当时我们和种子公司、工商局的工作人员一起进村寨开展追踪报道，最后使得老百姓的损失得到补偿。

原来的老台长对我们的要求很严格，稿子不读到五遍就不能去播音。第一批招进来的民语电视播音员都是我手把手教出来的。第一批进来的年轻人学得很快，也很认真，队伍得到充实，两三年后我们就开始办自采节目。1993 年，调来一位摄像人员和一位傣语播音员，负责做专题节目。我们的专题节目是一个月播两期，只在节庆日播放影片，影片主要是反映抗日战争或农村生活。民语部的新闻节目每天播 15 分钟，专题节目也播 15 分钟，有时节目多就增加时间，节目分时间段播放，汉语节目是 7 点播，傣语节目是 8 点播，景颇语和载瓦语节目是 10 点播。

现在，台里要求每个部门开展创收以解决员工工资，民语部创收比较困难，我们就实行奖金创收制。一方面，单位负责发工资，奖金则通过和其他单位联合办节目来获得，主要的联办单位有农业部、工厂（比如水泥厂、机械厂）、检察院、法院。另一方面，通过政府立项来获得的资金，主要用于机器和设备的更新和日常出差。

（访谈时间：2018 年 1 月 10 日；访谈人：段虹；整理人：甘庆超）

（二）梁暾访谈记录

访谈对象：梁暾，现任德宏州民语电视译制中心副主任。工作时间：1993 年至今。

我读大学时，是在云南民族学院民语系学习傣语专业，1993 年毕业，被分配到德宏电视台，工作 17 年后又被组织派到民语译制中心。

当时的老主任包卫民综合考虑各方面情况后，开始组建民语部。开始是做民语音乐电视点播，每天播放 2 个小时的歌，节目非常红火，各个村寨的村民都喜欢点歌；还播放缅甸傣族译制的泰国电视剧，老百姓也特别喜欢看。民语电视译制中心从1995年筹备时就开始译制民语新闻，1997年正式成立之后，国家政策不允许播放境外的电视剧，原来播放傣语电视剧的11频道（老百姓称为傣语台）就走入了低谷，因为只播傣语新闻，不播傣语电视剧，看的人就少了。

2008年政府实施"西新工程"，有了资金支持，开始改善更新设备，我们又开始大规模译制傣语电视剧，现在总共译制了2000多集傣语电视剧。当时译制的傣语电视剧《暖春》质量很高，反响也很大。我们每个民语部自己选片、译制、配音，人手不够可以从外面请。我们的规划是整个中心每年译制200集电视剧，其中，傣语电视剧100集，景颇语和载瓦语电视剧各50集，傣语电视剧是每天都播放，景颇语和载瓦语电视剧是隔一天播放一次。傣族人喜欢看生活片，战争片不太喜欢看；景颇族除了看生活片，还喜欢看战争片，如《亮剑》《中国远征军》，这可能跟民族性格有关系。

成立德宏民语电视译制中心，是因为当时的德宏电视台民语部每天的民语新闻只播出半个小时，满足不了少数民族观众的精神文化需求。德宏民语电视译制中心播出的民语新闻与德宏电视台民语部的民语新闻的最大区别在于：德宏电视台民语部的新闻是译制德宏电视台自采的汉语新闻，而民语电视译制中心则是译制全国新闻和云南新闻，以及自采的傣语新闻。从1997年成立到2007年10年间，民语电视译制中心的主要节目有译制新闻、民语歌曲点播和影视剧，影视剧来自于境外的傣语影视剧；点歌节目是播放缅甸的傣语歌，画面是用本地傣族寨子的画面。德宏电视台的民语新闻是在德宏台播放，民语电视译制中心的民语新闻是在德宏民语频道（11频道）播放，节目并不多。

光靠译制新闻和栏目，老百姓是不喜欢看的，所以我们还是要走本土化道路。现在我们自办的节目有《五彩德宏》《孔雀之乡》《快乐新农村》，节目逐渐从单一的译制过渡到译制加自采的节目制作模式。以前人少，主要以傣语为主，总共还不到20个人，2007年才成立景颇语部和载瓦语部，每个语部4个人，两个语部有8个人。虽然我们有40多个人，但分到3个语部人手就不够了，不像汉语节目人手那么充足；并且傣语、景颇语、载瓦语3个语部不能相互帮忙做节目，因为语言不同没法相互帮忙。节目播出的时间是晚上7点到12点，内容都是民语类的广告和电视节目，民语广告的观看对象都是当地人，以前收入大概有七八十万元，广告的内容主要以农药、化肥、种子为主。我们的第一个自办节目是《孔雀之乡》，主要以傣文乡土新闻和栏目为主。2009年我们开始做《快乐新农村》，主题围绕政策宣传、用电知识等展开。

2012年，德宏电视台民语部整体划归德宏民语电视译制中心，有31人属于编制内，16人属于外聘。我们译制的节目有新闻类中央新闻、云南新闻和德宏新闻，栏目有《今日说法》《动物世界》和《农业科技》（也叫《科普文化园》），还有自办的两个栏目《今日点唱》和《文艺欣赏》。我们也播放缅甸的歌，具体做法是把歌词留下来，画面换成我们的画面。以前我们这边的傣族和景颇族很向往缅甸那边的文化，但这几年随着改革开放，在国家对民语的支持下，我们这边的民族文化丰富起来，本土歌手也成长起来，现在大家都喜欢收看我们的民语节目。2012年我们开始自采自编做《五彩德宏》，内容主要是一些民间传统文化，当时自导自拍的民语小电影很受欢迎，但找合适的演员不容易，不仅成本高还耗时，已经有两三年没有做这个节目了。

当前，电视观众在流失，微信直播则更方便，能吸引人们观看。对此，我们除了把日常的民语新闻和节目做好，从去年开始，也在积极利用新媒体。在此之前，我们一直没做过电视直播，主要是因为没有直播设备。我们在"直播云南"微信平台做了5场直播，最大的一场直播是在芒市大金塔举行的傣族的"开门节"和"关门节"，直播前一天的预告点击率达到了10万次。另一场直播活动是在傣族村寨芒赛，这是第一次通过电信和移动的运营商开展微信直播，一个小时内点击率达到了5万次。芒市和梁河的傣历新年我们也用微信直播，较以往突破的是云南广播电视台和我们一起直播，分为第一现场和第二现场，在两个现场之间进行画面切换。梁河的直播，我们这里的直播平台点击率有11万次，省广播电视台的直播平台点击率有16万次。

现在，愿意做硬广告的客户越来越少，企业比较愿意以活动为载体走近村寨开展广告宣传。针对这一变化，我们依托《快乐新农村》节目，也积极与企业联合开办活动。近期，我们和电网公司开办"云南电网用电安全知识民语宣传系列活动"，主题是"点亮新村寨，共筑中国梦"，以"宣传贯彻十九大精神，安全用电知识进乡村"为目的。活动中，村寨出了7个节目，电网公司出了4个节目，我们出了2个节目，电网公司和我们各派出一位主持人共同主持节目。整场活动分为文艺节目表演、动画展示用电知识、用电知识问答，其中还插播译制的傣语公益广告。每年平均要开展30多场这样的活动，以往摄制的节目都是庆祝丰收、公房落成、道路修缮，这次和电网公司尝试开展合作，节目在内容上有较大改变，特别是活动过程中主持人围绕用电知识提问题，老百姓回答对了就有小奖品，最后还有抽奖环节，老百姓都踊跃参与。

其实，我们民语译制中心总体上还是以译制节目为主，《快乐新农村》还只是拓展节目。同时，我们也在建设融媒体中心，下一步，要做优秀的民语节目，像《啊嘎嘎》那样短小精悍、寓教于乐的节目，还会打包放到网上。

现在，我们也涉足做缅甸语的节目。比如，这次瑞丽马拉松比赛期间要在木姐放映电影，宣传部选了《龙门飞甲》和《寻龙诀》两部影片，要求我们译成缅甸语。我们先获取汉语的电影台词，委托仰光的公司翻译，翻译完成后再请芒市懂缅甸语的老人审阅，最后配音是由缅甸仰光的配音员完成。此外，我们摄制《发现德宏》系列微记录，每个视频10多分钟，内容有"古老的茶农""乡村的民宿""乡村建筑与自然""最小的留学生"等，也是委托仰光的公司翻译成缅甸文，最后我们再进行合成。我们还翻译了电视剧《西游记》和《舞乐传奇》缅语版，总共译了100多集，包括25集的《西游记》、42集的《舞乐传奇》和《中国远征军》。但是，由于还没有播放平台，最开始只在瑞丽姐告的国门书社播放，现在还在曼德勒胞波书社和密支那胞波书社播放。这其中需要的费用由德宏州政府出资，还只有国产的节目交流出去，没有缅甸的节目交流进来，以后如果有译成汉文的缅甸的片子，我们也可以播放。每年都有缅甸木姐的观众主动要求到我们这里参观，他们提出，以前用室外天线都能收到德宏民语频道的节目，怎么现在收不到，我说频率改了，现在用无线传输给国外肯定不行，而且中国实行地面数字电视，通过电信和移动铁塔发射信号，要通过机顶盒才能接收。

近几年，中央对民语节目的资金投入力度让大家动力十足。我们有资金买片源，译制的电视剧也多起来，而以前只能从卫星上录制，如今节目内容越来越丰富。设备也有所改变，老旧的设备都换了很多，在国家和州上的支持下我们也已经开始建融媒体中心。但是，还有个最大的问题限制着我们的发展，就是频道一直没有得到国家广电局的审批，一直以不合法的身份在播出。中心也一直在研究这个问题，准备今年把这个频道移到德宏公共频道，公共频道可以把各县市的频道汇聚起来，我们就是"中心"，身份也就合法化了。此外，虽然现在的人员增多了，但少数民族的人才还是太少，招聘的毕业生汉语好的，民语又讲不好，民语好的，汉语水平又不行，人才仍然是制约我们发展面临的较大问题。

（访谈时间：2018年1月9日、10日；访谈人：段虹；整理人：甘庆超）

（三）唐永旭访谈记录

访谈对象：唐永旭，现任德宏州民语电视译制中心载瓦语部主任。工作时间：1994年至今。

我从小在芒市的西山乡长大，属于景颇族的载瓦分支，在寨子里从小就说载瓦话，读小学前上了一年的学前班也是学习载瓦语。西山乡的载瓦语又被称为龙准语，是载瓦语中的官话，载瓦语的播音都要以龙准语为标准。我初中毕业后在家里待着，也没有找到合适的工作，在家里务了几年农，后来听别人说德宏州电视台在招载瓦语播音员，心想着报名试试，没想到就真的考上了。

电视台民语部的载瓦语部门虽然说是1992年就成立了，但直到1994年才开始招聘播音员，我和另一个女同事是招聘进来的第一批播音员。当时对播音员的文化要求没有那么高，只要求载瓦语说的好、形象也不错，现在对播音员的选拔标准更高了，学历都要求是研究生以上。我刚到电视台的民语部时，经常出镜，在路上走着都有人认出我，还和我打招呼。回村里也是，各个都认得我是那个载瓦语的主持人，开始爹妈相当骄傲，现在时间长了，他们也比较适应了。

2006年译制中心增设载瓦语部，我是2012年从德宏电视台民语部调过来的，当时我和另一位女同事两个人一起调入译制中心。我在德宏州电视台负责两档节目，一档是译制新闻；另一档是文艺类节目，主要是播放民语歌手的音乐MV。译制中心的工作内容有些不同，主要是译制中央电视台的《新闻联播》和云南省台的新闻，以及社教类的节目，像《今日说法》《动物世界》《农业科技》等节目。也有一些文艺欣赏类节目，主要是载瓦语歌手的音乐MV或者我们自己摄制的文艺歌舞。就译制中心的节目播放情况而言，新闻节目是周一、周三、周五播出，周日播《今日说法》《动物世界》《快乐新农村》等节目。

我来到译制中心后，觉得节目量增加了好几倍，一个明显的改变就是新闻类节目增加了。以前的新闻节目时长是12~15分钟，现在的新闻节目分为3部分，全国新闻时长是15分钟，云南新闻时长是15分钟，德宏新闻时长是15分钟，总计45分钟；文艺类节目时长12~20分钟不等，译制任务是每人每天译制20分钟左右的片子。

除了新闻节目，我们每年还需要译制50~60集电视剧。现在，我们已经译制了20多部载瓦语电视剧，比如《洪湖赤卫队》《山楂树之恋》等。我们一般会选择符合老百姓喜好的生活类电视剧，抗战类的电视剧也会选择一些。但是，我们译制的电视剧没有播出版权，只是我们想要服务群众、满足人们的文化需求，政府也没有限定得很死。

中心有两档自办节目：一档是《快乐新农村》，另一档是《孔雀之乡》，这也是译制中心比较有特色的两个节目。以前还有一档是《五彩德宏》，现在已经停播了。《快乐新农村》是进村寨做文艺汇演，村民出一些节目，我们自己也出一些节目，老百姓的反响很好，收视率也很好。《快乐新农村》协办单位会提供赞助，我们则负责对他们进行宣传报道。《孔雀之乡》主要是做专题片，专题片主要分为两大类：一类是根据协办单位的需求拍摄制作；另一类是以民族文化为主题的专题节目。

我们的节目也获过奖，获得最高级别的奖项是国家级的民族影视金鹏奖金奖，节目的主题是关于民族团结，是德宏电视台民语部集体获得的。我觉得译制节目中最有特色的就是《今日说法》和《动物世界》，因为老百姓比较喜欢。自办节目中比较有特色的节目就是《快乐新农村》，因为会和老百姓一起互动，所以老百姓很喜欢。《快乐新农村》节目组并没有固定的人员，就是3个语种的3个部门谁有时间就都一起进村寨开展活动。

我认为，目前译制中心的人才缺失是一个很大的问题，队伍处于一个青黄不接的阶段。译制中心的载瓦语部在编人员有6人，编外人员有1人，新招的编外人员负责串片和编辑。除了部门的工作人员之外，有时候还会请外单位的人帮忙，比如德宏民族出版社、德宏团结报社等单位。以前的员工是载瓦语好，但是汉语水平不高；现在的员工是汉语水平、文化程度都挺高，但是民族语言掌握得不太好。云南民族大学有傣语和景颇语专业，但是没有载瓦语专业，人才培养跟不上，导致招到一个人才就很难。

在具体译制过程中，比较容易碰到的问题就是新词术语的翻译。当今时代变化太快，新词出现得很频繁，我们必须重新给它命名让老百姓接受。就比如"一带一路"这样的词，以前就没有，怎么翻译准确，从而使老百姓接受就很重要。

对于现在的工作，我觉得值得骄傲的就是自己能为民族文化传承与传播做一些力所能及的事。我还挺希望自己的孩子以后能从事民族文化方面的工作，她现在读初中，能讲载瓦语和景颇语两种语言，但是她的语言表达还是不标准。我希望她以后能从事民语传播类工作，把我们的民族文化延续下去。

（访谈时间：2018年1月13日；访谈人：张方亮；整理人：甘庆超）

## （四）岳太龙访谈记录

访谈对象：岳太龙，现任德宏州民语电视译制中心主任。工作时间：1995年至今。

1995年，我毕业于云南民族大学景颇语专业，毕业后进入《德宏团结报》担任民语编辑，一直在报社工作，直到2009年才来到译制中心担任主任。我认为从报社到电视台，工作内容上最大的改变就是报纸以文字为主，而电视是以画面为主，文字只是辅助，这要求必须转换思路，但新闻的属性不变，只是表现形式和倾向性不同。

德宏州有50%的人口是少数民族，大量的老人完全听不懂汉语，所以少数民族群众对民语台有强烈的需求。州党委、政府认为媒体要服务于群众，所以成立译制中心。译制中心于1997年成立，刚开始以新闻为主，之后才有社教、农业科技节目和影视剧，但是重点新闻、节目都非常贴近老百姓。节目是晚上7点开始播，10点开始播民语电视剧。我们一年要译制200多集影视剧，老百姓非常喜欢。

现在，中心有自己的采编人员，员工都具备采编能力，但是译制仍然是主要工作，这项工作的量是巨大的。但我们没有单独分出采编人员，大家都是多面发展。目前，我们一个语种有2名主持人，也就是6名主持人，他们都是采编写播一体，我们的一个语种相当于一个小台，所以必须审稿、翻译样样来，必须做到多面手。

随着老百姓对文化的需求越来越广泛多样，要求也越来越高，我们也逐渐推出越来越多的节目。新闻节目的译制，刚开始主要是译制中央电视台的《新闻联播》，后来才慢慢开始有各种云南新闻。我们工作的核心是新闻，每天晚上8点播出《新闻联播》，现在是用3个语种（傣族、景颇、载瓦）播出。译制的新闻节目主要有3档：全国新闻、云南新闻和德宏新闻。当天的《新闻联播》我们会在第二天晚上8点翻译播出，因为这个准确率要高，不能太赶。云南新闻，我们只翻译一周要闻。州上的新闻是每天晚上翻译播出，翻译的是德宏台新闻。社教类的节目有《今日说法》《动物世界》，还有自办栏目《快乐新农村》，主要是去少数民族村寨组织文艺活动，村民会参与表演一些节目，我们自己也带一些节目参与，一场活动有10多个甚至20多个节目，节目的内容主要是宣传党和国家的政策，比如宣传党的十九大精神，以此来丰富少数民族文化。还有少数民族的节庆节日也是自采摄制的重要内容，比如傣族的泼水节、景颇族的能仙节、阿昌族的窝罗节和傈僳族的泼水节。

在景颇语和汉语的翻译当中，难题就在于"新词术语"，特别是科技新词术语，哪些是直译，哪些是意译，哪些是借译，必须做到准确。还有就是两种语言中字的长短不一样，译制就有难度，比如汉语的"谢谢"是两个字，但是景颇语的"谢谢"却是五个字。不管怎样，我们工作的最终目的就是让少数民族群众听得懂。

曾经，中心要招一个人都非常困难，会少数民族语的人汉语文化跟不上，汉语文化好的人又不懂少数民族语，所以人才比较紧缺。现在，随着人才队伍的慢慢发展，节目的译制能力大幅度提升，老百姓越来越喜欢我们的节目。今年我们招了两个研究生，一个傣族研究生，一个景颇族研究生，都是从云南民族大学毕业的本地人。我们现在提供的待遇也比较高，希望吸引高素质的人才进来。现在的年轻人都会讲本民族的语言，但是只懂自己本民族的语言，对汉语理解不透彻，做译制就会出现偏差，所以我们要高材生，他们对汉语的理解度比较深刻，译制的准确性就高。虽然现在政府对民语译制大力支持，但还是存在编制不够的问题。中心3个语种的工作量非常大，我们只能大量地外聘，外聘人员有16个。虽然工作非常辛苦，但是毕竟是本民族的工作，大家都尽心尽力地做。应该说，我们是党和政府与老百姓联系的纽带和桥梁，中央一有政策出来，我们就通过少数民族语言译制，要做到准确率高，又通俗易懂，使老百姓更容易接受。

目前，民语译制仍以政府资助为主，一味依靠广告行不通。今后，我们的发展还是要以新闻为主体，科技、法律等方面的知识也要加强，同时，在保护和传承少数民族文化方面也会不断尝试。总的来说，随着社会的发展，我们必须紧跟党、紧跟时代，不断满足人民群众的文化需求。我们节目的收视率相当高，特别是像我们下村寨的节目，老百姓都很爱看。只是现在地方频道未上星，只有在农村通过"户户通村村通"可以看到，城里的卫星电视就看不到了，所以我们的受众主要还是在农村。

译制工作对于边疆少数民族的团结发挥着非常重要的作用，包括经济的发展和精神文明的进步，都起到了极大的促进作用。因此，少数民族语言的译制工作，只能加强不能削弱。今年，德宏州创建民族团结示范州，我们准备译制一些民族团结的公益广告，通过互动节目宣传民族团结的重要性。民族团结是新闻工作的重要内容,所以,我们工作虽然又苦又累,但是还是觉得很有价值。

(访谈时间:2018年1月8日;访谈人:张方亮;整理人:甘庆超)

(五)郎叶过洼访谈记录

访谈对象:朗叶过洼,德宏州广播电视台民语电视译制中心傣语翻译人员。工作时间:1997年至今。

我从小就说傣语,6岁上小学后才接触汉语。我没有读过大学,工作后参加成人高考,读了西南民族大学的函授本科。1997年,德宏少数民族语言电视译制中心成立,我就进入中心工作,一直在中心从事傣语新闻和电视剧的配音工作。

全省有独立的民语电视台的不多,德宏是唯一一个有独立民语电视台的,全国也没有几家独立的民语电视台。我们的受众主要在农村,很多傣族村民很喜欢傣文电视剧,主要是因为我们选择翻译成傣文的电视剧都是反映农村生活的。比如,反映家庭婚姻关系、婆媳关系的电视剧,都与现实联系比较紧密。为了让傣族村民了解更多法律知识,除了把中央电视台的《今日说法》翻译成傣文播出,我们也会选择一些反映农村法律纠纷的电视剧翻译成傣文播出,很受傣族老百姓的欢迎。

译制成傣文的第一部电视剧是《西游记》,由老一辈的民语翻译人员完成。现在,我们每年大概要完成100集电视剧的傣文翻译,电视剧的类型主要是农村生活题材和反映国家和党的大政方针的电视剧,如《杨善洲》。近期,我们准备把《索玛花开》译成傣文。我们每天都要把中央电视台的《新闻联播》翻译成傣文播出,还有傣语版的《云南一周要文》,以及自编自采的《德宏新闻》,日常工作非常忙,因此只能用业余时间来开展电视剧的傣文配音工作。2010年至2011年我们配了290多集的电视剧,基本每天配一集,周六、周日也来配音。我参加翻译和配音的第一部电视剧叫《璀璨人生》。我们选择的电视剧都要是健康向上的,体现正能量的一些农村题材的电视剧,比如《女人的村庄》。中心有个节目叫《快乐新农村》,主要是在村寨摄制,内容以村民和我们的节目表演为主,2017年总共有50多场活动。因为要进村寨摄制节目,因此我们也有很多机会和老百姓沟通,了解他们喜欢看哪些类型的电视剧。2009年年底译的傣语影视剧《暖春》于2010年在德宏民语频道播放,因为它贴近生活,剧情特别感人,取得了很好的反响。有的观众还直接到我们中心,问有没有录制的碟子可以买,但我们的确没有版权，只是翻译成傣语并公益性地播出，不可能出版光碟和卖光碟。

我自己配的最满意的傣文电视剧是《丑娘》，这部电视剧的内容比较贴近现实，很感人！电视剧主角的配音是一个老播音员，我觉得配得很好。在我们傣文电视剧的配音工作中，最大的困难就是人员不够，这个问题一直存在，而且做傣文播音的人也不一定能做好电视剧配音，因为傣文配音必须要贴近生活，富有感情。针对傣文电视剧配音人才缺乏的问题，我们只有不断挖掘人才，在生活中寻找声音素质比较适合配音的人员。有时我们也找外援来做傣文配音，这些外援都是从事民语工作的人。

我觉得做傣文翻译工作最困难的是如何统一汉语新词的傣文翻译。以前汉语中没有那么多词，2000年以后新词术语出现的很多很快，如果只做一档节目的话，遇到的新词也不多，但我们节目较多，遇到的新词术语就很多。最近，我在做新闻翻译时就遇到了像"大写""小写""崩溃""党性""五位一体""四个全面""新时代、新气象、新作为""老乡"这样一些难以用傣语翻译的表述。"大写""小写"这样的词在傣语里就没有，"党性"这个词太深奥了不好翻译，"五位一体"放在电视剧中翻译成傣语配音就太长了，对不上口型，"老乡"在傣语里用"亲戚"的意思来译又不对，汉语的"老乡"和傣语的"亲戚"意思也不一样。有的词语听起来很简单，但翻译时就不知道怎么说才好。

针对汉语新词越来越多的情况，我们每年都会定期或不定期地召集民语报纸、广播、电视三家单位，共同讨论如何统一汉语新词的傣文翻译问题，避免同一个汉语新词的不同傣文翻译给受众的理解造成困扰。传媒集团刚发了通知，准备在今年过年前召开讨论会。

可能对于报社和电台来说，新词译成傣文的情况没有我们遇到的多。因为我们每年要翻译很多电影和电视剧中的新词，有时找不到对应的傣语来翻译，通过傣语来解释新汉语词又对不上口型，给配音带来了很大的麻烦，而广播和报纸则没有这样的问题。虽然对于汉语新词的傣文翻译，省里有出版汉傣、傣汉的翻译辞典，但是感觉有些词语翻译得比较深奥，不太接地气，报纸的傣文翻译如果不懂还可以反复翻看，但电视剧的傣文翻译如果听不懂的话就不可能再回过去看。所以，电视剧的傣文翻译要做到通俗易懂，让傣族老百姓一听就能明白意思。在把电视剧翻译成傣文的过程中，当遇到不好翻译的汉语新词时，傣文翻译的小团队就会讨论如何翻译较好，或打电话与报社、广播等同行单位的民语栏目制作人讨论。在把农村电视剧翻译成傣文的过程中，我们还有一个难处比较突出，就是电视剧中的角色太多，找不到那么多人来配，只有通过变声来配多个角色，而且每个角色配音的感情色彩也不一样。

把汉文翻译成傣文时要看上下文，用傣文的哪个意思要看它具体表达的是什么意思。新进的翻译人员汉语水平高，但有些人员傣文水平又不够；精通傣文的老一辈人可以创作很多傣语歌曲，但汉语水平不行，让他们把创作的傣语歌曲翻译成汉语又有困难。

做民语翻译时间长了，有的人就觉得几乎可以游刃有余了，不用去学习，但其实并不是这样。这几年新词术语出来的特别多，你得去研究，去挖掘，多去基层走一走，基层的好多老人不会汉语，说的是纯粹的傣语，应该多去向他们了解。为了平时加强傣文阅读学习，我们也订阅傣文杂志。去年德宏州民委出版了汉傣新词术语手册，分发给我们，但感觉对我们不是特别有用，因为出版册子的人本身跟基层接触比较少，翻译还是有些不接地气。

翻译新词术语时，我们用得最多的方法是解释性的翻译，因为解释性的翻译比较清楚。每年云南省民语委会发傣汉、汉傣的新词术语书给我们，说实话出书是很实用，但具体到电视中的台词翻译就作用不大。我们也曾请州民语委的领导和影视公司的人来研讨过傣语软件的开发，2010年请云南民族大学研究傣语的老师来做过一次讲座，老师讲得非常好，但这样的机会很少，我们真的需要走出去、请进来。还有，出版汉傣、傣汉新词术语翻译书籍的人应该来基层了解一下我们每年遇到的新词术语，辞典中的新词术语翻译大多数都很不实用。比如，汉语中很多四个字的词语，医生专用的医学术语，诗歌性的语言表述等都不知道怎么说，而且不能随便就用傣语来翻译，还要考虑配音时对嘴型的问题。

我觉得还是很需要请专家和老师来给我们培训，只有"走出去、引进来"才能提升我们的翻译水平，才能发展壮大民语宣传事业。近期，我们计划和民语委合作，对翻译得较好的傣文句子进行摘录，然后出版一本书，以此推广傣语新词。因为不能总是用傣语解释汉语，也需要创造一些普遍能接受的傣文词，使用多了就被傣语老百姓接受了，比如"电脑"这个词就是从汉语中借用，直接引入傣语。在傣文电视中出现的新词如果解释得有些不到位的话，还可以通过画面来帮助理解，但是广播和报纸就需要傣语解释得更准确。

译制影视片是2008年传媒集团成立后才开始的，1997—2008年间主要是译制中央电视台的《新闻联播》和云南新闻，原来译制的云南新闻是天天都有，一天更新一次，现在译制的云南新闻变成云南新闻一周要闻，每周周末播出。以前,德宏民语新闻是我们自采,现在德宏电视台民语部和我们合并后就不自采了,直接播译制的德宏电视台的汉语新闻。译制云南新闻也是在译制中央新闻之后才有的,我们联系云南广播电台,他们给我们设置了云南广播电视台网站的账号和密码,登录网站就可以选择新闻。没有合并之前,我们和德宏电视台民语部播出新闻的时段不同,德宏电视台民语部的新闻是每周一、三、五播出,只在汉语节目中播,仅仅是把自采的当地新闻翻译成傣语、景颇语和载瓦语后播出,我们则是自采傣语地方新闻,而且只播傣语的新闻,从2007年3月份开始播景颇语和载瓦语的新闻。新闻的傣语翻译相对容易一点,因为新闻有一定的语体风格和语类模式。对于涉及国家大政方针的翻译,如"一带一路",就用傣语很直白地翻译成"做生意这方面",但是又比做生意更高层次点,不是说买点东西什么之类的,就是说从国家层面来做生意,受众是可以理解的。

现在技术升级后工作效率也大大提高了。以前是把汉语新闻联播录下来,一句一句地抄下来,再手写翻译成傣文。现在只要把新闻节目录下来,用电脑打包后带到哪里都可以完成傣文翻译,翻译完再打包传回来就可以用。但是,我们除了做新闻翻译、专题节目翻译,还要做电视剧傣文配音,事情很杂,而据我了解到的,内蒙古电视台做电视剧民文配音是有一个专业团队的,只做配音,不做其他工作。我们也缺少和其他地区民语电视台的交流。希望以后能得到省里更多的支持,给我们提供有关配音的一些技巧培训和学习交流的机会。

这份工作让我最为自豪的事情是当我去傣族村庄的亲戚家做客或在菜市场买菜时,都会遇到一些傣族村民主动问起傣文电视剧中的人物配音是谁配的,为什么不重播等。我们的傣文配音让不懂汉语的傣族老百姓对电视剧的理解更轻松、更透彻,他们更喜欢收看傣文电视剧,收视率一直都不错。而且,一些外地来德宏旅游的游客也会收看我们的傣文电视剧,了解我们的傣族民俗文化。

(访谈时间:2018年1月8日、12日;访谈人:段虹;整理人:甘庆超)

(六) 岳岩亮访谈记录

访谈对象:岳岩亮,现任德宏州民语电视译制中心技术播出部主任。工作时间:1998年至今。

我毕业于德宏师专计算机专业,1998年毕业就来这里工作,一到译制中心就跟着前辈学习新闻采编。从1998年至今,我一直负责机房安全播出和设备维护。2002年以前,我也做摄像,在这里必须采编都能上手,因为我们人手太少。之后,我就一直主要负责技术保障工作。2008年,我开始参与做《快乐新农村》,2017年开始负责《快乐新农村》的统筹。

现在,译制中心比较受观众欢迎的节目是《文艺欣赏》《今日点唱》和《快乐新农村》。每周一、三、五播放《今日点唱》,周二、四、六播放《文艺欣赏》。《快乐新农村》节目于2008年开办,最开始提出办《快乐新农村》的是现在的德宏电视台台长施老师。他当时是我们的主任,他觉得当时的节目不太贴近群众,因为都是以译制新闻为主,所以他就提出要办《快乐新农村》,还有译制电视剧也是他第一个提出的,翻译的第一部电视剧《西游记》现在已经是一部经典之作。

我们刚开始做《快乐新农村》时,收视群体主要瞄准傣族群体,所以选择的村寨都是傣族寨子。以前,景颇族村寨都在山区,村寨也没有钱筹办文艺活动,所以我们进景颇族寨子摄制节目都是贴钱,包括租音响、吃饭的钱。现在,两市三县我们都会去,景颇族村寨我们也会去,但是景颇族节庆比较少,不像傣族节日庆典很多,可以拍摄的内容也就比较多。一般村寨有活动就会通知我们去摄制节目,若是我们要自己主办才会去挑选村寨。

《快乐新农村》时长为1个小时,播出时间是周末两天的晚上8点,如果有新的节目制作出来就播新的,没有新的就重播以前的节目。每次进村寨摄制节目的有10个人左右,包括负责人、主持人、导播、策划、摄像、技术、后勤。如果我们自己带节目下去,最少得提前两三个星期准备,回来后期编辑再花一个星期。现在,我们基本不带节目下去,除非我们自己主办的才带节目下去。这个节目没有固定的人,就是我们整个译制中心三个部门谁有时间谁就一起做。我们做一场这种活动时,道具由村子里的人负责,我们负责现场协调。去年12月底,我们和南方电网合作,在傣族第一大寨那目寨举办了一场由我们全权负责的晚会。以往都是村寨说有活动了,并且准备好,叫我们去看,我们就去指导他们舞台怎么摆布、怎么表演节目之类的。

《快乐新农村》第一次做直播是2017年7月18日。其实,我觉得早就应该做直播,但是技术一直不达标没有做成。这次直播由设备提供方免费提供直播平台和码流,所以我们才有机会做。第一场直播,我们就发在朋友圈上,大家互相推送,并没有官方对外宣传。第一次直播是在芒桑村的文化活动室,主要内容就是公房落成典礼。我们想第一次直播必须反映少数民族真实的生活风貌，体现少数民族文化的特点，所以我们就穿当地的民族服饰，节目有傣族民歌对歌、象脚鼓等本地特色的表演，同时把农耕产品和日常用的包包摆在舞台上。这些舞台装饰、个人打扮以及表演的内容和我们平时在电视上看到的不一样，电视上的表演已经很艺术化了，没有节目本来的那个感觉。第一场直播在没有宣传的情况下，留言里有很多人在外国发表评论，表示能看到这个表演非常怀念，很多人要求能不能多做这方面的直播。我们也会考虑到直播要表现出当地少数民族群众新的生活面貌，而不是说场场都要直播。我觉得，《快乐新农村》的直播要选择有特色的村寨，选择有特色的舞蹈和表演，同时也要考虑清楚哪些东西更适宜播出。如果是有特色的民族文化，我们就会大力推广。比如，最近我们联合电视台等单位合作做了三场非遗文化的直播（傣戏、傣族剪纸、孔雀舞）。我们要把最有价值的东西保存下来并推广出去，让不知道的人了解，让了解的人想学。

我们第二次直播的内容是在芒市大金塔举办的干朵节，观看人数突破了10万次。这一次直播有两个现场，一个现场是歌舞表演，另一个现场则请了两位嘉宾，主持人对他们就干朵节文化进行访谈，访谈用傣语解释，因为汉语无法很好地解释清楚。两位嘉宾，一位嘉宾是市民宗局的局长，主要讲述这场活动如何组织与开展等方面；另一位嘉宾是比较了解宗教文化的专家。

《快乐新农村》第一次做专题片是2017年7月。专题片是在节目正式开始之前播放，一般为3~5分钟，专门介绍寨子的风貌。以前没有专题片时，节目开始就直接出来唱歌跳舞，没有寨子的介绍，观众只知道是某一个寨子，但是不知道这个寨子是怎么发家致富的、以前是什么样的、现在是什么样的、具体是做什么的、主要的致富方式和带头人是哪个，观众对村寨缺少深入的了解。因此，我们就决定做专题片，专门介绍寨子的基本情况。

我们去村寨做节目，那些村民相当热情。有一次，我们去五叉路乡政府摄制《快乐新农村》，我们工作完本来不准备在那儿吃饭的，但那些傣族老大妈不让我们走，抬着酒堵在路口，我们只好在那儿吃饭，结果吃完饭还有其他村民抬着酒等着我们，我们只好从小路回来。

今年，我们准备在《文艺欣赏》里开办一期《民歌大家唱》，计划把一些老专家、爱好者请来聚集在一起，把每种民歌的唱法都录制下来，因为这些民歌也很有历史价值。还有民族乐器演奏和舞蹈表演，我们也应该从民间收集上来，然后再去推广和宣传。做这一些，是因为我们想把少数民族具有文化特色的东西表现和呈现给大家，不仅给少数民族看，还要让其他的人也能看到。

做了这么多年的《快乐新农村》，我们觉得场场活动都很有趣。我们要做老百姓想看、喜欢看的节目，所以每次进村寨我们都会问村民，想看哪一类的节目。金小座老师和方老师都比较受欢迎。方老师的歌点播量超过300万次了，所以去村寨，大家都会强烈要求方老师唱歌，直播间的观众也会要求方老师唱歌。无论到哪个寨子，大家最大的呼声就是让他俩现场唱歌。

我想把少数民族电视节目做好，希望电视节目对当地少数民族群体文化素质的提高起到作用，用我们的力量告诉村民什么是更好的。当然，他们看到我们的节目时就觉得很好了，不会提出更高的要求，但我希望他们的文化素质能有所提高，从而对我们的工作提出更高的需求。

（访谈时间：2018年1月11日；访谈人：张方亮；整理人：甘庆超）

（七）唐相亚访谈记录

访谈对象：唐相亚，现任德宏州民语电视译制中心景颇语部主任。工作时间：2007年至今。

我是德宏盈江弄樟人，家族基本都是景颇族人，所以我从小就说景颇话，只是不太懂景颇文字。2007年，我从德宏师专小学教育心理学专业毕业，考入译制中心。因为当年招聘主要看景颇语水平，所以也不太看重学历。

译制中心的景颇语部和载瓦语部成立于2007年，当时一共有8个人，两个部门各4个人。办台的初衷是因为很多少数民族村民汉语不太流通，特别是很多老人不会说汉话也听不懂汉语，为了满足他们的需求，政府才成立了译制中心。现在，我们部门有6名工作人员，5名编内，新招的一个研究生是编外。因为景颇语部人手比较少，所以人人都必须会采编写拍。当时我进译制部，什么都不会，都是从头学习采编拍摄，学了几个月后工作也就上手了。

景颇语部建成后就开始译制新闻，全国、云南、德宏的新闻从来没有断过。德宏州新闻我们会选择时效性比较强的，特别是一些政治性强的信息；全国新闻的播出顺序也会参照中央电视台的顺序，遵循新闻的重要性和新鲜性原则。我们从2008年开始译制电影，2009年开始译制电视剧，电视剧译制播出大受欢迎，不仅是我们国家的景颇族人喜欢看，边境的缅甸木姐、南坎的人都很喜欢看。现在，我们基本一年译制 100 集左右，选择的电视剧都比较健康向上。2017 年，我们译制了 66 集电视剧，一部是《熊出没》，另一部是《中国式关系》。

我感觉缅甸人比较喜欢看我们译制的电视剧。有一次，我去我姐姐家开的餐馆吃饭，店里有两个缅甸小工，她们就问我是不是给《笑着活下去》女主角晏阳配音的人，那个女主角确实是我配的音。当时我就觉得很新奇，她们居然能听得出我的声音。那些缅甸的小姑娘说，他们在边境能收到德宏台，有些缅甸人还把它录下来刻成光碟去卖。我当时听到太高兴了，觉得很有成就感。还有一次，是我们和缅甸人搞活动，我当主持人。活动现场有个缅甸人就问我《美人心计》是不是我配的音，这也确实是我配的音。这证明他们还是很爱看我们译制的电视剧的。但是，现在由于资金和人员不够，译制的电视剧不够多，如果译制得够多，可以对缅甸人产生更大的影响，因为他们没有像我们国家这么多的电视剧。我还觉得，译制电视剧对于固边很有作用。

现在部门只有 6 个人，译制电视剧时根本忙不过来，必须请外援。以前，我们译制的多是《亮剑》《远征军》等战争片以及《红楼梦》等古装片。现在，我们的观众大部分是城市或农村的中老年妇女，所以，我们比较偏向于选择都市生活或者农村题材的电视剧，今年我们准备译制的《索玛花开》，就是一部关于新农村建设的电视剧。

关于节目的播放时间，每周一、三、五播出景颇语新闻节目，载瓦语是每周二、四、六播出，星期天播出《今日说法》，电视剧每天晚上都播出。傣语新闻节目每天都播，3 个语种的排布是从晚上 8 点到 9 点播出傣语新闻，晚上 9 点到 10 点播出景颇语新闻；第二天就是晚上 8 点到 9 点是傣语节目，晚上 9 点到 10 点是载瓦语新闻。新闻播完就开始播电视剧，今天轮到景颇语就是景颇语的电视剧播放一集，轮到载瓦语就是载瓦语的电视剧播放一集。

对于新闻的译制，我们主要是选取前一天晚上播放的新闻，比如周三要播出新闻，就译制周二的新闻。有时候我们也会译制当天的新闻，一天选取一两条新闻。译制的云南新闻一周只播出一次，每天挑一两条进行译制，最后在星期五播出。我们选择云南新闻的标准是要和德宏有关，也有全省各个地方的一些新农村建设和脱贫攻坚的个案。播出的时长为中央新闻和云南新闻是 15 分钟，德宏新闻是 12 分钟，农业科技、社教专题类的播出时间是 15 分钟左右，《动物世界》《今日说法》也是翻译成 15 分钟左右。如果今天轮到景颇语播出，每天的新闻就是 27 分钟，再加一个 15 分钟的专题，之后就是 45 分钟的电视剧。广告我们译制的比较少，因为大部分广告商家都是卖摩托车、肥料、农药，他们一般会选择傣语，所以景颇语译制也就比较少。

我认为，译制中心最大的改变是开始译制电视剧，而以前只是不停地译制新闻。除此之外，2008年开办自采节目《快乐新农村》，2009年办观众见面会，都是中心积极向好的改变。见面会也就是去乡镇办开播仪式，反响很好，只是现在译制工作太重，没有时间和精力再去办见面会。

在译制工作中遇到的最大的挑战就是词汇量不够。因为汉语的词汇量随时更新，但是景颇语没有那么多的词汇量。德宏的各个民语部都会定期研究新词术语的翻译问题。还有，要做好译制工作，必须要吃透政治，比如翻译"精准扶贫"这个词，要吃透"精准"二字，不然翻译不准确还会导致老百姓理解错误，就会产生不好的影响。

我认为，景颇语部未来的发展应该进一步注重文化类节目，比如服饰类、美食类、宗教祭祀类。甚至整个译制中心都必须要做文化类节目，这代人看完了下代人还有得看。我们要学会珍惜和保护民族文化，像景颇族的目瑙纵歌其实是分好多种的，有祭祀目瑙、节庆目瑙等等，大家对此了解得不够深入。这个其实我以前也不太了解，有一次去主持节目，听到一个老师给我介绍这些，当时就觉得太羞愧了，自己民族的文化都不了解。

我的爱人也是景颇族人，但是他现在说景颇语不如我，因为他从小在芒市长大，和汉族人接触得比较多，没有语言环境，所以他的景颇语讲得不太流利。我有两个孩子，我都要求他们说景颇语。孩子在学校里没有双语教学，所以只能我自己教。我家大孩子刚上一年级时，听不太懂汉语，因为在家里都只和他说景颇语。现在他上小学了，只有教他写作业的时候，我们才会说汉语，平时还是说景颇语。我总觉得景颇语若不说，可能哪天就真的消失了，还是希望我的孩子们能传承民族语言。我的孩子在电视上看到我主持节目，都会开心地叫妈妈，我觉得从事这份工作真的是给了我非常多的成就感。

（访谈时间：2018年1月15日；访谈人：张方亮；整理人：甘庆超）

# 第二章  迪庆州口述实录

## 一、报纸

### （一）俞德贵访谈记录

访谈对象：俞德贵，原《迪庆藏文报》副总编辑，1991年进入迪庆日报社工作。

俞德贵，男，德钦燕门人，原《迪庆藏文报》副总编辑，分管藏文部和广告部日常工作。

1976年7月份高中毕业后，俞德贵在德钦的彝人一小当民办教师，同时教授1~3年级的课程，"那时候也没有很多科目，就教语文、数学、体育、音乐、美术，我整整当了两年民办教师。"1978年，俞德贵参加了高考，考进了迪庆师范，3年后毕业回到德钦的升平小学教了3年书。俞德贵一直喜欢文学创作，"就喜欢写一些东西，但以前杂志也少，投是投过（稿），但没有发表过，直到1984年，我写的一篇小说发表了。"1984年，俞德贵调到了德钦一中教了两年语文。

1986年为了迎接十世班禅大师来迪庆，州里面成立了一个文艺宣传报道组，俞德贵也被抽调到这个报道组里面，负责班禅大师来访期间的报道。另外，由于他喜欢拉二胡，也会创作，还参加了当时的业余文艺演出队。于是1986年整个一年的时间，俞德贵几乎都在迪庆，没有回去教书。

1987年，全国都在进行民间文学十大集成的编纂工作，县里面就让俞德贵改行参加了这项工作，进德钦县文化馆，搞民间文学的搜集、翻译、整理的工作。3 年之间，俞德贵和同事一共翻译、出版了《德钦县民间故事集成》《德钦县民间歌谣集成》《德钦县民间情歌集成》《德钦县民间舞蹈集成》等书籍。

后来，州里把俞德贵调到了迪庆报社，那时是 1990 年 11 月。但因为德钦制书工作还没有完成，所以俞德贵正式到报社是在 1991 年 1 月份。在报社，俞德贵担任副刊编辑，"做了一年多，那个时候我们的报纸还是注重民族特色了嘛，我就在副刊上开设了一些这样的栏目，栏目的名字我就采用了咱们几个主要景点的名字，其中一个栏目叫'奶子河显影'，出发点有三个：一是为了培养我们本地摄影作者，因为当时有很多爱好摄影的人，但有能力自己出画册的人也很少，我们就给他们提供一个园地，可以发表作品；二是从美化版面的角度来讲，报纸要讲究图文并茂；三是迪庆正儿八经的旅游宣传是从 1996 年才开始的，在这之前，对外宣传方面可以说是没有什么的，我们就想通过这些山山水水、风土人情，来给咱们迪庆做一种对外宣传。还有一个关于民族文化方面的栏目'碧塔斜珠'，介绍我们这里的历史、人文。当时写诗的人也挺多，我们就开设了一个栏目叫'高原诗风'，专门放诗歌作品，其他的还有一些我记不清了。现在回过头看一下那些栏目，自己也觉得当时还是有点新意的。我们栏目办下来也得到了其他报社的好评，有些栏目也得了'好栏目奖'之类的。"

当时迪庆州公开发行的刊物只有两个，一本是《原野杂志》，另一本是《迪庆报》。"我们的迪庆中文报纸是每周出一期，编好后把版面画好，拿到昆明，专门安排一个人住在云南日报那里，在云南日报印刷厂印我们的报纸，印好以后再拿回迪庆。后来州里面觉得这也不是长久的办法，就把原来迪庆州的一个印刷厂划归给了报社，更名为迪庆报社印刷厂，这个印刷厂原来由迪庆交通局、经贸委管理，接手的时候处于亏损状态。"

1992 年，报社就让俞德贵担任印刷厂厂长。"当时印刷厂的情况是这样，排版是铅字排版，一个一个字捡了排，电脑什么的根本没有，厂房也很破旧，需要重新盖一栋，职工 18 人。当时我就既抓技改又抓生产，这样工作了一年多，厂房也盖起来了，北大方正的系统也引进来了，进了 20 多万元的包括印刷、排版、筛版等等一系列的设备，我们的报纸也可以就地印刷，不用再跑到昆明了，职工有 25 人。那一年我们的印刷厂扭亏为盈，盈利八九万元。"

1993 年，俞德贵由初级职称评为中级职称，因为职称工资要比印刷厂厂长的工资高，"我就向领导请示是否能得职称工资，领导说如果不在岗就不能兑现职称工资，也就是因为这个我提出回到报社。"同年年底，俞德贵回报社任副刊部主任。说是"回",其实也就是从楼下搬到楼上而已。

"关于藏文的学习,是我原来在迪庆师范的时候,州里办了个藏文扫盲班,具体办了多长时间我不大清楚。这个班是晚上上课,我就不上晚自习去学藏文,在我印象里我也就去了二十几个晚上,也就是藏文字母会读读、会拼拼,就只达到这样一个水平。在县文化馆的时候,我和次日尼玛馆长一起搞民间文化作品翻译,他的藏文水平高但汉语水平稍差,我的藏文水平也难以胜任翻译工作。于是我们俩就相互配合工作,在那三年里,我的藏文水平稍稍得到了点提高。"

进报社以后,俞德贵一直有个想法,迪庆报当时只有汉文报,不久的将来应该要有藏文报。"可以说当时包括我们的领导在内都没有这样的意识。1992年的时候,张国华他们那一批刚刚从西南民族大学毕业,我们想从他们中间招一个记者。当时我就跟我们的总编,也就是后来的州政协副主席马向东(现已过世)说,我们以后可能会办藏文报,他们是学藏文的,我们先把他们要过来。于是我们就去教育局查他们的档案,他们那一届包括张国华(现任副总编)、张莹焱(现任副总编)、李向勇、和家强、杨文学等五六个人,李向勇在志愿里写了想到报社工作的愿望,总编则看中了张莹焱,但因为记者部只招一个,我就提出让张莹焱到记者部,把李向勇要来暂时放在印刷厂工作,总编没有反对。"

在1993年回到报社以后,俞德贵再次提出筹建藏文报并开始着手准备,为此把李向勇调到了报社。"说实话,他们这批学藏文的学生,因为是从零起点开始学的藏文,所以水平跟从小学习藏文的根本没法比,大学毕业也就相当于人家的初中水平,和家强、杨文学、张国华、李向勇还算稍微好点的。"

"1995年藏文报刚开始办的时候,藏编部没有,藏编室也没有,把藏文这一块就归在我们副刊部这里,我就既负责编写汉文报副刊,又负责组织人编写藏文报。当时藏文报出版是不定期的,有时候一个月出一期,有时候半个月出一期,我们会把汉文报中一些比较重要的内容剪下来,分发给在州附近的,当时在格萨尔王研究室的和家强,小中甸镇的王晓松、张国华、杨文学和藏文老师次日卓玛,请他们翻译,我们收回来,再让李向勇编在一起,再画版、印刷,起初办报时候就是这样的情况,我们没有自己的记者、编辑。我们当时要成立藏文报时也给省新闻出版局打了报告,省里批示是刊号挂靠汉文报,直到后来又向国家新闻出版署反映,才正式给了藏文报独立的刊号。"

藏文报当时是根据汉文报的模式做的,也有副刊,主要内容是民间的歌谣、诗歌作品等。文艺作品很多是从其他杂志、报纸上选用的,大部分还是要靠编辑们去收集。出版时间从一个月出一期到出两期,再到一周出一期。"当时我们报纸的发放是免费的,赠送的对象是全州所有开设藏汉双语教育的中小学校、相关部门,主要是寺院,因为懂藏文的人主要就是在寺院里面。我们当时就拿着迪庆州寺院的花名册对照发放,印象中发放最多的就是松赞林寺,大概有 600 份,还有东竹林寺等 21 个寺庙,多多少少都有发放,少的也有十来份,全州加起来可能一共发行有 3000 多份。还有一部分发给周边涉藏地区,和五省区的藏文报进行交换交流。后来跟州邮电局合作后,藏文报和汉文报一起发放,州府所在地城区范围内包括松赞林寺我们自己送,乡下那些就让邮电局帮忙送。"

2000 年,俞德贵被任命为报社副总编,不仅分管藏编部,还负责广告部的日常工作。"一直负责(藏编部)到 2008 年,虽然是分管,但我藏文水平有限,审稿的工作确实做不了,当时就请外面的王晓松他们帮忙审,后来李向勇、白玉先、斯那取顶经过一段时间的锻炼,提高也比较大,我们就能自己审稿件了。当然还会有错误,但没有那么多了。后面我被州里任为调研员,那一年张国华被调任过来分管藏编部,我就没有再负责了。"

在引进人才方面,"咱们报社的白玉先、斯那取顶都是我调进来的。白玉先以前是在小中甸,后来在教师进修学校,当时没有直接调他,是先拿一些稿件给他翻译,后来我们觉得这个人可以,李向勇和我亲自去教师进修学校找他谈话,动员他,而且直接调还调不成,好像是因为我们没有编制还是什么的,反正就是先借调了一年多,才正式把他调过来的。白老师现在也经常会和我们说,如果不是来到藏文报,他的藏文可能就丢掉了,因为做这种出版发行工作,尽量要避免出现错误,就只能逼迫自己下功夫去学习了,包括后面不管是斯那取顶还是后期招进来的记者编辑,通过办藏文报,对他们藏文水平的提高帮助都相当大。不光是他们,就连我自己也有很大的进步。因为我本来就爱好民间文学,在报社期间,我把收集的很多民间文学作品都逐步用藏文翻译出来了,陆陆续续地在藏文报上发表,内容包括迪庆的锅庄、迪庆的山歌、藏族婚礼祝词等,后来我又把这些内容汇编成了一本藏汉对照的书,叫《妙语欢歌》,里面基本都是在咱们报纸上发表过的东西。"

《迪庆日报》不管是藏文报还是汉文报,自创办以来一方面对宣传迪庆形象起到了很大的作用,另一方面也培养了当地的作者,为迪庆州输送了一批传媒人才。同时,"咱们报社也是一个摇篮,现在咱们州里好多走上领导岗位的,以前都是咱们报社的副刊作者或者是报社的记者编辑,包括咱们现任的开发区书记、省民委纪检组组长、文联主席等等。"

"退休以后,因为我对这些民风民俗懂的还是多一些,大家有红事、白事都会请我去当总管、总理,经常去应付这些事情。另外,因为一辈子跟文字打交道,说实话也有点烦了,加上我爱人身体不太好,我就要帮忙照顾下孙子,所以这几年就把精力花在这些事情上面,把笔丢了一段时间,但是我还是会给藏文报时不时写点东西、投点稿子。个人还是有一个愿望,就是把我自己家族的这些历史写一写,还想把金沙江沿岸的锅庄词收集整理一下出一本书,次日尼玛也是有一样的想法,我们现在就把我们各自手头上有的东西先整理一下,这几天已经开始做这件事了,已经差不多翻译了 60 多首了,争取在年内出版。"

(访谈时间:2016 年 7 月 13 日;访谈人:陈馨馨;整理人:陈馨馨)

(二) 白玉先访谈记录

访谈对象:白玉先,原《迪庆藏文报》第一任主任编辑。工作时间:2003—2013 年。

白玉先,原《迪庆藏文报》第一任主任编辑,2003 年正式调入迪庆日报社工作,2013 年退休。

我们的《迪庆日报》(藏文版)当初连刊号都没有,1995 年开办时,主要依靠社会力量来办报。所谓社会力量,就是把《迪庆日报》刊出来的有些内容剪下来,分发给社会上学过藏文的一些人,帮助翻译成藏文,然后再出版,当时主要依靠的是藏学院的王晓松老师等人。

我当小学老师时,被派到巴塘学了 4 年藏文,后来又到青海教育学院进修了两年藏文。当时我过年都没有回家,住在老师家,师母是图书管理员,所以我读了很多藏文书,还做了不少笔记,当时我主要学习藏文文法、诗学和历书。我原来在迪庆师范当藏文老师,后面师范合并到藏文中学以后,我被调到了小学当了 3 年的校长,后来调到城里搞教师进修,当时我没有听过这张报纸。2001 年,报社的领导李向勇找到我,让我负责《迪庆日报》(藏文版),于是我就被借调到了报社,2003 年才正式调入报社。

在我来之前,报社里有几个西南民院毕业的同事懂藏文,但水平一般,有点胜任不了藏文报的工作,主要是靠社会上的力量。于是这个时候我就作为专门的编辑来负责藏文版，我一个人办报纸，做了大概有两年左右的时间。当时由于人手不够，我还是把稿子分发给懂藏文的人，请他们帮忙翻译，然后由我来进行修改和编辑工作。我原来没有学过做报纸，所以当时也向汉文报的编辑们学习最基础的东西。当时需要在一大张白纸上面画版，再进行插图；版面还是比较丰富的，有民族文化、民间文学、时政报道；内容从汉文报翻译过来，有时候也去采访，加上平常我自己收集的这部分内容也比较多。像我们这个地方，藏族民间文化是相当丰富的，故事也有，歌舞也有，诗歌也相当多，这些都可以拿来放在这张报纸上。还有一期一图，就是图片作品，当时虽然是黑白的，但是筛选的时候会在作品题材之类的其他方面下功夫。当时报纸是一周一期的小报，发行量也比较少，大概有1000份左右。当省里有关领导视察时，我们会送给他们阅读。刊发有关宗教、统战的内容时发行量就会多一点，最多的时候印了3000份。我们的报纸都是免费赠阅到有关人士手上的，一般送到一些单位机构，比如民委、统战部、藏学院、藏医院、佛学院和寺院，因为只有这些地方才会有人能看得懂。

我当藏编部主任的时候，张国华是分管的副总编，他来改我的标题，我们常常对翻译有着不同的看法。藏文是很复杂的，像英语一样，动词不是一成不变的，是有时态转换的，"走"就有好几种变化，从字里行间就能够知道他在走还是已经走过去了，或者说是要过来了。藏文背后还有深厚的民族文化，这使得它的辞藻非常华丽，光"太阳"的表达就有120多种，像"火花"这个词，根据火花的形态，它的表达就是"月亮的敌人，太阳的亲戚"。藏文和汉语的表达方式是完全不一样的，要是翻译得太过汉化，不懂汉文的人读起来就会觉得很生硬。和汉文不同，六年级的娃娃写封汉文信，可能会有很多错别字，但是看的人至少可以知道他在说什么，但是学了五六年藏文的学生却很难表达清楚自己的意思，所以藏文的学习和翻译确实都是挺难的。鉴于这样的情况，我当时很注意锻炼我们的编辑，即便是审稿的时候会把他们的稿件在表达上改得面目全非，但也让他们去做，水平就会逐步提高起来。

后来随着规模的扩大，我们也增加了一些编辑。2005年全国的报刊杂志的刊号都在缩减，包括很多已经批下去的刊号后来又被撤了。在这种情况下，我们的报纸却被新闻出版总局特批出版。当时我们就说，虽然我们这是个小地方，但是这样一个刊号也发挥着重要的作用，我们这一代报人也总算能为后面的报人留下点什么。

作为云南省唯一的一张藏文报，不仅在当地开展民族宗教事务的过程中较有亲和力，而且在整个涉藏地区中也起到了宣传本地的作用。迪庆很小，藏族人口在涉藏地区中占的比例不大，在这种情况下，内部能有一张这样的报纸，民众都很高兴。当时我们也积极地与外面的藏文报加强联系，做到资源共享，有时候甚至会请他们帮忙改一些稿子，请他们帮忙出点子。我们每期都会和他们交流，也会借鉴他们做得好的地方，就这样，《迪庆藏文报》办得越来越好，并且得到了一些在外地办大报的相关人士和学者专家的好评。报纸的内容必须落在文字上，虽然它不是一种能在视觉上给你多大刺激的媒体，但白纸黑字在保留和收藏方面有它自己独特的价值。这张报纸除了宣传党的方针政策外，还起到了文化传播的作用，像松赞林寺的好多僧人在读这张报纸的过程中，一方面获得了很多信息，另一方面自己的藏文知识也得到了提高。因为在我们这边的藏传佛教的寺院中，对文化教育这方面不太重视，更着重于修行和佛法方面的传授，导致很多僧人连自己的名字都不会写，所以这张报纸对于僧人的藏文方面有一些帮助。再有就是，随着新词和外来词汇的与日俱增，很多人也只能通过报刊、电视来了解这些新词的藏文说法，再运用到生活中。许多名词原来在藏文中是没有的，举个例子，像"社会主义""资本主义"这样的词都是在马列主义传入到中国以后，我们才根据它的意思把它翻译成藏文的。

2010 年，新华社记者下来考察，我负责接待。当时他建议我们可以把报纸送进寺院，我向上级领导反映了之后，领导也很支持，当年就把报架报刊送进了寺院。报纸进寺院以后也受到了有关僧人的好评，对藏族老百姓来说，报纸再也不仅仅是用来包酥油的东西了。在藏族传统观念里，他们很珍惜落在纸上的藏文，见到（印着藏文的纸）都是要放在高处、干净的地方，或者烧掉，决不允许把它带到厕所里面什么的。因此，这张印着藏文的报纸也同样受到了老百姓的爱护和珍惜。

一份报纸需要许许多多的读者群，藏文中学的成立，在解决了藏族学生受教育问题的同时，也培养出了很多懂藏文的老师和学生，也就增加了报纸的读者群和通讯员。有时候我们也会开座谈会向他们约稿，我们开辟了像"学生习作"之类的很多栏目来培养新人。在藏文报内部，我们也调了一批人来慢慢培养。

我们藏文报还很重视人才培养，像现在的藏编部主任斯那取顶，都是我从藏文中学把他调上来到报社的。通过这样一个平台，大家的藏文水平都得到了相当大的提高，包括我自己在内。最近几天我在帮司法局那边整理材料，把原来的宪法、法律法规搞成宣传提纲式的藏文材料，分发给老百姓。到现在我们之所以能做到一边看一边就能把汉文转换成藏文,主要就是因为报社的工作让我们得到了提高。报纸不像电视,电视上今晚念错了字,到明晚就一点儿声响都不会留下了,但报纸就放在那个地方,哪里出了错都是明摆着的。在这种压力之下,我们就必须提高自己的业务能力。对于刚刚毕业的小姑娘、小伙子,知识面是广的,理论基础也相对较好,但是实际操作能力还需要在平台中慢慢提高,我们报社就先让这些娃娃们走上工作岗位,然后再锻炼。通过这样的方式,在迪庆藏文队伍里面培养出素质好一点的人才,我敢说报社里面这样的人还是多的。如果他们能继续学习,在平台上继续锻炼,等这些年轻人到我们这把岁数的时候,会是不得了的人。

《迪庆藏文报》还肩负着很多的社会责任,比如说把一些新词术语介绍给老百姓,让他们在交流的过程中减少语言障碍。但是现在在推行新词的过程中还是会出现困难,尤其是在网络语言占优势的情况下,我们虽然在报纸中坚持使用藏文中的专有词汇来表达,而不是把汉文直接音译,比如"电视"就是"年陈"(音),但是因为现在老百姓都更倾向于说新词的汉语,电视就是电视,手机就是手机,报纸上用的这些专有名词反而记不住。所以现在各地的藏文报每年开会除了评选优秀作品以外,还要商讨把各种新词术语统一起来,编成字典词典出版。但我认为,我们报纸上用的新词术语没能真正扎根在老百姓当中,这确实是办报过程中很遗憾的一件事。

迪庆现在的藏文人才也开始增加了,各类藏文媒体也与时俱进地出现了,有了藏文手机报、微信公众号等,都有了很多创新。但是我也跟他们讲,我们藏文报还是应该在培养土生土长的报人方面下功夫,因为藏文有很多方言区,青海、甘肃、四川的阿坝属于安多方言区,四川甘孜、青海玉树、云南属于康巴方言区,西藏大部分属于卫藏方言区,各地的藏文不一样,到目前为止没有一个像普通话一样的标准藏语。因此,学生特别是初学藏文的学生在外求学的时候面对不同地方老师的口音会有混乱,电视台主持人说的藏语也是五花八门的,好多观众都反映听不懂。这就要求我们在编写新闻的时候,要尽量贴近读者、贴近当地方言的语言习惯。

迪庆当地有很多少数民族文化,我会去搜集整理民间的文化,通过报纸来进行传承。比如说锅庄,与西藏和青海相比,我们的锅庄是通过书面的形式传承下来的,而西藏和青海由于藏文普及得很好,多数时候可以现编现演,原本古朴的东西慢慢在减少,而我们仍然保留有最本真的部分。我曾经写过《歌谣中的香格里拉》，里面说青稞从天上摇下来慢慢酿成了美酒，每个人都是美酒，英雄是什么样子的，普通人又是什么样子的。文字真的是非常美的东西，所以我认为通过少数民族文字来传承民族文化，宣传党和国家的方针政策，是一种很有亲和力的表现，老百姓也更乐于接受，不会排斥。

办报过程中出现的最大的问题是读者群、通讯员和编辑队伍的缺乏，当时很多人觉得汉文报都没有人看，藏文报就更没有办的必要了。在这样的少数民族聚居地区，国家很重视民族报的发展，这种战略眼光在以后都得到了验证，这对我们来说是一个机遇。最初的时候软、硬件的缺乏是一个很大的困难，当时电脑也没有，需要用手工制作画版、翻译。现在技术发达了，可以从西藏青海等的藏文媒体上采集信息，但当时我们必须全部靠自己（翻阅查找）。像我自己主要是从书上找，读书的时候喜欢买书，一本书三块钱两块钱，但咱们这里当时一本藏文书都见不到，所以成家的时候把书寄过来，一大箱子，我老岳父还以为是什么贵重的东西，结果一看全部都是书。这些书在我后来做编辑的时候，在充实版面、丰富内容方面确实起到了非常重要的作用。

从新闻选择上来说，我们将汉文报中的新闻翻译为藏文，主要选重点进行翻译，比如说五大机关、州里领导的相关活动等报道是肯定要翻译的，另外在翻译过程中要进行必要的删减，一篇100字的汉文翻译成藏文是300多字，出于版面的限制，就必须进行压缩。但是压缩也不是随意删减，必须保留新闻的几大要素，这在当时也是常常困住我们的问题。

我们那时候是只要工龄达到30年就可以退休，所以我就在2013年退休了。我当时考虑了一下，如果继续留在报社当副总编，至少还要做5年。我现在就是帮着州里做藏文排字翻译、搞一些课题，搜集整理民间民俗文化，做藏文非法出版物的鉴定等工作。

（访谈时间：2016年7月9日；访谈人：陈馨馨；整理人：陈馨馨）

（三）斯那取顶访谈记录

访谈对象：斯那取顶，《迪庆藏文报》藏编部主任编辑。工作时间：2013年至今。

斯那取顶，现任《迪庆藏文报》藏编部主任编辑，从事编辑部日常管理、翻译、校对以及有关藏文项目的申请。

我初中毕业的时候，当时迪庆州委托甘孜培养一批小学藏文老师，巴塘师范学校办了一个班专门培训藏文，第一批是1981—1984年，一个班有10个人，我就是其中的一个。1987—1988年班禅大师来视察，提供了一笔资金，让连同我在内的7个人到西南民院进修了一年，回来后我就到德钦燕门乡的小学教书。1992—1994年两年脱产在青海教育学院继续进修藏文，进修的内容是用藏文教理科，当时迪庆州教育局的计划就是准备用藏文教数学等科目。（去进修的老师）有的学数学，有的学化学，但是后面回来以后这些科目都没有教。1994年10月份我被调到迪庆藏中任藏文老师，一干就是10年。

《迪庆藏文报》是1995年3月份成立的，之后的很长一段时间藏编部都不是一个单独的部门，而是挂靠在副刊那边。副刊部有一个懂藏文的老师负责藏文报的编辑，后来白玉先老师调过去以后仍然是和副刊部在一个办公室工作，直到2006还是2007年的时候，藏编部才分出来。2004年的时候，《迪庆藏文报》缺一个编辑，当时的白玉先主任和余德贵副总编找到我，问我来不来，我说可以来，于是就被调到了《迪庆藏文报》。刚进《迪庆藏文报》的时候，就只有我和白主任两个人，他是我领导，年纪也比我大一点，总的来讲，在一起工作的七八年时间里，我们相处还是比较融洽的，偶尔也会在字词的用法、增减的讨论上发生争执。那时候就专门做一个藏文报，手机报、微信、网站这些都没有，藏文报编辑的版面布局都要自己画，标上一些符号，比方说第一条新闻要放在这里，这里就标上"1"。当时汉文报也是这样，大多数人不太会使用电脑，电脑也不够，需要打字的地方全部都是请印刷厂（来做）。虽然以前我没有接触过版面这些，但是1995年起就开始给藏文报供稿，做过藏文翻译，副刊的稿件自己也写过一些，而且新闻的用词也不多，所以进报社以后翻译新闻的难度不大，但是翻译有些词时还是需要依靠字典。

我桌子上这些都是平时用的藏文字典和汉文字典，这已经是第三本藏文字典了，前面两本已经烂掉了，这个也已经用了好几年了，另外这本《藏汉大辞典》是新出版的。对于规模大一点的翻译来说，这些藏文字典不够用也不够全，所以我还备有其他字典。像这本动词词典，虽然用得少一些，但是里面能查到一些容易错的字。一般同一本字典我会买两套，一本放在办公室，一本放在家里。单单是搞翻译的话这些字典也就够了，但是要想搞深一点的话光一本字典肯定是不够用的。

刚来的时候我们用的输入法好像是桑博扎,现在倒是经常更新,越来越好了,现在用的是喜马拉雅和班智达(输入法),班智达的缺点就是不兼容,梵文打不出来,喜马拉雅倒是兼容的,但是也还是有缺陷——每打一个字就要切换,这样打起来速度比较慢,尤其是对我们这样年纪比较大的人来说。

一开始的时候《迪庆藏文报》是月报,也是免费赠阅的,后来慢慢变为15天一期、10天一期以及一周一期,从小报变为大报,现在是周报大报。但是《迪庆藏文报》现在人数不够,如果人手仍然不够,周报就很难做下去。招人的问题我向上面请示过了,但招人的难度很大,因为在这边真正懂藏文的人不多。现在做藏文编辑其实很枯燥,开初的时候学习新闻编辑这方面的知识还觉得很新鲜,但到现在这种时候,天天做这种编辑,说实话真有点不想搞了。我本来好几年前就计划调动,不想一直在这里待到退休,因为年纪大了做编辑、做采访确实也比较辛苦、比较累。我们迪庆报属于二级事业单位,退休后的待遇跟教师比也要稍微差一点,退休的时间也晚,其实我个人还是很喜欢做藏文研究的,如果早一点的话可能还会有更多精力去看一点书、做一点研究。

我们一般是自己写副刊,因为像诗歌这些很难翻译到位,音律和意境是不能复制的。副刊里有一些投稿,总共有三四十个作者,有的是一年投一两篇,有的稍微多一点,以前藏中的老师投稿的还比较多,现在可能是因为没有精力,还有一个是在州里这样的报纸上发表文章也不能很好地体现出作者的价值,再加上稿费也不算多。像这种占版面三分之一、四分之一的稿子,稿费给高一点也就一百块左右,(占版面)小一点的这种也就四五十块。

我当上主任编辑是在2013年白老师退休以后,那时候本来是想调动的,但是藏编部这边就没人管了,而且副高的职称刚刚评下来,如果就这样甩手走了,心里觉得过意不去,于是就继续做。当起主任以后工作就更加零碎繁杂,仍然要自己做些翻译工作,还要做一些管理工作、校对工作和与藏文相关方面的项目申请。工作的时间多了,自己休息的时间就相对少了,现在除了接娃娃那些时间以外,休息的时间就没有多少了。

藏编部现在就是有四个人,除了我,还有一个研究生(万玛措)、休产假的一个(卓玛央初)、青海的一个(才让东周)。原来在编人员是有七个,但是后来其中一个被重新调回了记者部,一个辞职了,还有一个考了公务员。当时一次性招的人有点多,导致人员流动比较大,不稳,人一多像我们这样的管理人员工作起来压力也大,自己提高不了多少,人家也烦。从稿件翻译上讲,人多了倒是没什么帮助,因为即使让新来的负责某一部分版面稿件的翻译,我二审的时候就会发现稿子错别字、语病密密麻麻,反而成了我的负担,现在我自己搞反倒能轻松些、错误少一些。下个星期除了我,部门实际就只有两个人,又给东周请假回家探亲去了,我就打算自己搞报纸1~4版,这样的话报纸一个星期可能就出不了了,估计得10天左右。我准备一版重要新闻自己翻译,二版新闻一半可以下载,一半自己翻译,三版本地新闻、涉藏地区新闻也是要自己翻译一半,四版民族文化就用我们之前搜集到的一些文章,这些工作就相当累人了。

以前人多的时候要求一个星期要有一篇自采稿,现在因为人手不够,而且我们也不单单只有纸质报纸,所以就主要翻译汉文版的稿件或者从其他藏文媒体上转载过来。以后纸质报纸还是要办,但是可能就不是很重要,更多还是要靠新媒体的发展。手机报、微信和报纸上面的内容并不是完全一样的,手机报是去年开通的,由于兼容的关系,只能用图片格式,因此内容比较简短,只能做成3小块。现在手机报也是在政府的支持下免费向懂藏文的用户发送,我们已经向统战部发函了,请他们提供州内懂藏文的人的手机号码。手机报每个星期发两期(周二和周四)。迪庆藏文网现在由于人手原因没有好好弄,让那个实习生来负责网站内容,结果他这里搞一点那里搞一点,有些栏目也没有及时更新,深入的东西是做不了的。不过如果能好好做的话它还是有很大发展空间的,毕竟看网站的人还是多的,内容设置方面,有8个大栏目,30多个子栏目,上面挂了纸质报的数字版,还有来自于藏文报和微信公众号的内容,最后,一个周边涉藏地区新闻,内容主要来源于青海、西藏、甘孜的藏文网站。手机微信每天一期,内容不多,但是图片比较多,相对来说可读性要强一点。

汉文报发行量有15000多,虽然规模不是很大,但是也还差不多。说真心话,藏文报的读者不多,主要原因有几个,第一个是懂藏文的人整体不多,第二个就是对藏文的重视度不够,第三个就是现在有了藏文网站,里面的内容更丰富。关注藏文报的其实就只有两类人,一类是一些通讯员,报上发了自己的文章会看一下;另一类是领导,州县的领导会看一下有关自己的报道,也会从报上收集一些信息,其他包括藏中的老师在内,报纸都是码在那里没有人看。报纸的质量问题可能也是造成这种情况的一个原因,报纸内容和读者的需求不相适应的情况也有,再加上现在的人都忙,获取信息大多数都是通过手机微信、网络等等。

《迪庆藏文报》虽然受到了重视,但是重视程度不够,做得还是比较表面化。光凭我们几个人的力量,不可能撑起藏文报纸、微信公众号、网站、手机报的发展。《迪庆藏文报》和《迪庆日报》虽然刊号是独立的，但藏文报是日报下属的，时政新闻内容主要翻译日报采的稿子，进行二次编辑，藏文在字数、表达上和汉文也不是很一样，我们要把主要的新闻点翻译一下，像标题什么的就需要重新制作。副刊的内容我们可以去找藏文方面的资料，转发其他网址的内容。人手充裕的时候也会自己写一些，负责四版的才让东周就写得不错，有时候我们也会向当地或者周边藏区的通讯员约稿，有三四十个人，但这些通讯员不是固定的，只是偶尔会提供一下稿件，现在基本约不到稿。我们应付基本的内容都已经很困难了，自己写就更是不太可能了，在迪庆州内《迪庆藏文报》的读者群不多，我们这个地方藏文基础薄弱、普及率低，很多人的藏文水平没有达到可以读报的水平。从传播效果来看，网络、微信公众号和手机报的效果都要大于报纸，因为很多懂藏文的外地的、外国的读者都可以访问网站。虽然报纸可以用来拿去评奖，评好版面之类的，也可以存档，对喜欢看藏文的人来说，纸质报纸也有收藏的价值，但新媒体才是真正发挥作用的部分。

（访谈时间：2016年7月9日；访谈人：陈馨馨；整理人：陈馨馨）

（四）张国华访谈记录

访谈对象：张国华，迪庆日报社副总编辑，分管藏文报。工作时间：2008年至今。

1995年，藏文报在藏历年的三月一号创刊，但是并没有统一的刊号，这是一个四开小报，搭借着汉文报发售。当时只有一个工作人员，他是汉文编辑，但是学过藏文，所以担负了编辑藏文报的任务，当时他在副刊部，利用社会上的藏文化学者、藏语老师、藏语翻译等各种力量（的帮助）来办报纸。最先做出来的是月报，后来发展成为10天一期的旬报，直到现在已经成为周报。

2008年的3月14号以后，报纸进行精简刊号，中央特批了藏文报的刊号。报纸现在取得了刊号，就是相当于取得了合法的凭证。"也就是那一年我来到迪庆日报，当时藏语编辑只有两个人，一个从教师进修学校（过来），一个是从州藏文学校（过来），我来那年又招了一个人，所以一共4人。现在编辑部都是年轻人，加上我有8个人。"

2011年1月1号，藏文报正式用刊号进行出版，黑白小报终于变成了彩色大报，同时也从旬报变成了周报。报纸的发行情况是每期报纸（发行）5000份，一年就是（发行）24万份，发行的地方就是迪庆州的10多个乡镇，有藏文学校、藏族佛教寺庙，还有州内的有关部门以及党委、政府、人大、政协。最近几年我们进行传统媒体与新型媒体的融合，从这方面尽力往深度融合的方向走。

2013年6月，香格里拉藏文网成立，包含了8个大的、33个小的内容，并且做到了图文并茂、声像皆有。报社也开始采用"先网站后报纸"的一体化双语运行模式。这是利用网站的快速性（的优势），报纸是一周一期，时效性跟不上，我们要求采编人员什么都要会，网站（编辑）要会、报纸（编辑）要会、公众号（编辑）要会。汉文报去年才达到这个要求，我们走在了他们前面。

香格里拉藏文网建立后，我们做到了国际标准，所以全国媒体都来学习。当时语言文字通用，跟国际接轨，喜马拉雅输入法真的达到了国际标准，中央统战部、西藏日报都来学习这个网站。当时我们这个网站，在2013年6月开通的时候，搜索引擎就可以搜索到。我们以为节目的受众以迪庆人居多，但是后来统计后发现反而国外受众最多，真正做到了政府要求的对外传播。以前去国外打不开网站，现在打得开了，都能在国外看得到了，这就真正达到了目的，现在全涉藏地区都跟着我们这个方法学了。比如，这是我们展示迪庆藏文微信公众号的平台刊登的藏族格冬节的视频和图片，通过声文图像，冲击力比较强的图片所产生的效果更能够传播我们中国的文化。

我们已经做到了报纸跟网站的结合，以前网站内容都是图片格式，如果其他人想要内容和资料的话只能照着图片重新输入，浪费很多资源。我们现在做了数字报，你可以看到各种报道，需要什么报道随时可以下载，随时可以截取某一段或者修改某一个字，已经非常方便了。现在我们在迪庆已经做到了汉文报有什么，藏文报就也有什么。我们的人手虽然少了一点，不过放在全国的媒体来说，我们走在了前列，做到了很多别的媒体没有做到的事情。

2016年，迪庆报社的新媒体和媒介融合发展继续诞生新成果——6月份我们迪庆藏语微信公众平台正式开设，11月份迪庆藏文手机报也正式开通。2017年6月份，香格里拉藏文手机客户端App公众平台，藏文汉文同步上线。

迪庆日报藏语传媒的创新项目《古老的文字在指尖上的飞跃》，在中国报业协会的比赛中获得创新三等奖，这个内容已经传播到国外了，有英文版和中文版，这是国家方面的宣传。这种宣传和传承是非常必要的，现在传统文化在慢慢被淡化，现在过年团圆的氛围、家庭凝聚力、尊老爱幼、团结友爱这些都淡化了，我想这是国家强调文化自信、文化大繁荣、文化保护的原因。现在很多娃娃就喜欢过"圣诞节"搞狂欢（手舞足蹈），今年少了，我跟年轻人说，你连自己国家的传统节日都不知道，你还过什么洋节。

藏文媒体若是想要对传承中国文化做出贡献，首要就是要注意语境问题。如果语境很好，那么我们的报纸就能起到作用。如果没有语境，报纸做了也是白做，是骗人的。包括汉语媒体也是这样，受众如果能听得懂、能看得懂，那样媒体就是大有作为。一是快，二是综合，手机微信传去网络上特别快。迪庆三大运营商提供的数据显示，百分之十九多的迪庆人拥有手机，这就给我们融媒体提供了平台。民族文化的传承和保护，每天传承一个字就是有效果了，积少成多，普及率会慢慢提高。不能功利性太强，学好藏文和传统文化不是一朝一夕的功夫。

（访谈时间：2018年1月16日上午；访谈人：王东林、唐优悠；整理人：王东林）

### （五）热贡才巴访谈记录

**访谈对象**：热贡才巴，迪庆藏文报记者、编辑。工作时间：2011年至今。

热贡才巴，男，青海黄南藏族自治州人，毕业于西北民族大学，迪庆藏文报记者、编辑。

我刚来的时候，主要负责那个副刊，副刊（内容）主要是民族文化，就是第四版的内容，一个月都是民族文化，还有就是健康、文娱时尚，我就一直负责这个，七八年了吧。副刊的内容很丰富，比如藏族作家的作品，主要是以本地为主，至少也是两三篇文章，包括诗歌、散文和论文。汉文报里面有什么，一般藏文版里也都会有，翻译的话一般用在一版、二版、三版上面，因为它是新闻，新闻都要翻译。我主要负责第四版，四版上面的民族文化、民间文化比较丰富，比如迪庆本地的婚礼、射箭比赛。这一板块都是我自己去策划的，很少出去采访，时间也不允许，刚开始也没有那些工具，说实话连个相机也没有。但这两年出去的机会还是多一点，上个月去了那个尼汝村，虽然远一点，但它那边传统文化保护得非常好，因为是牧区，所以人们还过着牧民的生活。这个村非常有意思，它被称为"世界第一生态村"。过去那边交通真的不方便，有点麻烦，现在在逐渐发展了。

这一部分（副刊）都是用藏语，一版二版的话我们就出去得少一点，很多就是我们汉文报上的稿件翻译，也有自采的。我们的工作人员也出去采一些，全部靠翻译的话也不行，这样就没有创新了，所以就出去采访。一周一期，副刊也一样嘛，四个版一起。

这么多年，我一直一个人在做，今年也来了一些新人，我们招进了两个。其实我也给我们领导说过，因为我一个人办这个，我想换一下让其他人做，说不定别人可能比我做得更好。但是领导说，别人胜任不了这项工作，因为在迪庆，可能学藏文的环境没有我们那边好，我们那里从小就说藏语，说实在的，我上大学才接触汉文。

正因为我的藏语基础好一点，所以我才敢在做副刊时大胆地做一些创新，一般就是学习《云南日报》《人民日报》的排版版式，这方面我真是下了功夫的。我们现在这个版式真的比其他的做得好，有的报纸真的是太随便了，一个图片插进去占大半个版面，太浪费资源了。可能他们其实也不懂，也没有学过，我们藏文报是党报，它肯定要有规范，不能简简单单地随便就做。我们刚开始的排版软件就一直用"北大方正"，尽管它也可以排版，但是它的藏文字体不是很丰富，然后我们就换了那个新的"Indesign"软件，这是专门的排版软件，而且支持藏文字体，非常方便。字体库差不多有五六十种字体，最大的好处就是我们可以在网上直接分享，因为它是国际通用编码。我们第一次做数字报是在2013年，过去就都是做图片格式上传，现在就可以通过平台直接上传了，读者可以复制也可以编辑。

印象深刻的经历多得说也说不完，比较满意的一次是，我们张总收集了这里尼汝锅庄舞的词，跳锅庄舞要说词嘛，那真是太优美了，有传统，真的非常好，这里面还是可以学到很多东西，以前的人思维是什么样的，他们的一种生活方式啊，这些都可以了解到，简直是一个百科全书啊！还有一个印象深刻的采写经历，就是对德钦那里的（藏族）"刀赞"的介绍，在微信上发了后，有很多读者留言，他们希望多采写一些这方面的内容，实在是太美了，真的。现在这种东西越来越少了，因为那些都是从老人的口传中记录下来的。对我来说，也是为传承传统文化做了一点小事情，我所做的都是我觉得比较有意思的（事），这样一想，我就很享受这个过程。说实话，迪庆比较偏远，很多人对这边不了解，他们只知道香格里拉是旅游发达的地方，整天在想象，却没来过，他无法真实感受到。因此我们的角色就相当重要，我们积极利用新媒体进行传播，"香格里拉藏文网""手机报""微信"的传播范围非常广,关注我们的人也越来越多了。

藏文报新媒体这一块,个人是做不了的,说实话,现在国家的政策非常好,省委省政府、州委州政府都大力支持我们,我之前也参加了少数民族民文培训,学到了很多。我们第一个做的就是"香格里拉藏文网",具体时间我记不住了,但这是云南省唯一的藏文网站。后来才成立了"香格里拉门户网",有藏文的,但是稿子也是我们提供的。在"香格里拉藏文网"上面,我们真的下了很大功夫,说实话我们没有经验,我以前学过一些简单的编程,但是不专业。然后报社领导联系了成都的一家公司,后来我们也实现了网站的基本布局。"香格里拉藏文网"有八大栏目,大栏目里面又分多种小栏目,网站做成了,就开始考虑内容,没有内容不行。那时候我整天加班加点,充实它的内容,设计和布局板块。这个网站是我参与最多的一次,但藏文很敏感,错一个字它意思就变了,有可能我的饭碗都丢了。所以就是我先读,领导再读,然后又审核。审核的话是放在张国华副总编辑那里,最终页面都是他在审核。然后网站的雏形慢慢就建立起来了,我们每天轮换着去更新它的内容,八大栏目都有上传。现在我们主要以网站为主,现在"香格里拉藏文网"还可以,越来越多的人知道它了。

迪庆日报的藏文微信公众号"迪庆藏文传媒"是我们另一个新媒体平台。刚开始是以图片格式做的,很费流量,如果图片体积(容量)大的话,有时前面和后面的内容显示了,但中间却不显示。然后我就提了个意见,由于现在苹果系统自动支持藏文了,安卓 4.0 之后藏文也支持了,那我们直接就做文字的。后面领导同意了,我们就做文字的,现在很方便,安卓系统兼容,显示得非常好。微信公众账号只有每周六不发,其他时间全部都会发。尤其是"两会"、赛马节以及春节期间,这些时间段都是两三条一起发。内容一般都是以本地新闻为主,因为这里的人对健康、科普等内容欠缺一点,所以星期天就编辑和推送这方面的内容。当然,国内一些著名杂志里的好文章,也会被我摘过来翻译和传播,哪怕只有几个人看懂也不错啊。

手机报是 2017 年开通的,它那个页面的形式也是我做的。我做了好几个模板,然后现在主要是 3 个内容,其实也可以加,但是我们由于人手不足就没有再增加了。第一个(内容)是翻译部分中央新闻;第二个是图片新闻,如果全是文字的话,也不够美观;第三个是综合内容,比如科普、健康、娱乐时尚、城市等。

后面开通的是"香格里拉"App,它把藏文和汉文放在一起,有新闻、文化、生态、饮食等好几个栏目，也可以与受众互动。这个没有微信公众号的用户多，后者更方便，分享关注就可以了。这个 App 也是我们在运营，新闻出来后就先放这些媒体里面，然后报纸是一周才做一次，星期四以后才做，新媒体主要就是说到的这几个了。

以前我就喜欢读诗集，新闻这方面就是我的爱好，后来也是一种缘分吧，就考到这里工作，也就安家了。既然接触了这个，就要负责、认认真真地做，不负责任是不行的。虽然这份工作有时候很累，有的时候眼睛是真的受不了，但也不能一直讲条件，要全部心思放在这个上面。这个工作，我很喜欢！

（访谈时间：2018 年 1 月 17 日下午；访谈人：王东林、唐优悠；整理人：王东林）

## （六）普自林访谈记录

访谈对象：普自林，《迪庆日报》副总编辑。

在迪庆州，藏文报面向的读者主要是 3 类人群，藏语学校的师生、寺院里的僧侣和乡镇机构。汉文版的发行量大约 17000 份，藏文报每期发行接近 5000 份，但 5000 份里面，我估计没有多少人真正在看。这很让人恼火，我们也曾经留意过，派人去查看过，发现放在寺院里的报架上沾了厚厚的一层灰，就说明没有人翻阅过。藏文报发行数量少主要是因为迪庆州的藏民藏语文字基础比较薄弱，能看懂藏文字的人很少。在藏语中学，藏语是一门单独的学科，其他学科的教学则都是用汉语进行教学；在寺院里，由于经文都是藏文，所以僧侣入寺的时候都要学习藏文，在全州懂藏文的总人数中，僧侣要占近一半。

藏文报传播范围有限、影响力有限，并且受众身份比较特殊，技术手段、传播手段、内容生产都存在问题。内容上，藏文报只是汉文报的搬运工，只是翻译汉文报的内容，自己原创的东西很少。从新媒体方面来说，藏文微信公众号信息内容有限，400 字左右的文字加上两张图片是目前的基本模式，比较呆板，很难吸引读者，其实可以插小视频或者加入歌曲什么的，做得活泼多样一些大家才爱看。

但是藏文报的存在还是有一定必要性的。一方面，根据党和国家对涉藏地区工作的总要求，对内要做好宣传，对内自然就是指对藏族群众，这种宣传就离不开民文报刊，也正是因为对内宣传关乎国家利益、国家安全，因此在没有广告收入的情况下，政府拨款支持藏文报纸的发展。另一方面，藏文报的存在也是对藏族文化的一种保护，我们不能让所有的东西都汉化的嘛，藏文报的存在也鼓励督促了一些人学习藏文、关注藏文。另外从收藏的角度来说，纸质的报纸能够长久地保存下来，随时可以拿出来翻看。

对于藏文报来说，想要长远发展，首先扩大读者群是必须的，报纸就是做给读者看的，没有读者的媒体就是在自娱自乐。但是对藏文报来说，扩大读者群与加强藏文教育有很大关系，毕竟对一般人来说读藏文报最大的困难就是文字关过不去。咱们州里现在有了藏文小学、藏文中学，但是培养出来的学生和青海、西藏那边从小就说藏话、写藏文的学生还是没法比，只能说会基本的读写，但看报纸应该很困难，这就使得咱们州整体藏语基础很薄弱，藏语媒体的发展也自然而然就受限制了。另外，改变传播方式也是很关键的，我们是党报，宣传党的方针政策是必须要做的，但是宣传什么、怎么宣传，怎样才能让老百姓感兴趣、听得进去，这是需要思考的。再就是我刚才说的内容生产方面，尤其是对新媒体来说，现在新潮的词汇很多，好玩的信息也很多，读者面对这么多选择，凭什么要看你的（信息）。所以就是要在内容上下功夫，多一些原创的东西，多一些读者喜欢看的东西。

报纸，特别是纸媒，今后的发展趋势是精英化的，有纸质文字阅读习惯的人是越来越高端化的，也就是这部分人的身份定位相对来说比较高，它不是大众化的，新媒体才是大众化的，所以基于这样的受众群体制作（纸媒内容），就必须精英化制作。一个是必须要订阅，还有一个是要追求内容的深度，要有别于新媒体，网上的这些东西是快餐式的快速阅读。作为报纸，它以后的发展方向是深度阅读，深度阅读最重要的一点就是"深"，在报道的力度、深度上面下功夫，也就是很多东西要有思考、有见解，要有挖掘的能力，展现出整个事件的全局，而不是单纯的新闻事件的回放。"精""深"是以后报纸发展要走的道路，不然的话就很难吸引别人，因为假如事件发生了，我们的新媒体可能就在30分钟、1个小时之内就能发布出消息，但这只是事件的简单回放，也就是客观地描述出来就可以，追求的是"快"。从时效性上来说，纸质媒体与其相比，可以说是所有这些媒体中最差的，这是它的短板，但是它也有它的优势，那就是它可以挖掘新闻背后的新闻，展现事件的全貌，甚至还能提出一些解决问题的策略。

作为比较大的媒体，可以加强分工，从专业角度出发，安排专门的摄影记者、摄像记者，在第一时间把视频消息在新媒体上发布，文字记者负责做深度。新媒体平台上发布的消息会引来很多评论，可以利用大数据技术对这些评论做分析，知道受众关注的焦点在哪里以后，再做进一步的深度采访和报道。地方性的媒体往往不具备这样的人力优势，这就对记者本身提出了更加全面性的要求，记者既要会摄影摄像，也要有扎实的文字功底和全面的知识储备。新闻事件发生后，需要记者先用常规的方式在新媒体平台上进行信息发布，接下来在没有大数据支持的情况下，记者必须根据个人的基本判断对事件进行分析，在这种时候，如果记者综合素质相对不足，深度报道就支撑不住。实际上，今后新旧媒体的发展不是割裂的，而是整体相互联动、相互依托、相互利用、相互促进的，很多人说今后纸媒会消逝，但我感觉至少在短时间内，也就是在三五十年内，它是不会消逝的，毕竟还是有一部分人喜欢纸质阅读这种方式的，甚至是有这样的习惯。电子阅读是一种新的趋势，但毕竟是快餐式的、大众化的，纸媒是小众化的，但这一部分小众的社会影响力却是非常大的，甚至可以说他们是社会的精英，或者说学者、商界精英等，这些人的影响力要远比普通网民、微民大得多。

我还有一个想法，今后传媒的发展趋向既是新闻生产平台，又是社会发展的服务平台，媒体的发展必须要融入社会的发展中去，比如提供党务政务方面的服务、外宣服务、电商服务、民生服务、舆情监控服务等，包括纸媒在内，它既提供一种思考，也为决策者提供相对全面的信息参考服务。媒体应逐步实现从信息发布者向服务者的角色转变，不再只是党的传声筒，而是直接地参与到社会服务当中，体现出媒体自身的价值。

藏文报的发展也应该基于这种理念，但是它服务的范围相对更细，服务的对象是特定的，其政治意义要大于服务意义。因为它涉及的很多问题关乎国家利益，人心齐不齐、能不能凝聚起来关乎国家安全。目前藏文报的发展面临很多问题，其中最大的问题就是它只是汉文报内容的搬运工，是一种复制品，没有按照媒体的自身特点和传播规律来办事，导致影响力就不是那么大。就我的想法而言，我所说的传播规律就是新媒体注重"快""奇""新"，而传统媒体注重深度，因此在内容选择和制作上就有各自不同的特点。比如在火灾这种突发事件出现以后，新媒体在第一时间发布伤亡人数、财产损失、起火的直接原因、目前善后工作的进展等信息，而纸媒挖掘的是直接原因背后的深层原因，有见解、有分析。

研究谈不上，这只能说是根据这么多年我的从业经验和近几年媒体的发展趋势进行的一点儿思考，我认为提出理念就要去行动。但是在迪庆，我们一穷二白，建这个服务平台需要资金，资金从哪里来，我们就只能通过项目去获得，目前我做的是"大香格里拉网"的规划。"大香格里拉网"不仅仅是迪庆的一个服务平台，更是云南乃至整个大香格里拉区域的服务平台，但这种服务并不是说事无巨细的，有些服务只能限于迪庆州内，比如说生活费用的缴纳，农民退耕还林的补贴查询，城市居民可以查询低保到账的时间，退休金到账的时间、金额等等。对整个大香格里拉来说，要做（服务平台）就做这样几点。一个是大香格里拉是我国多种文化、多种民族聚居的一个地区，有藏族、彝族、白族等，在这里有世界三大宗教，同时这个地区也是我国资源非常丰富的一个地区，所以向世界展示大香格里拉区域的多元民族文化、资源需要建立一个多语种的媒体平台，包括汉语、藏语、英语，甚至一些小语种，起到一种对外宣传的作用。另外一个就是关于提供党务政务方面的服务，我有这样一个构想，就是把全州的政务网站整合起来，因为很多单位有政务公开的要求，但是没有人力，所以要做就得整合力量，我们就可以把党务政务公开的网站做起来。服务平台还应该多层次地为我们的各种经济产业提供服务，包括设置招商引资的平台，也包括通过在网站上的信息发布帮助旅游产业、生物产业的发展，甚至我们的土特产品业可以实现价格的公开透明。现在游客关于同种商品的价格差异提出的投诉很多，我们的网站可以给出一个基本的价格（供游客参考）。除此之外，还可以提供缴费、查询等多种便民服务。最后一个就是建立舆情监测的平台。这四大平台是以网站为主，辅之以"三微一端"的力量。比如说刚才说的旅游业，游客来之前可以自己上网站浏览（信息），到了这里以后我们可以把具体的服务信息推送给他，他能通过网络直接下单，我们也可以通过直接融入（用户生活）的方式让这种服务落地。

这些想法在实际操作中需要一步一步地来，首先项目是基础，另外我们需要用新的理念去开展日常的工作。我们报社现在仅有 50 多个人，但已经有 10 多个媒体平台，平均下来 3 个人就要做一个媒体平台，这要怎么做？一方面要借助政府的力量。因为我们平台很多内容是为政府服务的，比如州长热线、信箱啊，公布州委州政府的官方微信公众号、微博啊，官方信息发布等。另一方面通过产业化手段获得支持，比如开发旅游 App 让游客下单，我们向实体商铺收取一定的中介费用。人员上的不足是我们目前最大的问题，我们可以通过这两种方式在我们有限的编制人员基础上来扩充我们的队伍。

人员的素质如何提升呢？感觉现在的毕业生实际操作能力不是很强，成熟的时间越来越长，所以现在报社这边也很注重人员的培训工作，我们请州委州政府出面，利用上海与昆明的帮扶关系，建立与上海报业集团、昆明信息港等媒体的对口帮扶，我们能够长期地过去进行学习，他们也能就一些重大活动下来给我们进行实际指导，这样的工作需要不断地持续下去，这对我们团队素质的建设、实际业务水平的提高都有很大帮助。这也提醒我们，提升自身时必须眼光向外，闭门自己锻炼需要的时间太长，很多东西我们都是门外汉，需要不断学习，虽然外面的有些东西也处在探索阶段，但毕竟他们比我们先走了一步，更有经验。

深化改革也是必须要做的一项工作，阻碍我们传媒融合性发展的体制机制必须要打破，特别是对内而言，传播的方式手段、内容、人员奖惩措施、创新机制都需要逐步建立起来。

（访谈时间：2016年7月15日；访谈人：陈馨馨；整理人：王东林）

（七）万玛措访谈记录

访谈对象：万玛措，《迪庆藏文报》藏编部编辑。工作时间：2014年至今。

我是西南民族大学毕业的研究生，2013年毕业以后在报社实习了一年，2014年11月左右正式考进这里来。我学的就是藏文方面的藏传佛教方向，专业是宗教学。我从小就开始学藏语，我们青海那边藏文抓得比较严，从小学开始就全都是藏文授课，汉文倒是小学三年级才开始学，像数理化那些全都是用藏文学的，高考也是用藏文答题。在青海，像在海南州那边的学生，藏文和汉文的水平就差不多，但我家属于华南州，藏文水平比汉文水平高。

因为我学的是藏文专业，就想做和专业有关的工作，毕业以后先是考上拉萨电视台，但是我男朋友是这边的人，我也就过来这边考试了。刚来实习的时候是以翻译为主，新闻翻译。学校里面上过翻译课，因为从小就接触藏文，翻译起来好像没有什么太大问题。但是写新闻那些，因为不是自己的专业，开始的时候不知道该怎么做，后面就自己慢慢自学，也向别人请教。

单位这边也有组织过专门的业务培训，他们来的时间长的好像参加过，我才来了两三年，还没有参加过。上次有一个机会让我去（培训），但我现在怀孕了就没有去。工作量挺大的，以前人多一点的时候还好，现在人少，每天都要排版，网上也要挂稿。

我刚来的时候这边就只有报纸和网站，就做翻译和写一些自采稿，加上做排版、在网上挂稿子，就这四样工作。四版是副刊，叫《彩阳东珠》，内容是民族文化、卫生与健康、娱乐、卡瓦卡布（音）四个主题每期更替。卡瓦卡布（即卡瓦格博）是我们这里一座神山的名字，那一期就是文学作品；民族文化那一期就是关于本地的文化；本地文化这一部分内容的材料有时候是自己采写，有时候是约人写，但是现在一般约不到人。我就是跟自己的同学朋友要一些，或者从其他藏文网站上找一些适合放在党报上的内容。有时候也把以前藏文报还是内部刊物的时候发过的文章找来重新整理，但这部分用的材料不多。

采写我一般就只做民风民俗方面。像松茸上市情况啊，谁家怎样致富啊，这些生活方面的内容，去采访这些一般不会被老百姓拒绝，我也喜欢做这样的。不过这样的自采稿不太在报纸上做了，微信还在做，只是比较短。我们还有娱乐版，一般也是和涉藏地区有关的，像有关藏族歌星的报道啊、当地的锅庄啊都可以放进去。报纸以前是每周都送的，但是现在人少有时候也送不及时，派送的话是我们每个人负责几个单位的。

我们也有网站，我来的时候网站刚开通了几个月，很多内容还需要补充。那时候报社人多，我们翻译的稿件也特别多，主要翻译本地新闻，国际新闻是从其他网站上找。总共有 8 个栏目，每天都要更新。但是现在稿件数量比以前少一些。少了本地新闻，因为可以从其他网站转载，比如青海那边的新闻就是从青海湖新闻网转，5 省区都有，人民网就转一些比较综合性的，还有新华网，但是一般小的网站的稿子我们不敢采，因为大网站的消息比较权威，尤其是政治方面的，小的网站不太可靠，不敢随便用。另外，我们的网站点击量还是多的，有时候新华网、西藏新闻网等比较有影响力的藏文网站也会转载我们的稿子。相比来说，网站本地新闻点击量不多，一般在 500、600 左右；自己采写的稿件点击量挺多的，以前报社做过一个读书日专版，张国华副总编辑要求每人写一篇稿子，我写了个散文，点击量特别高，6 万多。

从排版来说，栏目的位置是设计网站的时候就安排好的，平时我们往里面填充内容就可以了。排版是每个人都要做的，我负责第三版。这版的内容每期都不一样，旅游、生态……一共四个主题，每个星期轮着来。以前我也负责香格里拉藏文网，后来人手不够就交给实习生在做。手机微信公众号也是我在做，微信公众号的推送每天都要发一次，星期天都要发。不过，每天发的时间不固定，当天发出去就行，因为自己编了以后要拿给领导审，审完以后才能发。公众号上的新闻一般图片多一点，文字也挺多，比起其他（公众号）有特别长的那种文章。刚开始翻译一篇文章很慢，很多词自己把握不好，需要随时查字典，现在慢慢熟悉了，就快多了。如果大部分都是常用的词，新词汇少一些的话就会快一点。但最近政府的那些新词汇要多一些，花费的时间要多一些。翻译时碰到这些新词语，自己拿不准的那些一般就参考人民网的藏文版，或者请教领导，老师们经验丰富一点，就会给我们讲，有时候也会和身边懂藏文的朋友交流下，他们有些也在新闻行业工作。

微信公众号的标题，藏文跟汉文不太一样，汉文的可以放好多个字，藏文的就有限制。比如标题限制64个字以内，但是像"项呃"（音）就是省委的意思，汉文是两个字，但藏文算的时候，是把字根拆开来一个一个算，一个字可能会变成三四个字；再比如"我在吃饭"，汉文是四个字，但藏文拆出来就是十几个字，翻译的时候就要想办法压缩，这是最痛苦的。

微信公众号的素材主要来自本地新闻，比如这几天省委书记来迪庆调研，我们就根据纸质报上面的报道抓几个重点来发，但图片要比报纸上的多一些。其他大部分内容是咱们这边的民风民俗，也是自己写的。不过，微信上面用的体裁报纸上用不了，排版的方式和新闻的写法也是不一样的，报纸上面的内容照搬到微信上也不行，所以每天都要写一篇稿子。

现在，微信公众号点击量最好的是一千多了，民风民俗方面的点击量会多一点。点击量最多的那一篇好像是关于松赞林寺的，具体是什么记不清了，还有一个是关于赛马节的读的也挺多的，那次一发出去，一天的点击量就一千多。手机微信和网站不一样，网站是点一次记一次，我一个人点十次，上面的点击量就显示十次，但是微信是一个手机号就只记一次。点击量最少的是本地新闻，因为关注藏文公众号的人大多数都是藏族，有时候如果写了个其他民族的，比如傈僳族发生了什么事，人家也就不感兴趣，但最少的点击量也有一百次以上。这个数量跟迪庆日报汉文报公众号比起来还是差得远的，他们差不多在一两万左右，好的时候有六万多。

微信公众号可以看到订阅用户的数量。咱们这个微信公众号现在有700多个人关注，不算多，毕竟本地懂藏文的人太少了。而且我们在编辑内容的时候，如果像汉文那样直接把藏文复制在文字框里，苹果那种自带藏文输入法的手机能看得到，但是其他没有单独安装藏文输入法的手机就不会显示。人民网、西藏新闻网就是直接复制文字，只有手机有藏文输入法的用户才能看见，像我们的话就用图片格式，什么手机都可以看到。但标题没办法做成图片格式，没有藏文输入法的手机还是会显示乱码。

我们也有手机报，手机报是一个星期发两次，分别在星期二和星期四。发三块栏目，分别是本地新闻、图片新闻和综合性板块，包括民族文化、生活常识方面的都可以。手机报是和中国移动合作免费发给用户的，说是发给一些懂藏文的人，好像以后打算做成三网的，到时候移动、联通、电信用户都可以发。

这里可以说一下藏文报和汉文报的区别与关系。内容上（纸质报），一版上的主要新闻基本就是翻译的汉文报，但是其他的就不太一样；二版是本地新闻和国际新闻，因为藏文要比汉文占的篇幅大，所以很多内容只能简写、压缩；三版是涉藏地区的短新闻加上某一个主题的内容，每期轮换，包括生态、旅游、综合；刚才说过的四版和汉文报一点关系也没有。从排版来说，汉文报用的软件好像是飞腾，我们用的是一个国外的软件（Adobe indesign），据说我们用的这款软件是整个涉藏地区最先进的，因为其他藏文报在按下一行的时候，上一行是用好多没有意义的点来补齐对齐的，但是我们报纸就没有这个问题。

内容上，如果是跟《人民日报》那样的媒体相比，人家光工作人员就有三四百个，我们肯定是没法比，但是版面和排版的质量上，我觉得我们报纸是整个涉藏地区里做得最好的，特别整齐，很规范、很舒服。从稿件质量上来说，翻译方面有做得比我们好的，也有比我们差的，比如在翻译"迪庆州某某办公室"这句话的时候，"州""办公室"在传统藏语里有他自己的名词，但很多报纸现在都不用，直接音译汉文的"州""办公室"，失去了藏文本身的色彩。可能这也是因为我们社里的主管领导对我们的要求比较严格，纸质版的报纸要求我们必须按照藏语的传统去翻译稿子，而且不能一字一句照翻，要像写作一样去加工；而网站上的稿子又要求我们必须用网络语言去进行翻译，微信公众号上又要用大众都能接受的、吸引人的方式去翻译。这样一来，同一篇稿子，放在不同地方的时候都要重新翻译修改。以前审稿时发现错别字还要罚款，出现三个以上错别字的话，年底评优就没有份儿了，每星期都要开会说自己在工作上存在什么不足、为什么会有这样的不足、今后怎么解决，还要互相提意见。

不过藏文报很有意义，尤其是在传承本民族文化方面起到了一定的作用，就我自己来说，能从事与自己民族文化相关的工作的话，做起来贡献谈不上，但是也觉得自己为自己的民族尽了一份力。如果没有这样的工作，大家可能就会把藏文丢掉了，藏文化也就慢慢地消失了。

迪庆是藏族自治州，应该要有自己民族文字的东西，而且在宣传民族政策等方面也有特殊的作用。像我家那边，牧区的人都看不懂汉文，只懂藏文，七八十岁的老人也能看懂藏文字，像宣传党的政策如果用汉文报或者汉语广播电视来发根本起不到什么作用，用自己的民文解释那些政策的话，就比较容易接受，宣传效果肯定是要好一点。但是怎么说呢，咱们地区开放程度要高一些吧，跟其他涉藏地区相比，学藏文的要少一些，我们的报纸发到寺院和藏文学校里，（那些人）应该能看得懂；但像当地农民（群体），即使发了也可能看不懂，这样一来藏文报起到的宣传作用就要差一些。所以现在我们就办那些新媒体，微信、网站就可以面向全国甚至全球的读者，对外可以宣传我们这边的发展情况、文化等，我觉得（跟纸质报相比）这样做更有意义吧。做媒体工作其实挺辛苦的，如果人多我们还可以做得更大更好，但是人少的话很多时候就只能应付。如果有精力的话，咱们这边有那么多特殊的题材，锅庄啊、各个村子婚丧嫁娶习俗啊、赛马节啊，反正就是别的地方没有的迪庆本地特色，可以派两三个人出去拍视频什么的放在公众号、网站上。楼上还有演播室，也可以培养一个藏族的主持人，用本地的藏方言主持，既能显示地域特色，观众又好接受，但是现在人手不够，所以这些都没法实现。

以上提到的题材，都做过文字，没有做过视频。但是像我们自己也是这样，一大段文字的话会懒得去读完，视频、图片就比较直观一些。但采写这样的内容至少也要做个五六天，现在我们部门就这几个人，如果（一部分内容）做五六天的话，那其他工作就都要停下来了。主要还是人少，如果人够用，还可以给招进来的新实习生做新闻采写、播音的培训，那样可能我们部门员工的整体素质都会提高。迪庆汉文报那边，德钦和维西都有记者站，香格里拉县有三四个记者站，迪庆州还有一个，网络部做微信、手机报、网站的有七个人，这样算来，我们报社有五十七个人，加上实习生什么的就有六十多个人了，除了我们四个（斯那取顶、万玛措、七林卓玛、才让东周），其他人基本都是为汉文报服务。我们的报纸虽然一个星期才出一期，但是所有的稿子都要自己翻译，再加上有时候需要做专题，比如说做生态版的时候，找不到和生态相关的稿子，还要自己出去采写，不像汉文报有专门的记者提供稿子。

藏文报未来发展的前景要看国家政策，像现在藏文专业对口的工作有是有，但是很少，很多学生毕业了找工作根本就用不到藏文。如果像法院、检察院这样的单位能多招一些双语人才，学的人自然就多了；如果单位不招的话，学藏文的人肯定就少了，懂藏文的人也会越来越少，那样就更没有人来看我们的报纸了。

（访谈时间：2016年7月15日；访谈人：陈馨馨；整理人：王东林）

## 二、广 播

### （一）汪莉群访谈记录

访谈对象：汪莉群，迪庆广播电视台藏语《新闻联播》播音员。工作时间：1995年至今。

汪莉群，女，新中国成立后迪庆第一位藏语播音员，迪庆第一位广播电视藏汉译制工作者。目前在迪庆广播电视台负责藏语《新闻联播》的播音工作。1995年，汪莉群本科毕业后经国家分配进入迪庆广播电台，主要负责藏语广播节目的筹备工作。当时设备和技术都还比较简陋，她这样向我们描述当时的工作环境：

> 以前有广播电视局，但是没有广播电视台，只有个广播站，主要就是放放音乐什么的，那时候山后有一个中波台发射站，转播中央台和云南台的节目。以前（跟我们）是一个单位，他们现在属于省台的，我那时候就要骑着自行车去山背后的发射站值班。刚进台的时候不做节目嘛，（不仅）藏语节目没有，汉语节目也没有，（这些节目）是我进单位以后才做起来的。当时我大学学的也是藏语言文学专业，进单位一窍不通的，广播节目也根本就不知道怎么去做。1996年我们整个单位就去了省广播台培训，但是藏语就我一个人，学习了一个月，我就慢慢知道广播节目怎么做了。我们这里的民语广播做得比较晚了，其他州都开始了好多年了，我们是1997、1998年才开始做节目的。

1998年，整个迪庆广播电台也就只有10个人，这也是汪莉群刚进电台工作的第三年，此时第一档藏语节目开始播出了，"藏语节目是因为迪庆藏族自治州要求做，当时国家对少数民族要求必须要办。"汪莉群是唯一的藏语工作人员，她负责节目的翻译和播音，"我每天就翻译5分钟新闻然后自己播出，那时候工作很艰苦，采编播制作都是我一个人来完成，那时候不像现在这样用的电脑（剪辑），我们都是用胶卷，一大盘一大盘的，录制的时候用的是录音机里面的小磁带，挺麻烦的，开播的时候我们就开始学习做节目了。反正播音工作刚开始都是摸索着来的。因为节目播出那些都是用手动的，所以每天都要轮着来值班，不管是下大雨下大雪，都是要来的。我们这边都是偏远地区，当时的设备啊，条件啊都是比较差的。1998年第一期'西新'工程，国家和中央都比较重视，给了我们很大投资，给了很多译制费，更新了很多设备。我的节目也从每天5分钟，到后来慢慢地就变成了10分钟，后来我们从巴塘调来了一个人，就是我们现在的副台长扎西邓珠老师，他调过来以后我们两个人就做半个小时（新闻）节目了。"

除了半个小时的新闻节目，还有一个《歌声传奇》和《藏语课堂》，后者主要就是普及藏语知识，还有采集迪庆民间文化的《雪域金桥》。汪莉群说："这里是少数民族聚居地，懂藏文的很少，我们讲书本里的藏语，很多人都听不懂，因为普及藏文情况很差，所以我们就做了一个讲本地话的节目，这些节目具体时间已经记不太清楚了，只能确定是在2006年以前。"

2006年以后，"西新"工程二期开始了，迪庆电视台藏语频道成立，汪莉群被调到电视台，扎西邓珠依然留在电台。电视台也从西南民族大学招了3个藏语专业的应届毕业生，加上汪莉群共4人，那时候每天播放2个小时的自制藏语节目。"除了翻译新闻播出以外，还有专题节目：五彩迪庆，歌声传奇，还有个节目我忘了，反正4个节目，我们4个既要编辑又要翻译还要去采访，说是两个小时嘛，但是专题（节目）的话我们就一个月（每个做）一期，当时4个人（每天）做两个小时也是有水分的，时间能够保证，但是主要就是（依靠）重播，歌声传情和五彩迪庆还有专题节目就是一个星期天天重播同一期（节目），下个星期重播下一期，但是新闻不重播，我们只有4个人，做这么多节目还是很辛苦的，但是我还是咬着牙齿做下来了。"

汪莉群在谈话中告诉我们，2006年从西南民族大学招来的三个人里，其中有两个人很早就因为身体原因或家庭原因离开了迪庆台，"两个相当难得的人才，几乎不用带他们。"对于他们的离开，汪莉群有点惋惜。

"藏语言的拉萨方言、青海方言和康巴方言跟云南迪庆方言的发音还是差别很大，迪庆当地听众和观众接受的时候就吃力一点嘛，迪庆的藏语言的普及率有点低的，我们很辛苦地把节目做好了，但并不是每个人都能百分之百看得懂。"对于方言之间的差异，会让播音员在发音时引发一些误会。"但是现在慢慢地好起来了,在'西新'工程开始以后,就是这两年,国家对少数民族语言都特别重视,学藏语的特别多,这里有民族小学藏语班,像偏远一些的小学都有在上藏文课,中专也有藏文专业,高中还有藏文中学,很多现在新来的参加工作的,都是藏文中学毕业以后考到了外面的学校,像西南民大、西藏大学、青海大学的藏文专业毕业后回来的,他们的水平也越来越好了,(受众)现在听得懂(藏文)的也越来越多了。"

"我们节目现在也有方言节目,(使用的语言)接近我们本地的方言了,就像大理白族那样,少数民族(语言)就是照顾本地人,节目就是藏语节目,采访也就是本地的藏语,现在我们节目挺受欢迎的,当时(每天)5分钟,现在(每天)2个小时。"

汪莉群说她们之前专题节目采访那些老百姓还是很多的,但因为广播电视台迁址后,因为节目素材都是大磁带,搬迁很费劲,也没有保存下来。她们采访的对象包括当地老百姓,主要关注他们如何发家致富或学习一些新的生存技能,还采访了一些当地的领导、商人,然后就是对于民间艺人的采访,这些作品曾获得过国家级或者省级的一、二等奖。

汪莉群给我们分享了一个她采访民间艺人的事例:"我们这里有个叫阿姆奶奶的民间艺人,现在也有70多岁了,像我们70多岁了应该就在家里颐养天年了,但是她没有,她现在就是在藏民家坊里面打工,就是晚上去那里唱歌。在她50多岁的时候就在酒店里打工,给人唱歌。她为什么要打工呢?她有两个儿子,一个儿子在维西县架电视线的时候出了意外去世了,她小儿子也(在)电力公司。她年轻的时候离婚了,从那时起她就去打工养活自己。现在她自己也比较享受这个过程,她说不去唱歌就难受,她在我们这里比较有名,享受了国家和民间方面的津贴(捐助),除了我们做了很多关于她的节目,还有其他人采访她,她就是很积极,老有所为、老有所养的老人了,不因为受了挫折和打击就一蹶不振,她还是靠自己的能力。而且她经常参加很多的比赛啊,一点都不老,很年轻的。"

现在汪莉群主要的工作就是负责中央新闻、国际国内新闻的藏语播音,节目时长有30分钟,这些新闻都不用翻译,都是从康巴卫视传过来的现成的,并且播音稿子也有。这项工作,汪莉群已经做了四五年的时间。

作为刚建台就进入岗位的老员工,她有很多感慨:"我在这里工作了23年,民语广播这份工作对于我的人生非常有意义。解放以后,我应该就是迪庆藏族自治州的第一个藏语播音员，也是第一个藏语译制者。然后当时单位派我到西藏去培训，到很多地方参加全国性会议，有我们五省涉藏地区的会议，有北京的会议，我在整个涉藏地区转了一圈又一圈，因为单位里就我一个人，很多会议都是让我去，接触了很多比较优秀的藏族广播电视方面的学者和专家，可以说人生还是比较精彩、值得和有意义的。因为自己毕竟是第一代的藏语老播音员，没有功劳也有苦劳，当时很多节目就是在我们几个人的手里慢慢办起来的。"

（访谈时间：2018年1月12日下午；访谈人：王东林、唐优悠；整理人：王东林、唐优悠）

（二）杨秋霞访谈记录

访谈对象：杨秋霞，迪庆广播电视台副台长。工作时间：1997年至今。

杨秋霞，1970年末出生，1997年进入迪庆人民广播电台工作，是迪庆人民广播电台的第一代播音员。2001年调入迪庆电视台继续从事采编播工作，2003年担任访谈类节目《大家谈》制片人。2005年进入中国传媒大学播音主持艺术学院脱产进修两年，2007年回迪庆电视台继续工作。目前为迪庆广播电视台副台长，主管宣传工作，同时兼任迪庆广播电视台支部书记。

1997年，杨秋霞进入电台工作。同年，迪庆人民广播电台正式开始播音。当时电台自办了新闻节目，并面向学校、军营和老年听众开设了一些专栏。当时工作人员年龄主要集中在20岁左右，是以年轻人办台为主。

"我对于广播也没有什么经验，可以说只是在昆明听过云南广播台的一点点节目，来工作时正值电台开播，我们就模仿着（云南台）做。当时的工作就是采编播一体，我又要当技术人员，又要去剪辑，还要当记者去采访。当时我们人很少，播出的任务我们都要负责。"当时的广播节目几乎都是录播，杨秋霞需要自己准备好稿件，自己录完以后自己剪辑。

有些大城市在20世纪90年代末期，广播的听众来信和热线点歌等节目就已经非常流行了，但迪庆的这类型的节目还没有开始。2000年，杨秋霞和同事们开始尝试做直播。"我们加入了一些互动式的节目，包括《温馨点歌台》，还有游戏类的节目叫《正午快车》。因为从录播走进直播，增添了很多临场的变化，这对于我本人来讲锻炼很大。"

直播节目是通过热线电话来实时交流的,所以会碰到意料不到的突发情况。杨秋霞曾采访过一位名叫亚东的藏语歌手,这位歌手原本计划要在某个活动日来迪庆演出,但是因为没有档期,因此活动的组委会也就没有对其发出邀请。"到了第二年,他就因为一个什么节日过来了,我们台就抓住这个机会请他来做节目,把他请进直播间了。他当时通过《向往神鹰》《卓玛》等歌曲,在我们这里知名度已经非常的高,用现在的话来说,他有很多的粉丝的追捧。所以我们当时做节目的时候,就有很多的热线电话打进来了,一开始很顺利的,听众电话说的都是我们好喜欢你啊。但是在节目的中后半段就有个听众打进来了,第一二句说得非常好的,但是后来他突然就说你去年为什么不来我们这里,他的言辞也比较激动,有一点责骂的意思。我以前也没有碰到过这种情况,我就非常紧张,不知道怎么应对,好在我们有一个延迟八秒的设备,他那个言辞一出来,我就果断地把直播给切掉了,切断(直播)以后我(在电话里)就说信号不是很好,你是不是电话没有拿好等,这样的就把它给转换过去的。"

在经历了这个事情后,杨秋霞也有了一些感慨:"我们在做直播的过程当中,一直以来都严格把持好舆论导向。当时我们也年轻,还是尝试着做了一些民生热点问题,比如说电价调整。我大概做广播有个三四年的时间,而且自己一工作就面对一个全新的事业,这对人的锻炼是很大的。"

2001年时,杨秋霞被调到电视台工作。2001年以前的电视台发展,杨秋霞也给我们做了一个简单的介绍:"我们听说他们(电视台)20世纪90年代初的时候就开始做自办节目了。1997年以后就开始规范,新闻节目形成一个新闻组。"但内容仍然还是很不充实,主要体现在两个方面,一方面是因为并非每天都播放新一期新闻,新闻通常是固定在周一、周三、周五制作并播出,周二、周四、周六分别把前一天的汉语新闻翻译成藏语新闻再播出来。周日的时候会做一个"一周见闻",把一整个星期的新闻做成一个摘要。另一方面,在新闻节目方面,播音员只需配当期新闻的音,并不需要主持人出镜播音的画面。"但我们进入电视台以后就规范了,每天必须有播音员坐在那里(播音),那个时候整个迪庆新闻就完整了,有片头、有主持、有字幕、有结尾等。"

2001年,杨秋霞刚进入电视台就是做新闻的播音,后来还担任了记者。当时台里还规定了任务,包括一个季度播音要播出的期数以及出去采访的次数。

2003年,迪庆电视台里就有了一些电视的自办栏目。杨秋霞办了一个电视访谈节目,就是由她自己当制片人。"当时中央电视台有个叫《实话实说》的节目，在 2003 年我就办了我们这里第一个访谈的节目《大家谈》，我们把一些新闻的话题列出来，请几个嘉宾坐在这里聊，我们第一期节目就是讨论了一个关于'大树进城'的话题。我们当时有一条街，它以前的绿化都是靠摘种一些高山上很小的植物来完成的。那年市政府就把山上很大的已经成活的树给移过来，这个事儿在迪庆的绿化史上是没有的。所以那次我们做的第一期节目就请了很多人，包括植物学方面的专家、政府的领导、施工方等等的这种，然后还有用短片插播的形式播放了对一些老百姓的街访。"当时发生在迪庆州的几件大事，比如申报三江并流、2003 年"非典"等也进入了《大家谈》的节目话题。

"其实从广播来到电视节目，以及充当制片人（这一系列工作）对我本人也是一个很大锻炼。制片人也没什么'特权'，别人开玩笑就是说制片人就是从头管到尾，自己要出去采访，还要自己写稿策划。我不会拍摄，就请台里的同事帮我拍，后期剪辑是我自己做。人家帮忙的时候只有两个机位，这就是我创办的第一个栏目。"

"后来随着电视的发展，也没有这么多人一天坐在那里讲来讲去，慢慢这些栏目也进行了一些改版。我们台保留至今的就是《关注》栏目，当时有一期节目是关于迪庆州很著名的香格里拉组合，他们在 2005 年、2006 年都获得了国家青歌赛的银奖，我们做的那期节目很有影响力。《关注》栏目也是从《大家谈》延伸而来的，我也是担任了制片人。当时做《关注》的时候，我们成立了节目制作中心，我是主任，下面就有《关注》《走进香格里拉》等等一些栏目。电视也继续发展，慢慢就有了新闻节目、社交节目，整个台的运行慢慢地规范了，也有了自己的台标，就发展起来了。"

2005—2006 年，杨秋霞脱产到北京广播学院进修，她在那两年就没怎么做节目。"进修的时候我主要在播音主持艺术学院，也去旁听了电视系的课程，毕竟在少数民族地区的电视台，你不可能是做单一工种的，你说你只会播音，就做播音（这种情况）是不可能的。还要会设计策划及后期剪辑制作这样技术性的活。当时我自己觉得也是挺好笑的，早上的课程练了声以后，就去电视学院蹭课，电视系有编导专业和非编剪辑专业等，它的大课都可以去蹭，下午的时候我就去上我们播音系的专业小课，那个是技术课，晚上广院就是有很多讲座，白岩松来广院办讲座，我也去听了的。"

"因为自己很年轻，也没有什么其他学习和训练的经历，（当时做节目）可以说是摸着石头过河的这样一种状态。摸索了五六年以后，去高层次的学校进修可以是说带着问题去的,所以(学习到的东西)就是跟自己之前知道的一些东西是完全两样的,那两年对于我的职业生涯来说可以说是非常关键的。在我们这里条件比较艰苦,我们招了很多人才,他们也待不住,所以我们只能立足于本土。我当时去了(北京广播学院)以后,很多人也跟我说,你去了就不要再回来了,但是我去那里以后我也看了很多广院的学生毕业以后做"北漂",我也不是说他们不行,但是人各有各的追求,我不太喜欢拼了命在大城市找一个立足之地。当时也有同学把家里的工作辞了,去央视实习,(做)打字幕这些的(工作)等,有些人去跟剧组,去做一些杂活。我觉得这样从底层做起也锻炼人,但是对于我们这种做过节目做过制片人的,通过进修了以后,还是想回到迪庆台里来,因为根还是在这边的。总而言之,在北京学习的那两年,从各个方面来说都是对自己能力素质提升的关键阶段。"

2007年杨秋霞回来时,正逢迪庆州50周年州庆,她也成为第一个在央视的平台上播出节目的本土主持人。"当时央视来了,要在我们州庆期间选一个双语的晚会的外景主持人,本来(主持人)是要从北京那边带过来的,但是他们导演来了第一次以后,我们只是在楼道上擦肩而过,然后他就跟我们这边(负责人)说,让我们台把几个主持人的照片传给他,传过去和以后他们交流了一下,他就选上我了。当时做那个节目,外采了迪庆很多著名的景点,它的设置和制作都是央视的团队做的,当时的州庆节目是面向14个国家(和地区)播出的,我主要的工作就是做外景主持人。"

"2007、2008、2009这三年,我人生的角色转变了,有了家庭、生了孩子。这个过程,我也在思考,这么多年我都是在从事一线的采编播工作,但是人生角色发生变化以后,就没有那么多精力了。我不可能一直在一线,但是这么多年积累的一些东西,可以换一种角色将这些积累的东西发挥作用。最初我就把工作调整到总编室去当主任,然后就对整个台重要的宣传工作做了一些策划方案,把工作交给新进年轻人,带了很多新的播音主持工作人员。这个行业一定要新老接替,地方台主持人不可能像中央台一样一个人播几十年,一个小地方不可能一二十年就看一张面孔,那是绝对接受不了的。所以之后的工作重点就是发掘了一些新的主持人,在传、帮、带方面做出贡献。"

"我的角色转换是比较自然的,我们一些同事在转换过程中很失落,播音主持在2012年以前,它都是一个很有光环的职业,万众瞩目的台前工作。但是突然从光环状态下转到幕后的话,需要自己心理上适应,我转换好的原因是开始有了家庭，并且孩子出生了，那几年慢慢过渡也是可以的。如果我什么都没有，在精力旺盛的时候，那是很难转型的，自己很难放弃这些东西。"

2012年两台合并后，对领导岗位进行了调整，杨秋霞通过竞聘上岗的方式，到了副台长的岗位上，主抓宣传。"其实也不比一线的采编播工作轻松，甚至更全面、更累，现在也是一路上见证了迪庆广播电视的发展，做过广播、做过电视，也做过管理。"

2015年的时候，尽管担任着台领导，杨秋霞还是不想放弃自己的专业，于是她又做了一档文化类的高端访谈节目《香格里拉·迹忆》，这个跟她以前做的访谈节目《大家谈》不一样，它只是针对一个人的访谈，属于文化类名人访谈。这个节目名称中的"迹忆"，指的是每一个领域非常成功的人士，在香格里拉留下的足迹、痕迹这样的意思。"当时一些在这边比较有影响力的文化名人，包括一些学者，明星，还有原来的省委副书记，我们的州的一些老领导，一些舞蹈家、诗人及文化名人就在这个节目里面。因为精力有限，现在也没有坚持做下去，但是当时做这个节目的初衷呢，就是对于我本人接近20年从事这个（行业），（制作）自己的作品集这样的一个想法，融入自己对于整个节目的思考并以自己为主导来做一档节目。"

"做这个节目的时候，迪庆台的发展和以前不一样了，我们那时候已经是全高清数字化，我们已经可以做到如果要去北京上海访谈名人，带着自己的设备就可以直接出发了，整体水平也是非常好的，这个节目我敢肯定在云南整个的水平里面它还是比较高的。"

"做节目的时候，我印象比较深刻的有一个叫《雪仙精灵》，就是我自己访谈的云南艺术学院舞蹈系的系主任，她是从我们这边出去的，所以也是家乡人。访谈她的节目也获得了云南电视评奖类的二等奖，还有访谈著名藏族歌唱家宗庸卓玛的《雪山金凤凰》那一期，得了云南广播电视的一等奖。以前做这些节目可以说是一种摸索，但是后来还是出了一些自己认为是精品的东西。"

2017年是迪庆60周年州庆，杨秋霞依然是唯一一个担任了州庆晚会的本土主持人，"整整过了10年。这10年对于我本人来讲，人生轨迹发生了改变，工作的方向也发生了改变，但是2017年我又担任了州里的好几场大型晚会的主持。2017年我还是在做专业的事，虽然我认为十年前我是舞台上的一员，十年后我还是舞台一员，但是我没有认为这十年我都在做同样的事情，我不是要证明自己的专业多厉害，我总感觉自己始终是代表了自己这一方水土的电视人的水准。尽管我离开电视屏幕很多年，但我觉得在专业的方面丝毫也不能放松，在带新人的过程当中，在观察他们的成长过程中，给他们机会和平台的过程当中，自己也是一种学习，在他们还没有成长起来的时候，我依然还得站在那个舞台上，我跟年轻主持人说，连续两个十年站在大型专业的舞台上，对于一个人来说还是不容易的。"

杨秋霞也跟我们谈到了现在广电台里的年轻一代人，"对于年轻人来说，他们在内心深处体会不到在专业上永不懈怠的精神，因为现在新媒体时代的到来，多了很多短平快传播的东西。他们始终认为要立竿见影，很浮躁，他们没有觉得自己要沉下心来面对自己的专业，我讲的都是内心的真实的想法。"

我们询问了一些她对于媒体和藏文化发展的作用，她说："虽然我本人不懂藏语，但是接触的话还是比较早的，因为最初我到电视台做新闻，就有一档是把第二天的节目翻译出来。但是从受众的角度来讲，这个地方的藏语言是有一定的脱节的。我们的官方语言是康巴语，是一种书面语言，但一般老百姓用的是方言土语，这对于受众面的普及面来说有一定限制，很多人听不懂，你必须是学过藏语的，或者是僧人才能懂。针对这种情况，我们也尝试了开办藏语课堂等，教人学藏语。同时为了扩大受众面，我们也做了一些探索，比如《香格里拉·民间》，我们是用本地方言来做的。对于藏文化的传播，我们藏语频道台还是起了很大的作用。我们也把很多党的精神翻译成藏文的图本，送到寺庙去。我们这些工作对于社会的长治久安也是非常重要的，还有对于藏文化的传承的作用还是很大的。"

在访谈的最后，她也主动跟我们谈到了在新媒体的时代下，迪庆广播电视台的发展规划："我们的广播主要依托微博和蜻蜓 FM（App），电视就是靠微信公众号，微信直播我们今年也尝试了三四十场。我们自己台也有 App 的开通，去年已经弄好了。2018 年台里就在讨论全媒体的融合发展，就是把台里所有的东西都统筹起来，利用广播电视台的资源来发布出去，把（获取）资源的优势在（新媒体）平台上更好地体现出来。新媒体这个东西我们都在摸索，人家说这个台比较成功，我们看看，不一定会适合我们，那个台不成功做失败了，说（我们）不能做，这个也未必。所以我们整个台的发展理念，一定要与时俱进，融媒体时代来临了，我们不能落下，传统媒体广播电视虽然不可替代，但是始终在走下坡路，这是我们要正视的一个行业危机。我们要牢记自己的初衷，就是把融媒体发展起来了，依然要带动广播电视台。我们不是迪庆新媒体台，而是迪庆广播电视台，我们不能丢失传统媒体的阵地，要想办法利用新媒体来推动传统媒体。具体的话，我们2018年还会有一定推动，计划跟着人民日报的'中央厨房'模式，开动总编调动制，台领导轮流做总编。"

（访谈时间：2018年1月11日上午；访谈人：王东林、唐优悠；整理人：王东林、唐优悠）

（三）张文彩访谈记录

访谈对象：张文彩，迪庆广播电视台总编室主任。工作时间：1997年至今。

张文彩，女，纳西族，1975年在香格里拉出生，专科在北京广播电视学校就读，也曾在中国传媒大学学习。1997年8月1日参加工作，毕业后以借调的方式在昆明电视台工作了两年，名义所在单位为迪庆广播电台。1999年回到迪庆人民广播电台工作，主要负责播音主持工作，工作后于2003年在云南大学新闻专业获得本科学历，目前是迪庆广播电视台总编室主任。

"到底留在昆明还是回家乡，我纠结了两年，这个过程中我感觉自己一个人在外面打拼真的是很辛苦的，我的丈夫也决定回来，所以我1999年还是义无反顾地回来了。回来的时候我从事的也是广播，迪庆广播是1997年的8月18日第一次开播《迪庆新闻》，我是8月1日上班的，我参加工作的时间跟迪庆广播电台的开播是同步的，只是我在昆明。"

1999年张文彩回到迪庆台后，当时的节目也特别少，只有一档《迪庆新闻》，她和包雪峰想把广播做好，于是对节目进行了改版，增设了娱乐、文艺和生活类两档节目，分别是《温馨专递》和《快乐进行时》。"我们当时节目的（与受众的）信息互动都是通过短信（和电话），可以说是线上与线下广播最初的互动方式，我主持的《温馨专递》就是音乐送祝福的节目，我们设置了很多不同的歌曲，我们的听众中学生特别多。每天12：00~13：00的这个时间段，刚好是大家休息的时间，像德钦、维西的这些娃娃们，不远百里，每天等着这个时间段打来电话点歌送给同学和朋友，我们电话一度被打爆了。可以说送歌都送不赢，那时候我们的节目还设置了奖品，一个小时（一档节目）抽取一个幸运听众，他可以获得一个大蛋糕，我想学生能够获得蛋糕和朋友一起分享一定是非常愉快的，那时候真的是非常火爆的。那些娃娃特别淳朴，有些时候中午我一下节目（他们还给我）送来小点心和礼物。直到现在，以前听过我节目的，现在已经上班了（的听众）还会给我打来电话，他们都是'90后'的，有的还加了我的微信，有时候还会问候我一下。"

跟我们谈起她刚进台工作的时候，张文彩很有成就感地给我们分享了一个她和同事们做广播促进爱心送考的例子："1999年高考从往年的7月改到了6月份，州里学生都会集中去考试，那时候私家车还很少，学生（居住）相对还比较分散，家长接送的也特别少。我们当时跟省台交通之声合作，进行爱心送考。我们中甸县（今香格里拉）有两百辆出租车，在考试的那三天之内，我们在广播里一发出去消息，大家都积极响应，出租车司机那几天完全不顾个人的利益，都积极地参与到爱心传递活动中来。有些考生住在农村特别偏远的地方，但是我们发出去信号，什么地方什么地方需要接送考生，出租车他们都特别积极，就分路去接。送（考生）到考场以后，还有司机在学校门口等着，等考完考试又把他们送回去，下午考试的时候又去接他们进考场。我们通过广播的有声传递，让大家参与这个爱心活动。这些司机不收取任何费用，不计较任何功利，并且还要损失一天的工时费，但是他们毫无怨言。我觉得通过我们的广播给爱心人士和考生搭建了一个桥梁，通过这个桥梁，通过有声的传输，大家把爱心波送到各个角落，让我们非常感动，也非常有成就感。我们的爱心送考连续做了4年，到后期甚至很多私家车主动加入我们的行列。"2003年，私家车开始盛行，很多家庭都有了私家车，而且学校里开始安排统一的大巴接送，不允许学生考前回家了。所以爱心送考就没有了需求，节目策划时也就取消了爱心送考的活动。

迪庆的广播节目基本上每过一年就会调整或者改版，有些时候是因为政府的中心工作的指示或者国家宣传导向的要求，不过也会是有自发的。"有些时候是觉得节目不适合我们的听众了，我们就会变通和调节。一般我们都是听众喜欢什么我们就做什么节目。"

2003年，张文彩和同事们以"两会"为契机，打造"看得见的广播"。在电视还无法做直播的时候，广播完全做到了，当时她们提出了"打造中国涉藏地区最强音"的口号，"我们从2003年的'两会'开始就做直播，将'两会'开幕式、闭幕式、人大第二次全体会议全都播放了出去，我们打破了从来没有直播过的局面，把我们（主持人）摆（展示）出去了。以前大家对于广播的主持人一直有一种神秘感，并不了解声音背后的人物是怎么样的，现在大家都能够看得见广播主持人的模样，做成开放式的广播节目形式，让大家知道广播原来也可以这么做。"

改版前，电台每天播出的节目只有 6 个小时，并且重播的内容很多，但是改版后，广播节目的时长达到了 17 个小时。"我们的直播从 1 个小时（变得慢慢越来越长），不断地让我们播音员主持人'走出去'，这也特别能够锻炼人，大家都没做过，大家都特别用心地去做，包括领导们也不知道能够达到一种什么样的宣传效果。后来这个'两会'的内容就渗透到各个地方，只要有收音机都能听到，以前的'两会'除了代表委员能够知道会议内容，老百姓什么都不知道，现在老百姓都能知道政府部署了什么新工作，有什么新思想、新内容，能为老百姓做些什么东西。"从 2004 年一直延续到现在，期间经历了两台合并，但是"两会"的直播他们一直没有断过。

张文彩认为，广播一直是带有新媒体性质的，所以在新媒体时代，广播依然有它自己的优势，它方便快捷不受任何限制。"你在做事情的时候就不可以看电视，报纸不识字的看不懂，但是广播什么时候都可以听，包括你上班的时候你都可以听，它适合任何人，任何时候都不受限，这个一直以来都没有变过的。广播让很多东西非常的方便快捷，这是其他媒体不可以比拟的，像我们现在的自媒体，我们的微信公众平台，你要点击才能进去，但是广播不一样，新时代广播就更利于发展了，我们要不断地把传统融合在新媒体当中，比如我们把电视传输不了的节目传输到蜻蜓 App 里面，这个就是全世界范围的，全世界的人都可以同步收听，这个很方便的，广播就应该不断更新，虽然是传统媒体，但这样就能具有新媒体的要素，我觉得会越走越好的。"

2005 年 12 月是维西县 20 周年县庆，当时台里就安排张文彩和包雪峰去做连线的任务。"当时我们没有车子，（我们）就借着法院的车子和司机去维西县，我们以前从没有做过跨县直播，这是第一次，从维西传到我们的直播间。我们从来没有做过这种广播连线，能不能实现、万一信号中断了怎么办，这些都考虑在内。我们跟电信和移动沟通了以后，我们就通过手机连线，把一系列活动的场景，通过一部手机把信号传到我们的直播间。我们通过电话，他们有人在台里录着，我们就把现场的所有的第一时间的信息传递回来了，（这些事情）电视做不到，但是广播做到了，第一次做到了地域之间的跨县的连线，那是特别成功的一次尝试，大家齐心协力，我们配合得特别好。包雪峰写稿，我负责现场播报，这种快节奏的现场播报的方式是其他（方式）没有办法来比的，一部手机就搞定了，编辑一下，新闻就播出去了，马上我们全州的老百姓就都能够听到。"

2007 年是迪庆广播电台成立 10 周年，"我们就在想我们的 10 周年广播（活动）要怎么做呢，当时是全省 16 个州市，我们在省里有一定的影响力了。那时候我们香格里拉已经真正落户到迪庆了，我们要通过 10 周年的这一个时间节点和契机把香格里拉推荐给外面。"台里的工作人员一起来出谋划策，一起来讨论，后来决定通过台庆的名义邀请 16 个州市、省台和中央台的工作人员来到迪庆。举办了第一期的外宣节目，通过这个 10 周年台庆的节点，迪庆台办了一个全省范围内的外宣。把"香格里拉落户在迪庆"了，通过迪庆台自己的传播，通过 16 个地州台的传播，通过省台中央台就这样传播出去了。"这是我们做得特别成功的一次，我们甚至邀请了当时我们的州委书记来参加我们的活动，当时我们的资金特别少，我们就到处去'化缘'，去一些有钱的单位，这里 3000、那里 5000，也许是我们的真诚打动了其他单位，只要我们到了单位，每个单位少的 1000，多的 5000，都会给我们支持。我们 10 周年特别成功地邀请了八方来宾，让他们知道香格里拉到底是什么样子的，有什么人文景观，人与人的和谐、人与动物的和谐，通过广播来做这个宣传。其他的州市也会做很多的见闻录，再去传播。把'香格里拉就在迪庆'这个消息就传出去了。打造香格里拉品牌，我们的广播发挥了至关重要的作用。"

2007 年还有一件大事，就是迪庆州 50 周年的州庆，当时省台的主持人和技术的人员，跟迪庆台的工作人员一起做了很多场流动的直播，那一年是直播做得最频繁、最有影响力的一年了。"省台下来了 13 个主持人，都是不同的少数民族的，他们开来了他们的直播车帮助我们（做节目），广播都是上卫星的。9 月 12 号晚上是民族团结节，9·13 是康巴艺术节，那时候下着雪，冒着风，但没有一个人叫苦。13 个省台的民语的主持人，加上我们台的扎西老师，我们台的何洁，都在做主持人。在那种已经到了接近零度的时候，没有人叫苦叫累，下着雨啊，在那个过程中做主持人，包括这次主持的主持稿也是通过跟省台的何敏老师合作来完成的，同时还有康巴艺术节的直播活动，（主持稿）也是反复推敲的。当时 15 个主持人同台直播，每个人用自己的民族语言来跟听众打招呼，这种中华民族的融合性特别能够体现。"

2008 年，这是一个令张文彩非常难忘的时间节点，因为当时奥运火炬传递已经确定在迪庆地区举行了。但是在这样的一个节点就碰上了"3·14"拉萨的打砸抢烧事件，国家当时的组委会就是要计划取消在迪庆的奥运火炬传递。后来因为各种原因，火炬传递的活动最终是保留了下来，传递的时间也确定在 2008 年的 6 月 18 号，只是线路就浓缩了，原来传递的路线要绕很多地方，但是浓缩后的路线变成了民族体育馆是起点,终点是普达措国家公园。当时是中央台、云南省台和迪庆台来共同合作,决定直播怎么来做,本来打算做10个小时的直播,由中央台、云南台、迪庆台3个台并机直播,3个台的主持人共同参与,但是变成了4个小时。原来10个小时稿子需要浓缩成4个小时,很多的拍摄和播出安排也就需要调整。张文彩她们反反复复来修改稿件,最后她们决定换3拨人,一组在直播间,一组在民族体育馆起点那搭了一个临时起点,一组在普达措公园终点。"4个小时,沿线过程的采访都要穿插在里面,怎么穿插?如何凸显地方特色,让全国全世界都能同步听到我们的声音?我们的片头如何体现地方特色,区别于其他地方?我们做多少个片头,如何来穿插,放什么民族音乐更能体现那个过程?这一系列都是反复推敲,从来没有报道过这样大型和神圣的事,可以说是大事中的大事了。在我们香格里拉(举行),包括在中国(举行)都是一件非常骄傲的大事情,做了这么多一系列事情我们当时很焦灼,但是我们在焦灼之中又忙而不乱地安排好了。我分配在第三组,是在要收官的时候,中央台的和云南台的一起来报道。在这个过程中,我也锻炼了自己,学会了怎么跟多个主持人合作,怎么来有机合作,怎么更好地在直播的过程中达成一种默契,那一年我感触特别的深。"后来,针对奥运传递的过程,全国各地媒体在准备报道的过程,中央台还做了一本书,那本书现在都还在。张文彩在说到这里时兴奋地从书柜中拿出了那一套书,并且给我们进行了讲述:"激情梦想,奥运火炬传递,中央台出的,全国的奥运火炬传递,它并不是全部,只记录了上半段,但这个非常有意义。"

  后来我们也问到了,在奥运火炬的传递的报道中,是否有藏文媒体的参与,张文彩是这么回答的:"它这个(火炬传递报道)都是中文,藏文的广播台参与了节目,但是没有进行直播,他们只是节选了刚开始的部分。在火炬传递过程中,藏语就是翻译我们的稿子,它们节目做得比我们短,只做了一些奥运火炬手的采访等等,它是做成专题,而不是做成直播,直播只是(用)汉语(来进行的)。"

  因为聊到了藏语节目,她也给我们进行了一个简单的介绍:"我们刚开始的时候就是迪庆人民广播电台里面有一个小时的(藏语)广播节目,就是做一个小时、重播一个小时,相当于两个小时的藏语节目,从上午10:00~11:00,穿插在我们汉语广播,到了下午4点钟,它又开始重播了。刚刚开始就设立的迪庆新闻,我们做了汉语版以后,他们把汉语版翻译成藏语版,他们不光是我们的迪庆新闻,它另外还有《教你学藏语》,我们州里的很多人的确就是学会了康巴语。有一个人特别典型，他每天都听《教你学藏语》节目，他就跟着学了，（后来）有些（字）甚至会写了，交流这些是一点都没有问题了，他唱藏语歌唱得非常好，（之前是）会说会唱但是不会写，通过我们的广播现在真的是（进步很大），可以用标准的康巴语跟人沟通了。"

"说到藏语，我们真正的藏语频率是 2017 年 1 月 1 日试播的，到今年 1 月 1 号整整一年，它在整整试播一年后正式开播了。我们的扎西老师，他就是做广播节目的，从这里上去的。汪莉群她也是从广播出去的，格松次村也是在广播这边，现在合并成藏语译制中心了，一起做广播电视节目。次村就是跟广播这一边，《跟我学藏语》是电视的，更加直观，现在的 FM99.8 整天就是藏语节目了，现在收听率还是挺高的，现在的民族音乐收听的人还是特别多。（唯独有点遗憾的是现在）直播间也没有打造成藏式的，我们以前老楼的长征路上的老直播间，就是特别有特色的藏式直播间。"

2008 年，迪庆台还跟省台的香格里拉之声做了一个《八方名嘴话名城》的活动，"我们又把 16 个台的主持人，还有省台主持人（请了过来），我们就把直播台坐在古城的四方街上，我们做着直播看老百姓跳着舞，各个台的主持人同台直播，把香格里拉多元的民族文化，用多个电台、电视台的声音同步收听传递出去，也是特别难忘的事情。"

2009 年 1 月份的时候，国际滑雪节在香格里拉的尼西举办，并且邀请了全球的滑雪运动员。"我们也是去做直播，第一天我们要从这过去，那个路是滑得不得了，广播有个直播车，我们（要）提前一天晚上要去到尼西那里，路上我们车子打滑，所有人（都从车里）下来，在雪地里推车，我觉得（这是）最能体现团队精神的一次。推车完了到滑雪场里面，里面设施还不完善嘛，而且我们离城里有一段距离，我们没有办法，（晚饭）就吃方便面。然后开始写稿子，搭建临时的直播台，接线，那时候零下的温度，（到了）凌晨 1 点我们才休息。当时（主办方）给我们一个大房间，但是里面只有一张床，我们去了一大拨人，记者 2 个、主持人 2 个、技术 4 个、领导 1 个，一共 9 个人要住在那个房间里。因为第二天要做直播，所以不可能回来以后第二天再去，而且路况差，来回更不现实。因为只有一张床，那怎么办，当时领导就说，让主持人睡，因为你们明天要主持，要写稿，你们自己来住，其他人打地铺，然后所有人都在大厅里打地铺。虽然那天晚上我们睡在床上，但是大家一起去的嘛（都睡在地上），我们也睡的不踏实。"

"第二天直播的时间也特别长,我们邀请了我们现在的副州长、原来的体育局局长,香格里拉县的副县长以及宣传部部长来我们节目。整整4个小时,搭着简易的直播间,它是国际赛事啊,全世界的野外滑雪高手来做这个事,怎么通过语言传递出精彩的比赛,是非常考验我们的,因为在滑雪的过程中有很多不确定的因素,万一出现状况我们如何救场?4个小时,3个嘉宾,2个主持人,如何把滑雪的整个过程、短距离长距离、高难度的、不同的组报道好?那次也是特别考验的一次,通过那次我们都觉得把团队精神发挥得淋漓尽致。所以后来我一直在说,我们的团队精神不能用任何的语言来形容,那种凝聚力、那种团结,心往一处想,一定要把事情做好,在恶劣条件下没有一个人抱怨,因此我现在觉得,做一个大活动,团队精神太重要了。"

"尽管我穿着非常厚的鞋子,但是当时温度是零度以下,那个4小时节目做了以后,因为(做节目的时候)我们不(能)动,我的整个脚生冻疮啊。我的爱人特别心疼人的,他从朋友那里听来了一个偏方,用小麦兜麦子,熬了以后泡脚就会好。我们赶紧给家里打电话寄来这个东西,然后我就泡脚啊,那次真的特别难忘的。那次直播得到了国家体委、州政府,还有乡县政府的肯定,这真的是特别难忘的一个事情。因为我们当时特别流行滑雪,玩着玩着还会上瘾,所以从2008年一直到2011年,我们香格里拉人都会去那里滑雪,但是(滑雪场)没有延续下来,现在没了,它其实是冬天特别好的一个去处。"

到了2010年,张文彩主要负责策划、主持和播音工作。那一年她们团队又一次跨县去做维西的傈僳族阔时节的直播(阔时节相当于傈僳族的新年)。"当时我们从尼西过去到塔城,然后去维西县城,我们绕了很远的路,一天的时间才到,当时我、办公室主任、新闻中心主任杨淑珍以及另一个同事,我们4个人打前站,晚上7点我们就到维西了,那时候天已经黑了。我们也是要准备直播的稿子,还有一系列跟线上的对接工作,要搭一个直播台,背景板要体现维西傈僳族的特性,这一切都要我们几个人筹备怎么去做,因为后面的大队伍第二天才来。但是特别好的一点是,当时维西县政府也是特别重视我们跨县做直播这个事情,我们是20号出发到维西,21号做所有的准备,22号晚上文艺表演。他们有一个影剧院,还有个广场,我们的直播台也就搭在广场,维西虽然没有中甸冷,但当时是冬至时节,所以那个晚上的冷也是没法用语言来形容的。因晚上直播,如何通过广播让全州的老百姓能够知道(这样一个盛大的节日),也是很艰巨的任务。我们是晚上8点半开始文艺晚会,一直做到晚上10点半才结束,台上文艺演出的直播，台下又是篝火，篝火晚会（人员的位置）是不定的，走来走去，我们怎么保证传输呢？文艺表演台上固定（的设备）确保好，但篝火晚会的信号如何来确保就是我们的一个挑战。"

"我们主持人如何来衔接，把新年喜庆的气氛通过广播来体现，还有临场发挥，包括技术都是一系列考验，我们每个环节都是考虑在先、预案在先。后来我的脚又都快走不了路了、麻木了，后面节目结束了，但是篝火晚会没有结束啊，我们自身也要活动一下的，我们把东西收好，也参加到节目中去，我们也就去跳舞、喝酒，酒摆在边上的，随便喝。当时人被冻僵，经过跳舞身子也就活动开了，跟着傈僳族一起跳，非常开心。"

到了2011年，维西县邀请了电台和电视台参加活动。双方都去了，当时设置了很多的比赛，包括傈僳族歌舞、民歌比赛，主持人只有两个。张文彩说："那么多场的直播，我们主持人如何衔接，他们（维西）台一个主持人，我们台一个，他们的主持人没有做过广播，我要怎么带？我们怎么达成一种默契？（这些都需要考虑。）要一下子进入角色中还是要一个过程，（我们就在）下面操练，模拟直播。我们几个主持人，我统揽策划统筹，写主持稿，负责每一场的稿子，模拟怎么协调，模拟直播邀请嘉宾进入节目，每场节目适合什么嘉宾都要模拟。通过模拟训练，又不断沟通、不断交流，相互配合就好做一点了。维西的小伙子悟性特别好，学东西特别快，虽然有时候他会接不上来话，但是嘉宾可以相互来补充，所以那次直播也是特别完美的一次。"

到了2012年12月，真正的两台合并完成了。张文彩说："我原来从2010年开始担任广播的总编室主任，2012年合并后，我通过演讲、一系列的竞聘上岗，成了合并后的总编室主任。合并以后对新的台班子成员也是一种考验的，原来电视有电视的属性，广播有广播的属性，如何相互合并是非常棘手的问题。怎么融合呢？广播和电视性质不一样的，新闻怎么融合？当时合并了以后，因为广播新闻和电视新闻有区别，广播也用电视新闻，用电视的音频，但是用下来以后就发现不行，因为电视有字幕，广播照搬照套它的同期声不行，我们只能通过二次编辑。一开始我们直接接着电视节目（剪去视频留下音频）这样用，半年后觉得不行，听众流失太快了。"

"（广播节目里）说着说着另一个人出来了，观众就感觉莫名其妙，后来我们就改，广播就要适合广播的特性，对于电视稿子要进行二次编辑，广播要通过播音主持重新配音才能呈现出来，不能莫名其妙出来一个人说话，所以这个（广播直接用电视的音频）就是大的一个动作。刚刚合并还是没有考虑周全，后来广播重新二次编辑以后，效果还是挺好的。"

2014年迪庆广播电视台就跟杭州调频创意公司合作，全部由创意公司来帮广电台进行包装，开始实行"贴地飞行"，包括重新招人、注入新鲜人才等。新人和老人能够满足不同受众的兴趣，老的一拨人就是新闻和《政风行风》热线，年轻的新招的一批人做都市广播、汽车广播，也是实行全天化的直播的。

在访谈的最后，张文彩对我们感慨道："今年我从事广播整整20年了，广播给了我一种事业感，我热爱这个行业，我觉得做这个事情就有一种获得感，都是广播给我的。我觉得在做的过程当中我的幸福指数（是做）其他的（事情）不可比拟的，我热爱它，我就执着于它。虽然现在总编室（工作）很繁杂，但我依然做着《政风行风》这个节目，它给了我很多的获得感，我们不是说为了老百姓解决了多少事情，但是通过节目，我们力所能及地为老百姓解决很多很多问题。2007年12月31号，《政风行风》第一期节目开播，到今年也整整10周年了。我做了很多节目，（包括）生活、新闻、娱乐、音乐类型都做过，但是在不同的节目类型中，我会获得不同的感受。最让我有获得感的，我觉得就是给老百姓和政府间搭建了沟通平台，老百姓直接可以反映问题，它（政府）要落实的，它（给老百姓办事）跟现在的党风廉政考核挂钩的，不好好做的话，纪委会对单位追究责任的，这个事特别好。今年我们的《政风行风》走出去了，在维西县搭了直播台，还搬到德钦县梅里雪山，搬到那里做节目，当地的老百姓反映的问题更直接更直观。以前维西县的政府部门领导都要来我们这里做节目，现在直播间搬下去，老百姓反映问题更直接，解决问题更有力度、更接地气了。今年做了两期了，10周年就是帮助老百姓解决实实在在的问题，现在也是给10周年献礼。"

（访谈时间：2018年1月12日；访谈人：王东林、唐优悠；整理人：王东林、唐优悠）

（四）扎西邓珠访谈记录

访谈对象：琼卡尔·扎西邓珠，迪庆广播电视台副台长。工作时间：2001年至今。

琼卡尔·扎西邓珠，男，1973年出生于四川省甘孜州巴塘县。2001年10月，开始在云南省迪庆藏族自治州从事藏语广播电视宣传工作。现任迪庆州广播电视台副台长、迪庆州作家协会常务副主席，曾获云南省有突出贡献优秀专业技术人才。工作之余编译、编著并出版《圣地卡瓦格博秘籍》《飞翔的雪山——德钦民间弦子歌词汇编》《康区雪山圣地卡瓦格博指南——仙人授记之太阳》《乡音悠长——德钦民歌集锦》等书籍，还用藏汉两种文字进行文学创作。从事藏语广播电视宣传工作以来，独创或主创的广播电视作品先后荣获113个省部级和国家级奖项。

扎西邓珠（以下简称"扎西"）初中毕业后直接考上中专，用4年时间学习藏文专业的相关课程，后考取康定师专。后来，扎西回到老家，在一个离县城150千米的中学里面当老师，3年后调到一所师范学校。1999年，扎西以自考的形式考取甘肃的西北民族学院，两年后获得本科学历。2001年就被调去迪庆从事广播电视工作。

实际上，扎西在上大专时就开始接触广播播音，正是那个时期的锻炼为他后面从事专业广播电视工作奠定了坚实的基础。"人有时冥冥注定……因为当初上大专（康定师专，现在的四川民院）的时候，学校有个广播站，只有汉语、没有藏语，我们都是师范进去的，毕竟考虑东西要比高中生成熟一些，既然有这么好的条件，应该把藏语广播办起来，然后我们自己去找学校主动要求，我们可以干（藏语广播），就这样开始把康定师院的校园藏语广播办了起来。"这是扎西与藏语广播的第一次结缘。在甘孜巴腾师范学校工作时，扎西又在学校开办了文学社和广播站。"我们学校当初没广播站，就是放体操，然后中午和下午的时候放音乐，所以就把广播站成立起来，文学社和广播站相辅相成。有时候这就是个人爱好，有些东西在牵引着你。"

2001年10月，扎西来到迪庆藏族自治州从事藏语广播电视工作。"当时广电总局通过西新工程给迪庆投入很多资金，但台里只有一个藏语工作人员，她于1995年毕业于西南民族大学，一进单位就尝试做藏语广播。1997年正式播出藏语广播节目，一周三期（周一、周三和周五），每期5分钟。当时的栏目主要是做新闻，把汉语新闻翻译成藏语。当时的工作人员也是刚刚接触这些东西，所以语速经常跟不上，播音速度比较慢，多的时候两条新闻，少的时候也就一条新闻。"在此背景下，扎西被迪庆广播电视台借调了一年，之后就一直留在迪庆工作。

刚到单位，扎西就遇到了一个难题。当时国家广电总局要求，迪庆必须要有半个小时的藏语节目。扎西和之前那个同事就试着丰富节目板块和内容。不仅有新闻，还有藏语歌曲欣赏，但并非单纯地播放歌曲，播音员还需在音乐欣赏中穿插对歌手及歌词的介绍，"我们播音时说上几十秒就放歌，当时就是以这样的形式将节目做成半个小时。"几个月后，台里又从四川聘过来一个播音兼编辑，在半个小时的藏语节目中加进一个文学欣赏的栏目，比如散文配乐、文学作品朗读等。其中文学作品这一块由扎西负责，那些在节目中朗读的作品一部分来自扎西自己的创作，也广泛涉及其他藏文作家创作的作品集。"当时我们的态度是，因为广电总局有这个要求，必须办（藏语广播），我们当时顾不了当地老百姓听得懂听不懂，就只能按照上面的要求来播，当时能听懂的人特别少，大家也就是能听听音乐。然后就慢慢发展为每天1个小时，再到每天2个小时，到了2个小时就没再往上加了。广电总局要求我们还是要往上加，但靠我们这里的人力和精力还有个人的能力水平，再往上加时长是不可能的，毕竟只有3个人嘛，所以我们一直是2个小时封顶，再重播2个小时，做满了4个小时的藏语广播节目。"2017年1月1日，藏语广播频率（FM99.8）开始试播，结束了藏语广播节目一直在迪庆综合广播频道播出的历史。如今，藏语广播节目还是4个小时的节目，从8点钟开始到12点，12点开始又是重播，负责广播节目的工作人员发展到了4个。"

2005年12月20日，国家广电总局正式批准成立迪庆州广播电视台康巴藏语频道，这是国内首个州市级民语（康巴藏语）电视频道。该频道于2006年6月1日正式开播。同年，迪庆电视台成立藏语部，扎西和之前的那个做播音的女搭档分别留在了电台和电视台。算在扎西在内，电台共有3个工作人员。

2010年8月份，扎西被调到电视台主持工作，同时把电视台的藏语部升级为藏语译制中心。电台这边有两个工作人员，他们还帮电视台做一些专题片的译制工作，一直到2012年两台合并。其他部室都面临着该如何组合这样一个问题，但藏语这边已经是提前两年把这些事情做好了。合并后，扎西和同事一起做了很多尝试，先是广播、电视分开做，但这样出现了一个问题："工作人员的综合能力上不去，比如会用广播录音设备的，电视这边不会弄，会扛摄像机的人不会摸广播的设备。"因此，扎西再三考虑之后，就不让团队再按照广播和电视进行区分，而是按照新闻和栏目来做，"把人分成两大块，一块搞新闻，一块搞栏目，新闻和栏目里各自细分，到现在为止也在延续这个模式。这样有一个好处，就是一个工作人员既能做广播的东西,又能做电视的东西。然后,只要个人业务能力和藏文专业水平高一点的话,这个跨越很简单,就一直这么弄着。"

在一个小时的广播节目中,有 30 分钟是直播。关于直播节目,扎西和同事面临着一个新的难题。"因为迪庆的藏族在语言上和其他州有些差异,它虽然属于涉藏地区的康方言,但又不是大的'康方言',标准不一样。它属于土语,它有一个奇怪的现象,比如香格里拉城区与小中甸地区也有很多词汇的不同,这个现象比较普遍,但至少可以交流。大小中甸是一个小的自己的方言区,过了尼西乡又和德钦那里讲得通,是一个方言区。再有就是维西县的塔城镇又有一个自己的方言区,我们现在去的话也是,和塔城镇的老百姓直接用藏语交流,他们讲的话我们能听懂 30% 左右,我们讲的话,他们基本听不懂。"

语言问题给实际的广播节目制作带来了一个尴尬的局面,"广电总局要求我们用标准的康方言进行广播,但我们用康方言来播音的话,老百姓听不懂,那就麻烦了。"面对这种情况,扎西和同事们在这半小时的广播直播节目中用方言播音,"本地方言的话,也存在着问题,就像我刚刚讲的,德钦人听不懂香格里拉人讲的话,香格里拉人又听不懂德钦人讲的话。所以我们就把我们的播音主持又分组,香格里拉的播音主持就用香格里拉藏语来播,让香格里拉的老百姓能听懂,德钦的播音主持就用自己老家的藏语来讲,让相应的老百姓听懂。这样轮着来,否则你找不出大家都能听懂的语言。我们听懂很简单,重要的是让老百姓听懂。"

提到藏语方言节目时,扎西老师谈了当时闹出的一些"笑话"。"我们觉得是标准的读音,在整个涉藏地区,除了迪庆之外都能讲通的事情,到了迪庆特别是香格里拉的老百姓耳朵里,它就变成了是脏话、下流的东西,就像金沙江,我们习惯叫金沙江而不叫长江,实际上它是长江的上游,我们在节目里很多时候都要提到金沙江。比如你提到奔子栏,肯定会介绍它位于金沙江西岸的小镇上,那么在标准藏语里'金沙江'的发音翻译过来就是偏牦牛,所以我们也把金沙江称为牦牛河。但在大小中甸和德钦的一些地方,牦牛的发音类似于当地的'男人的生殖器'的发音,所以他们就会认为是迪庆电视台一直在讲脏话。"因此,扎西经常告诉同事们:"毕竟我们的听众在这边,所以说有时候我们要顾及这边的语言,要把它换成没有歧义的词语。但是新闻里出现的话,没办法,为了这个问题,我还把国家广电总局节目主持人用语的这些相关条令文件都打印出来发给工作人员看,表面上看上面讲的是一个小笑话,但实际上它也给我们做节目以启示,也就是说,做节目一定要结合本地的实际情况。"

在电视节目方面,"最先是每周一期,5分钟的新闻,大概两条左右,然后慢慢规范,一个星期做两次,最后是一个星期做三期,就像现在的香格里拉电视台。"2006年6月1日,藏语频道正式试播的时候,就改为一天一期。主要分新闻和栏目两大块,其中新闻刚开始是10分钟,5分钟翻译中央新闻联播摘要,5分钟翻译迪庆本地新闻;后来发展到新闻50分钟,其中30分钟"新闻联播"全译,15分钟的迪庆新闻,5分钟云南新闻。栏目是以放歌为主,即《歌声传情》栏目,然后就是翻译汉语电视的节目以及栏目《跟我学藏语》,还有一档《五彩迪庆》译制节目。栏目《跟我学藏语》先教新词汇,从字母开始教,然后教对话,再到传统的谚语俗语,到现在一直在办。很多老百姓对这个栏目反应很好,还有不少人来我们台长那里要这个栏目的碟子,但扎西和同事没留过资料,做完一期是一期。最后是自制的栏目,在扎西看来,只是做译制节目的话,工作人员的藏语水平以及技术水平的提高就会受到限制。于是,扎西策划了一档自制栏目《香格里拉·民间》,把民间传统文化以影像的方式呈现出来,有时候是主持人请嘉宾在演播厅里做,有时候是直接下基层从头到尾记录,这些片子也得了一些奖项。藏语译制人员的译制水平和后期的编辑水平也通过这个栏目得到了很大提高。

对扎西而言,《香格里拉·民间》不仅仅是完成一个具体的工作任务,它更像是一项文化事业。"在做节目时,我自己有这种心态,藏语的其他同事也有这样的心态,做《香格里拉·民间》这个栏目的时候,感觉自己在重新发现本地的民间文化。从开始做这个栏目一直到现在,我真正实现自己出去拍摄的愿望,今年(2018年)是我做这份工作的第四年。四年时间里,我越来越能发现迪庆民间文化的丰富性。这种感觉都是通过自己到基层采访、做节目的过程中慢慢形成的,所以我发觉,你看待一个人或者看待一件事,不能一见人就给他下定论,要慢慢摸索着,就像以前我们的伟人毛泽东所讲的,你想要知道这个梨子是甜的还是酸的,你只有亲口去尝一下,这也是这么几年自己做(工作)的一个收获吧。"

关于这个《香格里拉·民间》,扎西老师还向我们分享了一些有趣的经历。"2017年,大概是6月,到塔城去做了一些节目,到塔城采访,语言沟通是问题,我们讲的他们听不懂,他们讲的我们听不懂,如果把那里的东西原原本本拿上来在州里放的话,观众们也听不懂。后来省文化厅的非遗处和州非遗部门一起去塔城做一期国家级格萨尔说唱艺人的片子,然后就打电话给我,问有没有兴趣一起去。然后我就带着一个摄像人员下去后,我觉得很害羞,因为我们一直觉得那里没有（文化），那里不行，但下去之后真的令人震撼。一个79岁老人家，他不仅能讲本地的方言，而且还能使用比较标准的书面语言，这就让我对迪庆的民间文化另眼相看。在那里我们一待就是10天，把老人家会讲的、会说的全部都录了下来，回到台里精心地编，做了三期节目出来，播出去也收到比较好的效果。大家才知道原来塔城那里的藏话我们也能听得懂，原来那里的格萨尔也不是吹出来的。我也明白了应该更潜下心去做而不能仅凭主观的判断，这真的是一个大的收获。所以那次以后，我们又下去到塔城做热巴，那个热巴老艺人原来是省级的非遗传承人，后来成为国家级非遗传承人。那个老人家也非常激动，有表演的时候会有人找他去演出，但是从来没有电视台来采访过他，而且是懂藏语的人来采访他。我们也很激动，只要交流的话就能发现很多地方都有文化，而且这些文化又有一定的共性。我们后来才发现，在塔城很多纳西族和傈僳族也在跳藏族的热巴，这是民族团结的精彩案例啊！"

对于涉藏地区广播电视媒体人的未来，扎西也有着自己的看法。"现在有一个怪现象，迪庆州每年藏文专业毕业的大学本科生至少有100多名，但是我们这种单位招不到懂藏文的人，他拿的文凭是大学本科毕业证，拿的学位是文学学士学位。但是来了之后，还不如我们那边小学四年级的学生，西北民大已经停招迪庆州的学生，一是底子太差，到了那里根本跟不上，二是到了那里不学习，因为迪庆涉藏地区的水平要比其他涉藏地区好一点，他就有一种优越感，西南民族大学就会为迪庆来的学生单独开一个扫盲班，你想学也可以，不学也可以，就这么让你混，混出来就是大学，四年本科毕业相当于只有小学四年级的水平。那么这样的人，如果我们来用，那节目质量肯定下降，所以我们一直严把进人关，你看我们招人招这么多年，还是招不上来啊。"

2018年由于人手问题，藏语节目还没有做新媒体的平台。"汉语那边有新媒体，做得不错。我们下去采访的时候如果遇到一些非常有意义的事情的话，我们也只是通过个人的渠道去传播。青海藏语广播电视台有一个网站，一直邀请我们在首页开个窗口。但是我们一直不敢开，因为第一次很简单，只要你把所有板块的内容整好一次性填充进去就好，但持续更新就困难了。现在3个人手做着4个小时的广播节目、2个小时的电视节目。根据广电总局专业的算法，10分钟的电视节目必须有15个人才能运转，我们现在做的电视节目，就至少要五六十人，然后广播我们又在做着4个小时，相比汉语广播，6个小时的直播加上新闻，但他们的人又接近20多个，新闻中心每天只是15分钟的新闻，有30多个人，广播再做 4 个小时。除去新闻之外，我们就是 5 个人负责，这样就没有精力腾出来去做其他的事情。"

近几年，扎西看到了新媒体的传播力量，他先后开办了"触迪庆"公众号以及"阿珂灯吧"抖音号，传播迪庆新闻、民俗文化、民间艺术，还将自己创作的诗歌《金沙江畔》发布在平台上，"闻听牦牛河的传说，满眼砾石，唯不见金沙闪烁，我那遥远的祖辈。"

结束访谈前，扎西还向我们介绍了自己的新书《广播电视新闻攻略（藏文）》，这本书既是从事藏语广播电视新闻工作的理论依据，也是扎西从事藏语广播电视新闻工作 16 年的经验之谈。"算是做个总结吧，用藏语写广播电视新闻方面的书籍，这个应该是第一本，以前的大多是论文集，我在书里首先是对广播电视新闻进行了一个概述，然后从采访到编辑后期处理等一套工作都融在里面。我通过这本书是想表达两点，广播电视新闻工作既要宣传党的方针政策，也要翻译受众的意愿，所以特别加了民生新闻这个章节，用的案例都是自己在藏语广播电视工作中的实际经历。"

（访谈时间：2018 年 1 月 8 日；访谈人：王东林、唐优悠；整理人：王东林）

## （五）格松次村访谈记录

访谈对象：格松次村，迪庆广播电视台藏语译制中心主任编辑。工作时间：2007 年至今。

格松次村，男，藏族，1968 年出生，四川甘孜州巴塘县人，从小学习藏文。1989 年参加工作，曾从事教育行业。1991 年参加全国成人自考，考取康定师范专科学校，毕业后继续回原单位工作。2007 年调入迪庆电视台，从事藏语广播工作，现任藏语译制中心主任编辑，主要负责藏语广播节目，时常帮助台里藏语电视部门翻译稿件。

格松 2007 年从四川调入迪庆台，"当时广播和电视是分开的，我被调到藏语广播，刚进来的时候，全台（广播台）共有 13 人，搞藏语的算上我只有两个人，当时新闻频道和藏语广播是一个频道，没有分开。"根据格松老师回忆，当时藏语广播节目的时间总共有 2 个小时，"汉语节目给了我们（藏语广播节目）两个小时的空间"。当时这两个小时的藏语广播节目包括新闻和综艺节目,"比较丰富,但时间短,包含了一个小时的重播,真正做的节目只有一个小时,因为只有两个人嘛,人力有限,稿件主要来自汉语节目那边,然后我们直接翻译。"但这种情况只是针对新闻板块,"综艺节目都是我们自编的,比如说《卫生与健康》,我们就在电脑上下载卫生方面的资料,然后编辑加工再播出去,还有法治节目,节目类型还是多的。"

与许多新进入民语节目的人员一样,格松老师一开始的工作就是将汉语文本翻译成藏语。当问到格松老师第一次翻译的新闻稿件时,他的记忆有些模糊,只向我们讲述了最初从事藏语翻译时的种种不适:"来这里之前,我在四川那边一直当老师,到这里搞广播,就像人家说的隔行如隔山,教师行业与新闻完全是两个含义。"万事开头难,面对着100多字的汉语新闻稿件,"我需要半天的时间"才能把它翻译成藏语。对格松而言,这并不是最大的挑战,"当时经常会出一些问题,不是在翻译上,而是在播音环节,当时刚刚接触那个调音台,音量的大小没有控制好,(技术方面)犯过很多错误。"

将近一年的时间,格松老师慢慢进入工作状态当中,"当时我和搭档就开始分工,一个做新闻,一个做专题",两人不定期地轮流做节目。"当时我还是主要做新闻,新闻有5分钟,主要是迪庆新闻,把他们(汉语节目)采集过来的新闻翻译过后,自己把它播音出来。"就是这样"从新闻翻译入手,然后播音、编辑都是一个人做,然后慢慢地就可以做专题节目了"。关于专题,格松做的第一档藏语广播节目是2008年开办的《藏语课堂》,一周播一次,周一至周五轮播,每期15分钟(与此相对应的是扎西顿珠老师的电视节目《跟我学藏语》)。

"因为迪庆这边的藏语文基础还是比较薄弱的,我就开始发挥我原来的特长,就通过广播教他们藏语,当时这个节目在台里非常受欢迎。"这档节目完全由格松一人策划完成,"我先从发音开始慢慢地教"。在2017年还未搬到我们访谈所在的新办公大楼之前,格松已经从小学一年级的藏语课程教到初中的课程,"我从我们小学课本的第一册(人教版的课本)已经教到初中了"。但这一节目的听众却"少得可怜","因为迪庆这边民族多,藏族所占比例还是少的,他们听藏语广播,看藏语电视的还比较少,我们原来是做康巴语的,他们本地和我们康巴语还是有区别的,也听不懂。但德钦那边,我们的口音还是有百分之七八十的像,再有就是,我们这里听广播的大多是外地人,也就是其他藏区到这里做生意、工作的听众还是比较多,本地的相对少一点。"

格松向我们讲起了那段做《藏语课堂》栏目过程中的难忘的经历，"讲解字的时候最枯燥最麻烦，就是对着话筒讲讲讲，我也不知道有没有人在听。"尽管听众很少，甚至根本不知道听众在哪里，格松还是会享受自己在播音话筒前传播藏语的快乐，"当从课本里找到自己喜欢的故事性强的课文时，我在话筒面前就会感觉很精神，主要的兴趣就在于介绍作者的时候，也就是要讲点历史、讲点文学，各方面都讲一点，这样我自己感觉好一点，毕竟听的人太少了。"2017年，搬到新办公大楼后赶上改版，"由于人力原因，我本身担负的任务也很重，另外电视节目中已经有扎西老师办的藏语学习栏目，所以将《藏语课堂》取消了。"

除了《藏语课堂》，格松还参与了《法制园地》《卫生与健康》等栏目，"我们什么都做，也帮电视那边做，毕竟人少。"虽然藏语广播和电视对工作人员也做了分工，"比如你做新闻，我做栏目，是分开的，但是一旦人没有的时候"，他们就会相互补位、帮忙，完成工作。

谈起10年藏语广播工作中难忘的经历，格松特别提到了"培训"。"参加广电工作之后（2007年），我去中央人民广播电台学习过，学他们的那种音乐编辑、节目的制作，都参加过；在成都、西藏到处都去过，还有我们省的广播电视台等"，这些培训让格松受益匪浅。"啊，这个作用太好了！比如我以前是凭着自己的想象在做广播，关于媒体的理念啊、新媒体啊什么的，根本没有。听老师讲完课，就感觉自己这个也做错了，那个也没做对，应该怎么做，和之前的方式会进行对比。这样的培训我大概去过10多次吧。"让格松最为震撼的一次培训是由中央人民广播电台主办的，"大概在2009年吧，从那以后，我做节目的观念就大大改变了。"格松回忆当时一位老师讲如何做音乐节目，"我来迪庆之后一直思考，无论你节目做得多好，假如没有听众，那就是白做。所以要把听众拉拢起来，让更多人听我们的节目。迪庆人能听懂康巴语的太少了，其他涉藏地区来这里务工、做生意的人能听懂，本地的可能德钦那里能听懂，再加上广播的范围窄，很少人听。所以我就在音乐上下功夫了，通过培训我知道了做音乐节目也要考虑受众，比如受众也分几个档次——老年人、中年人、青年人，但如果你只做青年人喜欢的音乐，那么就把受众里中年或老年人抛弃啦，也就不行，你要考虑到全面，整个社会上的人，只要把受众抓住了，你的节目就有可听性了。"

"所以，我们做综艺节目时就用本地语，这样就收到了一些效果。2017年，我们搬到这里（新办公大楼）之后，就把音乐节目抓上去，我们的听众相当多啦。毕竟音乐老、中、青都喜欢的，也没有民族的界限，只要你播出去的好听呢，都喜欢，所以有些人和我们开玩笑，你们99.8是音乐节目。毕竟是我们音乐播的多一点，而且偏重藏族的音乐节目，之前也采用过藏族人演唱的汉语歌曲。到2017年1月份开始（2017年迪庆台申请到独立的康巴藏语广播频率FM99.8，并开始试播），我们就又改变了，全部用藏语的音乐。"说到受听众欢迎的藏族歌手，格松举出了尼玛泽仁·亚东等歌手，笔者想让他再列举一些，他说还有很多，数不过来。但他们编选歌曲的时候会按照音乐的"情调"选，"不能你那里刚有一个抒情的，我这里就来一个节奏很猛的。"据格松所言，现在的音乐资源太少，"我们在每个网站上下载，另外，我们涉藏地区的广播人还有个群，通过群共享下载的歌曲，然后再编辑。"

就按照这样的方式一直做广播，2012年的两台合并也未给广播队伍带来实质性的变化，"没有合并之前我就是搞广播的嘛，电视那边没有人的话，我就帮他们翻译那些专题，合并过后也就是这种，还是这个状态，一直延续原来的那个模式。有些人觉得合并后相当忙，我不觉得，因为我平时做的就是这些事情，另外，台里临时安排我做什么就做什么。"

2010年，格松凭借在五省涉藏地区广播节目比赛中多次获得的奖项评上副高职称。说到第一次评奖，格松有些羞愧，"当时刚刚来台里，也没有参加过评奖，那是我们现在的副局长包雪峰的作品，我记得最清楚，他写的稿子题目叫《农牧民子女喜领工资》，讲的是农牧民子女的生活补助、学生补助。我要参加比赛的时候，我没有作品嘛，也没有什么经验，我就跑到他那里要了这个稿子，然后我把它翻译成藏语再播出。"由于没有到现场，广播中的同期声，包括主人公的声音，全是格松后期加工的，他调侃自己说那是"作假"。"然后就拿去比赛了，那是我第一个参加比赛的稿子，拿到一个三等奖。"

如今格松获奖的作品已有168件，其中让他印象深刻的是一篇关于报道2008年奥运火炬传递的稿子，它获得了五省涉藏地区广播比赛的一等奖，"奥运火炬在香格里拉传递，当时我参与了整个采访的过程。"尽管做的是5分钟的节目，但当时格松搜集的资料比较多，"当时看的人、跑的人，素材很多，尤其是同期声"，说起稿子的构思，格松非常兴奋，"奥运火炬当时刚刚从西藏传递到香格里拉，我开始就先叙事，但主要表现的是有7个同期声，不同民族的，比如说你是哪些族、傈僳族、藏族，由于民族多，就体现了不同民族的特殊性，表现他们支持奥运会，也就表现了迪庆的和谐、稳定的主题。"

尽管从事教师职业的18年比起藏语广播工作的10年时光要长得多，但对于格松而言，从教师转变为广播人，是他的人生转折，"因为做广播让我知道自己真正在做什么，想要做什么。"反观教书的时候，"我就是把一节课上完了就是完了，当时也基本上不怎么备课。但到了广播这边，我就知道了你做节目不光是自己在做，你做节目就是拿给听众，如果听众不听，那么我们做的工作就是白做。另外，到了这边之后去外边走得比较多，接触的人也多，自己的知识面、人际关系都有比较大的提升。"

访谈的尾声，我们谈到了近年来新媒体发展对藏语广播的影响，在格松眼里，虽然新媒体如今方兴未艾，但"迪庆藏语的基础太薄弱，即使我们把广播、电视融入新媒体当中，如果你不懂藏语，你就不会打开这个网址，所以要改变这个情况，必须先把基础教育抓好。"

（访谈时间：2018年1月9日；访谈人：王东林、唐优悠；整理人：王东林）

（六）张琼华访谈记录

访谈对象：张琼华，迪庆广播电视台综合频率广播主任编辑。工作时间：2007年至今。

张琼华，女，1970年代出生，现任迪庆广播电视台综合频率广播主任编辑。我做广播是从2007年10月份开始，就是我改行过来之后一直都在做广播，刚过来的时候我是负责一个校园节目。当时就是在广播电台，还没有和电视台合并。可能领导们考虑到过去我是老师么，那可能会比较了解学生，比较了解校园，然后就让我从校园节目开始入手来做。

然后我除了做中午半个小时的校园节目之外还在做记者。刚刚过来的时候我觉得那段经历很重要，也就是在改行之后你要接触的媒体首先是先要去做记者，就是从做一名记者开始。从采访开始、剪辑，再写出一条新闻，最后自己把它编辑成一条完整的新闻再交给编辑。我觉得这个过程是一个必经的过程，差不多有半年的时间，就是一边做记者，一边做节目。我们外出采访经常是几个记者一起跑，我就经常和电视台的何一光、罗晓翔以及报社的石建耀一起搭档，共同采访一条新闻。

我觉得印象最深的一次就是和当时省委统战部的领导一起去东竹林寺采访一

条新闻。当我去采访之后，很受触动，很想做一些与藏族传统文化有关的事，当时心里面就埋下了这个种子，可以说是一个意外的启发。到了松赞林寺，了解松赞林寺的历史和那些建筑，那些僧人的生活还有他们那么多年的故事。

做记者的时候，还有另外的一个印象深刻的事。当时台里要求说做一条新闻，我开创性地做了一个小评论，当时台里很少有人会去写新闻评论，我记不清当时写了什么内容，后来评职称的时候我还把那个评论加进去作为一个资料，因为毕竟那个是我的第一条广播评论。那条小评论在台里的老师看来，是一种很个人化的东西，思想比较符合当下的价值观，或者说符合大多数人的这种世界观，我说出了大多数人想说的话，引起了很多人的共鸣。这是当记者的时候第二件印象深刻的事情，广播的小评论算是开了一个先河。

但我主要的工作是播音和主持。领导们喜欢我声线稍微低沉一些的声音。我2007年调过来，10月份就开始做那个校园节目的播音了。后来就是到2007年12月，我们迪庆州纪委、州委宣传部、监察局牵头要求我们电台要做一期直播访谈节目。这是一个很大的调整，因为当时就设备来讲，我们的校园节目只能够做录播，但是那个《政风行风》热线访谈节目要求直播。

然后我就和总编室的张文彩老师，一起来做这个节目，一做就是10年。2007年做了一期，到2008年再做一期，到第三期我们就分开各自独当一面。《政风行风》节目是把我们迪庆州各个部门的领导请到节目里面，然后我们与他们对话，在我们主持人与他对话的同时，听众不断地打进热线电话来，然后的话（反映）跟这个部门有关的问题，要求这个部门去解决。

这个节目做了很长时间，印象深的还是多的，我就从近的地方开始梳理一下。就像2017年，我记得一期节目是关于迪庆州扶贫办的。迪庆扶贫办的领导们来做这档节目，节目中有一位听众是我们迪庆州香格里拉市靖江镇的群众打进来的电话，他打电话来问为什么现在搞这个精准扶贫，他们家情况那么困难，但是为什么就他不是扶贫户，没有享受到任何的扶贫政策，然后他说家里的地被分成了两块，又没有办法合在一块儿，就是很难用，想请扶贫办的领导一定下去了解一下情况。

就因为听众的一个电话，扶贫办公室的那些领导们就带我和一位同事从香格里拉往靖江镇赶。到了那里之后，领导们先到镇里去了解这家人的情况，之后再到群众家里了解情况。那位村民的女儿刚好在2017年考上了公务员，那么他们家也就不能作为精准扶贫的对象。这第一个疑问就帮他解开了，因为与政策不符。第二，他又说到宅基地的事情，说是连一个厕所都建不了。我们去了他们住的地方，确实建不了，情况是这样的：他们家有两块宅基地，一个在村的上头，一个在村的下头。一个是在高的地方，一个是在离他们良田比较近的地方，两块都不大，但两块加起来又远远超过了一户人家宅基地的标准，这算是一个特例，还是不符合政策。我们给他们家做了思想工作。我说女儿已经有工作了，其实日子会一年比一年好起来，你首先要有这个信心。第二，你不用跟其他人比，自己把家里的生活安排好就可以了。我就像朋友一样跟这个大哥交流，他姓胡，我就称他为胡大哥。他当时的情绪就平复了一些。

还有一期，维西县、德钦县的领导来到我们这里做节目。几个农民工听到了节目，就打电话进来说他们工钱一直被拖欠。当时是迪庆州的蔡副州长亲自过问了这件事情，之后就很快解决了他们的工资问题。这些农民工就可以拿着工资回家过年了。我最感动的是，他们回到了家乡还给我们《政风行风》栏目组写了一封感谢信。他们说也是偶尔听到这个节目就打电话试一下，也不知道到底管不管用，没想到还真的非常有效，夸赞我们是实实在在做节目。

《政风行风》栏目组确实是特别实在，答应老百姓的事情我们是件件都有回复。解决事情需要时间和过程，但件件要有回复，事事要有落实。如果没有解决问题，我们会让政府部门给老百姓一个心服口服的说法。所以，这档节目我们之所以能持续做下来，并且没有厌倦地越做越有激情，就是因为它能真正帮老百姓解决问题，真正为政府和老百姓搭建了一个沟通的桥梁。对政府而言，这个节目也是他们听民意的一个通道。

轮流着做的同时，我还在做着一档我特别喜欢的民族音乐节目。藏族、纳西族、傈僳族、彝族、白族、普米族的歌曲都会在我的那档节目里出现。迪庆虽然是一个藏族自治州，但同时也是一个多民族和谐聚居的地方，所以做节目时彰显民族文化的多元和丰富是十分必要的。我之所以喜欢那档节目，是因为它让我几乎是搜遍了迪庆州所有的优秀民族音乐。

主持那档音乐节目时，我会介绍歌手，介绍这种民歌的风格，比如说我们迪庆州维西是傈僳族自治县，不同的乡镇流行的小调完全是不一样的，然后我就把它们按照各个分支介绍给听众。这也是一档直播的节目，2007年的时候还是录播，从2008年下半年开始，我们就已经实现了直播。

其实，在《政风行风》开始直播之后，大家就觉得其实这个直播也没有那么难了。做大量的直播，对大家来说也是一次很大的锻炼。之后大家开始上直播，然后就不再惧怕直播，做了之后甚至像我这样还特别喜欢直播。因为在录播的阶段，我曾一度很困惑，我这个改行的选择到底对不对。我根本找不到那种听众的对象感，也就是录播时，我对着话筒讲话，只能想象电波的另一端有人在听，纯粹是凭感觉去捕捉那种对象感。但是直播时我就知道话筒另一端有着无数的耳朵在听，互动变得轻而易举。

2008年，我们和听众之间的互动方式是两种。一个是热线电话，听众可以通过拨打8229333或者8259444和我们联系，打进来之后可以点播歌曲，还可以和主持人进行一些其他的互动。有些时候有心事啊，甚至是找不到东西啊，东西落在出租车上啊，都会打电话进来。虽然是一个纯音乐的节目，但是因为直播状态的存在，所以能够帮助到听众，我就很喜欢直播，很喜欢！

除了电话之外，他们还会发送短信。听众们会说收听了这个节目之后的感受，比如他们最喜欢的是哪个时段放的曲子，还会问歌曲的名称。就是这样的一个带有服务型的、推广性的平台。

我也要特别感谢这份广播电视台的工作。过去我教书基本上没出去走过，但到了这边之后，经常被安排去外边学习。2010年时，台里给了我们一次接近20天到中央人民广播电台参观学习的机会，非常难得。当时中央人民广播电台的台长很关心我们的生活和学习。真的，我觉得我很幸运，很幸运！

在中央人民广播电台学到的东西很多。第一，给我们的印象就是先学会做人，那些中央人民广播电台的老师，可以说是中国顶级的广播人，但是他们是那么和蔼可亲，无微不至。他们还特别的谦虚，人格的魅力对我的触动最深。第二就是他们的工作作风。中央人民广播电台有都市频率、音乐频率、民族等10多种类型，每一个频率都有每天的编前会，工作人员会带我们去参观每一个频率的编前会，非常的严谨。另外就是策划，不管是你要做一档新闻节目还是文艺节目，或者是时政类的栏目，或者是专访，策划绝对是先行的。

第三点给我印象很深的是他们的那种传播意识。比如说我们到一个频率参观，工作人员马上会给我们每人发一个笔记本，上面印有频率的调频信息。一翻开，他们的节目单也全部在里边。从那次学习回来之后，我就觉得自己已经不是外行了，至少知道如果要把广播做好，该从哪些方面去着手。20天的时间不可能让我们的业务能力有很大提升，但是我们做广播的理念上已经完全不同了。

第二次去北京学习是在2016年。台里给了我们非常珍贵的机会，那次是去中国传媒大学。当时，传媒大学派了很好的老师来给我们讲包括播音基本功的课程。那次去学了之后才发现，虽然我播了那么久的新闻，但对于播音来讲，我真是一个门外汉。回来之后，我就把自己当做播音的一个小学生，从基本功练起，按照老师教的方法，锻炼自己的口腔唇舌力度，坚持下来一年，就有很大的改观。听众说，播新闻的燕子的声音怎么感觉像央广，我就觉得很欣慰。

再说说我对民族音乐节目的看法和想继续策划的主题。迪庆是一个多民族和谐共处的地方，在做民族音乐的过程当中其实也是体现融合的过程。那么在做民族音乐节目时，我不仅仅播放藏族音乐，还会播放体现多民族融合的中华文化的音乐，因为迪庆的包容性很强。你可能不知道，在迪庆有很多村寨是多民族在一个村庄里，比如说维西县的塔城镇，那边常常一家人就有7种民族。爸爸是一个民族，妈妈是一个民族，然后他就随了他爸爸，他老婆又是泸沽湖那边的摩梭人，还有回族、白族、纳西族。他们一家人就有7种民族，会讲很多种民族语言。接下来我可能会走进这个家庭，理解多民族的融合。

另外一个想做的是非遗传承这一方面的东西。过去我也做过，比如我做过那个尼西土陶，这个也是个非物质文化遗产。2011年的时候，我去做了这个尼西土陶这个节目。我找到了当时的那个传承人所在的尼西乡汤堆村，然后我就和我的同伴李翔，还有另外一个我在迪庆州文联的朋友约着一起去他家里看他做陶，他在作坊里做陶，还接触了他的儿子和孙子，然后我就做出来了一期"来自尼西黑陶的诱惑"文化专题节目，这个作品在省里还得了一个一等奖。

我还做过一些关于文化传承的一些思考。在2014年的1月11日，独克宗古城遭遇了一场大火，300多处房屋被烧掉。2015年初，我做了一期节目叫作《守住独克宗，留住乡愁》。我是土生土长香格里拉人，从小我就在独克宗古城古井边的小学读书，我就看到独克宗古城变迁的整个过程。是的，它是一天比一天繁华了，那种商业化的步伐阻挡不住。当商业步伐来得太汹涌的时候，我就发现传统在丢失。慢慢地古城就变成一个躯壳，住在里面的居民一批一批地离开。我当时走访了整个古城的核心区域，但只找到了三四家还在那生活的当地人。我在节目中呼吁，希望政府能够出台一些政策，能够像乌镇留住一些当地的居民，作为一种人文把他们留下。就算来自世界各地的人来这里看建筑，却看不到一个本地人和他们的生活方式，那也只是躯壳而已。

在发展的同时，我们也会丢失很多很多宝贵的东西，而且那种东西几乎是没有办法再找回来，没有办法再弥补。我做这类节目的话，不知道有没有用，但是我就是想着至少我做了，是的，至少我做了！

（访谈时间：2018年1月10日下午，访谈人：王东林；整理人：王东林）

## 三、电视

### （一）秦舟尧访谈记录

访谈对象：秦舟尧，新闻综合频道总监。工作时间：2003年至今。

秦舟尧，男，1975年出生于云南省迪庆州维西县，1997年从云南农业大学农学专业毕业后在国企工作了6年，2003年到迪庆电视台工作，现任新闻综合频道总监，曾担任新闻部部长，负责过摄像、编辑等工作，有多篇新闻作品被中央电视台《新闻联播》选用。

秦舟尧喜欢摄像，1997年就买了个小DV，那时候就是学着玩，自己也不会拍。2003年来到迪庆电视台以后就主要从事新闻方面工作，做摄像师。那时候电视台人手不多，工作不像现在分工那么细致，他作为一个记者既要干摄像又要写稿。因为大学学习的专业和媒体工作跨度比较大，所以一开始还是很不适应。

"因为我是学理科的嘛，我喜欢看书，我不喜欢写，但是到了电视台以后这是使命所在，你干这个工作必须要会动笔，不动笔的话你的业务要提高是不可能的。在工作半年的时候，我们的台长他经常帮我改文稿，那时候没有电脑打字，全部用手写的文稿，我写了五六张，而且经常写到凌晨三四点，台长给我改得只剩下300多字，并且经常都是这么改。那时候我也不知道怎么写新闻，就把什么都写进去，我那时候连新闻是什么都不知道！但是走到今天我感觉自己还是悟出来了很多东西，可以说完全靠自己努力才有今天的成绩。"

秦舟尧跟我们调侃，他新闻道路上的两次小里程碑都和老外雪山失踪有关系，"我记得最清楚的一次是2003年刚进台时候的一次采访，当时石卡山两个老外失踪了，迪庆州武警支队全部出动了，省台记者下来了，我就跟着他们去跑，当时来了一个女记者在那里出现场，我那时候才慢慢也真正对新闻有了一点点的意识。"

2004年时，中央台、云南台播放了秦舟尧采访的一条报道，当时也是一个老外在白芒雪山失踪，他全程跟踪报道营救过程，后来在当天晚上中央台《新闻联播》就播放了他的报道。他讲述了那个过程："那时候非常辛苦，我们凌晨3点钟出发，路不太好，到了第二天凌晨四五点我们到了白芒雪山。然后简单吃点东西，我们就开始爬山，从早晨6点一直走到下午1点，看见老外刚刚被救下来，我们就马上返回。当时两个医生、一个记者，医生爬山都爬哭了。我没哭，我还背着设备背着大包，当然他们也背着药，爬得他们眼泪都爬了出来，大概爬到了黄昏，我们爬到路边，离路边还有三四十米的时候，我的脚就不听使唤、站不起来，白芒雪山非常冷，我趴在地上身体都动弹不了。我记得我是被两个公安民警把我架着拖到车里面，我说我的脚伸不进去了，他们把我脚架进车里了，他们还笑我说你自己的脚都抬不走了。我的体力还是非常好的，记忆非常深刻。"

也许是这两次经历让他理解了新闻，让他受到了鼓励，他的工作状态开始越来越积极。"我不喜欢写，我就逼着自己写，要自己努力嘛，新闻这个东西其实很容易的，你掌握了规律，以后就很轻松了。2005年，我就跟着我们当时的州长，自己努力动笔，我当时对州里主要的领导都非常熟悉了。可以说有些时候一个月，我们去德钦，我比人家跑班车的人还勤，虽然我今天也没有什么成绩，但是走过这个历程非常不容易、非常辛苦，有时候跟着领导，大家忙得连饭都吃不饱。"

作为一个媒体行业从业者，秦舟尧知道媒体能够给他人带来改变，也懂得自己身上担负的这一份责任。"还有另外一次上新闻联播，我到维西县采访了一个叫和勋的农民，他是一个村委会主任。他带动老百姓保护生态、种药材、修路。他家非常穷，过年的时候只有一桶香油，他就把香油送出去了，换点钱接水管。很多人都知道，和勋是一个非常好的村干部。我听到这个事儿就觉得这个有意思啊，我就做了这个报道，在我们这里播了一个星期。我去文山出差，云南台给我打电话说他们要这条新闻的原始素材，就叫我给他们传上去，云南台就播了，之后和勋的事迹又在中央台《新闻联播》被报道了。报道一出来，云南省委高度重视，很多领导就下去看和勋，因为他把维西的党建做得非常好。后来他就从一个老百姓成了一个公务员，成了副科级，他现在见到我都会跟我说：'无论中央台云南台哪个记者下来，我心里只有一个记者，就是你。'我觉得做记者虽然苦，但是整个经历的过程，让我印象很深刻。"

他继续说："民主改革对涉藏地区来说是一件大事，我还记得当时我们30年的民主改革专题，云南台就要求我们做一条民主改革的新闻上去，我刚刚做新闻部代理主任，我们的台长就说给3天时间，希望在云南台看见（这条新闻）。我就通过各种渠道，得到了很多帮助后找到了一个民主改革的亲历人，这个老人原来是一个家奴、奴隶，后来变成一个党员，然后在民主改革后，他就成为了村委会主任。当时最让我感动的是，我们去找到他，他讲到民主改革时就非常激动，把他以前当奴隶时候的牛皮袋子翻出来了,他说这个牛皮袋子是他唯一的财产了,我就采访了这样的过程。我通过大量的采访,通过翻译,挖了两三页素材,我们这里(迪庆台)是播了7~8分钟的一个专题片,我就把新闻送上去,结果第三天在云南台播了4分钟,已经非常长了,小标题叫《农奴的30年改革的变化》。我觉得我做的其他那些新闻,虽然也上过《新闻联播》,但是这个新闻我记忆是非常深刻的,因为我在里面是花了很多精力的。"

(访谈时间:2018年1月9日下午,访谈人:王东林、唐优悠;整理人:王东林、唐优悠)

(二)高鸿斌访谈记录

访谈对象:高鸿斌,藏语译制中心摄像,后期剪辑。工作时间:2006年。

高鸿斌,1963年出生于云南省迪庆州香格里拉市东旺乡,小学毕业于东旺公社中心完小,1980年去四川省甘孜州巴塘县读中专,学习藏语专业。1984年毕业后回东旺乡做了3年藏文老师,1988年到东旺乡政府文化站工作2年。1990年调到了中甸县广播电视局做后勤工作,主要任务就是维护网络以及安装"村村通"的第一套和第二套工程,在广播电视局工作了16年。

2006年入迪庆电视台,"我所在的单位要转变为企业,云南省有一个双向选择的文件,你愿意去广播电视你可以去广播电视,不愿意也可以在原单位。然后我就来到了梦寐以求的电视台,当时我们这一批20多个人都愿意来电视台,因为电视台比较缺人手。"

"我刚到台里的时候什么都不知道,可以说是零的起步,所以我心里很有恐惧感,一开始我就被分到了播出部里面,在播出部有很多高科技的东西我都不懂。我的任务就是把其他部门剪辑完发给我们的节目上载,安排播出时间,有时候观众看到电视里面一帧一秒的画面错了,他们就会说这就是广播电视的一个整体的素质,我们整个广播电视的形象就会被破坏,(播出部)这是一个门槛的作用。所以当时带我们的老师,连开机关机这些都是一步一步教我们的。"

2007年,高鸿斌要求调到藏语部(藏语译制中心),一开始给《香格里拉·民间》做摄像,他的摄像也是零起步。他分享了一个拍摄的经历:"记得有一次扎西邓珠跟我一起做的一期藏族织氆氇的手工艺的艺人的访谈。当时我们在下面的塔城里面，做了剪辑回来以后要做15分钟的（成品）节目，当时在半路上跟电视工作人员有一个体会了嘛，你出去了以后不管你的素材要得成要不成，素材一定要多多的拍出来，我们觉得素材基本上来说应该是够了，但是回来以后发现素材不够，我们的局长和台长给我们审片以后，给我提了意见，要注意（耷拉的）采购人员、外销人员、制作人员等各种人员，然后我们跑了三趟，终于把这个节目制作出来了。那时候自己拍摄、自己编节目，这对自己的帮助还是很大的，拍摄了东西不自己剪，自己根本不知道拍得好不好。你在路上说的电视节目拍摄制作周期的特点，我觉得很有道理。"

因为拍摄就要学一些剪辑的东西，只有剪辑才能知道自己拍摄素材到底问题出在哪里，所以在学习剪辑的时候，高鸿斌都在跟技术部的阿福请教。"阿福毫无保留地教我，他是一个正儿八经的好人，有时候我一个问题跑了几次（去问他），他都会教我，我觉得这个人还是要把脸拉下来，不能因为自己资历老就不做（请教），然后做着做着就慢慢熟练了。"

在谈到其他的藏语译制中心的访谈对象都比较为难的藏语打字输入法的问题的时候，高鸿斌说："我还是要向年轻人学习怎么打字，我嘴巴也就多（灵活）一点，我比较勤学，不会的时候我就请别人教我。这个要学的东西，你不钻研就不行嘛。有次打完字以后，我保存的时候存在什么地方我也不知道，怎么也找不到，我工作了几个小时的东西又变成了零，我赶紧就问同事，我问他我干了这么多我的东西怎么又不见了，他就说这个简单嘛，他打了一个回车，东西就回来了，这么简单的东西就是把我难倒了（尴尬的笑）。"

在我们在访谈的过程中，高鸿斌告诉我们，他已经跟台里提交了退休申请，因为在采访的过程中他的腿受了伤行动不便，所以台里给他安排的任务也比较轻松。他说，如果我们有任何访谈和需要帮助的地方，他愿意跟着我们一起走一起跑一起去。对于电视节目中的一些不足，他对我们感叹："十几个人干了一个台的工作，还有藏语电台FM99.8的工作，按照电视台的要求全部做得完整的话还需要多少人，翻译的话还需要多少人。中央台要翻译，云南台要翻译，迪庆台也要翻译。"

高鸿斌作为一个藏族人，他对于本民族的文化非常的自豪："我们《香格里拉·民间》的东西，（呈现了藏族）文化博大精深，怎么报道都报道不完，迪庆有3个县，德钦有德钦的文化内涵，维西有维西的，我是香格里拉东旺乡的，我们那里有茶歌，结婚时候有酒歌，一个乡里的节目，四五年的时间都挖不完的。

我当时就跟这些台里的年轻人说呀，你们这些20多岁的年轻人，你天天做我们藏文化的节目，做到退休估计都做不完！"

高鸿斌跟副台长扎西邓珠是老搭档，他跟我们说："我比较感谢扎西邓珠，扎西邓珠的汉文和藏文都是比较权威的，你要是在休息，而我要学习拍摄，如果天天喊你去跑你肯定是会烦的嘛，但是我经常喊他出去跟我一起跑，他没有怨言，他说只要咱们把节目做好就好了。"

此时，我的采访已经结束，并且已经关了录音笔，这时候，从一开始比较抗拒录音的高鸿斌突然要求我把录音笔打开，他要再说两句。

"我有今天的成绩啊，我感谢我们的领导，我们的潘局长（当时的潘台长）；我的藏文有这样的水平啊，我感谢我们的副台长扎西邓珠老师，扎西邓珠老师对我相当的挂心、相当的支持，同时我特别感谢我们的和台长，他以前相当的支持我，并且十分关心我的个人生活，再次感谢所有教过我的同事，感谢我的老师，我感谢从网络部门出来的几个同事，感谢我们完全没有官架子的李副台长，我们比较融洽。"

后来，我们就结束了访谈，后来他随意说起："我跟年轻人说，从学校到社会有一个不同的环境，学校是一个纯洁和美好的环境，到了社会上有形形色色的人，你们来到社会里一定要学会做人，要尊重前辈和各个老师，其他的技术是他们自己学出来的。我们藏族以上为本，（比如说）得饶人且饶人，宁愿自己吃亏不让别人吃亏，这和毛主席说的全心全意为人民服务是一样的嘛。我们藏族孝敬老人是做得可以的，我们藏族把父母当做上司，并且爱护小孩，我们藏语部这几个小孩孝敬老人是一个比一个好。"他在说这些的时候，脸上的神情是骄傲和自豪。

（访谈时间：2018年1月9日上午；访谈人：唐优悠；整理人：唐优悠）

（三）姚晓文访谈记录

访谈对象：姚晓文（次旺），迪庆广播电视台藏语译制中心主任。工作时间：2008年至今。

我是2008年8月来台里，台里那时候需要藏语翻译，我是以实习生的名义过来的，就待了一年多。因为以前在西藏学藏译的，然后回来翻译，他们（台里）说翻译得还是可以的，就让我留下来参加了那个2010年的考试（迪庆台公开对外招聘藏语人才），就考到电视台来了。

在西藏上学时，我们是藏文中学成立的第一批学生。原来是考到卫校，卫校有个藏译班，通过考试又考到西藏藏译学院，后面才回来的。实习的时候回来到电视台里面，原来在报社里面实习过一段时间，然后就来到电视台，后面就是参加那个公开招聘。当时新闻是两天一期，刚开始的时候就是翻译央视新闻5分钟，翻译迪庆新闻15分钟，两天一档。2012年开始每天都是20分钟，2014年年底开始改版，2015年开始每天做50分钟的新闻，30分钟中央新闻，5分钟云南新闻，15分钟迪庆新闻，电视台、电台一样的。电视去年开始增加新闻时长，不然的话，以前只有两个小时的空当，还有其他的栏目，插进去以后新闻就只有20分钟时段，现在新闻有50分钟，跟电视是一样的。因为全部都是一起在干，早上新闻翻译完，然后在这里播音，播音播完了，然后稿子给电台那边他们自己重新编辑播放，底下人多一点、上面人少一点。新闻啊、专题啊那些都是一起做。

后面我主要负责新闻这块，新闻这块每天都要做，因为看的人比较多，并且每天都要做，出现什么问题或者这里出错那里出错人家都要打来电话，所以要特别注意。不像专题，专题我们两个用一个星期可以审片看完。播出去有错误就不行了。新闻要求时效性，今天的今晚就要播，如果不用心做的话，出错就多了。

新闻也做过、栏目也做过，新闻这块的话，刚开始的时候是对着稿子念，后面就开始出导语，导语的要求就是必须要背下来，因为那个软件不支持，不支持的话上面的字出不来，出不来（的）虽然是两行的字，但要背下来，翻译篇稿子一个小时，出个镜可能要一个多小时。有时候记得清清楚楚，到中间就断了。有时候有什么声音卡一下、有什么声音变一下，又得重新再来。现在好多了，有软件支持。刚开始是上镜，到后面又做专题，翻译《五彩迪庆》，后面又做了《香格里拉·民间》，刚开始的策划我们都是一起在做。然后就分了地方的，我负责总点香格里拉这个片区的，我是本地人嘛，和他们交流比较方便。第一次做的那个是最好笑的一次，我和我们几个朋友，他们摄像技术也好，然后把他们叫上去，他们也不知道干什么，当时我坐在那前面的时候，那种害羞是不一般的，我给他讲，他也紧张，对方也紧张，我问的他也没答出来，他说的我也没听懂。所以录了2个小时，节目做下来15分钟还不够。当时做的就是婚礼说唱节目，是一个仪式的过程。过程我懂，但是过程的名字叫什么我说不出来。首先没沟通好，他是出名的歌手，民间说唱还是比较厉害的，他懂的那个我知道叫什么，然后我应该怎么问、怎么交流，但是没交流。婚礼仪式前我们两个是单独约出来，约出来还特别找了一个藏族文学家，想以那种座谈的形式做嘛，但后面是应该是到我交流的时候，我问他现在这个时段你应该说什么，然后这样这样说。然后他也是紧张，接下来他也说不上来，那个时候特别尴尬。他说的很长，我说这部分他能不能用白话文解释一下。这个就叫"婚礼说唱"，藏族结婚最传统的一个，从开始到结束都是要说唱。我的意思是要他说一下在什么时段做什么，这个时段要做什么，然后他一连串地背下去，我也不懂他的意思，他也搞不懂这里面是什么意思，但是他说这里面是一个过程。

其他的节目我也参与过，比如《五彩迪庆》《香格里拉·民间》，后面是做新闻，现在也是。以前使用标准的藏语表述，因为有的地方好多东西看不懂，后面也是为了让老百姓看得懂，又改成地方方言。地方方言做了几期，现在香格里拉那些基本上都看得懂。但后来我们把《五彩迪庆》特别是今年60年州庆的这个系列节目都用方言来做。都用方言来做新闻，就有人关注了，有人打来电话说你们几个这个表述不行、那个表述不行，说明他关注了。那天我也和台长说了，不是我们没人关注，关注的人有，主要的是我们的语言环境不在这里。现在是50岁以上用以前的古藏语，但是我们这一代的话基本上用的书面语，语言的表述上还是有差别的，表述上的差别特别大，像我们现在表述的是，有些词语是不可以颠倒的嘛，基本上都是按照现在的这种白话文的形式在走，但老人们的语言，古藏语是反过来表述的。

以前我们读书的时候，藏语文化课一个星期最少有10节，现在我从小学到初中打听了一下，甚至我们好些专业的学校，像我们藏译学院那些的话，最多2节普课。现在藏文中学一个星期只有4节课，时间越来越少，我们几个交流的时间很紧张，为什么我们在那边大办公室贴了一个，到那边办公室讲藏语，讲不来藏语再讲普通话。如好些我们现在做的直播栏目要求能用得上方言的时候用方言，方言用不上的时候最好就用藏语言代替。现在反馈也好。刚开始的时候，一个词读起来要用汉文的时候还会出现这个东西，现在基本是没改过来，我们也一直在做，但环境存在很大问题。像我们回去和父母交流，基本是汉语夹着藏语，方言就是这样讲了，就是现在这个环境说是要大力弘扬民族文化，但是普及的实际情况并不太好，和现在的教育和考试有关，我们这里没说过要考藏文什么的，都是要考汉语。

做新闻，语言也是有标准的，比如说你是康区的用康巴语言，你在卫藏的用西藏语言，你在安多用安多语言。要以这个为标准，不能以地方的方言为主。你讲你地方的，我讲我地方的，那肯定不行。那新闻肯定是这样做，栏目、专题的话，什么风光的介绍，这个你可以发挥自己的特长，因为有些地方还是有很多人听不懂，有时候做个新闻啊，做个栏目啊翻译过来是听不懂的，有些人很想看但是他听不懂。

现在说实话电视的关注率太低了。就是五六十岁以上的人现在基本上也不看电视，现在我们做电视的也是，今天晚上有什么样的节目自己也不看也成为习惯，因为白天已经看过、审过了嘛，就是基本上如果今天播昨天就已经审完，就如今天是星期一，星期五之前就要审出来，看一下如果不行的话星期六还可以改正。但新闻的话不行，像新闻才去播音完，等下4点半的时候又开始审片。说实话我们人手也是不够，就像今天早上我们学习那个，好些人都不够，工作量太大了。电视2个小时，广播现在4个小时，人只有15个，这样以后压力特别大。报上去的时候，领导也说要招几个人进来，但是能够用得上的特别少。因为现在是两种语言，要么是藏语特别好但就是汉语不行，要么是汉文行藏文不行。研究生也有，学历什么的基本上都不低。西北民族大学的、中央民族大学的，结果后来一进来都弄不来。针对这个问题，以后我们自主招，你可以进来，任何人都可以进来，我们的条件就是懂藏语。然后是让你做节目，现场翻译、现场读，然后这个出来了，两三个月之后，政治也是要加上的，政治考试重新再出一次（题），这样就招进来。但是第二次考试必须是通过人事部门的正规考试。第一次是我们这里，业务这块我们做，我们先招进来，不行的话直接淘汰。像去年的11月15号，我们招人总共报名的有23个，早上考了个笔试，下午只剩下12个面试，觉得行的话分组，然后3个评委都是我们中心的人，到后面留下来3个人。3个人一个考迪庆公务员得了第一名走了，然后一个是报社考试，报社也是藏文，得了第一名走了，那两边都是有编制的。

审片、采集、编辑也要做，一个月轮一次，一次轮一个星期。现在是4个人在做。上个星期我的搭档是编辑播音翻译，我是播音翻译，这个星期是他们两个嘛，再下个星期是我是播音编辑还有翻译，我的那个搭档是播音翻译，其他那几个只有翻译，就不用做了。新闻有难度，是15分钟的迪庆新闻。像他们也是，每天早上像平时他们两个大概是两条，我们是一条左右，其他的基本就是一条左右。发了以后再做10点钟的一个直播，是两个人搭档，就是今天他做，明天他做。这样的话有些时候就是一人可能一个星期轮到两次，有些就是一次。就是这样轮着在干。休假的话，大家都有休假，我们这里每个人至少有 30 天的休假，但都没有一个人休假超过 30 天，最多都是 14 天左右，基本上没有时间休息，休息的话最多给你一个星期，一个星期以后又回来，然后别人再休息一个星期再回来这样，毕竟休息两三个人的话就做不下去了。

（人员安排）独立的没有，如果这样分的话，我们可以细分到四个栏目组，频道的新闻、专题，专题也可以分其他好几个，有些是录制的，有些是自己采的，我们现在就是今天两个人出去，你是摄像他是记者，就是出镜的主持人，然后反过来下次又是，就是这样来做。我们刚开始也是，把那个镜头打过来就这么对着，但是现在人手够就不用麻烦了。人手够的话，人家一个栏目出去就是两三个人，四五个人这样，我们不是，我们一出去就只有两个人，出去一个星期至少解决三个节目，不然的话肯定不行，这样出去必须要回来三期节目。三期节目到下面的话，可能出去最担心、最害怕的事情是素材不够。比如有些东西他是谈到的，他谈得特别好，但是我那个画面没有。因为我们现在摄像的人都是半路出家、摸索着来的，都没有要求到你必须把空间留多少，什么什么多少，这个没要求。就是你不要把人家拍虚了、拍歪了，有时候光线暗一点，那个我们也就过了，他们都是挺上心的。去采访时需要用车的时候，基本上都是用自己的车，自己开自己的车，然后来回一个钟头，油费也就 30 块钱左右，然后就把 30 块钱报了。他们几个就是挺吃苦耐劳的。

两台合并的时候，现在频道这块，我们歌舞的这块时间多，可能一个小时吧，全藏语的，最主要就是民间、本地这些歌手唱的，然后一些不是歌手的、唱得好的那些录过来的也在放。在 FM164.7 做，这个收视率一般，我们看了一下车子里面听 FM99.8 的比较多。后面我们是这么想的，要做的话就是一个星期最主要的那些新闻采下来 20 分钟，一个星期做出来 20 分钟的翻译，方言来讲这个，主要是概括性的，星期五播。

现在还没做，现在说实话主要是人手的问题，还存在个人的素质问题，比如原来一个在迪庆学藏语的年轻人说很想干，但是这个报纸拿方言或是藏语讲出来，可能讲不出来，第一个是他新闻的语速，念一句听一句这样的肯定不行。就是说一个稿子完全不翻译用方言直接念下去目前还是做不了。说新闻的话，我们不用逻辑很清楚嘛，可以说刚才没提到的还有一个这个会议可以说的，但是直接讲新闻这样出来的话肯定不行，本来人家说什么一二三的，我们三二一这样说，怕人家说是在乱做，很害怕这些东西。

新闻全部都是翻译过来的，我们主要是以译制为主。有时候几个人在一起吹吹牛什么的说你们几个天天在办公室做什么什么的，我说你给我 30 个人，我帮你做一个星期，我给你 60 个人，你也做一个星期试试。说得我们好像在这里不做事一样的，不是不做事，有些东西我们现在播出去了迪庆的听不懂，但是其他地方的听得懂，他们会说迪庆的怎么乱七八糟。2006 年之前那时候（我）还没有过来。那个时候负责藏语的人员少，只有两个，现在还在两个，另外的，一个请假了，一个退休了。

藏语栏目这个最早我也不太清楚，20 世纪 90 年代电台那时候有，电台好像是成立几年以后开始播放藏语广播。工作任务的话，我们现在基本上都是跟着新闻部的来做，他们做什么我们都跟着做什么。每个星期一都是编前会，但是今天早上没开成，早上我去学习听讲座去了，不然的话都有。

获奖是必须的，我们自己做了那种就是团体抽出来的，自己做的也是得过好些奖的，印象深的就是我们把自己的稿子推上去得了一等奖，可能近四五年都没有。做了那个关于香格里拉和美和谐的一个外宣片，那个我觉得是做得最好的，但是第一次没有拿到奖，不过他给我提了个意见，说这里面这个解说汉文稿都很好，就是壮央卓玛把作品的集中点抢走了，声音把集中点抢走了。之后二次制作就把原声提高了，把该降的降下来。因为当年是去年做的东西也可以今年参评嘛，刚开始也是这么一句话，说迪庆风光好不用看，现在就是看声音，最后给了一等奖。印象特别深的就是那次。

（访谈时间：2018 年 1 月 8 日；访谈人：王东林、唐优悠；整理人：唐优悠）

（三）斯那农布访谈记录

访谈对象：斯那农布，香格里拉电视台藏语播音员、编辑、记者、摄像、审核。工作时间：2010 年至今。

斯那农布，男，藏族，1990 年出生在云南迪庆州德钦县，2009 年在四川省甘孜州四川藏文学校中专毕业后，进入迪庆电视台实习。2010 年 2 月份考入香格里拉县电视台，同时去西南民族大学的藏语言文学专业读自考大专，期间半工半读了两年，之后一直在香格里拉台藏语栏目工作。

斯那农布2009年中专毕业后，在迪庆州电视台实习，主要工作就是翻译和配音，做的是《歌声传奇》还有新闻节目。"在迪庆电视台我不用出镜，现在在这里（香格里拉电视台）我要出镜，我们这里人少嘛，有时候这里一天有10篇稿子都要我来翻译、配音、出镜。"

他也给我们简要介绍了香格里拉电视台藏语节目的发展概况："我没来之前，这里叫香格里拉广播站，也没有藏语节目，以前我们这里老的（工作人员），把稿子采集回来以后都把新闻送到州台去播。直到2009年，香格里拉县电视台才正式成立，那时候有了唯一一档藏语节目《香格里拉藏语新闻》。"

尽管藏语节目在2009年就已经诞生了，但是直到现在，藏语节目也仍然只有《香格里拉藏语新闻》这一档，并没有其他新增的。香格里拉电视台只有一个频道，采用双语播出，安排是周一、周三、周五播汉语新闻，之后藏语工作人员翻译、重新录音、剪辑，在周二、周四就播前一天香格里拉新闻的藏语版，新闻内容主要是香格里拉市的消息。

对于目前的工作情况，斯那农布跟我们介绍："我们这里以前有4个人，现在1个怀孕请假了，1个人调走了。现在只有我和另一个同事两个人（负责《香格里拉藏语新闻》的翻译、播音和编辑），工作量还是有点大。现在精准扶贫开始了，我们两个必须去挂包下乡。一个星期我们（节目就）播周二、周四两期嘛，只要我们下乡了，我们节目就停了。没办法，没有人嘛！我除非生病住院了，（不然）我请假都不能请，没有人顶我们的班呀。"

也有人提意见让斯那农布增设其他栏目，"现在星期二和星期四整个都是我们的，我们也有想法，但是没人做不了。有人的话我们可以像他们一样，自编自采自播，把专题栏目做起来，我们是这样想的，但是实现不了，太远了，主要是人不够，这样最少需要5个人，我们就可以正式成立藏语部了。我们跟领导说了想多招几个人，但是毕竟编制岗位有限嘛。"

说到这里，斯那农布从电脑里拿出了他翻译的稿件，一边翻阅着稿件，一边跟我们说："（我们）主要就是把汉语新闻翻译过来，然后录音剪辑播出去，我们人少，不然可以自采自编。我们的新闻节目时间主要看他们（拿过来）的（汉语节目）稿子，都是不少于5条新闻，一般十几分钟以内，节目时间这个事固定不了。除了将汉语翻译成藏语进行播出，当其他汉语记者采访过来的藏语素材，因为他们听不懂藏语同期声，我也会帮他们将藏语翻译成汉语。"

我们询问斯那农布关于节目改版的问题的时候，他跟我们说："我们节目改版倒是没有,想改也改不了,如果非要说改版的话,那就是我们就跟汉语的记者说,尽量采一些藏语同期声,丰富藏语节目嘛,而且人家听着很舒服。我们只有两个人,还得保证新闻节目正常播出,我们偶尔会抽时间去采访,会简单商量一下怎么操作,有时候临时觉得某个素材不错,就可以采访和报道了,只要有新闻价值的,我们就去采访,不过主要任务就是采访藏语同期声了。"

"说到同期声,你们也知道在我们迪庆,我们做节目讲康巴藏语,刚开始很多人提意见,说我们讲的他们听不懂,但是我们直到现在依然坚持用标准的康巴语(做节目)。我们香格里拉市有11个乡镇,其中7个村藏族聚居,现在光纤入网进村,村里都看到我们的节目了,很多老百姓喜欢看,但他们觉得我们藏语节目应该要用本地方言来播,这个不可能啊,我是要用尼西(方言)还是东旺乡(方言)呢,他们(每个村镇)的语言也不同。我们播藏语新闻我们就用康巴语,我们是康区,我如果开办了(专题)栏目,我们可以用方言(来播)。"

"现在信息发达以后,年轻人都不怎么看电视了,基本上都是中年和老一辈的人,我自己接触的就是那些了。我是德钦的,我的老乡见到我就给我反馈,他们以前听不懂我用康巴藏语做的节目,现在能听懂了,他们让我语速再慢一点,他们就能听得懂更多一点。像康巴卫视,把很多节目配音成康巴藏语,然后播出去。很多农村的老人听不懂汉语,他们就爱看康巴卫视,因为把抗日战争片配音成为标准藏语,老人就看得懂,现在涉藏地区的老百姓都听得懂康巴卫视。"

刚开始他们翻译的时候都是手写的,但是斯那农布觉得太麻烦了。2016年开始他就在电脑上翻译了,但他另一个年龄较大的同事的翻译都是手写的。"我的词汇量还是非常大的,翻译政治新闻还是很快,但是现在新词太多了,遇见我不会的,我都要问我们的老师这个词怎么翻译。每次涉藏地区开会,都会定一个新词翻译。"

"新闻里民生新闻最难翻译,遇到这些有点头疼,翻译的时候有点慢,你看看我的笔记本(展示笔记本),我去州台实习就开始记的,刚开始才接触翻译,就是一个词一个词地去记的,我遇到不认识的词就去查字典,藏语抄一遍,汉语抄一遍,现在我字典都不查,就拿自己的笔记本翻阅一下,这可以说是我自己的字典了。"

"我们两个翻译的时候,尽量用当地语(的习惯)去翻译,虽然我们写进去的字是藏语的错别字,但是我知道这是什么意思,而且这里老百姓听得懂,我印象最深就是这个了,很多人都说听懂了。"

在涉藏地区每年都会有电视新闻的比赛，并且每年举办的地方场地都不一样，有时候在迪庆，也有时候在成都，还有西藏。"我基本上有时间就会去，可以跟其他涉藏地区媒体人交流，可以学习到很多东西。去年在迪庆比赛的时候，五大涉藏地区的报社、电视台都来了，我学到了很多东西，交了很多朋友，我印象最深的是一个中国藏语广播网的老师，有一年我代表我们迪庆地区，发了一个新年祝福给他，他在网络上播了出来。很荣幸的是我讲的藏语，不管是西藏、青海、四川的都听得懂，我们没有语言障碍，而且我用的就是平常播新闻的康巴语，有很多人跟我开玩笑说，以后就把你的藏语定为我们藏语的标准普通话。"

"我们迪庆是涉藏地区，在我们迪庆学藏语或者说藏族传统文化的人比较少。我从小学藏语，我从毕业后也一直在从事藏语工作，我觉得做这个挺不容易的，虽然偶尔觉得太累太辛苦，但是转念一想，我们的工作说大了就是传承民族文化嘛，说小一点，我在这个地方上班，有这个平台，我一定要利用好，我得把这个做好，尽量让老百姓能够听懂我讲的话，以后希望尽量做下去，我们藏语文化真的是博大精深，我只学习了一点点，还要学的还有很多很多，我天天在翻译，我的词汇量越来越多，翻译新闻我们知道的新词术语相当多，但这仅仅只是在翻译这边，其他的方面我还需要多多地学。"

（访谈时间：2018年1月15日；访谈人：王东林、唐优悠；整理人：唐优悠）

（四）次称曲批访谈记录

访谈对象：次称曲批，迪庆广播电视台藏语译制中心主持人、记者、摄像、编辑。工作时间：2013年至今。

次称曲批，1986年11月出生，藏族，香格里拉东旺乡人，大学在西藏藏医学院学习藏医专业，2013年5月来到迪庆广播电视台工作，现任藏语译制中心助理编辑。

"我2012年就大学毕业了，毕业一年多就来到了这里，刚开始来就做新闻编辑、翻译、播音啊那些。这样差不多做了两年多吧，2015年开始做专题，广播也有，电视也有。广播的话当时就是录播嘛，先去采，后来就播出去，直播的话是2017年FM99.8（频率）试播，才开始慢慢地去直播节目；电视的话主要就是做一个栏目——《香格里拉·民间》，我主要是摄像，但有时也出镜，就这样一直做到现在。"

说到今天的FM99.8直播间节目，次称曲批向我详细介绍了它的主要内容："我们今天在直播间讲的主要是小中甸的婚俗，因为今天我感冒很厉害，实在讲不出来，所以主要是吹批姐姐在讲。由于社会的发展嘛，以前的那些婚俗就慢慢地在变化着，比如以前结婚，（新郎）必须是要牵马的，马是什么颜色的，都是要从活佛那里算出来，与你的属相结合，但是现在，随着社会的发展，（结婚时）马就不存在了，用车把马替代了。那么（车）颜色那些就不好算了，算的少，如果活佛说是白色，那肯定是白色的车子，深灰色的话就不好嘛。就主要是讲这些变化然后对比现在是怎样。再比如说以前，假如我家要结婚吧，那时候不用电话，就是先告诉亲戚，然后亲戚再告诉其他的，这样口口相传嘛，现在的话都是用电话来通知。然后就是（婚俗中）吃饭那些，以前在婚礼前，亲戚过来一起做小麦粑粑，当然，不同的（藏族）地区有不同的风俗，有的地方是做小饼子啊，但现在的话就是去买一些现成的饼干啊。"

由于在直播间的时候，我隐隐约约听到吹批拉姆讲的一句藏语中，似乎有主席名字"习近平"的发音，当时我就问优悠有没有听到，他说没有。我们商量过后，还是觉得应该问问两位主播是在何种情况下讲到主席的名字（假如他们真的讲了）。当我问次称曲批的时候，他告诉我，"没有没有"，我马上道歉说我可能听错了。次称曲批说："没关系，藏语中有些发音可能和汉语的有些像，比如说藏语里的'水果糖'就是用汉语说出来的，但在藏语里，它连水果都包括了。"

"这个选题是我和吹批姐姐一起策划的，（之所以选这个题目）因为这个时候涉藏地区农忙已经过去了，是涉藏地区最闲的时候，有空闲的时间（办喜事）。还有就是天气，现在冬天，饭菜啊这些好储存嘛。"在谈到如何选素材时，次称曲批告诉我："我们从小就在涉藏地区长大，从小就是从农村出来，很多东西都是自己接触过吧，见过这些东西，然后慢慢地就记下来，另外，自己本身就喜欢这些东西嘛，然后就慢慢看，都记下。然后有些就是过年回去问问老人家呀，我们（次称曲批和吹批拉姆）两个都是这样。我们没上直播之前先梳理一遍，（吹批是）小中甸，我家是在香格里拉东旺乡，很多藏话还是难通的，然后我们两个没上之前先沟通掉，就是你们那边这个（藏语名称）怎么说，我们那边怎么说，那么再一上去就没问题。"

通过这期节目，"主要是宣传藏文化嘛，我们的出发点就是这个，现在很多东西都发展啦，像是各个都喜欢玩一些新鲜的东西，慢慢地把自己原有的东西忘记了，我们就慢慢地把这些东西梳理起来，又慢慢地教他们怎么整，这个顺序是怎么样的，听众听了反响还是很大的。"

在听众反馈方面，"有些时候我们出去采访嘛，然后他们（听众）会说播得怎样，这附近基本上都有覆盖的嘛。比如前次我和其他人搭档，老家那边有一个听众，我和他比较熟，他告诉我他一个亲戚说我做直播不行（哈哈）。反响是到处有，我们出去采访，他们（听众）都能对我们说一些这方面的话题。"

"除了这些，我都是做关于民间方面的节目，包括藏族的节日、藏历新年这些民间的东西。其他的（在直播间）很少讲，毕竟自己懂的也很少嘛，限于自己的水平，不怎么讲。"

次称曲批的另一项重要工作是参与制作特色藏语电视栏目《香格里拉·民间》。"印象最深的是去年年底做了一期《印制经幡》。藏族以前都是自家印制经幡，但是现在就像我刚刚说过的社会发展啦，只要有钱什么都可以买，但是自己的手艺就变没有了。然后我们去年就特意去纳帕海那里一个老爷爷家，他是专门印制经幡的，自己手工印、刻板，已经刻好的，他只要印一下就可以。去年我们就去做了这一期，自己也学到了东西，平常觉得很简单，但过程还是有点复杂。现在买的这些东西便宜啦，但都是塑料做出来的，污染环境。以前（经幡）的料子是布的嘛，用纱布弄出来的。去年做了一期，感觉还是可以的，当时和扎西德勒、扎西邓珠老师去采访采了半个小时，后来做成15分钟的片子。"

说起这份工作对次称曲批的意义，他说这是"一份责任，自己是藏族，把自己会的藏文化慢慢地宣传一下，不会的又要学习，慢慢地，就这样吧。"

（访谈时间：2018年1月11日；访谈人：王东林；整理人：唐优悠）

（五）扎西德勒访谈记录

访谈对象：扎西德勒，迪庆广播电视台藏语译制中心主持人、记者、摄像、编辑。工作时间：2013年至今。

扎西德勒，男，藏族，1988年出生在迪庆州德钦县奔子栏乡，初中高中在迪庆州藏文中学，2012年从西北民族大学毕业后进入迪庆电视台实习，2013年通过考试正式入编。在藏语译制中心担任《五彩迪庆》《香格里拉·民间》《998直播间》《迪庆新闻》的主持人、记者、摄像、编辑。

2012年刚进来实习的时候主要就是和老编辑学习，翻译《迪庆新闻》并且播音，那时候播音和摄像都还没有上手。"我刚进台的时候广播和电视还没有合并，所以是在电视台实习的，进来以后就合并了。"

藏语新闻制作过程一般是当天早上给出汉语的新闻稿，中午就需要翻译成藏语并且完成录音，下午进行剪辑，晚上就要播出。"第一次翻译《迪庆新闻》的时候不太适应，（因为）刚从学校毕业出来不太会。（工作了）大概1~2个星期后，才能及时写出来稿子，但是稿子质量不太高，几个老师就帮忙改，估计过了20多天到一个月的时候，自己就可以独立完成新闻翻译，一般是一天（翻译）一条，短一点就做到一天（翻译）两条。"

"新闻有很多的专业词语，像精准扶贫这种（新词语）就不太好翻译，在藏语原来的词语里就是没有这些东西。青海、西藏都有省级编辑的一个机构，就是根据词语的意思，根据藏语老百姓理解的程度，会设置一些词语，翻译一些像汽车的、航空的、医疗卫生的、高铁这样的专有词语，每个月都会出现新的专有名词的（汉藏翻译）表。但是比较遗憾，我们云南省没有这样的专有翻译机构。"

这样的翻译组织并没有全国统一的机构，都是各个省安排的，不同省的翻译机构对于同一个汉语词语翻译出来也会有一些区别，像西藏是根据拉萨人的口音，青海安多会有不一样的翻译。"我们就折中嘛，看我们当地老百姓更能理解哪个，我们就拿哪个来用。翻译新闻比较方便一点，像我们本科毕业的稍微熟悉一下，自己肯用功的话一年左右就可以上手。"

2013年通过考试入编后，扎西德勒就开始承担一些专题翻译的任务。"其实我自己心里没底，翻译新闻的话，就比较平铺直叙，你自己慢慢适应就上手比较快，但是专题翻译就比较难，它涉及一些意境性的东西。比如汉语有个栏目叫《走进香格里拉》，我们刚开始翻译这个栏目，它里面有一些描述景色的，像天空的白云啊、山川啊、河流啊这样的，写成散文式的，有些写成诗歌式的，没有一些文学功底，翻译这些就比较困难。"

2014年，藏语译制中心的工作人员开始尝试自制藏语专题节目《香格里拉·民间》，他们自己策划、拍摄、制作。"以前这个节目的框架也是存在的，但是都是翻译汉语的节目，现在我们是每个月自己出去拍两期节目，翻译他们的两期，一个月的话就是一半自己的节目，一半是翻译他们的节目。"一共有5个人负责《香格里拉·民间》，一般是拍摄自制节目和翻译节目的人员轮换着来。

第一期《香格里拉·民间》专题节目主题是"祈福锅庄"，请了奔子栏当地的一个叫扎巴的民间老艺人做采访式的节目。"采访和主持都是扎西老师做的，他是老媒体人嘛，访谈节奏、主持和风格就都没有问题。但是我们摄像的，以前根本没有碰过摄像机，我们西北民大学藏语出来的等于是半道出家。我刚到台来的时候，印象最深的就是见到谁都叫老师，连门卫大爷都要叫老师，他在台里待的时间长了，见过各种机器，他也有他的一套说辞。我们刚进台里啥也不知道，然后刚开始拍东西的时候，经常会出来色温偏差太大、焦点不实这样的情况。"

扎西德勒的第一期节目主持也是在锅庄，就是奔子栏锅庄的"也寻也若"，这在藏语里是"请进请坐"的意思，这期节目翻译过来就是"迎宾郭庄"。"为什么选奔子栏郭庄呢？因为我自己是奔子栏人，比较熟悉，刚开始就是在老家做。扎西老师说（节目效果）行的话就用，不行就当学习锻炼了。效果没有预想的好，但是播出也还可以。"

"还有印象最深的是去卡瓦格博，因为去那里只能徒步，我们要拿着设备进去拍东西，扛着机器走了两天。那时候不太熟悉机器，回来以后发现拍的东西根本不能用，色温、偏差什么的还是特别大，后来没有办法，我和朋友又走了两天去了一趟，之后那时候我们对摄像机器就已经比较熟悉了。摄像机需要自己经常用，经常用慢慢就能熟悉起来了。"

后来藏语译制中心的摄像和主持的技术慢慢成熟，他们就独立自制节目了，一开始将所有制作人员分成了香格里拉组和德钦组。"那时候不仅要负责《香格里拉·民间》，还要负责这边专题翻译，还有广播这边有栏目要承担，分成两组压力就比较小一点。但是后来我们发现分了两个组，拍出来的风格又有点不一样，不像一个节目，像两个节目，我们简单调整了下又合并成了一个组。需要出去拍的时候出去拍。现在我们一次出去（拍摄）两三天，拍两三期节目回来，这样就是给下个星期空出时间，可以做一下广播还有电视的工作。"

现在他们还翻译了一档名叫《五彩迪庆》的新闻性专题节目，主要介绍国家政策和老百姓民生。"它的翻译不像《走进香格里拉》，像以前散文性专题性的东西，自己把握不住，都要来老师这里改。现在翻译新闻性的东西就比较得心应手了。"

"这样一个星期下来我的工作安排还是比较满的。然后像新闻这边人手不够的话我们也要过来帮忙翻译新闻。现在精准扶贫的任务还是比较重的。这个跟新闻没有关系，不涉及栏目。但每个人每个月都要下去挂帮扶，我们现在出去4个同志，新闻广播人手就不够嘛。我们新闻的话主要翻译迪庆一台的新闻，还有精准扶贫的宣传我们都要翻译成藏文。"

2017年迪庆州60周年州庆，迪庆广播电视台做了一系列片子，其中有一个讲迪庆的历史的片子《辉煌迪庆60年》。讲民主改革以后、改革开放以前，以前迪庆是什么样貌，还没解放的时候迪庆是什么样貌。"汉语节目播出以后，听他们说社会反响是好评如潮。因为他们拍出来就是汉语的嘛，先用汉语播出。什么领导啊，各方都特别满意。然后我们就翻译成藏语，藏语播出以后就有一个老奶奶就专门找到我们台里来，她对节目的历史人物的界定不太满意，老奶奶也是当时当地的人嘛。在《辉煌迪庆60年》的片子里讲到迪庆这边有个叫汪学丁的人，对他的评价就是帮助共产党嘛，刚开始他是和共产党对抗的，发生过矛盾的。但是后来解放把他打下来了，也没有把他怎么样，反而是重用他了。现在这个片子里对他的历史界定是一个比较红色的形象。现在说要功过分开嘛，现在过是三分功是七分。但是老奶奶是受过汪学丁压迫的人，她脚上受过伤的，现在还能特别清楚地看到。汉语播出也不知道她是没看到还是没看懂，没有反应。后来藏语节目播出以后她就过来了，她指出我们的历史界定不准确，还指出我们很多的专业的用词术语翻译不准确的问题。比如它里面有一句同期声叫做'害怕共产党把小孩扔到水里面'，当时我们直接就是用口头语言表达的，我们的口头语言就是'把小孩丢到水里面'。她就说一定要用成某一个翻译方法。她专门来指出历史人物的界定不太准确，我们翻译的一些词汇也确实不太准确。当时有很多的比较专业的口语的表达方式方法，他们的翻译要让当地的老百姓听懂。但是我们没有经历过那个年代的事情，我们这个年代理解这个词语只是字面上的理解。"

"其实就是老奶奶认为我们翻译的藏语不是她生活的语言，她认为我们理解的不对。她主要气愤的就是对历史人物的界定，因为她是受过汪学丁压迫的。"当我们问及对于这次老奶奶反应的问题他们是怎么回应的时候，扎西德勒表示："后来这个是州委、州政府领导审核过的，这个历史人物的界定就不属于我们电视台管辖的范畴了。但是老奶奶指出的一些用词术语的翻译我们也要问问当地人以前的语境是怎样的，现在表达是怎样的，我们还是要去了解一下。但是如果一味用老奶奶的说法的话，对现在的语言环境也是不合适的，还是要推敲和斟酌一下。"

这时候，扎西邓珠插入了我们的谈话："这个事情它说明了一件事，我们一直以为是城区的藏族听不懂我们的广播，看不懂我们的电视，但通过这次却表明了，他们能懂汉语的反而把藏语听懂了，我们一直觉得听不懂的之后再做本地方言的，本地方言的电视也在做，广播也在做，谁知道别人有没有懂了，这是一个纯文献的专题纪录片嘛，他懂了。像专题片里面的专有词汇也比较多嘛，所以我们翻译的话肯定要按照标准的藏语的书面语去翻译。"

五省涉藏地区每年都有广播电视评析会，迪庆台藏语译制中心每次都会送出一些片子拿出去参评，他们制作的《香格里拉·民间》节目比较受到评委的认可。"我印象比较深刻的就是报道过年的时候奔子栏山神祭祀的一个节庆活动，我们把这个拍成了微纪录的形式，在这里播出后拿到参评会上去参评，几位评委对我们有肯定和鼓励，但因为摄像和机位肯定是不够的，里面的编排和技巧手法是不成熟的。不过他们过去认为迪庆藏文化是比较薄弱的，比较贫瘠的，突然有一个浓厚的迪庆藏文化节庆和仪式摆在银幕上，他们是很震撼的。另外，他们认为我们迪庆州一个州台能做出一个这样的节目出来是比较不容易的，所以给了我们一个一等奖。"

成都有一个专门针对藏语节目的广播和电视业务方面的培训，以前每年都有一次，但是去年到前年就没有办这个培训班了。"我参加了一次，是刚工作的时候。培训对于我们来说就是出去学习长见识，也是对繁忙工作的一种调节。"

扎西邓珠听到这里，也插进了一句话："他们的培训比较多，他刚刚说的培训是刚进单位三个月的时候参加的，然后后来去昆明参加过联合国教科文组织驻中国办事处的和一个协会一起弄的关于做纪录片的培训，还去中国传媒大学做过主持人的培训，然后每年参加的评奖会也是一次学习的机会。"

扎西德勒谈到新闻传播对藏语少数民族语言传播的作用时是这样说的："第一是自己有很大的提升，民间文化是一片广阔的沃土。像自己大学毕业刚回来的时候，感觉自己懂的很多，其实只是刚刚开始，但是到了民间采访感觉谁都是老师，他们讲起藏族的历史，讲起民族民间的文化，对一些事物的认知都特别精确，自己在拍这些东西的时候也是一种学习。二是刚才你说的新闻传播和文化传播方面的东西的话，我觉得我们就是一个桥梁。一方面可以把老百姓的现状通过媒体反映给整个社会，让社会上的人能感知和意识到这样一个东西；再就是把党和国家的政策方针传递给老百姓；最后对于民间文化的保护也起到一个重要的作用，我们采访的有些艺人都是高龄的了，有些今年还在的我们不敢说他们明年还会不会在了，所以说我们现在拍的一些东西有可能会成为绝唱的。"

"现在在塔城有一个格塞艺人,他岁数比较大了,我们对他的采访还是比较系统的,拍摄了很多影像资料。现在老人在的时候,我们感觉不出来它的重要性,但是老人如果不在的话,它里面的一些影像资料就非常有价值。有时候我们心有余而力不足,像我们刚到台里,做《香格里拉·民间》的时候我们也做过一些策划的,(包括)要采访谁、采访什么东西。我们知道有个弦子舞老艺人,后来老人不在了,我们就没有采访到。

"有个尼西土陶的国家级传承人,孙诺七林老人,我们也想采访一下他,我们想找个认识的人给我们搭一下桥让我们去做一个比较全面的拍摄。他们两个都比较有名气,想拍他们的人比较多,但是很多都是以一种汉文化、汉语言为主的采访,所以老人的表述和情感表达还是不太准确。我们如果用纯藏文化来采访的话它里面的内容和文化是会不一样的,但是现在两位老艺人都不在了,我们觉得非常可惜。一是因为我们工作比较忙,二也是可能没有那个缘分吧。"

"现在尽自己的所能来拍一些东西,有一个影像的保留,对于自己以后的工作也好,说大一点对于迪庆州,对于藏族自己还是做了一点点贡献的。"

对于自己工作对藏文化的促进,扎西德勒也给我们说了一个事件:"我们的FM99.8藏语广播刚开始开通两三个月的时候,一个中心镇的老爷爷就跟他在我们台里工作的亲戚说他很感谢我们,让他找到了以前的感觉。他特别喜欢听我们藏语的节目,我们的节目是每天10点直播嘛,他每天10点就放着收音机,在院子里边晒太阳边听我们藏语广播直播的节目,感觉特别亲切。我们有一期节目涉及结婚,有一些传统的藏族礼词、祝词,还有一个德钦的老爷爷找到我们说想要这个东西,想学习这个东西,但是找不到老师,想拷贝过去学习。这一两件事情让我们心里很有力量,我们自己也感觉很有成就感,很有意义。"

同时他也跟我们表现了自己对于传承藏文化的担忧:"稍微有点提不起来的就是一些青少年这方面的东西,我们民间栏目做的都是一些老艺人,讲的都是民族很有价值的一些老故事、老东西、老文化。放出去以后民间的反响就是中老年人特别认可这些东西,特别有共鸣。因为通过这个电视这个平台直接播出没有回看,年轻一代他们收听(看)习惯主要通过手机嘛,但是我们没有通过网络播放的习惯,觉得不太方便。像跟我们年龄差不多的藏族年轻人,就没有对藏文化的共鸣。"

但是为了在年轻人中引起共鸣,他们也作出了一些努力:"我们后来就是专门策划了一些采访年轻一代藏族学子回来以后做的事情的节目,像迪庆州藏文中学里面的藏文老师,云南民族大学毕业的学生做的牛奶乳制品,还有一个云南艺术学院的学生回来以后在村子里做黑陶，不去参加工作，一心做黑陶。像我们村里一些年轻人跟着老人做了一些宗教的仪式的祭祀工作。像现在德钦的小学里一些小学生拉弦子还比较厉害，这也是一种民族文化的传承。"

"我们现在策划了一些东西，但是还没有去拍，想多反映一些年轻人对于这些传统文化的继承和努力的方面。如果我们两个人是朋友，你做的东西上电视了，肯定代表了一种文化嘛，你做的东西我肯定会去看，看了的话自己肯定还是会有感触的。比如你这个东西我爷爷会、我爸爸会，而且你也会，我为什么不会？所以我就会去学嘛。像拉弦子这些东西，以前只要是个男孩子就会的，那时候的氛围特别好，一到晚上没电，大家没什么事儿可做，烧一堆火来跳弦子，我们就是小时候跟在大人后面就会跳，后来自己大一点就自己拉弦子自己会跳，当时跟着大人、跟着这个氛围，我们自然而然也就会跳，不用专门去学。现在技术的东西，对人们的冲击比较大，但是冲击大的时候也会有帮助作用。如果可以记录下来，你不用跟着一个老师学，可以跟着电视跟着这些东西来学嘛。其实氛围也是好的，要让人们从心里面感受出来，其实这是我们祖辈真正的东西，这是我们的根，不过这几年眼前花里胡哨的东西太多了，我们遗忘了一些东西，到了这个年纪，我们就慢慢把这些东西捡起来。"

（访谈时间：2018年1月8日；访谈人：王东林、唐优悠；整理人：唐优悠）

（六）拉茸初姆访谈记录

访谈对象：拉茸初姆，迪庆广播电视台藏语译制中心主持人、记者、摄像、编辑。工作时间：2016年至今。

拉茸初姆，女，藏族，1993年出生，香格里拉人，2016年毕业于甘肃民族师范学院，学习汉藏翻译专业。同年12月进入迪庆广播电视台工作，担任藏语译制中心聘用编辑，负责FM99.8新闻直播间的播音，参与藏语电视专题栏目《香格里拉·民间》。

"刚开始做广播，翻译新闻，后来到2017年1月就开始在FM99.8直播间播音，就是因为直播间的试播，所以台里才向社会聘用藏语人才，就报名参加考试。"说起第一次在FM99.8直播间做节目，拉茸初姆的记忆有些模糊："不记得当时讲的是什么主题，播了很多次了，有时候每天都播，内容就是围绕着整个涉藏地区的风俗习惯。因为搭档不一样嘛，有的时候跟着这个姐姐，有的时候跟着那个哥哥，然后哪个话题和谁讲过是记得的。记忆深刻一点就是跟着德勒哥哥讲他被台里派去各个涉藏地区学习的经历，说到风土人情啊，讲那个的时候就说到可可西里的自然景观，关于环境保护这块我很感兴趣，呼吁大家保护环境、保护动物啊，然后从可可西里就切入到我们这边的实际情况，主要就是保护环境、动物这些。除了这些还讲过藏族饮食、服装这些，都讲过，每一种都可以讲，比如吃的做法啊，怎么来的啊。"

记得今天在直播间播音的前10分钟，她的声音很小，我和优悠以为她可能准备得不是很充分，但后来证明我们的猜想是错的："因为我前段时间请假了，昨天才正式过来，今天是第一次进新直播间，所以对新设备不是很熟悉。""今天主要讲的是酥油茶对人体的益处。我们到处都在找资料，网上看啊，微信公众号里啊，之前好多的（主题）都已经讲过了。（FM99.8）试播了一年了嘛，好多都讲过了，不好讲了。尽管有时候主题重复，但还是有不同的讲法，像酥油茶的好处的话，跟我们生活比较接近，我们小时候也是喝着酥油茶长大的，然后也知道一些。从昨天开始策划这个主题，因为今天轮到我和吹批拉姆直播，所以就做些准备。有些汉语和藏语的公众号啊，就看了（关于酥油茶的资料）。"

今天的节目围绕喝酥油茶对人身体的益处展开，刚开始讲："有哪些地方喝酥油茶，主要就是涉藏地区，然后就是茶文化的话，它历史比较悠久，大概讲一下历史。然后就切入它对人身体的益处。当然，我们还回顾一下像之前讲过的，像酥油的好处，之前那个（吹批拉姆）姐姐和德勒哥哥就（在节目里）讲过酥油的好处，今天我们讲的是酥油茶的好处，就这样结合一下。我们这边和西藏还有安多地区，我之前在甘肃（藏族）就属于安多地区，（卫藏、康巴、安多）三大涉藏地区嘛，像康巴的话就是酥油茶喝得多，西藏的话喝甜茶的多，安多的话喝奶茶，基本上见不到酥油茶，因为之前在甘肃读书的时候我就有感受，迪庆就是喝酥油茶多，基本上见不到甜茶，奶茶也是见不到的。喝酥油茶对人的好处的话，主要讲的是像对心脏病、人的大脑等有好处，促进消化，还有减重……"

说到这里，我跟了一句"还能减肥"，拉茸初姆马上纠正我，"不能说是一定是减肥吧，就是能起到保持平衡的那种（作用），它不会让你太胖，也不会让你太瘦。然后补充能量啦，促进胃的吸收能力啊，其他还有皮肤，这边比较干燥啊，嘴巴开裂啊，就是以前没有擦脸油，酥油茶上面不是有一层油嘛，然后可以擦到脸上或是嘴巴上，很管用。"

说到为何选取这个话题，拉茸初姆想了一下。"因为现在有好多年轻人啊不喜欢喝，或者是因为受到什么环境影响就喝得少，有些人说减肥啊，怎么说呢，反正它有一定的作用，对人体来说挺有好处嘛，你还是可以适当的喝，我最后总结的时候是这样的，因为它怎么说，因为像酥油茶里它就有茶嘛，像藏族有些人就喜欢放很多茶叶，那样的话他那个茶就特别浓，对人体又有不好的地方，我们就说要适当地喝，像冬天的话可以喝，对身体保暖起到一定的作用。"

说起如何看待这份工作，拉茸初姆认为自己主要是被兴趣牵引着，"自己也是藏族人，从小也学习藏文藏语，就是兴趣吧。"在前天德勒给我们介绍的《香格里拉·民间》的一档有关黑颈鹤的节目里，拉茸初姆第一次作为主持人出镜，据德勒说扎西老师想看看她是否适合做主持人，"算是一次检验吧。"

（访谈时间：2018年1月12日；访谈人：王东林、唐优悠；整理人：唐优悠）

# 第三章 怒江州口述实录

## 一、报纸

### (一) 恒开言访谈实录

访谈对象：恒开言，曾任怒江报总编。工作时间：1981年至今。

恒开言出生于1960年，怒江州福贡县人。1977年恢复高考的第一年他就参加了高考，17岁考上云南民族大学的汉语言文学专业。大学毕业后，于1981年7月进入怒江报社参加工作，2000年开始担任报社总编。恒开言是高考恢复后第一批参加并考上大学的考生。"那个年代大学生比较少，毕业时有很多条工作出路，但我坚持要回到怒江报社。上大学的时候，我就开始自学傈僳文，我认为作为一个傈僳族不懂自己民族的文字是一件非常丢脸的事情，所以就一边读书一边学傈僳文。毕业以后，由于工作的需要，我继续找教堂的牧师深入学习傈僳语。"

恒开言正赶上《怒江报》的开创时期。1981年6月州委下发文件开办《怒江报》，恒开言一行人专门到德宏学习了解民语报纸的制作。《德宏团结报》的编辑胡玉才等人也被借调来筹备报纸，报纸于1983年5月28日正式创刊。报社针对怒江州当时有使用新老傈僳文两种文字的情况，同时发行了新傈僳文和老傈僳文报纸。由于新傈僳文接受范围小，1990年以后便只发行老傈僳文报纸。随着出版技术的发展，报纸的发行周期也逐渐缩短，由1990年以前的半月一张发展为一周一张，2020年10月1日《怒江报》改为《怒江日报》。

在20世纪80年代，报社环境比较艰苦，人员、设备都比较短缺。傈僳文编辑部总共有6人，编辑既要采写，又要翻译、排版，一人身兼多职。"傈僳文部的稿子获奖的比较多，因为记者通傈僳语，能够深入基层与当地老百姓交谈，那些有价值的新闻还是在一线才能采访到。采写完稿子之后还要翻译成傈僳语，再进行校对、排版。当时用的是铅字排版，工序比较繁杂。铅块对人身体损伤也比较大，当时若是从事与铅相关的工作，工龄1年可以抵5年。由于报社没有条件，头几期报纸都是排版完以后送去德宏印刷，后来条件好一些才在怒江印刷厂印刷。"

为了提高印刷效率，从1996年开始恒开言就开始筹备制作傈僳语排版软件。1997年恒开言赴昆明攻读研究生，期间与北大方正信息产业集团合作，开展老傈僳文电脑输入排版印刷课题研究，成功研发了老傈僳文输入法和排版软件。怒江报社傈僳文部主任熊润春和德宏州团结报社易天武等同事都为之付出了巨大的努力。经过培训，傈僳文版采编人员学习掌握了飞腾4.1版老傈僳文排版软件文字录入、组版排版、改版和校对技术。从2005年开始，《怒江报》傈僳文版进入激光照排阶段。"1999年1月软件在怒江州民族印刷厂试用成功以后，6月由怒江州民族印刷厂提供给德宏州团结报使用。在使用的过程中，老傈僳文软件不断改进升级和普及。在这个基础上，目前国内专家已经开发出来几个版本，进一步丰富了老傈僳文软件。"为了满足移动终端的傈僳文使用需求，2015年恒开言与广西科技大学的学生合作，开发了手机使用的傈僳文输入法。为了普及软件使用，还在其中安装了"跟我学傈僳文"板块。"由于傈僳族同胞在浙江、上海等地外出打工者较多，他们不太认识汉字，打电话又费钱，通过免费的傈僳语短信交流比较省钱，也更有亲切感。现在泰国、缅甸也邀请我们过去给他们安装。"

为了缓解人员紧缺的问题，恒开言提出开办通讯员培训班。"我们报社在中心教堂办了一个傈僳文通讯员培训班，当时教堂正在办教务人员培训班，来的都是有一定文化的农民。我们就用傈僳文教他们做新闻报道，新增了一批长期在一线的通讯员。最初采写的稿子就托人捎到报社，之后通过传真、网络传送稿件就更便利了。以往报社记者去一线采访，比如说到福贡（离六库最近的一个县）往返路费要80元，若是去到村里，还要坐电毛驴（电动三轮车），来去就要30元。由通讯员直接供稿，则大大节约了经费和时间。"一线新闻由通讯员提供，编辑对通讯员的稿件进行把关，形成了一种高效的联动采写机制。

《怒江报》从手工排版铅字印刷到激光照排数字化印刷，从"一报三种文版"到"一报两种文版一站一机"，从四开小报到对开大报，始终坚持"党媒姓党"，始终秉持着"政治家办报"的原则。"报纸主要宣传国家方针政策、倡导民族团结，传播脱贫致富知识以及一些正能量内容。报社专门开展了送报下乡服务，报纸还送到了教堂。"正是因为受众群体面狭窄，恒开言坦言民族文字记者有其难处。"作为民族文字报的记者、编辑，他们的社会影响力和知名度比不过汉文，又辛苦又累也很难出事迹。"但从事少数民族新闻事业的媒体人也做出了他们独有的贡献，《怒江报》从1983年创刊到现在经历了几代人的努力和追求，37年4762期讲述着怒江的故事。

（访谈时间：2018年1月13日；访谈人：赵洁、叶星；整理人：叶星）

（二）李四夺访谈实录

访谈对象：李四夺，怒江报傈僳文版通联部主任，傈僳文版3版科教文卫版编辑。工作时间：1985年进入怒江报社工作。

1985年李四夺从云南民族学院预科班毕业后，进入怒江报社工作。当时报社条件艰苦，没有条件提供职工宿舍，李四夺就在租用的办公楼中将办公室作为临时宿舍。在20世纪80年代报社仍使用传统的铅字排版技术，"每次排版之前都需要将米粒大小的铅字排布在底板上，经过仔细校对再通过纯手工印刷，用油墨刷一遍再把纸盖上去就印出来了。以前我们出现印刷错误都不叫'印错了'，而叫'按错了'。"印刷技术的限制也形成了与之相适应的排版方法，"比如说，现在傈僳文版的两则新闻的标题要求水平对齐。但当时不一样，一篇文章一列排不下，就要另起一列继续排，否则可能压到另一篇新闻的标题。不仅'按字'要注意，而且一则新闻排不完'拐过来'，这种排版方法叫'插入'。其实这种排版方式比较落后，后来大家意识到需要改进，就慢慢改革了。"1998年报社开始使用电子印刷，大大提高了新闻的实效性，"以前出一篇稿子可能需要几天，甚至一个星期的时间。现在交通和通讯都更方便了，只要有信号就能写稿件、传稿件。"

李四夺担任着报纸的版面编辑，办好少数民族报纸还需要过"语言关"。"当时是用新傈僳文办报，边办报还要边学语言。以傈僳语第三版为例，主要内容是科教文卫等知识，我们还开辟了许多专栏，比如艾滋病防范、缉毒以及常识等等。限于报纸版面容量，主要选择实用、时需的内容。"除了要适用不同的语种和语言风格，在有限的报纸版面中，其实内容选择更为关键。"基于《怒江报》是一份机关报的定位，首先要完成州委的宣传任务，再往下分解，就是报道政府工作报告，告诉老百姓这一年党和政府要做的工作，再就是宣传思想工作会议，还有自然灾害、重大事件的报道。总的来说就是'围绕中心，服务大局'，围绕党的工作，服务人民生活的方方面面。除此之外还有自然景观、旅游项目以及地理状况等等报道，都包含在上面说的宣传工作里面。比如说我们宣传林业局的工作，报道全州一起植树造林，自然而然就将怒江州的好风景宣传出去了。"

李四夺认为这种办报思路同时适用于汉文版和傈僳文版，二者的内容相互交叉但也存在差异。首先，主要在于面向受众不同，在语言文字上存在区别；其次，报道要从受众的心理需求和文化需求出发。李四夺通过下乡调研，了解受众的需求，自己也总结了一些心得。自19世纪中叶后，基督教和天主教传入傈僳族地区，在怒江信教的傈僳族群众逐渐增多。在新闻宣传上要考虑到受众的宗教信仰和民族文化习俗。

2002年夏天，李四夺一行人去往兰坪县拉井镇采访典型榜样人物李祖德（一位承包荒山种苹果的残疾人），克服了道路不畅的困难，又遍访兰坪的7个镇了解当地情况，花了一个月时间才完成调研。为了培养一批通讯员，提高新闻采编的时效性，报社在2009年进行过一次大型傈僳文版通讯员培训，开办了首届农民通讯员傈僳文新闻写作培训班。李四夺作为通联部主任，与杞秀华一同担任教员。与此同时，全州教牧人员集中到六库中心教堂进行宗教培训，在民族事务宗教委员会的配合下动员他们参与了培训报名。来自怒江州4个县各个乡镇的学员有30人，每个人都能够熟练运用傈僳语。历时9天的培训主要讲授了新闻宣传的含义与意义、新闻写作基础知识以及宣传纪律等，培训结束后有8篇稿件曾被怒江报傈僳文版采用，部分通讯员在基层工作了一段时间还调进了报社，为民语报纸的发展补充了力量。

在1984年，怒江报是"一报三版"，即同期存在汉文、老傈僳文、新傈僳文三个文版。曾经由于新老傈僳文交替的困难，还导致报纸出版延期过几次。老傈僳文有100余年历史，相较于新傈僳文其接受面更广，历史根基更厚。由于推广面有限，新傈僳文版报纸于1990年停刊。如今懂傈僳文字的年轻人越来越少，对于傈僳文报是否会随着读者空间的缩小而消失这一问题，李四夺认为应该辩证地看待。"尽管用民族语编排报纸费时费力，但也体现了我们一直在全心全意为老百姓服务，目的就是为了让所有傈僳族人都看懂这份报纸。傈僳文报读者空间缩小是民族融合和地方发展的趋势，但傈僳文作为促进民族繁荣的一种工具，其价值和功能不会消失。办傈僳文报的初衷就是为傈僳族人宣传党的方针政策、传播知识文化,在那个年代的精神文明建设中起到了非常重要的作用。站在国际视野中,这份报纸还具有更大的存在价值,不仅有利于全球的傈僳族人交流文化,也能够守住我们的文化阵地。其既担负着文化交流的职责和使命,也是一种重要的传承。"

(访谈时间:2018年1月9日;访谈人:赵洁、叶星;整理人:叶星)

(三)光平访谈实录

访谈对象:光平,怒江报社原傈僳版副主任。工作时间:1985—2014年。

1956年出生的光平在17岁时开始在古登乡小学当老师,工作9年后去到了云南民族大学就读民族语专业,因为去昆明的路途遥远,单程就需要4天时间,所以刚去读书的时候,家里还并不同意,但他还是坚持在大学里度过了3年时间,也学习了很多新闻传播专业的相关知识,于是在3年后的1985年,29岁的他毕业就进了怒江报社的编辑部担任编辑,1992年报社成立傈僳文部,他又转到傈僳文部担任副主任,直到2014年从报社里退休,他足足在报社干了29年。

刚进来怒江报社的时候光平就被分配到了编辑部,因为那时报纸汉文傈僳文不分开工作,一共出两种报纸,编辑部的7个人又负责汉文版又负责民文版,"那时候大家都互相商量,学着做报纸。办公室里有两个比我年纪还大,一个已经过世了,一个是胡育才老先生,可以说是我的半个老师,我写了稿子都给他改,他就告诉我怎么写比较好,教一次我就记住了。当时人手不多,报纸也在德宏那边印刷,因为这边印刷的设备比较差一点,开始是铅字印刷,8年后我们本想自己成立了报社的印刷厂,但是又被通知搞不成,只能到州里的印刷厂了。"

直到1992年,编辑部又被划分为汉文部和傈僳文部,光平就去了傈僳文部当副主任。"其实主任的工作我也做。当时的报纸内容和现在也差不多,都是和党中央一致的,宣传党的方针政策,脱贫致富的新闻。傈僳文版与汉文版没什么区别,将汉语新闻翻译过来的,有些是自己采访的,而且汉文和民文的内容可以共用,有些傈僳文部采访的新闻有价值的,也会给汉文版用,农村里面也有少数民族通讯员给我们供稿。"

光平回忆起之前也艰苦的工作岁月感慨良多。"当时下乡送报纸,因为交通不便,要坐马车、坐拖拉机,有些地方没有公路,只能步行,跋山涉水地把报纸送下乡。那个时候福贡到昆明都只有一条路,其他地方比如贡山、片马还有上江是没有路的,那时候都是走路的。报纸是全州都要送到,报社派人跑基层,我自己也亲自送。"以前的报纸基本上都是要送到教堂里,送达的时间也并不固定,一个月一份两份的时候都有。"现在是一个礼拜一期,所以现在他们也比较忙,但是也是比我们那时方便。人手多了,交通好了,技术也进步了。我们也经常派记者下乡和群众交流嘛,了解他们对报纸的需要,具体要订多少啊,他们看的情况之类。""下乡采访的时候也是如此,因为晚上都没有电,所以要打着手电筒写稿子的,路也不通,吃的也少,农民相当困难,也有很多饥荒年,没钱买粮买肉,那个时候计划经济时代嘛。现在改革开放发展起来了,以前裤子烂了是没钱、没办法,破了也接着穿,现在的小娃娃也穿破裤子,但他们是故意的,这是一种流行的时尚。所以时代变了,大家的脑子、审美也变了,农民生活富裕起来,党对他们很关怀,老年养老金都有了,比原来好得多。"光平很自豪地告诉我们,全州各个县的村庄,50多个乡镇他基本都跑过,去采访和调研,只有要爬雪山、穿草地的独龙江那边的少数村子没去过,那些地方要翻3座雪山才能进。

铅字印刷算是傈僳文报纸创刊初期遇到的最主要的困难,因为当时的人手缺乏,所以采写编排都是靠报社内部的编辑们自己亲力亲为。"每个人各个业务都要会,和现在很不一样的,那时候也没有什么分工,就是分了两个部门,汉文部和民文部,然后相对独立工作,但是办报中心是一致的。"

光平告诉我们,傈僳文报编起来比汉文麻烦,因为汉文采访写完就可以发表了,但是傈僳文报纸要先了解傈僳族人的生活,采访完了要写,拿回来编辑又要编辑翻译,然后还要自己排版,整个流程是非常复杂和麻烦的,而且在翻译的时候,有些汉文并不好翻译,需要认真仔细考虑。"我们怒江州的少数民族语言还是很多的,我在云南民族大学读书的时候读的民族语系,学各种语言,景颇语、傣语、傈僳语等,但有一些民族的语言是没有文字的,傣族、怒族等,彝族的文字也没有传播起来。我的傈僳文也是在读大学时候学的,当时是学3种——汉文、老傈僳文、新傈僳文。现在使用比较多的是老傈僳文,会使用新傈僳文的不多,我们新傈僳文报纸也只出版了三四年。"

说到读者的问题,他告诉我们翻译汉文新闻也同样有难度,因为要把汉文的意思比较完整地表达出来,而且思想上要一致。"但是做好这个翻译对社会是有意义的,民族文字是我们怒江州的特色,而且很多族人汉话也不懂,读文章也不行,我们去基层调研的时候也看得到,他们生活还是比较落后困难,因为山高坡陡，交通不便。比如现在都要求小娃娃读书，我们也要把民族文抓起来，让他们可以看可以学。"

他用了一句生动的比喻告诉我们："就像'懒牛不得草，懒人不得食'，我们不能孤立他们（不懂汉语的读者），得办报纸给他们看，报道农民致富、社会发展的知识，与汉族相互促进、相互学习。所以这其中我们的报纸起了一定的作用，毕竟在傈僳族人中60%左右是不通汉文的，而且其他民族比如怒族等也有学傈僳文的。其中信基督教的也比较多，他们懂傈僳文，但是基督教的理念和党的理念是两码事情，所以做这个报纸是要农民和党保持一致，也让他们懂得知识，富裕起来，奔小康。"

说到这个问题，他又很自豪地跟我们说起自己的故事，1987年光平写了一篇《山茅野菜变成金》的报道，还获得了云南省新闻一等奖。他认为自己写这篇文章的动机就是要提倡人民增加收入，"以前山上的农民伯伯也不会挣钱，能卖的野菜只能烂在山上，所以我们做这个报道就是告诉他们，很多山里的宝贝都可以卖钱，也鼓励他们做这个买卖。这个新闻报道我是采访的瓦姑村三叉河生产队，讲他们卖野菜的事迹，我们也跟他们一起去采过山蕨菜之类。以前很多山里的小姑娘来城里卖点野菜也很害羞，来福贡赶街，不敢露面，也没有什么生意头脑，偷偷把野菜藏在手下面，晚上又拿回去丢了。但是她们看了我们这个报道以后，知道这个可以赚钱，是好事，衣服都穿不着了还害什么羞，所以胆子大了，而且报纸上既然都报了，那她们也不必害羞了，就很大方在街上卖野菜了，这就促进了他们相互学习，勤劳致富嘛。"

傈僳文报纸的主要读者就是教堂的信徒，"他们对我们的工作很支持的，报社和教会也有很多合作，我也参与了很多傈僳文读物的翻译工作，比如《宪法》《婚姻法》《森林法》，还有党章等。"他告诉我们傈僳族全世界600多万人，马来西亚、新加坡、泰国、缅甸都有，并且大家都用这个傈僳语和傈僳文。当时四川有个米艺县新山傈僳族乡也要出傈僳文报纸，德宏那边的傈僳文报纸，大家互相交流比较多，"但是我们怒江毕竟是傈僳族自治州嘛，所以这边人员比较充实，对傈僳语比较熟悉，做得比较扎实一点。"

尽管已经退休了，光平对报纸还是有非常深厚的感情，也时时关注着相关的问题："退休以后的事情我不太了解了，现在也是经常过来看看报纸而已，不过这几个小娃娃都进步了很多，报纸也做得比较好了，他们都可以说是我的学生，很好学，很勤快，为了办好这个报纸尽力。他们都是我们找的，再加上国家分配,从师范等学校毕业之后就来了这里,进报社以后傈僳文我们也重新教给他们,一边学一边编辑,不到几个月他们就掌握了,自己会办会写了,还是很可以的。以前编辑部只有7个人,现在多了,和汉文部加起来40多个,不算少了。其实做记者工作还是难的,人家放假但是要有新闻了你就得跑去采访,人家工作紧张的时候我们更紧张了,我们是党和政府的喉舌嘛。我们报纸的内容,读者关注比较多的是政府的政策、致富之路、法律法规等,因为他们之前接触法律比较少,所以要把它翻译成傈僳文,要他们学习,学透学懂。这些内容也随时代要求变化了,以前提脱贫致富,现在是要提奔小康了。"

(访谈时间:2018年1月16日;访谈人:赵洁、叶星;整理人:唐优悠)

(四) 熊润春访谈实录

访谈对象:熊润春,傈僳文版编辑部原副主任,原主编。工作时间:1987年进入报社工作。

熊润春以前当过小学老师,之后又考上了云南民族大学傈僳语专业学习了五年的时间,毕业后就进入了怒江州教育局工作。当时的工作都是听从领导的安排与分配,看到他新闻底子还不错,所以他在教育局干了两年的翻译工作以后,在1987年的时候调动到了怒江报社进行傈僳文版的翻译。之后也担任了报社傈僳文版编辑部副主任、主编等职务,2014年棚户区改造,他曾被抽调去棚户区做思想工作,后来一直做党建工作。

1987年3月进报社后,熊润春认为自己就是一个不满足于现状的人,喜欢不断反思,不断提意见。他们想给老百姓传达生活常识、中国优秀传统文化,而现在的人更感兴趣的是现代科学知识。他也在致力于满足大家的需求。"当时报社里我们的领导就是采访、翻译、编辑样样都懂,于是就带着我们学习。我来的时候不负责排版,只负责画版,但是以前我还没来的时候,当时排字、校样都是他们自己来搞的,我们到的时候已经有专门的排字工人了,我们就不用亲自动手,但是如果版面有什么不对,排字工人看不懂字(因为是铅字的傈僳文),就还要我亲自去看。当时排版的机器,你们可能没见过,很落后的,比马克思时候办报的机器还要落后,它们还是一次就唰唰唰出来的,我们的要一个字一个字地排,2000份可能要印一整天。"

在熊润春来之前怒江报还没有国际新闻的内容,在他过来之后开始做国际新闻了。"我记得当时最受关注的国际新闻是美国、苏联、以色列等国的新闻。我们怒江有一些人信仰基督教,所以当时的巴以冲突很受大家关注。我们也集中转发这些国家地区的新闻事件。大家很喜欢看国际新闻,当时有电视的家庭还很少,我们的报纸影响很大。一些边民会在边境来来往往,我们的报纸发放到农村,他们也会看到,所以《怒江报》的傈僳文版也起到了一定的宣传作用。那时候,我们的《怒江报》学习的是《德宏团结报》,几乎是原模原样地学。我到报社以后觉得版面不好看,建议改版,特别是字体、字号要好看,原来是小三号,要改成小五号,后来又改成五号字,五号字就一直用到现在。除此之外,《怒江报》的形式一直在变化之中。报头、报眼也经历着改变。宣传方式、宣传方法也在改变。傈僳文版翻译也曾出现问题,导语的内容和正文的内容会有些重复,当然也有不重复的。当时,我们傈僳文版的报纸也在不断探索,觉得傈僳文版的导语和正文还是可以清楚明了一些,可以与汉语版有一定的差异。1984—1992年,傈僳文报纸一共有4张,分别是《德宏傈僳文报》《丽江傈僳文报》《维西傈僳文报》《怒江傈僳文报》,我认为《怒江傈僳文报》是最好看的。"

最初工作的时候,在铅板印刷时代下,他们的办公条件也相当艰苦,夏天十分潮热难受。五六个编辑挤在一小间房子里印刷,逐个字地校对,特别是傈僳文版一个个反反复复来校对。10余年后,《怒江报》傈僳文版在1998年完成了采访、编辑、翻译、校对等工作环节在编辑部一次到位,而汉语版在之后才完成这一目标。"1995年我成了傈僳文版的副主任,那时没有主任。1997年我成了傈僳文版主任,1997—2015年我都在做傈僳文版的报纸,生活也平平淡淡。2002年,傈僳文字库出现,我们又恢复到老傈僳文,但工作流程是一样的。现在办报纸也是比较艰难的,领导更重视电视媒体,报纸受关注度就下降。加之新媒体很发达,纸质媒体很难发展的。2007年,我们被迫改制,但当时很多地州的报社都没有成功,我们实行了一段时间,实在无法自负盈亏,我们怒江一年的广告费也只有20万~30万元,但其他地方一期的广告费就20多万元,我们广告市场都非常狭小,所以又恢复成了全额事业单位。"从事报纸行业20余年,熊润春认为这其中最大的变化便是记者、编辑的待遇收入提升很高,但也由于怒江的经济发展水平限制,还是没能达到从业者心中满意的目标。

"当年我当主编的时候,是按照版面来分工,第一版是要文、第二版是经济、第三版是文化卫生、第四版是国际新闻,还有一份副刊。当时我们觉得要看得远一点，在电视普及以前，老百姓看不了国际新闻，傈僳文报的第四版就是以国际新闻为主。当时不像现在，那时我们中国的国际声望还不够大，国际新闻不一定每天都有与中国有关的事情。最重要的是一版，一版要闻不能丢，说白了我们的报纸就是为了一版——为了州委州政府而办的，当时政治业务水平高的人我们会放在第一版，知识面广的人放在第三版，当然，第二第三版也很重要，二版是经济，我们国家一直都是以经济建设为中心，第三版科教文卫也很重要的。第四版的文学艺术作品其实很大部分是我们编辑自己写的。因为说真的，我们傈僳族使用自己文字创造艺术的能力很弱，投稿的人很少，绘画作品之类的我也没有印象了，太少了，基本都是我们自己翻译创作的。当时我们还有一份傈僳文副刊，它从创刊时就一直都有，主要内容是民间诗歌、民间小说之类的，投稿的人特别少，基本没有，所以都是编辑们自己找的。"

熊润春在每年征订时都会去到每个乡镇的中心教堂了解情况，因为傈僳文报的读者多数是信教群众，办公室编辑也会主动接触信教群众去了解一下情况。熊润春认为现在的年轻人很少有信教的，就算信了也很少阅读报纸，所以不像以前的老人们一样会主动来报社讨论报纸上的事。"当时他们会找上门来，跟我们说说哪些部分不理解，来问问我们，或者觉得那些方面不对，来教教我们，另外还有一些他们自己对诗歌感兴趣也会来教我们唱唱，但那都是二十世纪八九十年代的事情了。在跟读者的交流中我注意到一个问题，很多时候他们说读不懂不一定就是我们写错了，而往往是他们自己不知道，一些新生词语，不可能在几百年前就有的圣经中找到嘛。但是他们把不知道的就归为我们写错了，我们对新生词语的翻译都是意译，比如'手机'我们翻译的意思就是'手'译为'拿着的'，'机'译为'电话'，就是'拿着的电话'。""所以遇到他们有这样的反馈时，我们会向他们解释，帮助他们学习，但我们不能一味地去迁就读者，因为在我们翻译时我们已经尽量通俗化了，有些新词语他们看不懂的，我们也还是要接着用，就像汉文报，就算大学毕业的人，也不一定就什么都懂，更何况那些连小学都没毕业的傈僳人，所以不会的你要学，这样社会才能进步。"

熊润春根据自己从事20多年的傈僳文版的工作经验，他认为办报最困难的就是发行，因为受众群集中于信教群众，行政事业单位懂老傈僳语的不多，只有一些学习傈僳语专业的人看得懂，而当他们工作后也不会再看报纸的傈僳文版了。同时，山里的信教群众很难取到报纸，一般邮递员将报纸放到村委会，拿不到报纸也就看不到。后来，他们也尝试实行了免费送报纸，将报纸送给公路沿线的教堂，但是除了做礼拜时也很少有人来看。同时，实行免费发放报纸也给报社的发展带来了不订不看的弊端。"如果我们取消了免费报纸的办法，可能就没有人看了，大家都可以从网络上看。所以，纸媒的发展令人担忧，汉语版的报纸也面临这样的困境。"

"我工作这么些年，也在作品上获得过一些奖项，但你要理解我们在傈僳文版工作的人，不像汉文工作的人那么容易得奖。汉文版的人在记者部待过的人是作品最多的，我的作品呢，在省上最高只获过二等奖，我记不太清了。有一篇好像叫《论怒江报傈僳文版在怒江'三农'宣传和宗教事务管理中的特殊作用》，那篇文章主要是讲怒江无论是农村还是城市，多数人都会讲汉语，随时都在流动的年轻人都讲汉话，但是老人们，特别是那些一辈子住在福贡、贡山大山里，从来没出过山的老人，只掌握了傈僳文，可能完全不懂汉文，要是工作队进山宣传，就算给他们讲一整天的课，他们也一句都不懂，这对于农业生产很不利，而翻译成傈僳文，（宣传）对他们才起作用。所以当时除了出报纸，我们还帮政府翻译一些宣传材料。"

"现在人们对于傈僳文有一个误区，他们总是想当然地认为懂老傈僳文的人多，而实际上，我跑过很多教堂，教堂里坐的教徒中，随便找一个人让他抽读圣经里的词语，他都不会看。还有一个情况就是脱盲人数，以前用傈僳文脱盲，人数根本没有说的那么多。他们脱盲考试我监考，我批他们的试卷，一个教室里真正懂傈僳文的根本就没有几个。现在一些人总是在盲目地说，信教群众大部分都读傈僳文，实际上能通读的根本没有几个。以前我们去发放报纸，当地群众都给我们面子，大家都抢着拿走，看上去特别喜欢一样，实际上有些人读报的时候都是'倒着'拿的。但这也不只是我们傈僳族当中存在的问题。另外我们傈僳族在文字上也犯过一些错，1988年的学术研讨会放弃新傈僳文的决定就是其中之一，把自己给搞落后了，因为新傈僳文字像英文字母，计算机系统上都有，如果推广开，在国际上使用就很便利，而老傈僳文就不能，这就等于自己捆住了自己的手脚。另外，老傈僳文想要改革发展是很难的，几乎办不到。"

"现在读傈僳文报的人越来越少了，可以说现在就几乎没有人读了，可是我能说，傈僳文报纸一定会继续办下去，因为它是党报，它体现了党的一个政策，就是民族平等，以后无论变成什么形式它都会在。现在，不但是傈僳文报，其他的少数民族文字报都越来越倾向于成为一种标志，丧失了它原本的功能了。现在的农村傈僳族人还是大多喜欢广播，村里的电视收不到傈僳新闻，他们只能听傈傈语广播。可是人们现在都很喜欢用手机，目前有了一些新媒体来传播傈僳文新闻，我觉得它们还是有一定作用的。"

（访谈时间：2018 年 1 月 15 日；访谈人：赵洁、叶星；整理人：唐优悠）

（五）杞秀华访谈实录

访谈对象：杞秀华，怒江报社傈僳文编辑部主任。工作时间：1990 年至今。

杞秀华 1990 年从怒江师范（现怒江开放大学）毕业后，同年进入报社。她在读书的时候学过一点傈僳语，后来因为报社这边缺人也就选择了过来，刚开始工作的时候她也不会编稿，所以工作上就负责 4 个版面的校对以及报纸的印刷工作。同时她也作为通讯员和记者深入一线，报道过非常多的新闻事件。之后，她又开始负责起了报纸二版、三版的编辑工作，现任怒江报社傈僳文编辑部主任。

她刚进来报社的时候，因为老编辑们都不太同意用新傈僳文，所以报纸上使用的还是老傈僳文，"但我们年轻人也都觉得新傈僳文要好一点，因为新傈僳文在电脑上能够打得出来，它跟英文字母一样，这不仅仅是为了方便，而且看的人也还多。"因为在学校里只学了一点点傈僳文字，所以她认为自己在业务能力方面不太好，"傈僳文字就是 20 多个字母，两个字母，声母韵母相拼，拼出来是什么字，我们就学这个。"

在她还不会搞翻译的时候，报社就把校对的任务交给她。那时候电脑还没有普及，只能依靠油墨印，油墨的滚筒在铅字板上面滚了以后再把纸平铺上去，然后就能把字给印出来了。但是缺点就是油墨印数非常黏稠，工作也不太方便。校对的工作大概持续了 2~3 年的时间，因为当时年轻，所以报社里面很多的杂事都要她来负责。"我记得当时我们还会把报纸寄到四川，他们把到邮电局寄报纸的任务都交给我。把我们的报纸寄到四川的原因是那边有一个傈僳乡（四川省米易县新山傈僳族乡），在我还没有进报社的时候那边的傈僳文版的编辑和我们的编辑还相互交流过。我没有见过他们，只是负责把报纸寄给他们，等于互相交流一下业务吧。我来了报社以后和德宏傈僳文报也进行过交流，现在也还在互相交流着的，我们的报纸每一期都会寄给他们，他们也会寄过来给我们。"

怒江傈僳文报纸与德宏傈僳文报交流也非常多，除了业务上的沟通以外也有情感的交流，去年丰副总编还带着人到德宏那边学习，主要是想让他们学习一下歌谱。"以前我们的报纸寄过去他们有时候不一定会收到，但是后来他们对这个也比较重视，我们的丰副总对此也比较重视，他还自己花钱给德宏报的傈僳文版订了几份报纸。"

除此之外，两地媒体之间的有些稿子是可以通用的，德宏可以用怒江的，怒江报社在看了德宏的报纸以后有需要也能转载他们的。但只是部分转载，比如文艺稿、散文之类的。"但是用不用由自己决定，不用也可以，他们只要是看到我们的稿子有需要的话就可以转载。我提出建议并建了一个关于我们怒江报的傈僳文部和德宏团结报的傈僳文部名叫'百灵鸟'的微信群，傈僳话就叫作哇涅租，因为他们那边有一个版面叫百灵鸟，我们就以此作为群名称。我还提出一个建议就是通过我们之间的QQ群，在报纸最终版本发出之前，把一至四版的电子版传到QQ群上，我们可以打开他们报纸的电子版看看，他们也可以打开我们的电子版看看。"这件事提是提出来了，但是因为这段时间一直在忙也没有实施，大家认为电子版随时想看都可以看，纸质版在没有寄到之前也看不到。

此外，怒江报社还跟迪庆州维西县的傈僳文报进行过交流活动，但是维西的报纸现在已经停刊了，丽江那边也有一张傈僳文报纸，现在也没有在做了。一直坚持做的就是德宏团结报傈僳文版和怒江报傈僳文版。"但具体什么时间停刊的我不太清楚，因为当时我年纪还小，这些事情都是'老革命'们在做，人家把报纸寄过来我们就看一下，不寄过来我们也就看不到。"

做了一段时间的校对以后，杞秀华的业务能力在不断地提升，慢慢也开始编二版、三版、一版。"其实编哪个版也不固定，这么多年下来什么版面我都编过。有时候负责某个版面的人有事不在，我们代替他编的情况也有。我当时做校对的话就是他们给我一个学习的机会，在校对的时候就可以学习到别人怎么用词用句，提升我的业务能力。"

杞秀华目前主要负责的工作是傈僳文版的四版，还负责审稿。但是这些负责的工作板块也比较灵活，在那个去当新农村指导员的编辑走之前杞秀华主要是负责傈僳文版的二审，他也告诉我们报社的稿子发出去之前要进行一审、二审和终审，一审就是编辑改自己审，二审主要是主任、副主任负责，终审的话主要是副总编来审。因为丰副总编不在报社，所以稿子基本上都是经过杞秀华的手里审核。另一个副主任阿蕊负责编一版，审三版。"虽然是这样规定着，但是为了避免出差错，我审的版面阿蕊会帮我看，她审的版面我也会帮她看，互相帮忙。"

傈僳文版登的基本上是公益广告，基本上没有商业有偿广告，昨天他们还登了一张防治艾滋病的图。"这个是上面交代下来的任务，我们就放到报纸上了，占半个版面。公益广告去年发的也很多，主要是图片，比如小孩给老人揉背，孝敬老人等方面，配的句子也不多，我们翻译一句两句，像诗歌一样对称地翻译。"

杞秀华跟我们回忆自己的工作经历："1990年刚进报社的时候工资是每个月150元，后来一次加一点点，加上来的。现在虽然工资是三四千，但是也就这样用完了，以前工资150，也过得下去。"

在20世纪90年代的时候报社内部改革，领导规定下来说不管是汉文部还是傈僳文部下面成立一个记者部，一批一批抽，每次大概是6个月，有一次杞秀华也被抽到记者部工作出去专职采访。"当时交通特别不方便，到处都是土路，比如说从这里到贡山，都是土路，那个时候村级公路也没有，我们就骑着自行车去采访。那个时候年纪轻还没有结婚，精神也好一些，时间也抽得出来。比如今天是我的休息时间，我们也会主动出去采访，骑着自行车。但是骑自行车的话，除了一条主干线以外也没有别的路，我们就把自行车停在路边，走路上去采访。这个是主动的，为了想多写一些稿子，这是我去采访的一个方面。"

此外还有单位派的专门采访某个方面的任务，例如自然灾害的时候需要出去采访。当记者部的人手不够的时候，州里面有采访会议任务，他们也需要派人出去协助帮忙，而且这种工作大家往往都会答应，不会故意推脱。"专题的采访一般是记者部自己去，像那种大的自然灾害我们编辑也会去。就像2005年，那一年福贡、贡山下大雪，县城都积了差不多一米多厚的大雪，几天以后我们过去，路边也积了很厚的一层。消息传到这里以后，报社开了一次会议，让我们主动报名去采访，因为情况很危险。领导问我们愿不愿意去，我也报了名。那个时候报名的人也很多，但是落实下来以后就派了我和小余（余新春）一起去。差不多去了10天，是走路上去的。从这里到洛本卓是坐车，到了那里以后桥被冲走了，所以车子上不去，只能走路上去。那个时候江面都提升了，我们只能走路上去。路上一段垮一处，有时候泥石流一堆地堵在路上，你别说车子了，连人都走不过去。那怎么办，老百姓那些真是非常聪明，他们在冲下来的泥巴、石头上面搭上木板让人过去。那天我们从洛本卓坐到匹河，还没到匹河的时候那段路真是有生命危险，有一条河本来很窄，后来被冲得很宽，上面搭着个独木桥，旁边没有扶的地方，但是过来过去都要经过那里，一不小心就会掉下去冲到江水里去。那一段因为在挖村级公路，堆着很多泥土和石头，如果都冲下来了，真是相当危险了。

当时的人大主席在那里，我们就采访了他，然后就住在了匹河。第二天又开始走，匹河到子里甲中间有一段特别大的坡，一块地全部垮下来，我们过不去。听说江边可以绕过去，我们就从江边绕，但是绕到边上的时候，别人说这里不可以过了，我们又只能折过来，强行从垮下来的地方过去。一直冒着生命危险走到子里甲乡政府，当时的县委书记和县长在当地指挥，了解到我们到了以后他们也相当感动。因为那里断水断电断路，和外面联系不上，跟"孤儿"一样在那里，州里的记者上来就好像是看到了希望一样。

所以我们就开始在子里甲进行采访，那个时候了解到有一家人，因为那个时候冷，烧着火，泥石流冲下来，把他们家房子冲倒了。当时家里煮了一锅很大的稀饭，打翻以后烫伤了家里的两个人，有一个被坠落下来的石头砸死了，所以那户人家又有人死又有人伤。后来经过我的了解，他们是阿蕊丈夫那边的亲戚。乡政府派人去救他们，进又进不去，进村的公路基本上都被雪覆盖了，看不清路，有的地方树倒了。救援队员有的拿着砍刀，有的拿着锄头，他们一边砍树，一边挖路，一边走。到乡政府以后，林业局和民政局的车把他们拉到福贡县人民医院进行救治。后来我到县医院采访的时候，院长告诉我被烫伤的那个人不能盖被子，衣服裤子也穿不了，冷又冷，怎么办呢，他们想了一个办法，床上像菜棚一样搭了一个棚子，挂了一个灯，可以发热保暖，很是可怜的。我在路上转的时候看到了主人家（受灾人主人），就是阿蕊的姐夫。我说在子里甲采访的时候看到受灾的是你家，他说是的是的就是我家，我儿子死了，我姑娘烫伤了，送到了县医院。我当时很同情她，身上也没有带多少钱，就给了他20块。后来这件事情传到单位里面，那个时候恒总在当总编，恒总跟我说相当感人的，虽然我只给了那个人20块钱，但是从感情上来说是很感人的。采访完当天我们就到了福贡县城。我们到福贡县城的时候水和电都停了，晚上是黑黢黢的一片，梨碳都卖到了15块一斤。梨碳就算现在也还卖不到那个价钱，因为老百姓从山上背下来一背篓梨碳也不是那么容易，路滑，卖的人也少，所以就卖到了15块。到处都积了很厚的雪，还有人在那里堆雪人。我们在的那几天采访了县里面的各个部门，像医院啊，还有灾区、受灾群众。后来我们就一边采访一边上去，到了马吉乡，福贡县最远的那个乡，在去的路上有一座桥，用木板搭着，虽然破损严重，但是人民群众不得不过，那是进县城的必经之路，所以那里的村书记组织党员去桥上面扫雪。上面积雪扫了以后桥的承载量就大一些，如果积雪越来越多，越来越多那桥上面的绳子可能会断，扫雪的人我们也去采访过。那个地方采访完我们又从江东过到江西，公路是在江东那边，但是我们要过去江西采访，采访完回来的时候那个地方没有桥，就坐那种竹子钉起来的他们所谓的船，那个时候江面也比较宽，江上面拉了一根铁索，绳子的一头拴在船上，另外一头连在铁索上面，顺着铁索划过来。

"那一次采访是我从事新闻工作 20 多年当中我认为最危险的一次，从一开始的洛本卓开始，随时都有生命危险。但是现在想起来对我来说也是一种锻炼，并且从我们的所见所闻总结起来呢，觉得人民群众是相当伟大的，任何自然灾害都能够战胜。在党委政府的领导下，人民群众都紧紧团结在一起，任何自然灾害我们都是可以克服的，人只要团结起来是非常伟大的，给我的感受就是这样。"

说起那一次采访的故事，杞秀华显得非常激动与自豪，她告诉我们自己一直在城市里面生活，常常会抱怨自己的生活比上不足，觉得自己生活过得非常差，但是见识到了艰苦地区的老百姓以后就能够感觉到自己生活的幸福。"那些从小就在城里长大的人，总会觉得这样也不如人那样也不如人，但深入基层以后，一方面你会觉得自己的生活比别人好，条件比人家好，这你能感受得到。另一方面就是他们给我的印象是不管遇到多大的困难，人的心不会变。有些人真的在大灾大难面前做人都不会变，就算受灾家里面没有吃的，也不会说去偷别人的，依然比较乐观地对待生活。就算他们家里的人伤了死了，他们也会比较乐观地看待生活。所以在基层工作对人是有利的，不管工作上还是生活上。工作上多写几篇稿子你觉得很累很苦，但这跟老百姓比起来都不算什么。他们把 100 多斤的东西从山上背下来，或者从下面背上去，从早到晚地面朝黄土背朝天，我们编稿其实是无法和他们比的，我们做不到。但是他们依旧那样好好地生活着，这对我们以后的工作生活都有很大的启发。"

在报纸内容的选稿方面，主题都是围绕着州委州政府的中心工作来抓，一般都是上级部门干了什么工作都要跟着宣传。"特殊情况下比如自然灾害，就像刚才说的，我们的宣传工作都是不离开党的中心工作，一个是大的，比如省级层面的工作，另一个就是州委州政府的工作。"这段时间怒江州这边的主要工作就是救灾报道宣传，因为最近下雨引发的自然灾害比较频繁，党委政府对这一块比较重视。还有就是项目建设这些，大的项目都是围绕着党委政府的部署。

傈僳文版的稿子主要是依据汉文版的稿子来进行翻译，但也并不是每一篇都译出来，他们也会根据受众的实际情况进行宣传。"我们的读者主要是农村的，需要我们自己策划的时候变动的东西也有，但是不管怎么变动都不能宣传违法乱纪的事情，以正面宣传为主，围绕着党委政府的中心工作。从各个版来说，一版上面就是州委州政府的领导、全州性的活动，州委州政府领导的会议，领导的讲话，内容主要是要闻，全州性大的稿子基本集中在这一版。二版现在稍微改革了一下，以前二版是经济版，一版用剩的经济方面的稿子就集中在二版上。就比如说老百姓的养殖业、种植业，科学技术这些知识，还有就是农民的创业，不是一般的早上出来谁挖地，一直都是轮流、循环着做的务农形式。因为如果一块地只种包谷，那一年只能收几百块钱，但如果他收拾出来种荔枝、养鱼，那他一年的收益就会比别人高很多，超出几十倍，我们就把这些特殊的点，值得别人学习的报道一下。但现在二版有点特殊，因为现在大家都搞打分（绩效工资），所以现在二版的内容主要发表了我们编辑自己写的文章。现在改革以后，不管是经济方面还是其他方面，除了一版用过的，我们都可以用，以前是突出经济方面，现在什么都可以。一个星期，我们编辑就写至少两篇登在二版上。然后三版的稿子就是精神文明方面，一般就是文化，像哪个地方有什么好人好事，我们就主要发表那个。四版的话，之前熊主任在的时候是主要刊登国际新闻，后来我上任后，国际新闻比重减少，国内大事和州内增多，现在是主要介绍文化旅游、景点等。"

此外，报社也面向农村的受众进行了有针对性的传播。"那时候是这样，当时恒总想发展傈僳语版农民通讯员，就联系了教会的余永光，当时刚好老干村教堂有个学习班，我们就跟着办了培训班。当时上了十多天课，每天上半天，我们上的内容是新闻写作，主要讲什么是新闻、新闻的标题是怎么制作的、新闻由几部分构成、导语怎么写、结尾怎么写等。我们每天去讲，然后晚上由报社出钱在教会食堂给他们做饭吃。但是后来可能是他们（信教群众）比较忙，我们在教课期间，让他们写了几篇稿子，我们都发表了，我记得是有7篇还是8篇，上完课后，我们跟他们说让他们别放松，继续写支持我们的工作，后来他们没写来了。我想可能是当时农村投稿不方便，那时候还没有电脑这些东西，他们寄稿子必须跑到乡镇邮电所，当时有的人住得很远，从山上下来到邮电所要走几个小时，所以后来就没人写了，这件事情就不了了之了。"

在发行方面，纪秀华认为无论是培训通讯员还是免费赠阅上，交通条件好的比如沿江一线，要先发展起来。"因为你想那些山头上，邮递员送上去很困难，只会送到村委会。山上的人不可能自动下来拿报纸，村委会的人平时很忙也没时间送上去，而且送上去时效也不好了，以后培训通讯员也要考虑到他们的个人条件，找一些交通方便一点的地方的人。现在来说，通讯员的稿件几乎没有，有个例外，在秤杆有个农民通讯员，他不会写字，只会照相，他拍了新闻图片，配字都要别人来帮他写，然后他再送来这里，我们报社也很支持他，给他买过相机，以前他的照片还是用了许多的，可是现在他也不怎么投稿了，接他的投稿有点老火（困难）。因为他不识字，他拍了很多照片，放在很多文件夹里面，但是他自己也记不清在哪里，来报社投稿，大家要找上半天。很有意思的是，他都不是我们培训的通讯员，是自己找上门来的。我们正式举办通讯员培训班只有一期，但我们下乡调研过很多次。"

杞秀华并不是基督教徒，但是她小时候有一段在教堂的经历，因为当时家里条件艰苦，小学四年级母亲就让她退学了在家放牛放羊。"当时农村没有电更别说电视，文化生活特单调，村里有个教堂，教堂有活动，我就爱凑过去玩，听他们唱歌，以前学会的很多赞歌我现在还记得，后来我哥考上了乡里的教师，就带着我去他们学校上学，我又从五年级开始接着读，其实我还是很感谢那次退学的经历，我第一次读书并没有好好读，退学后知道农村生活艰难，第二次有了上学的机会才开始好好发奋。"怒江报社傈僳文版平时和宗教机构还是有一定的联系，报社组织活动唱傈僳语歌曲人不够的时候，他们也还会去教堂请人来一起参加。此外，他们会询问一下教会那边的读者对傈僳文版的看法，有什么意见建议和改进措施。

杞秀华也会参与调研报纸发行量的问题，他们也根据村民的生活实际情况以及信教群众的特点进行有针对性的改进。"之前阿蕊和胡育才去泸水，我和李四夺去福贡。报纸发行量的调研不是一次两次了，但是这个问题一直没有解决，问题主要有：发下去的报纸到不了读者手里，这个困难的产生主要是和我们这里的特殊地形有关系，地形特点让农民居住分散，比如从我们这里看山上，这边住着两家，那边又住着两家。这样的分散居住就给发行工作带来了很大的麻烦，就像刚才说的，邮递员可能把村里的报纸杂志都送到了村委会，离村委会比较远的农民，他们来一趟需要走一天或者半天，他们不可能专程下来取报纸，村委会工作人员没时间送，那么报纸就废了，成了垫桌子垫锅的东西。这个问题相当让人头痛，现在我做了一个改革，就是每个村都有一个文化室，就是让村民看书的地方，虽然一直有这个地方，但是真正在那里看书的人很少，基本上是闲置的。为了把报纸真正拿到他们的手里面，今天我重新分了一下，一个是江边的离邮电所近一点的教堂或者离村委会近一点的教堂、村文化室，一个给几份，这样报纸就不会废在村公所。下一步我们下去几个村试试点，看看这一招灵不灵，之后再作调整。我们下乡调研的时间不是固定不变的，而是根据实际情况，因为我们下乡首先要取得领导的支持,再看看实际下面读者的反映,需要去的时候就去,我记得这个调研,老冯叔叔在的时候他也一起去,小范围内的就比较多了,但是怎么调研都是同样的问题。所以今年我改革的目的就是,把报纸放到教堂和文化室,他们去做礼拜或者开会的时候就会翻看。"

祀秀华告诉我们,福贡县匹河乡发报纸的人发得很认真,都会尽量让报纸到读者手里,上江芒蚌对傈僳文报也非常重视,有九十多岁的老人都会戴着老花眼镜读报。曾经他们去上江镇新建村发报纸的时候,一共发了一百份报纸,村民们都抢着看。祀秀华认为老百姓不是不想看这份报纸,但是订的人很少,原因有三个:一是家里困难;二是怎么订报、订报时间他们不知道;三是住在大山上,订了也拿不到,所以就干脆不订了。"现在在教堂看报的不仅有傈僳族、怒族、独龙族,还有白族支系拉玛人,这些人都看我们的报纸,要是我们拿着打开报纸给他们,他们最喜欢看了,但是这么多年来订数总是不多除了上面的原因,发行这块也有问题,现在面临的问题就是发行量要增加,需要我们动动脑子,另外报纸怎么才能送到读者手中,这也是个一直没有解决的大问题,我觉得这些问题不仅要上面的领导重视,也要我们自己再摸索。"

在新媒体传播方面,虽然不是祀秀华具体负责,但是她也参与了一些工作。"像我们的大峡谷网将傈僳文版又分成了几个板块,我们几个编辑每人一个,分开上传新闻,另外想微信公众号我们是汉文傈僳文一起传,网站上我们就只传傈僳文的。我们的新媒体还在起步阶段,领导也在不断地进行推广,大峡谷网站建得比较早,微信公众号和客户端是现在才开始弄的。我们也希望未来在推广上多努力,让我们翻译的东西有更多的人看到。"

在人事方面,祀秀华告诉我们傈僳文部最多的时候有 7 个,但是现在的话真正在这边工作的只有 4 个,有 2 个虽然编制在报社,但是不在这边工作。所以现在编稿审稿基本上就是 4 个人来弄了。老总编恒开言在去年退休以后在老年大学那边教傈僳文,但是州里面下文件说报社里年纪大的,又已经从领导岗位上退下来的人必须要在报社里安排一些工作,所以今年 3 月份开始,领导层就把报纸的终审工作交给了他。

(访谈时间:2018 年 1 月 14 日;访谈人:赵洁、叶星;整理人:唐优悠)

## (六) 潘文海访谈实录

访谈对象：潘文海，怒江报社总编辑。

潘文海原来是在怒江州委宣传部工作，主管导向和意识形态工作。当时州委决定开设怒江大峡谷网站，考虑到术业有专攻的情况，认为建设网站还是需要专业的媒体人来进行负责，筹集了资金和人力之后，就开始具体实施起来。

怒江大峡谷网在 2009 年成立，2010 年上线，成立时设置了汉语、傈僳语和英语的版面，因为靠近缅甸，现在也设置了缅语的页面。所以现在的大峡谷网是实现了四种语言的同步传播，主要因为人才紧缺的问题，所以更新的速度比较慢。怒江大峡谷网设立缅文版的定位是作为对外宣传的窗口，"我在外宣办的时候，领导们的想法很简单，目的在于出差在外可以通过网站知道怒江的事情。当时我们设置怒江大峡谷的网站是顺应传统报业的发展情况。还是脱离不了办网站、两微一端的趋势。做报纸其实核心不变，只是通道的问题。我觉得重心要放在内容生产上，至于形式就在于你的点子了。特别是作为媒体，要因时而动，顺势而为，搭上互联网这趟车。"

从 2015 年开始，怒江也开始做了一个双语的 App，虽然经过了不断地改版，但是传播力还是没有微信大。同时，民文出版系统也争取到了一个中央的项目，并且在软件方面已经实现了验收，正在培训新人使用。民文出版系统能够使得采编流程透明化，在这个平台上可以很清楚地知道新闻生产进展情况。"就像中央一直倡导的中央厨房，我们搭建这个采编系统也是按照这样的一个思路。现在的采编系统是很传统的，还是一审、二审这样。现在在抓紧全体成员的培训，要实现转型，年轻记者要从单一的文字记者转变为全媒体记者，老记者比较有经验就转来做编辑审核的工作。副总编轮班来负责所有的渠道，把传统媒体和新媒体的内容统筹起来，管好审稿、选题、下基层几个阶段。现在报纸和电视台优势的界限不是很明显了，随着平台上升，下一步我们要解决这些问题，报纸守好深度报道的优势，做好把关审核。"

2016 年，怒江从全媒体跨入融媒体，潘文海跟我们也谈了自己的理解和想法："全媒体是说渠道我们都有了，融媒体不仅仅是做全，而是要会用。融媒体在我们的理解中，主要是内容生产，融就是把壁垒打通，不要各自为阵。融媒体是一个过程，不是形式。作为传统媒体，就是用已有的技术，把生产内容及时地发布出去。现在是共享的时代，没必要固守一块，包括民文系统，我们也说可以免费共享，这也是时代发展所需。老是守着报业能坚守多久呢？电视台的视频直播我们没办法比，他们的投入高、门槛高。但是对于重大的活动，我们会去做，比如'两会'的直播等。怒江州的民族文化资源很好，民族文化是怒江的优势，我们还是会突出这一块，借助一些民族节庆来做宣传和报道。之前傈僳族的阔时节，我们请了网络名人来做'怒江行'，换一种方式来看怒江。如何把怒江大峡谷国际化？我们不能仅仅说怒江怎么好，而是要讲好我们的故事，由他们来评判。去年乌拉圭的一个政党代表来怒江做扶贫的访问，这件事在国际上影响比较大。我们的傈僳族和境外的傈僳族是同宗同族的，尤其是缅甸的比较多，但是我们信息不对称。前年我们的访问团到缅甸过他们的阔时节，我们的歌舞团表演完不到一小时，表演视频就被制作成光碟在卖了。"

（访谈时间：2018年1月18日；访谈人：赵洁、叶星；整理人：唐优悠）

## 二、广播电视

### （一）密正英访谈实录

访谈对象：密正英，怒江州广播台原傈僳语第一女播音员。工作时间：1980年至今。

密正英是1980年2月份从云南民族大学傈僳语专业毕业后，当年来到怒江广播站工作的，她告诉我们当时班上学傈僳语的同学几乎都已经改行了，只有自己和另一个女同学坚持做和傈僳语相关的工作。来自农村的密正英从小家境贫寒，中学毕业后父母便无力继续供她读书了，但她也励志一旦有机会就要好好把握。"所以当时恢复高考后我就考上了云南民族大学的傈僳语专业。那时学校每年提供一套衣服，还给7元钱，伙食费都不用出钱，国家是大力支持我们的。我出身贫寒，能去大学读书是非常不错的，我非常珍惜念大学的机会。我还是会让孙子们学傈僳语，因为能和说不同傈僳语的人交流也是很好的，所以我还是想让年轻人学习傈僳语。我今年63岁，还在电视台做卫生工作，也是电视台给我一些补助吧，我很感恩。"

同其他被访谈的媒体人一样，回忆起自己刚刚工作的场景，密正英也告诉我

379

们那时候的广播站条件很艰苦,只有7个人一起干工作,原来在法院的院子办公,后来又搬到党校那里,也就是从那时起创办了汉语、傈僳语的节目。"我刚进台时,汉语、傈僳语都要播。我是怒江台第一个傈僳语女主播。刚开始,进台播音时,两天播一组新闻,短一点两三条,长一点是三四条。后来,站里招来了杨雪梅,我就不用再播汉语了。汉语由杨雪梅负责,我只负责傈僳语广播。后又从福贡播音站、民委招来两个人(为组建州广播电台的傈僳语广播而从各县组建傈僳语人才),当时我们只播新闻。有时候,也会去专访'两会'。除此之外,我们还会转发省台的录音。"在当时由于缺乏人手,每个人都要负责很多的事务。当时广播站的状态还是有线的,所以拉广播线、后勤、架线等工作都要播音员亲自去做,他们也需要经常跑到山坡里拉线。

"1981年,我去机房里拉线,然后还跑到山里去拉线、架线。我们的线拉好,他们又把它拿了下来,弄得我们反复拉线、架线。播音、翻译、编辑、技术人员、后勤等工作都要做,不像现在分工明确。刚来的时候是用盘录音,后演变为MD带,最后为磁带。当时我播音,效果还是很好的,很多人也会围着广场的大喇叭一起听。但后面变为电脑剪辑,我是不会了,只能让后期专业人员来制作。"

"我播出的第一篇新闻不太记得了,当时我翻译的新闻还是经常获奖的。一个通讯员写来的稿件《怒江第一个女驾驶员》就是我翻译的,获得了二等奖。当时刚回到台里,我翻译了一篇社论,翻译了三天三夜。对于一些法律法规,不仅要翻译条目,还要翻译内容,一些词语太难翻译,婚姻法、卫生法、交通法等法律名词太难翻译,我有时候还是需要花费很多时间去翻译。新闻翻译比较简单。刚开始没有字典,翻译难度很大,后来有了字典对翻译有了很大的帮助。我很少出错误,日期念错了一次,但是已经播出了,所以,我赶快跑到录音室去重新录了一次。我带的实习生来了,也是一条一条地教,她来之后我终于可以将工作完全交付给她了。因为我一个人带大、供养了两个大学生,经常单位、家里两头跑,这种日子太累。"

2005年以后,随着工作人员的增多,技术的分工也越来越细致,再也不需要新闻主播身兼数职去干工作了。但同时新闻的内容也日渐增多,两天一组新闻也变成每天必须播傈僳语新闻,而且必须同步。"非常辛苦,汉语主播进去录完音,我就得进去录傈僳语。一进去,就不能有什么声音,必须是准备好去背,不能有卡壳的时候。稿子的长短也会影响播音的效果,我的方法是自己写一遍,进去后录一遍就可以了。"

（访谈时间：2018年1月12日；访谈人：赵洁、叶星；整理人：唐优悠）

### （二）丰艺清访谈实录

访谈对象：丰艺清，怒江广播电视台新媒体部门副主任。

丰艺清以前是小学语文老师，2008年，电视台面向社会招一批记者，因为她对记者这个行当感兴趣，就考进来工作了。因为刚进来时电视台是全额拨款事业单位，所以大家是一起"吃大锅饭"，也没有什么具体的奖励机制，工资都差不多。现在实行差额拨款，同时还要进行绩效考核，所以整体员工的积极性也被激发了出来。"但是由于怒江经济落后，企业少，做广告的人也不多，电视台创收很少，只能保证我们的基本工资。"后来因为新媒体部缺人，2017年3月份丰艺清就调过来担任副主任。她告诉我们，新媒体部门偏年轻化，最小的是1994年，最大的是1982年。

丰艺清告诉我们，怒江建立了网上通联社区，也就是七彩云的融合新闻服务平台，每个县的记者都有账号，大家把稿子上传后台，实现资源共享。怒江电视台微信公众号于2014年注册，目前的关注量近4万人，基本上一天发一组新闻，每组5~8条左右，内容是从电视新闻移植过来的，根据重要性进行排序，首先是重大时政新闻，其次是民生、热点（比如朋友圈转得多的），最后是转载。一段时间有一段时间的宣传重点，他们往往根据州委宣传部的要求结合行业特点策划一些栏目。"比如近期我们在做怒江脱贫攻坚的专题，从2016年起全州开始关注脱贫，2017年到达一个高潮，一直到2020年都将是宣传主题。我们还结合百姓关心的事情，转载关于怒江的新闻，有些也添加一下本地化的东西，让本地的受众更喜欢，比如深入基层去访谈家家户户怎么看党的十九大。有趣的民生新闻我们就会去采，我们也经常做民族的文化、歌曲、旅游景点放在公众号上，下一步在新媒体上要搞互动性更强，娱乐性更强的新闻。微信公众号上发布的内容基本上是汉语的，特别是重大会议、重要政策，比如'易地扶贫搬迁政策'，我们就会做傈僳语的政策解读动员老百姓搬家。"

"天境怒江"是他们宣传的一个窗口，里面内容的形式比较丰富，直播、视频、图文都有，主要内容是分条转播《怒江新闻》。"现在我们的记者叫全媒体记者，要求一线记者也要有融媒体的思维。我们更多地依赖一线记者，他们采访，我们加工，但并不是从通联中心上生搬硬套电视新闻。我们也会策划、自采一些新闻，像有趣的民生新闻我们就会去采，还经常做民族的文化、歌曲、旅游资讯放在公众号上。我认为新媒体就是要改文风，增强可读性、可看性，把新闻成品进行包装后二次传播。我们还通过'天境怒江'来做直播，比如2017年阔时节的直播获得了很好的传播效果。现在很多人都有手机，受众覆盖面比较广，我认为相较传统媒体来说，新媒体发展空间更大一些。"

（访谈时间：2018年1月10日；访谈人：赵洁、叶星；整理人：唐优悠）

（三）谭天应访谈实录

访谈对象：谭天应，曾任怒江广播电视局局长。工作时间：1952—1990年。

1952年，根据云南省人民政府在边境一线建立收音网的指示，丽江市地区党委从丽江、永胜、华坪、剑川、鹤庆等县选拔了20余名青年去往边疆参与建设。17岁的谭天应经选拔被分配到福贡进行收音工作，从老家永胜远赴怒江，一待便是30余载。初中毕业的谭天应接受了两个月的收音员训练班培训，学习了基础理论知识和技术操作。1953年3月，谭天应和汤灿天、木林森三人带着先进的美产半导体、电子管收音机和其他设备，穿着草鞋顺维登河徒步进怒江，与他们同行的还有背行李运输广播器材的民工。一路上，他们跨越了澜沧江，经历了险恶的山路。在翻越艰险的碧罗雪山猴子岩时，他们都不敢大声说话，生怕发生雪崩。一天正午，他们走到垭口处，狂风大作，雪片飞舞，打得脸部麻木，三人吓得围在一起，鼻涕长流不止，呼吸急促，双目微睁，他们只好抓着运行李的民工走路，后来偶遇武装交通部的同志，协助他们艰难地通过了危险地带的垭口。经历一路的险恶环境，他们终于到达了福贡。在上帕街最高的岗楼上，建起了福贡县工作委员会宣传部广播收音站，将广播送进了怒江的高山峡谷。

随着新中国的成立，怒江实现了第一次历史跨越，从原始社会进入社会主义社会，百姓的物质条件和精神文化生活也发生了翻天覆地的变化。当时，收音机对于生活在怒江的老百姓来说还是一种新鲜事物，甚至于在傈僳语中都没有收音机这个词，只有"米黑色拉拉"（傈僳语音译）这种说法，指"听风的声音"。之所以有这种认识，是由于传教士用毯子盖住留声机、收音机传经布道，并欺骗信教群众这是上帝的声音，让当地老百姓信以为真。建立收音站不仅仅是送来新技术，更为关键的是要改变人们的观念。谭天应的主要职责就是把新闻，特别是国家政策、国际时事信息、科学知识传播给当地的少数民族。为了更好地深入当地少数民族语地区，谭天应和傈僳族民众同吃、同住、同劳动，还学会了说傈僳语。一开始，他们并不受待见，与少数民族之间的文化差异也导致了很多的冲突。当时，少数民族将盐视为传家的宝物，他们便给生活困难的村民送去了盐、茶叶、衣服、棉毯等等。坚持让当地村民病者有医、贫者有济、思想有舆论宣传、生活中有文艺活动熏陶，逐渐地获取了当地百姓的信任，为开展工作打下了基础。

谭天应和同事汤灿天每天早晨和晚间收听、记录新闻，一人将耳朵贴在收音机上，即时口述听到的内容，另一人再进行抄录。他们每天清晨将收听的《云南新闻》《中央新闻》记录下来，在给县委书记看过后再通过口读新闻的方式传播给当地干部，重要的新闻还出黑板报进行宣传。"当时使用的收音机很大，很难提起来，是丽江工委专门购买的产自英国的录音机，也是随着我一起来到怒江福贡的工具。"当时，在怒江与缅甸的接壤地带有一个教会电台——梵蒂冈电台，为了防止敌台对当地百姓的误导，谭天应和汤灿天经常背着偌大的收音机，带着留声机、幻灯机、毛主席像、抗美援朝图片等，去到利沙底、鹿马登、马吉3个区的27个自然村组织收听广播，播放幻灯片、现场讲解等活动。1954年组织收听了76次，放幻灯片36场，听众、观众达6125人。

"记得在1954年生产代表大会上，我们给当地人放广播，天气预报说第二天会变晴，当时大家不太相信，结果第二天天气真的由阴转晴。就有人说，天都热爱共产党，说晴就晴，说下就下。"在谭天应的工作手稿中，还记录着："1955年6月17日，云南台用傈僳语播日食的新闻，我们组织机关干部、学校教师、民族基干连的官兵收听，把新闻《谈今年的日食》编印成宣传材料，用傈僳语翻译宣传，并用幻灯片挂起解释天文地理知识。还专门去到村子里，打了一盆水，对着太阳，教大家看日食。当时的村民还说，共产党真伟大，天上地上都知道，不哄人也不骗人，今天说要日食，真的也食了。也有基督教信教群众说，过去传教士用毯子盖着留声机让我们听，说是上帝讲话，要好好听才能上天，今天共产党用科学道理让我们听也听着，见也见着。"

谭天应和汤灿天还结合当地群众的思想，用幻灯片的形式揭露了帝国主义侵华历史，联系怒江的实际情况控诉了美国传教士在怒江设立电台搞情报，传教士的地位受到了挑战，双方还为此发生了矛盾冲突。"1954年的一天，有村民来传话说，牧师马科扬言要让共产党员尤其是汉族来见他。当时，在当地搞民族边疆工作的汉族只有我和医生陈光岱。我就和民族工作队的翻译马国春背着收音机跋山涉水去见马科。"马科当时对他说："你说的是真话，就把我的盒子轮（40响冲锋枪）修好，修好我就投明，修不好我们就刀弩相见。"当时，谭天应看着马科的盒子轮满身生锈，拉不开栓，子弹不能上膛，搬不动。于是他就答应了马科的要求，但也提出马科必须答应他听从共产党的领导，不做不符合共产党政策的事情，除此之外，还告诉马科可以继续信仰基督教。经过一番沟通后，双方达成一致，他和马国春用带去点灯的煤油将盒子轮擦洗干净，装好后还给了马科。马科带着一班人手持盒子轮跑到黄连地里连发几枪，转身对谭天应说："共产党不骗人。"当晚，谭天应就和马科等人在匹里密的民族头人家里一起听广播。正是早期媒体人的不懈努力，新的媒介技术和观念才得以被接受和传播。

1954年，怒江傈僳族自治区成立，谭天应被调往碧江边疆工作委员会办油印小报。"碧江边工委收音站经常转播中央人民广播电台和云南台的新闻节目。除了收听新闻，还要用干板刻印，必须不轻不重地印出来。"1955年谭天应又被调往中共怒江边疆工作编委会，凭借前期的办报经验参与到《怒江报》的筹备工作中。1956年，中共怒江边工委成立怒江报社，并于当年以刻蜡板油印的方式编辑出版中共怒江边工委机关报《怒江报》。1962年，因怒江州州级机关撤销，报社也被撤销，《怒江报》停刊，直到1983年才复刊。

由于谭天应出色的工作能力，1959年他被调到碧江县委宣传部，并加入了中国共产党。1965年，他被调往怒江州干校（五七干校）办《五七战士报》。后来，五七干校中有了有线广播，谭天应就一直在广播站工作。"六库五七干校广播站开始广播。"这是谭天应最难忘的广播呼号，在播音员刘丽丽的呼号结束后，便开始转播中央广播台的《新闻联播》。"每天早上要对电热管进行预热，半个小时后才能使用，做完准备工作，紧接着就要开始转播广播。除此之外，还要做架线、维修等工作。刘丽丽是分配到五七干校的大学生，她常常和我开玩笑说，她说一句呼号就拿着60块的高工资，我牛大的力气还不如她芝麻大的糊。"

1973年，怒江州革命委员将他调往新成立的广播管理站，广播管理站下面又分设广播站、电视台、电视转播台。1974年，谭天应任怒江州广播站站长。"当时是用有线广播，以县站为中心，公社放大站为基础，由县站传到公社再传到乡村。1979年，怒江遭遇洪水，六库挂着的4个大喇叭线路全部被毁，我们就决定走无线和有线结合的路子。"有线广播是在收音站的基础上建立的,在云南省广播事业局的扶持下,县级机关架设街头广播喇叭,并逐步延伸至县广播站附近的农村,发展成以县级为中心、公社放大站为基础的有线无线结合广播的现代化发展网络。

1980年3月,省广播事业局广播网组与东川市广播站签订试制调频发射机,频率为150兆赫,同时开始启动创办电视台的计划。1981年,谭天应等人到碧罗雪山上寻找信号,在鸡岩子山头定了电视差转点。"这次信号主要由碧罗雪山、雪蒙山收测大理苍山、楚雄紫金山发出的信号,烧三堆火就表示信号可以接收。当时信号不好,只好用邮政将录像带从昆明寄过来再进行转播。"谭天应还记得他接收到第一次信号后,播放的电视剧是《祥林嫂》。电视台还创办了《本地新闻》节目,由于缺乏技术条件和专业人才,半个月才能做一期节目。"当时摄像机的说明书都是英文的,为了看懂说明书,我还买了英汉字典,一边查一边学。剪辑、写稿、配音都要做,做出一个片子来都是很难的!"谭天应将摄像、采写、剪辑、制作一肩挑,常常说自己成了一个"万金油干部"。

独龙江通电视是怒江广播电视史不得不提的一件大事,"当时独龙江还没有通公路,并且没有电,怎么才能看上电视是一个大难题。"谭天应专门去往独龙江进行实地调查,测算独龙江的日照时间,打算通过太阳能储电,再结合卫星技术收看电视频道。"我们携带了40块蓄电池,8块太阳能板运到贡山县,又请人将这些设备背到独龙江乡。8块太阳能板串联起来再连接到电池上,就可以将产生的电流传到蓄电池上把电能储存起来。由于独龙江日照时间较少,每天只能看一小时的电视。当时,收看的电视频道也只有中央电视台。"怒江电视始建于20世纪80年代初,随着州、县、区(乡、镇)电视差转、录像重放台、地面收转站的陆续建成,以及家庭电视机拥有量与日俱增,祖祖辈辈生活在怒江峡谷的各族人民看上了电视,了解了国家发生的重大事件和时代的发展,电视也成为怒江人民日常生活中必不可少的重要物件。

作为怒江州广播电视局第一任局长,退休多年谭天应仍热心于怒江少数民族新闻事业发展。他的枕头旁边有三个收音机,一个收中央台、一个收怒江台、一个收云南台,经常收听到有问题就会去给他们提意见。谭天应正值青春年华最好时期就来到怒江支边,他写下了这样一段话:"人生如梦,转眼就百年,曾是一个黑发郁郁的七尺男儿,如今已是两鬓斑白的七旬老人,为祖国边疆的解放事业奉献了青春年华。我成了一棵树,深深扎在怒江边,开花结果,选择了永远不放弃的意念，终老一生。我的一生在怒江64年，怒江也发生了翻天覆地的变化，从鸡毛火炭送信、刻木结绳记事的年代一跃为电子时代。而我也只是随着祖国发展壮大的科学技术而适应科技，为怒江人民服务而已。这是我的梦也是一生的奋斗经历，同样也是一棵小树在怒江边成长的经历。愿怒江的广播电视事业根深叶茂，蓬勃发展，方兴未艾，与时俱进。"

（访谈时间：2018年1月16日；访谈人：赵洁、叶星；整理人：叶星）

### 三、制译中心

#### （一）赵科访谈实录

访谈对象：赵科，怒江州广播影视译制中心主任，曾经在福贡县文工队工作过，也担任过流动电影放映员和电影翻译员。工作时间：1966年至今。

赵科1966年进入到福贡县文工队开始参加工作到现在已经50余年了，工作了7年以后，1972年他又转行成了流动电影放映员，1990年赵科调任州电影公司下属的宣传部门担任副经理，负责电影翻译工作。1986年随着民语译制中心的建立，赵科也顺势成了这个部门的第一批工作人员，现在已经是怒江州广播电影译制中心主任。

说起以前放电影的经历，他说："自己也喜欢这一行嘛。那个时候公路也没有，马也没有，连发电机都没有，我们都是要人背着胶片到各个村组里去跑着放电影，我们放电影的时候就要用脚踏摩擦发电，还要把握好速度，踩得快才能跟上电影的声音。"那个时候计划经济的管理非常严格，一年200个工作日，要放200场的故事片，100场的科教片，观众要达到一定数量，要完成这个任务厂里面才给放映员评先进，完不成还要受罚的。

到1980年，赵科就调到州里来，在电影公司下属的一个宣传部门担任副经理，专门翻译电影成傈僳语。1986年，专业的民族语译制中心后来叫译制社就成立了，这是第一个做电影翻译的事业单位，由怒江州委宣传部负责管理。"电影公司毕竟算企业嘛。民族语言是很重要的，一个民族如果没有文字和语言是不行的，所以我们边疆少数民族很需要做这个工作。德宏、版纳、红河这比我们富裕的地方，也没有争取到成立这个译制社的事业单位。"

"我在放电影的时候,放的都是翻译汉语电影之后的译制片,第一部就是故事片《青松林》,还有科教片《大寨红旗》之类的大寨片。到译制社工作以后,1994年翻译的《毛泽东和他的儿子》这个故事片获得了腾龙奖傈僳语译制奖,国家民委、广播电影电视部、文化部、中国文学艺术界联合会四个部门评的,同一年还有白语的《缉毒少女》也获得了腾龙奖。后面1998年的故事片《沂蒙山人》,讲的是开公路、通水电的故事,得了金马奖(这个金马奖是全国少数民族题材电视艺术'金马奖')"

2010年之前的电影都是用胶片放映的,2010年后农村电影全面开始数字化。"所以到2013年我们这边才拿片子出去评奖,一部是故事片《三喜临门》,在省里评为了优秀译制片二等奖;一部是科教片《因地制宜新农村建设》,这个我们翻译得比较好的,报到了北京,但是那边说云南的译制片太多了,要平衡各省的数量,就退回来了,在云南省获得了第一届优秀少数民族语电影译制片一等奖。2015年译制的故事片《举起手来》在中国电影协会第二届少数民族语电影译制片得了二等奖,这个是全省获得的最高奖了。"

赵科告诉我们自己放的电影农民群众都非常喜欢,领导也很关注,因为傈僳语不仅是怒江,而且丽江、迪庆、德宏等地,甚至缅甸、泰国也可以看,这个也算是一种对外宣传,宣传中国共产党领导下的少数民族,不仅是民族平等,语言文字也平等,党和政府非常关心,"所以这边傈僳族人对我们这项工作都高度评价"。

赵科的傈僳文是在"文化大革命"期间学的,当时只学了一点点新傈僳文。"我刚初中毕业就参加工作了,虽然那时候拿到了高中录取通知书,但是我从小喜欢文艺嘛,宣传队的老师就把我叫过去了。后来,1992年或1993年的时候,报社的恒总和语委合办了一个老傈僳文培训班,我们才开始学老傈僳文,译制社的所有人都去学了,回来自己慢慢摸索就掌握了。这个培训班从1988年左右就开始办了。我们也会反复看《圣经》,参考着看怎么翻译,分辨各种傈僳文的区别。其实基本上是自学,因为老师只教了一些字母,以后在工作里面用到,看看《圣经》里面的译法,那时候比较艰苦,也没有先进的设备,连复印的也没有,就是复写纸一张张地抄写。"

赵科跟恒总合作比较多,比如建党90周年的时候一起翻译了一些革命歌曲。以前过年过节的时候,译制社和报社还经常一起联欢,教给他们民族舞蹈,工作的时候在翻译方面也一起探讨,看词语怎么翻译比较恰当,互相建议。同时,赵科还培训了一年怒江电视台的傈僳语播音员，现在也经常给他们提供翻译和发音方面的指导。"很多内容我们也会在一起探讨。我认为翻译得好，或者怎么翻译才恰当一点。翻译也是一种再创作，个人的理解和各方面不同，但歌曲的政治语言比较浓一点，要怎么翻译才恰当一点，成为我们老百姓听得懂的语言，给它恰如其分地规范，我们是经常探讨的。"

此外，在怒江师范学校有傈僳语培训班，是用新傈僳文来教，现在农村里面的乡村老师当中的骨干大部分就是从那里毕业的。傈僳文在农村里面是真正用得着的，因为现在怒江州条例里面也有相关规定，招工招干或者说考大专的时候都有很多的优惠政策。"比如说人家沿边的有那种懂民族语言和文字的，加给你多少分。这个政策我们有倒是有的，但是没有真正实行。不管你懂不懂傈僳文和傈僳语，都平均地给你加分。我们的想法是你懂一点傈僳文，或者是傈僳语，你再来加一点分，学习和参与的人就会越来越多。现在我们没有这种政策，城里面的孩子我们都是教他汉语，所以懂傈僳语的就不多了。我们去农村的时候就发现很多小孩子都是学的汉语，都用汉语交流。因为在学习当中，考试当中都用汉语来代替了。现在没有那种对会傈僳语和傈僳文的人优先的政策，我们都觉得很危险。"

在语言方面，赵科也告诉我们："为什么说傈僳语，全世界都统一得起来。我们到下面或者出国考察民族语言民族文字这个方面，云南省就有60多万傈僳族，国外的加起来就有100多万人，这100多万傈僳族里面在语言方面相差的只有20%左右，别的语言达不到。你比如说傣族，德宏的傣族和西双版纳的傣族就根本通不了，只能通过汉语来交流。然后临沧的傣族和德宏的傣族也通不了，它只能是大体上相同一点点。还有怒语也是，贡山的怒语和福贡的怒语就通不了，兰坪和六库的也通不了，虽然说都是怒语，但是差异很大。为什么傈僳语在全世界的傈僳族当中都通用，它就像汉语里面的普通话，你一说出来就都听得懂，只是音调上面有一点区别。就像鲁甸那边的语言跟彝语夹杂起以后我们只能听懂差不多40%。还有永胜、丽江维西这边的是完全听得懂的，四川攀枝花那边的傈僳语我们还是听得懂的，差异还是不大的，可以听懂70%～80%。泰国那边也能听懂差不多80%，缅甸那边的傈僳族好多都是从这边过去的，所以跟我们这边的傈僳语相差不大。相差的就是那些新出来的词语，比如说共产党啊，以前没有听过这种词语他就不清楚，政府他们就说'阿都也'，我们的新词俗语他们就听不懂，别的那种老祖宗的语言都是完全听得懂的。"

"四川沿边那里也有个傈僳族乡，攀枝花那也有，但是沿边的傈僳族比较多。怒江报老傈僳文的报纸所有信教的人都可以看得懂，以前的维西那边就是用老傈僳文来扫盲，德宏就更不用说。新中国成立以后办的德宏团结报的傈僳文报纸基本上用的就是老傈僳文，新傈僳文是官方推广的文字，老傈僳文的历史是有100多年。通过傈僳文扫盲，扫盲课本都搞来很多，后来因为信教群众不愿意接受（新傈僳文就难以推进了）。信教这个东西不需要国家来投资，在农村扫盲的时候这些信教的群众也可以脱盲，国家投入一点或者老师推广一点，就这样来弄。后来老傈僳文这个都是报社的老总编恒开言，他当总编的时候把新傈僳文停了。因为老傈僳文面要广一点，他们在每一个教堂都会去送报纸，因为可以宣传我们党的政策、社会主义政策。老百姓看了以后也学到一些科学名词，也学到种植业养殖业方面的知识，起到很大的作用。我们怒江的每个单位的每个职工都要求订怒江报的傈僳文版，在职干部是一人一张，退休干部不要求订，但是有些人看不懂订了也是白订。"

赵科刚来译制社工作的时候因为设备差，白天要翻译填词，晚上等电影放完了才去录，不然很多杂音都会录进去，所以工作也非常忙碌。赵科参与翻译的电影故事片差不多有200部左右，还有像那种党的十七大、十八大的内容就翻译成磁带或者碟片拿去农村里面放。

赵科参与翻译过傈僳族诗歌《兹措瓜图》，讲的是傈僳族的婚俗。"傈僳族以前有一个婚俗，比如说我们傈僳族有一个习惯就是我们两个是好朋友，我生了一个女儿你生了一个儿子，我们就打（做）亲家。长大了以后他们就自由恋爱，父母包办的婚姻就不要了，要自由恋爱，他们就跑到别的地方去。兹措瓜图的意思就是开拓，或者我们两个成家立业的意思。因为相爱的人遇到了，就会反抗这种傈僳族的包办婚姻。傈僳族自古以来还有迁徙的风俗，我们两个重新找一个比这里更好的地方去生活，为了我们的生活、为了我们的幸福。他们就到了剑川，就是大理丽江那些地方，过来就翻到了碧罗雪山，后来又翻过高黎贡山到缅甸这些地方，虽然说这个地方很平坦，但是对我们来说不适应。因为那个地方蚊子多或者说劳动的时候不习惯，后来他们又返回来。有了孩子以后开始寻根，回到爸爸妈妈的身边，离不开我们的家乡，离不开父母。"

现在也出现了很多新词俗语很难进行翻译，比如微信、微博这些就很困难。"因为老祖宗没有见过这些东西，我们就在想要怎么翻译才会恰当一些，特别头疼。傈僳语太狭窄了，不如汉语那么丰富，汉语里面有些词也是从英语里面借用过来的，有些时候我们也觉得困难。不翻译老百姓又听不懂，翻译了又觉得好像有点生硬，人家听了会摸不着头脑，特别是那些政治术语，比如'政治'这个词只能借音，还比如社会主义，这是一种固定名词，翻译是可以翻译，但是翻译出来就是一长串，不是字数太多就是不完整。有些新词俗语现在太多了，特别是科学的名词、药名，好多都是我们不可以想象的东西，比如原子、核子、分子，我们都没有办法译出来，还有量词里面的毫米、毫克，我们就不好翻译。我们翻译出来老百姓就听不懂了嘛，我们只能是用一张、两张、一尺，这种他们能听得懂一点，因为从老祖宗的时候就开始用了。很多东西我们懂汉语都是会理解不了，这些东西翻译不了就只能通过借音来搞了。"

"2016年开始，怒江民委就让大家每人收集几百条现在的新词，特别是党的十六大以来的新词俗语，个人翻译了以后拿给民委去出一本书，但是本来说好去年完成的任务到今年都还没有弄出来。就像刚才说的文件政策都很多的，但是真正实行起来对民族文化的重视太少了。我们作为傈僳族，来做民族文字的翻译工作，觉得很多东西你不翻译老百姓就看不懂，很多很好的电影，教育意义这么大题材你不翻译他就什么都听不懂。比如说《毛泽东和他的儿子》汉语根本看的人都没有，傈僳语一翻译就很多人看，特别是老倌倌（老头子）那些就算下大雨都不管的在那里看，因为他看得懂，有教育意义，还有电影里有些伤心的时候他也会哭出来，说明他已经投入到这个电影里面，他已经看懂了，就有了自己的感情。而且说的是自己的民族语言，他就会觉得很亲切，听得懂，有自豪感。所以我们几个在想我们退出来了以后我们的工作怎么延续，这是我们很担心的问题，所以我退休以后还是会来这里帮忙一下，因为人少没办法。因为这个民族语译制中心是在我手里面成立起来的，所以在我还能动、还能做的时候还是会全心全意在这里工作。我们自己民族的东西，我们自己不做，别人虽然重视，但是真正做起来遇到不少的困难。播音员这几个已经好几年了，一直到现在他们的身份还没有解决，还是像临时工一样在做着。培养一个人才是不容易的，特别是专业学配音和播音的，不是每个人来都能胜任这份工作，需要一个过程、一段时间。报社也是一样，你一来就会写、会翻译是不可能的，都需要一段时间的学习和培养，几年才能独当一面。领导不重视这方面的工作，以后再来招是很困难的。"

少数民族的人才培养尤其困难，这一批退下来了，再找下一批很难。从农村出去读大学的很少，从机关里面出去读大学的，虽然是傈僳族，但是傈僳语说起来也不是那么纯正，所以少数民族语言文字工作这一块的人才还是越来越少。译制中心提供了一个编制，想找一个搞翻译的本科生招了好几年都找不到。"没有这种人才你怎么招。虽然现在的民族大学的傈僳语专业已经开了好几年了，学生也有，问题是这些民族大学毕业的来招考，考试其实是考不过其他人的。父母在单位里工作的，出去读傈僳语，会一点傈僳文的，但是不纯正。因为我们搞少数民族语言翻译的还是要在农村里经常说傈僳语的才比较纯正，半路上会讲几句也不行，胜任不了这个工作，所以现在后继有人是很难说的事情。"

"我们招傈僳语的电影配音的时候，要招大专以上学历的，在考试之前我们是要面试的，有些人来面试的时候我们就告诉他这个工作你做不来，就算考进来这个工作你也难做。原来我们招进来过几个，人事这边要求是本科以上学历，但是招不到，我们就只能放宽到中专毕业。这几年就不允许，这几年必须要本科以上，所以只能用设立特岗的这个方式才能招到人。本科生毕业的我们也用过了，但是一进入角色他不能投入情感，配不出好效果来，该笑的时候不笑，该哭的时候不哭。配音必须要进入角色，要用情感、用音色配出来。就像我们少数民族说普通话一样，不纯就不好听了，对不对，所以配音口齿要清楚。就像吉林的一个专家告诉我们的一样，现在我们少数民族语言的危机感是相当大的，他说作为一个少数民族的父母亲，孩子的汉语你不用教他，但是必须要把少数民族的语言教给孩子，不能丢。在城市周边的少数民族孩子，少数民族语言一半以上都是夹杂着汉语，真正的纯粹的少数民族语言他们说不出来了。比如现在的你们这个年龄阶段的孩子，父母跟你们说傈僳语，但是你们就会回答汉语，只会听不会说，下一代就更恼火，连听都不会听。人家说傈僳语一百年以后就会消失，这样的情况下去不用一百年，几十年就会消失。现在报社搞的报纸，我们搞的电影对于少数民族语言传承保留起到了很大的作用，这些都不搞消失得就更快了，就都丢失了。就像满族、回族，都说汉语，白族也是50%都掺杂着汉语，有些我们都听得懂了。没有文字的语言就消失得很快了，因为没有记录。"

（访谈时间：2018年1月16日；访谈人：赵洁、叶星；整理人：唐优悠）

## (二) 余光友访谈实录

访谈对象：余光友，怒江州译制中心录制员兼配译员。工作时间：2006年至今。

余光友2006年从怒江州民族中专毕业，是第二批音美专业毕业的学生，第一批毕业的学生基本当了老师，但是当时怒江州对音乐老师的需求少，所以光友就没有去当老师而是通过考试进了译制中心当译配员。与他一同进入译制中心的还有成永杰、妮思佳二人。现在是怒江州译制中心录制员兼配音员。

余光友谈起自己的工作，他告诉我们："我与民族文化很有缘份，我父亲做傈僳语歌曲创作，兄弟跳傈僳族舞蹈，而我做的算是傈僳族语言这块，都是搞文化工作的。做文化工作首先必须对得起自己的文化，要为这个文化服务好，我们的下一代也必须会讲傈僳语，知道我们的文化。"

余光友和成永杰、妮思佳同年进入译制中心以后，三人跟着李主任参与译制的第一部电影就是《暖春》。"配音、翻译我都做过，现在主要是制作。感觉译制中心最大的变化就是技术迭代了，从单声道到现在的双声道，以后还要做到5.1声道。以前放映员不清楚单声道、双声道，还拿着一只音箱去放映双声道的片子，放出来音效就不对。"在这个过程中，余光友也在一次次提升自己的配音技术："我们下乡去放电影的时候，我在露天看过自己译制的电影，比如《平原枪声》，我想去对比下露天放映时的音响和在制作室里听到的效果有什么区别，回来后再进行改进。我们的制作室空间小，审片也是在制作室来审，省译制中心的条件同样比较简陋，他们还是戴耳麦来审片。我去过北京培训，北京的审片棚空间很大，就和电影院一样，做出来是什么效果放映出来就是什么效果。现在我们是很想那样去做，但是条件不允许，人员和经费都不够。"

他认为，配音的时候，音色变化很重要，每个人不能是一样的口音，正面角色和反面角色要不一样。"我们差不多译了几百部电影，但是很满意的还是不多。我们都是年轻人，该学习还是要去学习，但是不是每个人都有学习机会，主要是傈僳语的译配员有机会出去学习。像普米语的译制片一年只做一两部，我们就从兰坪借人来做，现教现录。爱看民族语译制片的人很多，只要去放随时都有人去看。以前放映《毛主席和他的儿子》时，还有老百姓以为毛主席会讲傈僳语。"

现在云南省有7个地州都在做译制工作，余光友认为自己的这份工作最重要的就是能够让下一代的人看到自己民族的文化,让下一代知道自己的语言能够出现在荧幕里,多丰富一些自己的民族文化。"我们也担心以后看的人越来越少,我觉得每一个搞译制的人都会有这种焦虑,现在很多娃娃不会讲傈僳语,我们在做的就是避免以后越来越忽略民族语言。文化是傈僳族的根,语言、舞蹈、音乐这些都是要同样保护起来的。一个国家各有各的文化特点,各个民族都要搞好自己的文化,展示自己的民族文化。像歌曲、衣服、舞蹈这些都是会长久留存的,但是语言是复制不了的东西,没有那个语言环境存在的话,可能语言也就消逝了。比如现在兰坪的白族,如果会说最纯正的语言的老一辈老去了,没有人来传承这个语言,年轻人不会听也不会说,那么这个语言就会逐渐消逝了。我们配音基本不用汉语,缅甸的傈僳语和我们基本相通,缅甸人有些讲得比我们还好。我们的目的就是要保存最纯正的傈僳语,要有自己的民族特点。"

"我个人是比较希望以后搞企业化,因为大城市都这样,我们也要去尝试,但也担心市场弄不上来。怒江现在的观念还很落后,如果收费就不会有人来看,只要免费放那肯定是坐满的。脱贫最重要的不只是盖房子,还是思想上的脱贫,观念上的变化更重要。现在院线公司的经费是国家资助的,属于企业,但是每放映一场电影国家都补助200元。院线公司要花钱买场次,不同电影的价格是不同的,他们除了要花买场次的钱,还要给放映员发工资,剩下的才是利润。因为院线公司是营利性质的企业,要考虑自己的生存问题,他们主要买价格低的商业片去放,那些质量高的片子价格也高,放的就少。有些片子做出来没人放,真的很可惜。我们做都做出来了,就想给老百姓看,可是经费是关键问题,译制中心是有财政支持,而院线公司没有什么广告收入,只有放映补贴,所以他们也是要追逐利润的。我们自己也有数字电影机,每年会有段时间下乡放电影,就可以自己去选择放什么,我们喜欢放喜剧类、枪战片。政治类的电影老百姓看不来,不过在2007年,我们与省委宣传部、省民委、省文化厅、省译制中心联合录制了傈僳语版的党的十七大会议和报告,做出光盘来送给老百姓。"

今年是数字译制第十年,以前搞胶片的时候,一部电影只能一次录完,对演员要求很高,现在数字译制可以一段一段地配。"我现在的价值就是把他们的人声处理好,让观众满意,但是我制作的时候不满意的地方还是多的,因为条件不具备,有很多想法没办法实施。我在那么小的棚里做,会产生很多听觉上的错误,虽然老百姓很难听得出来,但是专业老师能发现这些问题。我们的设备跟不上,人才也缺,制作的基础太差了,我都搞了10多年才到这一步。在译制工作这块，云南的经费是最多的，一年云南省就有 300 多部译制片，是按部数给钱的。就像当兵打仗必须有枪，我们也必须有机器有经费来做这件事。"

因为 2005 年的时候当地是按照差额拨款的方式来进行译制补贴的，工资待遇较低，很多从事民族文化译制的年轻人觉得没有前途而选择了离职。"但其实你真正喜欢做这件事会觉得确实是有意思，会有种民族自豪感。要干一行爱一行。人的思想是很关键的，不要一天想国家多给点钱，要看你做的事情值不值得，你做这个事情该牺牲的还是要牺牲。我父亲、兄弟讲文化工作的时候都说，我们做的事情给多少钱都不够，但是老百姓喜欢和把文化传承下去是最重要的。"

在访谈的最后余光友也告诉我们："我也搞了 10 多年工作，希望未来有一个室内的固定的放映点，让自己的声音进入到进口的国外大片里。现在我们主要做国内的片子，也有几部国外的片子，但不算大片。我还希望在六库城上班的人也来看这些译制片，年轻人不要把文化丢了。"

（访谈时间：2018 年 1 月 15 日；访谈人：赵洁、叶星；整理人：唐优悠）

# 第四章　西双版纳口述史

## 一、报纸

### （一）刀福祥访谈记录

访谈对象：刀福祥，历任《西双版纳报》傣文版编辑、编委办主任、副社长等职务。工作时间：1982年。

少数民族新闻史历史比较短，在新中国成立前几乎没有。新中国成立以后，党和国家为推动少数民族文化的发展，也是出于政治宣传目的，对少数民族文字进行改革。第一是从教育方面对新改革的老傣文进行普及；第二是政治宣传，用民族语言宣传党的方针政策，巩固边疆，唯一能用的媒体就是纸质媒体。当时考虑要在云南几个少数民族地区办报，一个就是西双版纳，另外还有普洱、红河、德宏，但是在少数民族地区用少数民族文字办报，只有在西双版纳和德宏。办报需要一个准备过程，要有人才和印刷技术。傣族文字历史以来都是手抄本，办报需要活字印刷。1956年的时候印刷厂建了起来，当时抽调云南日报社印刷厂、国防印刷厂、云南新华印刷厂的一些工人来协助西双版纳建印刷厂。有了这个印刷厂以后，我们到各地把懂傣文的人才集中到西双版纳景洪来，用少数民族文字办少数民族报纸。刚刚办报时，没有汉文版，目的就是为了用民族语言宣传政策。

1957年3月10日，《西双版纳报》正式创刊，创刊前经历了几年的准备过程。西双版纳那时候刚成立自治区，从行政来讲是单独的。《思茅报》和我们《西双版纳报》差不多是同时办的，但他们办他们的，我们办我们的。1953年西双版纳傣族自治州成立，当时准备要办《西双版纳报》的时候，曾报给云南省委去批，思茅原来的政委题写我们西双版纳报报头的时候，用的是朱德题写的。当时少数民族报纸还是免费赠阅，印刷出来发到群众手里，在当地反响很大。

到了"文化大革命"的时候，西双版纳和思茅合在一块，那个时候行政管辖就把西双版纳整个自治州淡化。"文化大革命"还没结束的时候，中央就发现西双版纳傣族自治州怎么没有了，特别是周总理特别关注这个事，所以赶快恢复了。

因为"文化大革命"，傣文报在我刚刚上学的时候就停办了。"文化大革命"后刚恢复办报时的报纸我是见过的，20世纪70年代的时候汉文报已经恢复了，那时候的报纸是大量翻译新华社的稿件，自产新闻不是很多，采访也有但不是很多。这么做主要是为了统一政治宣传口径，也会从全州各地抽调一些有文笔、绘画好的知识青年，一起来办报。

改革开放后，中国开始推行市场经济，其他报纸都开始订阅了，我们的报纸也开始订阅了，但是改为订阅后效果不是很好。过去少数民族报纸都是国家赠送，现在让老百姓掏钱读报，他们就很不愿意了。有些第一年订了，第二年又忘了，他们以为这个订报是订了一次应该年年都有。

订阅量下滑的另一个原因是，在使用文字上意见不统一。少数民族真正喜欢看报的人，大部分是上了年纪的学者，还有教师，他们很喜欢看老傣文。新傣文普及以后，只有学校里的学生看。一个少数民族有几种文字，当时的考虑是为了帮助少数民族简化文字，使他们运用起来比较便利所以才统一傣文字，结果效果相反。在我们中国，傣族就有4种文字，西双版纳傣族有新、老两种文字，会看老傣文的不一定会看新傣文，会看新傣文的不一定读得懂老傣文，有些群众在这个方面就有了抵触的情绪。到现在为止，西双版纳都还有两个观点，有人觉得新傣文比较好、比较先进、比较科学，有人觉得新傣文已经失去了傣文原有的格调，失去了风格。所以，傣文就出现了断层，不能共同传承傣族优秀文化，仅仅成了现代的拼音文字。1986年左右，我们也很纠结到底是用新傣文还是老傣文出报，电话请示了省里，省里说我们可以根据当地的情况来定。之后，州人大做出了一个关于恢复使用老傣文的决定，根据这个决定我们又开始恢复老傣文出报。老傣文办报也有波折，学校培养出来的干部，还有学生又都看不懂老傣文。折腾了几年以后，我们又搞成两个版的新傣文、两个版的老傣文混合出版，到了20世纪90年代的时候，考虑到新傣文是国家普及的文字，是批准使用的，按照国家的要求，我们还是继续用。按官方的宣传我们就用新傣文，到了 90 年代末，我们一直用新傣文。后来我们抓报刊的发行量以后，傣文报的发行上升得还是比较快，基本保持在 8000 份左右。

进入 21 世纪后，我们积极和州里协商，走了一段时间的老百姓订阅，后来和组织部申请了一些经费，对少数民族报纸的发行进行补助补贴，2010 年起实行免费赠阅。原来的订阅量在八九千份，后来我们又给每个村寨增加了几份，就发展到 1 万多份，现在还是按照 1 万多份的数量来赠阅。

之前订阅量不是那么大的时候，就安排员工到各个乡镇去跑订阅，搞了一两年，让他们接触到老百姓，接触到生活，慢慢尝试以后，每个员工就知道办报该如何办。党报党刊肩负着双重任务，所以宣传部也来抓这个事，另外还有邮政局，配合着来搞发行，完成了任务以后要给邮局一些补助。少数民族报纸前前后后停停办办，都是根据国家的政策，以支持少数民族地区的工作，做好边疆的稳定。我们的傣文报在搞报刊发行的时候，很好地去抓了一下，报纸的发行比汉文报的发行量还要大，订阅有时候是超过汉文报的，汉文报是机关订阅比较多。后来西双版纳出台了一个文件，要求每个科级以上的干部都要订一份西双版纳汉文报，我们傣族就没有那么多的科级干部，所以只能靠老百姓。

傣文报发行在全国来讲，排在少数民族文字报纸发行量的前几位。我到内蒙古考察过，蒙古文报也才发行五六千份，那时候我们西双版纳傣文报发行量八千份左右。而且，我们西双版纳傣文报的发行量比较稳定，大家看报的积极性一直都很高。另一方面，少数民族喜欢唱歌、写诗等，我们就接地气地用少数民族喜欢的形式把一些新闻的内容进行整理编辑。有些是用诗歌的形式运用章哈写出来，我们写过一篇文章《立足边疆实际，走特色办报之路》专门介绍过这些办报经验。

1975 年，我从西双版纳州师范学校毕业后，去勐混小学当老师，教了三年书。1977 年全国恢复高考，我考上了云南民族大学汉语言文学专业。1982 年，大学毕业后我就被分来西双版纳报社工作了，最开始是做编辑。我们是全国第一批包分配的大学生。来办公室报到的第二天老编辑就把一大摞稿子给我，他们认为我是大学毕业生，什么都懂。我到印刷厂找到了一本讲印刷工排版技术的书，就尝试自己改，自己排版，自己编版。

因为我在学校里也经常写一些文章，给《春城晚报》投稿，在《电影之窗》发评论，能够适应工作。改稿没有问题，但是排版画版就是一片空白。那个时候还好，不是每周出报，稿子改完以后，正好看到从印刷厂找来的那本书，我就大体按照那个书上的排版要求来做。过去的老编辑是徒手画的，我看了书以后试着按照书里面的方法用尺子画，把字数数好，图片放上去，不能断栏，不能破栏，按照书里的自己去琢磨。

我很少采访写稿，刚来就是做编辑，之后去总编室当编委办主任，负责整个报社的编务工作安排，总编室做了3年就去当副社长了。1986年，当了四五年编辑后一次性就评上了中级职称。1990年的时候，我开始当副社长，主要负责行政工作，还兼职了一段时间的版面编辑。当副社长就是做整个报社的行政工作，包括印刷发行，那个时候不做编辑了，我就能腾出精力搞发行。

20世纪90年代初，我觉得我们的铅字印刷有很大的问题。到了1994年，我们还在用铅字印刷，已经买不到做铅字的字模和一些处理图片的药水了，于是我们有了危机感。1995年，我们的副总编岩温胆去开会，他是专门写字符、字画，做字模的。因为字模首先得有人写，写了以后才能拿去做字模，但是在做模的过程中也有很多问题，很多字写出来，那些专家都说通不过，还要推几年。后来我知道这个事情以后，我就说我们西双版纳自己的事情自己主动做，决定做电子排版。恰好，山东潍坊的一家科技公司来联系我们，当时我分管行政，我说有钱要干，没钱我去找钱也要干。

我把傣文报电子排版系统纳入整个报社的发展规划，那时候汉文、英文都有电子排版，我们傣文也不能落伍。当时，科技公司考虑开发一个傣文的拼音打字功能，我们准备要搞傣文的第一台电脑。在资金方面，跟州政府申请了20万元，科技公司那边也积极支持，出钱出力。计算机技术方面主要靠他们，我们主要是少数民族文字这方面，两边的专家一起努力才能把文字处理做好。当时做文字处理还不像现在手机这么简单，要有软件，这个软件要具备编辑功能和排版功能。1998年，我们就实现了用电脑编辑和排版傣文字，不过这个系统很初级、很简单。后来，我们发现得让计算机实现既能打老傣文，又能打新傣文，还要能够汉语对排、英语国际音标对排，这是另一个技术问题。要解决这个问题，首先要统一，以字体字符的国家标准和互联网国际标准为基线，没有国际标准进不去。我们就开始做傣文国际化的事情，主要是玉康龙负责，岩温胆协助做字体字符，这个工作目前还没做完，让后人再继续做。

我们现在做的就是几个常用体。我们傣文里一些 pahan 体，就是像酸角一样的字体，有些是像疯猴一样的字体，当时就是规范这些字体，协助把这些字体规范了,把老百姓原有的字体规范了,然后再报到国家字库里面。现在正规的就是老傣文有四种,新傣文有四种字体,本来应该有几十种。

做新老傣文输入项目,不只新闻里面可以用,教育方面可以用,广播方面也可以用,还有就是寺庙里也能用,社会影响很大。刚建成的时候,免费送给寺庙里面用,州广播电台也是免费用,所以现在它的经济效益还没体现出来,主要是社会效益。

我写过很多论文,也有很多设想。从中国的新闻史发展到中国新闻未来怎么走,我们肯定有这方面的前瞻性,但是我们少数民族这方面的课题必须交到我们自己身上,就要义不容辞地把它做好,这是一种责任感。我们站在这个平台上面,一要掌握大方向,二要推动技术的发展,才能主动地带领大家去做事情。

以前我们每年都到全国各地参加交流会,从业务方面来讲,不管做什么工作,要积极参与行业内的这些活动,能够掌握行业的方向、现状、技术,思考自己达到了哪个层次、用了哪些技术,才会知道自己该如何发展。汉文这方面就是"拿来"主义,全部出钱买就行,但是少数民族这方面拿不来,那就自己做。跟一些科技单位来进行相互合作,所以才有我们今天的成果。凡是全国性的大活动,计算机方面的,还有新闻方面的交流活动,我都积极去参加,只有站在这个角度才会有新思路,才不会掉在坑里。

现在,办报的人才越来越匮乏,人越来越少。老的这一代已经快没了,中年的这一代还在,后面一代已经不是青黄不接,而是青黄难接了。下一步怎么做?我现在也正在筹建一所少数民族的"中国巴利语系高级佛学院",是一个宗教院校,目的是为了在宗教里面培养少数民族的高僧,再把还俗的高僧培养成少数民族人才。我的设想是继续提高现有的计算机技术,把学院办起来以后,我要把这个东西拿到这里来,像泰国的朱拉隆功大学、云南民族大学都已经派人来跟我们谈了,想一起办这个学校,主要培养专科、本科和硕士研究生,针对南传佛教的高僧,面向东南亚及全国招生。我虽然退休了,不管是景洪佛寺的远程在线教育,或者其他的,寺庙里的工作我还要做。像我们这个佛学院也跟云南民族大学合作,它是厅级单位,按照全国普通大学设置,但是人数没那么多。我们的课题研究,从宗教方面、民族方面争取来的资金会更多。像今年做佛学院项目省里面就拿了1000万元给我们,这个项目我们准备投资3亿元。

傣文报之后肯定要做多媒体,未来的发展要走全球化。我们少数民族媒体发展也要全球化,它不能被孤立。我们网站建设现在人不够,傣编部的几个人办报都难，没精力来建网站。我们少数民族新闻发展，在第一媒体、第二媒体、第三媒体里面有一些进步，以后就是第四媒体，第五媒体要更进一步不断研究，不断完善。现在是4G时代，要有平台，先要在线，在线了以后手机上才能随时随地来看，这方面就要组织很多的人来制作。还要编课本，还有汉语、英语、傣语对照。还要做的有很多。手机传媒这边也是没有人来做这个内容建设，人手不够。未来的少数民族媒体发展还是要通过移动通信，网络和报纸还要相互整合，推进共同发展。原来做的是基础，未来发展还要做更多的努力。我们现在的很多新闻、信息看都看不完，但是我们少数民族想看还看不到。

（访谈时间：2016年7月12日；访谈人：郭建丽、安淑蕊、李思颖；整理人：赵亚净）

（二）施泽鹭访谈记录

访谈对象：施泽鹭，历任《西双版纳报》报社总支书记、社长、总编辑等职。工作时间：1984—1999年。

我的祖籍是云南省临沧市云县，为了保卫祖国，我到了临沧沧源佤族自治县当兵。那时候18岁，家里有7个兄弟姐妹，3个当兵。在沧源当兵的时候，去昆明外语学校学过3年缅甸文，1965年回来的时候就在沧源县跟着团长当了3年翻译。那时候中国支援缅甸打仗，到缅甸去做翻译的时候，缅甸人都不知道我是中国人。1969年部队调到勐混，1973年成立军分区，我是第一任宣传部部长。从1973年一直在到1984年，后来转到报社当总编辑。当时是地方向部队要人，我转业到报社，担任过党总支书记、社长、总编辑。1989年我被调到州委办公室，当副秘书长兼办公室主任，1992年当州委常委、宣传部部长，到了1999年退休的时候，州委书记找我，需要我搞材料，返聘我为州委特邀顾问。工作内容就是：第一，参加撰写和修改州委重要材料；第二，培养和带出8～10个写作能手，我带出来的学生现在都在州委；第三，讲课，讲写作知识，到地方部队军分区讲课。我2001年1月1号退休，我退休后兼职州老年大学校长，去给他们讲课，讲写作、养生、保健。2005年学的电脑打字，在老年大学的时候别的老师教我的。

我初中时候就一直写文章，在部队的时候就写一些报道。从1963年就开始投稿部队广播站，内容就是军事评论、群众工作、边防斗争等等。来报社的时候有一些写作功底，专门写社论、评论、重要的新闻稿，投稿在汉文版。我不会写傣文，那时候傣文报重要的文章都是翻译的汉文版。我来过两次报社，第一次是1973年成立军分区时，到1975年大概3年时间，我穿着军装在报社当总编辑。那时候报社有两个副总编，一个汉文版副总编，一个傣文版副总编。汉文报一个星期出一次，然后改为3天出一次。当时傣编部只有6个人，整个报社有20个人左右。我在报社的时候自己写稿，我写过知青。1973年我上任的时候，"文化大革命"还没结束。

1984年3月，我告别了24年的军旅生涯，转业到地方工作。虽然不穿军装了，但仍然注意透露着军人的威武和坚毅；不在军营了，但仍然注重保持着军人的本色。

从转业到地方工作之日起，至1989年4月，担任《西双版纳报》报社党总支书记、社长、总编辑，为报社的党组织建设、行政事务管理和提高报纸质量尽心尽力、尽职尽责，使报社各方面的工作有了明显的进步，同时，我还撰写了部分社论、评论和重要新闻稿件，受到干部职工的好评。2007年的3月4日，是《西双版纳报》创刊50周年纪念日，报社编委会编写了一本名为《西双版纳报50年回眸》的文集，文集中载有一篇罗俊新同志（我任总编期间，罗俊新任副总编，我调州委办公室工作后，罗俊新接任总编）写的题为《旧事杂记》的文章，罗俊新在这篇文章中写道："总编辑施泽鹭像个老大哥一样，为人诚恳忠厚，在他身上，我学到不少东西，这就叫有样学样，上行下做……"

在西双版纳报社工作期间，1986年6月，我被评为云南省先进军队转业干部先进个人，受云南省军队转业干部安置工作组、云南省军区政治部表彰奖励；1987年8月25日，任州政协第六届委员会委员；1987年9月，任州委候补委员；1988年3月29日，任云南省民族理论研究学会会员。

1974年左右，办报纸还是挺困难的，一个星期出一版，设备也不行，要用手排字，校对要一个个看着字，白天晚上加班加点的，人手不够，大家文化水平都比较低。业务不熟悉，专业技术人员也基本没有，职工都是农村来的。我虽然是总编辑，但我也只是初中毕业，没有办过报纸。那些职工好多都是从机关的编辑记者调过来的，工人大部分是农民群众，大部分在印刷厂工作过，大家都是一来报社就跟着走了，不搞培训。除了人才有困难，住房也是非常紧张的。那时候应该分配房子，但是没有房子，好多人住在外面，当时我还住在法国楼（现西双版纳报社内 1920 艺术馆)一楼的一个房间里,8 平方米都没有,很拥挤,总编、副总编都住在那里。我很少过问傣文报,因为我不懂傣文。第一次来报社的时候,有汉编部、傣编部,有个印刷厂,有个行政科管吃的和住的。工资也很低,很多工人拿 20 多块,我拿 76 块,因为我在部队才拿了这么多,部队给我的工资,其他编辑拿 40 多块。以前我们在的时候,还有个小食堂,三个厨师都是大妈,交粮票饭票。那时候汉文报做得好一点,傣文报的话,很多办报的人傣族文化水平比较低,但是傣文报不办又不行,《西双版纳报》的存在就是因为有傣文报。那时候傣文报发行量是几百份。

《大坝雄伟,青春壮丽——记水利三团修建曼岭水库》这篇文章是我自己去采访的,我到了工地上,对我触动很大,一边哭一边写稿。女知青处处以大寨铁姑娘为榜样,加强锻炼使自己的青春放异彩。十五连的陈品英在 1971 年底到大寨参观学习回来后,不断向大家宣传大寨人"自力更生""艰苦奋斗"的革命精神和大寨铁姑娘的生动事迹。在大坝回填工程中,她得了伤寒,开始没有发觉,只觉得每天发高烧。可是,她不告诉任何人,一连十几天,她天天挖土装车。在一个早上,她正端着簸箕,突然眼前漆黑,脸色刷白,昏倒在地。同志们扶起她,送她回去休息。她想起老愚公每天挖山不止和大寨铁姑娘在严寒中斗顽石的精神,第二天又上工地。晚上,她又发高烧了,昏迷不醒。医生一检查,原来是伤寒。大家都惊异这个不到 20 岁的瘦小姑娘,有那么坚韧不拔的毅力。像这样的知青正如森林中迎着风雨茁壮成长的树木,数不胜数!他们班长和我讲的这个故事,他们口述我记录下来。

我第二次到报社工作的时候感觉报纸发展的比以前好了,版面、文章质量都比较好了,也搞人才引进,从云南大学等一些学校调过来,都是一些专科、本科生。夏文艳也是我从云南大学找来的。报社资金都是政府拨款,广告收入很少,基本不做广告。我比较喜欢这份工作,现在也经常看报纸,一年订报纸的费用都在 1700 多元,看《西双版纳报》《中国老年报》《云南老年报》《艺术文摘》等等。

提升写作能力,第一要注重多读书,多看报,看杂志;第二要注重观察,锻炼观察分析、判断和选择的能力;第三要注重锻炼综合能力;第四要注重锻炼追求新思想;第五要注重掌握文字写作功底;第六要注重刻苦锻炼文字表达功夫。

(访谈时间:2016 年 7 月 14 日;访谈人:郭建丽、安淑蕊、李思颖;整理人:赵亚净)

（三）岩说访谈记录

访谈对象：岩说，现任《西双版纳报》傣编部主任。工作时间：1984年至今。

我在景洪市曼斗寨子出生，因为时代的缘故，当时的社会非常混乱。

1976年"文化大革命"结束，我刚好在江北中学初中毕业，当时我们条件艰苦，建教室的时候都是我们自己拿着刀去割茅草来建的。当时在学校主要是学习汉文，傣文不多。大概学习一个星期的傣文，读给老师听一听，就差不多了，因为新傣文不像老傣文那么深奥，要简单一些。

我初中毕业就没有读书了。因为我是个想法很多的人，进报社之前我做过很多事情。当时家里有哥哥、舅舅，我们三个年纪相仿，而且是在一个班。当时景洪电影公司就来招人啦，招傣语配音人员，我们就去面试，我因为声音不行所以没选上，我舅舅选上了，我哥也在乡镇企业这边找到了工作，只有我一个人没有工作，就在家务农了。

到1978年，我就去验兵，验上了。但是由于父母不同意，我决定尊重老人家的意见，就没有去。结果后面马上就对越自卫还击战，我妈就说我，当时要是去，就上战场啦！其实我个人觉得是一样的，因为当时我已经在曼斗村当民兵排长了，而且在对越自卫还击战里，我们民兵部队一样作为后勤兵参加培训，训练我们抬担架、救治伤员等等。在1979年，我有点熬不住了，想着是不是在战场牺牲会更加值得，所以又跑去验兵啦，但事与愿违，没有验上。你说一开始，验上了，家里反对，后面想去又验不上了。

后面又去民族使馆找了一份工作，想跟着艾诺做广播，但是需要回村子开一个证明，结果村里说，你们家已经出来两个了，又把我卡住不让出来工作了，所以我又只能回家做农活。

直到1980年，国家开始包产到户，每个寨子都有手扶拖拉机、牛马、鱼塘，每个寨子自己抽签，我是最想抽到拖拉机的，但是当时120多人去抽签，手气不好，又没抽到。所以后来我干脆贷款自己买，花了1800元买了台拖拉机，我是当时村里第一个买手扶拖拉机的人。有了拖拉机，我就每天早上出来拉沙，哪个工地需要沙，我们就去拉，晚上9点以后才回家，这样大概熬了几年。

1984年，碰到报社招工招干，我就过来考试，我记得当时傣文要单独考，其他就是中文，我基本都会。刚进报社，先学习校对，新来的要熟悉报纸流程，最基础的就是校对，必须要先做校对工作，你要熟悉它的格式、新闻语言、写作方式。然后做编辑，在做编辑的过程当中，跟着艾诺老师出去采访，之后慢慢地，就开始独立采访了。那时候我们月工资才七八块钱，印刷厂报纸的排版都是用铅印，比较落后。傣文报的发行量也只是两三千份左右，（负责傣文报人数）编制最多的时候是13个人，每个版面有一个编辑，有两个审稿，有一个副总编，还有几个记者跑采访。

当时确切来说我们是没有采编合一的说法的，包括汉编部也一样，我们是实行轮岗制度，比如这段时间我做记者，那么后一段时间我就轮换到编辑，除非是有特殊情况，自己提出申请想专门做哪一块，那就可以固定在某个岗位。

我记得第一次去采访，是跟着艾诺老师，我们去勐罕镇采访一个被火烧的寨子。那时候天很热，又口渴。我们去采访一个老人叫帕切，进去他家，他什么都不知道，我们说想喝水，但是装水那个碗好像是喂狗的，我们就不敢喝。那时候我们老师也在，老师好像喝了。在回去的路上，老师就跟我们说："采访要以心换心，你不尊重采访对象，人家也不会与你交心，你也采访不到比较真实的东西。"

记忆里20世纪90年代左右，有一次我去采访，碰到一件特别尴尬又好笑的事情。那一年到红毛树过去一点的陈梓村村委会去采访，当时是一个主任来接我去吃饭。到了他们就问我是哪里的呀，我就说是报社的。然后就开始盘问我，报社什么什么领导是谁，来接我的人自然知道我是谁，但追问的人不知道，就怀疑我是假记者，还要看记者证，你说我们平日采访人家也不会要看记者证，所以我就没带，那个时候是真的特别尴尬。第二天那人又来跟我道歉，我才终于弄清了原委。原来是以前有个人自称记者，要在《云南日报》上做一篇关于他们村的报道，叫他们出些钱，就帮他们做做宣传。没拿到钱之前一天三次都会来找，后来拿了2000块钱后，电话忽然就打不通了，才发现是骗子，就是因为发生过这件事，村里人才会怀疑我是假记者。

大概是在2002年左右，我们傣编部这边才慢慢减少人员出去跑采访的。因为那时候傣文和汉文开始分开为独立部门，还成立了记者部、广告部，大家在工作上的区分更加细化，这实质上是我们老社长的一个正确的管理思路。至于傣编部不出去采访，跟人少有关系。但是也不是完全不出去采访，之前还提倡"走转改"，所以我们部门是提倡在完成工作的前提下，下到基层，零距离接触老百姓或者我们的通讯员，了解他们。贴近我们的百姓、通讯员，能听到他们声音。比如，有段时间大勐龙的群众就反映，以前自己订阅的报纸能送到自己手中，现在报纸发行量到 15000 份了，还是赠阅的性质，报纸反而看不到了。

再比如稿费问题。我们通讯员，大部分都是五六十岁甚至更老的老人，所以思维也还停留在二十世纪四五十年代，我们给他的汇款单他也不看，也不去领，要攒够一两百他才去。可是等攒够钱数，最前面的汇款单就过期了，邮电那边又把单子退回来，所以他们领不到钱。说个好玩的事情，我们的通讯员，大勐龙曼丹和寨子的老波涛（大爷）康郎亮，当过和尚，是个 80 多岁的老章哈。他知道会过期后，就跑到邮电那里去对工作人员说："我年纪大啦，跑不动、记不住，但是经常有人给我寄稿费。"所以，邮电就专门在邮局给他弄了一个小箱子，专门存放他的汇款单。前两天他还托人给了我一张过期的单子，问我能不能补给稿费，我还是补给了。因为老人嘛，记不住，有时候反复提醒他，他还是会忘记，像个小孩子，但毕竟我们跟他感情也很好，从我进报社就一直在到现在。

西双版纳傣文报一共有四个版，前三版是汉文版翻译过来的，内容差不多一样，但是我们翻译的时候会把它翻译得比较贴近生活，翻译得比较有趣一点。排版和汉文报也差不多一样，只是我们能容纳的版面少一点。比如汉文报能放七八条甚至十条新闻，我们最多能放五条。

傣文报第四版是我们的通讯员自己写的，比如说"章哈"的民间故事，汉文版是没有的，这个板块相当于傣文报的门面，一直就有这个板块。第四版主要靠通讯员提供，内容主要是民族民间文化，第四版也是最能体现傣文版的特色。傣文版本土味较浓，都是一些关于傣族人民生活的。一些国内州内大事，我们也可以用传统的创作方式写作手法来写，还可以用唱词的方式来把事情的来龙去脉描述出来，老百姓就比较喜欢看。一版是要闻版，和西双版纳报一版一样；二版是与农业、经济相关的；三版是综合版的，是社会性的，与民生相关。老百姓看得最多的是第四版。

就云南省来讲，我们的民文报发行量是属第一的，这也是得益于政府的财政拨款，报纸是免费赠阅的。政府要加强边疆地区少数民族文化的宣传和影响力，所以每年国家相关部门会来调研，还没有免费赠阅以前，政府每年拨款 20 万元，也只是够纸钱而已。民文版没有广告，所以有时候办报纸我们还是比较困难的。财政拨款少，但我们是属于差额拨款，工资是有保障的。近三年来，因为财政缺少资金，所以我们那 20 万元经费一直没到账，但说实话，对我们傣文报影响其实不大。因为，15000份每一年都是必须要完成的，至于经费到不到，反正我们报社是有资金的，至于到底哪里拨，说不清，应该是报社自己掏得多吧。

我记得，在当时到底是办新傣文还是老傣文的争论中，是有过民意调查的。但事实上，就报社傣编部这一块来说，我们没有具体的数据，都是从发行量来评估的，因为当时我们新老傣文都做，一个版面就分两块，一块新傣文，一块老傣文。在当时，四五十岁的那一拨人，对老傣文呼声比较高，新傣文基本没有人反馈。然后政协委员做了一个调研，最后的结果是60%多的人支持老傣文，所以最后人代会通过了使用老傣文的提案，但同时新傣文也没有放弃。但是在自费订阅时期，新傣文的订阅量已经达到4000，而老傣文却低到几百份，原因就是人的年龄段不同，年纪大一点的人，他们想看老傣文，年纪小一点，包括后面没有赶上当和尚的这一部分人，对他们来说新傣文更简单一点，更好普及。"文化大革命"期间没有人当和尚，"文化大革命"后又恢复起来，年轻人就开始接触新傣文，后来看新傣文的更多，发行量也就更多，老傣文相对少一些，这跟文化层次有关。村委会那些村干部懂新傣文的比较多，懂老傣文的可以看懂新傣文，懂新傣文的不一定能看懂老傣文，所以我们就降低了老傣文的发行量。所以慢慢地，就开始逐渐用新傣文替换老傣文，直到变成现在这样，新傣文周刊，老傣文月刊。

有关通讯员这块呢，是在我们来报社之前就有的了。当时在我们报社有一个通联部，也就是现在的资料室，专门有一个通讯员花名册。大概2002年的时候，傣编部和汉编部工作上慢慢能区别开来，我们的通讯员才逐步分开，专门属于傣编部的通讯员才慢慢记录在案。而通讯员刚来的时候，是需要经过培训的，这两年因为太忙了，所以搁置了。以前每年都有通讯员培训，我们主要培训消息、通讯、特写、章哈等内容。现在我们也积极主动地向上级领导部门反应，我们傣文编辑部的通讯员是青黄不接，出现人才断层的困境。

像跟我们经常联系的老通讯员，比如岩帕，我们经常在一起交流他们写的作品，比如在老通讯员的文章中，五要素有时会缺失，我们就要提醒他们，他们也虚心接受；再比如有的章哈，写社会主义好，那些形容词用得非常好，但是怎么好，好在哪里，就没有写出来，也需要提醒他们。

还有一个忠实的读者也是通讯员，名叫波罕吨，60多岁了，家住易武，他经常骑着摩托到我们这里来，有一次被交警拦住了，把他的证件也扣了，因为他本身没有正规的驾照。后来我们又想办法把他的证件拿回来，考虑到他骑摩托上来很危险,第一是因为没有驾照,第二他年纪又大不安全,就跟他说让他不要来了,有什么事情电话里面联系,但是他又很不放心,都要亲自跑来,而且每次来都拿很多土特产来给我们。用傣族谚语说就是:"棍子不如手,书信不如口。"还是要亲自过来交流。

现在傣文报的编辑记者大概就是我们六七个人,而且我们现在基本只是在编辑、翻译,偶尔出去采访。以前我们有十多个人的时候,分工就比较细,记者是记者,编辑是编辑,分开的,记者出去跑,编辑就在单位等着。现在只有六七个人,人手不够,四个版就是四个编辑,审稿去掉两个人,就没有办法出去跑了,就是等着通讯员来稿,或者就是在单位翻译,或者遇到哪里有好的题材,我们就抽时间出去跑,现在也就没有专门出去跑的记者。像章哈都是外面的通讯员提供的稿件。

对于一些突发性的报道,我们毕竟是党报,根据当地党委政府的要求,按照全国大趋势的总体要求,我们每年都有新闻的采访计划,只是我们的新闻时效性差一点。虽然是民文报,但它跟党报一样,是党的喉舌,要坚持以正面宣传为主,这是一个严肃的问题。像以前党的十八大的报告一出来,我们这边要求翻译成傣文,我们就加班加点地全部翻译,这也是一种政策。

1997年的时候和山东潍坊的华光公司合作以后,就开始用傣文输入电脑,随着这种趋势,我们就想着做一个傣文网站,后来就一起合作、研发。傣文网站是2009年11月开始建立的。网站那块也是我们六七个人在管理,纸媒的先做好,网站也会更新。傣文网站刚开始建立起来的时候,在东南亚国家是有一定影响力的,我们主要是从点击率来判断的,主要有缅甸、泰国等国家,最近我们网站里也是结合实际,跟着"一带一路"走,开办了一个东南瞭望栏目,让东南亚国家更了解我们。

刚开始,我们的傣文输入系统的学习是有专门的技术培训的,山东潍坊华光公司举办的培训,我们全部都参加了,只是近两年因为忙,所以没有做,后面新人进来,就师傅带加上自学啦。

现在我们是用采编平台,联网操作的。现在网站点击量不太理想,2009年10月网站刚开始出来的时候,点击量还比较多,现在随着手机来了、微信、微博都来了,影响太大了。我们利用节假日,或者出去采访,有组织地到农村以后,打开网络,教老百姓怎么用,怎么点击网站。我们还专门到乡镇,都是去展示给大家看,那个时候我们刚开始建立网站,让大家去用。我们想开发一些新的东西，但是现在申报项目很麻烦，资金也是个问题。所有我们虽然有想法，但是基本还不成熟。

现在傣族文化青黄不接，大多是60岁以上的人，50岁以下的也有，但是很少。如果是这些人不在了以后，傣族文化的传承就比较令人担忧。现在学傣文的也越来越少了，当过和尚的人，有一定的文化，直接进入大学深造，造诣高一点。我们想在傣文和汉文之间找个平衡点，是很困难的。

我们傣文报对东南亚那边的影响，主要就是我们这边有一个勐遮的60多岁的通讯员叫岩三不岩，在我们报社做了差不多30多年的通讯员了。他平时也不太去缅甸那边，但是只要一说他的名字，那边人都知道，都说是在报纸上经常出现的人，是很熟悉的名字。有一次，他朋友叫他去景东这边，在吃饭聊天当中，就问起他是哪里的，他就回答说是勐海人，也是西双版纳傣文报的通讯员，人家就都说他的名字好熟悉。岩三不岩自己都说难以想象，自己的名字在国外都这么有名。在勐遮、勐海这一代，只要懂傣文或者是搞创作这一块，都知道岩三不岩这个名字。可以说就是报纸传过去的，因为我们的傣文报以前是摆在"国门"——口岸的，人们都可以自己取报。以前我们也想过在境外落地，我们傣文报也能在境外组建一些发行店，刀社长退休后，就没有人过问这件事情了。以前中宣部都说这个项目好，他们鼓励我们出去，当时我们就了解了一下出去要多少经费，还拟定了计划给他们看，然后上面没有答复，我们因为工作量大等原因也没有时间做，就没有做成。

（访谈时间：2016年7月6日；访谈人：郭建丽、安淑蕊、李思颖；整理人：赵亚净）

（四）岩温玛访谈记录

访谈对象：岩温玛，曾任《西双版纳报》报汉文版的编辑、记者、傣文版编辑。工作时间：1986年至今。

进报社前，我是部队当兵出来的。1981—1983年，在蒙自军分区某部队服役；1983年后在红河又当了两年武警。我在部队上也写过文章，刊登在《解放军报》《国防战士报》上，豆腐块那种，后面又学了傣文做翻译。我是小学时候学的傣文，但是不太懂。后来去部队当兵，经常给家里写信，就学会了傣文。

1985年10月退伍，退伍回来后就考试，同年11月4日被分配到西双版纳报报社从事记者编辑工作至今。参加工作后，边工作边学习，于1989年5月至1990年6月在云南大学新闻专业培训班学习；1999年8月至2002年6月就读于中央党校函授学院西双版纳州委党校分院大专行政管理专业；2003年8月至2005年6月就读于中央党校函授学院西双版纳州委党校分院本科班法律专业。

1986年的时候，我刚进报社，是实习生，一年都坐在办公室看报纸，等于从头学起，先熟悉环境。后来开始出去跑采访，开头有师傅带，师傅是艾诺老师，带了我两年。师傅现在已经过世了。当时差不多带了半年，我就开始独立采访了，后面就在汉文报编辑部做记者。

我当记者当了16年，当然在那期间编辑也当。来傣文报当编辑是从2006年开始的，因为老了，跑不动了，再说傣编部这边人手也不多。现在我们傣编部这边出去采访已经很少了，原来有的，现在就一个人负责一个版面人手不够。现在有一两个年轻的，他们都会抽出去，主要采访州里面的动态性的新闻，或者记者下基层，主要在星期六、星期天，而且要用傣文和汉文这两种文字写稿。

我的那篇《森林保护神》获得了2011年度中国少数民族地区好新闻新闻唱词一等奖，是写液化气老板刘天伟的，他专门搞液化气后，西双版纳乱砍滥伐现象。我20世纪80年代的时候就知道他了，那时候他刚刚起步，到寨子里推广液化气，老百姓不要，要砍柴烧火。再后来，社会发展，他慢慢就成功了，开始回报社会。

《傣寨移风易俗树新风》也获得了2013年度中国少数民族地区好新闻通讯一等奖，我记得在《云南日报》登了。这个是我发现的，然后我带岩温的去采访，叫他写。最后获奖录了我们的名字。

我印象最深但是没有获奖的一篇文章是《虎胆英雄——岩龙》。对越自卫还击战30还是40周年的时候我们去采访。那就是个很难忘的日子，因为他是英雄，在对越自卫还击战的时候光荣牺牲，但他母亲还在啊，住在老房子里，寒酸得很。

我在这30年了，还出了3本书，傣文报起起落落30年，20世纪70年代后慢慢发展起来。但是傣文报从80年代开始就一直没什么大变化了，4个版面都没什么变化。

这些年，傣文报基本没有广告。因为傣文受众少，而且都在寨子里，阅读面窄，以前还是有的，但现在很少了。现在主要的经费就是汉文报那边的广告补贴，还有每年20万元的财政拨款。

现在我们的订阅量大概是1万多份，主要针对乡村，以免费赠阅的形式。以前还有读者来信，现在很少有。

我们写的唱词基本都是反映新人新事、先进分子、学校教育、禁毒宣传等方面的内容。唱词是老百姓喜闻乐见的东西，唱词和新闻消息最大的区别就是可以编曲填词唱出来。在我们傣文报的第四版，唱词比例最大，占80%左右。

目前呢，不太满意的一点就是傣文报没有广告，经费不足，而且认识傣文的人在慢慢减少，我们的发行量就会减少，比如现在小孩子没有认识傣文，以后傣文报受众可能会慢慢减少。

现在，我们正在上报项目做傣文报的App，增加文字推广，做网站开发，手机报开发，但是还没有批下来。

(访谈时间：2016年7月6日；访谈人：郭建丽、安淑蕊、李思颖；整理人：赵亚净)

### (五) 玉康龙访谈记录

**访谈对象**：玉康龙，曾任《西双版纳报》报社傣编部记者、编辑，分管傣编部的报社副总编辑。工作时间：1988年至今。

我是一个不服输的人。为什么呢？以前我读小学的时候，我的启蒙老师跟我说了一句话，他说："玉康龙啊，其实你这个人不聪明，但是你能吃苦。"他的这句话一直在激励着我。我不聪明，比别人笨，所以我要多花些时间来做事情。人家越说我不行，我就越要做给他们看。

我刚进报社的时候摆过地摊。在体育馆那边，有一个露天电影，去看电影的时候，我就看到好多民工喜欢吃瓜子，我就想是不是给他们卖点瓜子。然后我就自己去市场上买瓜子来卖，后来我发现很好卖。我还去街上买竹筒来做糯米饭卖，在家里煮熟以后，拿到街上，五毛钱一根。还卖水果甘蔗，把它一块一块地削好，用竹签插好，一毛钱一根。那时候我带着我女儿去摆地摊，有个人带着他儿子走过来，他说："你不好好读书，你以后就这样！"我就在想："你算什么，我还是大学生呢。"我不是想着要赚什么钱，我只是想看看人家做的多辛苦，我能做什么？20世纪90年代的时候，我织过傣族背的包，给人家织过毛衣，那个时候一件毛衣 10 块钱，我一个星期织一件，然后我又给人家钩那些小孩穿的袜子，还有钩傣族的围巾，钩傣族的包，这些都是我自己学的，有的时候想着怎么学怎么做，看来看去就会了。我还种过菜，以前我们从攀枝花拿的种子，一公斤 30 块，然后拿到橄榄坝去配种，在橄榄坝那里种了 50 亩，在勐腊那个地方种了 100 亩，最后赚了有 6000 多块钱，就带着我女儿到昆明玩了一圈。2000 年的时候，我又在报社门口开过小卖部，我白天上班，请了小工，晚上我拿着稿子审稿，有时候就在那里写稿，换一下小工，让她休息一下。然后又开过餐厅，开餐厅的目的是想给我女儿我侄女她们看看，赚钱辛不辛苦，怎么样做人。不是说每个人都要当官，每个人都要当老板，但是要知道要怎么在这个社会上生存下去是你的本事，要让她们知道，这个钱是怎么来的。我不是想要以这些事来赚钱，没有这样的想法。我什么都做，什么都玩，人家玩什么我都会，但具体最终的目的是做这些事情都是在积累经验，要回到自己的本质上、文化上来。其实处处都是文化，什么都是文化，比如饮食文化、种植文化、纺织文化、编织文化，这些都是文化，到最后又归结到民族文化。我搞的也是民族文化这块，我是傣族，我们傣族有那么多的优秀传统文化，要怎么来传承，怎么来弘扬我们的文化，才是我们的目的。

我 1985 年毕业，1986 年我就开始参加我们州文联的培训，以前我的老师做翻译，晚上我自己也是拿着稿子翻译到夜里 1 点钟，翻译了拿去给老师看一下，让他指点指点，就这样一步一步地过来的。我一开始是用汉文翻译傣文，然后又用傣文去翻译汉文，贝叶经这块，就翻译一些汉语小故事，翻译了以后就慢慢地，看到人家写汉文，我就想着这些东西我也要会写呀，然后又转过来写汉文。我就是想证明一下，我能不能写，我写出来人家能不能用，所以有些东西就是自己想要怎么做。一个人的一生中，要有所追求，你想做什么，你要做什么，所以人家写的了，我为什么不能写呢，我看汉文那些写的我也会写，所以我就这样来写。

章哈是属于一种唱词，"章哈"有两种含义，"章"是"会"的意思，"哈"是"唱"的意思，就是会唱歌的人。你只会唱不会编是不算章哈的，你要自己会编会唱，也会唱别人编的，这才叫真正的章哈。以前我写过一篇文章《论说唱新闻》，当时我在想，我们是用章哈形式来写新闻，现在我们的第四版都是这样。它是跟新闻一样，我们说的"5W"，它都要具备这些要素。一般的章哈，民间唱的那些，他们可以见什么唱什么，我见你我可以把你捧到天上，也可以把你贬到地下，章哈的语言很丰富，我也很喜欢，但我只会唱一点点。

我是 1988 年进来报社的，那时候第四版已经有章哈了。我记得我小时候就已经有了。小时候我写傣文，那时候我大伯是我们寨子里面的治保人员，有点像现在的保安，他的报纸是公家订给他的，然后我妈就去找他的那些报纸给我念。我的傣文是爸妈教的，吃了饭我们就坐在火塘边，那时候也没有灯，把火塘里面的灰扒平以后就用根竹棍子在火塘里写。读三年级的时候，差不多会写了，一回家到了晚上，就点着煤油灯，我妈就叫我读章哈，读了以后还教我唱，读的时候可能不顺畅，唱出来以后就更好了，我读小学的时候是 70 年代，那时候就已经有章哈了。有时候我们校稿的时候也是唱着校。

后来慢慢到了大学，那时候我们是以前民族学院（现在的云南民族大学）的第一批本科班，我们是第一批考的大学生，在大学的时候，我也是喜欢看一些傣文，写一些小东西。我们的专业是民族语言文学，实际上我们和中文系没有什么区别，只是比他们多了傣文和民族文学这块，学的更多，我们要用傣文写作文，也要用汉文写作文。大学毕业以后，1985 年我是在景洪市教育局的教研室，1986 年在景洪市招生办，1987 年在州民族局，搞统计收集整理。1988 年 8 月份，报社调我，我就来了报社在到现在。那时候我怀着我女儿，我在景洪市民委，第一次报社发调函，当时我是在写材料，主任说先放着。第二次又催，又说先放着。第三次我就把我写的那些材料交上去了，主任说反正报社催了，需要你你就去吧。我说去就去嘛，没什么，哪里需要我就去哪里，别人能做的事我肯定也能做，没有我不能做的事情，自己努力自学，也没有什么学不会的东西，所以我就来到报社了。

当时过来的时候我跟岩说在一个办公室，当编辑做第四版章哈，除了章哈还有一些民间故事和翻译的一些东西，所有的傣文报里面，老百姓最喜欢的是第四版。当时我们改稿的时候，特别是章哈难改，它有押韵。以前我们的一位老同事刀兴华，现在已经过世了，他也会唱，我们改了以后就给他看，我们自己又来念，然后再给他看，一篇稿子要手写 3~4 遍，拿去改了抄一遍，又拿去改了再抄一遍，是这样过来的。

刚到报社工作的时候也没有觉得不习惯，工作很辛苦，但是我很喜欢这份工作，我觉得我来报社没来错，我可以写很多东西。对于我来说，我喜欢做我的专业，你不管做什么，各行各业都有各行各业所做的贡献，但是会有不一样。我很喜欢写东西，哪怕是两百字或三百字都是我的名字，永远在这里，以后不管什么人翻看，都知道这是玉康龙写的，如果在别的单位，写多少材料都不是自己的。把傣文做好了，我还可以写汉文，我喜欢写什么就写什么，我喜欢写论文我就写论文，我喜欢翻译我就翻译。

我当了四版编辑应该四年吧，我一、二、三、四版的编辑都当过，记者也做过，我们是采编合一，虽然我是傣编部的记者，但是汉编部的谁要去采访我就跟着去，他们写汉文，我写傣文，有时候我自己有线索了，我就自己去，我自己照相，自己写傣文，自己写汉文。虽然工作很累，但我觉得很开心。印象比较深刻的是第一次去采访泰国上议院，应该是90年代的时候，那时候坐船到橄榄坝，又到植物园，我能听懂泰国语，自己也会说一些，报社就叫我去采访。采访来头那么大的人，当时很紧张，总是怕出错、怕记错，所以我记的笔记里面有的是傣文有的是汉文，有的是拼音，有的时候遇到难写的字，想不起来我就用汉语拼音，我汉语拼音也学得比较好，我记笔记就是这样的，所以我的笔记只有我自己看得懂。

我什么都做，人家叫我做什么我就做什么。我觉得最困难的事情是做傣文这块关于计算机的。当时做这个东西是在2004年，我一开始是做贝叶经，2002年的时候，我们州要做一本贝叶经全集，我们以前的刀社长让我来负责这个工作。搞贝叶经我们就要录入原先的软件，我们傣文是从1996年开始使用激光照排，我们1996年和华光照排有限公司一起合作，一开始我们做的是新傣文的编辑系统，1996年开始研发，当时我还是副主任，没有参与做这个。1997年的10月1日，我们编写了第一张使用激光照排做的报纸，当时我是做第一版，那时候感觉特别好，特别清晰，后来就一直用了。那时候报纸是四开小报，到了2002年的时候，贝叶经要排版，它是多文字的混合排版，有老傣文、新傣文、国际音标、汉文，还有图片，那时候老傣文是不可能排版的，我们又和华光公司一起研发新老傣文编辑系统，从研发到申报"科技进步奖"都是我在做，那时候我搞贝叶经，一天到晚都在做。那里我第一次接触排版软件。

我们是请了人来，来的人是他们科技公司的，他带着他儿子来，他儿子才两岁，然后晚上我们要加班，我女儿去宾馆带着他儿子睡觉。他教我们排版，他不会傣文，所以排汉文他上，排傣文我上，我们这样一直战斗，经常弄到早上6点钟，后来有一次发现我们的字体字号没有替换，我们又返工。那时候是三八妇女节，我们单位组织出去玩，我没去。那天我们社长来了，因为是第二天早上了，我们很累了，字都看不清楚了，我们排好了打印出来就给他看，他就发火说这是什么字，当时我就说我去改一下就行了，当时我们办公室的一个副主任看了我们的字以后，就说你们做这个工作，人家去玩了，你们不应该去。当时我真的是很委屈，但我没说什么，我想我没去玩啊，我一直工作到第二天早上。后来我就跑到机房去，一边修改，一边觉得委屈眼泪哗哗地流，我在想人家去玩了我没去。我们女同事每人发了50块钱，我们商量了一下说带大家去吃一顿好吃的，那时候我天天和她们一起吃快餐，我觉得这些小孩也是挺可怜的，晚上做贝叶经做到一两点钟，我就去买一些猪脚，拿回家自己煮好了就拿到办公室里大家一起吃。加班的时候我女儿生病了，我就给医务室留了个电话，让他们帮我照看一下女儿，结果我女儿是双黄连过敏，差不多是凌晨5点钟，他们给我打电话，让我快点去看一下我女儿，他们说我女儿不行了，吓得我啊，我当时又哭又叫到处拍她掐她摇她，她就这么被我摇醒了。那时候我不知道该怎么办，很着急。这个事情我真的是特别难过，一讲到这个我就觉得我特别对不起我女儿。我1999年的9月6日就离婚了，家里只有我和我女儿，我一直带着她到现在。人啊，不管怎么说，自己还是要坚强起来，路还是要走的。报社的人和我都是很有感情的，他们都叫我大妈，对我很亲切。

在做贝叶经期间，晚上还要做报纸，还要参加一些书的编写。贝叶经做完以后，我就一边做编辑一边参加一些傣文的项目，2006年的时候开始参加国际标准化的工作，省民委的人找到我，让我参加这个工作。项目是爱尔兰的一个专家做的，我们看他做的方案，有些字要修改，老傣文毕竟是一种文字，越南、泰国提出一个方案，我要一个字一个字地看，一个字符一个字符地看，看对不对，国外不用的，我们这里用的，我们就要放进去。然后关于老傣文编码字符的名称，他们提的叫lanna，在杭州开会的时候，我说不行，lanna是地名，不能代表名称。如果说用老傣文，这是我们西双版纳的也不行。后来我们想来想去，组委会就一直叫我们全体讨论，定了以后再来。我们就分组讨论，讨论来讨论去，我们采取了一种比较折中的办法，就提了几个方案出来。daitang、dai是所有傣语里的傣族，不管你是哪里都是，tang一方面是经，经书意思，所有的文字都是从经书里面的梵文编译过来的，经书最初是梵文的，daitang还有经典的意思，所以就说用daitang。2008年1月份，工作组在泰国清迈那里开会讨论，我们提出来以后，大家都认可。

当时最大的困难就是语言不通，我们开会是这样的，一开始要写方案，先把那个方案提交了以后，然后拿到组委会。我每次是用汉文写，然后拿到中国文字文化标准委员会翻译成英文，然后提交到组委会，组委会同意了，发邀请函让我参加，我就去参加。然后每次开会我就会坐到我们团长的旁边，有的时候使劲看一下有些英文符号，我就知道这个是我的，我是在第几条，然后人家讨论的时候就问，问什么我就答。有时候我拿着字典、报纸去，这个字出现在哪里，要怎么用，有什么意义，每个符号都要有符号名称，有符号使用的意义。我一点英文都不懂，出去的时候就看，比如上厕所，就看图标。所以说很困难的，但是不管怎么困难，我也这样一步步地走。我从杭州到泰国、美国、爱尔兰等地去参加这些会议，组委会都是很尊重我的，因为我听得很认真，虽然听不懂语言，但是他说的大概意思还是能听得出来。我印象最深的在香港开会的时候，有一个台湾人，每次开会都要提个提案，然后那天我说你这个应该改成什么什么，她说你可以提啊，但是我说我没写提案，她说你现在写嘛，我说：" 现在写你们还要翻译成英文，不是难吗？要不我们问一下团长，看团长同不同意。" 团长就坐我旁边，团长说：" 如果那些专家问你，你知道怎么回答吗？" 我说：" 我也不知道他们会问什么问题，也不知道我能不能答。" 然后，那个台湾人就说没问题，就提。我们中间有 10 分钟的休息时间，我就拉着那个组委会主任，然后当场就提出来，当场讨论，到最后通过。好多人就说，你名气太大了，我们现在已经举行 50 多期会议啦，从来没有不写提案，在会议上直接提，当场讨论，还当场通过的！我说我不知道，人家叫我做我就做了。这个提案的内容就是我要增加一些字符，这个字符用得不多，因为语音口语的变化，已经不使用它了，但是我要把它留住，我要增加这个字符。比如，我要背着这个贝叶经去，要拿着这个指给人家看，这个字出现在什么地方，这个是怎么用、什么意思、什么符号、它的名称是什么、它有什么作用，这样的。

我还做了个键盘布局，新老傣文语言键盘切换，我一个字符一个字符地去对应一级键盘、二级键盘、三级键盘。我们有好几种输入法，现在用的是跟英文发音相近的，常用的就在一级键盘、二级键盘，然后是符号。之前为了做贝叶经，还做过用国际音标转换的输入法，那个太难了，不好用，就研究了这个。

1954 年我们国家搞文字改革的时候就开始普及新傣文了，我们报纸开始也是用的新傣文，因为新傣文更方便。文字就是记载语言的一种工具，好多人说老傣文怎么好怎么好，我说一样的，什么都好。当然我觉得文字，哪种方便就用哪种，它是拼音文字，什么都能表达。傣文键盘布局，傣文字形标准，一直到网站的研发，App 客户端的研发，我都参与了。

我们报社做的"十三五"规划，一是我们傣族的这个字库，我们傣文的字库太少了，特别是标题字，太单调了，所以我要调整字库。原来我们新闻出版局的艾局长，他懂傣文软书法，写的特别漂亮。去年我们还办了一届书法大赛，我就把获奖的字拿来做字库，做出来的就跟他写出来的一模一样。二是要做移动阅读，就是在手机上可以看傣文，写傣文，老傣文新傣文都可以，具体用什么形式来呈现还不确定，主要就是针对安卓和苹果用户，就是要研发这个项目。三是我们要做网站的内容建设，因为网站是做出来了，有一些比较有特色的项目，比如说那个文化传习馆的内容还是以前的内容，没有人来做这些嘛，我们就要做内容建设这块，争取国家的一些资金。

做报纸说实话，对文化"走出去"来说，对文化传承来说，都是无可替代的。其他文字好多老百姓看不懂，好多人来翻译，比如说缅甸、老挝、泰国这些地方，通婚的人很多，他们的身份证是国外的，但是经常来我们这里翻译，他们缅甸那边写出来的是老傣文，找我们翻译。比如说我们手机现在有了老傣文输入法，是泰国做的，人家有人出钱来做的，所以人家现在渗透到我们这里来了，如果我们再不做，那就太被动了。而且，我们要做要有自己的版权，所以说这个必须要有人做。人家一进来就说傣语，就开始做宣传，我们还不动。我们是要用这些来宣传党和国家的民族政策、大政方针、法律法规，把我们好的东西宣传给他们。你不做，别人就做了。你看文化"走出去"、文化落地，你不加以防范，人家落户到你这里，人家来不是通过你政府来，而是通过民间过来的，你挡也挡不住，我们边境线有几个口岸，但是小通道太多了，随便就可以走出去。我家的鸡都跑到你家下蛋。老挝不是有一个，在勐腊那边，厨房在老挝，卧室在中国。

我们现在能够传承傣族文化的年轻人特别少，年轻人都觉得没有意思，不去学，不去保护。其实做民族文化工作，我觉得是很有意义的，你静下来想想，一个民族，你连你自己的语言都不讲，文字都不懂，那真的是一种悲哀。所以我们有责任、有义务来传承和弘扬自己的文化，把优秀的东西拿给人家看。我经常说他们，现在好多年轻人误导，你去公园里面，看到那些七八十岁的，还骚哆哩、猫哆哩的讲。骚哆哩是没有结婚的女性才叫，意思是美眉、美女这种，结了婚的我们叫 meihennong，离了婚的就叫 meihan。猫哆哩是帅哥，没有结婚的这些男性，所以你说这就是误导了嘛。

我们现在傣文报的运营状况还好。我们是免费赠阅的，也就是政府买单，财政出钱。但是财政给的钱不够，我们还是有困难，要想办法补进来，比如我们去找一些项目。基本上我们这些项目都是申请的，要把这些项目对上，只要报上去了，人家就给你批了。因为我们的工资还是有财政保证的，其他的我们跟汉文报一样。我们不是独立的，我们是跟汉文报在一起的，相当于我们在报社是一个部门这样的。广告部是我们的一个救急项，我们傣文报不做广告，以前做过一些，很少很少，因为我们的受众面不一样，我们针对的是农村。

  我们以前没有赠送的时候全部是老百姓订阅，没有一份公费的，没有一份赠阅的，我们在1988年的时候都是5000多份，一直到14000多份。后来国家对农村什么都免了，要加大力度扩大文化影响，后来就都赠阅了。但是这样就又导致我们的阅读率没有以前高了。我们下农村去调研的时候，老百姓就反映，国家政策好了，对他们什么都免费了，报纸也免了。但是以前他们自己出钱订，他们看得到，现在免费他们反而看不到。看不到是什么原因呢？是邮局投递的问题。我们跟投递员协调，他们说工作只是说投递到村委会一级，没有义务再送到每个读者手中。有的寨子村长比较负责，他就自己拿去发，有的就扔在那儿不管。我们也想过很多办法，还是想不出好的办法来。要我们自己出钱搞发行，我们又没有钱，政府要是出钱我们就可以做，政府不出钱我们也没办法。因为本身我们州里面的财政很紧张的，没有工业，只靠旅游业，以前是农业州，但是现在农业什么都不上税，财政就紧张了。

  2006年我在党校的时候，那时候那边有一个叫昆湖园的饭店，我带着我女儿去吃饭。那个老板娘就说版纳曼景傣味一条街变味啦，我说怎么啦，她说上当啦，我说怎么上当啦，她说去吃傣味，上去以后根本就不是傣味，价钱很贵，味道也不正宗。后来我想想好像有这么回事，我就写了这篇稿子《曼景兰傣味一条街为何昙花一现》。以前傣味一条街特别火，我结婚是在那里办的，那里又便宜，又好吃，正宗的傣味，那里有很多傣族的竹楼，我结婚那时候还有好多外国人来找我照相。后来由于政府管理不善和当地居民为了赚钱把传统的竹楼修成了钢筋水泥的楼房，现在的傣味一条街就变了味儿。这是一篇汉文的稿件，我经常都是汉文也写，傣文也写。

  我们通讯员队伍建设是很好的。以前我们每年都搞通讯员培训，后来由于各方面的原因，我们就两年或者三年一次，我们现在是采取我们自己下到各县、市、区去培训，以前是叫他们上来，方便他们。去年勐海宣传部搞了一个"首届傣文通讯员培训"。因为在勐海县是第一次，来的有布朗族，也有傣族。主要教授的内容就是新闻知识，通讯写作、消息写作，包括图片说明、新闻导语，还有结尾、标题，当时有 20 多人参加培训，我和另外一个通讯员给他们培训，这个通讯员是勐海县那边一个学校的双语老师，主要是讲他的通讯员经历。我们今年还在大勐龙镇那边培训章哈的写作，我也给他们上课，我们主要讲的就是用章哈来写新闻。用章哈来写新闻已经在傣文报沿用很久了，我叫它"说唱新闻"，就跟汉文里面的散文新闻类似。我写了篇论文《试论说唱新闻》还获得了 2002 年首届中国地市报新闻论文二等奖，报社还奖励了我 80 块钱。

傣文报对读者的影响还是很大的。我们读者看了我们的傣文报就会"比"，他看了这篇文章之后，就想，你看那个寨子怎么怎么做，我们寨子也可以做啊。我记得有一篇新闻讲茯苓种植，然后勐腊的一个读者拿着报纸来找我们，说这个是在哪里，他也想种、想学，然后我就给他说了我们是在景洪街道办事处采访来的，在哪个寨子，他就去学了。比如说人家有什么新的科技，看过报的人就会想，这个可以，我们原来种植不种这些，我们也可以买这些来放。我们这边种植辣椒，我们就在报纸上刊登怎么在冬季管理辣椒，他们就看，"人家报纸说啦，要这样做"。

我们网站开通以后，我带着同事到寨子里面做宣传，群众在寨子里面唱歌，我拿电脑去把网站打开让他们看，然后拿报纸免费发给他们，一拿来就读，有的唱歌，有的读。"你看，你看人家这样做。"我去宣传傣文网站，那些老人不会，我就教给他的孙子、女儿，然后打开给他看，他就说，"哎哟，真想不到我们的傣文会上电脑上，那么漂亮的字，你看我写的就不行，这个太漂亮了。"傣族老人很爱学习的，经常在本子上写东西。"在网站上什么都可以看，我真的想不到啊，活到七八十岁了，我们傣文还上电脑啊。"

除了这些，我们报纸的发展也是对我们的国际形象的一个展示。东南亚，比如泰国那些人来，一进来就来看我们的傣文报、傣文网站，我还背着笔记本电脑到泰国去做宣传呢。还有那个标语，写的傣文网站，拿到泰国寨子里面宣传。然后我还跟昆明理工大学的一个老师薛翠微做了一个项目，她申请了一个项目，就是国家形象认可这方面的（以傣族为例），我跟她背着答卷去做调查。去泰国，问他们对我们国家的形象怎么看，是喜欢美国、中国，还是泰国，是喜欢傣族服装还是喜欢什么服装。还有就是对傣文化的传承也是起着一个很重要的作用。

在德宏那边也有傣文报，但是我们的文字不一样，所以我去北京开会的时候清华大学的丁晓新教授就说："玉老师，问你一个问题。"我说问吧。"为什么一个民族要用两种文字？你们能不能把它统一啦？"我说不能。她问为什么？我说因为我们地域历史的原因。我们跟老挝傣族讲的还更接近一些，特别是越南，我2014年去越南，他们省长除了在会议上讲越南语，下来和我们全部都是讲傣话，基本上都一样。

我们傣文数字化的项目都是前任社长刀福祥争取的，他很支持，只要有关于民族的会议，他就让我去，所以没有他的支持，我也走不到今天。功劳最大的是他，说真的，是他把我一步一步地往上拉，他不会讲傣话，很多事情就让我去做。他很认真，你写什么，他一个字一个字，标点符号也帮你改。刀社长是个很有远见的人，而且看得很准。他人缘很好，一说要做什么，人家就都去做，马上去做。他做项目，就是跟人家说民文的优势，而且我们确实也做出来了，从2002年成果转换，一直都在用，是看得见成果的。所以每次我跟出版局汇报，他们都对傣文很感兴趣，就说汉文不用我们做，我们的优势是傣文，实践证明了确实是这样，我的经历也证明这些了。

我们报社现在是社长负责制，下来就是一个总编，他傣文报和汉文报都要管，再下来就是两个副总编，一个分管傣文报，一个分管汉文报，所以说，傣文报和汉文报是平级的。我们是属于财政补贴单位，但是傣文报这边基本没有什么收入，不够的部分就用广告费来弥补。

而且我们傣文报的内容和汉文报也并非全部一样，比如我们傣文报的四版就和汉文报的四版没什么关系，一、二、三版有的内容是我们通讯员投稿，有的是有选择性地翻译汉文报。

每年财政补贴的那20万元主要还是拿来傣文报这边。好多经费名义上是给傣文报，比如我们的CTP项目的钱就是出版局给的，但实际拿来是傣文报和汉文报一起用。

傣文报对周边国家和群众也是有影响的。不知道现在还有没有，以前是这样规定的：老傣文报就放在打洛、磨憨口岸那里，缅甸、老挝、泰国的傣族进来或者出去就可以随便拿出去看。老傣文报主要还是放在寺庙里面，老傣文报和新傣文报的内容还是不一样的。我们在那边主要放的还是老傣文报，是属于免费的，因为后期我们没有继续去关注，也不知道是否有反馈了。像泰国有的傣族进来，他们是拿去看的，就算那里拿不到，也会到报社来拿。比如前几天，一个居住在泰国学习傣语的欧美人还来这里拿，他先是在书店拿了一些书，然后就来这里拿了一些傣文报，他说他只会新傣文，不会老傣文，所以拿的都是新傣文报。事实上，他在80年代的时候就来我们报社找老同志学习过傣文，主要是做研究。国外我认识的来做傣文的多呢，比如日本的久美子，以及美国的戴玉兰、简兰萍等等，他们都看我们的傣文报，现在世界语言学院那边也在编撰我们的傣文教材。

傣文网站这边外国人看的也有，但主要还是东南亚国家，偶尔有一些欧美国家的人。傣文网站这边的反馈，以前我们主要是看点击量，可以看出来是哪个国家的。但是具体的情况，我现在也不清楚了。以前那些技术员走的时候，每个月还跟我汇报当月的点击量，但现在忙就不汇报了。

（访谈时间：2016年7月11日；访谈人：郭建丽、安淑蕊、李思颖；整理人：赵亚净）

（六）康郎庄访谈记录

访谈对象：康郎庄，曾任西双版纳报社傣编部编辑，现任傣文报第四版文艺版编辑。工作时间：2001年至今。

我是大勐龙曼景列寨子的，从小在寺庙里长大。1980年，"文化大革命"后刚恢复寺庙，我是第一批小和尚，那时候大概15岁，在庙里学经文，学习老傣文。1986年，我成了总佛寺的第一任主持，一直到1993年才还俗，那时候28岁了，就结婚了。

还俗之后，又在佛寺里待了几年，主要做伯赞，之后在裕康公司做边境贸易生意。在大勐龙204边境什么都卖，拉货到缅甸、老挝，又从那边拉东西过来，做了两三年后没赚钱，就回来啦。因为我从小都在佛寺学习傣文，报社这边傣文报的四版，也需要懂章哈的人，当时我们的州委副书记，后来调任到昆明出版局做副局长的岩罕炳，就介绍我来报社。以前我在寺庙的时候，岩罕炳经常来看我，我们是朋友，后来他知道我还俗，觉得我可惜了，就介绍我来报社做四版。进来的时候都没有考试，算是特殊人才引进。

那时候是2001年，一开始做校对工作，就是跟着师傅岩温胆学习校对、翻译，大概到2003年左右就开始做傣文报的四版，一直到现在。当时做四版的时候，带我的是前任四版编辑，叫岩约，我来的时候他已经在报社干了30多年了，现在80多岁了，退休后就安安静静不太和大家接触了。

记得刚到报社做编辑的时候，最大的困难就是语言方面的问题。因为我从小在寺庙长大，寺庙里都是念经、看老傣文，不太接触外界，但是这边一来就要看新傣文，还有现代歌词，我有点看不懂。后来我就努力学习，跟着岩温胆、岩说学习，他们也教我怎么翻译、怎么编歌词，慢慢地就好了。

2003年左右，我刚进报社不久，每个人头上都有任务，宣传推广傣文报，扩大知名度和发行量。我们就到大勐龙镇的70多座佛寺里去宣传傣文报，刚好碰上当时的"号干们"，就是关门节前后，傣族老百姓都聚集大勐龙地区的总寺庙里做活动，大佛爷们都来了，我就去宣传我们的报纸，后来大勐龙70座寺庙基本都订了我们的报纸。

我们傣文报四版专门做傣族特色文化，主要就是说唱新闻的唱词，是老通讯员自己编写的，都是一些传统的写法，内容基本也没有大的变化，我就审一审改一改，四版可以说是固定了。当然我自己也写，有时间就写一写登出来。我自己写的印象最深的一篇稿子，还获奖了，是关于大学生村干部的，主要就是讲从红河那边来的一个大学生，到大勐龙曼景里村委会当村干部，在村子里事情做得好，与老百姓关系也好，就写稿子赞扬他。这篇稿子我进报社的第二年就写了，是我第一篇获奖的稿子。

其实我写的不算多，因为我们这边现在有20多个通讯员，都是在各个县里，基本都是农村里的老人，当过和尚、佛爷，还俗之后有傣文基础，可以写东西。平日里我们和通讯员们也常常联系，比如岩帕、岩温龙、波罕吨，我们平常在一起，都会聊章哈，他们写作经验丰富，我们有什么不懂的，也会请教岩帕和岩温龙，请他们帮修改一下。再比如我们节庆时候做活动，我们也会向他们约稿。波罕吨今年70多岁了，家在易武，做通讯员五六年，常常专门送稿件来，两三个月来一次，一次大概带两三篇稿子。就是这两三个人，我们经常联系、交流。而且现在手机有傣文输入法系统啦，我们聊微信都可以打傣文呢。

在总佛寺做和尚的时候我就读过傣文报了，当时很喜欢的，寺庙也很支持傣文报。1988年左右，我在总佛寺当住持，还是西双版纳佛教协会副会长，那时候，我们以前傣编部的老记者艾诺经常拿着傣文报到我们总佛寺给我看，然后推广、宣传。我就看到报纸上有老傣文，我们佛寺本身就学习老傣文，所以我就每年都在我们总佛寺召开的佛教协会总结会上提出订报的事情，我记得当时我是这样说的："我们要看这份报纸，也要宣传傣文和我们的傣族文化。"当时让我们总佛寺分管的西双版纳地区的500多座寺庙都订阅傣文报，而报社这边也会免费送一部分给我们看。

1993 年，我还俗后，这个事情就不了了之了。第一是因为那段时间，报社既有老傣文，又有新傣文，而我们佛寺里学习的都是老傣文，他们就不太喜欢了；其次就是我不做住持了，他们也就订阅的少了。

我们报社忠实的读者岩罕炳，很关心我们的报纸，一发现错误、变化，就打电话给我们。傣文是像拼音一样的文字，有时不注意拼错了，或者声调标错了，他发现了就打电话来。一直到现在，隔一段时间还是会打电话来。

我们报纸的受众群主要还是老百姓，以前都是老百姓自己主动订阅，有时候还抢呢。以前邮电局可以送到他们手上，现在只能送到村委会，不直接到百姓手上了，所以百姓的阅读率实际是变少了。老百姓最喜欢的就是第四版，他们喜欢章哈，一拿到报纸就要先翻过来看章哈，然后才看一、二、三版。实际上，不只是老百姓关注，其他读者都喜欢四版。我自己本人内心还是觉得有必要扩大第四版的版面的，但是由于种种原因没能成功，所以也算是一点点遗憾。而且，我们现在都不出去采访啦，四版是通讯员写来，一、二、三版都是翻译汉文报。

（访谈时间：2016 年 7 月 11 日；访谈人：郭建丽、安淑蕊、李思颖；整理人：赵亚净）

（七）岩温的访谈记录

访谈对象：岩温，《西双版纳报》傣编部编译人员。工作时间：2011 年至今。

我小时候当过小和尚，是在 1984 年的时候，当了 11 年，傣文基本上都是在佛寺里学的，那时候佛寺主要教我们老傣文。后来到民族师范学校学习，学新傣文 4 年，上课我们就随便看看书，因为那些基本上在佛寺都会了。会老傣文就一定会新傣文。打个比方，就是我们说的简体和繁体，读师范的时候只是进一步地巩固。

我 1997 年当的小学老师，当了 14 年，出于工作需要 2011 年从小学调过来，因为这边需要双语的编辑和翻译，特别是翻译人员。我刚过来就有人退休，刚好就补那个位置，就是版面翻译。别人一般要一年左右才能上岗，我一来就熟悉了业务，我最早接触电子计算机是 80 年代的时候，那个时候就很感兴趣。现在的傣文字的电脑输入法，其实在以前就接触过类似的，以前在佛寺接触过老式打字机，当时是打缅文和泰文。所以，一来就很快去接替那个人，才一个月就开始翻译、编辑、排版，正式做编辑了。

在没来报社之前，我就阅读过傣文报，还是喜欢的，对我们的生活还是有帮助的。因为部分傣族群众只知道佛寺文化，佛寺里面的文化都是佛经之类的，对外界的文化习俗不是很了解。

傣族大部分人喜欢傣文报的四版，主要是里面的诗歌、散文、小故事和寓言。一版、二版、三版都是在宣传党的方针政策，普通傣族民众看的话，有一部分还是不太理解，就不喜欢看。

我做的三版主要是关于平安社会、时政综合这些内容，只要是老百姓喜闻乐见的、贴近生活的都做。我到编辑部就先看汉文报，看懂了、理解了之后，觉得可以把它翻译下来，就边看边打在电脑上。其实这个一版、二版、三版都是这样的，四版才是通讯员写来的，而且是完全录用，没有再创造或者修改。

我最喜欢的一篇文章是2013年写的《傣寨移风易俗树新风》。主要是写农村地区的浪费现象，倡导村民节约，不要铺张浪费。我们当时是到大猛龙村委会采访，为了提倡节约、不浪费，寨子里就集中在一起办理婚丧等事宜，各家各户不单独在家里面举行。因为傣族的结婚、上新房、丧事等，一般要办3天，请人到家里吃喝那些，有些甚至7天。不仅非常浪费，而且吃喝也很伤身体。所以文章就报道事件，从而倡导勤俭节约。

4个编辑4个版面，我们一览包干，翻译、出稿、校对这些都要自己一条龙服务。现在我们傣编部写稿的太少了。因为一周的任务都很清楚，首先你要完成你的任务，才能做别的事情。所以我们要写，除了星期六、星期天有时间来写，但是写的也很少，大家都在忙嘛。

汉文报在受众层面确实比傣文报要广一些，但是按发行量我们傣文还更多呢，15000左右，那个汉文报才12000左右。简单从民文的社会效益上来说，傣文报不零售，不自主订阅，它是靠政府买单，然后免费赠阅，所以它的量就大一些。

现在，我身边阅读傣文报的人也不怎么多，但是有一部分还是专门阅读的，就是特别年纪大的，五六十岁的那些。像岩香糯罕，家住勐海县勐遮镇曼只村，是一个农民，他以前就是看惯了唱词、诗歌，报纸上有诗歌、散文。所以，他的业余时间，就看看傣文报。他会积攒、收藏。比如读懂一个小故事，自己很喜欢，他就拿一个本子记录下来。特别是歌词，需要唱的时候，唱给大家听。他还专门花钱订过傣文报,是非常忠实的读者。

(访谈时间:2016 年 7 月 7 日;访谈人:郭建丽、安淑蕊、李思颖;整理人:赵亚净)

(九) 玉哈访谈记录

访谈对象:玉哈,《西双版纳报》傣编部编译人员。工作时间 2014 年至今。

1990 年,我在橄榄坝曼发傣寨子出生。我的傣文是在云南民族大学西双版纳傣语班学的。我记得小时候我见过寨子里的老佛爷教小孩子傣文,女孩子也可以去,但是不能穿暴露的衣服,要收拾好衣着,也不能进有佛像的佛堂里面,就是在寺庙的院子里,那时候我读小学,没有真正学傣文。

2009 年高中毕业,9 月就进到云南民族大学就读中国少数民族语言文学专业。当时刚好有一个机会来读这个专业,大学很难考呀,要给自己多一条路。读这个专业之前需要面试,面试只是口语,说一说就可以啦,之后高考成绩出来后,加上面试的成绩,我就考上了。

2013 年 7 月大学毕业,一开始没有打算来报社的,当时是考公务员,竞争很激烈。我报考的是基诺乡的秘书岗位,笔试过了但是面试没有过,当时和我朋友竞争这个岗位,她进了。之后,法院有一个少数民族法官培养的岗位,要求是进入当年的公务员面试,因为条件符合,我就去了。但是后来不进法院的原因是因为要考司法证,太难了,我本身就不是学法律的,并且就算是专门学法律的也不一定能考过这个司法证,所以考了一年我就大概知道我不会过。

第二年 2014 年 12 月的时候,我就考报社这边了。进报社首先要参加州上的事业单位考试,当时是取笔试前两名进面试,我和以前同班的老班长一起进了面试,她第一,我第二。其次,报社这边考老傣文,老傣文我什么都不懂,以前在学校老师就只教着念一念,也不考试,所以我都不懂。但是,我大概知道声调、韵母,而我的班长就吃亏在这一点,她是勐腊人,声调读不准,所以我就考上了,还是有运气的成分。

记得当时有好几个岗位我都可以去,有电视台、总佛寺等,我之所以会选报社主要是因为限定专业,人少的话竞争相对小一些,就先进来再说,毕竟就业真的很难,而且报社也比较安定,小姑娘就是希望安安定定。

我一进来就跟着之前的二版老编辑岩香约，他在报社也很久了，十来年了吧，听说他一来的时候就是做贝叶经，新傣文、老傣文都很好，他还当过和尚，还俗之后还到州师范进修学习。

我进来他就带着我，他会专门挑一些简单的傣文先让我翻译，翻译完他就帮我改，改后我又对照，改动还是挺大的，就这样过了半年左右，我才正式接版做二版，他就调动去网络那边了。

我记得在他刚走的时候，我还面临着一个问题就是换版，报社规定半年一次，最迟一年要轮换每版的编辑，比如一版编辑换做二版，二版编辑换做三版，这样以此类推。毕竟我才刚来，熟悉时间也不长，所以我就说希望给我多一点的时间，让我巩固一下，所以我就没有换版，正式开始接手二版。

我们二版叫《美丽乡村》，主要就是做傣乡新闻、科技园地、新农村建设、生活常识这些内容。在筛选汉文报翻译为傣文报的过程中，我比较注重或者说一定不会删去的内容大概有这么几个：科技方面的，比如这个季节老百姓刚好种西瓜，汉文报就刚好出关于西瓜的内容，如果得了白斑病、花叶病，该怎么预防或者治疗，并且有图片有说明，我就会挑选出来翻译到傣文报中；新知识方面的，比如无人机喷洒农药这一类的新闻，它可能只是定点实验成功，并且有很多好处，但可能老百姓没有接触过，我也会翻译出来给老百姓看看；国家扶贫政策方面，比如哪些乡镇、哪个村委会做得比较好，有惠民利民的措施，比较有特点，值得赞扬的我就会翻译出来放在二版；还有2016年6月份开始，民宗局跟我们报社傣编部有合作，一个星期把他们的文章发过来，我翻译为傣文放在二版刊登。他们什么样的主题都写，比较广，上个星期拿过来的主题是生态文明建设，我想应该是他们单位本身也有指标要完成，其次就是宗教和政府需要一个好的关联点，把正向的东西散播出去吧。

接手二版后，我个人认为我最大的问题就是翻译，而且刚开始大家都说慢慢来，毕竟这些都不是一下子就能学会的，但是领导却觉得我的翻译不是问题。我的问题在于版面编排比较死板，所以他们就建议我多看看报，看别人是怎么编排的，比如农业周刊、科技报一类的什么都可以看。通过看报学习，希望我排版灵活一些，不要那么死板，比如这张图片的位置，一直就放在同一个地方，不做改变。

所以我也听进去了他们的意见，多去看一些相关的东西。因为我才来一年，以前没有接触过二版，更不知道他们以前是怎么编排的，所以想多学习前辈的做法。刚好他们正在做一个工作，就是把以前所有的报纸都拿出来重新编订，所以我就有了便利的条件，去翻阅以前的老报纸，学习一些编排做法。当时分到我手的是1996年的报纸合订本，所以我看得最多的就是1996年这一年的，然后就开始学习怎么编排二版了。除了1996年的报纸，我之前还翻阅科技报，但是科技报要自己去楼上资料室找，所以我就去了一次，这也是我比较懒了。

在我翻阅的1996年的这些老报纸的二版里，有一个印象特别深的东西，在当时的二版，家庭生活栏目里，每期都会放短短的几小句话，来教老百姓一些居家小常识、小技巧。比如，锅生锈了，教老百姓怎么洗锅；煮东西盐放多了该怎么办；手上的油渍怎么清洗等。都是很实用的生活小常识。如果我是当年的读者，我觉得我会很喜欢看这个的。

大概在我高中的时候，我就读过我们的傣文报了，可能是因为我爸爸是这里四版通讯员的缘故吧。我爸爸叫岩罕远，小时候当过和尚，学习过老傣文，今年47岁了，在我高中之前他就是通讯员了，具体也记不太清了，小的时候也听他给我讲过章哈，但是也不算多，因为他写稿投到傣编部，傣编部每个月都要寄报纸给他的，所以我家里时不时就会有傣文报。

在我印象里，他写过的有一篇获奖文章我印象很深刻，但是那篇文章现在具体想不起来是什么内容，我只记得标题是《改革开放三十年》。大概就是以他这一辈人的视角，他的所见所闻来写西双版纳州在改革开放30年里的变化。但是我爸爸四五年前就已经不再投稿了。

我记得大学放假回来，当时看到傣文报的时候，我看不懂，但是就是想读、想念我们的傣文报。尤其是四版的章哈，很传统的老傣文，一版的时政我也不太读得懂。其实当年在民大老师传授的都是非常基础的傣文，入门的东西，连翻译都是翻译得特别简单，不像现在这样给一篇时政类的东西。

现在我们傣编部1版1个编辑，4个版4个人。现在政策的原因，才导致人员比较少，工作集中而且量也不小。所以，我个人对我们傣文报的期望，就是各个版面上刊登的消息，都是我们傣编部自己下乡向当地老百姓采访而来的东西，而不仅仅是翻译汉文报。并且，亲自出去参加到事件中，不用先写出汉文，再翻译为傣文，直接就写傣文，就更快。同时，在跟老百姓的交流接触中，也能有更多的感触，收获更多的东西。

（访谈时间：2016年7月6日；访谈人：郭建丽、安淑蕊、李思颖；整理人：赵亚净）

## 二、傣语广播

### （一）岩叫访谈记录

访谈对象：岩叫，西双版纳电台培养出的第一位傣语男播音员。工作时间：1977—2017 年。

1977 年，我刚来电台时才 20 岁。那时候西双版纳电台刚刚建台，招收社会人员做编辑、播音、技术方面，有些是从学校毕业回来的，但是我们播音员大多数都是从农村招进来的。当时招了 6 个播音员，3 男 3 女，从农村招人的原因可能是因为我们从小生活在寨子里，对傣话、风俗民俗比较了解，像爹妈是单位上的，孩子考上了大学，对傣语就不太精通。

当时是云南省广播电台的刀爱国老师负责招人，刀爱国也是我的老师，他原来在省台管 5 种民族语的播音，是当时的主任。当时刀爱国老师很看重西双版纳电台的建台，电台很早就开始进行筹备工作了，当时刀爱国带了两名技术员回来。刀爱国的任务，第一是招人，第二是带领大家学学翻译、播音。也是省台帮助我们州组建了电台。

1974 年就在搞筹备工作了，但是之前我没有来过，1977 年才来电台。我们西双版纳傣族寨子的发音不可能个个都能用作播音，像汉族就是普通话为主，我们景洪有几十个寨子，能用我们的语言进行播音的只有曼弄枫，这是标准的语言。1977 年，刀爱国老师拿着录音机，到曼弄枫、曼景兰、曼景法、曼洒这几个寨子，他去收音之后确定了曼弄枫的发音最准确。70 年代，还在学大寨，村子里都在忙着挖沟。年轻人在哪里集中，刀爱国老师就去到哪里，到大勐龙、橄榄坝、景洪到处去录音，寨子里面年轻人很少了，都是跑到工地上挖沟、挖工地去了。1977 年我还在寨子里的民语宣传队，宣传队年轻人比较集中，听说刀老师来了，我们三个就去录音了，最后录到我了。那时候我才 19 岁，刀爱国老师跟我说："不要先结婚，我们西双版纳刚刚建台，需要傣族播音员。"我说我汉语是读到四五年级，遇到"文化大革命"，我们就出来养牛、做农活了，觉得自己文化水平不高，刀爱国老师说："不是，现在招的是去做傣语播音员，只要懂傣文，汉文掌握的少不怕。"刀老师说工作之后两三年，可以去民族干校培训，这样我就来了，开始是不想来的。

那时候我是想去橄榄坝结婚的，东西都在景洪买好了，我还给姑娘写了信要定亲。后来我们村工作队的人来说省台已经决定了要我去省台，要我不要订婚。我砍了柴回家，看到我家屋子里挂上了结婚的画，我爹跟我说："你不准去，要结婚。"那时候我就后悔了，没去省台，就在家结婚了。

大概过了半年，州电台就来招我了，组织部拿出了招人的表格，都已经送到我家了。第二天我被领到组织部去填表，就来州电台实习报道了。当时来报道一个人也没有，领导说有一部分招来了，其他人去昆明学习了，就我一个人还没去昆明报到。领导让我先等了几天，等到技术部去拿设备、机器的时候带我去了昆明。这是我第一次出门离开西双版纳。

1977年5月来电台报道，6月初去昆明培训，去省台学习了播音理论、播音技巧、播音知识，老同志带着我们练声，把之前播过的稿件拿给我们边学傣文边纠正我们的发音，教我们怎么读重音。培训了七八个月，1978年3月份我们就回来了。电台开播是在傣历年，好像是4月12号或13号，我是第一个播音的，其他播音员还有玉康罕。

人家在傣历年赶摆的现场放了广播，听到我的声音，很感激，很感动，想不到声音能有那么洪亮，我们西双版纳电台实现了我的理想。有了电台了，我们的无线电台播出来了。为什么感动呢？1975年，我们还年轻的时候，寨子里有一个人带了收音机，没有建台之前，我们在村子里爱听广播、爱听收音机，这个收音机里有傣歌，傣歌是从泰国电台来的。以前很封闭，不能收外国节目，我们很想听，收音机里上新房、结婚的歌都有，一个礼拜只播一天，西双版纳的人出去在泰国北部唱歌，收音机里都可以播出来。

当时6个播音员还有玉康罕、岩挣、岩温养、玉囡、玉波。玉康罕当时在公社已经参加工作了，在没来电台前我就在公社认识她了，但是不太熟。到昆明，他们都很照顾我，这是我第一次出远门。1977年，我们和汉语的播音、技术等等加起来有20多个人去昆明学习，省台的老师也带着我播了一段时间，播了新闻，练得差不多了一个一个安排上，我比较紧张，门关得紧紧的，本来已经背好稿了，进去就忘了，念不出来了。

开播那时候，本州新闻用傣语隔一天播一次，15分钟一次，专题是20分钟一次。差不多1979年，设备差不多了，我们开始上专题，逐步逐步上栏目。专题主要是播《美丽的西双版纳》，当时也是用汉语去采访，回来后再翻译，内容就是介绍历史文化、旅游景点等。以前外宾来我们西双版纳，常常觉得除了去曼听公园和打洛转一转，就没有什么可以去的地方了。所以我们就开始播这个节目。1982年改革以后，慢慢开发了风情园、版纳乐园、花卉园、橄榄坝，我们这个节目都播过，从刚开始的开发播到景点开放，整个过程都在播。《美丽的西双版纳》影响特别大，以前只听说但没有电台播出来，懂文字的可以看报纸，但耳朵是好的就可以听我们广播，眼睛不见了也可以听，你有了收音机去干农活也可以听，不像电视要固定在家里面，各自有各自的优势。我们通过广播讲话，到农村去，村民都想见我们，说我们是神人、天者。

改革开放以后，通过我们边境播出的新闻、党的政策，影响到了缅甸、老挝那边的傣族。以前"文化大革命"的时候，我们傣族有些群众就跑出去了，不敢进来，通过我们电台播放改革开放的政策，告诉这些人我们开放了，可以出出进进。到了缅甸，傣族也多，通过收音机知道政策后回来探望亲戚，多少年没见到的亲人回来相见了。我有一个播音名叫糯叫，一些听众离开西双版纳去国外后，都说："糯叫播音员太好了。"有时候我去我媳妇家大勐龙，大勐龙逃出去的比较多，后来他们听说中国政策太好了，陆陆续续就回来了。有些会对国外的朋友、亲人说："糯叫已经在我们寨子上门了，有时候放假他会回来的。"

最开始我们是中波发射，缅甸、老挝、泰国北部都可以收得到。从1978年开播到2017年9月份退休，播音播了40年，播新闻播了27年，后来才去播了专题《美丽的西双版纳》《好曼勐傣》。1990年建电视台，电台的播音员被调走了，傣语男播音员只剩了我一个，既播新闻又播专题。后来招了其他人也不行，招了一个曼听小学的老师刀建平，他不熟练傣语这方面，当时是听了他声音很好就调上来了，在这里待了三年。刀建平1991年招进来，1994年招进来了岩拉玛，刀建平傣语不太好，后来让他去报社培训3个月，回来更恼火，破折号、书名号、逗号等都认不得，念不下去，后来他就退职了。岩拉玛是在金属工厂做手工业，听说我们招人，通过他的老根岩伍腊老师介绍来试播，就被录取了。我们当时要招人了，会鼓励大家找人来试播，要求爱好播音事业，懂汉语、傣语，但是来试音之后，有几个是不男不女的感觉，我都不想要。声音还好，但是扭扭捏捏，就没要了，之后定了岩拉玛过来。

1978年开播的时候，专题节目一个礼拜一组，首播一天，次日重播。1991年《美丽的西双版纳》开播，办了10多年，2004年我们搬迁到广播电视局，改版成了《好曼勐傣》。《好曼勐傣》讲人物、农村新建设、美丽乡村方面，内容比较多。《美丽的西双版纳》和《好曼勐傣》是换汤不换药，其他专题有三个，分别是卫生、法制、农业,一直都是跟着时代变化。

大的节目方向就是这样,小节目比较多,每个时期都不一样。刚开始开播只有汉语、傣语,1980年左右有了哈尼语。当时是按照人口分布决定,我们西双版纳有傣族、哈尼族、布朗族等13个民族,哈尼族是人口仅次于傣族的少数民族,所以当时就办了哈尼族广播。2002—2005年,我在广播电台民语中心当副主任,和岩伍腊合作,他管翻译,我管播音。

岩伍是通过我们直播认识的听众,他眼睛不好,经常听我们的广播,我们播哪个节目他都清楚。2016年七八月份,他和他姐姐、姐夫、小兄弟4个人背着茶叶就来了,我说:"不生不熟不想接待。"岩伍来的时候不过18岁,我说我在橄榄坝,他说:"橄榄坝在哪个寨子,我去找你。"那时候都中午了,我赶紧打电话给我老婆,说有个听众专门来找我,我老婆刚好买了鸡和鱼到家里,她就说干脆叫他们到家里来。我打电话问岩伍在哪里,他们说在大门外,我就让我儿媳妇去接他们到我家了。后来我就叫岩温罕和岩帕香来我家证明,他们都不在,我就叫了小岩叫来我家证明,很可惜,忘了跟他照相了。这个听众太难得了!岩伍说他最爱听广播,尤其是我播的《好曼勐傣》,还有讲故事和文艺方面,岩伍知道我们的电话,也经常打办公室电话,每天一两次。他说天天听我播的节目,想见我,非要见,就来了,我当时听了很感动。我的听众那么多,岩伍是布朗族,爱听我的声音,听我的傣语故事,我好好招待他们。到下午4点钟,他们就回去了,我给了他100块钱路费,让他拿着去了。后来我们也和岩伍联系了,我们准备去他们寨子搞联欢,叫上镇上的领导、村委会的,说要摆上一两桌,不过后来没有去成。现在我们缺乏资金,我就回他话说不能去了。岩伍经常点歌给他的女朋友,但是他们还没有结婚。

(访谈时间:2018年1月14日;访谈人:赵亚净;整理人:赵亚净)

(二)岩伍腊访谈记录

访谈对象:岩伍腊,历任西双版纳州人民广播电台编辑、记者、副台长。工作时间:1980—2003年。

1977年,我考上了工农兵大学,1978年初开始在云南民族学院(今云南民族大学)民族语专业学习,1980年毕业,我本来要回老家勐海,但是被分配到了州电台。现在我退休了在家也是闲着，有时候会有人来找我翻译点东西。从傣语上来说，岩温胆和岩罕炳的傣语要比我深得多，我上学前没有学过傣语，我的傣语是在云南民族学院扫盲时学的。我没有做过小和尚，我家在坝区，地方偏远，我也没办法去当和尚。还有一个原因，我家和别人家不一样，我家重女轻男，我读不了书，我姐和我妹都读过书，我只能去放牛。我家父亲去世得比较早，家里面没有劳动力，没人帮我母亲干活，所以我就回来帮我母亲干活。

1971年我去当兵，1975年我从部队回来，一开始在当时的公社拖拉机站待了3个月，就回到政府部门做青年干事，负责共青团工作，做了两年多点。当时工农兵大学还在招生，那时候是最后一届招生了，我就去报名，像我这种文化基础太差，小学都没读过，其他专业也学不好，就选了傣语专业，后来被选上了就去读工农兵大学了。那时候我没有任何傣语基础，字母都不认识，到了学校分学习小组，有基础的和基础稍微好的一组，像岩温胆和岩罕炳就是在这个组，我们虽然和他们一个班，但是我们还在扫盲组。那时候老师讲民族历史课程的时候，我们这些基础差的就只好反过来学傣语。

1979年12月份毕业，我就被分到了广播台。我来报道的第二天就下乡了，当时搞民族选举工作队，下乡了3个多月。下乡回来后直接去了傣语组，当时节目很少，只有两个，一个是新闻节目《西双版纳新闻》，一个是文艺节目《唱章哈》，这两个节目从开播的时候就有的。当时汉语和民语节目都在一个频率上，只是分一三五、二四六这样的时段播出，当时还没有哈尼语播音，汉语和傣语也分时段播，不是全天播音，比如说是早上几点到几点是民语，中午休息，下午几点开播，几点到几点先是汉语，再是民语。岩轰那里有档案记录，他们每年也会写广播电视志。

1983年，广播台上民族语科普节目，这个时候傣语和汉语频率就分开了，哈尼语节目是1990年上的。当时分频率，傣语要上科普节目，又增加了一个《祖国各地》，那么播出的时间相对就比较长了，同一个频率不够用了，就分开了。分开之后节目就多了，10分钟、15分钟，一小块一小块的，就多了。分开之后就开了《农村科普知识》，每期有15分钟，教给农民怎么施肥、怎么打农药。农业节目的影响还是大的，有些好评是口口相传，还有一些是通过底下的通讯员反馈回来的，比如哪个地方发生病虫害了，科普节目播出以后他们采取了哪些方面的措施，按照广播上说的以后有效果了，一般每个乡镇都有几个傣语通讯员，通讯员会把这些消息反馈回来。上了农业科普栏目以后又做了《祖国各地》，从中央新闻或者各个省、地方新闻里面摘抄一些新闻，编译了播出来，就是一个新闻节目。

我一直都是编辑，1986年我们广播台单独分离出了傣语组，我开始做傣语组副组长。我还是比较自信的，我来电台3年以后就可以独立工作了，甚至承担其他同志翻译稿件的审核。1992年，我们成立了民族部，那时候哈尼语电台也有了，我开始当民族部主任，1998年开始当副台长。

我来广播电台后又陆陆续续招了岩帕香、玉涛、玉捧三个人。当时岩帕香在勐海茶厂做茶，当时我们人才很缺乏，节目增加了，我们就考虑招人。差不多有点基础知识，人品还可以的，我们就招进来了。虽然说是在民族地方从事民族方面的工作，按理说是有条件和优势的，实际上不一样，我们这个地方懂傣文的汉文基础好的没有。傣语懂一点，汉语基础也有一点，拿过来培训一段时间就可以用了，类似这方面的人才很难找，直接去农村找，傣语方面肯定是可以的，但是汉语基础相对比较差，当时想找一个初中生都找不到。所以当时不管是企业也好，事业单位也好，看到这个人符合条件，就要想方设法把人要过来。那时候我们下乡采访，听到一些言论说岩帕香不错，朋友也在推荐他，我就知道了这个人，之后就开始考虑。还有岩温玛，当时也是在酱菜厂，虽然他汉语基础比较差，但是他傣语文字方面还是可以的，所以我们就想方设法把他弄进来。还有岩郎玛，以前是在工厂制造农具的，我们考虑他来做播音这部分，音质音量还可以，我们就先调他来播音，慢慢地他也开始做翻译这一块。

我们广播有中波、短波，短波传得远，当时缅甸、泰国、老挝也能收听到我们节目，但是没有办法反馈，那边也没有我们的通讯员，而且国与国之间还没有开放，来往的人员比较少，偶尔会有边民之间互相来往的时候带回一些信息，我们才知道那边可以听到。按照设计部门设计的覆盖范围，可以覆盖到哪里哪里，但是人没有到那里去怎么知道有没有覆盖，所以只有外面的人进来了把信息带过来我们才知道。20世纪90年代就上了调频广播，那时候可以确定境外可以收到我们的广播。

当时我们在的时候也可以收到境外的来信，但是没有电话，当时的国际形势不好，信息也闭塞，通信没现在发达。会有境外的人写信来，也不是很多，时间太久我也记不清楚具体是些什么内容。倒是临沧、耿马的听众会写信过来，要求点播节目，大部分是点播文艺节目，有叙事长诗的章哈，也有现代的音乐。有时候听众来信会说想听哪个节目，之前我们也播过，但是可能是因为劳动、工作的原因没听完整,他们会来信说想再听一遍节目,我们就会重播。

1982年左右,台里开始录制章哈作品播放,邀请艺人唱章哈,比较频繁的应该是1988—1992年这段时间,大部分文艺节目都是在这个时间段内录制的。这些章哈艺人大多都是在农村,平时喜欢在寨子里唱,唱多了就唱出名气了,一个传一个,我们就知道哪个唱得好。然后当时州曲艺馆集中培训了几次章哈,州文联、州群艺馆培训的时候,电台就派文艺部去参加,了解哪些人唱的还可以,然后就请他来唱。最早提议录制章哈的是刀淑珍,她当时从傣语专题组过去了承担文艺这块,当时是台里开会统一决定的,因为我们傣族地方群众比较喜欢章哈,当时台里决定把文艺部分出来,加强文艺方面的工作,所以就专门弄了个文艺部,就让文艺部去寻找章哈艺人然后请来录制。

民语广播办的艰难有多重原因,但主要还是经费得不到保障。这几年电台自己采录的节目很少很少了,不像原来,原来台里一年规定要完成采录6个小时的节目,现在一年二三十分钟的节目说不定都做不了。从工作方面上来看,播音员现在每天能把工作应付下来就不错了,我们的播音员都在满负荷工作,除了完成自己的任务以外,他们现在还承担着小品、电影的译制工作。再有一个,现在招人也是非常困难的。

2003年我退休,2004年休息了一年,2005年被景洪市广播台返聘办民语节目。当时景洪市广播电台决定要办民语节目,就找到了我,我去了之后那边就给了我一间办公室,到处都是灰尘,都是我自己打扫、自己搬桌子,人也是我自己开始筹备以后慢慢办班培训傣语播音员、翻译,报名来学习的有30多个,大多数人都是社会上的,电台的只有1个。最后办班结束,可以用的有五六个人,但是由于编制问题就留下了2个,聘了2个,都是合同制,之后我又在原来培训的基础上带着他们翻译。当时景洪市电台的民语节目和汉语是一起的,每天播出10分钟,主要是播新闻,都是从汉语翻译过来的。岩温罕和玉万香都是我带出来的,勐腊也有几个,现在我带的人在市台的还有两个。景洪市的民语广播已经不办了。2008年景洪市电视台开播,现在也有傣语节目,之前我在的时候办了一段时间科普节目,现在有的是新闻节目和《一周要闻》。

(访谈时间:2018年1月12日;访谈人:赵亚净;整理人:赵亚净)

## （三）岩温玛访谈记录

访谈对象：岩温玛，曾任西双版纳州人民广播电台翻译、编辑，期间创作了大量章哈唱词，也创作广播剧和小品。工作时间：1988—2003 年。

从电视台出发，步行半小时左右即可到达岩温玛居住的曼么龙村，穿过曲曲折折的小巷，我在曼么龙村中心地带的一棵大树下见到岩温玛。老人一瘸一拐地带着我去他家的小院子，此时，我终于明白为什么前后花费两个月时间、打了10 余次电话都没能约见到老先生的原因，正如玉康龙所言，岩温玛的身体真的不是很好。

1948 年，岩温玛出生于景洪市嘎洒镇曼岛村。1959 年，11 岁的岩温玛入曼岛村佛寺做小和尚，17 岁还俗。入寺期间，他阅览了大量经书古籍，为日后从事章哈创作打下了基础。还俗后，岩温玛进入景洪县农中学习，完成了三年初中学业后，彼时因"文化大革命"爆发，喜爱文艺工作的他不能继续从事文艺工作，不得不去当工人。此后，他先后在糕点厂做过饼干，在酱菜厂做过保管、烧过锅炉，一直到 1988 年，他的文艺创作事业出现了转机。

"读书的时候曼岛村每天给我三个工分，我初中毕业后，让我回去，我说我不回去，要留在景洪市搞民族工作。当时是要去农村做思想工作，我和岩温胆一起去干了3 个月，后来要"文化大革命"，农村不让去了，岩温胆就去州史馆，又去读了3 年云南民族学院（今云南民族大学）的西傣专业，岩罕炳、岩伍腊、玉囡都是一个班的。"岩温玛回忆，因为有了在寺庙学习的经历以及对文艺工作的热爱，且早在糕点厂、酱菜厂工作期间，常常下乡做指导员的岩温玛有机会接触各种各样的新闻线索，他说："去到哪里写到哪里，写报道了嘛。"20 世纪70 年代末，岩温玛的好友岩温胆从工农兵大学毕业回到《西双版纳报》傣文编译室工作，岩温胆鼓励他向报社写新闻报道。向报社傣文报投稿新闻报道差不多有两年时间后，岩温胆又建议他："干脆不要写新闻了，写歌算了，你比较熟了嘛。"就这样，不会唱章哈的岩温玛为《西双版纳报》傣文版写了 20 余年章哈。

这样的经历让他认识了原《西双版纳报》傣文编译室主任岩温胆，1988 年的《西双版纳报》傣文版同样面临着民语办报人才紧缺的问题，岩温胆和岩伍腊两人均有意向把岩温玛调入各自的单位。不过，岩温玛最终调入了广播电台，据说是当岩温胆向上级领导、时任副总编辑的周光云提出申请时，被拒绝了。岩温胆和岩伍腊商议后,决定把岩温玛调入电台工作。1988年,在原广播电台副台长岩伍腊帮助下,岩温玛以"工调干"的形式进入广播电台"搞文艺"工作,一直到2003年退休,为西双版纳州民语广播事业兢兢业业做了15年贡献。

"我汉语水平不如岩温胆和岩伍腊,他们是大学生,我连高中生都不是,但是傣语方面,他们就不如我了。"1988年,岩温玛进入州广播电台从事翻译工作,负责翻译《人民日报》《云南日报》的新闻以及广播剧、小品的创作。彼时,孔繁森、焦裕禄、雷锋等先进人物的故事正流传在祖国大江南北,岩温玛就从《人民日报》的新闻报道中摘录信息进行翻译,创作章哈作品,然后再拿给章哈艺人演唱,录制出音频资料。

非物质文化遗产传承人玉光、岩罕罗是最早参与"唱电台"的章哈艺人。早先,每次节目录制需要持续两三天时间,这些参与演唱的艺人都要背着大米来电台唱歌,录制结束后歌手们便煮上一锅稀饭吃。岩温玛回忆,那时候电台要付给这些章哈演唱艺人路费、住宿费、演唱费、伴奏费、稿费5项费用,付费标准由电台确定,根据字数估算出演唱时长,向上级写出报告申请经费。"原来岩罕罗来唱给的不高,一分钟5角钱,伴奏1角5分,到90年代还是这样,2000年以后就多了一点了,省台的人来了就是一个小时200块,伴奏费、演唱费、住宿费、稀饭全部包含在200块里,差不多1分钟3块多钱了。"岩温玛说这1分钟3块多钱并不是全部付给章哈演唱者的,其中有一部分钱要支付给写章哈的人,"差不多1000字是20块,民间故事1000字只是10块钱。"寻找演唱章哈的人并不是一件难事,西双版纳州很容易就能搜集到擅长演唱章哈的艺人信息。

广播电台的章哈节目采用录播形式,岩温玛向我们讲述了当年录制章哈节目的过程:"节目有头有尾,每期30分钟,头和尾都是2分钟,录到24分钟的时候隔着玻璃打停止的手势。现在录音室先进多了,原来我还要在窗户外面看着,时间到了要告诉他们。"

除了录制民间故事、新闻故事,傣族文化里的叙事长诗也是章哈演唱的素材之一,比如岩温玛就曾组织过两部较长的章哈作品的录制。《十头王》又名《兰嘎西贺》,这是一部篇幅巨大、影响广泛的傣族神话史诗。录制这套章哈节目前,岩温玛要提前两个月把修改好的剧本唱词拿给参与录制的艺人,要求艺人必须事先研读唱词。"原来单位要求我们每年录60个小时章哈节目,我就考虑到时间多节目少,录了这些长诗,《十头王》用了两个月才播完,《四棵缅桂花》也是播了两个多月。"

被选择录制的民间故事、新闻故事，乃至叙事长诗，考虑的均是它们对人民群众的教育意义。"《四棵缅桂花》讲的是小老婆整大老婆的故事，大老婆生出的都是儿子，小老婆把大老婆撵走了，后来大老婆的儿子们长大了，就去找大老婆，最后小老婆就被大老婆的儿子们赶走了，让小老婆去喂猪去了。"事实上，《四棵缅桂花》是根据传统长诗《粘芭西顿》改编，全文37章，共6万多行，由岩罕罗和玉光完成演唱录制，为了更好凸显其宣传教育意义，岩温玛对故事进行了改编，剔除了丑话、不文明用语，使得整个唱词更贴合我国新闻宣传系统的宣传要求。

"我们9年搞了100多本故事，《四棵缅桂花》《十头王》这些都唱了，还有天地律法，我也编了来念。"除了章哈，广播剧和小品也是岩温玛的写作范围。早年间嘎洒镇修建了机场，根据建设机场的过程，岩温玛完成了编写、导演、录制的工作，做出了广播剧《飞机场》。除此之外，2008年广播电台建台30周年之际，创作了广播剧《纪念建台三十周年》，以及讲述西双版纳州建州历程的广播剧。

"我们傣族人民爱听诗歌，不像你们汉族爱看小说。"讲到傣族的章哈，岩温玛一方面认为这是傣族群众喜爱的一种文艺形式，另一方面也不否认章哈听众的没落，现在听众基本是老年人，年轻人不再听章哈，他们更喜欢听现代音乐，或者确切说中外文流行音乐。

（访谈时间：2018年1月11日；访谈人：赵亚净；整理人：赵亚净）

（四）岩帕香访谈记录

访谈对象：岩帕香，傣语广播直播节目《多哥水》主播。1991年进入西双版纳州广播电台。

《多哥水》是2010年3月14日开播的，我们记得很清楚，那天是白色情人节。我们傣族群众喜爱唱歌跳舞，当时领导让我们办精品节目，我们轰哥（岩轰）就带着我们办了这个直播节目。刚开始的时候也没想到会有这么大的影响，没有《多哥水》之前，听众的电话有时候会有有时候不会有，节目开办起来，热线忙得不得了，我们本州的听众会打电话，缅甸的听众也会打进来，后来我们考虑缅甸那边有点不安全，就不接进直播室了。刚开播那一两个月，缅甸那边的电话很多，比国内的还多。我们开播以来也没有发生过事故。为了预防有人利用这个平台打电话进来闹事，现在我们都是导播接电话，然后再确定要不要连线主播。《滇航唱》现在也是这样。

我们现在频率是 FM90.6，是调频的。我们开始是中波，那时候可以直接辐射到整个泰国、柬埔寨，甚至日本，后面可能是费用太高了，电费、维护费都很高，中波就没用了。我们西双版纳州附近的缅甸村寨也有傣族和哈尼族，收听我们节目的人也多。大概是 70 年代，我们都是收听泰国的广播，那时候我们还没有广播，1978 年也是因为这个我们州就有了广播，办起来以后，我们的节目比他们的要强，于是又返回去影响他们了。

我们《多哥水》的直播时间是每周一、三、五晚上 8～9 点，哈尼语是二、四、六晚上 8～9 点。观众非常喜欢直播节目，一个小时的直播差不多可以放七八首歌，每次直播我们都要抓紧一点，不然他们要跟我们互动，有些听众又急着想听歌。观众打电话来一般先说，我是哪个哪个，点首什么歌，送给谁，还有祝福语，这些我们主播会播出来。

缅甸那边的打电话来点歌，有送给缅甸的亲朋好友的，也有送给西双版纳的亲朋好友的，一般就是点一些祝福类的歌曲。听众会和主播互动，但是我们不给他时间多聊，还是以播放歌曲为主，聊多了会出问题的，怕有不好的词和不文明的用语，我们巧妙地把握时间、节奏。

1991 年，我到了广播电台，之前是在茶厂做茶叶。当时电台招播音员，我看到了消息，就来了。在这之前我经常用傣语写稿子，经常投稿到报社、电台，当时懂傣文的不多了，高中毕业的傣族懂傣文的很难找。我经常投稿，他们需要人就下去选，当时就找到了我，本来是说让我去报社，我就过来了，电台听说我来了，就让我来试一下声音，一试就被录用了嘛。哪个先发的通知的就先来的哪边，电台先通知我。

刚开始我播《西双版纳新闻》，后来也播《天气预报》、专题节目。我也播过科技节目和《对农广播》，《对农广播》就是播些农业科技，80 年代的时候就有《对农广播》了，每期 20 分钟，教听众怎么种水稻、怎么管理橡胶，我们先一组一组地做好以后再播。《对农广播》开始是自己做的，后来有点基础了，就拉了点赞助。我们有时候还要去乡下采访，有些要到乡镇去，以前交通不方便，来回要一两天的。主要是采访村子里有什么新闻，再问问他们想听什么广播。有时候也会播一些农业发展好的典型村寨案例，我们下去采访都要先去当地宣传部

· 437 ·

门去了解情况,他们就会告诉我们哪个乡镇、哪个村寨做得比较好。我从1992年开始播《对农广播》,一直播音到现在,现在还在做法制节目。法制节目一直都是用我们州的司法网站,从里面找来翻译。

那些时候投稿的人多了,不光是宣传部门,还有乡镇的、村寨的都有,我们要挑选出来,改改然后播出来。看他们具体投的什么新闻,有的是投新闻的,就编到新闻那边,有些是篇幅比较长的,讲社会、农业的,我们就会编到民生新闻那边。固定的投稿人也有一些,比如说勐遮的岩三布外,他是新老傣文都会写,还有勐混镇的一个,叫岩香果。通讯员投的稿子一般都会用上,专门写歌的还有其他通讯员。通讯员写的会有家乡变化、好人好事,这些都有。

我的傣语是在小学里学的,有些傣语好的老师是当小和尚的时候学的,我小时候直接读的汉字,学校有双语教学。我们傣语和汉语拼音一样,学懂字母以后就可以自己拼自己读,拿着报纸、诗歌看看,那里面词汇比较丰富。学会以后就可以灵活应用了,就像汉语一样,想写什么写什么。以前我喜欢听广播,也喜欢看傣文报,我差不多高中毕业后就开始写了,那时候懂傣语的人非常少,我就想那时候就用这个发挥一下什么东西吧,墙上的那些字都是我写的,我还是书法协会的。我已经50多了,我们那时候能拿到高中文凭就不错了,很多连初中都读不到的,来电台之后就去州教育学院的继续教育学院读了大专。

让我印象比较深的听众就是勐遮、橄榄坝、景洪的,他们每天都会打电话进来。有一个勐遮的听众岩伍,是个半盲人,布朗族的,听我们节目久了,他还来这里看我们,大概是去年的事情了,当时我不在办公室。他当时想见到我们主持人,就让家人搀扶送来了我们这里,他当时找到了我的师傅岩叫,岩叫也是我们这里第一代播音员,后来岩叫老师带着他在我们台里玩了一下,带进去看了我们的直播间,后来他还去岩叫老师家吃了饭。

我第一期播《多哥水》的时候很紧张的,害怕出错,那个时候还从来没有直播过,我们是整个广播电台最早的直播节目,汉语还没有,傣语最先播,后来岩轰主任才鼓励他们:"你们要像傣族一样。"当时接第一个电话的时候很紧张,害怕他乱说话,随便问一两句后就把歌放出去,第一次播节目好像放了八九首歌。我们的节目还会有重播,第二天下午的5~6点重播。我们都会主动提醒听众这是直播节目,打电话进来要注意哪些方面。每期都会有要求与主播连线的,原来每期会接四五十个听众电话,现在控制在接七八个,每期有一两个可以跟主播连线。之前一个小时的节目接四五十个听众电话,那个没办法了,有时候歌放了一半就要切歌。原来的岩叫师傅是第一代播音员,我是第二代,岩温罕几个就是第三代,2008 年之后就没有新人再进来了。没进人是台里面的事情,倒不是人才不好找。

(访谈时间:2018 年 1 月 12 日;访谈人:赵亚净;整理人:赵亚净)

(五) 岩轰访谈记录

访谈对象:岩轰,曾任西双版纳州人民广播电台编辑、译制中心副主任,现任西双版纳州文体广电局办公室主任。工作时间:1996 年至今。

1996 年,我从云南大学新闻系毕业就考进来了西双版纳州人民广播电台。刚开始做编辑、记者,那时候必须要去采稿,用汉文写。我原来是新闻中心的,中间挂职锻炼两年当副镇长,2003 年回来后就开始做新闻部副主任,2010 年我就来当电台民语中心主任。2012 年,电台和电视台合并之后,我就成了民语译制中心的副主任,就干到了现在,现在要去做办公室主任。

2010 年以前我没有做民语工作,当时我们有个民语中心主任找了个德宏的媳妇,夫妻不能两地分居,他就去了德宏。傣语和哈尼语编译中心两边都没有主任,两个办公室都是群龙无首,各办各的,有点不团结。台里考虑,虽然我做的是汉语新闻,但是下乡做过两年副镇长,有协调能力,就考虑让我到民语中心当主任。好多节目都是我来了以后办的,《多哥水》《滇航唱》这两个直播节目也是我一手搞来的。

从 2012 年 10 月份以来,我们完成了 20 部广播剧,其中有 16 部是我创作的。我是创作汉语版的,然后再让傣语和哈尼语的编辑翻译出来。当时就是为了丰富民族语广播节目,也不是上面要求的,而是我自己要创新的。说实话我们广播是 1978 年开播,电视 1990 年开播,当时作为部门负责人之一,考虑的就是极力丰富我们民语广播电视节目,从形式上要创新,从内容上要丰富,而且我们的栏目也不是长期固定的,经常要更新,包括我们的专题节目,要考虑到是不是有受众。

专题节目主要是讲一些常识性的东西。比方我们的《卫生与健康》,老百姓就很喜欢,我们还出了一本书,把播音稿集成了一本书出版。当时我是汉语版的编辑,我找好了,玉夯罕就翻译、播音。现在我们的《卫生与健康》还在做,每期都在更新,我们会针对性地做一些节目,比如说冬季到来了要预防什么疾

439

病、老人、妇女、儿童要注意什么。夏天到了我肯定要说预防登革热，都是有季节性和针对性的。有些内容是西双版纳州傣医院和景洪市卫生局给我们的，刚开始他们给我们资金，相当于联办、协办。有一段时间我们考虑到让专家学者上线，和听众搞直播，像现场坐诊那样，但是考虑到他们给我们的费用不够，就没做成。当然，有些时候我们也会从网站上下载一些东西，翻译播音。做的时间久了，材料也会匮乏，更何况我们又是小地方，这些病啊哪有那么多材料，每期20分钟播音呢。《卫生与健康》影响还是大的，以前真的有听众打电话来问得什么病吃什么药的。

包括我们的《法律与生活》也是有影响的，这个栏目就是讲法制这方面，包括禁毒、合同纠纷、土地纠纷等一些案例。尤其是土地纠纷，我们这里是经常发生的，所以我们就专门搞一些有针对性的、典型性的案例。《法律与生活》原来跟西双版纳州司法局合作过，2010年、2011年合作了两年，司法局会给我们信息，现在不合作了，但节目还在做，有些是我们创作的，更多的还是从网站上摘录案例，法院都有网站，进去就可以看到。有些时候法院也会叫我们去采访，也有动态新闻，更多也是以翻译为主，现在法院都有网站，我们就拿这些案例来串联，达到很好的教育意义。我们这里的老百姓法律意识还很淡薄，学法的方式、方法也比较少，只能通过广播来普及。司法部门也会和我们合作，让我们把司法材料翻译成傣语、哈尼语小册子，发放到村寨。

当时办《法律与生活》的初心、目的是依靠社会力量、依靠企业来发力，单靠我们广播电台是没有能力的，我们收入也低。而且现在，全国的广播电视局广告收入都在下降，所以我们自身没有经费，就只能找外面企业和其他社会力量来协办、联办。现在我们傣语做了4个广播专题节目——《法律与生活》《卫生与健康》《听傣乡》及《好曼勐傣》（节目翻译为汉语就是《进村串寨》的意思）。《好曼勐傣》就是民生新闻，报道民生故事、好人好事、西双版纳的英雄好汉、劳动模范等等，歌颂典型人物，通过人物性的报道以情动人、以情感人。《好曼勐傣》的故事有一些是我们自己采的，有一些是从报社的报道里翻译过来，稿源很多。有些好人好事，州委组织部、宣传部也会告诉我们一些，然后记者就去采访。也有村子里的人打电话来让记者采访的，有一次我和退休的岩叫老师去曼景法采访一位制陶的老艺人，当时是老艺人村子里的人打电话给我们说老艺人怎么不得了，我们听到这个线索，立马就去了。群众提供线索也是很多的，但是很多时候我们的财力也做不到，只能是听听而已。

以前搞得生动，我们还带着录音机现场采访收音，录了剪辑出来，现在就是翻译，现在没过去做得那么地道了，做事还是要"兵马未动粮草先行"。现在因为资金原因，也不允许我们出去太频繁，因为出去太频繁就涉及差旅费。下去采访一次，司机、记者吃吃住住，搞出来一条新闻确实是有用的，但是长期这样下去台里面也承担不了。再有一个原因，在经费上，更多的要补给汉语，因为他们是机动采访特别多，所以就变成了这样，我们更多是以民语译制为主。2012年以来，（《好曼勐傣》）就很少出去采访了，开始走译制的路线，合并以来就没出去过，因为到了大台以后各方面经费不一样，过去单单广播还是经常出去的。（您觉得译制好还是自采好？）那肯定是自采的好。其实台里也没有要求我们自采，按理说我们应该主动去自采，但是出去多了车旅费、吃的住的自己贴钱，一次两次可以，多了肯定是不行的。

2006年创办的《好曼勐傣》已经10多年了，一直都在搞，但是我们没钱，一直也找不到联办，不是我们不找，而是我们有政策，广告是和外面公司合作的，我们没有联办、协办的权力，所以我们目前停止了一切协办、联办。但是我们节目一直要办下去，我们考虑的不是经济效益，更多是社会效益。

我们的主播都有自己的粉丝。普文镇有一个叫岩总的盲人，勐海县勐遮镇的岩伍也是盲人，嘎洒镇盲人玉丙，广播已经成为他们3个人生活中重要的部分，只要我们周一、三、五直播，他们都会打电话来点歌送给他们的亲朋好友。像岩伍，《好曼勐傣》、广播剧天天听，还会打电话来要求我们要放些什么。我们有时候会考虑听众的意愿，安排重播，放他们喜欢听的节目。所以我们的广播剧很受欢迎，得到了台里大力的支持，2017年给了我们18万元来做傣语、哈尼语的广播剧，制作播出了10部广播剧，这是全省都没有的，基本上广播剧在省里获奖的就是我们西双版纳了。

原来还有《理好财当好家》，这个节目2017年9月停了，现在是《听傣乡》。《听傣乡》是讲民族民间故事为主的。这个节目的创办要得益于"西双版纳手机台" App，点击率特别高，当时我们想到了这个节目但是没意识到，不过去年9月份行动也不晚。后面给我们启发的就是汉语，他们搞了个《美文欣赏》，搞得特别好。我们这个《听傣乡》就是与西双版纳有关的美文、传说故事、民间传说等为主要内容，形式多样。后面我们在《听傣乡》里有一个创意，就是把我们优秀的广播剧慢慢普及进去，这一点傣语还没做到，但是哈尼语做到了，哈尼语没有搞美文，他们搞了广播剧，每期10~15分钟，效果特别好。说实话，现在新媒体等东西令我们传统媒体感到深深的危机感,所以我们也利用新媒体这一块搞《听傣乡》。你说的"读章哈",没有这个说法,章哈是唱的。(刀姐说有些年轻人不喜欢听章哈,所以我们就用诵读的方式来讲章哈作品了嘛。)(岩温罕:章哈是唱的,你说的"唱章哈"应该是我们《听傣乡》里面播出的一些根据章哈改编的故事。)原来是唱本,现在改成美文或者是朗诵的诗歌一样的,要改编是因为我们傣族唱本是念不出去的,因为一些口音念不出去,所以是改编,改编成美文这样。《听傣乡》放到了微信公众号里面,手机 App 也有,点赞的太多了,很受欢迎的。

《傣乡文艺》现在是在做《文艺广场》的小栏目,主要是播一些相声小品。我们自己创作的也有,当然我们也会邀请一些民间的艺人来录,付费给他们。你说的"因电台而出名"的有很多,我媳妇玉喃留和玉光都是。玉光现在是国家级非物质文化遗产传承人,她很小就通过电台让大家认识了她、认识了章哈,章哈艺术才能广泛流传。我爱人十三四岁就来电台唱章哈了,她也是因为通过电台有了点名气,她从小就在寨子里长大,会唱歌,被州歌舞团发掘吸纳为歌唱演员,当时电台知道她唱的好了,就找她来演唱。她还配过云南电影制片厂拍的《葫芦信》的主题曲,慢慢地,我们电台很多节目的主题曲、插曲也都是她演唱的。只是现在我当负责人,我爱人就不来唱了,避嫌。

《好曼勐傣》原来也是眉毛胡子一把抓,还报道些农业发展新闻,我们后来觉得不合适,就又把这一部分分出来开了《理好财当好家》,养殖技术、种植技术都讲,这个节目开了 5 年多,我们觉得这个市场太小了,去年停了。我们做节目要以声动人,像美文就比较吸引人。你讲农业的东西,现在年轻人都不听,真正的养殖户、种植户根本忙得没时间听,反倒是闲的人、懂得欣赏的人,包括盲人、开车的人,才听广播。受众群就在这里,所以我们就改变了策略,我们现在不管电视还是广播,永远都是以新闻立台,因为咱们是党和人民的喉舌,不以传播党的政策为主是不可能的,新闻以立台为主,文艺为辅,同时多管齐下,这是我们办节目的方针。

《新闻联播》的翻译只有傣语和哈尼语有,这是中央拨款要求必须做的民语翻译任务,一年 150 万元,包括新闻和其他节目,只准用于民语的广播电视,专款专用。说实话,哈尼语没有什么经费,因为哈尼族没有自己的文字,所以我们从傣语中想办法给他们。

《新闻赶摆场》是民生类节目,播些哪里挖路影响群众出行、谁养狗了影响邻居了等新闻，就像我们云南台的《都市条形码》，必须要有民生栏目，你没有民生栏目就脱离群众了。群众听得最多的就是我们做的文艺节目、点播台。

我们民语广播也好，电视也好，要给老百姓看，我们要达到这个目的。像勐遮布朗族的盲人岩伍，他非常喜欢我们的节目，经常打电话点歌，还来过我们办公室。景哈乡有个哈尼族阿二，经常打电话来点傣语歌曲送给傣族朋友，这就是民族团结的体现。原来都是我导播，经常接到阿二的电话，接到电话我先跟他讲傣话，他只会讲几句，后面就用汉语讲了，他说："我不是傣族，是景哈乡的僾尼人，我想点傣歌送给我的朋友。"他最爱点的歌就是《回来欢度泼水节》，不同民族的群众来点傣歌，说明这个节目的生命力很强。还有一个特点，缅甸的景康、勐勇那边的听众特别多，有时候一期会有四五个那边的听众打进来电话。有一个事例，缅甸小勐拉，那里属于掸邦第四特区，有一名人民军的军人，打电话来说特别想念家乡，这说明他可能祖籍就是西双版纳，家里有人还在西双版纳，他说："我现在在站岗，我想点一首《祝福父母》，送给我的家人。"这些都是真实的事例，太感人了。《祝福父母》这首歌被点的频率很高，你来看就知道了，会有人会点的。我也因为办《多哥水》这个栏目被评为了全州民族团结示范先进工作者，获了个奖。

我们在勐宋曼西良那里有一个广播发射塔，我们的技术可以转输到发射塔那里再传出去，如果停电我们就白做了，下雨天经常断电的，雷击或者发电厂出问题了就会停电，但是我们这里还会继续做节目，因为输不输得出去不关我们的事。现在电视光缆基本都覆盖了全州，达到了96%，广播可能是86%，这是官方数据，我们自己没搞过调查。现在电视也可以收广播，即使山上没有电，广播我们也继续做，因为有些人通过电视来收听广播。我们只管做我们的菜，至于谁吃，怎么销售，怎么吃，我们不管。

我们节目要经常换的，你十年二十年不换，就没有受众群了，还开电台干嘛。我90年代来电台的时候只有《西双版纳新闻》和文艺的《章哈》，还有一两个专题节目，那时候人少，七八个人，能应付新闻就不错了，而且没有电脑，都是手写的，录音都是卡带做的，不可能做那么多节目。虽然那时候穷，设备落后，但是那时候是广播电视最吃香的时候，群众最爱看，因为电影院也少，只能看点录像、CD，差不多2000年前是一个巅峰时刻。现在是衰落了，很明显的。受众反馈越来越少了，以前经常有人打电话，不单是州上领导，群众经常打电话来说你们播错了，现在很少了，只有我们自查自纠了。原来我们还有监听员制度，聘请外面的人来监听，但是广播电视合并以后，广播监听员制度就没有了。那时候我们每年还要搞一个监听员会议，把监听员聚在一起，听听他们的意见和建议，大概做了10年左右，后面应该说是无疾而终。也不能怪合并，合并前就无疾而终了。我们的广告收入现在也是急剧下降，最高的时候电视可以有600万元左右，现在广告费少了，少了一半以上，这跟收视率没多大关系，跟国家调整医疗广告播出的管理制度有关系。但是我们全国从上到下都是一样，医疗广告管理规定一下来，可能对中央台来说他们感觉不到多少影响，但是对我们地方小台来说，因为我们西双版纳没有什么企业，不像红河那边，红河烟、红酒，企业很多，能撑起来，你看看办公楼都跟我们不一样的，我们西双版纳是边疆少数民族地区，缺乏企业，造血功能弱，现在完全是靠财政支撑。

民语这块如果放手给干，反倒是最有机会的。今年我们台也要放开制度了，估计民语节目的春天要来了。现在可以搞协办、联办，只要给钱就可以办，某某某冠名播出这样，以后就可以弄了，因为以前我们的广告是承包给了外面的，我们私下就不能再搞联办、协办。原来我们台也有个专门的广告部，有三四个人，拉业务、拍摄各方面都是自己台里搞，后面不知道怎么就承包给外面的人了，2018年承包就结束了，外包了差不多有10年了。

"兵马未动粮草先行"，所以现在就是兵马缺了，粮草也没有了，你能打多少胜仗？经费匮乏、专业人才也缺少。我们民族语没有合适的培训机构，我们的人就像近亲繁殖一样的。我们没有去过北上广进修，省里也没有，包括像刀姐他们也一样，她播的好就一代传一代了，播的好就就地教了。所以说就是近亲繁殖、坐井观天、闭门造车，你说能厉害到哪里去。而且不同的区域语言不通，德宏听不懂我们的，我们听不懂德宏的，德宏和西双版纳，可能有20%是听得懂的，绝大多数听不懂。还有一个是国家的重视程度不够，从我们自身来说，力度还是不够。国家现在的重视程度还有给我们的经费，不过是九牛之一毛，但是我们民语工作人员还在坚持做。我们的工资待遇和汉语的比是一样的，但从节目的注重程度来说少了一点，应该多出点钱用在节目的制作上面，这方面我提了很多意见，有一些意见还是有点作用的。我们和电视刚合并的5年中，广播基本没什么作为，因为没有经费，现在我们换了领导，局领导、台领导认真考虑以后，重新对待现在的民族语节目，欣欣向荣的局面似乎要出现了。

（访谈时间：2018年1月12日、16日；访谈人：赵亚净；整理人：赵亚净）

## （六）白建美访谈记录

访谈对象：白建美，曾任《西双版纳报》报社傣文编辑部校对、编辑，2003年调入西双版纳州广播电台，曾任民语中心副主任，现为西双版纳州广播电视台民语中心编辑。工作时间：1993年至今。

我大学是在云南民族学院（今云南民族大学）学习西双版纳傣语，大学毕业时也有机会去云南省广播电台工作，因为省电台有傣语节目。当时去试播了几天，老师也比较喜欢我的声音，但是我不太想留在那里。那个时候我也有留在学校工作的机会，我们老师也动员了，但是当时自己一心想回家，那个年代交通、通信都不如现在方便，想离亲人近一些，就回西双版纳工作了。

我是1993年8月参加工作的，当时在《西双版纳报》报社傣文编辑部，一开始从事的是校对工作，熟悉日常要用的词汇。做了大约两个月，由于进入状态比较好，社里就安排一个老编辑带我进行版面编辑，大约带了我一个月后我就可以独立编辑了，那时一个星期出两期报纸，当时编辑还要翻译西双版纳汉语报。

工作了差不多一年后，也就是1995年，我被安排去勐腊记者站驻了大概半年，去勐腊工作期间每个月还要回来一次领工资。当时一个人要负责勐腊县全县方方面面的采访工作，去采访回来写稿子时要求傣语汉语都要写。民语的采访工作要比汉语更烦琐一些，特别是一些通讯稿，傣语和汉语在编辑的思路上是不同的，所以在采访上这不但要翻译，还要进行二次创作，从汉语到傣语不是完全的翻译而是一个创作过程，写傣语稿要从另外一个角度来写。

1995年我驻记者站的时候当时条件很艰苦，我们住在县委的废弃食堂里。食堂废弃以后就将食堂用木板隔成两部分，一部分是报社，一部分是电视台，地方很潮湿，被子很容易发霉，洗澡也没地方洗，要提前和县委的大澡堂预约。吃饭也很不方便，吃方便面吃了很长一段时间。交通也很不方便，经常和县里各部门坐车下乡采访。电视台的记者在一段时间之后被调回去了，就我一个人在那，那边由于比较偏僻，特别是晚上基本没人，当时我瘦瘦小小的，县委的同志也担心我的安全，就和社里反映能不能换一个男同志过来，但当时社里确实没人，我就一直在勐腊。勐腊县有13个乡，5个月的时间我基本都跑遍了，只有芒果树乡，我一去就塌方，在驻记者站期间始终没有去成过。那一年还遇到了勐腊县的8·16特大洪灾，当时城里面的水都漫到大腿了，采访都是一个人蹚着水去，特别辛苦，后来勐腊县委看我工作那么辛苦给我发了一个奖章"8·16抗洪抢险先进个人"。

有一件我一直觉得非常遗憾的事情就是由于我当时缺乏经验，虽然很辛苦但是却没有留下很感人的采访文章，就是泛泛地做了一下跟踪报道。要是现在让我去肯定会不一样。当时真的缺乏经验，发生这么大的事，一下子就懵了，不知道怎么办，只是跟踪发稿，为没有去深挖背后的故事感到很遗憾。而且当时发稿子回来也是很难的，要到县里的保密局机房去发，很麻烦。那时很辛苦，每天都去采访、发稿，出稿率很高，但是没有很高质量的稿件。

后来到1995年10月我就调回来了。回来之后我主要从事"两会"和重大活动的采访工作。1998年申报职称的时候我报的是中职编辑。2003年，由于电视台原来的老编辑（岩真）身体不好，病退了，台里缺一个可以把关傣语的编辑，当时的州委宣传部部长岩罕炳比较了解我，就推荐我来电视台工作。但我当时也很纠结，报社的工作已经很熟悉了，我足足考虑了两个月，电视台台长和广电局局长也都在一直做我思想工作。我答应后，调令马上就下来了。

出于传承发展傣文化的初心，2003年我来到电台工作。当时主要是做责编的工作。2004年后，就任民语中心副主任。我2005年被评定为副高职称，2014年评被定为正高职称，我是全州从事傣语新闻工作包括报社工作的，第一个评定为正高级职称的。取得这些成绩主要是因为热爱。我现在还在翻看傣语言字典，还在背词语，一直学习。现在我去傣族村寨，我说的他们也很多都听不懂了，他们只会一些日常用语，觉得我说得太深奥了。但是我一看字典我都觉得我好多知识不知道，还在一直学习，在翻译中好多词语不断涌现。现在我都在强调不懂的要及时上网查，然后再翻译。比如新闻联播、党的十八大、党的十九大中也出现了很多的政治术语，每一次一有新政策，我们就统一创造新词，像现在提出的"命运共同体"这些词语都要创造。创造这些词语要先懂得它的内涵，然后借用傣语才能进行创造。很多词语原来是没有的，后来慢慢创造出来，我们商量之后和报社沟通，保证傣语翻译的统一。

2003年来电视台后我担任责任编辑，主要负责审稿和翻译《西双版纳新闻》，还有《勐巴娜西》的审片。后来又出了《新闻赶摆场》，最初的时候是汉语先开，一年后（2007年）傣语就出来了。2007年的时候我又竞聘上岗为副主任，当时台长就和我说《新闻赶摆场》要播出了，问我打算怎么样把它做好，当时我去问、去请教各种有民生新闻经验的人，去摸索，慢慢地就做上手了。当时《新闻赶摆场》是我、依金坎、玉应罕三个人在负责，主要是翻译。遇到像泼水节这样大的节日还要出特别节目，我们自己到寨子去采访老百姓怎样迎接傣历新年，自己出稿，自己摄像。当时我们三个很不容易，因为没有接触过民生新闻，民生新闻的翻译和时政新闻是不同的，我们也是在摸索着做。

2008年还是2009年的时候，我们又开《新闻联播》节目的译制。当时刁台长找到我，和我讲中央有一个"西新工程"，就是扶持西部少数民族新闻工作。要把党中央的声音传遍西部的偏、少、穷地区，在硬件方面给予扶持，主要是机器方面，所以就要上《新闻联播》。当时我们一听就吓到了，就想《新闻联播》太难了吧，感觉做不了。在节目开始之前，刁台长当时就和我说先试，试上两个月，试着翻译一下，看一下我们主要会遇到什么困难，就让我提前准备。当时我安排人去试，但是他们好像都没有立马行动，我性子比较急，当时就先试了四五组新闻，试了一下看一组新闻要翻多长时间、要多少人来翻译可以弄好。从图像下载到翻译各个方面都在考虑，当时我试了一下一组（10分钟）《新闻联播》一个人翻译快的话要半天，慢的话要一天。试了一段时间之后向刁台长反映，如果节目开播的话至少需要一个播音、一个编辑加上我至少3个人。

2009年1月1号，《新闻联播》正式开播。当时我带着依金坎和岩旺，我们三个开始做《新闻联播》，节目一开始定的是10分钟一期，做了几个月之后，我们就带着其他的同事来做，当时觉得他们也能做了，然后就分组了，分成两个组，一组做白天的《西双版纳新闻》，一组做晚上的《新闻联播》。

《新闻联播》开播之后，《新闻赶摆场》由于人手不够、没精力就不行了，当时我就和刁台长说不行了，太累了，我们都不是铁打的，大家都干不了。刁台长就说干不了就把《新闻赶摆场》下了，这个节目就停了一段时间。下了没几个月就开"两会"，"两会"上就有人大代表提出老百姓这么喜欢《新闻赶摆场》，这个节目不能下。当时《西双版纳新闻》由于政治术语太多，老百姓听不太懂，反倒不喜欢看，代表们开玩笑说把《西双版纳新闻》下了吧，《新闻赶摆场》不能下，然后要求我们继续开办。后来我们就想了一个折中的办法，刁台长将现在《新闻联播》改成10分钟一期，每个星期三期，再承担一期《新闻赶摆场》。我们当时就想反正现在《新闻联播》也做顺了，《新闻赶摆场》一组也才10分钟，就决定加了。过了一年台里要求将《新闻联播》一组改为15分钟。在新闻选择上，一般情况下原片的一、二条（头条新闻）是必须要的，然后傣族比较喜欢看周边国家新闻，还有一些民生类新闻，这些我们都会适当选取。《新闻联播》放在每周一、三、五播出，《新闻赶摆场》周天播出。2010年以后《新闻联播》增加到一周四组。

《新闻赶摆场》从汉语素材中选择，每周一组，每组15分钟，一直延续民生新闻风格。《新闻联播》10~15分钟，三组到四组，一直选择重要新闻。另外，也负责广播《卫生与健康》的翻译工作。还翻译电影和一些科教片，科教片主要是翻译一些关于农业的作品，比如花生如何种植、玉米如何高产、预防艾滋病、土壤治理之类，这些节目翻译之后不在电视台里播出，主要是农村电影放映队放映电影的时候在电影结束后播放。前两年还开播了《周末电影》，主要是主持人来介绍电影。科教片刚开始的时候我接的是两部科教片和一部故事片，工作量比较大，故事片开始的时候是三部，一个人要承担一部。科教片是2012年翻译，当时主要翻译的是土地污染治理、如何在农村建设防震屋的内容。

《新闻赶摆场》最早的编辑是汉族，叫梁春月，她后来去新闻中心担任责编，她听不懂傣语，我要陪着她一起编，导致我的工作量增大，当时这个节目还是每周二、四、六播出，编好之后我还要审，工作很辛苦，基本没有周末。当时儿子很小，没有时间陪伴，有一次周末加班把他带到台里，本来是打算编辑到中午12点就去吃饭，可是一直没编好，直到下午2点半儿子说："妈，我肚子饿了。"我这才反应过来。另外没有时间陪儿子我也很委屈和自责，开学时他同学都会说假期爸爸妈妈陪着出去玩的事，可是儿子不是一个人在家就是带来和我一起加班，感觉很对不起儿子。当时台里傣语责编只有一个，而节目在不断增加，我就和领导反映要多培养后备人才，后来我就有意识地指派人，先给他们看一遍我再审。慢慢地一些年轻的责编（玉温、玉应罕等）就带出来了。

两台合并之后我们工作量变大了。不仅要翻译和编辑电视台这边的节目，比如《西双版纳新闻》《新闻联播》等，还要翻译广播那边的节目《卫生与健康》。相较于电视翻译，广播翻译的话要主要它的语速比较慢，一期20分钟的《卫生与健康》节目翻译量不是很大。当然，因为《卫生与健康》栏目的翻译会涉及很多专业术语的翻译，这个的话我们之前傣语是没有了，所以很多时候都会因为一个药名要打电话去问，比如说打给自己在医院工作的朋友问这个药的作用是什么，然后自己对照着翻译，还有是打给民研所那边去核实，当然这也是一个不断学习的过程。相较于广播，电视的翻译工作量要大得多。我参加工作以来一直都在不断地接触新知识，在不断学习的过程。

我从1993年开始从事与傣语相关的工作，到现在20多年，快要接近30年了，不管是在报社还是电视台，我觉得媒体在傣文化传播和传承当中是不可或缺的。在20世纪50—70年代，以报纸和广播为代表的媒体在文化的传播和传承当中的作用十分突出。比如说报纸和广播在建州之初（1953年）就开始有了，当时那些到我们少数民族边疆地区来支援边疆发展的汉族干部好多都是通过广播和报纸来学傣文，这个学习渠道非常重要。到了现在，媒体对文化的传承和传播，特别是1990年电视的民族语节目开播以来，这种作用就更明显，好多傣族村寨的老百姓都是通过电视收看我们的节目。近几年，汉文化对我们少数民族年轻一辈的影响非常大，我们现在回到傣族村寨好多小孩上幼儿园开始就讲普通话了，他们从小开始讲的母语慢慢地就丢了，回到家与爷爷奶奶、外公外婆等长辈都讲普通话了，我特别担忧这个情况。在我还小的时候，70年代还没有电视，最多就是有广播，广播可以听傣语也可以听汉语，我们通过广播主要就是了解一些党的方针政策和地方政府措施这些。现在你看，很多东西都触手可及，有电视、电脑甚至是手机各种各样的新媒体，小孩从小就可以自己在电视上看喜欢的动画片，手机上也可以，学普通话学得非常快，而且上幼儿园后老师讲的是汉语、教的也是汉语歌，所以我们好多的傣语词汇流失越来越多了。我们的广播电视也好，报纸也好，都尽量使用我们的傣语。以前的老人都不会说汉语，是汉族来学傣语，但是现在大部分是年纪大一点的长者老人，好多都在使用汉语，而不使用本民族语言了，这让我们从事文化工作的媒体人很有危机感。现在我们好多语言都在慢慢流失，很多语言是因为工作需要还在用，很多村寨的人都不再用了，好多都听不懂，所以我觉得媒体对于傣文化的传播和传承是非常重要的。而作为一个媒体人，对于文化传承的这种担忧，我能做的只是尽量使用本民族的语言，哪怕现在在很多老百姓都不说了，但是我希望我们用自己的微薄力量把我们的语言和文化尽量传承下去。我们民族有自己的语言，你不用有什么多高深的文化，都是可以听懂的，所以我们很有必要通过我们的报纸、广播电视一直使用民语，尤其是报纸对于文字的传承起到了很重要的作用。

作为傣族人，我觉得在媒体从事与傣文化相关的工作，日常工作中应尽量使用本民族语言，像我们的广播有专题和栏目的民间故事，像讲故事一样的说傣语，对文化传承做一点我们能做的事情。我从大学开始就做与傣文化相关的事，从我们的角度把党和国家的大政方针宣传到傣族村寨，通过我们日常的翻译和播音对老百姓产生影响，特别是对电影的译制，影响就更大了，现在我们电影已经走出国门，像泰国、老挝的北部，因为与我们的文化相似，我们的电影输出对傣文化的传播还是影响比较大的。从民族语广播电视来说，新媒体的兴起对于传统媒体并没有什么影响，比如说有了新媒体，传统媒体就不能生存下去了。现在的年轻人一般不会在家里看电视，听广播的更少了，除非是在开车的时候可能会偶尔地听一下收音机，自从我们去年开始把我们的傣语上传到移动互联网后，微信公众号就可以听了，今年哈尼语也有了，我觉得这扩大了我们的听众群，我们的节目收视率和收听率有了很大的提高。

虽然说现在有很多现实问题让我们很忧虑，有些时候我们的工作也得不到外人的理解，他们觉得我们的工作很轻松只需要拿着现成的汉语稿件翻译，但是总体我还是对自己从事的这份工作感到自豪。我工作的过程中一直在不断学习，也是积累词语和创造新词语的过程，现在词汇量很多，要传承的东西真的是太多了。你看我们现在已经有一些民语节目了，但是影响其实还是有限的。我个人觉得要办好民语节目，首先一个是硬件支持。我们现在使用的各种设施都非常落后，这需要各级党委政府的大力扶持。更重要的一点是软件——人才的需求，即使你有硬件，没有人才，巧妇也难为无米之炊。我们现在好多小孩对傣文化可以说是不了解不重视，不过近两年来，学傣语不管是手机上还是电视上都可以，像勐海、勐腊去年开始也在做这个节目，我听说一些公益性的热心的人士也在做学傣语的工作，我觉得是非常好的。还有联合国教科文组织有一个项目就是扶持少数民族地区发展民族文化，我们西双版纳州最先合作的就是在中小学开办双语教学，双语就是在教学工作中汉语和傣语同时使用，虽然现在傣语从小学抓起一开始还是有点力不从心，特别是教师队伍，一开始没有既能教汉语又能教傣语的教师，资源是很匮乏的。经过这么几年的培养，这项工作我个人感觉做得越来越好了。不管是民间，还是党委政府，我认为一定要重视傣语的教育，从小抓起，语言可以从幼儿开始培养，上小学就可以适当地学习一些民族语言文字。语言应该有语言环境，比如我们当时一回家都是讲自己的母语。其实除了家里，学校也是一个很好的语言环境，所以希望各方都能够重视傣语教育。现在西双版纳也有自己的大学——西双版纳职业教育学院，希望大学也应该专门有民族语言这块的教育。

（访谈时间：2018年1月15日、16日；访谈人：赵小咪；整理人：赵亚净）

## （七）玉夯罕访谈记录

访谈对象：玉夯罕，西双版纳广播电台傣语播音员。工作时间：2005 年至今。

2005 年 6 月，我从西双版纳州职业技术学院护理专业毕业，就来电台实习了。岩帕香是我表姐夫，我刚毕业本来是要去州医院上班的，我表姐夫就说他们这里缺一个傣语播音员，我是傣族而且会讲傣话，我们寨子就在景洪城边，就等于说我们讲的傣语是西双版纳州比较标准的，相当于普通话那样。我讲话发音是没有问题的，岩帕香老师先教我学傣文，傣文学好了他就让我来这边实习，播音、翻译，还有新闻的一些知识都是来这里实习上班了以后才学的。以前我在学校的时候就对文学方面比较感兴趣，我们在学校的时候经常有学社活动，有根据自己兴趣爱好参加的社团，也有一些文学的、写作的社团，那时候我对新闻工作有了一点初步的认识，在学校的经历也使得来这里做新闻广播有了一定的基础。参加工作后，单位会有一些培训，我也会去学。

我最早播的节目是广播台的《天气预报》，一直都在播，到现在的小岩叫来了以后我才不播《天气预报》了。《天气预报》是每天下午播，只是播西双版纳州的天气预报，每天下午西双版纳州的气象局会把资料发给我们。后来慢慢熟悉了就开始播《西双版纳新闻》。

我现在播电视的《西双版纳新闻》《新闻联播》，广播的我已经不播了，我们 6 个出镜播音员都是轮流着播音，每个人都会播到。我现在就是播新闻，还有一些专题，早上跟你说的《卫生与健康》，一直都在做，除了中间去生了小孩没有播。还有电视上的《西双版纳警方》，这个是我去年 11 月份从刀副台那里接过来的。

《卫生与健康》刚开始是我自己翻译的，我们轰哥下载文字，他来组稿，自己找内容，然后我来翻成傣语再拿去播。现在是白建美翻译，我已经不翻译了，只负责播音。我自己负责《卫生与健康》的翻译、播音工作有三四年了，后面才把翻译分给了白建美老师，因为我这边的工作量挺大的。

《西双版纳新闻》和《新闻联播》会在电视、广播上播，为什么电视上播了广播又要播呢，是因为电视上的播音在语速上是和广播不同的，在情感上也是不同的。电视是有图片、镜头，所以播的时候相对来说更快一点，广播的话用情或者语速方面相对更慢一点，因为受众主要是听，要听得清楚，所以就要我们做两次。有时候我播《新闻联播》，先电视播了一遍语速较快的，广播又来播一遍相对较慢的。

我们不参与文艺节目，我们电视的文艺节目在文艺中心那里，有个《欢乐傣乡行》。我们这边相对娱乐一点的就是点歌台《多哥水》，我和岩帕香老师就是这个节目的创始人，刚开始两个换着播。一个人主持不行，会遇到有事情、生病的时候，我和岩帕香老师轮流主持。我们两个播了一段时间以后，岩温罕老师也来跟播，那时候我和岩温罕老师两个播了一段时间，一直到2012年的时候，我怀小孩肚子大了不方便，就移交给玉万香和岩叫两个做了一段时间。休产假回来我就没再做这档节目了，我被抽调到电视台做出镜播音了。

我们做出镜也会下去采访，比如傣历新年、"两会"的时候会出镜，平时我们做创优稿件的时候也会出镜。以前我们每年都要准备优秀的作品去评奖，现在已经有三四年没去参加省里的评奖了，州上每年都评。印象比较深的一次采访是去磨憨采了《一根红线情系两国》，写的就是跨国婚恋。磨憨边境挨着老挝，男方是中国的，女方是老挝的，女方嫁到了中国这边，老挝边境比较穷，我们这边经济更好一点，思想更开放一点，特别值得报道的是，女孩子嫁到中国以后，夫家就去帮助老挝那边的娘家寨子，做替代种植，以前他们都是种鸦片的，后来做玉米、南瓜的替代种植，种了以后销售到中国来，改善了那边的环境。本来就是讲两国的友谊，这个稿子在州里获了一个三等奖。但是我们没处理好，有一个小小的缺陷，拿去省里参评，因为是作为一个外宣的稿件去参评，我们没有打上汉语字幕，只有傣语播音，所以就没能获奖了。那些评委也不全是傣族，当时我们也没注意到这一点，去省里参评就没获奖。

我们傣历年还会搞广播直播，2012年开始就做了，就前年没做，这几年都做着，我也会去参与直播。我们有《多哥水》的直播平台，那时候就像是把直播间搬到大会现场，支起一些设备，然后我们广播车就开过去进行现场直播，直播泼水节盛况，有什么好玩的、好吃的啊，直播要做两个小时。我们当时的分工就是，我和岩叫、岩帕香老师三个是主持，记者去到活动的每一个地点，会随机采访路人，我们以电话连线的方式跟着互动一下，这个声音直接是播出去的。傣历年一般是三天，我们都是第一天直播庆祝大会，第二天直播赶摆，第三天会直播泼水节。只有第一天的直播是在现场，第三天直播泼水节我们不会去现场，广播和电视不同，它看不到画面，我在哪里直播都一样。庆祝大会那天把直播车开过去主要是想让大家了解我们广播是怎么做的，大家来来回回就可以看到。泼水节那天都在忙着泼水，你不能把车开过去，对设备也不好。

"两会"的时候不直播，我们是出镜采访。平时的时候我们傣语的新闻也是用汉语采回来的翻译一下，但是"两会"的时候是我们自采的，直接用傣语讲，用傣文写的稿，不用再翻译。主要是采访一些代表委员，只采傣族的代表委员，然后我们自己来编辑。开幕会那天我们会出下镜，报道下"两会"开始。我们自采的不多，因为我们没有那么多记者，只是挑重大活动的时候出去自采。"两会"比较特别，我们就会挑一些有特点的代表，针对一些教育类、文化类的话题，找一些代表来采访。一般具体采访谁台里也不会要求，我们都是根据当年的焦点话题来采访，比如去年扶贫工作是重点话题，根据这些重点的工作方向做采访了。

党的十九大期间我们没去自采新闻，我们翻译十九大报告，由玉应罕翻译，做这个报告的播报，其他就是用汉语翻译来的稿件、采回来的画面。《西双版纳警方》最早是2017年2月份开播的，最早是刀姐做的，她现在换岗了，就是我做，我播音，玉应罕翻译。《西双版纳新闻》和《新闻联播》每周的翻译量有点大，所以我们都是分组的，一组三四个人，一个人分几条新闻。

2014年、2015年，《新闻赶摆场》我做过两年，当时也是要生老二了，工作也换了。《新闻赶摆场》和《西双版纳新闻》《新闻联播》一样，都是大家一起翻译的。

（访谈时间：2018年1月12日；访谈人：赵亚净；整理人：赵亚净）

（八）岩温罕访谈记录

访谈对象：岩温罕，先后在景洪市电视台和西双版纳州广播电台工作，现任傣族译制中心副主任，主要负责翻译、录音和播音编辑工作。工作时间：2006年至今。

大三期间，还没毕业的时候，我就在昆明一家电商公司做电子游戏《征途》的市场推广工作，那时候的月工资3000元不到。因为做市场推广，出去工作会受到很多人的冷言冷语，年轻人嘛，心高气傲的，很多时候受不了这种感觉。

2006年我毕业那年差点留在了省台，和换工作的原因差不多，我没有去省台。那个时候《大口马牙》刚刚开播，因为当时在学校教我们的老师是云南台的老师，然后他就从班里面选了几个比较优秀的学生去云南台打零工，一段时间后我们毕业了，老师就让我们去云南台工作，然后和台里签合同，我知道是合同制的，就没有留下来。回景洪之后也一直和我原来的老师有电话联系，前年就没再联系了，因为老师也退休了，没再从事与广播和电视相关的工作。

2006年毕业后我就回来景洪电视台工作了，当时选择回来，就是因为恋家。因为自己是单亲家庭，母亲一直让我回来。经过各种思想的斗争，我还是觉得家里更重要一些就回来了。当时回来景洪电视台工作的月工资才有650元，那种工资的差距很大，和我想象的不一样，那个时候还是有一点挫败感，就会问自己为什么回来，还不如留在省城。这种迷茫状态持续了一段时间。但是那时又想在昆明工资倒是高了，可是自己处于漂泊状态，连个落脚的房子都没有，抛开钱这些东西，回来这里，有吃有住，还能和家人在一起也是好的。因为在电视台的工作和自己本民族的文化相关，慢慢地接触着，就觉得做自己本民族的文化很有意义，这种失落的感觉也就消失了。

和以前推广工作的艰辛相比，回来后的记者和编辑工作更轻松一点。我到景洪市电视台后，以合同聘用制身份工作了两年。一开始进去是做傣语部新闻编辑和汉语部记者，因为那个时间段缺人才，我们每个人什么工作都要干，编辑、播音和记者我都做过。记者的话是跟新闻中心的汉语部去采编新闻，傣语这边主要是编辑，负责翻译。我去的第三个月，景洪电视台的傣语中心成立，开始播报傣语新闻，刚开始是负责新闻的编辑和翻译这块。但是我进电视台之前只会讲傣语，之前学校里面没有专门开设的傣语课程，大学毕业回来后才学的。因为傣语是母语，之前一直是会讲的，但是不会看也不会写，那个时候到景洪市电视台，就每天晚上回去跟寨子里面一个还俗了的和尚学的，因为他懂傣文，就花了一个星期，每天晚上都去找那个和尚学。因为我学的还是比较快的，一个星期的时间就把字根全部都学会了。之后，在景洪电视台，傣语部的主任、返聘回来的专家岩伍腊老师就手把手教我翻译。

之前一直不知道会用到自己每天都在讲的母语，因为工作的原因再次去学看傣语、写傣语，之后就一直和傣语打交道。这种民族的东西因为现在很少有人会了，也在慢慢地消失。西双版纳现在年轻一辈已经很少懂傣语了，不要说写和看，就连讲的都很少了。还记得大学的时候，人家知道我是傣族后，就有人问我一些傣族的东西，我都会有一点自卑，为什么自己的民族有文字，但自己只会讲民族话，却看不懂，写也不会写。所以当时就想就去学吧，那个时候就想做好自己的工作，就没想其他的。

因为在景洪电视台的时候一直是合同制，没有编制。两年后（2008年），看到州广播电台的招考信息，就过来考了。当时考的岗位是傣语播音员岗位，所以从进来州电台就开始就一直担任播音的工作。在市台做记者和编辑，后面因为老师觉得我嗓子条件好，就开始从事播音工作了。虽然以前是做记者和编辑，过来这边主要是播音，但是记者和编辑的工作也还是一直在做的。那个时候广播这边的节目基本上就和现在差不多，也是这些栏目，就多了一个直播的《多哥水》和《听傣乡》。

后面，2009年左右的时候，省台的民语中心播音缺人才，当时省台老师也有找到我，但是我没有去。因为我觉得省台没有我们州台的平台好，虽然说省台在省会，但是实际上在那搞民族工作的人并没有多少，一个台差不多也就四五个人。在那的工作也得不到别人的支持和理解，讲民语的大环境也并不好，我就觉得在省台做民语节目就是自己做节目给自己听一样。州台就不一样，你看像我们办公室人还是多的，然后我们的听众或者观众都很支持我们的工作，我们有讲傣语的大环境，他们很喜欢我们做的事。比如我们的广播节目，还能收到热心观众的电话，就像早上岩帕香老师和你们讲的还有忠实观众来到电台找我们呢，我觉得我在州台工作更有成就感，这种感觉省台肯定是不会有的。

刚刚来州台工作2年之后（2010年左右），因为自己是少数民族、年轻还有点学问，在日常的工作中和政府、宣传部经常打交道，后来州政府就有人来找过我，让我过去当公务员，但是因为当时做傣语方面的工作，觉得自己很喜欢，就拒绝了。

到了州电台之后，工作主要是《西双版纳新闻》播音，当时岩叫老师教我怎么发音、练声和运气等，这些对我后期的工作帮助都很大。2008—2012年一直都在广播那边，2012两台合并后，电台和电视台两边的播音和翻译工作我都一直在做。玉夯罕比我早两年进台，我来了之后我两个就一直是固定搭档播音《西双版纳新闻》，可以说我们在一起的时间比一般情侣还长。我一开始主要做播音，后面慢慢开始做翻译、编辑，广播剧也会做一些。

民语中心这边的新闻，很少一部分自己采访，都是直接从台稿库里面选择新闻，自己民语采访创作的只有一点点，比如文艺类的节目《欢乐傣乡行》《勐勒风》《咚吧嚓》里面部分是民语中心这边的记者出去采访。《咚吧嚓》就自采自编，基本不用汉语那边的稿件。然后像《西双版纳新闻》《新闻赶摆场》之类的都是从汉语那边直接选择稿件进行翻译和编辑。

关于电影译制，有一个平台"中国新农村电影网"，中影集团负责管理这个网站里面的电影资源，他们负责选择受欢迎的影片然后去和片商协商并且购买版权。各个省相关部门会去要资源，然后给到我们来翻译，之后我们翻译的影片经过审片的程序入库"中国新农村电影网"，我们要播片子的时候还要去和他们要，然后才能拿回影片播出。当然我们也可以根据老百姓的喜好选择影片。比如说我们想要翻译《战狼》，那我们这边就提交申请给省相关部门，然后省里再去给我们申请资源，但是申请不一定能通过。我们使用的电影资源都会标有"民族电影译制专用"的字体，在编辑和播放的时候都不能把它去掉。

2009年云南省启动民族电影译制工作。西双版纳这边是2011年开始电影译制工作。从那个时候我就开始参与到电影的翻译和配音工作。当时我们这边的第一部电影译制工作，我没有参与翻译，只是配音。那部电影是是由玉应罕翻译的《风声》，我在里面配的黄晓明演的那个角色，岩帕香配的是张涵予演的那个角色。之后陆陆续续参与了翻译工作，比如《心花怒放》，周围的朋友看到，或者电台那边的忠实听众听到，他们就会打台里的电话来讲喜剧和武打类的电影比较受欢迎，希望多翻译这种类型的电影。电台的忠实听众有的很喜欢我，然后就会很频繁地打电话来找我，有时候我就会说我不在。还有一些从乡镇里面来的人，会带着茶叶来找我，说喜欢我的声音，想认识我、和我交朋友。

我们台现在译制的电影已经在泰国、老挝放映了。我们和新华书店合作，新华书店给我们出资并且提供电影的放映设备和放映场所。现在是定点不定时地放映，就是泰国和老挝的新华书店不定时地播放，下一步我们计划不定点不定时的放映，就是在当地建立电影院。省里提供硬件设施，然后我们这边主要负责翻译和配音工作，在那边（泰国、老挝）搞一个固定的放映点，因为泰国人和我们这边的傣族是同根系民族，所以我们译制的电影他们都能看得懂。我们对外放映的电影和我们在本地区农村电影流动车播放的电影是一样的，就是我们翻译一个版本然后刻成碟，用来在农村或者在外国放映。但是我们这边的片子拿过去他们那边放映，可能会用他们的语言加字幕，其他的就没有什么变化了。

2017年开始在泰国清迈播放我们的电影《画皮1》，当时反响挺好的。他们泰国人觉得中国人把电影翻译成他们听得懂和看得懂的样子很好，他们就提出要向我们学习（这个是我们去放映的人回来讲的）。之后在老挝南塔也开始播放。

今年听说会扩大放映范围，除了在泰国、老挝地区增加播放地区，还计划在缅甸也进行播放，大致上应该会增加七八个点吧。但主要还是在泰国和老挝播放，因为泰国和老挝的北部和我们这边傣族的文化比较接近，我们讲话方式和文化习性他们都比较容易接受。

我们翻译电影的话，其实一直以来都是"导演制"的。昨天你也参加会议了，也听到了现在和过去的区别是职责更加细化了，不像过去一样笼统地划分。过去的话就是影片译制任务分配了，你去弄你负责的那个部分，没有人去手把手地教你，也没有人去具体落实你的工作，你自己就配自己的部分提交就可以，这样职责不清楚就会出现不负责的现象，导致影片质量不高，过关质量比较低。今年我们就打算把职责具体化，增加了审片制度。现在最大的区别就是配音工作要落实，就不只是按照翻译好的稿件来念，而是要在理解影片的基础上，代入主角的情感去配音，现在的配音不只是配音，而是要配音表演，任务分工更加细化。就像一个班级管理一样，原来是班主任在抓，现在是分工到各个课代表、小组长，让他们来落实工作。这次被选为导演全权负责《捉妖记》电影的译制，有一部分原因是去年参与了台里面牵头拍摄的微电影《传承》的拍摄工作，在剧组主要是承担副导演、演员、翻译的工作。这部电影讲的就是傣族的制陶手艺传承的一个故事，剧本是用汉语写的，由我来翻译成傣语，然后用傣语拍摄和录制，剧中台词、字幕都是傣语，这部电影现在在我们的电视台和腾讯视频拍摄和录制。

台里面主要的工作还是广播和电视这块，电影的工作一直在做，但是不能像广播和电视一样去重视，因为我们人手不够。虽然电影也很受欢迎，但是我们也不能整天都在电视上放，因为这个涉及一个电影版权的问题和我们工作效率的问题。

科教片主要是讲一些农业养殖和科普宣传类的内容。科教片的播放资源不是我们自己采写，而是在全国的电视里面选择适合的资源，然后我们拿来译播。我翻译的科教片挺多的，比如说加油站防火、老年人陪护的。科教片的翻译和电影翻译不一样。科教片没有台词，就只有旁白，我们翻译的时候就会比较在乎翻译的准确性和规范性，比如刨土、灌溉、施肥，我们就会对应着汉语进行逐字的翻译，然后配音，这个是书面化的表达、没有感情的，科教片比较注重术语化的表达。但是电影的翻译更加偏向生活化，表达也比较生活化，翻译的时候不一定要逐字翻译，电影翻译尽量不要书面化地翻译，不能像科教片和新闻翻译，只要达意就可以了，要接近生活。翻译最重要的是翻译它的意思，而不是翻译它的字。你要去理解原文的意思，你不能说拿来一篇文章，什么都不想就直接来翻译，而是应该首先通篇看一下讲什么，主要内容精髓是什么，这样的翻译才更加准确。翻译中一个词会有很多的表达方式，就像同义词，但是在翻译中你要怎样去选择你所使用的词，这个的话就要考虑这个词具体语境的意思和大家喜闻乐见接受的词来表达，而不是停留在文本上翻译，这样的翻译才是成功的。

对于翻译工作来说，翻译这个词你从字面上就可以理解，译就是要意会，不是去造一个字。翻译是要放在整个语境当中，通过通篇的理解去翻译，而不是一个字一个字地去对照翻译。傣文翻译和汉语一样包括最简单的主谓宾，但是又和汉语不一样，有点像英语表达的顺序，强调主语的话就要把主语放在前面，总之按照重要性来排序。比如，云南省西双版纳州景洪市，我们傣语翻译的时候，就是得景洪市放在最前面，然后依次是西双版纳、云南省排序，类似于英语的表达。我们傣语语种属于巴利语系，我们的文字是从经文里面衍生出来，所以它的语法与汉语很不同。

我觉得民语中心，经常不被重视。前几年单位领导、州政府并没有太过重视，但是我们的工作很辛苦，他们并不理解，他们就觉得搞民语工作就是拿汉语的东西过来翻译一下，是很简单的事情。但是他们并不知道翻译也是一种再创作的过程，民语有很大的局限性，你是本民族的才去会学这个语言，人才不好找。我 2008 年进来单位之后，只新招了 2 个人。有时候也会感到沮丧，但是当你在那个环境，你周围的同事都在认真地为民语工作，单位的老师教导你一路走来也不容易，来的这 10 年当中，有 6 个老师已经退休了。这种人员的更替就像传宗接代一样，做不好这个工作怎么对得起长辈做的事和他们提供的平台。

办好民语节目其实是关乎民族文化的一件大事。我认为媒体作为正能量传播的载体，它可以引领全社会传播民族文化，在文化的传播和传承中起到主心骨的作用。而我作为傣族人同是媒体人，可能比一般本民族的人接触的东西会更全面一点，所以要起到一个带头引领的作用，通过自己做媒体将傣族文化传承和发展下去，我认为从事这份工作很光荣，在传承本民族文化方面自己的使命感很强。但是单单依靠个人的能力是不够的，应该是动员整个社会来一起做这个事情。因为民族的东西应当是全社会共同关注的，应该是通过全社会的参与和努力去营造一个好的传播氛围，一个全民融入的大环境，这样民语节目才会做得更顺畅和更容易。

针对新媒体的蓬勃发展态势，我认为广播、电视等作为传统的媒体它有自己存在的价值，因为它代表的是一种积极向上的正能量，代表官方和权威，这是新媒体无法比拟的。但是新媒体不同于传统媒体，它又代表各个社会阶层的老百姓的想法。新媒体的诞生多少都对传统媒体造成一些冲击，但是我个人认为这种冲击是正面积极、有益的，有了这种冲击，它对传统媒体自身的发展起到提醒的作用，能够促进其更好地完善自身发展。因此传统媒体和新媒体之间不存在相互取缔的关系，而两者应该是相互促进、相辅相成的。

以前，广播播音每天有一个节目单，分为早、中、晚三个时间段循环播出，早上6：30开始，下午1：00开始，晚上11：00结束，当时节目没有这么多，中间会出现空播的情况，即休息的时间段。现在的话，2011年开始，重新做了一个节目表，从早上6：30开始到晚上00：30，时间拉长了，节目开始覆盖全天，6：30到下午1：00到下午7：00再到晚上12：00，三个时间段循环播出，中间没有空当。也就说，2011年前后的差别在于节目播出的时间延长了，中间没有休息的时间，但是节目每天分为三个时间段进行同一节目单的循环播出这样的方式没有发生改变。

《好曼勐傣》（汉语：傣族地区发生的好人好事）2003年开播之后就一直在播出，是岩叫老师负责的节目，当时节目播出的内容涉及傣族地区生活的方方面面，另外节目也包含州里面发展的好事，主要是正能量的东西，这个节目每期前面播放州里的好人好事，后面会留一小段时间来播音民间古老故事。这些古老的故事我们有那种故事集，就每期会讲一点内容。但《好曼勐傣》不是每一期都涉及傣族地区的农业经济方面，所以说为了专门弄一个关于农业经济、理财、发家致富的节目，《理好财 当好家》就在2013年应运而生，当时这个节目是岩轰牵头弄的，汉语那边也有这个栏目。

《听傣乡》之前的一档节目是《理好财 当好家》，这个栏目是两台合并后的一个节目，应该是2013年开始播出的，每期20分钟，周日播出。这档节目是教你怎么理财，发展各种农业经济，就是对农民的一个广播，教你怎么发家致富的一个栏目。因为这个节目之前有一点像《好曼勐傣》，当时《好曼勐傣》里面就会有很多和《理好财，当好家》内容重复，另外在人员搭配上，从播音员和制作这档栏目的人员来说，因为我们人员比较少了，没有充裕的时间来弄，大家精力也跟不上，就想改变一下，然后去年就下了这个节目。

2010年开始了《多哥水》（傣语）的直播节目，2011年开播《滇航唱》（哈尼语）。这两个栏目开办的来源其实是借鉴汉语的直播节目《音乐飞碟》（现在改成《与你同行》了），刚开始开播《多哥水》的时候，我们还邀请了我们的老州长召存信在节目开播的时候做了介绍，当时他用傣语在节目的开始部分说了贺词，具体的贺词已经不在了，但是大体的意思就是祝福《多哥水》正式开播，节目越办越好，希望大家以后多多参与。当时的大佛爷祜巴龙庄勐（现在是帕松列龙庄勐）还用经文给我们念了一段祝福语，内容也是关于祝福的。大体意思和老州长差不多，就是祝福节目越办越好。当时第一个打电话的好像是勐海嘎洒的一个男生，具体点了什么歌也记不得了。节目刚开始境外的电话还是比较多的，就是那些边民，可能他们接收到的信号比较好吧，那个时候都是让他们的电话接进来的，这样的情况持续了大半年的时间，后来我们为了防止境外不法分子的不良意图以及他们在广播上说一些不好的话（脏话），境外的电话我们就不接进主播室了。就导播这边记下他要点歌的基本信息给主播，不让他和主播对话，毕竟是直播节目嘛，他万一说一些不好的话，比如说影响政局安定的那些东西，我们也不好控制。

我们点歌节目是台里面和盛太乐公司联办，盛太乐负责提供歌曲资源，而这些资源主要是西双版纳州本地的民间歌手唱的歌曲，比如说歌手岩罕建等。因为西双版纳唱歌的人不多，傣族人民又喜欢唱歌和跳舞，所以一般民间歌手的歌在百姓中传唱度还是很高的。而我们的点歌库里面的歌曲老百姓都很喜欢，所以大家就很喜欢打热线过来。

原来《新闻赶摆场》也是 2017 在广播上播出过了一年，跟电视一样也是每期播出 15 分钟。因为《新闻赶摆场》是一档民生新闻栏目，它的现场比较多，主持人在现场的采访和交流比较多，在电视上能够通过画面来表现，但是在广播上就会受到限制，它有对话什么的，翻译成傣语之后就变成自问自答了，因此播了一年的时间就下了，之后也不考虑再上。

（访谈时间：2018 年 1 月 12 日、17 日、26 日；访谈人：赵小咪；整理人：赵亚净）

## 三、哈尼语广播

### （一）黄荣生访谈记录

访谈对象：黄荣生，曾任西双版纳广播电台哈尼语组编译、组长。工作时间：1981—2015 年。

哈尼语的广播电台在 1981 年 10 月 1 日正式开播，之前也没有什么预备工作，在 1 号那天就直接开播了。台里哈尼族语作为一个小组，当时总的有 10 个人，这 10 个人都是从全州的中小学的教师队伍当中抽调出来的。我当时是州委党校的老师，冉南是南三小学、雷宏兵是西定乡中心小学、沙露是勐海县一小的英语老师，杨泽华是勐会小学的老师，第一批的成员就是这些。州民委的阿海和州纪委的副书记阿朱他们两个着手筹备和负责抽调，工作筹备结束之后，阿朱就没有再来了，阿海带着我们做了一段时间。龙巴秋是部队指导员转业后分到勐海县工商局的，之后被抽调到电台，还有一个州公安局的李明章，就是以上人员组成了哈尼语广播小组。

当时还不叫广播电视台，也不叫广播电视局，只叫广播电台。广播电台只有一个编辑部，负责领导台里所有的部门。我们来了以后首先是学习文字。1957 年国务院为哈尼语创造了一套文字，总的有 4 套方言，分别是哈雅方言、比卡方言、白红方言、豪白方言。现在全省保留的只有哈雅方言，在哈雅方言里面，我们使用的是雅尼方言。当时组建团队时为什么选择抽调老师来，领导的考虑是我们哈尼语使用的是拉丁文字母，有点像拼音，老师的拼音基础比较好，就选择从老师中抽调了。当时是省民委的何丙坤老师来指导我们学习文字。在 10 月 1 号开播前我们学了一个星期的文字，节目开播后就一边学习一边播节目，当时我主要是担任翻译和编辑的工作，播音的话是冉南、雷宏兵、沙露他们几个。我们都是一边工作一边学习翻译。

《西双版纳新闻》刚开播的时候，我们是两天播一组新闻，等于是要重播。当时的新闻是通稿，即汉语那边形成通稿，然后我们哈尼语和傣语直接拿来翻译之后播出。这样的播出方式大概持续了半年之后，新闻就改成了两天播一组，一年之后，哈尼语新闻就跟汉语新闻同步播出了。到了后来，也增加一些节目，除了新闻以外，根据台里面的节目变化，哈尼语这边也在变化，比如增加了专题节目、法治节目等。两年后，节目就基本比较丰富了，开始有了自己采访和编辑的内容。

到了第四年（1984年），哈尼语的新闻翻译我基本上就不参与了。阿海走了之后，我就被抽出来担任哈尼语组的组长，搞了一段时间的审稿工作。

哈尼语文艺作为一个栏目被定下来，并且播出时间确定为1个小时是在1984年，这期间我也参与了其中的工作，到了1985年我就专门负责哈尼语文艺栏目工作。民族语文艺不像汉语文艺一样可以全国找素材和购买素材，民族文艺要自己到农村去找。那个时候没有录音笔，我们一般都是坐班车、背着差不多三四十斤的采访录音机下乡，碰到拖拉机啊就跟着老百姓走村串寨，慢慢地积累素材。那个时候电脑也不像现在这样发达，我们采编的素材都是一个小时一个小时的盘式带子储存。原来的播放机也不是现在这样，在2003年以前，都是在使用磨盘式录音机，在1985年我们有了一种双卡录音机，用了一段时间。就向州政府和州民委申请了一点经费，买了日本的索尼录音机，当时整个广播电台只有3台，我们哈尼族语组自己买了一台，这两台机子一直用到了2000年。

在1980年西双版纳广播电台还没开播之前，我们整个西双版纳听的电台都是泰国清迈的哈尼语广播，那个时候他们的节目播出是晚上9：30到10：00，边境一线的老百姓全部听的都是他们的节目。我们开播以后，当时我们用的是中波，是100个千瓦的频率，泰国清迈、老挝南塔等都可以听到我们的节目。自从上了我们的栏目以后，泰国、老挝的阿卡人（哈尼族）就直接听我们台，我们这边的边民也开始听我们自己的台，因为我们播出的时间也是选在那个时间段。我们节目开播的一年里，当时因为没有电视，老百姓听我们节目的热情特别高，有一段时间勐海商店里面的收音机都卖到脱销。我们从采访中得知一些年轻人晚上走路、串门、聚会都会背着录音机听我们的节目。

最初的时候，我们台里采了一条关于砂仁这种药材的功效、怎么卖、收益怎么好的新闻，这个新闻节目播出以后，当时老百姓种植砂仁的热情特别高，砂仁苗也卖到脱销。1986年左右，当时国家虽然对种植橡胶进行补助，比如，你种植一亩橡胶，国家会补助你几十块钱，但是当时都没有人种，我们下勐腊去采访，老百姓都说我种橡胶周期那么长，四年以后才能长得大，五六年才能割胶，他们认为时间太长不愿意种植。大约在1988年左右，我们播出了关于第一批种植胶发家致富的新闻。当时节目播出后，大家就又开始种橡胶，又出现了一个种植高峰，那个时候政府不补助了，老百姓都抢着要种，橡胶苗都供应不上。当时广播对哈尼语听众的生活起了很大的作用,甚至是政府做不到的东西,广播很容易就可以做到。

文艺这块,当时我们的节目播出之后,老百姓会忘记吃饭、忘记喝水地听节目。那个时候"文化大革命"刚刚结束,很多旧的民歌被禁放和禁唱,当时老百姓就不敢随便唱。有一次,我们去到西定录音,就请当地的一个老师来唱民歌,他当时也有点犹豫不敢唱,我们就和他说没有关系不要怕,我们是州政府来的,是政府支持我们来收集民歌的。然后他才开始唱,唱了一两个小时,当时我们出去院子外面就看到老百姓里三层外三层地站在院子里听歌,不管录制到多晚他们都在那听,一直到我们录完,他们才离开,那个时候我们都很感动。西定那边的人经常要求我们去录,每次有人来,他们就带口信来,有时候还会专门派人来告诉我们他们要唱,或者他们自己要求来台里录音播出。像勐腊那边也是,当时稿费也是特别低的,他们来录一个小时我们就给他们二三十块钱,但是他们还是会积极要求我们去录或者他们自己来录。

后来,大致是1990年开始,我们这边也开始电影配音。当时翻译和配音的第一部电影是《喜鹊岭茶歌》,那个时候电影放映队拿着这个片子到大勐龙的小街放,因为老百姓太喜欢,看了一遍还要求看,一直是通天地放,后来还把带子都放断了。之后,我们也陆续翻译了好几部电影,如《妈妈在哪里》。但是不像现在,当时配音设备不先进,配音还要到电影院去,如果看着画面不说话超过3秒,口型就对不上。当时开始电影译制工作的原因一个是老百姓喜欢,另外一个是因为我们自己也想尝试做新节目。在电影放映的时候,我们的科教片也会跟着一起放。

后来到了90年代,我们也制作一些广播剧,这样来丰富我们的栏目。广播剧也是我们自己做,当时我是组长,杨泽华是副组长,都是我们自己做啊,互相商量就做啦。当时有汉语广播剧在台里面经常播出,我们都听啊,所以后来就想着搞。我们第一个广播剧,是宋云帮我们写的剧本《养牛的风波》,写山上老百姓养的牛被雷劈死了,哈尼族特别忌讳打雷,所以就一个都不敢养了,我们就以那个为原型做了广播剧,也是很受欢迎啊。还有那个勐海的郎琼,也是我们哈尼族的老作家啦,他一直为我们写了好几部剧本呢。我没有写过广播剧剧本,我只是翻译、配音、制作。

以前我们下去采风,主要就是文艺歌曲,因为是广播,看不见,舞蹈、服饰什么的也看不见,主要就是去录歌曲的,我们一去就是十天半月才可以回来啊。

我们都是有搭档的,什么酸甜苦辣都尝过了,从勐腊的关磊到现在的芒果树乡,我们背着那么多的设备,我们从这里走路去,有时候找不到人还只能折回来。以前去村子里采录,老百姓还会叫我们先唱,还要喝酒,他们才唱给我们录,还喝醉过,为了让老百姓开口唱歌。还有勐海那边,我们背着录音机,20多盘带子,走路到路南山,山间小路,走一天一个人都碰不到那种。还有一次在2000年左右,我们去打洛那边,老百姓很高兴,为我们两个人杀了一头猪。我干文艺栏目从1985年开始一直到2015年退休。

哈尼语电视大概是在1997年、1998年左右吧,还是1987年左右,我记不得了,你们去问冉南,毕竟我们不是那边的人。有电视台后冉南就去那边当播音员了,他们是第一代哈尼语电视播音员。电视台是州上要求建立的,最开始哈尼语电视没有编辑人员,都是他们自己翻译自己播出自己编辑,最开始的内容也就是《西双版纳新闻》。蓝培是第二代播音员,最初的事她应该也不是太清楚。

1993年我被调到广播电台的文艺部,汉语有宋义、段伟,哈尼语就是我,后来来了雷红兵来协助我,傣语就是刀素珍、玉涛主要做广播文艺工作。采录方面,汉语就向全国范围征集,我们民语就下乡了。有些民族歌曲,要七八个小时采能唱完一首古歌,比如迁徙史诗、人类起源等等。

我是在两台合并以后几年才退休的,合并以后作为我们民语来说就是更方便了,广播和电视两边的翻译可以共用,可以共用专题,还有我们的文艺栏目。2010年刚刚开播《滇航唱》这个直播节目的时候,我当导播,直播里长一个小时,我们两台电话两个导播一共可以接100多个电话,耳朵都烫了,老挝、缅甸、泰国也有人打来。我跟你说,我们听众小的小到6岁,大的大到70岁,我都接过。勐海6岁的小娃娃打电话来点歌,他家大人就说他点的歌听不完他不睡觉。

(访谈时间:2018年1月14日;访谈人:李思颖;整理人:赵亚净)

(二)杨泽华访谈记录

访谈对象:杨泽华,被借调至西双版纳哈尼语组广播台,做过采、编、播、译工作,为哈尼族文字的统一做出了贡献。工作时间:1981—2001年。

1953年中央民委派了工作组来考察,主要是了解哪些民族有文字,使用情况如何,哪些民族没有文字,需不需要创建文字,哈尼族就是其中一个。当时考察结果就是说我们哈尼族还是需要文字的。工作组在1953、1954、1955年这几年统计了红河、西双版纳、思茅(今普洱)等等有哈尼族的地区,发现我们有两套文字。事实上,我们哈尼族语言分为三大块——哈雅、豪白、碧卡。我们西双版纳、红河、思茅,还有缅甸、泰国、老挝主要是雅尼人。哈雅方言中雅尼语这一块使用的有70万人,西双版纳有21万人、澜沧5万人、孟连大概2万人、江城1~2万人,泰国、缅甸老挝加起来占雅尼的一半,缅甸就有20万人。我自己本身是雅尼人,我的母语也是雅尼。

1957年,调查组就根据情况创造了两套文字方案,一套是哈雅方言文字,就是哈尼雅尼地区用的,是我们现在用的这套文字的基础。这套文字方案是标准语,定在红河、绿春、大寨,是中国社会科学院的专家来创造的,都是大学教授,是在村子里调研以后才创造的。当时,思茅有一个哈尼族叫王尔松,他在中央民大读书,还有一个社会科学院的教授叫李永燧,专门研究哈尼文。另外一套碧卡方言文字,但是没有人使用过,没有人推广过,我也没有见过。

大概是在1962年、1963年这段时间,在云南民族学院(今云南民族大学)还培训过一两批人。我们这里有5个人去参加了培训,有阿海、木达等人,但是我看他们的情况似乎也没有实质地掌握什么,就知道有一套哈尼文字方案而已。红河那边可能培训的多一点,不过具体情况我也不清楚。后来我们创办哈尼语广播电台的时候,阿海和木达也来了。

"文化大革命"时我还小,还不清楚哈尼文字。1981年,我们就创立了西双版纳人民广播电台,办民语电台应该说是形势所迫。1971年的时候,泰国的电台就有阿卡语广播了,影响比较大。我1996年去考察过,当时泰国清迈的电台有7种少数民族语广播,哈尼语是其中一种。他们只有两个工作人员,一男一女,不懂哈尼文,因为当时没有人教他们。他们的新闻只用通稿,是口译广播,就是看看通稿就直接说了。我感觉不是他们不想学,不想用阿卡文播,而是泰国官方不放心,因为泰国官方懂阿卡文的人很少甚至没有,他们不放心,万一播一些什么他们看不懂不好把握。其他节目主要是文艺节目,还有一些就是现场随便说话都播,很不严肃。但是因为当时空中一片空白,所以老百姓还是爱听。知道情况后,州里、省里的领导就担心空中阵地的问题,很迫切地让我们建立自己的哈尼语广播。其实在这之前,省里就已经有少数民族语广播了,但是没有哈尼语,我问过他们说是没有人做。

我就是在 1981 年进的电台，我是被借调来这边的。当时比较艰难，一穷二白，从各个县的工作单位，还有寨子里挑选懂哈尼语知识分子，他们可能不懂汉语，但是精通哈尼语和哈尼文化的都被请来，开了很多次会议，很多东西都是就地创新。筹备的时候有二三十个人参会，在电台只有李明章一个人。李明章原本是景洪市公安局的，后来说要创办哈尼语电台他就调来电台了，调来以后就筹备哈尼语广播了。当时 5 月份我们就陆续开始叫人来开会，确定电台名称和文字。当时我们要办电台没有文字肯定不行，翻译播出都需要文字。当时我是老师，我在格朗和苏湖小学教书，当年级主任的时候怀孕了，就调到勐混跟姑娘爸爸一起在勐混中心小学教书，来电台的时候我其实是借调，刚刚跟老公在一起，来电台又要分开，我们很为难，但是后来还是老公比较开明，办广播是谁也没有干过的事情，成不成也不知道，就想试试。

我们当时筹备的时候就碰到文字问题了，李明章的老婆告诉我们有一个北京的教授，就是教哈尼语的，让我们去找找看能不能解决问题，后来真的就找到刚才说的李永隧老师，他专门来西双版纳调查哈尼族语言文字。当时他就是针对哈尼族语音文字来调查的，因为红河那边已经有人在做了，我们西双版纳这边到底如何他不了解，所以就来了。我们把他请到会场，他就告诉我们 1957 年是有一套哈尼文字方案的，我们既然需要，他就靠记忆力在黑板上写出来，当场我们就讨论我们能不能用，怎么用。后来就讨论出来有些不够，有些不行，在李老师的指导下我们就修改。这套方案后来就一直沿用了，越来越完善，不断进步，当时就帮我们解决问题了。他连着来了五六年，专门来指导我们用这套方案。就是说同样是 1957 年那套哈雅方言文字方案，在李老师的指导下我们逐步完善一直使用到现在。红河那边大概在 1983 年开始用的。哈尼语广播我们在云南不是唯一的，红河也有，但是我们的电视是唯一的，本来之前红河也搞了但是没有坚持下去，在国际上泰国清莱有哈尼语广播，还有泰国 914 电台，小勐腊这边也有刚刚成立的电台。

到 90 年代初，我们就向省语委提出统一哈尼文字，所以 1993 年，组织了一个西双版纳、红河、昆明、思茅、玉溪这些有哈尼族的地方的会议，每个地方派代表来参加。当时红河有一个章佩芝很厉害，西双版纳这边有我，我们就"打架"，争论文字方案，虽然文字基础是 1957 年的，但是很多也还是不一样，因为不一样我们这边用不了没意义啊。争论到最后，我们决定共同搭建一个框架就叫哈尼文方案，红河用的搬进去，西双版纳要用的搬进去，在一个框架下共同存在并使用，爱用哪个都行。这个是最好的方案了，毕竟我们是表音文字。

1996年左右我开始跟国际接触，当然在这之前我也得到过一些国外哈尼文字的资料。我的朋友接触到境外的人，看到他们在缅甸有哈尼文字，然后就带回来给我看，问我能不能看得懂。还有一个美国传教士保罗·刘易斯，是我最先接触的老外，他在缅甸工作了22年，在泰国工作了18年，我认识他的时候他已经是一个60多岁的老人了。他在东南亚阿卡地区，对阿卡很熟悉，自己也创作了一套阿卡文，然后用他创的阿卡文还编了很多书，比如名言警句、医疗保健、圣经等等。在1995年左右保罗来还带给我一盒磁带，里面是他的学生编的10首歌曲，还有歌单，就是用他的那套文字写的。我如获至宝，就好好研究那些歌词，把那些文字看懂还是下了些功夫的。我就是最初就是通过这个磁带学他们的文字，看看跟我们有什么不一样，有什么一样。后来同事查克还拿回来一本书，我发现跟保罗那套还不一样，我又学，那个应该是德国人写的，很像德国文字，我就发现那边阿卡文有很多种，而且跟教派有关系。

泰国有很多哈尼文，并不统一。缅甸这边情况也是一样的，也是有六七套。1996年国际哈尼阿卡协会第二届会议在泰国召开，我去了，印象很深的是遇到一个家庭，有四个很不错的儿子，学历都很高，都是硕士博士，娶了四个不同国家的媳妇。这一家人都是保罗资助上的学，从小学到硕士、博士，受保罗影响很深，他们都研究阿卡文，也是哈尼族。到1999年在西双版纳开研讨会，我也是筹办者之一了。我们大家讨论想成立一个文字机构，我们就去找副台长查克，说在政府部门成立这种机构有难度，但是你们可以成立非正式组织，所以我们当时联合泰国、缅甸、老挝这几个国家的哈尼族成立了这个组织。

然后2002年在红河开了第四次研讨会，第五次在墨江，2008年是在红河，2010年是在玉溪，这些都是正式的研讨。2004年的时候我们去缅甸，他们邀请我们去嘎汤帕节，当时晚上开会，就跟我们说他们文字统一了，那边有一个比较强硬的缅甸当兵的，是少校，就是他统一的。他们想把那套作为四国方案，但是我在想，凭什么你们统一就用你们的，你们统一是好事，但是不能只用你们的。所以后期就有继续讨论，最后讨论结果是我们四国统一还要慢慢来，大家再努力。到2005年，泰国邀请我们去也说统一了，2006年左右老挝也说统一了，那么多方案总要有一个统一的吧，所以就要求大家一起商讨最后确定。

2008年2月份我们西双版纳州就成立了哈尼学会。到年底，我们就请示政府开了一个小型研讨会，只有泰国、缅甸、老挝、中国四国参与，专门解决文字方案和历法方案，会长杨重明主持，各国都有代表来参加。统一方案是我提的，我们主要的专家发言，什么要什么不要，所以我就提了一个觉得大家都能接受的方案。但也有反对声音，我还是相应做了一些妥协。最后关于声调，是保罗他们都头疼的问题，国外用三角符号表示松紧音，符号是附加成分，对于电脑输入并不方便，要特殊加，而我们中国就是用字母代替符号，简单方便，关于这点我坚决没有妥协，所以最后那边就让步了。2008年12月31日我们四国就正式统一文字了，就叫民间国际通用哈尼阿卡文。第二天我们就商议历法方案，是黄荣生提的，也统一了。

统一文字以后，我们广播电视台就立刻实行方案啦，其他三国也一样，出书教学、宣传册、横幅标语等等都做宣传。我们这边主要是办培训班，我自己从1991年到现在已经带了20多个班了，以新闻培训班的名义教哈尼文字，也教新闻，教他们用哈尼文字写稿，动员他们来当我们的通讯员。我是云大新闻专业毕业的，所以新闻理论和写稿我都教。因为我一个人能力有限，以前我教的学生现在在勐海成立哈尼语协会，去年他们一年内就办了16个班。现在我们去泰国、老挝那些国家，文字都是这套方案。

我1981年进台，2011年退休。我在台里采、编、播、译都做过，进电台先是编辑和翻译，主要是新闻。当时广播电视怎么说，哈尼语都没有的，都是我们编出来的，而且要编得有根据，老百姓要能接受。还有就是我当时汉语基础一般，哈尼语基础也一般，而且我以前教书是教数理化，现在突然来干文字工作，一开始也是找不到门道，对我自己来说是很大挑战。当时我们编辑主要用手写，播音用的是老式录音设备，后来我们搞音频站，就是更换设备不要盘式老机器了，再到无纸化办公一步步改变的。我们八九十年代都是开盘式录音机，到2003年才开始更换的，实现无纸化办公。我们的人员基本都是十来个，比较稳定。新闻内容都是通告啦，编播这一块一开始亦步亦趋跟着汉语走，到后来有一些自己的想法就策划一些稿件。比如专题节目里面有面对成人受众的节目像化妆、服装等，我们也会替换一些农村的稿件，再后来就是我们自己办节目了，就有专题节目了，1994年我们开播《哈尼之声》就是开始。1996年，我去泰国回来后觉得我有很多资料很多想讲的，就把《哈尼之声》拿来自己搞，采编播，一直到2011年。《哈尼之声》主要讲哈尼族文化的方方面面，是一个文化节目，生产生活、政府工作报告和一号文件。我可不是照本宣科，我都是选读那一段话再深层次解读，我都是用口译的方式来讲。还有《对农村广播》《法治园地》的内容也是我们自己办了,后面名称会变换一些。最后一步就是我退休前我们开始办直播《滇航唱》。总体就是四步走,我的职位一开始是编辑,后来是民族部副主任,再后来哈尼语组主任,到民语中心主任。

我们在1985年左右就开始电影配音工作,那个时候我负责翻译和编辑,在电影公司那边做。后来做广播剧我们也去配音,宋云最早接触广播剧,他是文艺部主任,最开始喊我写剧本,我拿哈尼语写出来他又看不懂,让我再翻译我就不搞了,所以后来他就自己写。

(访谈时间:2018年1月14日;访谈人:李思颖;整理人:赵亚净)

(三)冉南访谈记录

访谈对象:冉南,曾兼任西双版纳广播电台哈尼语组播音员和西双版纳州电视台哈尼语电视节目播音员。工作时间:1981—2011年。

我1981年进电台,进电台以前我是南联山的老师。当时应该是宋云推荐我进来的,我还记得当时参与筹办电台的两个老人也来我家,阿海不在喽,还有一个是我老舅阿朱,现在七八十岁耳朵不行了,听不见。他们两个拿着录音机来我家,叫我讲讲,念书什么的,过了之后就通知我来了。我记得我是1981年8月20号来的,来之后没多久哈尼语广播电台就开播了。我们的文字不能算哪个教的吧,都是大家一起讨论开会,然后一起学习,那个时候杨泽华在筹备组里面,她懂一些,也算是指导我们一下,那个时候我们都在一起加班学习到10点。本来有8个人的,最后就剩黄荣生、杨泽华、沙露和我了,有一个去世了,还有一个早就退职了,我一直干到两台合并前一年,2011年退休的。

哈尼语电视台大概是1987年成立的,当时我人是在哈尼语广播这边,抽调过去在电视台那边做播音员,当时就只有我一个人,我自己翻译、播音。我当时还没有调去电视台,但是工作两边干,广播也干,电视也干,到1993年才正式从广播调到电视那边的,就专门做电视了。我们是在1990年正式成立民语中心,当时是念宏永牵头创建的哈尼语电视。

我之前在电台主要是播音,连带着翻译,后来来电视也是播音、翻译。我来电视这边翻译播出的第一个节目就是《西双版纳新闻》,翻译稿件是汉语那边的通稿,一个星期两组,一组10分钟,这个是80年代。到90年代,节目没有增加，就是一个星期要播3组，也是10分钟，包括傣语那边节目也没有增加，是岩曾在搞。当时实际上电视主要就是我一个人啦，有时候我实在忙不过来的话电台的同事会搭把手，但是多数是我一个在搞，我负责翻译和播出。在蓝培他们来之前（1998年）就是我一个人。

蓝培也是考试进来的。当时我们在汉语、民语的电视和广播上都发了招人的信息，他们就是那个时候来台里面考试，一起报名的10多个。当时考官有我、黄荣生和杨泽华，后来筛选主要就是我来做，梭门、陈进明、蓝培他们三个就是我招进来的。当时那些人都没有哈尼文字基础，就叫他们用哈尼语介绍自己，然后给他们一篇新闻让他们按照自己的思路用哈尼语翻出来，十来个人就轮着来，听听声音，看看形象。他们的文字都是来了以后才教的，电台那边有人教，电视就是我教，一边翻译一边来读着教，我们的文字有声母和韵母，学会了就教他们拼读，可以说是手把手教了。大概培训了个把月，他们就基本能独立工作了。

后来大概是1996年，白虹就来电视台了，她来就我们轮换着翻译和播音，工作量就稍微小一些。

（访谈时间：2018年1月15日；访谈人：李思颖；整理人：赵亚净）

（四）沙露访谈记录

访谈对象：沙露，曾任西双版纳州广播电台哈尼语组翻译、播音员、编辑。1981年调入西双版纳州广播电台工作。

1977年高考制度恢复后，我1978年参加高考，考入西双版纳州民族师范学校，那个时候是中专，学习好的读中专可以包分配，学习不好的才读高中。那时候每个月我们有13块的补贴，我就读于英语教育班。1980年毕业后就分配到勐海小学教英语，教了一年后听说这里要成立哈尼语广播电台，中央民族大学的教授王尔松也在。因为要成立哈尼语广播，没有文字不行，所以他们就派一个人去云南民族学院（今云南民族大学）找资料。在图书馆里找"文化大革命"没有被毁坏的关于哈尼语的资料，刚好就找出了字母表，就拿着字母表回来，正好上面说的中央民族大学的教授来就碰上了，一起研究哈尼文字。后来还印了一小本册子，我的同事就带着册子来到勐海，我就看见了。我发现有的我还能拼出来哦，还会读。当时那种主要是依靠汉语拼音嘛，因为我懂，所以还能拼。后来过了几个月，我们校长就跟我说让我暂停一天的课，在家等着，也没说其他的，我什么也不清楚。到了中午，当时电台的副台长和阿朱就来找我了，告诉我这边要找哈尼语播音员，先在教委的教育系统里找，就找到了我。当时他拿了张报纸，让我把报纸里其中一篇文章翻译为哈尼话，通过了，我就来了。

我记得很清楚了，我是1981年的8月15号来广播电台报到的，然后1981年的10月我们哈尼语广播就正式播出了。我8月份进来的时候王尔松教授还来教了我们一个礼拜的课，讲声母、韵母、声调。我的哈尼文就是学了一个礼拜，之后就都是靠自己摸索，不断完善。那个时候辛苦，一天上班到晚上10点，周末也不能休息。当时的节目就是《西双版纳新闻》，我进来是播音员的名义进来的，但是实际上采、编、播什么都干，现在的职称是编辑。

当时我们开办哈尼语广播是有历史背景的。当时泰国清迈台有哈尼语广播，他们比我们早，我们中国没有的时候他们就有，当时的哈尼族收听广播基本上就是听清迈台的哈尼语节目。我记得我在勐海教书的时候我都听过清迈台的节目，拿半导体收音机收听，还很清晰。开办哈尼语广播是出于政治上的考虑。在我们开播前，泰国清迈台是晚上10点开始，他们什么都播，内容很杂，笑话、爱情故事、歌曲什么的都播，后面我们开播就定在9点半播出，他们就提前到晚上9点，这个就是一种无形的竞争！后来我们就调整，跟他们差不多同时播出！

1981年开播后，我们的内容慢慢增加。一开始是西双版纳州新闻，后来就增加了两个专题节目，一个是学习节目，一个是对农村广播节目。学习节目主要是宣传党和国家大政方针、社会主义等，对农村广播节目就是农业知识的科普。后来我们又开始上央视的《新闻联播》，广播这边叫《中国之声》，早上7点开始。以前搞这个《新闻联播》很辛苦，现在有电脑方便了。以前我们是下午6点半就在办公室，先拿录音机录下来再翻译，而且要争夺受众，所以都是汉语广播没播我们就先赶紧弄出来播。后来开始有文艺节目，我们就开始去乡下录一些传统的歌曲、故事等，以前我们是背着苏联出的很重很重的磨盘式的大录音机，我们没有车只能靠人力，太辛苦啦！80年代大概就这样。

事实上，80年代我们也开始给电影配音，大概1985年开始的。那个时候是去电影公司配，现在电影公司取消了，不存在了。那个时候我们配音，设备不先进，不像现在，那个时候错一个字就得从头来，现在是一句一句可以改。实际上我觉得以前配音效果还更好，因为你全部要记住甚至脱稿，要背，在心里记住就不容易出错，不耽误配音进度。现在剪辑方便，但做出来的效果我觉得没有以前好。当时我们配出来的电影没有在台里用,是拿去乡下放,我们也没有什么钱拿。

广播、电影这块,去年我们已经"走出去"了,在老挝那边,响应"一带一路"的文化号召,输出文化产品。广播剧方面,在云南只有我们西双版纳在做,其他地方都不做,广播剧也是走出国门了。我最记得《流泪的山峰》有8集,是一部教育片子,我们这个广播剧当时由缉毒办、妇联等好几个单位赞助制作,我们就做成影碟放到国内外。后来泰国清迈的阿卡人还有人来找说这部广播剧太好啦,他们想要买走拍电影。所以不能小看我们边境地区,境外的人也在抢夺文化阵地,他们也都在做,他们不但做广播剧,还做电影输送到我们这边。

现在我的栏目主要是《哈尼天地》和《理好财当好家》,我的工作就是采、写、编、播。《哈尼天地》主要是播我们哈尼族的历史、文化、风俗习惯等等,除此之外还有与汉文化相关的东西我也会播。比如说汉文化中的"孝"文化等,很多都是以故事的形式来,故事的形式他们最记得了。关于汉文化的素材我都是从网络上搜集,关于哈尼的文化我就去民间搜集、采风。只是最近几年年纪大了,就下去少了,但是阿陆他们采回来的我们都是资源共享的。关于民间故事这块,前不久州民委还专门派我们去勐仑、勐宋找老人说、唱民间故事,他们录下来,录了两三天呢。

故事收集我们一直在做,没有停,现在部门不在那几个都是下去采风了。哦,对了!我最气了,以前我们从80年代开始收集的好多故事,都放在总编室那边的电脑里,后来他们说要清空,跟我们说那些故事资料都在电脑盘上啦,结果后来一遭病毒全部没有啦,根本没有在盘上!好多就遗失了,只有部分还在,但是是磁带。

《理好财当好家》主要是针对我们老百姓理财开办的。原来橡胶特别好的时候,好多老百姓不会理财,都拿去玩掉了,就造没了。理财的内容是从网络下载,理财知识讲一点,主要是讲故事,有寓意的故事,我还配着当地的故事来搞搞。

现在要求我们把哈尼语广播电视做强做大,但是还是很难。首先是资金问题,这个是基础,还有就是人员问题,人招不进来。现在的娃娃不太会说哈尼语,日常用语可以,但是要干我们的业务就不行。

2012年两台合并后,我们的栏目基本没有增加,只有节庆临时增加但不作为惯例。我们最受欢迎的《咚吧嚓》和《滇航唱》都是合并前就有啦,《滇航唱》是 2010 年办的。《滇航唱》是我和岩轰牵头搞的，当时他是主任，我是副主任，在创办前两年我们就不断讨论过，一开始还有人说哪个会打电话来嘛，费钱，哈尼族用手机的也不多，但是我们还是下决心要办。当时傣语先办的《多哥水》，几个月后我们就开始办了。开播第一天我是主持，很紧张，又要操作又要说话，但还是顺利完成了，没想到当天就有 36 个电话打来，其中有 6 个是缅甸听众。我们《滇航唱》是搞得红红火火，虽然现在缅甸那边的少点了，但是还是好的。如果是缅甸电话的话，我们就不接进直播间，都是导播在外面和他沟通。

我当导播的时候，有些观众一直打不进来，就会骂我们，说我们干什么吃的！还有一个还责备我不记录他的原话，自己乱改，第二天还打电话来骂我，等等。还有就是缅甸当兵的这一群，打来的最多，好多说找不到老婆，老婆都跑我们这边打工了，来诉苦，还有的是说想家。

我们有忠实听众，以前有一个老头，还给我写信，让我重播哪年哪月的哪期节目，就是要求我重播说要看，说他一直守着要看。

1957 年就有哈尼文了，在云南民族学院（今云南民族大学）还办过班，但是"文化大革命"时期中断了。我们表面在做广播电视，实际文字研究我们也干。1957 年有文字以后到恢复到完善，这一系列全部都是我们在做。现在我们用的这一套文字又变成民间的了。1999 年 12 月 31 日，那次泰国、老挝、缅甸、中国四个国家牵头一起在景洪这里开会商议关于文字的使用。当时好像泰国有四套，缅甸有三套文字，中国有 1957 年的这套国务院批准的。因为改革开放后我们几个国家之间的民间来往逐渐密切，我们就发现一个问题，大家都是哈尼族（阿卡人），但是用的文字不相同，相互交往在文字上就有障碍，所以我们就文字问题开会商议。我们现在这套文字实际上是靠近国际音标，比如 A，我们哈尼语也是 A，有好多样子一样读法也是一样的，我们现在就是跟外面三国通用。

（访谈时间：2018 年 1 月 12 日；访谈人：李思颖；整理人：赵亚净）

（五）啊陆访谈记录

访谈对象：啊陆，曾任西双版纳州广播电台记者、编辑、主持人。2001 年调入西双版纳州广播电台。

我 1962 年生，属虎。原来我从州师范毕业就当老师，语文、数学、英语、体育什么都教，当时在打洛小学。哈尼语广播开播，工作量增大，需要人手，台长王志国和办公室主任就去打洛考察，三选五选就选了我，后来我就直接来上班了。我来就是学习哈尼文字，老前辈带了我们三个月，就可以独立上班了。一开始就是翻译国内外新闻。每天我下午六点半就到办公室，先拿录音机录中央台的新闻，录下来就手抄成汉字再拿给大家一起翻译，我也翻译，翻译完就拿去播了。录音我一个人做了两年左右，后来大家轮转做也是做了十多年，然后就有电脑了。

1987年，我在党校脱产进修两年，单位推荐的，读了政治管理专业。毕业拿到学位后又回单位继续从事翻译工作，偶尔做播音员。1997—2001年，我到勐旺当副乡长，本来一届两年，州委组织部下派的一个乡镇去一个，我评上优秀干部以后又留了两年，满四年我就回来继续干广播。

我现在主要负责文艺广播，栏目名称是《文艺广场》，每天一个小时，《文艺广场》一期时长就是一个小时，一年365天滚动播出，目前我制作完成的是225期。《文艺广场》的主要内容是传统文艺和现代文艺，传统文艺就是以前古老的唱腔和曲调，比如山歌、祝酒歌、上新房和婚庆的说唱调、滇航唱、阿旗鼓、把聂聂、咚吧嚓等十多个调。古老的长调曲不变，但是可以填入不同的词。现代文艺就是流行歌曲。在节目中传统文艺和现代文艺在编排上是穿插的，有些先放流行歌曲后面放传统唱调。

我来广播这边承担《滇航唱》将近三年了，我是导播，每期一个主持人一个导播，主持人就是在里面说串词，导播就是在外面接听转入电话，滇航唱直播每周二、四、六晚上8点到9点，外面可以打电话来点歌，自己加上一点祝福语。比如我要点给哪个，为什么点歌。国外的人也会点，像泰国、老挝和缅甸那边当兵的点的比较多，点一些爱情歌曲、思念家乡的歌曲等等，现在缅甸的多一些，靠近边境啊，缅甸北部多一些，因为我们台的发射信号比以前弱，只能到泰国和老挝部分地方。傣族、汉族也会点，像缅甸一些当兵的傣族会说哈尼话的就来点。

在《文艺广场》里面，我主要就是记者、编辑和主持人的角色。现在有些唱词年轻人听不懂，我就来说说串联词解释下。《文艺广场》的内容有些时候是表演的人自己录好拿U盘搞好送来，有时候我自己去下乡采风，拿回来筛选，之后就编排。内容还是以体现正能量为主，要歌唱党和社会主义、新生活的主旋律。我经常去勐海南糯山格朗和，这是一个哈尼族自治乡，很有特色。我一般去一个月，跟老百姓住在一起，农村是比较理想的录音场所，所以我都挑选在晚上夜深人静的时候录，白天录杂音就多。我喊他们唱给我，有些时候老的会要一点钱，年纪大，可怜的，事实上台里不提倡给，所以就我们自己掏腰包。哈尼族主要是口传文化，没有文字，很多文化都是在歌唱里，所以他们还是愿意唱的。

到目前为止，我主要参与以上两个节目。《文艺广场》的收听率很好，《滇航唱》是点爆喽！最近缅甸北部这边有些战事，所以可能有一些限制，不能点播，要不我们节目开始时间是晚上8：20以后才点开，他们有的人为了要点进来，不想给其他人点，他首先自己来是想占线，提前5分钟就一直不停打电话就是为了抢点歌。

像《文艺广场》最热心的听众是中老年人。我下乡的时候有些人会跟我说他已经听烂了三四个小蜜蜂，还有一个就是索美帮听众代购收音机，听众打电话给她，她网购了又邮寄给听众。《文艺广场》有四五年了，但是哈尼语文艺广播是从哈尼语开播（1981年）就有了，当时有新闻、专题、文艺三个板块。西双版纳人民广播电台于1978年成立，1981年哈尼语广播就开播。

两台合并是上面的要求，我们就可以资源共享啊。比如说原来广播电视采的资料不能一起用，就要重复用人去采，累啊，现在就可以资源共享，方便了。还有就是栏目增加，比原来增加了直播节目，比如说《滇航唱》，原来是没有的，包括现在的《文艺广场》每天也要播两个小时的。《咚吧嚓》合并前也没有，但是我们人员没有增加多少，工作量是大多了，压力也大。现在人员补充也不到位，退休的走了，新的还不来，按理来说栏目增加人员也要增加嘛，现在就是不匹配。

广播在是融媒体时代，它的作用也是其他媒体替代不了的。但是根据时代要求，也要求工作人员成为多面手。大家都说广播被电视冲击，广播会退出市场，给我的感觉就像"狼来了"，虽然形势是比较严峻的，但我觉得广播的作用是不可替代的，再说经过这么长的时间的印证，广播没有被淘汰。广播这么便捷，哪里都可以听，就像刚刚说老百姓用烂了几台收音机，老百姓采摘茶叶的时候，就可以挂在树上边干活边听广播，这个电视就做不到啊，电视一定要眼睛盯着。前两天我去省里培训学习的时候，有专家就说市场中退化最快的是电视，商家宁愿投放在网络啊，所以电视广告收入锐减，广播这边成本低，现在广告投放慢慢不减反倒增加。

（访谈时间：2018年1月10日；访谈人：李思颖；整理人：赵亚净）

## （六）斯二访谈记录

访谈对象：斯二，曾任西双版纳州广播电台哈尼语组播音员、翻译、责编。工作时间：1986年至今。

我1986年来台里，那个时候电台在州政府旁边。1986年以前我在农村，1981年入伍，1985年退伍。当时我们广播台刚成立不久，有个节目《本周新闻》，人手不够。台里有我们家那边的人在，他们就说需要哈尼语方面的人，就喊我来当临时工，不是正式的，相当于帮忙吧，我就来试试了。当了一年临时工，我记得当时一个月60块钱。

1986年来这里当播音员，一直播音到现在，现在做翻译和责编，其实我们什么都干。当时的工作和现在不一样，翻译稿子是手写的，原来是有分工，有些人是翻译，有些人审稿，有些人播音。我就是播音员，原来那个机器是国产大盘式的设备，具体的型号我不记得了。那个时候录音不像现在方便，播音室在里面用玻璃隔开，我们播音员在里面，导播在外面，一开始没有连接话筒，门一关隔音效果就很好，只能靠打手势，他手一比我们就开始录。那个时候最怕录错，一旦错了就要重新录，相当麻烦，我们播音是一男一女，停顿多了也影响别人。

我一开始工作很紧张，老师把翻译的稿子拿给我，我有些时候吃饭都拿着背，第二天掏出来还有饭菜沾在纸上，就怕记不得。我们一盘磁带差不多要用一个月，有些时候录着录着磁带就断掉，里面的东西又要全部重新录。还有以前没有空调，录音室又小，夏天景洪气温又高。以前录音室地下埋着些管子线路，这边有老鼠就放些老鼠药，结果有些老鼠吃吃老鼠药钻进管子里面就死了，我们翻又翻不开，找也找不着，死老鼠的臭味要两个月才消掉，所以我们进去播音出来都觉得说话有点苦苦的。第二个阶段大概是1999—2002年，我们用以前那种手提着放磁带的双卡录音机，小好多了。原来还有供电、电压不正常的情况，录的时候是柴油发电机（功率低），那个时候声音正常，但是录完晚上拿来放（播出设备功率高）的时候电压不一样声音就变成叽里呱啦什么也听不清那种。我们只要发现不能听又只能重来，返工率很高。

我们2003年搬来广电大楼就开始电脑办公了，最明显的一个感受我们稿纸用得少了太多太多，以前一个月好几本啊，现在一个月用不了一本，储存制作又方便。

现在老师把稿子给我，我要从头到尾一个字一个字看三遍以上，好好记住才可以好好播。翻译这块也是逐字翻译，然后还要拿给其他人帮我看看，因为大家思路不一样，翻译得不一样，我要看哪个更适合稿件。因为有时候你翻译的稿子我拿起来看有点别扭，毕竟语言和汉语不一样，我们哈尼语有自己的表达方法和表达习惯，我们翻译还是要认真想想呢。

我们这边培训相对少一些，虽然我们人不算少，但是专门出去培训播音业务的很少。2013年我在昆明参加三项教育培训，是云南省播音系列的三项教育，培训马克思主义新闻观、职业道德和法律法规，讲了三天，我有印象就是这个了。培训老师讲完就有些云南台的记者、编辑提问，然后西双版纳台、临沧台、思茅（今普洱）台上去几个人，一个人给三分钟让播音，老师现场告诉你哪里不到位，纠错嘛，都是汉语的，我们民语轮不到，再说老师也听不懂。

民语听广播的人比看电视的多，现在倒是哪里都能收到电视信号了。以前我们西双版纳好多地方收不到电视节目的，而且以前我们哈尼族听众好多居住在山上，广播是他们的最爱。以前我们广播是中波发射台发射信号，相当费钱，覆盖面广，信号强，境外收听没有问题的，后来就是因为经费原因在1998年拆除了，换成调频信号以后，覆盖能力弱了，听众就有所减少了。我去亲戚家玩，就在嘎洒上去南溪那个寨子，去到他就说这个收音机坏掉了什么也收不到，农村里面没法子修，我就背着回来拿去帮他修，拿来擦擦干净装上电池一开，可以用，没有坏，清晰得很。我就送回去给他，他又打电话给我说收不到，说明我们信号的覆盖率是有问题的，那么南溪那里肯定不止他一个收不到，我们的听众无形中就减少了。

2012年两台合并是大趋势，合并是很好的，但是我们民语这边还存在问题。比如这个广播写作方法和电视的写作方法不一样，电视跟着画面走，广播就是通过声音表达。像汉语那边广播和电视编辑是分开的，但是我们民语这边就是一个人承担，电视是你，广播也是你，这是一个问题，编辑不但工作量大难度也大。还有就是我们民语这边压力也还是有点大，汉语新闻播音就是播音，早上来到拿着稿子播就可以了，我们民语这边不一样，我们民语还要翻译，还要审稿，还要编辑，我们身兼数职，不分家。除了采、编、播，我们民语这边还要承担电影配音、广播剧的剧本写作和广播剧配音，压力不小，而且我们都没有经过正规训练，都是外行。

我是获得过奖的，但是以前我们民族语不能参评，省里面没有人懂，没有人来评。后来是因为民语的工作人员也要评职称，要发论文、获奖，所以我们都是轮转着参评呢。

到现在我的主要工作就是当责编，我们一共有梭门、我、梭飘、明格四个人，现在我们审稿都是轮着来，一个节目负责一个月，我们就是轮流负责《本周新闻》和《新闻联播》，责编的主要工作就是跟着汉语通稿来。我就根据我们内部的人员结构来安排谁翻译哪一条新闻，然后再审他们翻译好的稿件，然后我们就把今天新闻的内容提要写出来，拿给播音员播。我们责编既要精通哈尼语又要精通汉语，才能把稿件搞好。最近我越来越感觉到我们工作的难度在加大。你看我这个文档，都是我在翻译过程中碰见的新词术语，哈尼语要怎么翻合适，老百姓才看得懂，难啊。每次碰到我就先查资料，然后提出来大家讨论才能决定怎么翻译稿件。

除了当责编我还负责播音。现在有我、梭门、蓝培、三妮、杨杰芬、安布、明格、张希几个，我们样样都干，电影配音、广播剧配音我们也干。播音跟电影配音不一样，电影跟广播剧又不一样，有时候我们配电影，别的不说，我自己连一个笑容都要琢磨好久，是真笑假笑、笑到几分、什么目的笑等等，都是有难度的，毕竟我们是外行人员。

毕竟我们干的是广播，不露脸，所以其实听众不知道我们长什么样子，但是听到声音他们还是会觉得耳熟。有时候我们下乡会碰到听众，也不知道我们是谁，就跟我们说哪个讲得好，我最喜欢听什么的，说着说着就会说你的声音有点耳熟，我们一介绍，哈哈，原来是你，发现以后就会跟其他人介绍，然后好多人就都来看我们。

（访谈时间：2018年1月11日；访谈人：李思颖；整理人：赵亚净）

**四、傣语电视**

（一）刀江萍访谈记录

访谈对象：刀江萍，1992年西双版纳州电视台培养的第一代傣语女播音员。工作时间：1992—2017年，后被聘为西双版纳州广播电视台副台长。

1992年，我从西双版纳州师范学校毕业，之后来到西双版纳州电视台工作，我是西双版纳州电视台第一代傣族语女播音员,从1992年7月开始播音,一直到2017年10月30号。我学的是傣语和汉语的双语专业,按照规定,我们毕业是要被分配到乡镇或者村寨小学做老师。1990年,西双版纳州筹建电视台,在电视上发布招募播音员的广告,当时我在州师范学校读二年级,因为喜欢播音就来考试。考了之后,念红永就说再等我两年,毕业以后再来电视台工作,所以我读书的时候,实习都是在电视台完成。我是胆子比较大,不怯场,在学校时就是播音组组长,学校的大型活动几乎都是我主持。念红永当时承诺让我毕业再来,1990年那时候我还没有文凭,对以后评职称不利,都劝我再等两年。

当时来电视台工作还出现了一些小插曲,因为我们去师范学校读书时和教委签了合同,毕业后至少要去乡镇做10年老师,否则要赔偿给教委一笔钱,国家供养着我们也不容易。为了让我能来电视台,台里就写申请,当时主管教育的副州长刀爱民就说特殊人才特殊处理,我才来的电视台,一分钱也没让电视台赔,要不然电视台要赔偿2万元钱才可以。当时2万块是很大一笔钱,1992年我的工资才103块。我来之前只有岩真老师负责播傣语新闻,岩真老师也是我的师父,之前是广播台的,组建电视台时被抽调过来的,是第一代傣语男播音员。2003年岩真因为喝酒的原因得了脑溢血病退,去年走了,岩老师比我年长10岁左右。我刚来电视台时,岩老师教我翻译、背稿等等。

1992年我来电视台时,做傣语节目的只有三个人,一周三期节目,每期15分钟。我来台里之后,岩老师就不播了,我一个人一周播音三次,播了很多年,那时候年轻,也不觉得累。1999年少数民族语译制中心成立以后,我们又招了几个人进来,有五六个人做,后面慢慢地发展壮大。

1990年,西双版纳州筹建电视台,这时候就已经有民语组了,1999年正式挂牌成立少数民族语译制中心,2012年两台合并,民族语的广播和电视都在译制中心。最早西双版纳州电视台只有一个频道,民语节目也是在这个频道播出,2003年左右增加了二套——少数民族语公共频道,当时我们还做了一个片花,几个播音员还去到花卉园那里拍摄了一个片花。民族语节目集中在二套播出后,我们的节目就多起来了。

我们的《新闻赶摆场》是一个民生节目,同时用汉语、傣语、哈尼语三种语言播出。汉语版的编辑、记者把拍摄素材采集回来,然后编辑播出,汉语版播出时间是周一、周三、周五,傣语和哈尼语的《新闻赶摆场》是把三组内容并为一组,也就是三组(共计45分钟)的民生新闻挑选出来15分钟剪辑,民语版

《新闻赶摆场》是周播。傣语版《新闻赶摆场》周六播出，周日重播。傣语和哈尼语版的《新闻赶摆场》是不一样的，因为我们傣语和哈尼语节目的责编不是一个人，选择的角度不同，比如有时傣学会和哈尼学会的民生新闻都有，傣语组就会选择傣学会的新闻播出。广播频率也会播出民语版《新闻赶摆场》，但是最近我申请要把广播上的《新闻赶摆场》节目撤掉，从2018年1月1日起用《一周要闻》来填充，《一周要闻》是已经播好的内容了，我们只需要从一周重要的新闻里面组出15分钟，重新编辑、做下微调，这样工作量可以少一点。电视版《新闻赶摆场》是以画面为主，汉语采访回来的内容大多是同期声，用民语配同期声，可听性不强，《新闻赶摆场》是可视性比较强的节目，所以考虑到很多原因，这个节目就被撤了。

如果是时政新闻，汉语播什么我们绝对就要播什么，比如说《西双版纳新闻》。我们还要翻译央视的《新闻联播》，一般央视《新闻联播》是30分钟，我们只是选择其中的15分钟，但是《新闻联播》的头条、第二条甚至是第三条是必须要的。《新闻联播》的翻译也会选择一些吸引老百姓眼球的内容，比如哪里发生了自然灾害，或者是老百姓比较关心的新的东西。像科学性比较强的新闻有点难懂，可能我们采用的比较少一些。傣语版《新闻联播》一周播四次，分别是周一、周三、周五、周天；哈尼语版一周播三次，分别是周二、周四、周六，每期15分钟。

《西双版纳新闻》也是15分钟，我们的新闻节目都是15分钟。《西双版纳新闻》也是从汉语版摘选一部分翻译了来播，《西双版纳新闻》是周一至周五播出，周六、周日这个时段用傣语版《新闻赶摆场》来冲抵，原来周日是用《傣乡经纬线》冲抵。后来由于人事变动，我们申请把《傣乡经纬线》撤了，这个节目主要是报道西双版纳州做得比较好的企业，与经济相关的一些东西。相当于也是汉语组来做，我们一般不跟着采访，汉语采好、编好后我们再拿过来翻译、播音。《傣乡经纬线》我们跟着做了一年多，现在感觉工作量太大，我们应对起来不是很自如，感觉非常紧张，也就不能很好地提升工作质量。考虑到质量的问题，我向台里提出建议把《傣乡经纬线》下掉，等下一步人员充实以后再说。

《欢乐傣乡行》是个文化综艺节目，它的前身是1996年开播的《傣乡综艺》，后面改名为《勐泐风》，现在叫《欢乐傣乡行》。这个节目最初就是我和岩真、岩岗三个人创办的，当时我们觉得只做新闻，感觉我们西双版纳可以挖掘呈现在电视上的东西有很多,我们想通过做《傣乡综艺》这个电视节目把我们的文化传承下去。最初《欢乐傣乡行》以录制章哈和歌曲、舞蹈为主,这个节目很受老百姓欢迎。时间做长了,自己也感觉到一些疲惫,因为觉得要做新闻,还要做综艺节目,当时资金也很少,难以保证,后来人多了以后,我们就把社教部的老师周立明调来一起做,2004年左右节目改名叫《勐泐风》。初期,节目质量不高,可视性不强,《勐泐风》相当于是让节目提高了一个档次,相当于我们说的改版。改名叫《勐泐风》之后,我就没再参与节目制作了,后面把傣语和哈尼语融合在一起播出,感觉风光了一段时间,演变到现在,哈尼语的节目就是《咚吧嚓》。现在是文艺科负责《欢乐傣乡行》,每期节目半小时,每周播一期。现在的《欢乐傣乡行》已经不再是只播出民族歌舞节目了,分成了好多个小板块,做的也精致了很多。《傣乡综艺》《勐泐风》《欢乐傣乡行》一直都是用民语播出,没有汉语版,偶尔我们记者在节庆期间去采访,会有一些受访者或者记者在采访时讲汉语,用汉语播出的情况极少。比如说我们采访刀美兰,因为受访者的语言习惯,我们就用汉语,但是这样的情况特别少,一年也不会有一期。《欢乐傣乡行》用傣语播出,但是播出的内容不一定全部是关于傣族的,也会有基诺族、拉祜族、布朗族,用傣语播出并配有汉语滚动字幕,方便看不懂傣语的观众收看节目。

《西双版纳警方》是我们台和西双版纳公安部门合办的一个栏目,最开始也是我在播音。节目创办之初,我们的傣语的点击量有100多万,节目主要报道一些案件。首先,我们是党和人民的喉舌,所以必须要跟着大方向、方针、战略走。特别是在边疆地区,民族语节目一旦把握不好,很容易出现偏差,作为广电人、主流媒体必须要有清醒的、高度的意识。像升小和尚这样的活动,娱乐性节目《欢乐傣乡行》就可以从另外一个角度——民风、民俗来报道,但新闻必须把握尺度,把握不好就会犯错误,有些高压线碰不得。作为分管民语节目的领导,要随时保持清醒的头脑,要不然就"老火"了。

现在看来,我们做的节目很多,人也很紧张。就说傣语组,在编人员只有9名,外聘人员3名,总共12人,比哈尼语组的人少很多,但是我们的工作量比哈尼语组的还要大,因为西双版纳傣族自治州是以傣族为主要居民。哈尼语《新闻联播》一周三次,我们傣语一周四次。民族语电视台也会播出电视剧,比如《外科风云》《继承者》,以汉语播出,不会有民族语字幕。但是每周播的电影使用民族语播出,周六播傣语,周日播哈尼语,非常受老百姓欢迎,守着看的。

《优秀企业展播》《科普中国》等外来节目都是用汉语播出，民族语节目都是自办。电视频道还会播出一些民族语广告，傣语、哈尼语都有，像车行会投一些，现在医讯广告已经不让播出，所以我们广电系统的广告最近几年比较疲软。

2012年广播和电视合并后，我们开始资源共享。比如傣语版《西双版纳新闻》，广播和电视都要播，播的新闻内容是一样的，但是也不是把电视的音频单独抽出来拿到广播去播放。电视和广播的语言风格、语速是有区别的，比如电视用"观众朋友"，广播就得用"听众朋友"，再比如电视有同期声，形容一朵花美丽不会用语言详细形容，而是用画面解释，但是广播就不可以做到，所以责任编辑就要对内容进行微调。再有广播为了让听众听得懂，语速会慢一些，所以可能电视15分钟播出10条新闻，广播只能播出8条，而且电视播音员和广播播音员也不是同一个人。

广播《好曼勐傣》主要讲西双版纳州的好人好事、民间故事，用傣语播音，每周播一次，首播周一上午7:00，重播时间为周一下午13:33、18:31及周二上午7:00、下午13:33、18:31。广播《听傣乡》是文艺节目，我们傣族有很多叙事长诗——章哈，但是年轻人不喜欢听章哈，我们就采用朗读章哈唱词的形式，配上轻音乐，每次20分钟。《听傣乡》节目已经在微信公众号"西双版纳手机台"播出，每周一期。有一段时间我们听了这个节目，还有听众打电话来问为什么不播了，他们都在守着听。2015年1月23日，老州长召存信逝世，最近我们考虑用讲老州长的广播剧替换掉《听傣乡》，还要跟听众说明为什么要换节目。我们的工作需要有敏感性，比如今年有什么大方向，我们都要跟着上。过一段时间是州庆，又是老州长的忌日，我们就要跟着来做。我们针对老州长召存信做了一个广播剧，之前在《章哈故事》里有播出，我认为力度还不够，这次想在微信平台和《听傣乡》里再推出。最近，我们的广播在推出傣语版和哈尼语版的十九大报告，连续做了一段时间，十九大报告出来之后，就以最快速度推出了傣语版和哈尼语版，在最短的时间内在电视、广播和微信平台一起播出。根据老百姓的需求，尤其是现在的年轻人，喜欢小屏、微屏，这样就可以收藏或者下载，反复地听。我们节目的调整是跟着党和国家政策方针走，再有是根据我们州自身的情况做出微调。

广播和电视都各有特色，广播节目《多哥水》和《听傣乡》同样很受听众欢迎，电视节目《欢乐傣乡行》也比较受欢迎，虽然有些是新闻节目，但是我们的记者编辑去到村寨，老百姓也都很认可，有一定的知名度。我们没有确切的数据，所以也只能凭个人的经验来衡量。

傣语广播节目《多哥水》和哈尼语广播节目《滇航唱》是我们的直播形成的点播节目，观众可以打进热线电话点歌。从境外打来的电话很多，老挝、缅甸、泰国的都有。2011年李长春来西双版纳州电视台视察，说我们："你们这个叫什么频道，你们简直是国际台。境外都能打电话来，太了不起了。"每周《滇航唱》和《多哥水》播出三次，每次一小时，周二、周四、周六是傣语《多哥水》，周三、周五、周日是哈尼语《滇航唱》。

我们制作的广播剧是云南省少数民族语言节目的亮点，整个云南省只有西双版纳州的民译中心在做广播剧，而且从2012年两台合并到现在做了12部广播剧，2018年计划做8部广播剧，其中6部傣语，2部哈尼语。广播剧都是我们这里创作的，比如今年是纪念改革开放40周年，我们就要做这方面的广播剧，还有"一带一路"、民族团结、禁毒防艾等，特别是现在的新农村建设，也是一大题材。我们还要做一部讲手机微信的广播剧，关于利用手机互联网发家致富的故事，和大学生创业有关。我们的工作就是要多出有正能量的东西，所以在选择题材的时候都要根据时代发展和需求来设计。

（有哪些有代表性的广播剧？）比如《召景哈》讲的是召存信的故事，《永不瞑目的火炬》讲的是人民的好支书，《断了翅膀的孔雀》讲的是吸毒的故事，最后走上了不归路。（广播剧更大的意义在于"教化"）讲爱情的广播剧不多，爱情主题基本是穿插在里面。有典型性的是《猫姑娘》，这是根据傣族传故事改编的，讲一个年轻人许下诺言对怀孕的妇女说："无论你生下什么，我都要娶你为妻。"里面最经典的一句话是"她是芭蕉叶，我要别在我的腰杆上；她是一只小花猫，我就要嚼饭给她吃。"结果生下来真的就是一只猫，这个年轻人真的娶她为妻了，表达了的就是要对爱情忠贞不渝。《孔雀公主》我们也做了广播剧。

1992年我来电视台的时候只有傣语的《西双版纳新闻》，傣历年期间会播一些专题，专题是自己做的，台里做的汉语节目，我们拿来翻译播出。开门节、关门节、泼水节这些节庆的专题片，还有讲到"傣井"的专题片，讲水文化的。我们还有一个专题片获了国家级的奖，叫《水与火的民族》。这些专题片都是汉语翻译成了傣语播出了。当时我们傣语组只有两个人，而且没有人会摄像，最主要的工作是翻译。这类专题片也不太多，一年可能就是两到三部，主要是讲民族文化，其他类型的专题在那几年来说几乎没有。以前整个电视台都没有超过20人，记者也要跑新闻，不像现在分得很详细，队伍是后面慢慢壮大的，分工是慢慢细化的。

电视节目是从 1999 年开始增加，当时成立了少数民族语译制中心，新招了陈继明、玉温、玉香等人，当时我们译制中心创办了一个科技类的新栏目，类似于《农业科技》，当时哈尼语也有这个节目。当时就两档栏目，另一档就是综艺类的《傣乡综艺》。科技类的节目也是 20 分钟一期，每周一期，当时汉文做出来以后，用傣语和哈尼语翻译播出。当时科技类栏目讲农业比较多一些，像老百姓养殖、种植，我们就是做这些。最早《傣乡综艺》也是 30 分钟一期，时间也不是很固定，以前不是硬盘播出，用带子播，长点短点不怕的，那时候也不规范。

我在《傣乡综艺》做了四五年时间的主持人，后来新闻节目播出就来了，玉应罕、玉应香也做过综艺节目的主持。差不多我不做《傣乡综艺》之后，节目就改版了，变成了《神奇傣乡》。当时是岩岗和周杰下乡拍摄，他们下去的时间比较多，我要留在台里做翻译，还有新闻播音，好多时候是在演播室做头像或者做外景。以前做综艺节目只有一个机位，现在《欢乐傣乡行》有三到四个机位，画面不单调，虽然节目看着是唱唱跳跳，但是我们付出的人力和心血不亚于去拍一部专题片。其他节目的增加，差不多都是在 2005 年以后，新闻节目陆陆续续增加了，原来周一、周三、周五播傣语，周二、周四、周六播哈尼语，都增加到了每天播出。2003 年以后增加了汉语的《新闻赶摆场》，紧跟着用傣语和哈尼语翻译、播出。

之前我们那个部门叫民语组，哈尼语和傣语一起开播，哈尼语那边就是冉南老师。我还有个师兄叫岩岗，1994 年时，我和岩岗、岩真三个人就做了一档综艺节目《傣乡综艺》，岩岗拍摄，我来主持。最早的《傣乡综艺》也就是《欢乐傣乡行》的化身，节目已经换了好几个名字了，《傣乡综艺》《神奇傣乡》《勐巴娜西》，现在叫《欢乐傣乡行》。现在我们不想做《欢乐傣乡行》了，一个节目做了 8 年多将近 9 年时间，这么长的时间，节目源各方面也存在问题。其中你们也看到节目里面有一块是舞蹈，现在村寨里面橡胶价不景气，外出打工的人员多，所以寨子里面想要召集起跳舞的人越来越少，如果是留守的老年人跳，我们的可视性各方面也不好保障，至少跳舞的不是说太年轻的，但是也不要太老。也不是老年人跳得不好，而是节目不能只有老年人，我们也要保证可观赏性。这是一个问题。第二个问题是人员长期做这个节目，已经走入了疲惫期，我觉得不管什么都要创新，走了一段时间，我发现节目质量也下滑了，大家也要考虑到这些，否则我们就没有办法去获取更多的观众。所以说，改版或者整改是势在必行。

《欢乐傣乡行》的改版或者说是整改，目前正在策划，我们至少要筹备半年，在节目播出方面至少要有半年的储备量，然后，我们要有足够的信心打3年的仗，一档节目重新做的话至少可以做3年，否则做不满3年我们是不会做的。但是3年以后，我们也许会再换新的血液。现在改版的整体想法是做文化类节目，可能舞蹈这一方面不会再涉及了。文化类节目是关于宗教、民俗、饮食、风情、服饰、农业、政治、经济，比如说"寻找傣乡经济的领头人"，或者不单单是傣族的民风民俗，像西双版纳世居的13个少数民族都可以做，从人口较少民族出发，比如基诺族、布朗族，做一些有特点的，像克木人这些也都可以去做。刚才周杰主任来跟我讲了他的规划，我也很赞同他的想法，所以我们要达成一致，我同意了，台里开会的时候就要提出来，下《欢乐傣乡行》，上也许是叫《我们眼中的西双版纳》或者是叫"傣汃"之类的名字，这个还要再想一下，名字也要叫得响亮些。

改版后也是周播，每次10~15分钟，不要太长，然后每一期播出的就是一个主题，没有什么板块之分。比如，这期播服饰，服饰就是一个主题；我讲"傣井"，傣井就是一个主题；讲贝叶经，贝叶经就是一个主题。但是，主题有系列片，像贝叶经就可以做成贝叶经系列，可以播上小半年之类的。一年有52期，3年就是156期，至少我们现在要有52期的选题，然后储备量要有20期以上我们才会开播。储备工作还没开始，现在正在策划，还没有跟台里面说，要征得台里面的同意。我们台里现在是民主集中制，不管上什么节目，都要提出来以后形成书面申请，呈交办公室，由办公室搞出剧样来，再由台班子讨论，最后台长末尾表态。台班子讨论后还有台务会，还要拿到每个科来议，议的过程中是少数服从多数。

按照现在的想法，《欢乐傣乡行》未来会在时长上变短很多，但是我们要打造精品，3年下来，你说"走进西双版纳"也好，我们做的节目都可以拿来出一本书，从电视人的眼里了解西双版纳。我觉得，还有一个方面，至少可以给大家留着以后评职称、评奖可以用。现在的《欢乐傣乡行》还达不到这个层次，它还更低一档，像我们参与评奖拿出去的东西冲不了一等奖，含金量没有那么高，我们如果做文化类的节目起点就会很高。综艺节目也有对应的奖项，但是这么多年过来，每次送《欢乐傣乡行》、送MV，或者是送电视散文，前两者都比不过电视散文。

文艺中心在尝试着做电视散文，去年做了一个叫《雨季香荷》，这次我们想拿去参评，我觉得可以拿到一等奖，州里、省里都有可能。这个是文艺中心的周杰和岩焕两个人做的，周杰拍摄、撰写，岩焕翻译、播音。这个片子在我们电视上也播过，在电视上播的画面很美的，我们发到微信平台上以后，好多人来点赞。所以，这个跟唱唱跳跳比起来，是不是含金量就很高？那里就是老百姓自娱自乐，所以我们还是想下决心改版。《雨季香荷》从"莲"讲到"佛"，又讲到"释迦牟尼"，主要讲荷花"出污泥而不染，濯清涟而不妖"的精神。拿去参评的话，电视散文汉语版的也有，但是民语版的就是特色了。

刚才周杰也讲到，我还是比较担心，因为《欢乐傣乡行》前面的小板块就是介绍寨子，这个大家都可以写，但是类似于文化节目，能写这种稿子的人除了他可能其他人难以胜任，所以我就建议由他写，压力肯定会很大，除非再培养人。也许我也不太信任别人的能力，但是周杰跟我拍着胸膛保证3年做下来没有问题。既然这样，我也就同意了他的想法，如果3年不能保证的话，我们不会考虑换，但是他说有信心，我就支持他。首先，我分管这一块，我必须考虑这个节目的上或者下，如果上了新的节目又运作不正常，多方因素我都得考虑到。在不懂行的人来看，我们《欢乐傣乡行》好像一直很红火，但是我们要有危机感，不能完全等到没有油了、灯灭了，你才退出，这样就没用了，所以既然有这样的趋势，就要做好下一步的打算。

在西双版纳，橡胶是主要产业、主要经济来源之一，胶价这几年逐步在下滑，所以村寨里面老百姓也没有钱来组织大型的跳舞，寨子里面组织录制是要花时间、花钱的。以前我们去拍摄，都是寨子里面的组织的，他们会打电话邀请我们，有些时候我们还会审节目，要求至少要有6个舞蹈，至少有3种人在跳，中年、青年、不怎么老的人。如果跳不好，我们还会说不能录，再约时间，练好以后再给我们打电话。所以，在练舞蹈上，我们去拍的时候，都要投入人力和财力，现在时间长了，打工的也出去了，寨子里面也没有精力组织了。还有一个原因，大家的阅读习惯从大屏转到中屏电脑，又转到小屏手机，在这个过程中，我认为《欢乐傣乡行》的观众流失是肯定的，但是也许我们做文化类节目会获取更多的年轻人在小屏上关注，这个就是有得有失，受众人群不一样嘛。

如果要做文化类专题，每个专题有一个主题，还可以做成系列片，我觉得这个可以留到若干年以后还可以作为我们骄傲和自豪的东西。但是《欢乐傣乡行》的舞蹈就不一定了，留下的价值跟文化类专题不可比。所以，我觉得我们作为文化人、电视人，还是要从长远的地方考虑，而不能说是我想简单点就做点唱唱跳跳的，我接受不来，我想做一点更新的东西，更有价值、含金量高的东西，最后可以结集出版，但"卖"我们不会考虑。如果要与效益挂钩，我们会采用联办、协办的形式，找一些企业。现在广告还没有完全收回，如果完全收回就好了，70%就不需要拿给广告公司了，现在30%是台里必须留下的。我还要去落实这个事情，到底要分多少钱，钱太少大家又没动力。我们广告的承包定了3年的合同，2018年才结束，可能今年大家还是要克服下这个问题。合同结束后，广告业务能不能收回要看决策者，看台里面的意见，如果问我们，我们的意见肯定还是要收回来，让台里自己做，说不定干得还更红火，到时候节目运营费也不用三七分了，大家也会更有积极性。如果改版的话，目前的人手不会变，也许会增加进来，我考虑的是策划和撰稿人这方面人才缺乏，如果有会写稿、会策划，可能就会更好，所以要申请再招人。

我没有想过《欢乐傣乡行》可以撑这么长时间，我想的是顶多5年，现在已经是超乎我的想象了，也完成了它的使命了。逢傣历年我们都会有专门的策划，像2018年的傣历年，我们现在已经在做策划了。往年都是几个主持人去做一些花絮，一个人说一句祝福语，要么是跟着主持人去拍摄一天工作的状态，呈现我们的工作，我们是做民族语电视翻译，我那一天是怎么样的，来跟着拍，了解我们电视人在干什么，也是在宣传我们自己了。像傣历年、划龙舟、嘎汤帕这些节日，都要做出节庆节目。像哈尼族的节日，我们也经常去格朗和，还有拉祜族的拉祜阔，我们也去做，主持人直接穿着拉祜族服装，盘王节、二月八都会做，我们不会放弃这些节庆点。

《西双版纳警方》是2017年5月份开播的，用三种语言播出，跟西双版纳州公安系统合作，每期10分钟，每个月播两期，播出时间傣语比汉语晚一天，哈尼语和傣语同一天播出。节目要求穿警服录制，不穿傣族的服装和头饰，当时我们去量身定制了警服，警号都是申请过来的。当时播出之后，观众收看了就觉得挺新鲜的，穿着警服讲我们傣话，有一期的点击量在微信里超过了100万，这一期的汉语和哈尼语点击量不过1万。播放量高的这一期是《边境擒魔记》，讲的是禁毒缉毒，还有宣传正能量的节目，比如"人民的好警察"，还有一些是讲社会治安问题，比如入室盗窃，但是最后都是成功破案的。节目就是宣传公安系统日常工作成绩。这些影像资料公安系统有人在做，电视台剪辑，我们只负责翻译和播音。节目是汉语组提供给我们的，我们只是翻译。播放的一般都是破了案的，有些是情景再现。

哈尼语的节目我们也想做，但是人手不够，缺人才，现有的人做新闻、专题、《咚吧嚓》已经是饱和状态了，再一个傣语这边，像周杰这样有创意的人才在哈尼语组目前还没有发现，年轻的不愿意学，他们都满足现状。所以，现在我很头疼。下一步我还是想刺激刺激他们，拿出我们傣语出的片子来刺激刺激他们。可能有些方法还在摸索，我觉得强压下可以出一些东西，如果还是放松状态，我觉得若干年以后愧对子孙，我跟他们讲，不要以为西双版纳傣族自治州傣族人口最多，但是哈尼族是州内人口第二多的民族，为什么你们不珍惜，拿出一点可以留给后人值得骄傲的东西。可能需要做一些引导。

我的粉丝肯定有，但是也不是很多，寨子里面肯定有。我觉得我是从农村出来的，我爸爸妈妈在单位工作，我在城里面长大。我觉得能够有这样的成绩是这个单位赋予我的、观众赋予我的。我并不觉得我特殊，但是老百姓很喜欢我，他们都叫我"新闻来了"。所以，我不播音以后，像岩叫老师这些老的播音员，都觉得很可惜。但是眉毛胡子不可能一把抓，如果我单单负责文艺中心也就罢了，我还要负责民语中心，民语中心还有两个语种，而且我才上来，我也不懂得如何管理。

我2017年是组织推荐上岗的，我已经评到正高了，一个人在专业技术这一行干到正高，已经到顶了。所以，在职务方面，刚开始台里来做我的思想工作，我说我觉得我不能胜任，想着还是领导开玩笑，后面看到真的是调以后就感觉有点慌了，这么大的盘子交给我来。我也跟台里的相关部门也说，西双版纳的主流媒体，你们要做时政做不过央视，做娱乐做不过湖南卫视，所以西双版纳广播电视台要玩什么，要做民族的东西。

（访谈时间：2018年1月10日、16日；访谈人：赵亚净；整理人：赵亚净）

（二）李璞访谈记录

访谈对象：李璞，进入西双版纳州电视台后，前期主要做采访编辑工作，后调入文艺中心负责做采编、策划。工作时间：1994年至今。

我们每个月都会开策划会，一个月大致是出四期节目，我们就在月初或者月末的时候开个策划会，把这个月的任务分配下去。我们录制节目是提前排好，然后去录制。像迎新晚会、大型活动我们都是录播，不像大电视台那样可以直播，都是录好之后过一两个星期又播放。然后一些没有在一套播出过的内容我们录了之后就截取一些片段放在《欢乐傣乡行》里面，像迎新晚会说的是汉语，我们这边也就直接保持晚会的台词不做后期的翻译和配音了。《欢乐傣乡行》里面的一些片段也不一定都是傣语，播放的时候主持人会用傣语进行串场。

  我们这边的歌舞晚会不像别的电视台有演播大厅进行直播，我们这个比较麻烦是找转播车过去进行录制，这类节目有时候会在汉语一套节目进行完整的播放，但是不一定，也有没有播出的例子。晚会如果完整地在电视台播出后，我们也就不会在里面截取一些片段作为《欢乐傣乡行》素材。我平时的工作主要是后期的编辑，偶尔也会做一些歌手、乐队（西双版纳本地）的采访，有些歌手乐队出新歌新专辑，我们就会去录然后对他们进行采访，其实通过播出也是在帮他们宣传。像一些专题片我们怕汉族听不懂，有些时候那种会讲傣语的人也看不懂傣文，我们都要打上汉语字幕，在采访歌手的时候汉族歌手说汉语、傣族歌手就说傣语，但是我们的采访字幕全部都是汉语。原来节目板块很多，比如说傣乡舞韵、欢乐无限、神奇傣乡等等，后来由于一些原因现在节目板块已经压缩了，只有傣乡舞韵、神奇傣乡两个板块了。欢乐无限当时主要做的内容是歌手和一些体育竞技类的东西，但是由于策划拍摄需要较高成本已经不再做了，我觉得节目要做得好就需要大量资金的支持。我们这个节目以前很火很受欢迎，现在也很受欢迎，但是缺乏资金上的支持导致节目遇到了困难，要么就是改版要么就是下了，我们做工作也是很难的。刚开始才做这个节目的时候，节目都是精品，一期节目首播一次，重播四五次都很受欢迎。

  电视台是1991年建台，我1994年到电视台工作，原来一直在新闻中心做采编，2013年才来到文艺中心工作。在台里做了20多年，2013年到文艺中心主要是做采编，也在做策划，比如歌手采访的策划，我们都是主动联系歌手，他们都是本土歌手，本土歌手都比较缺乏宣传意识，不会主动联系我们。我们都是通过民间主动了解哪些歌手受欢迎，然后联系歌手。歌手采访的话要策划一个采访提纲，就像中央电视台那些歌手采访一样，然后再拍摄一些采访花絮，这些都是放在欢乐无限板块；《神奇傣乡行》都是在做一些专题片，比如说拍摄一个特色乡镇，比如一个寨子在传承手工艺、非遗保护这些方面。素材都是我们自己拍摄，我们会去文体局、文化馆这些地方找材料，因为好些非遗都是申请过保护的，在文体局和文化馆那边都是有建档的。好多非遗我们都去采访过，比如勐混的土法造纸我们也去拍摄过,还有染布、傣陶、制鼓这些我们都去拍摄过,这些拍摄投入也相对较大,播出后反响也很好,得到了当时包括文体局在内的很好的评价。

我记得有一次老台长去拍大象的时候被野象追,他丢下摄像机爬到大树上,大象一直在顶树,还好象群走开这只象也就离开了,不然很危险。还有原来我还在做新闻的时候,有一次去拍摄普洱到西双版纳的高速公路开工仪式,我就在推土机上拍,推土机的铲子突然翘起来,突然失去重心摄像机差点掉到悬崖下面,我当时就想完了,结果我一只手拿住了8公斤重的摄像机。当时人都站不住了,吓得一身冷汗。

在平时的工作中,有时候写稿和拍摄是两个人分开弄,导致稿子和素材对不上,只能去重新找素材,或者再去拍。比如说拍农村,老是提到农业,可是摄影拍摄镜头可能只有两三个,这样我们的文稿和画面是对不上的,我们就只能再去找镜头,或者重新进行拍摄,这个对于我们工作的效率有很大的影响的。除了今天我在剪辑的小品,我们还拍摄过赞哈,赞哈也是非遗,只有西双版纳有,采拍的时候也都是用傣语。我还拍摄过傣竹园的非遗表演,拍摄过傣族的手工制糖工艺,一般拍摄都能控制在节目时间内(5~10分钟),但也有一些时候会将节目分为上下期进行播放,但是上下期这种情况很少。我们所有的专题片都会有傣语配音和中文字幕,好多傣族能听懂能说但是看不懂傣语文字的。去拍摄节目的有时候两三个人,有时候四五人,这个主要是取决于工作量和台里的分工。就比如说拍傣乡舞韵,在拍摄舞蹈的时候是4个机位,最少需要4个人,包括现在你看到的这个晚会用了8个机位。比如拍傣乡舞韵我在这个寨子拍"神奇傣乡"我去另一个寨子拍,回来编辑之后播出。现在节目差不多一个月策划一次,然后将任务安排下去进行拍摄、播出。过年过节傣族都喜欢跳舞烘托气氛,这时候我们就会多拍一些进行素材的储备。有一些富裕的寨子会请一些歌舞团的老师去帮忙编排、有些是寨子自己编排。下去拍摄"神奇傣乡"一般是两三人,一个人拍摄、一个人文稿,主持人有时候没有,一般的是采访对象自己说,采取自述形式。

现在台里也在讨论这个节目是要改版还是要把节目下了,如果改版的话就是换一下名称改一下板块,也改不了太多内容。在素材选择上我们会选取一些晚会,比如六国边境艺术节两年一期。我现在在剪的这个节目是勐腊县歌舞队在迎新晚会出的,这个小品的内容就是引导人民不要乱砍滥伐,要保护动物。我们最近一个月都没有出去采访,都是在用这个晚会和原来到寨子里拍摄的一些没用过的资源,因为栏目的未来也没确定,所以大家其实也有点消极怠工了。其实做这些节目只要是想做基本都有得做，主要是做了怎么策划，如果要做成精品就要投入更多的人力物力，如果拍回来直接用也可以，这个我也不能乱说，反正等着台里面的安排吧。

栏目前期台里支持较多，节目精品也较多，2016年之后支持少了，节目质量也有所下降，但是在百姓中也是很受欢迎。我们《欢乐傣乡行》2014年还获得云南省政府奖，是十佳栏目之一。当时获奖的那期的主要内容是关于曼腊的内容，主要是拍摄这个寨子的人文景观和乡土风情。

（访谈时间：2018年1月17日；访谈人：赵小咪；整理人：赵亚净）

（三）玉应罕访谈记录

访谈对象：玉应罕，西双版纳电视台翻译、播音员、主持人。工作时间：1996年至今。

1996年，我参加工作前在寨子里面生活，和周围的人交流都是讲傣语，所以傣语基础还可以。我以前的专业是舞蹈，毕业后可以去歌舞团工作，当时我的小伙伴们都去歌舞团了，但是我没有去。当时刚建电视台不久，这里的播音员不多，而我自己本身会傣语、有文字基础，有报考机会就报考了。还记得当时来考的时候，第一天试镜后老师就说："你来上班吧。"我听到后特别激动，还记得当时我的头发都是几个姐妹帮我盘的。回去后我就跟我姨妈说老师让我来电台上班，我们全家特别高兴，我姨妈还专门杀了一只鸡庆祝，这算是家人和电台给我的小惊喜。

我们那个时候上学是很难的，经济条件、上学环境、升学等方面都很难。那个时候懂傣文的人不多，尤其是女孩，我比较喜欢在家里拿着报纸（主要是《西双版纳报》）念上面的傣语新闻，然后我读得就特别顺畅。当时我表姐看到后就说："应罕，你去考那个电台吧。"那个时候我们没有想过考电视台，因为电台先开办，影响力很大，她就说你去考电台吧。我就问："我行吗？"她说："你肯定行。"后面我跟我一个朋友去电台找当时的台长宋云老师，见到他后我就说："我想来考电台的主持，你看一下如果你觉得行呢，我就留下，如果不行我就走。"当时宋云老师的反应是："你一个小姑娘家怎么是这样子的表达方法。"之后宋云老师就带我去找岩温玛老师，试了一下播音。那个时候是岩温玛老师将一个文艺专题里面关于傣族赞哈内容的开头一段写给我，然后带着我找到岩帕香老师，就去录音棚录音了。录完之后我就回家等结果了。他们第二天就把我的录音编辑在电台播出的节目里面对外播放了。从 1996 年三四月份开始，我就在电台实习，跟着岩温玛老师学播音。我在电台一直学习到 7 月份，刀姐（刀江萍）那个时候怀孕了，岩温玛老师就和我说电台那时候没有名额，电视台的刀江萍要休假，而且那边也很缺人，让我去试一下。之后我就去了，到了电视台后岩真老师写了一份电视台的主持词给我念，当时和我们一起考的有两个云南民族学院（今云南民族大学）毕业的学生，但只录取了我。

我 1996 年参加工作后，也开始学习翻译，并开始做《西双版纳新闻》的播音。当时我给自己的目标是先主攻播音，因为我在傣语发音上比较有优势，傣语普通话以我们曼弄枫村为标准，所以在傣语播音员的发音上我就更占优势一些，当时学的也比较快。岩真老师因为我当时学东西比较快和质量高所以对我评价很好。

1996 年 7 月开始在电视台上班后，我就一直在播音《西双版纳新闻》，因为刚好刀姐怀孕休假，当时《西双版纳新闻》每周播一期，所以我一个人播音了大半年，直到刀姐休假回来。那个时候我也主持《傣乡综艺》（1994 年开播），这个节目一直不断发展，后面换成了《勐泐风》（2006 年），但是两个内容大致都是围绕着傣族赞哈故事、本地歌手和村寨美景这些内容。那个时候我们每次下去采访，老百姓和我们之间都不会有距离，不会怕我们，他们都和我们坐在一起聊家常，然后把家里面有的好吃的东西拿出来分享，比如香蕉、菠萝等等。工作之后，大型晚会我参与的比较多一些，比如说"两会"播报、泼水节庆祝大会等。现在，平时的工作主要是负责《西双版纳警方》《西双版纳新闻》《新闻赶摆场》和傣语版《新闻联播》的翻译和播音。

《西双版纳新闻》老百姓比较喜欢看，之前电视台只有一个频道，2003 年后变为两个频道，我们的少数民族语言节目就在二套播出。我们的一档节目《新闻赶摆场》，当时由我、白建美和刀江萍来主要负责。白姐是我们的老师带着我们一起做。当时这个节目在西双版纳很受欢迎，在傣乡影响力特别大，人家见到我们都是用傣语"新闻赶摆场"来称呼你。

后面除了新闻的正常播报外，我们开了一档比较好的节目是《学傣语》，这个节目观众收看率一直很高。《学傣语》这个栏目开办的契机是，在栏目开播之前我一直在帮教育局录制《跟我学傣语》的视频放在网站上播放，我认为这样的活动很有意义,然后就和台里面提出建议说开办这样一档节目,之后经过策划栏目才开播。这个节目一开始录制的时候很辛苦,因为很多都是外景录制,会受到很多外部因素的影响,比如各种噪音。我记得有一次,我们录制节目的时候因为中途总是受到各种噪音的干扰,比如路过的摩托声、农村里的鸡叫声这样的噪音,我们几次都中断了录制,后面直到下午两三点都没有结束。我们一直很渴望有一个室内录制的机会,但是因为台里面很多硬件条件跟不上,所以录制环境一直没有得到改善。这个栏目开播以后录制了两年左右的时间,就停止了录制,但是现在这个节目也一直在二套重复播出之前录制到的素材。很多说汉语的人,比如党政机关、村寨的人和来西双版纳工作的人都会找我要碟子,尤其是来西双版纳工作的人就是为了学习傣语融入当地的社会生活,所以我觉得这个栏目其实意义很大。

2007年傣语版《新闻赶摆场》开始播出。汉语版的《新闻赶摆场》是最先播出的,汉语播出一整年后我们傣语版的才开始播出。当时的采编工作是自己部门出人,录制是一遍汉语播报一遍傣语播报相互交叉进行。当时节目开播时,我们几个主持人还专门去拍了片头的宣传片。这个节目起初只有汉语和傣语两种语言,哈尼语版是后期加进去的,具体时间记不得了。当时汉语每逢周一、周三、周五播出、傣语每逢周二、周四、周六播出。内容以民生新闻居多,主要关于老百姓的生活,所以老百姓特别喜欢。现在《新闻赶摆场》因为台里面人手的问题,节目调整为由汉语那边提供资源,我们后期只需要翻译和再编辑就可以,省去了采编的环节。从去年开始,因为节目的调整,我就没再播《新闻赶摆场》了。

当时民语中心开始接手电影翻译时,我就开始参与翻译工作了。一开始有3部电影,我和白姐(白建美)、刀姐(刀江萍)每人负责一部,我翻译《风声》、白姐翻译《拉贝日记》、刀姐翻译《建国大业》。翻译了很多电影后,可能是积累了很多片源,我们才开创了《一周电影》这个栏目,在这个栏目中我们播放电影也是以主持人串场介绍电影的方式播放,不然就侵犯版权了。因为电影版权是国家的,所以之前翻译的影片只能是通过农村电影放映车到农村里面播放,我们电视台这边不能私自放映。

之前翻译了《倩女幽魂》,因为该影片里面带有很多神啊、妖啊之类的色彩,和爱情片《北京遇上西雅图》是不一样的,比普通的翻译要求会高一点。在翻译《倩女幽魂》的时候我专门看了两遍这部片子,然后在翻译时问了佛学院的老师，因为用到这些词汇的话要征求这方面比较有经验的老师，比如佛学院那些僧人了解的这些"咒语"比较多，这样的"咒语"该如何表达都是比较关键的。在汉语中可以动嘴发出声音就可以，但是傣语翻译上它就必须用语言来表达，因为在傣语上也有这样的表达，所以在专业用语上要求会比较多。不管翻译什么电影我都会至少看两遍汉语版的片子，然后拿本子记下来台词，再去想应该用什么样的情绪去表达，如果实在有疑问我就会去征求民研所的老师或者这方面的专家的意见。傣语和英语一样有语法，傣语翻译有很多平时语言表达不出来的。就我个人翻译经历来看，一定要口语化，不能官方，就是农村里面老百姓之间交流的语言。比如说不能说"你吃饭了吗？"而是应该说"你吃了么？"翻译电影尤其不能用播音腔，翻译的语言艺术是很讲究的。如果这个人在农村寨子里面生活过，他翻译出来的稿子是可以看出来的，环境对他翻译的水平、文稿的质量影响是很大的。

这些年，我到村子里面采访的时候就发现很多傣族的小朋友现在都不讲傣话了，就连最基本的日常交流和生活用语他们都用汉语来表达，我不管是作为一个傣族人还是一个媒体人，对于这种现象都十分担忧。小朋友们都不讲傣语了，那未来我们老了、去世了，傣族的文化就没有人来传承了。我希望尽自己的能力去教傣语，而教傣语不管是电视节目《学傣语》的主持还是工作之余的"傣语课堂"，我都希望通过这种方式能够对傣族文化的传承起到一定的作用，所以我也在努力做一些事情。台里面的《学傣语》这个节目就很不错，它对于传承傣族文化和文字是非常好的，而且这个节目影响力也非常大。

相较于傣语文字的传承依靠媒体的微薄之力，赞哈传播主要是通过老百姓自己家逢年过节、上新房或者升小和尚的时候会请到赞哈歌手去唱的方式。赞哈的唱法是吹着笛子、拿着扇子，通过歌手来传唱和传播，在这个过程中，赞哈的文化得以传承。现在如果不保护和传承傣文化，以后它肯定会流失的。就拿赞哈来说，本身赞哈的传统唱法难度非常大，已经没有太多人愿意去学、没有太多人学得会，并且很多年轻人也听不懂，现在的歌手也有一些新的唱法，所以我觉得是不是可以用讲故事的方式来传播赞哈内容和傣族故事，这样的方法年轻人比较能接受，老年人也能听懂。比如我现在在做的《赞巴蝶故事》，我觉得媒体是可以借鉴的。

我之前去采访或者去玩的时候也会特别留意一些新闻和文化，比如说手工艺，我觉得傣语节目未来要做得更好的话，最重要的是接受的人群，如果我们的接受人群都不接受我们的传播的话,那我们的节目肯定是做不下去的。那怎样让大家接受我们呢,最关键的是普及傣语、傣文这一块,这个现在一定要做,不然以后是很难发展的。不光是电影和综艺节目,如果能再办一个少儿类节目就更好了,因为教育要从小抓起嘛。值得高兴的是,现在很多傣族人都意识到了,也开始从小就培养小朋友的傣语能力,我觉得这个现象特别的好。

这些年,出于对傣族文化的热爱,我平时也会下乡收集傣族的民语谚语、民间故事之类的,然后出了一套《赞巴蝶 傣语乐园》系列丛书,一套书里面有5本,今年准备出第二套。我平时也会做一些公益,去教小朋友学习傣语。

(访谈时间:2018年1月11日、17日;访谈人:赵小咪;整理人:赵亚净)

(四)玉应香访谈记录

访谈对象:玉应香,曾任西双版纳州电视台翻译、播音员、主持人,现为民语译制中心编辑。工作时间:1998年至今。

我是1997年9月进电视台,当时是岩真老师负责培训我们,培训的内容就是翻译和播音。那个时候,他让我们拿着笔记本一个词一个词地去学,然后再整句话翻译,之后他帮我们每个人看是不是准确,哪里有问题。这样的培训一直进行了3个月才结束,然后考完试我们就回家了。我觉得我们现在带新人都没有这么认真和仔细。可惜我们老师比较爱喝酒,身体不好,后面2003年就病退了。

1997年12月,我们考完试就回家了。那个时候还没有手机,农村里面也没有座机,是当时的念台长(念洪勇)亲自开着车到我们村子里面找到我让我来电视台工作的。那个时候我们参加培训的人有8个,后面到电视台上班的就5个,其他的人估计是没有通过考试所以没来。

我现在都还记得我是1998年3月22日上岗的,然后整整工作了一年,才转为正式员工。当时我们这一批转为正式员工的人我还记得,有陈继明、蓝培、梭门、玉温、玉应罕和我,我们6个人,可以算是一批进入电视台工作的人。我们几个算是电视台第三代播音员,当时岩真和冉南算是电视台这边的第一代播音员,刀江萍和白虹算是第二代。

我们来的时候,还是有线频道,那个时候西双版纳一台还没有台标,2000年才做的台标。我刚开始进来的时候播音和翻译其实很少,大多数时间都是去接待了,以前央视的、省台的我都认识。现在来访问都是找政府、找宣传部,以前都是对等的,人家讲天下广电一家人嘛,他们都不找政府和宣传部,都是直接找到台里找到台长,然后台里就会撕一个小条告诉你去哪个宾馆找谁,我们就直接去人家房间门口敲门,然后台里派车带去植物园、橄榄坝这些地方去采访。

那个时候我们在办公室不上班,都是被领导叫去接待,我还晕车,就特别痛苦。我从来台里的时候,因为我是嘎洒这边的,这边的傣族姑娘都是不喝酒的,我是进台了之后才开始喝酒的。开始上班的时候也不懂化妆,老师都是男的,那时候比我早来的姐姐,比如说刀姐他们又忙,然后我们就自己摸索,开始时发型、衣服歪歪扭扭的就上电视了。后来主持了《欢乐傣乡》之后,就有人教了,形象才慢慢地好一点,才受欢迎一点。

电视台这边1999年4月9日成立少数民族语译制中心,一开始我们的部门分的也不是特别清楚,傣语组和哈尼语组都是在一个办公室。当时是念洪勇台长兼民语中心主任,白虹和岩真是副主任,主要管我们的日常工作。我那个时候主要的工作就是翻译《西双版纳新闻》和播音。1998年时《西双版纳新闻》周一、周三、周五播出,汉语是每天都有,哈尼语的是周二、周四、周六,时长是15分钟。内容主要就是本地的民生新闻,只是以前会议新闻比较多,现在《西双版纳新闻》加了,变成了周一至周五,内容的话会议新闻少了一点,其他的也没有什么变化。星期六是《新闻赶摆场》,《新闻联播》是周一、周三、周五、周日。那个时候我们还和汉语组一起去采访新闻,一般都是用汉语进行采访和写稿,然后我们再拿素材过来编辑和翻译配音。2003年之前,我们还没搬到现在的办公室,那个时候我们哪像现在这样还有电脑,可以在电脑上直接就传送稿件和翻译。录音也没有现在这么方便,当时我们还用印蓝纸来手抄新闻,然后用十三带子录音,之后拿到播出部门那边播出。这样的工作一直持续到了2003年,我们才开始用电脑来写稿、翻译和编辑。那个时候台里面业余活动很多,什么打球比赛了、去部队军分区交流,但是现在什么都没有了。

2001年前我们一直在做《西双版纳新闻》的翻译和播音的工作,后面到了2001年,我就到《美丽傣乡》那边和周杰(岩说罕帮)一起采访和主持节目,那个时候电视和广播这边的工作我就都没做了。2004年《美丽傣乡》又改了一次版,变成了《勐巴娜西》,本来一直是我主持的,那个时候他们也想换主持人,然后刀姐和玉应罕就过去主持了,好像他们也就主持了一两期吧,这期间我也还是主持的,只是不像以前那样每期都有。一直到2005年,就是现在《欢乐傣乡行》的主持人依金坎从电台调到了电视台，差不多这个时候，2006年这个节目就又改成了《勐泐风》，就是现在的李台长，以前还是副台长的时候分管这个栏目，这个时候就是依金坎和玉应罕轮流主持。我从2006年开始又回来做《西双版纳新闻》的翻译和播音工作。2007年《新闻赶摆场》上了，那个时候就是依金坎和玉应罕去主持，但是那个时候刚开始只有傣语的，哈尼语的好像是两台合并后才有的。还有那个《勐泐风》栏目，以前我们的《美丽傣乡》才有15分钟，现在变成《欢乐傣乡行》时长变成了30分钟，增加了时间。开始依金坎来主持的时候，栏目是很受欢迎，但是主持人不受欢迎，因为她是勐腊的，讲话太快了，老百姓就接受不了，现在可能还好一点。但是也有一些老百姓遇到我的时候就会说："你怎么不主持了，我们喜欢你呀。"

从2007年开始，因为增加了《新闻联播》，我们那个时候就开始分组工作了，一个月上《新闻联播》，一个月上《西双版纳新闻》，其实大家都是一起做，只是分组管理了一下。《跟我学傣语》开播后，2014年玉应罕就去了文艺中心一年当节目的主持人，2015年才回来的，那个时候我们的工作还是和原来一样没有改变。只是她回来的那一年，我就开始当责任编辑，当时除了翻译和播音工作，还增加了一个审稿的工作。一直持续到现在。

2012年两台合并以后，人员都增加了很多，我之前的工作没有涉及广播电台，但前段时间我们调整了工作，刀姐（刀江萍）当副台长了，岩轰去当办公室主任了，我下一步可能会分管一点广播那边的节目，现在具体也不知道是怎么样的一个情况。岗位调整现在局里面的红头文件已经下了，但是人事局那边可能要录档案，那边还没有公布。

因为我们更多的工作都是跟着汉语那边走的，就是汉语那边有什么变动或者形式调整，我们民语的节目都是跟着汉语走。2000年那个阶段，以前我们下乡采访的比较多，都是用傣语采访，然后汉语写稿提供给《西双版纳新闻》。因为我转正了一年就去跟着周杰一起做《美丽傣乡》了，那个时候节目真的很受欢迎，我们去哪里大家都认识我们。下乡的时候周杰老师就会说如果你不去，那我也不去了，因为他没办法回答为什么不去。那个时候我住在歌舞倾城，就是市中心那里嘛，老百姓早上天还没有亮就去买那种酸角给我。也不知道老百姓从哪知道的，他们就特别了解我，我喜欢吃椰子、西瓜，就会专门买来送给我。那个时候我们台里面条件也差，我们出去采访的时候车的排气管就掉在路上了，老百姓骑着摩托来追我们告诉我们排气管掉了。我们下去采访，就去勐腊那边，你一去，人家就杀鸡宰猪给你备好了，还举行拴线仪式。我们还没有去的时候，村委会就在广播里通知《勐巴娜西》的主持人要来，那个时候就直接形容你是公主那种，开着拖拉机来村口看你。老百姓喜欢你，就会来摸你的手，掐他自己说是不是真的见到了你，受欢迎到这种地步，因为我们节目下面会登我们的热线电话，老百姓来景洪看病都会打电话来让我去看他们，还有勐海那边的老百姓来景洪市政府办事，都会打来电话说让我带着他们去，因为他们不知道嘛，连汉族都知道我是《勐巴娜西》的主持人。因为我们地方小，知道主持人的电话就传开了，要是哪个知道你他巴不得让别人知道你和他很熟，我接电话都是两个电话轮流地接。这个栏目有这么一段辉煌的日期，就是2003年到2005年这个阶段，真的很难得。后来，节目慢慢就不行了，不是这段时间那边都在闹着改版嘛，也不知道是什么情况。

（访谈时间：2018年1月17日、18日；访谈人：赵小咪；整理人：赵亚净）

（五）岩说罕帮访谈记录

访谈对象：岩说罕帮，曾在西双版纳州电视台民族语中心主要做翻译和采编工作。后调入文艺中心制作文艺节目。工作时间：1999年至今。

1999年7月我从云南民族学院（今云南民族大学）毕业，9月就被分配到西双版纳州电视台。因为大学学的专业就是西双版纳傣语，当时来到台里就进了电视台的民族语中心。刚开始就是一边学习一边工作，学习的话就是学习傣语翻译和新闻的采访和编辑，那个时候我主要负责的工作是《西双版纳新闻》的傣语翻译，有时候也会出去采访，采访的素材用在《西双版纳新闻》，是用汉语采写的，然后再进行傣语翻译。

工作了一年后，大概是2000年11月、12月左右，我就被州委宣传部抽调出来做社会主义农村建设工作。因为我是从电视台抽调过去的，然后也做了一段时间的记者，所以当时在村建工作中，工作内容也是跟宣传相关的内容，比如宣传国家的新政策，然后写通讯稿这样的工作。

去了半年，2001年4月我回来了，因为当时台里面经常有人员调动，就是那种部门之间工作人员的变化嘛，我回来就直接在新闻中心了，日常工作还是《西双版纳新闻》的采编和傣语翻译。当年的12月底，就开始负责《美丽傣乡》这个节目的采编工作。当时《美丽傣乡》属于一个傣语综艺类节目,当时这个节目也没有什么具体的板块划分,就是什么都可以放进去,民俗、文化、宗教、文学等等,所有关于傣族方面的宗教、文化还有社会建设内容都是可以放进去的。当时每期节目是10分钟,周一晚上8:30左右首播,重播的话是每周二到周日,每天都播,周一、周三、周五是晚上8:30,周二、周四、周六、周日是中午。这个节目录制播出一直持续到2006年才下的。

之后就是《勐巴娜西》,一档综艺节目做一段时间后,制作人员于节目的想法、思路都会发生变化。所以在《美丽傣乡》的基础上我们做了《勐巴娜西》这个新的栏目来取代《美丽傣乡》,2006年年初的时候开始播出,它与《美丽傣乡》相比的变化就体现在内容和形式两方面。内容方面,《勐巴娜西》更注重民俗类、专题类内容,就是偏向傣族的民俗文化;形式方面,《美丽傣乡》的拍摄手法更偏向综艺,是文艺类的表现手法。《勐巴娜西》就更偏向于电视专题语言,它有开始、高潮、结尾,就是按照一般的专题来构建节目。首播是每周一晚上8:30到晚上8:40,重播的话是每周二到周日,每天都播,周一、周三、周五是晚上8:30,周二、周四、周六、周日是白天12:40,首播时间是固定的,重播的具体时间还是按照总编室的安排,也不完全固定,大致按照刚才说的那个时间播。在这个阶段,哪里有个线索或者什么的,民众就会打电话来。

《勐巴娜西》一直持续到2009年才下线。那个时候因为民语中心这边的人就慢慢少了,当时民语中心主要是做民族语翻译的工作,就没有能力和时间再继续《勐巴娜西》节目的拍摄和录制,就停播了。

这期间,还有一档节目叫《勐泐风》,是2006年底开播的。和《勐巴娜西》的内容风格都一样,但是《勐泐风》这个节目主要是关于傣语的。《勐巴娜西》有傣语和哈尼语两个版本,是傣语和哈尼语两种语言来录制的节目,如果我第一版做的是傣语,那么哈尼语那边就直接拿去翻译;如果我第一版做的是哈尼语,傣语这边也是一样的拿去翻译就可以了。但是两个版本的字幕都是汉语,只是主持人和片中的话用傣语和哈尼语来讲。每期节目也是10分钟,首播也是周一晚上8:30。之所以会出现《勐泐风》这个节目,也是因为社会上对《勐巴娜西》这个节目的争议,因为那个时候人们觉得这个节目不伦不类的,既不是傣语的,也不是哈尼语的,因此,就在《勐巴娜西》的基础上开播了《勐泐风》。《勐泐风》节目也是在2009年就停播了。

2009年下半年,我调到文艺中心。之前西双版纳电视台还没有专门做文艺节目的部门，台里就说要成立一个专门的部门，当时就成立了现在的文艺中心。成立一个部门应该首先有一档栏目，有一档品牌节目。那个时候就是这个契机，就组建了《欢乐傣乡行》这个团队。当时我和谢伟、岩刚，我们三个人筹备《欢乐傣乡行》筹备了一年，为了区别《勐巴娜西》和《勐泐风》节目，当时我们的想法是把这个节目做成纯文艺的节目，但是因为资金很少，就没有做成纯文艺，实际上还是做成了综艺类的节目。

《欢乐傣乡行》这个栏目正式上线播出是2010年，我记得2010年节目开始播出的时候，我们设计了四个板块，分别是"开心一刻""欢乐无限""百灵颂歌""傣乡舞韵"。"开心一刻"的主要内容是做一个关于民族方面的幽默小短片；"欢乐无限"是关于体育竞技类的节目；"百灵颂歌"是歌曲类的节目，也包括唱赞哈；"傣乡舞韵"是舞蹈类的节目，和现在播出的内容是一样的。当时我们的节目是每期30分钟，这30分钟里面四个栏目的内容都会涉及，每个栏目都会分到相应的时间，但是具体哪个栏目占据多长时间是没有固定要求的，有些时候这个栏目时间多一点，那个栏目时间少一点，但是每一期四个栏目的内容都是有的。

这样的栏目设置一直持续到2013年，这样做节目之后我们感觉很累，内容太多、人很多，然后就对栏目进行了改版，把原来四个栏目改成了三个——"神奇傣乡""傣乡舞韵"和"欢乐无限"，也就是把"开心一刻"和"百灵颂歌"删了，增加了"神奇傣乡"这个栏目，"神奇傣乡"主要播哪里的水景好、哪里的旅游资源丰富等内容，加了一些自然景观方面和傣乡文化方面的内容。"欢乐无限"这个栏目是一直在做的，他其实有一个模板，我们每期就是按照节目的模板来填充内容，内容形式和之前的一样，还是关于体育竞技方面的内容。"傣乡舞韵"是关于民族舞蹈的。这些节目的来源，一些是自己策划的，还有一些老百姓会给我们打电话提供，比如说傣族过泼水节或者什么其他的节日的时候，就会有很多老百姓打电话来台里告诉我们去采访。在2013年之前，这个节目相当红火。2010年到2013年间，具体时间我也记不得了，那个时候我们到农村去采访，老百姓就告诉我们说他们可以不吃饭不喝水，这个节目也要看。我们这个节目播出的时候前面都会有宣传片，那个时候只要宣传片的音乐一响、声音一出来，无论在田间地头也好，在烧火做饭也好，他们都会停下来看这档节目。可能他们说得有点夸张，但是节目的确在那个时候很火。

因为人员一直在减少，当时节目刚开始的时候，我们一共有13个工作人员，在编的有 8 个，聘用的有 5 个人，因为工作太苦了，聘用的人慢慢就走了。2013 年部门的职工开始流失，到 2015 年由原来的 13 人递减到 8 人，并且没有新的职员入职，大家时间紧任务重、精力不足，就考虑减掉部分节目。我们的观众主要是傣族，傣族比较爱看歌舞节目，因此 2015 年，部门综合考量商议后决定改版《欢乐傣乡行》，只保留原节目当中比较受观众欢迎的栏目"神奇傣乡"和"傣乡舞韵"，减掉"欢乐无限"。当时节目板块减掉后，观众就通过拨打节目热线或在我们下去采访时和我们反映："像这种竞技类的节目，比较活跃，为什么要下，为什么不继续办呢？"还有些人愿意出钱，村寨里面米场的小场长、做一点泰国小饰品的生意人都会和我们讲："你们不是没钱吗，你们要多少钱，我们给你们一点钱，你们来办。"当时因为我们每个人工作内容很多，人力资源、工作精力就摆在这里，没办法再花更多的时间和精力，毕竟每个人都有家，自己的业余生活也要有一点，不能说一天 24 小时全部放在工作上。不可能，对吧？所以，栏目改了之后就一直这样播出了，2015 年节目改版只留了"傣乡舞韵"和"神奇傣乡"两个栏目，一直持续到现在，节目就维持了这两个板块内容。

栏目改版播出到现在已经 3 年，这个栏目现在肯定又要改，毕竟从 2015 年到现在也将近 3 年了，节目老是用一种方式、一个套路，这样观众会越来越少，不改是不行的，肯定是要改。改的话要保留的东西就是"傣乡舞韵"，它是百姓比较喜欢的东西和板块，要改肯定是改"神奇傣乡"，把节目内容改得更加接地气，老百姓更加喜欢看，比如生活类、文化类、宗教类，平常大家听不到的故事、宗教哲学、饮食、文化、旅游，肯定这些都是加进去。至于说怎么改，现在还没有具体的方案，主要还是从内容上来改，毕竟一档栏目你要改，需要投入的时间很多。改版这个栏目的想法在 2017 年下半年就有了，因为现在手机的普及率很高，微视频很盛行，用微视频的这种思路来包装电视荧屏，把平时做的一些东西，比如说一个三五分钟的作品通过网络平台发布的思路启示我们电视节目改版。

（访谈时间：2018 年 1 月 15 日；访谈人：赵小咪；整理人：赵亚净）

（六）依金坎访谈记录

访谈对象：依金坎，曾在勐腊县电视台做傣语新闻的记者和主持人，在西双版纳州电台做傣语播音，后调入西双版纳州电视台民语译制中心做节目。工作时间：1997 年至今。

  节目开播的时候我就在《欢乐傣乡行》了。刚开始，我们有三个主持人搭档。这个节目也是我们台里做的第一档民语综艺节目，里面经常有主持人互相调侃，一个男主持人和两个女主持人，两个女主持人在节目里攻击男主持人，这些都是设定好的情节。当时开播，我们做了很多前期筹备，筹备期我们去到村寨里也做了很多趣味性的东西，比如组织老百姓进行竞技游戏比赛或者趣味性笑话小品、歌舞。竞技游戏有捉鱼比赛、种田比赛等。像种田比赛，正逢村寨种田季节，我们三个主持人到田间地头，两个主持人各组织一个队，背起篓篓去插秧，老百姓会参与到我们的比赛，还有一个主持人就是在中间各种挑事儿。最早我们有两个主持人是聘请的，三个人搭档了五六年，差不多 2013 年以后，因为待遇问题他们就走了。

  《欢乐傣乡行》是我们台里开播时间最长的节目，本来之前就说要下了，感觉西双版纳就这么大点，一直都是我们这批人在做，很疲惫，说要创新还不是这样来来回回折腾。之前提议考虑换档节目来做，结果有一次州里开人民代表大会，人大代表提了提案不准下这个节目。他们认为这档节目应该保留，群众很喜欢。我们这个节目是周播，每期 30 分钟，首播一次，之后重播。老百姓首播是必须要看的，第二天中午 12：30 重播，不管是在田间地头，一到点就赶紧回家来看节目，而且一周差不多每次重播都会看。

  有些粉丝看我们的节目会打电话来跟我说，哪一期衣服穿得特别好看，每一期穿什么颜色的衣服他们都记得，这一点我很佩服他们的。老百姓也有竞争意识，比如说我这个村子上了《欢乐傣乡行》，另一个村子也要上。之前我们电话都接不过来，好多村子排不上，节目积压着，拍回来后后期制作的时间很长，来不及播出就容易产生节目的堆积，后面我们有些电话没有接，就推掉了。竞技比赛和趣味性游戏都是民间做过现在消失的东西，我们现在就给他呈现出来，还有是你们看到的民族歌舞，我们傣族的文化，像织锦、傣陶，这是我们非物质文化遗产，民间的各种手艺人也是我们挖掘的范围。现在的年轻人跟着这个时代走，太潮了，很多东西渐渐没有印象了，我们的挖掘就是把这些东西呈现在屏幕上。

  《欢乐傣乡行》刚开始的时候栏目划分不明显，比如放完一段舞蹈，我们三个主持人就开始评论这个舞蹈，然后再衔接下一个舞蹈。现在我们是分了板块，原来还有三个板块，现在只有两个，中间有《音乐无限》这个板块。大概是

2014、2015 年的时候，这是一个属于歌手的板块，不管是傣族，还是哈尼族、布朗族、基诺族的歌手，我们差不多用一年多两年的时间，把这些歌手做完了，没有新的歌手了，就停了。我们之前是有这些歌手的资料，这样就可以跟他们联系，歌手们很配合，他们会来台里，我们就找个地方录制，大家坐下来聊天谈论他的歌曲、创作经验、音乐生涯等等，然后节目里会播放歌手有代表性的音乐。这些歌手的音乐风格有过去比较传统的，也有现在比较流行的，栏目也是为了激发年轻人爱好音乐艺术。《音乐无限》是一个小板块，大概时长有六七分钟。我们这个节目本身就是和文艺相关的，当时想的就是把这些歌手融进来，所以就有了《音乐无限》这个板块。另外两个板块是《神奇傣乡》和《傣乡舞韵》。《神奇傣乡》是介绍陶艺、织锦这类民族文化艺术的小专题片，《傣乡舞韵》拍摄舞蹈，我们的栏目不固定，还包括一些吃喝玩乐、饮食文化都放在《神奇傣乡》里。一般《神奇傣乡》就是七八分钟，《傣乡舞韵》是 15~20 分钟之间。

1997 年我就去电视台工作了，最早是在勐腊县电视台。我原来是在州师范读书，读的傣汉双语专业。之前勐腊县电视台也有民语节目，在傣语新闻做主持和记者，勐腊县电视台傣语节目是 1995 年开播的。勐腊电视台的傣语节目主要是新闻，综艺也会做一点，但是平时不做，只有到泼水节了才会有，因为泼水节是我们重要的节庆，所以会穿插些我们傣族群众过节的场景。2004 年，我才调来州电台，开始做播音，待了一年，2005 年就来电视台了，刚开始是在民语译制中心，先是播《西双版纳新闻》，后来又播《新闻赶摆场》，之后还做了《勐巴娜西》，这个节目也是一个专题片。我过来之后做了两年《勐巴娜西》，后面《勐巴娜西》就改成了《勐泐风》，2009 年改成了《欢乐傣乡行》。

（访谈时间：2018 年 1 月 14 日；访谈人：赵亚净；整理人：赵亚净）

（七）岩叫访谈记录

访谈对象：岩叫，现为景洪市电视台民语译制中心主任。工作时间：2008 年至今。

我们景洪市台民语节目目前来说有两档节目，一个是从汉语翻译来的《景洪新闻》，一个是《一起学傣语》。哈尼语的节目我们没做，主要是傣语。

傣语版《景洪新闻》在 2006 年 8 月 12 日开播，是景洪市电视台最早开播的傣语节目，从开播初期的每周一组新闻逐渐发展到每周两组新闻节目，期间增加每周播出过三组新闻节目。我是2008年才来电视台的，当时这个栏目已经开播两年了，听岩伍腊老师说老百姓反映我们景洪是西双版纳州府的所在地，当时我们勐海县和勐腊县都开播了傣语栏目，我们景洪市市台还没有。"两会"期间，人大代表和政协委员都反映了这个情况，我们的傣语新闻才开播起来的。以前市台这边的想法是州台那边已经开办民语栏目，景洪市台这边就没有必要开了。后面，市台这边经过考虑最后还是觉得上这个节目。

《景洪新闻》（汉）是周一、周三、周五播出，《景洪新闻》（傣）是周二、周四、周六播出。以前我们这边人多的时候，有七八个人，我们是参与采访的，自己去找关于本民族的一些生活生产的新闻，自己参与采访。后来，大概是2010年开始，因为一些其他原因，人员就开始慢慢流失，现在就剩下我们两个人在这个部门了，傣语栏目只剩下我们两个人在弄，《景洪新闻》（汉）播出以后我们就按照它播出的稿子资料来翻译、编辑和再播出，简而言之就是汉文版的再版。我们的《景洪新闻》主要是本地民生类、时政类新闻，其他的就是各种重要的领导人活动和会议之类，反正汉语那边什么内容，我们就是什么内容。之前，刚开始的时候每期《景洪新闻》是10分钟，2013年左右，因为新闻多了，汉语版的也改了，我们的傣语新闻就增加到12～15分钟，具体时间也没有固定，因为我们民语中心只有两个人，所以我们都是按照汉语的资料来翻译，我们不参与采访，人太少了所以无法参与采访。2013年前我们传统新闻的同期声比较少，我们就是去采个画面，然后回来自己配场外。2013年后，同期声的内容会比较多，就是采访对象说什么，我们就录什么，回来就自己剪辑了。如果是汉语采的，汉语那边会用这些，但是我们傣语这边，就会翻译，另外还会消音之后再配音。2013年，就在时长和同期声方面做了调整，之后就没再改过，一直持续到现在。

2009年11月至2010年12月，我们也开办过以种养殖业为主的内容《傣语农村科普》栏目，因为人员的流失，我们这个节目只开办了一年就停播了。当时播出的时候是每个月两期，一期时长30分钟，有些科普内容长的，比如说种植方面的内容有1个小时，我们就把它截成两期然后进行播出，周天晚上7点播出。但是如果一个完整的科普内容太长的，我们也会截成几段然后每个星期天晚上播出，这个节目播出时间当时也不太固定，具体还是要以播出部那边决定，我也不是很记得了，我们这边就负责翻译、配音和剪辑。2008年我刚进来的时候，还是实习生，就跟着岩伍腊老师一起做。这个栏目刚开始是和农业局一起做的，前面协议是一起去农村采取素材和资料，后面他们农业局那边提供给我们光盘，开办了两三期左右，因为经济方面的原因协商不一致，农业局就退出了。后面我们播出内容有些是自己下去农村采，比如说关于养鱼方面的内容，还有一些是电视台里面的社教部门负责帮我们买光盘，然后我们这边按照一期节目播出时间的长短来进行剪辑。不管是农业局还是社教部门提供的光盘和材料都是汉语版的，我们这边就负责进行翻译，然后把光盘自带的声音消掉，再用傣语配音，字幕的话还是汉语。

因为有一些老百姓，他们虽然懂傣语，但是都是只会听和说，不会写和看，相反，有些还能看懂汉语。但是我们自己下去采的内容就是傣语进行采访，因为都是关于本民族的东西，栏目也是针对本民族的，所以下去采访我们和老百姓的交流也是用傣语。播出大约一年后，2010年我们这边走了三四个人，因为人手不够的原因，这个栏目就停播了。因为这个栏目和老百姓的生活更接近，我们平时和受众也会有一些互动，有些老百姓有田有地的，但是他们只是传统的种植，根本不会用新技术，通过我们的节目他们就可以学到一些技术。当时有关部门还比较重视老百姓的农业种植，所以有关部门的领导和老百姓都还是比较喜欢我们这个栏目的。这个栏目很受欢迎的，当时我们下去采访的时候就会有老百姓说"诶呀，你们这个栏目开办的好，我也学会怎样养殖怎么种植了"之类。因为节目很受欢迎，我们停播前也和台领导、政府反映过必须有这个栏目，但是因为我们编制有限，聘用的话人家又不愿意来，我们也没有得到台里面更多的支持，这个栏目就停止了。

还有一档栏目是《一起学傣语》，是教学栏目，就是教学傣语的节目。2017年6月我们就在筹备这个节目了，差不多半年时间才敲定方案。当时因为政府那边下文件，学校都要求开办双语教学，所以电视台这边也要求做。要准备内容、教学方案都是我们两个人在做，我们也不懂摄像这块，设备我们不会用，那些技术人员都在忙也顾不上来，所以一直到去年12月底节目才开播，这个节目是每周四晚上8：15首播，时长三分钟，因为教学时间不能太长，这样量会很大，人们记不住，每天都有重播，重播时间紧接在《景洪新闻》（汉、傣）后面，到现在播了三期左右。《一起学傣语》有两个主持人，一个是我，另外一个是我们汉语那边的播音员，栏目的形式是我教你来学，就是我们有一个互动，我来教你傣语，你跟着学。这个节目没有字幕，因为我们的栏目是在室内录制的，这个和州台那边的不一样，州台那边是户外录的，我们可以使用电脑和屏幕这些，我们把教的内容写在电脑屏幕上，就不专门打字幕了。和州台那边的节目差别还在于州台那边就教一点基础的声母、韵母，我们这边的话更注重互动和对话，除了教基础知识，还会有场景对话，比如接待、问路这些。

因为傣族比较喜欢唱歌、跳舞这些，我们这边也有想过要弄一点关于娱乐方面的节目，但是因为人手不够，只是有想法，根本实现不了。市台只有电视，没有广播节目，广播就只有州台在负责。新媒体的话，我们现在在弄一个微信公众号"雨林景洪手机台"，民语节目在"栏目点播"里面，内容是电视台播出的内容，我们电视台放什么我们就在上面更新什么，其他也没有专门的原创内容。

（访谈时间：2018年1月17日；访谈人：赵小咪；整理人：赵亚净）

（八）岩焕访谈记录

访谈对象：岩焕，先后在西双版纳电视台任新闻中心记者和文艺中心节目主持人。工作时间：2008年至今。

2008年我从云南民族大学新闻学院毕业后就来了西双版纳电视台，2009年1月份过来的，最开始在新闻中心做新闻记者，2014年调到文艺中心，那时文艺中心正好缺一个汉语直播节目的主持人。我和罗羽蓓老师有一档广播节目《与你同行》，当时我也有这个愿望去尝试做主持人，就申请来了文艺中心。我们这边人是比较紧张的，依金坎老师一直在做，她当时提出来节目可以加入男主持人这个角色，那个时候我也想多一条打开的渠道，让自己的事业更宽阔一点，本身我就是傣族，在语言方面也有先天优势，2015年，我就开始做《欢乐傣乡行》主持人，依金坎老师从节目开播起就是主持人。我现在做的节目就是广播节目《与你同行》和《欢乐傣乡行》，还有一档《学傣语》的节目。

2015年，我和玉应罕开始做《学傣语》节目，做完一个周期后我们基本把声母和韵母教完了，正好是一个周期节目需要新的调整，我们的电脑设备也出了问题，节目新改版的问题一直没有落实下来，所以耽搁到了现在。现在我们的设备已经准备完毕，可能州庆回来之后就要落实《学傣语》节目。新的节目和以前的《学傣语》在内容、形式、逻辑上可能会有一些变化，以前的录制比较简单，我们在外面支一块白板，用手写字，把字写出来之后教大家怎么读，然后是这个字母和韵母拼在一起之后会成为一个什么词，这个词什么意思。我们现在要转到演播厅来录制，户外会受到自然因素的制约，刮风下雨或者外面的噪音就会影响录制，但是我们还是坚持做完了26期，做了有大半年的时间，过了2016年初差不多做完了第一期，虽然说后来我们的节目不再录制了，但是在这个节目我们一直没有停播过，我们这个节目一直在滚动重播。

这个节目是碎片知识型的，随时可以看随时可以学，学到多少是多少。每期节目5分钟，每一期会教一组声母、一组韵母，由声母和韵母组在一起成为一个字，然后告诉大家这个字是什么意思。知道这个字是什么意思后，我们会把它升级变成一个词，变成一个词之后再扩充成一个句子。这个节目当时的定位是针对全民学傣语的节目，根据人们对傣语掌握的不同程度，每一期节目都是一个由简到难的学习过程。观众会根据自身的情况，最基础的、完全不懂的可能就从声母、韵母开始，有了傣语基础但是不认识字的又可以开始学习认字，有些人基础更好就可以学词语，基础更好的又可以学句子。虽然节目只有5分钟，但是内容比较全面，观众可以根据自己的情况来选择加强哪部分的学习。

我和玉应罕搭档做《学傣语》的主持、策划和撰稿，什么都要做。你刚才也参加了我们的编前会，你也知道，我们现在很多时候人员是不够的，每个人都要充当很多的角色。（录的时候有没有观众在听？）我们当时没有考虑，每期要找观众的话可能对我们来说很费时间。我们前面录制的《学傣语》很简单，只是教大家学而已。

之前《学傣语》一直是在帮助大家巩固声母、韵母和认字的问题，我相信关注我们节目的朋友可能有了一定的基础。我们现在想把节目推到一个更新的高度，西双版纳的傣族在这里生活了成百上千年，在这个过程中文字、语言也是有自己的总结和提炼，在生产、生活中我们傣民族有非常经典的谚语、格言，谚语和格言是民族语言的精华部分，它可以生动地具体地展现这个民族的人生观、世界观、价值观，或者是生活的智慧。我们新的《学傣语》可能会准备通过节目传播傣族的谚语、格言，是非常具有民族特色、生活智慧的一些内容，不光是让别的民族了解这个民族的智慧，也要让我们的很多年轻傣民族观众再学习和再掌握我们自己本身语言的精华部分，这就是我们新版《学傣语》的思路。关于谚语、格言的资料都是有的，我们这样做也是因为像这样的文字、语言缺少一个传播渠道，现在很多年轻的朋友较少有渠道去接触这些。我们认为其实是非常经典的东西，现在又有这样一个平台，我们想借助这个平台告诉大家我们这个古老的民族的文化有多么经典，多么生动，多么有智慧。

新版《学傣语》在形式上也会有变化。以前我们在户外录,其实是两个人在黑板的两侧,玉应罕用傣语教,我接着用普通话解释。我们现在初步的想法是营造更加轻松、随意的场景,我们坐着聊天,聊着天告诉大家知识点。提前要写好剧本,但是剧本不会写得太具体,也是希望为了给主持人和嘉宾提供一个随意聊天的氛围,我们写好脚本,有一个方向性,但是对主持人和嘉宾来说,你所要表达的或者说你所要传播的就要你自己来具体完成。

《学傣语》的节目影响力非常大,可以说播出之后,从政府领导到普通老百姓,都知道这档节目,而且都能说出我们节目的口号"每天坚持五分钟,学会傣语很轻松"。节目最大的特色就是双语,可以说这个节目也开创了一个全新的模式,在全中国还没有哪一家像我们一样用汉语普通话和傣语做节目的模式。这个节目短、频、快,每期5分钟,避免了大家学习过程中会出现疲劳,很多观众看完之后也会说:节目好短,可不可以长一点,还没学多少就结束了。其实,我们想要的就是这样的结果,让大家意犹未尽。我们当时的定位是吸引大家,让大家感兴趣,我们的目标也达到了,节目播出以后可以说掀起了整个西双版纳州学习傣语的热潮,不光是傣族人民,汉族、哈尼族都拥有了学习傣语的热情。首先,很多朋友会找我来要节目资料,汉族、哈尼族朋友很多来要的;其次,我们当时去到很多乡镇,这些县级的或者政府单位直接用文件形式号召大家开办傣语学习培训班,用各种形式教授傣语,公益组织、社会组织也举办了类似学习傣语的培训机构。像嘎洒镇就是这样,我在朋友圈看到了这个文件,嘎洒镇也是傣民族聚居的一个比较大的乡镇。这档节目的播出唤起了大家学习傣文的意识,尤其是傣族青年。

还是回到我刚才跟你说的,正儿八经要从这个节目里学到什么,我觉得内容有限、时间有限,不会有太多的具体的东西,我们很高兴唤起了大家学习的热情。一档节目5分钟,除了内容以外还有主持人的聊天、串场,这个没有太多深入的内容,而且电视传播有自己的局限性,一播就过了,不能自己保存,我们更多是定位为一种娱乐节目,让大家看了开心、高兴,让大家被提醒到我是不是应该去学一下傣语。

我小时候也学过傣语,但是后面的都是自学的。我们西双版纳州是小学阶段有傣语教学班,初中、高中之后就没有了,到大学,除非报了傣语专业,你才有机会去学。所以现在为什么《学傣语》会引起共鸣,也是因为大家缺乏一个学习的渠道和平台。西双版纳现在有很多学校就没有教傣语的一个地方,所以我们很多人要掌握傣语就得自己去找老师学或者自学，这个比例比较高。尤其是我到了西双版纳台这个地方，我有很多好的资源，有那么多前辈，我可以很好地借助这个资源向他们学习。我之前傣文掌握很差，因为没地方学，完全靠自学。

我有时间也会和刀光华（傣语名岩岗）一起走村串寨去拍摄。我们是男女主持人出镜，经常下乡的是岩尖、岩岗、岩哈和李普，他们4个负责前期拍摄和后期剪辑。我们节目主要是口播，主持人只是做个串场，很多时候我们不需要亲自下村寨，除非说节目需要现场主持人，这样我们才会下去。有些需要现场感、参与感的活动就需要主持人了，我们就会出现场，也是告诉大家我们在哪里，这里的人在干什么，出镜就像新闻现场，这样就会给大家一种身临其境的感觉。2015年傣历新年，我刚开始参与《欢乐傣乡行》，业务能力还不熟练，出现场总是出错，想表达的意思没说完，播音的时候"吃螺丝"。那时候还好不是直播，是录播，我总是出错，不停重来，我的同事很有意见，就差支个摄像机给我自己录了。

我们出去也会经常遇到粉丝，依金坎老师的粉丝表达得比较强烈，我一般出去遇到的粉丝都会非常礼貌地说出我的名字。我们经常去总佛寺录制，当你走进那个地方的时候会有一种肃然起敬的感觉，尤其是总佛寺是西双版纳最高级别的寺院，举办的很多活动规格很高，让你视觉上有震撼的感觉。在那种场合你会看到很多小时候或者平时看不到的仪式，佛家文化会鞭策你，还有很多东西要去学习，了解自己的文化，尤其是作为一个文化工作者，如果没有更加深入的了解和积累的话，未来的工作可能不好开展。在佛家寺院我们会更加注重言行，佛家规定你什么区域要脱鞋、做什么动作，感受之后会更加严肃看待这件事情。佛家寺院对很多傣族人来说是非常严肃的场合，像佛台我们是不可以进去的，进入寺庙一定要脱鞋的，见到佛爷一定要表达你的礼仪和敬意的，所以跟去乡下拍摄不一样，在这个地方更加严肃，生怕打扰或者违反宗教里的礼仪、规定。我们在做涉及宗教的节目时，因为宗教也是一个敏感的话题，我们在内容上要非常小心，在传播、敬仰它的时候也要为我们工作的合理性、被接受度做好准备，避开风险。如果我们了解不到位，就把节目播出去了，那就会引起很大的争议，甚至是被批评，尤其是宗教界也会看这档节目。你说的东西和佛家传承已久的仪式、文化有相冲突的时候，肯定会成为一个众矢之的，我们在做节目前都要进行研究，去论证能不能这样做。宗教报道一旦出错，后果会很严重。

除了我们现在做的这几档节目，周杰老师还会做一些电视散文。电视散文区别于文艺歌舞，我们的节目也是要有思想性的。

（访谈时间：2018年1月14日；访谈人：赵亚净；整理人：赵亚净）

## 五、哈尼语电视

### （一）蓝培、陈继明访谈记录

访谈对象：蓝培、陈继明，蓝培负责播音和翻译，陈继明负责摄像。两人1997年进入西双版纳州电视台工作至今。

我们两个是1997年一起进来的，有三个人，当时是作为先来学习的学生，正式进来是在1998年3月。以前招人是在全州范围内广播、电视上公开招聘，我们看见就来了。经过考试面试，就选上我们三个，后来还集中培训了三个月，培训文字和语言，是冉南老师教我们。三个月以后有正式考试就考进来了，蓝培和梭门负责播音和翻译，陈继明主要负责摄像、编辑和翻译。我们刚到的时候电视只有《西双版纳新闻》，后面有几分钟国际新闻。

当初我们就是为了要成立一个民族语译制中心，电台当时已经有民语组了，招我们这批人就是要加强电视的译制工作。之前哈尼语电视这边就只有两个人还是借用电台的人——冉南和白虹，没有正式职工。以前人实在不够的时候，梭飘也来播过，总之电视这边没有专门的编制人员，都是从电台那边临时抽调的。我们这批招进来以后，1999年4月9号就成立了民族语译制中心，用我们这批人来加强电视的制作。我们进来的时候，用的设备是线编，要剪辑得一帧一帧地找，是手动的，我们翻译的稿件都是去新闻中心手抄上来自己翻译的，抄成一式两份，傣语一份，我们一份，然后翻译。我们三个一进来就开始学习翻译工作，后面我们就分工合作了。成立译制中心以后州里就比较重视，我们这批应该就是最后一次农转非，是特批的。

《西双版纳新闻》以前一周只有一组，后来一周有一两组，到1998年就是一周三组，周二、周四和周六，隔天播，我们是周二、周四、周六，傣语是周一、周三、周五，一直到2000年开始创办一个节目叫《山寨欢歌》，这个节目就是现在《咚吧嚓》的前身，然后我们哈尼语电视也就是在那个时候正式推出去的。在此之前，电视这块从来没有娱乐综艺节目，《山寨欢歌》是西双版纳第一档哈尼语综艺节目，涉及歌舞、民族风俗习惯、节庆、服装等。

在我们前一点有一个节目叫《美丽傣乡》，是傣语那边的。当时牵头做《山寨欢歌》是梭开（已去世）老师牵头，主要成员就是我们三个。当时人员扩充起来了，不能单单做新闻了，在做好新闻的同时，还要想办法开办一档真正属于我们哈尼族自己的文化娱乐节目，筹办前我们还是到村村寨寨里到处去走走看看，去踩点、采风了好长一段时间的。当时我们也跟电台的前辈们沟通交流，大家都觉得有可行性，最后就跟台里沟通，在2000年1月推出《山寨欢歌》。推出去真的是太火，我们部门的电话都要被打爆了，因为之前哈尼语组这边就没有这样的一档节目，也不像现在手机电脑很普及，当时人们要获得更多的信息和娱乐更多就是依靠电台和电视台，特别是电视台。那是电视最红火的时候，什么节目、电视剧一推出，大家都是守在一起追着看，我们推《山寨欢歌》的时候正是没有后来新媒体冲击的时候，所以火爆程度可想而知。

我们这个栏目刚刚推出不久，当时章波（哈尼族著名歌手）想推出一张专辑，机缘巧合下我们就认识了，碰在一起，然后我们节目组就一直跟踪他，拍摄他如何做哈尼语专辑。我和他是专辑里的唱歌搭档，我还是节目主持人，所以这个节目一方面捧红了章波，另一方面我们栏目因为章波的红火更加受到欢迎，双方是相辅相成的。

现在我们去寨子里面，听老百姓说还是非常认可我们这个节目的。80年代因为交通、通信不发达，经济发展不起来，山寨安静了太多年，就是这档节目的出现让安静的山寨热闹起来。

一开始是我们自己找，看哪个寨子有什么节日要过，唱歌跳舞等，这些可以采和播的内容，后来是其他寨子看见也要这种做，就跑来联系我们去拍，再后来服装什么的都开始慢慢地统一了，就更好看啦，这样就调动起了山寨的积极性。后来相当于是通过我们节目调动起了大家的积极性，以后什么单位要去开展工作都好干，而且我们栏目还带动了山村的娱乐生活。

老百姓认识我们说实话就是通过节目，我很感谢我们《山寨欢歌》，我们一直在享受明星的待遇。红到什么地步，就是当时我们进寨子时候，有两口子在吵架，一听见说我们来啦，架都不吵了，来看我们。还有就是哈尼族自治乡的乡代表选举，当时是选到章波和蓝培，已经红到这个地步了，东南亚这一片基本上都认识，我们还被邀请到缅甸去参加活动。

后来到2003年，因为台里整体的调整，就把我们的《山寨欢歌》和《美丽傣乡》合并为一个栏目就是《勐巴娜西》，当时政府提出西双版纳勐巴拉娜西，我们相当于是顺应形势走，栏目就改变了，傣语和哈尼语就合并在一起了，一次播30分钟。《山寨欢歌》是半个月一期，一期15分钟。后来傣语和哈尼语就在一起做，做到2005年，《勐巴娜西》就改名为《勐泐风》，也跟着傣语一起，是同一个栏目但是有两个语种。后来到2010年我们又分开了，也是台里的一个大调整，傣语这边又分出去了，而且现在叫《欢乐傣乡行》。为了做好这个节目，还专门成立了一个文艺中心。我们这边就做了现在的《咚吧嚓》，一开始的时候我们做《咚吧嚓》也是半个月一期，一个月两期了，每期时长15分钟。做到2011年的时候我们就开始搞成周播，因为老百姓说不够看，主动打电话来或者我们下乡时候就告诉我们，还会跟人大代表提，专门反映我们这个栏目时间太短，半个月一期太少，不够看，所以2011年就调整为周播，一集20分钟。

虽说一周20分钟的节目对于我们来说压力有点大，但我们把这个节目坚持下来了。国际哈尼阿卡研讨会我们去参加了好几届，这个会是缅甸、老挝、泰国的人都会来的国际会议，像红河、墨江、绿春好多地方都去了，我们也去参加拍摄回来做节目，当时反响挺好。2012年两台合并的时候对我们哈尼电视的栏目没有什么大影响，影响比较明显的就是人员扩充吧，电视人员这边到后期就增加了罗五一，是2011年左右来我们这里一起做《咚吧嚓》的，其他人员就不固定了，一开始是只有冉南老师和白虹，后来1998年我们三个就来，再后来栏目多人员不够，就招了曾宁和张青。现在还缺播音员，目前我们用的是聘用的三妮，她本来是广播播音的。

1998年的时候就只有一档《西双版纳新闻》，周二、周四、周六播，到2011年除了《西双版纳新闻》周二、周四、周六播出以外还增加了《新闻联播》，也是周二、周四、周六播，然后到2015年《西双版纳新闻》又改成日播，就是周一到周五每天都播，然后《新闻联播》不变，在此基础上星期六又增加了哈尼语版《新闻赶摆场》。到2016年增加了《周末电影》，在周天播出，2017年4月又新增了一个新栏目《西双版纳警方》，半个月一期，属于通稿，汉语、哈尼语、傣语都有。新闻类节目都是通稿，三语通用。《周末电影》就是我们自己译制播出的电影，也是很受欢迎，像我们下乡的时候，老百姓就会跟我讲剧情，哪个哪个怎么样，哪部片子好看想再看等之类的。还有就是关于党的十八大和十九大的报告我们都是全文译制播出，不会删减，改动也是有些语言习惯上的细微调整，意思不变。2006年我们在《勐泐风》里还专门做过一档关于哈尼美食的节目,在周播里面每一期就教做一道菜,还得了全省十佳。

现在《咚吧嚓》是周播,每期20分钟,前面的3~5分钟是专题,是我们在节庆期间去现场采录的歌舞视频,还有就是去山里找老人唱录哈尼古调或原生态歌曲,作为未来的素材存储起来,就是在专题后面用。我们摄像有三个机位,然后采回来就先要写稿子,把稿子写好之后再编辑,一组视频想要编好也要两三天,编好以后就要制作串词和口播头。

以我们上周去孟连为例吧,我们上周去孟连过嘎汤帕节是因为他们已经来邀请三年了,因为这个栏目对外影响很大,所以孟连县的哈尼族协会专门来邀请我们去做一场节目。现在不像以前那么受欢迎,现在我觉得对我们冲击比较大的就是新媒体。孟连县的人了解到西双版纳台有这样一档栏目可以对外宣传,所以就来邀请我们,第三年了,但是因为之前的官方的嘎汤帕节都碰在一起我们就没有办法去,今年本来也是碰在一起,是因为他们为我们调整了日期,所以我们就在勐海结束后立刻赶往孟连。孟连这边真的是非常热情啊,为了我们调整过节时间。去到已经是晚上了,先去跟工作人员沟通明天节日要怎样做,第二天就开始正常架设机位录节目,当时人就从村口一直排到嘎汤帕广场,虽然只是村寨的嘎汤帕节,但是听说老百姓知道我们要去就基本上都来了,哈尼族、傣族、佤族、拉祜族都来看,全是民族服饰盛装出席。表演的节目形式有唱歌跳舞,还有小品节目,我们自己传统的更多是对歌、唱跳,但是现在受到其他文化的影响我们也有了民族语编排的小品,还有快板等。整个节目录制了一天,当天就住了一夜,根据我们栏目需要陈继明就做了口播和串词,然后就上台表演了一首歌曲。当时他们特意为陈继明准备了一套服装。说起服装,我们所有服装都是老百姓无偿赠送的,就是希望我们穿着主持节目,多给大家看见我们哈尼族自己的民族服饰,来传播我们的民族文化。

(访谈时间:2018年1月17日;访谈人:李思颖;整理人:赵亚净)

## 六、新媒体

### （一）柏楹访谈记录

访谈对象：柏楹，现西双版纳州广播电视台新媒体中心主任。工作时间：2007年至今。

我 2007 年到西双版纳电视台，当时是新闻中心时政记者，负责汉语新闻的采编工作。2010 年，我竞聘为电视台新闻中心副主任，负责新闻采编和审稿工作。2012 年两台合并后，我竞聘为广播电视台新闻中心副主任。两台合并对我们的工作影响不是很大，当时就是有一个磨合期，主要考虑广播电视融合在一起，什么样的工作效率比较高，比如说出去采访一套人马就够了，这样存在一个磨合期。我负责的栏目一直是《西双版纳新闻》，广播的《景洪之声》也做过。

2014 年下半年，出于台里面工作需要和个人的意愿，我到了新媒体中心，开始做新媒体中心的主任，负责新闻编辑和审稿。2014 年下半年我到新媒体中心，微信公众号是在我负责的，微信公众号是一个大趋势，大家都在走媒体融合的道路。现在是小屏时代，特别是 4G 网络的覆盖和普及，手机是大家现在获取信息的重要渠道，所以说传统的电视媒体也要通过一些新媒体平台来拓展自己的业务，通过平台的发布抢占媒体平台市场。开始做微信公众号的时候没有民族语部分，后期才开始有民语的音频推送。刚开始做微信公众号就是把我们所有的栏目推到新媒体平台上，让大家通过新媒体可以看到，没有说重点要强调谁，或者不强调谁，我们就是一个平台，我们就是把我们自制的、优秀的、精彩的节目上传到这个平台上，不存在说更重视谁。

新媒体中心 2017 年以前有三个人，我是其中之一。直到 2017 年 9 月，我们这边新招了人，由原来的三个变成了五个——我、潘欢欢、肖高亮、玉香儿、黄启丽。现在我主要是负责统筹部门的工作，还做一些新闻编辑和审稿的工作。肖高亮和潘欢欢是编辑，主要做稿件的编辑和微信平台的发布工作；黄启丽和玉香儿是负责网站和 App 上传节目，目前是这样一个工作安排，不过我们都是灵活安排，这个也只是暂时的，说不定下个月就轮换了。

我们这边的民语栏目主要有两个——《听傣乡》和《哈尼天地》，这两个栏目都是 2017 年 3 月份开办的，差不多同时开办，从一开始两个栏目都是固定的每周一期推送,《听傣乡》周五推,《哈尼天地》周六推,这样的模式一直延续到现在,没有什么改变。微信公众号里面没有节目时长的说法,这两个栏目都是以音频的方式推送,然后我们这边是汉语编辑,主要介绍一下本期节目的主要内容,结合民语译制中心提供的音频,编辑成一期内容就上传了。

之前是我们就是把所有的新闻栏目上传到网站上,这个是从 2014 年前一直都有的,当时具体的负责人我也不清楚。台里面真正意义上开始做新媒体是在 2014 年,网站是早就有的,大致是 2012 年年底。那个时候,网站上就都有民语译制的新闻节目和我们的原创节目,比如《西双版纳新闻》《新闻联播》傣语和哈尼语译制,《西双版纳警方》《新闻赶摆场》《咚吧嚓》《欢乐傣乡行》这些节目,只要是自制民语栏目我们都会把它放上去。那个时候我们这边也没有严格意义上的新闻编辑,这边没有会民语的工作人员,就是把整组的新闻或者节目放上去,自己在推送上简单地加一两句介绍,比如说这期是几月几号的傣语新闻,会有一句话说明,仅此而已。这句话是用汉语来写,视频的话是制作部门提供什么视频我们就用什么视频,不会对他们提供的内容进行编辑。

2015 年,"爱上西双版纳" App 上线后,网站、"爱上西双版纳" App 和西双版纳手机台推送的内容都是同步的,但是去年微信公众号新开了"听傣乡"和"哈尼天地"这两个栏目,这两个栏目只有在公众号上有。"听傣乡"和"哈尼天地"主要是广播节目,因为他们提供的素材是审核过的,我们听不懂,所以只能保证音频的完整性。微信公众号里面的"官方发布"和"影像傣乡"这两块内容是不固定的,这个跟少数民族语言节目没有关系。

2014 年下半年我们开通微信公众号"西双版纳手机台",当时我们也没有开通民语栏目,就是把民语的电视栏目上传上去。这个时期微信公众号的内容和网站上上传的内容是一样的,这样的模式一直到 2017 年,我们才在微信公众号上开通了"听傣乡"和"哈尼天地"两个专题的民语栏目。但是这个内容也不是我们这边的原创内容,主要是民语译制中心那边提供,他们提供什么内容我们就播放什么内容,"听傣乡"是周五下午推送,"哈尼天地"是周六下午推送,比如说哈尼语他们提供的广播剧是多长时间,我们的音频就是多长时间。我们是负责汉语的,没有会少数民族语言的编辑,也听不懂,只是说这段音频我们听一下播放有没有什么问题,我们是不知道讲什么内容的。音频是少数民族语言,给的文字解说是汉语,民语译制中心那边给我们提供音频的时候会和我们讲这段音频讲的是什么,然后我们用汉字编辑就可以。这样的模式就是说民族语的音频便于少数民族群众进行收听，因为很多少数民族文化也会存在流失，同时对少数民族文化也是一种推广，因为这个还有用汉语来编辑，告诉不懂民族语言的人们这个传说在哈尼族或傣族那里的寓意，以及为什么会有这样的传说，这个故事讲的内容是什么，起到告诫大家的一个目的，都会用汉语进行编辑。这两个栏目的模式都是这样。

微信公众号上有一个官方发布，里面的内容就是电视台那边播出的节目，比如《西双版纳新闻》《新闻赶摆场》《西双版纳警方》这些傣语和哈尼语译制的节目都会在上面以专题的形式呈现。直播就是一些晚会、大型活动、民族节庆活动之类的内容，这里面也不说全部是民语或者汉语的节目，在少数民族的重大节目和活动的时候，主持人的主持词一般是民语和汉语双语播报。比如，嘎汤帕节活动，就是用哈尼语和汉语同时主持。正式一点的晚会一般就是用汉语主持，像六国艺术节，就是汉语、傣语和英语三种语言主持。不同的节目，会使用不同的语言。

其实我们新媒体只是一个平台，关键是他们节目制作中心有什么内容可以放在这个平台上，我们不是节目生产者，只是节目的搬运工，只是负责上传和编辑，有什么内容要更新我们两个部门可以一起讨论，但是有什么新的内容要推送这个得去问他们有没有适合的内容。因为内容制作是他们负责，我们可以协商，但是我们这边没有懂民语的工作人员，所以我们这边暂时是不会制作什么原创内容的。我们只是负责开拓新媒体的平台，然后这个栏目如果是适合在新媒体平台上传播、有好的传播效果，那我们就会放在新媒体平台上，我们只是后期对版面、版式的编辑和内容的上传。有什么好的新的更适合的内容，那是制作部门的事，是他们的工作，他们最清楚。

到2017年，新媒体平台的运行越来越成熟，也感受到新媒体是一个比较好的传播渠道，希望增设一些固定栏目，所以民语译制中心和新媒体中心两个部门就协商了一下，建议在平时推送的自制节目基础上再增加音频节目。因为放音频相对比较简单，视频的话微信公众号要审核就比较麻烦，限制比较大，而且视频制作有一定的难度，要耗时耗力，为了保证每周能够推出一个节目，觉得音频节目更合适，所以就把广播这边制作的一些广播剧拿来推送到微信公众号，"听傣乡"和"哈尼天地"应运而生。

我们的工作很多，民语栏目只是我们工作的一个部分，没有哪个是重点的概念，所有的栏目都是我们的重点工作。但平时，我们的重点还是新闻推送，毕竟电视是新闻立台,所以新闻方面的工作还是多一点。但是新媒体这边目前有没有增加新的节目的想法,这个不是我们能决定的,要制作部门那边提出来,然后与我们协商。双方都有这个意向,但是制作部门那边首先有这个想法,他们有东西推,至于能不能推再跟我们协商,我们这边来决定是否可行,什么样形式的内容会比较好。内容是基础,平台能不能上、能不能做我们再来协商,所以说有没有新节目要去问他们。

微信公众号上民生新闻的评论比较多一些,时政类的新闻几乎没有评论了。我们微信公众号整体都不多,"听傣乡"和"哈尼之声"两个专栏的评论也不多,一般会有忠实听众评论。一般问题的评论我们会进行回复,其他比如反映心情的我们就会精选为留言,不会进行回复。也有后台联系我们想听什么节目或者提供给我们素材的情况,因为我们没有采用过,具体也记不得了。

(访谈时间:2018年1月16日;访谈人:赵小咪;整理人:赵亚净)

## 七、受众及通讯员

### (一)玉光访谈记录

玉光,女,傣族,擅长章哈演唱,曾在西双版纳州人民广播电台参与章哈节目的演唱、录制,现为国家级非物质文化遗产传承人。

我们家以前是地主,我爸爸年轻的时候就会唱章哈。

1973年,我开始学唱章哈,不是跟我爸爸学的,那时候我爸爸长什么样我都认不得。文化馆的康朗宰老师也是我爸爸的老师,我爸爸去泰国之后,他看我长大了,就开始培养我唱章哈。1973年开始学,1975年我开始唱章哈,后面结婚进城,有一段时间我就没唱了。1976年,人家介绍了老倌(丈夫)给我,我来城里,那之后有几年不唱了。

没结婚前我在我家嘎洒那边已经唱出名了,人家还传言说我唱歌唱好了,声音传到了泰国,我爸爸认出了是我,要接我去泰国。实际上都是乱传的,那时候爸爸还不认得我会唱歌。没结婚前,州歌舞团也来找过我,要我去当演员,但是我身份不好,因为我是地主的子女,当时他们照顾贫农家庭,后面招了四个贫雇农出身的,他们学习不好,跟不上节奏,待了不多久全跑了。

我们州广播电台成立以后，1981年，就有人邀请我来唱歌。以前我们州没有电台，他们都是收听外国的，我爸爸当时在泰国清迈唱歌，但是人家不给我们听国外的电台，有些有收音机的就跑去山上听，要不就是在家里面盖起被子躲着听。我爸爸在泰国也是被邀请去电台唱歌，那时候我还不会唱歌，人家个个听到了我爸爸唱歌的声音，个个都喜欢，我心里面很自豪。因为我懂傣文，后面就开始跟着康朗宰老师学。我们寨子还有一个老章哈，康朗宰老师教我，老章哈也教我，等我们这里有了电台邀请我去唱歌，人家就认得我了，我就开始重新唱了，后来有娃娃的时候就没有唱了。

我到电台之后，差不多1984年左右，我爸爸在泰国认出了我的声音，那时候他还写过信给我，还给我寄了录音磁带。我爸爸当时写信来说："不要学爸爸走这条路，爸爸就是因为唱歌不得养你们，不得领你们长大，爸爸就后悔了，错过掉了。"但是我没有听我爸爸的。

1988年我爸爸回来西双版纳两个月来找我，探亲之后就回去了。我爸爸第二次去泰国后找了个后妈，又生了5个弟弟妹妹，我爸爸说当时跑去泰国很后悔，但是当时也不能回来，要把弟弟妹妹养大，爸爸说他一定要再回中国。1997年我爸爸就回来，跟着我住，一直在到2005年去世。爸爸回来后一直跟着我住，不回老寨子了，老寨子也没什么了，我爷爷奶奶都不在了，五六十年代我家的房子、田都被收上去了。我爸爸劝我不要唱歌，我没有听，后来他还写了3本章哈唱词给我。

我年轻的时候到处出去演唱，等到我五六十岁的时候，我就没有再出去演唱了。我们傣族唱歌很辛苦，通宵通宵地唱，以前也没有车，坐班车到镇上还要寨子里的人骑单车去接，唱到天亮再用单车送我们去坐车，坐车就是打瞌睡了。现在我的学生，唱了不过五六年就买车买房子了，每次唱有五六千块的收入。现在国家也重视这一块，个个都想当章哈。我们傣歌都是一套一套的，比如说你想当章哈，就要天天拿着歌词去背。我学章哈的时候白天要干活，晚上看书，想睡的时候倒在床上就睡。天天都要看书的，不学不行的，人家问你你说不出来咋个唱就不好了。现在学章哈也要背书，不过有了手机，可以录下来听，然后学习。

1985年，有缅甸的磁带进来，我们就买回来听，跟着学，我也跟着缅甸的学过。1985年缅甸人来我们这里唱，有时候有人拿录音机录音、复制，我们就天天听，后来就进步了。缅甸人要进来也是偷偷地进来，不允许的，像大勐龙那边就会偷偷请缅甸人去唱，慢慢引进来的多了一点。就是这时候，我爸爸写了3

本章哈唱词给我，他写信说："爸爸这边兄弟姐妹多，爸爸没有什么钱给你，把这些唱词寄来给你，你拿去好好读、好好唱，出去唱唱也会有点经费。"我爸爸1997年回来西双版纳以后什么事都不做，专门写歌，哪个要就送给哪个，我的学生要就送我学生。

1981年去电台唱的时候我25岁，当时是管电台傣语播音的王一中找的我，王一中调走后是省上过来的玉喃捧，再后来就是岩温玛、玉涛，这几个人后面都退休了，我还在唱歌。现在我们还去电台唱歌，不过唱的少了，像泼水节的时候是要去唱的，唱的最多的1981—1985年，好多都是我和岩罕罗去唱的。我的歌电台保留了很多，现在我基本不去唱了，他们还是在放，像故事类的，《赞巴西顿》这些，差不多有20多本了。80年代的时候一分钟给三角钱，唱的和吹笛子的算一起才是三角钱。现在我的学生出去唱歌一晚上订金就是三四千，唱的时候还有消费，听得高兴了，有人会一百块、两百块的摆在桌上。除了故事，我们州有什么要宣传的，电台也会叫我们去唱，像党和政府里方针、政策宣传都会找我们去唱。像报社也会经常登章哈，有合适的电台也会留着，召集我们去唱。有一些也是我们自己创作的。1989年我出过一本书，用傣文写我爸爸的经历，后面有一个民语委老师拿去要翻译成汉文，但是还没翻译出来这个人就去世了。

以前，我们傣族有一种说法，唱歌的人不会富，而且女人结婚以后就不能继续唱章哈，要不然会离婚，到处造谣。以前女章哈很少，现在我的学生有好几个都离婚了，老倌（丈夫）不给唱，老人就反对女人唱章哈。现在国家政策好了，个个都想当章哈，农村里多了，八九十年代的时候女章哈基本没有，我老倌是良心好，我去哪里他都不太管。

我去电台唱的时候喜欢我唱歌的人也多。我去寨子，有个老人说天天听我唱歌，本来她小孙子赌博输了100万元，老人不想活了，听着我的歌心情就好了，她说一个喜欢太阳，一个喜欢月亮，一个喜欢我的歌。我们到电台唱了以后，更多的人知道我们了，当时泰国还能收到，像我爸爸在泰国就是听到电台里我唱的歌认出了我。去电台唱歌之后我的收入也慢慢高起来了，100块、150块，慢慢涨起来了。

我好早前就开始收徒弟了，1997年的时候吧，刚开始一个徒弟收300块，现在是500，包括傣字我都要一个一个地教。我的徒弟不多，不像岩帕和岩罕罗，他们在农村，白天干活，下午就背点菜去找老师学。原来我开餐厅，我徒弟不想在家想跟着我来学唱歌，有的就来打工，一边做事一边教，我去哪里唱歌都会领着徒弟去。我现在年纪大了,不太出去演唱了,现在是专门培养小章哈,把传习搞好,搞好培训,有时候,景洪的小学也有来请我去学校教章哈。

(访谈时间:2018年1月17日;访谈人:赵亚净、李思颖;整理人:赵亚净)

(二) 岩帕访谈记录

岩帕,男,傣族,1948年进入勐海县曼先寺庙做小和尚学傣文,还俗后经常跟着师父外出演唱。1976年起开始将创作的章哈唱词投稿至当地报社、电台、电视台等处。

我1948年在勐海县曼先寺庙里当小和尚学傣文,那时候我8岁,当和尚当了11年。每天早上5点起,晚上10点半睡,主要就是读书,学算术,学习天文地理,都是一个师父教。现在的佛爷不像以前的佛爷懂那么多。以前的佛爷什么都懂,我们当和尚还俗了以后,第一不准偷,第二不准哄,都是一些做人的道理。那时候男孩子去当和尚,女孩子就在家里种田种地,以前没有学校读书,土司的姑娘儿子才能读,他们有钱,就到昆明去读书,农民的女儿读不起书。

我1959年还俗,还俗以后跟着我的师父唱章哈,人家请我们去家里唱歌,我唱了两年,1960年结婚,老伴不是别人介绍的,是我自己看上的,她得了肾衰,去年去世了。刚刚和我老伴结婚的时候,她很支持我,最喜欢我写的东西,她不会唱,但是很喜欢听我唱。我还专门为她写过章哈,但现在已经找不到稿子了,我带的徒弟有很多,她也很喜欢,徒弟一来,她就很高兴。我们有4个孩子,3个姑娘,1个儿子。我的儿女们也认识我的师父,儿子也被我送去我们这里的寺庙当小和尚,还当过佛爷,他在家里排行老三,我本来是送他去我师父所在的寨子当小和尚,后来我们寨子的佛爷不同意,说还是要回来我们寨子里的寺庙当,就回来了。小时候我没教他傣文,他是在佛寺里面大佛爷教他学的。我的儿女们都支持我写作,但是他们对我写的这些东西(章哈)不太感兴趣。我自己的儿子女儿都不是我的章哈继承人,他们都不喜欢。我最小的女儿,我都教她了,她也学会了,没结婚的时候她学了两三年,后来结婚了,她老公不让她学了,她其实学得挺好的,现在她也后悔,但是现在因为年纪大了,又提不起精神学了。

1976年我开始用傣文写稿，那时候没有工作，我一直在家，写好的稿子会交到西双版纳报社、电台、杂志投稿。我10多岁的时候认识了我师父，他的名字叫罕那叫，以前在寺庙当大佛爷，还俗以后在勐海文化馆工作。他一步一步地带着我写文章，他自己写得很好，我写了稿子也会让师父帮忙看，现在已经过世了。我写的内容都是唱词，包括小故事（爱情故事）、谚语、寓言，我从经书里找资料，然后自己改编。把唱词写出来以后又唱成歌。歌谱也是自己写，我自己编歌词编歌谱，这些都是跟师父学的。跟师父学写文章的时候，写得不好的地方他就帮我改，改了以后他就教我，跟我说："你看你写的，我改的你好好看看，你就按照我的这个写。"他很和蔼，帮我批改，也不会骂我，有时候我说我不想改，他说不改就不对，不合道理。所以我还是要听师父的。我以前比较贪玩，师父就说你学不好就不要来学了，一定要好好学。师父说我，我爹也说我，我就好好学了。

　　我的手稿都是用电脑打印出来的。我2014年学的电脑，电脑里也安装了傣文字体。我觉得使用电脑打字比较方便，比较快，每年我交去投稿的稿子有二三十篇。我留底稿是1995年开始的，以前都不留，自从中央八台的人来，他们说让我把底稿留下来，投稿一份就自己留一份，后来省里也有人来，让我把稿子留下，我就开始去买打印机，写了一份就复印一份。中央八台每年都会来一次，把我的稿子拿去看。报社有通讯员培训，我就会去给他们讲课。

　　现在村里没有人跟着我学写章哈，除了徒弟以外，只有勐宋、勐问、勐遮、勐旺这几个地区的人，大概有5个人跟我学。我有70多个徒弟，他们经常来我家里学习，他们20多岁的时候来跟我学，会傣文，他们都能写能说能唱，看得懂经书。他们来的时候不会写字，但是会说傣话，我就先教他们写傣文。我在楼顶上，把黑板挂起来，手把手教，把他们教会写傣文以后，再教他们写歌，从他们什么都不会到学会傣文，需要的时间不到一年。如果只是教写字的话，一两个月就会了，后面就教他们写歌、唱歌。来这里学习的男徒弟也有，女徒弟也有。有些什么都不懂的来，很难教，但我还是会教他们，两三个月以后他们就慢慢学会了。也有两个怎么教都教不会，我说让他们回家了。但他们还是要学，后来我就慢慢教，在我家吃住，半年的时间终于教会了。勐宋来学的是一个女孩，20多岁来这里开始学的，已经在当地有点名气了，现在40多岁，也还在唱，大家很喜欢她。勐遮那个也是女孩，10多岁就来学了，现在她不唱了，也不怎么写歌了，因为以前唱的多了，喉咙血管破裂了。请她们去唱歌的都是一些盖新房的、结婚的，她们唱的歌都是我给她们写的稿子，我写了她们去唱，有时她们也会自己写。她们来学以前都没有工作，在家当农民。

我们傣族没有章哈也不行。以前我刚投稿的时候，是去勐海县城里给报社寄过去，现在倒不用寄了，因为我经常去景洪，写写就自己坐班车带上去。有时候我们去搞经书的研究所也经常叫我，他们在景洪研究历史，做了10多年，有不懂的地方就经常叫我去。

以前写稿的时候，报社也是经常催，上级催他们他们就催我，有时候我也觉得烦，岩温也是经常催我，我帮他写了很多稿子。我写作的灵感就是经常看经书，从经书里面找资料，以前写的稿子有一些也是关于社会生活的变化，歌颂社会主义的，现在也还写。儿子、孙子、孙女小的时候，他们想听，我就给他们讲自己写的故事，跟他们讲道理。在经书里面也有，比如当土司的会压迫农民，经书里说这是不好的，像现在当官的贪污啊什么的。现在上级让我们写一些老古董的、内容比较老的稿子，新的一些他们不想要了。我写的有些也有点幽默，比如有一篇是讲一个老土司有一只白色公牛，一个老农民有一只黑色母牛，后来白牛和黑牛在一起，黑牛就生出了一只小白牛，老土司就说小牛是我的，后来老农民不答应，就去找人来判断，判断结果牛是老农民的，因为公牛不能生小牛。

有些故事是经书里面有的，以前政协那边也写过一本，外国人反映和经书里面的不符合，然后州文化馆的就叫我写，他拿经书来让我写，我就写了。别人写的不对我也不会说，我只会说我徒弟，有时候他们不对或者写不好，我就会骂。我跟他们说：你想不通吗？我教你的你记不住吗？我说每一个人要写好东西，就要集中大脑，你们的头脑要集中起来，不要乱七八糟想一些，不要想玩想喝酒，这样是学不好的。说他们的时候他们不会回嘴，过后也会好好改，我的徒弟还是比较听话的，我怎么说他们就怎么听，一个都不调皮。我的徒弟也有几个给《西双版纳报》傣文版投稿的，我现在也经常看，有些地方写得不好我也会和他们说，有些他们拿去改，改不对我也会说的。

我新老傣文都看。现在我不用订报纸，我们是通讯员，报社会给我们发。在报社里面，我经常和岩温胆相处的比较好，他叫我大哥，他有不懂的问题就叫我去，我也教他，这已经有10多年了，我们两个是非常好的朋友。后来岩温、岩说、岩三我们也一起玩，我们经常在一起会聊某个故事要怎么写，一边吃饭，一边喝酒，一边聊天交流，我们都是通过报社认识的。岩温出了好几本书也是我帮他改的。《西双版纳报》第四版还有其他通讯员，我们也经常一起交流，橄榄坝、大勐龙这些地方的通讯员我们也经常联系，有时候也有小辈让我们帮忙改稿的。

我每一年大概会写30篇稿子，写了这么多篇，内容绝对不能重复，被人看见人家会笑话，内容或题材有点像的情况是有的，我会用旧的一些稿子来做一些参考，再修改。我感觉现在能写的东西越来越少，不像以前。以前民委或者州民族艺术馆过两三个月就会带着我们去采风、采访，我们去内蒙古、新疆、江苏、北京、上海等地，去了解不同地方的发展情况，有了素材我们回来才好写。以前西双版纳杂志社也组织我们出去采风，现在没有人带我们出去了，经书里面写过的东西也不能再写。去年有两三个月的时间，我停笔没有写稿子，那段时间没有灵感不知道写什么，那是我老伴生病的时候，后来她走了。两三个月以后，我又开始翻经书，又开始写了，我天天都写稿，有时候晚上睡不着觉就会想，想出来就从床上起来写，有时间半夜两三点也在写。

《西双版纳报》傣文版对傣文化的传承作用是很大的，但它最主要的是对老人的影响。现在的年轻人，他们在学校学习汉文，对于傣文什么都不懂。老一辈的经常看报纸，我们写出来的他们很喜欢看，也会坐在一起唱。现在寨子里面没有人唱了，以前有一两个，勐遮、勐宋、勐问这些地方唱的比较多。现在心里也比较担心以后没有人会唱这些，懂傣文的越来越少，以前有双语学校，现在没有双语学校了，只学汉文了。也很少有人去当和尚，现在玩的多，吃的也多，年轻人天天开着车去玩，没有心思学傣文。开会的时候，上级也说，不能让傣文消失，要让它发展下去，可是又没有人学。我也盼望我的徒弟组织小孩来学，我老了，就让徒弟去做这些。

我1976年投了第一篇稿子，那时候我师父在文化馆，他把我介绍给报社，然后报社叫我去培训，我就去了，那时候我是西双版纳杂志社、西双版纳报社和电台的通讯员。70年代的时候一篇稿子稿费是1元或者1.5元、1.8元，现在就是100多点，一个季度给我结一次。我们开会的时候，通讯员都反应稿费低。我们的稿子长短不定，但是写这些东西稿费太少啦，靠这个吃饭，活不下去啦。在会上说过，也没有增加。西双版纳杂志社说要加，现在还没加，报社也一样。我现在也不靠我的儿子姑娘媳妇，都不靠他们养活，我靠自己写作教学生。

《西双版纳报》复刊以后，岩温胆又联系我当通讯员，章哈一直都在第四版，没有变过，傣文报我每个版都看，老百姓最喜欢的是农业种植养殖那一块，他们也很喜欢第四版。

我就是因为从小到大就喜欢这些，所以一直在写。写稿子的时候我就是越写越想写。因为现在改革开放了，我们国家变化也多，发展得好，生活也变好了，所以越写越想写，停不下来。经常有写着稿子就忘记吃饭睡觉的情况，有时候有灵感了，他们叫我吃饭我也不想去吃，想赶紧写。有时候想不起来，就一天坐着想。现在有的孩子比较调皮，有小姑娘也不想好好读书，到处乱跑到处走，吸毒害人，不听话。写稿子的时候我们就会写一些这种内容的，报社和杂志社都需要，这些都以唱词的形式写出来，偶尔也写新闻，我写歌写得比较多，好人好事各个寨子也都有，有些是生意搞得好，有些是种植种得好，有些是养殖养得好，宣传党的政策、国家的变化，我们国家是怎么发展起来的等。

看傣文报的时候，发现对自己有用的东西很多。比如现在人家做生意的，生意做得好，做富了，他们用什么办法来做的？还有种植方法，村长看了报纸就会在广播里说，教农民怎么做，怎么发展。有些地方的人不太看报纸，不识字，所以生活跟不上别人。有些比较喜欢看报纸，经常买一些回去看，看了以后就从上面学习，各方面都得到了发展。

泼水节的章哈每年都写，电台叫我写。每一年写的内容都不一样，比如以前写的，要涨水了或者有时候不下雨，气候不同，种植也不同，有时候有虫害，我们要如何预防。听到这些，我们的农民就要有思想准备。1990 年开始，州文化研究所经常叫我去研究经书，我研究傣族的文字从哪里来，研究谁发明的盖房子，各方面都研究。研究以后都可以写歌唱出来。2003 年，我被评为了省级非物质文化遗产继承人。

2015 年，我写的一篇文章获得了优秀通讯员奖，写的是一位村主任，他在寨子里面带领着大家，什么都搞得好、建设得好，他的照片贴得到处都是，是西双版纳杂志叫我去到他家采访的，他现在已经过世了。做通讯员这么多年，给我感触最深的就是现在的年轻人不爱说、不爱看这些，对我来说给不给钱无所谓，只要想到是为了后代，能给后代留下点什么，我就更有动力写。所以我就想多写点，留下几本书。

（访谈时间：2016 年 7 月 9 日；访谈人：安淑蕊、郭建丽；整理人：赵亚净）

## （三）刀永明访谈记录

刀永明，男，傣族，勐腊县人，擅长傣语新闻写作。1987年开始给傣文报投稿。

我以前住在勐腊县勐醒镇下寨，退休后才来景洪市里面生活的。我1956年读一年级，小学毕业时是1962年，毕业就没有读书了。一直到1972年，才开始教书，之前都是在家务农。那时候学校招人，人家就叫我去民办学校当老师，1980年才转为公办，当时在勐醒小学，一边教书一遍学傣文。这期间我就读过傣文报，一个姓唐的老波涛（大爷）送到学校，每个单位送一份。当时就很喜欢傣文报，想投稿，但是傣文不过关，写不出来。

我后来还去勐腊进修学校进修，一共去过两次，1984年是第一次，学了3个月，第二次是1986年，学了6个月。在学校主要是学习教育学、心理学、语文和数学。32年来我一直在勐醒小学教书，现在退休都12年了。

第一次给报社投稿是1987年，写的是新闻稿，当时写的是一个五六岁的孩子，走迷路了，一直从勐醒往山上走，往橡胶林里面走，走到一个僾尼人寨子，一个僾尼人跟他说傣话，那个僾尼人就把那个孩子送回了傣族寨子，第一篇写的就是这个。

到现在，如果看见合适的新闻，去采访就写，但是不采访就没材料，不会写。比如，一个村委会，他们搞得好，村委会的人会打电话来说来采访一下，把我们宣传出去。

我现在大部分都写章哈，写傣文报第四版的章哈。比如2013年6月报社评选的获奖作品《好医生好医术拯救麻风病人》。我们傣族里面以前麻风病多，如果得病，就聚拢在一个寨子，在勐腊县勐醒河的下游，寨子叫曼南醒。好医生姓马，我们叫他马医生，他和一个从昆明来的教授，我忘记姓什么了，一起医麻风。马医生现在在勐腊县住着，退休了。当时我们到这个麻风寨子去采访，那个村大概100多个人，全被马医生医好了。我们就问被医治好的病人，他们是怎么被医治好的，他们就跟我们说："开始那个医生，划一刀，就把细菌划出来啦，后来就吃药，一个月后再吃一种胶囊，排便是红色的，就好了，而且不严重的人，医好了看起来就像我们好的人一样。"

我学习章哈的师父也是勐醒的，是我伯父。他从大概我八九岁的时候就开始教我写章哈。比如我们上山，去抓小鸟，就教我们唱歌，一直带着教，长大成人了就教十二属相。他什么都记得,要拴线就去念,娴熟得很。学写章哈,要有耐心,有耐心才写得出来,章哈很好的,像我们汉文里面的散文一样。

我的那篇《巫师作怪家庭支离破碎 相信科学医到病除》获奖了。当时有一个人,他就相信巫师,巫师说,这个病啊,这块橡胶林去搞一下,啪!他就把橡胶林砍完,不种了,病没有好,经济也垮了。就是说不要相信巫师,巫师会骗人。比如生病了,不去医院看病,而去找巫师,会死人的。但是这个人名字不能写,他说不要写他,写其他人,要看不出来是他。我们以前写批评报道的时候,打比方这个寨子搞了,就不能用这个寨子的名字,不用就不是正面批评啦,要采取多种方法。人家一读,会想这个是不是我们寨子,名字是不是我们,事情倒是像,这个就是教育人了。

我自己喜欢的书是勐腊的应喃老人整理的《很勐腊》,太生动了。讲的是傣族小姑娘和小伙子,那时候没有电,没有电视,小姑娘纺线,小伙子吹笛子、拉琴。他们两个结婚后,去做生意,到大勐龙买棉花上去昆明卖,买绸来卖。但是他们要去卖棉花,拖棉花上去,不会说汉话,不能交流,就开始教别人说傣话。汉语和傣语不一样,他们教人很有意思、很生动。

1990年,我参加过报社搞的通讯员培训,主要培训如何写章哈,当时学了一本书叫《召树屯》。现在主要写傣文报第四版的东西,这两年都是岩温(《西双版纳报》傣编部记者)拿汉语稿给我,我翻成傣文唱词。以前他不拿给我的时候,就去采访写真人真事,写节庆赞歌,也有编故事的,比如把《干大傣》《祖啦菩提》等这些老故事,编成现在的故事。打比方两个老根,他们去山上玩,看见马鹿,他们两个每人拿一个棒子把马鹿打死了,来分肉,两条腿一人一只,分到后面,马鹿头分不清,两个都要头。最后去找干大傣王,拿你们两个的棒子来,拿称来称,谁的棒子重就归谁。

最近岩温给的材料,我翻译的是那个玉应罕的事情,已经见报。玉应罕30岁,在我们景洪孔雀湖社区是移民党员,她社区管理得好,当上支部书记以后,把公路修出来,社区里没有儿女的职工,她也照顾,社区办婚事,流动人员,她都管理得好。

傣文报我最喜欢第四版,身边朋友也是。现在我是从电脑看了,有网站,打开就可以看了。

(访谈时间:2016年7月10日;访谈人:安淑蕊、郭建丽;整理人:赵亚净)

# 后 记

2016年，当启动这项研究的时候，我们打算用不超过三年的时间，来完成这项具有挑战性的研究。但随着调查的展开和研究的推进，我们发现，这项研究的复杂性和难度，都远远超过了我们的预估。一度，我们陷入到深深的迷茫中，不知道前行的方向到底在哪里。

幸运的是，我们，真的是我们，一个有着共同学术理想的、充满凝聚力和协同力的研究团队，在面对种种困难的时候，总是能互相鼓励，没有丝毫的懈怠，总是能坚定而乐观地走下去。终于，历经六年，我们完成了这部沉甸甸的书稿。

在整个研究过程中，杨星星和孙信茹完成了项目的总体设计，拟定了详尽的研究计划，制定了具体的研究方案，这为本项研究明确了方向与路径。此后，两位老师带领着他们的学生，在德宏、迪庆、怒江和西双版纳等地，开展了持续数年的实地调查，通过查阅文献材料、参与式观察、深度访谈等方法和手段，获取了百万字的田野材料，为后续研究奠定了扎实的基础。此后，两位老师带领同学们展开持续性的研究，不断有成果陆续发表，并形成了最终研究成果。

这个成果，是集体辛劳与智慧的集合，也是我们这个学术共同体不断成长的忠实见证。参与这项研究的同学有：

博士研究生王东林、赵亚净、段虹、赵洁、甘庆超、唐优悠、黄博、张露予。

硕士研究生叶星、张方亮、赵小咪、陈馨馨、彭庆、安淑蕊、郭建丽、李思颖、窦翔、金京艺、杨文庆、杨文波、杨碧悠。

他们，是我们指导的学生，更是我们学术探寻的同行者，他们或参与了文献资料的搜集与分析，或参与了多次的田野作业，或参与了后期的专题研究。正是有了他们，才有了令人难以忘怀的共同书写，也才书写了共同的我们。如今，他们中的大多数，都已开启人生的新航程，有的成为我们的同事，有的成为我们的同行，有的成为崭露头角的媒体人，有的继续求学深造……每个人，都在新的位置上，寻找自己的人生目标。

在本书即将出版之际，我们最想表达的，是深深的感激之情。我们首先要感谢身处云南少数民族地区辛勤耕耘的数代媒体人们，你们是历史的见证者，是历史的书写者。你们在工作岗位上的点点滴滴，你们对工作实际的真知灼见，你们对从业历程的深情回望，都是一笔笔弥足珍贵的财富。与你们每次的促膝长谈，都会让我们在平实讲述中步入一幅幅动人的历史图景。你们，才是这项研究的真正主角。我们还要感谢在此项研究开展过程中，给予我们无私帮助和支持的学界同行、朋友以及我们挚爱的家人，有了你们的支持，我们才能克服一道道难关，才有了经历跋涉终见大美的可能。最后，我们要感谢一墨读书会的读友们，在这个充满想象力的学术空间里，读友们的每一次分享，每一次研讨，每一次激辩，都是这项研究向上成长的机会，特别是 2021 年刚刚加入读书会的年轻读友们，你们的校读与商榷，让我们得以重新检视自己的疏漏与不足。

学术之路是没有尽头的，这项研究同样没有画上句号。我们由衷地希望，我们、我们的同行者以及后来者，能一起在这希望的田野上，种植出丰厚的果实。

杨星星　孙信茹
2022 年 3 月 1 日于天水嘉园